河南省社会科学院哲学社会科学创新工程试点项目

河南省宣传文化系统"四个一批"人才资助项目

河南省哲学社会科学规划项目

主编　张新斌

寻根河南

[上]

中原出版传媒集团
中原传媒股份公司

大象出版社
·郑州·

图书在版编目(CIP)数据

寻根河南：全2册/张新斌主编.—郑州：大象出版社,2019.8
ISBN 978-7-5711-0129-9

Ⅰ.①寻… Ⅱ.①张… Ⅲ.①文化遗产—旅游资源开发—研究—河南 Ⅳ.①F592.761

中国版本图书馆CIP数据核字(2019)第014240号

寻根河南（全2册）
XUNGEN HENAN (QUAN 2 CE)

张新斌　主编

出 版 人	王刘纯
责任编辑	管　昕　李建平
责任校对	钟　骄
书籍设计	德浩工作室

出版发行	大象出版社(郑州市郑东新区祥盛街27号　邮政编码450016) 发行科　0371-63863551　总编室　0371-65597936
网　　址	www.daxiang.cn
印　　刷	北京汇林印务有限公司
经　　销	各地新华书店经销
开　　本	787mm×1092mm　1/16
印　　张	60.25
字　　数	919千字
版　　次	2019年8月第1版　2019年8月第1次印刷
定　　价	245.00元(全2册)

若发现印、装质量问题,影响阅读,请与承印厂联系调换。
印厂地址　北京市大兴区黄村镇南六环磁各庄立交桥南200米(中轴路东侧)
邮政编码　102600　　　　电话　010-61264834

编委会

主编

张新斌

副主编

李乔、李立新、李龙

上

张新斌、李乔、李龙、王建华　编著

下

主编　张新斌

副主编　李龙、李玲玲、李晓燕

撰稿者　张新斌、李　乔、陈建魁、
　　　　　李立新、李玲玲、李晓燕、
　　　　　王建华、李　龙、刘文学、
　　　　　赵国鼎、宋国桢、郑自修、
　　　　　张广恩、王道生、田宏波、
　　　　　谢少先、陈瑞松、张宝云、
　　　　　谢纯灵、姬长忠、杨　威

绪 论

寻根河南是指海内外华人对河南的寻根，这种寻根在形式上是血缘的，在本质上是文化的。寻根河南这种文化现象，是全球寻根潮的重要组成部分，也是河南对外开放的重要表现。

一、寻根河南的标志与起点

1981年是寻根河南的元年。这一年，改革的春风刚刚吹拂到全国各地。3月，河南省语言学会成立大会在郑州举行。这次会议邀请了厦门大学教授、著名语言学家黄典诚先生到会。他在会上发表了热情洋溢的贺词，这篇文章后来以"寻根母语到中原"为题发表在4月22日的《河南日报》上。黄典诚先生是福建人，他的主要研究方向是闽南语，同时也研究客家话，他的学术代表作是《普通话闽南方言词典》。他到河南参加这样的学术盛会实际上还带有寻根的成分。由于时间关系，他专门安排与他同行的两位研究生分别到河南固始县和灵宝市去进行闽南方言和客家方言的田野考察。

黄典诚先生的河南之行具有三个重要的学术意义：其一，黄典诚先生为闽南漳州人，他的祖先来自"光州固始"。"光州固始"是闽南漳州、泉州、厦门人所认可的中原老家，承载了极强的文化记忆。随着闽南人远赴台湾，这种文化记忆也成为台湾闽南族群共有的精神财富，成为连接海峡两岸的重要精神纽带。毫无疑问，黄典诚先生的寻根实际上拉开了闽、台两地闽南族群河南寻根的大幕。其二，作为闽南语的著名专家，黄典诚先生的河南之行带有极强的学术性。他此行的重点是对闽南方言与客家话中的中原元素进行田野考察，获取第一手的民间资料，以丰富他对闽南语源头的认识，因此具有极强的文化寻根含义。这种文化寻根与血缘寻根相互交织，成为30多年来河南寻根的主流。其三，黄典诚先生的河南之行发生在全国人大常委会原委员长叶剑英对台公开讲话发表之后不久，和平统一的大旗高高飘扬，黄典诚先生的贺词中洋溢着极为强烈的国家统一、民族复兴的情感，也就是说以寻根河南为代表的寻根热潮从一开始就具备了以血缘为动力、以文化为纽带、以政治作担当的特点。

二、寻根河南的分期与特点

第一阶段（1981—1990）：寻根河南的起步期。这一阶段，海外华人到河南寻根呈现出个体性、偶发性的特点。如香港方润华先生对禹州的寻根、马来西亚邓威廉先生对邓州的寻根等。这个时期河南的姓氏文化研究刚起步，如陈瑞松对陈氏的研究，河南省社科院介入谢氏祖地的研究，郑杰祥、任崇岳、艾延丁均写过类似的论文。荥阳的郑氏寻根、卫辉的林氏寻根、新郑黄帝故里的论证也刚起步。1982年，河南省有关部门就尝试成立"台湾同胞祖根问题研究会"，并在信阳师范学院召开了座谈会。

第二阶段（1991—2001）：寻根河南的初兴期。这一阶段，海外华人到河南寻根呈现团队性、主动性的特点。1991年，全欧客属总会客家宗亲245人寻根洛阳。1992年、1994年，海外郑氏宗亲在荥阳大规模寻根。1993年，海外林氏宗亲527人在卫辉参加比干诞辰3085周年纪念大会，并到比干庙进行祭拜活动。在姓氏研究方面，谢钧祥、刘翔南、王大良、任崇岳、程有为、马世之、张新斌、李立新、陈建魁、李乔、安国楼、徐玉清等一批专业研究者有姓氏专著问世，其中尤以谢钧祥主编的《中原寻根——源于河南千家姓》一书为河南姓氏研究的奠基之作。1991年在河南省史志协会内设立了中原族史学术委员会，1995年正式公开成立了河南省中原姓氏历史文化研究会，时任河南省委副书记、后担任河南省政协主席的林英海担任首任会长，并主持召开了"首届豫闽台姓氏源流国际研讨会"，姓氏寻根活动得到河南省党政部门的首肯。

第三阶段（2002—2010）：寻根河南的繁荣期。以海内外宗亲大规模寻根活动与世界性寻根联谊大会在河南召开为代表。2003年第十八届世界客属恳亲大会在郑州召开，2006年由河南省和国家相关部委主办的新郑黄帝故里拜祖大典开始举行。世界刘氏第四届（寻根）联谊大会在鲁山、世界张氏总会第二届恳亲大会在濮阳、第二届世界谢氏宗亲恳亲大会在南阳、第二届世界温氏文化交流大会暨首届世界温氏祖地温县恳亲大会在温县、首届世界范氏宗亲联谊会暨范氏始祖范武子授姓2600年纪念大会在范县、全球董杨童宗亲第十届恳亲大会在灵宝、第十二届世界钟氏宗亲联宗大会在长葛相继举行。2004年、2006年中华姓氏文化节在周口举办两届，成为河南省姓氏文化节会的首选品牌。在时任河南省政协副主席、河南省委统战部部长曹维新的关怀下，自2004年开始河南省委统战部与河南省社科院联合组织省内专家组织编写《中华姓氏河南寻根》一书，并于2009年正式出版。2006年春节《大河报》举办了"新百家姓商都大团圆活动"，扩大了寻根河南的社会影响。黄帝文化、河洛文化、客家文化、固始闽台祖地文化均举办了各种文化节会和学术研讨活动。河南省社科院形成以张新斌为核心的学术团队，中标河南省社科基金课题，在学术研究、理念提炼、现实对接方面取得较多成果。自20世纪90年代以来，林雪梅、林坚、宋全忠、王俊山等参与大量的海外宗亲联谊活动，并为姓氏文化研究的组织工作做出了贡献。

第四阶段（2011—　）：寻根河南的鼎盛期。2011年9月，《国务院关于支持河南省加快建设中原经济区的指导意见》正式公布，中原经济区的五大战略定位之一为华夏历史文明传承创新区建设，建设全球华人根亲文化圣地是其最具特色的内容。海内外华人与省内相关姓氏的结合，形成以河南省姓氏文化研究会（由河南省中原姓氏历史文化研究会改名）为主干的省内各界参与的局面。河南省姓氏文化研究会以河南省社科院为依托，以林宪斋、刘翔南、张新斌、林坚、李立新、石小生、安国楼、郑强胜、白东升、张瑞、李乔、陈建魁、曾德魁、袁延胜等为核心骨干团队，形成近百个专姓委员会。姓氏文化活动此起彼伏，祖地建设以张姓祖地濮阳、林姓祖地卫辉、黄姓祖地潢川、刘姓祖地鲁山、蒋姓祖地淮滨、赖姓祖地息县、郑姓望地荥阳、丘姓望地偃师、黄帝故里新郑、闽台祖地固始为代表。新郑黄帝故里拜祖大典、固始中原根亲文化节，以及一些单姓寻根活动已成为闻名海内外的寻根河南节会品牌。以张新斌为核心的河南省社科院团队以姓氏文化、黄帝文化、河洛文化研究为重点，以尹全海为核心的信阳师范学院团队以固始寻根、闽台祖地研究为重点，均取得了较多的成果。"老家河南"经广泛传播已叫响全球，河南是全球华人的心灵故乡与精神家园的认知已得到广泛认可。

三、寻根河南的理论提炼与探索

1.关于寻根河南的概念理论变迁

寻根是一个永恒的概念，从1981年黄典诚先生提出"寻根母语到中原"开始，到中原寻根，寻根河南便成为海外游子的自觉现象。寻根是一个文化现象，寻根的主体是那些长期在海外漂泊的华人对祖籍国以姓氏为纽带的寻根文化思潮。寻根本身是没有阶段性的，是贯彻始终的。无论是过去的1981年，还是当今的2018年，以姓氏为纽带而聚合在一起，其本质就是寻根。1991年，张新斌开始对寻根河南进行研究，在《开展以姓氏文化为主体的寻根旅游》一文中较早地提出了河南"寻根旅游"的概念。

寻根就是寻找姓氏的祖根地。祖根地在哪儿？学术依据是什么？这是中原地区的文化学者必须关注且必须进行科学考证的关键问题。寻根与根，是一个问题的两个方面。对根问题的研究，始终与寻根文化现象相伴。从20世纪90年代开始，对根问题的研究渐趋热潮。1999年张新斌主持承担了河南省社科规划项目"寻根文物旅游资源的开发与可持续发展"，对河南的根资源进行系统盘点，并提出了"根文化"的概念。2002年张新斌在《历史文化资源的开发就是发展生产力》一文中，首次提出"历史文化资源，尤其是河南历史文化中特有的'根文化'，在增强海内外华人凝聚力以及实现祖国统一方面发挥特有的作用"。为表示对这一概念使用的慎重，在早期的文章与报道中"根文化"都加了引号。如2004年，课题结项后新华社以"专家摸清河南'根文化'家底"为题进行了广泛报道。"根文化"，就是以根为特征的文化资源，表现的是"最早"这一文化特征。为了突出姓氏的血缘性与文化源头的差别，我们分别表述为"民族之根"与"文化之源"，有时为了突出这种"最早"，我们也将"根源"统称为"根文化"。"根文化"也正式列入《中共河南省委关于制定全省国民经济和社会发展第十二个五年规划的建议》和《河南省文化强省建设实施纲要》等文件中，被官方接受。

根亲文化是寻根文化、"根文化"的发展。"光州固始"在闽台有较大影响力，早在1982年黄典诚先生中原之行后，信阳地区专门成立了台湾同胞祖根问题研究会，并召开了座谈会，黄典诚先生还发来了贺信。其后欧谭生发表了文章《台闽豫祖根渊源初探》，引起了较大的反响。20世纪90年代，海外华人与台湾同胞到固始及相关姓氏祖地的寻根活动已渐成规模。2002年，张新斌发表了论文《论固始寻根》，首次较为全面系统地对固始寻根问题进行论述，受到了当地党政部门的高度重视，使一度处于低潮的固始寻根开始有了新的起色。2006年，信阳市与固始县的有关部门开始使用根亲文化这一概念。2008年，信阳市委提出"让根亲文化扬名固始"的理念。2011年，根亲文化这一概念正式列入《国务院关于支持河南省加快建设中原经济区的指导意见》，明确提出"将河南建成全球华人根亲圣地"的目标。

根亲文化一经提出便得到了学界与政界的认可，并引起了学界的跟踪研究与解读。一般研究者往往把根亲文化与"根文化"等同。尽管早就有乡亲、宗亲的概念，但在寻根初兴之时并没有提出根亲的概念，没有在提出"根文化"的概念时提出根亲文化的概念。笔者认为根亲文化的提出是寻根实践发展的需要，或者说是寻根实践发展的必然结果。寻根的主动者是海外华人，"根文化"的提出是与祖根地对自身根文化家底盘点需要相对应的。那么根亲文化是什么？笔者认为其包含两层含义：一方面是"因根而亲"，这与因乡而亲（乡亲）、因宗而亲（宗亲）相类似；另一方面为"寻根找亲"，也就是不仅海外华人来河南寻根，而且祖地要走向海外去寻亲，由过去的被动寻根，到主动到海外去宣传河南，寻找相关的宗亲回河南寻根。进入新世纪以来，各地的研究宣传热情高涨，主动出击到海外寻亲的现象比比皆是，根亲文化正是这种实践的真实写照。

2. 关于寻根河南的姓氏家底研究

河南姓氏"根文化"家底的研究，是寻根河南研究的重要部分。谢钧祥是河南姓氏文化的奠基者、研究者和早期的组织者。1994年，他主编了全省姓氏研究者的集体成果《中原寻根——源于河南千家姓》一书。他依据中科院首次姓氏人口排序，对根于河南的姓氏进行表述。得出的结论是，在当今100大姓中，有73个姓氏源于河南或部分源头在河南。他在2003年对前120大姓进行研究，结果源头在河南者有52个，部分源头在河南者有44个，总计96个。他在2004年修正了他的观点，将部分源头在河南者调整为45个，总计97个。起源于河南的古今姓氏共有1834个。他的姓氏研究成果还有《中华百家大姓源流》《新编百家姓》《河南旅游姓氏文化》等。

杨静琦是河南史志界的老前辈，退休后成为姓氏文化研究的组织者。刘翔南是河南史志界较早从事姓氏研究的学者，并是《中原寻根——源于河南千家姓》的副主编之一，有多部姓氏著作问世，在河南省中原姓氏历史文化研究会处于低潮时，作为秘书长的他有效保留了姓氏研究组织，为姓氏文化大繁荣奠定了组织基础。自2002年开始，杨静琦与刘翔南主编了"中原姓氏寻根丛书"。他们提出1500个姓氏起源于河南，在300大姓中起源于河南者有155个。

自1999年至2004年，河南省社会科学院张新斌团队对河南寻根家底进行系统研究，共涉及姓氏341个，名人遗存1098处，豫籍名人2947个，起源于河南有开发价值的姓氏共232个。在当今300大姓（中科院1986年排序）中，起源于河南的姓氏171个，郡望在河南者98个。在100大姓（中科院1986年排序）中，根在河南者77个，起源与河南关系密切者20个，也就是说前100大姓中，97个姓氏都与河南有关。在中科院2006年公布的前100大姓中，有78个起源于河南。

河南省社科院有一批研究姓氏文化的中青年研究者，在寻根河南的理论与实践上，有大批成果问世。张新斌自1988年开始对苏国所在地温县进行研究，提出苏姓源于辉县苏门山的观点，并出版苏姓专著2部及《百家姓》一书。他在寻根河南的理论与实践上做了较多的探索，取得了不小的成绩。李立新自1995年开始对许姓与许姓祖地进行研究，形成专门成果，在姓氏研究的组织发展上做出了重要贡献。李乔在姓氏文化研究方面有十数本著作面世，在固始寻根方面出版有专著。陈建魁在林姓、黄姓研究上有成果问世，并出版《中华姓氏文化》一书。

四、中原历史文化的本质是根文化

1. 中原历史文化及其特征

中原历史文化是指中国古代发生在中原地区的一切文化，包括精神理念、哲学宗教、文学艺术、民间风尚、建筑科技等，总括来讲可分为物质文化遗存与精神文化理念。

中原地域有广义与狭义之分，广义的中原是指今河南省及周边的黄河中下游的广大地区，狭义的中原是指今河南省。本文论述的属于狭义的中原地区与中原文化。

中原文化有古今之分，本文冠以中原历史文化，其主要述及中国古代历史时期的中原文化。在这一个历史阶段中，中原历史文化可分为以下阶段：孕育期，即夏代建立之前的史前时期；形成期，即夏商周时期；繁荣期，即秦汉魏晋南北朝时期；鼎盛期，即隋唐、五代与宋金时期；衰微期，即元明清时期。

中原文化是一种地域文化，又不仅仅是地域文化。由于特殊的地理位置，中原地区长期以来一直是中国的政治、经济与文化中心，成为中华传统文化的骨干与主流，可以说中原历史文化是中国传统文化的核心与缩影。换句话说，中原历史文化在衰微期是地域文化，在形成期、繁荣期与鼎盛期是中华传统文化的骨干或称中国的主流文化。

中原历史文化自身的历史地位决定了其所具有的特征，即原创性、正统性、传承性与开放性，这些也正是中原文化有别于一般地域文化的特色所在。

2.中原历史文化内涵的实质是根文化

中原地区历史悠久，文化灿烂：史前考古文化谱系不断，传说中的"三皇五帝"都与河南密切相关；自夏代至北宋约3200年间，共有200多位帝王建都或迁都于此；中国八大古都中河南有郑州、安阳、洛阳、开封4个；在"二十四史"中列传的5700余位名人中，仅汉、唐、宋、明时期的河南名人就达912个，占总数的15.8%，名列第一。用以体现河南丰厚历史文化的地上、地下文物有3万处以上，其中世界文化遗产5处，全国重点文物保护单位358处，省级文物保护单位1283处，馆藏文物300余万件，占全国的1/8，不可移动文物65519个，地下文物居全国之首，地上文物居全国第二。名列中国20世纪100项重大考古发现名单者河南有17处，亦为全国之首。

中国历史上的人文共祖，如伏羲、女娲、黄帝、颛顼、帝喾、舜等都与河南关系密切，并留下大量遗迹。夏商周时期郑、卫、宋、陈、许、蔡、虢等古国建都在河南，其大量城邑为许多姓氏的发源地。大禹、姜太公、武王、周公、比干等历史名人曾在河南活动,他们也是中国早期姓氏所尊认的祖先。河内郡、汝南郡、陈郡、陈留郡、颍川郡、荥阳郡、河南郡、南阳郡、弘农郡等为许多姓氏的发达兴旺之地。固始是闽台公认的中原士民南迁的姓氏集散地。尤其是前述我们所研究的重要成果,在中科院2006年公布的前100大姓中,起源于河南的姓氏78个,姓氏郡望地63个,以上姓氏人口约占全国总人口的90%以上,也就是说中华民族之根在河南。

河南是中华文化的源头。在哲学方面,伏羲画八卦和文王演《周易》均在河南;元典哲学家如老子、墨子、庄子、惠施、列子、鬼谷子、韩非子均为河南人,他们的理论多来源于在中原的体验;孔子虽是鲁国人,但他的根在河南(宋国),他的思想与他对中原地区的体验有很大关系;汉代哲学家贾谊为洛阳人,《白虎通》等儒学经典均产生在河南;"竹林七贤"主要活动在河南,以他们的作品为代表的玄学成果也基本形成于河南;宋明理学及象数学也形成于河南。在道佛宗教方面,除老庄外,葛洪与《抱朴子》、北朝寇谦之的道说均与河南有关;佛教东传后第一个寺院为洛阳白马寺,禅宗祖庭是少林寺,天台宗起源于光山净居寺,开封的大相国寺为北宋佛教文化的代表。在文学方面,《诗经》的主体与河南有关,诸子百家的散文,以贾谊、张衡为代表的汉赋,以蔡琰、曹植、阮籍为代表的建安与正始文学,以潘岳及"竹林七贤"为代表的西晋文学,以谢灵运、谢朓、江淹、杨衒之、范晔、庾信为代表的南北朝文学,都与河南有关;唐朝诗人中有60%均为河南人,岑参、杜甫、白居易、韩愈、刘禹锡、李贺、李商隐、元结等著名诗人便是其中的代表;北宋时大文学家如欧阳修、苏舜钦、王安石、"三苏"父子、黄庭坚等,要么是河南人,要么是长期在河南生活,要么是死后埋葬于中原的黄土之中。其他如史学与科学方面也有很多与河南有关。

3.从寻根文化、寻根战略到寻根经济

中原文化是中华文化之根源,到中原体验的便是中华文化的正宗与原汁原味,到中原去关键是去寻找我们的文化之根、血亲之根。因此,中原文化对于当代华人或者热爱东方文明的人而言就是寻根文化。

寻根文化就河南经济与社会发展而言是河南最大的优势,必须从寻根战略的角度去认识。其一,寻根文化对增强中华民族的凝聚力,对祖国的最终统一具有特殊的意义,是联结海内外华人的纽带。其二,寻根文化可以加大河南与海内外华人的联系,对河南的改革开放具有重要的意义。其三,寻根文化对河南人整体素质的提高具有重要的意义。因此,寻根文化如果能从战略的高度去认识,形成寻根战略,实际上是对河南文化资源认识上的升华。

围绕寻根文化资源开发而形成的相关特色产业,如寻根旅游、姓氏产业等,尤其是根亲文化圣地的建设,"老家河南"品牌的打造,对提升河南的美誉度和影响力,对河南全面建成小康社会具有重要的意义。

张新斌

2019年2月

寻根大资源

凡 例

一、本书以姓氏人口多少为序，全面梳理河南姓氏名人资源，排序主要依据袁义达、邱家儒主编的《中国四百大姓》。

二、每一姓氏名人资源完整的姓氏，内容包括姓氏源流、祖源遗存、相关资源、人物名录4部分，其中相关资源又分为故里故居、墓葬陵园、祠堂寺庙、碑碣刻石、其他遗存共5小类。

三、"姓氏源流"简明扼要地介绍该姓起源、迁徙，以及当代人口排名及分布。

四、"祖源遗存"即姓氏起源地文化资源，凡是与姓氏起源相关的文化资源均归入该类。多个姓氏共有的祖源遗存，在首次出现的姓氏下作介绍，其他姓氏下的同一条目采用"参见……"形式予以指引，如"汉魏故城"在首次出现的周姓下作介绍，其他与该资源有关的姓氏下以"汉魏故城：见周姓下'汉魏故城'介绍"予以揭示。

五、"相关资源"收录除祖源遗存之外的所有姓氏名人资源，同一名人的多个文化资源，在首次出现的与其相关文化资源下简要介绍其生平。

六、"人物名录"收录该姓氏历代河南名人，以王天兴等主编的《河南历代名人辞典》为收录依据，顺序亦依该辞典，以时间为序。姓名之后备注今县（区）名，无法具体到县（区）名者，以省辖市名备注。

七、历史地名加注今地名，如汲郡（今河南卫辉市）。为减少重复，姓氏郡望地统一在附录二《姓氏郡望地古今对照表》中加以介绍。

八、历史纪年加注公元纪年，省去"公元""年"，如乾隆十五年（1750）。

九、附录一《姓氏名人资源一览表》以表格形式揭示姓氏在河南的起源地、郡望地、遗存和名人数量。

十、附录二《姓氏郡望地古今对照表》以笔画为序介绍郡望地的沿革。

十一、为便于检索，书后附有《姓氏笔画索引》，见附录三。

目 录

1. 王 001
2. 李 011
3. 张 028
4. 刘 040
5. 陈 055
6. 杨 063
7. 黄 069
8. 吴 073
9. 赵 076
10. 周 081
11. 徐 087
12. 孙 090
13. 马 096
14. 朱 100
15. 胡 107
16. 林 110
17. 郭 114
18. 何 120
19. 高 124
20. 罗 128
21. 郑 129
22. 梁 132
23. 谢 135
24. 宋 137
25. 唐 144
26. 许 145
27. 邓 152
28. 冯 155
29. 韩 159
30. 曹 165
31. 曾 171
32. 彭 173
33. 萧 175
34. 蔡 177
35. 潘 183
36. 田 185
37. 董 188
38. 袁 191
39. 于 194
40. 余 195
41. 叶 197
42. 蒋 200
43. 杜 202
44. 苏 206
45. 魏 212
46. 程 216
47. 吕 223
48. 丁 227

49. 沈	229	73. 白	282
50. 任	232	74. 江	287
51. 姚	233	75. 阎	289
52. 卢	236	76. 薛	291
53. 傅	238	77. 尹	292
54. 钟	241	78. 段	294
55. 姜	243	79. 雷	297
56. 崔	244	80. 黎	298
57. 廖	247	81. 史	300
58. 范	249	82. 龙	301
59. 陆	253	83. 贺	302
60. 金	254	84. 顾	303
61. 石	256	85. 毛	304
62. 戴	258	86. 郝	307
63. 贾	260	87. 龚	308
64. 韦	263	88. 邵	309
65. 夏	265	89. 万	313
66. 丘	269	90. 钱	315
67. 方	270	91. 严	316
68. 侯	272	92. 赖	317
69. 邹	275	93. 洪	318
70. 熊	276	94. 武	319
71. 孟	279	95. 莫	323
72. 秦	281	96. 孔	324

97. 汤	327
98. 向	329
99. 常	331
100. 温	332
101. 康	334
102. 施	336
103. 文	337
104. 牛	339
105. 樊	340
106. 葛	343
107. 邢	345
108. 安	347
109. 齐	348
110. 乔	349
111. 庞	350
112. 颜	351
113. 庄	354
114. 聂	356
115. 鲁	358
116. 岳	359
117. 翟	362
118. 殷	364
119. 申	366
120. 耿	368
121. 关	370
122. 焦	374
123. 左	376
124. 柳	377
125. 甘	378
126. 祝	380
127. 包	381
128. 宁	383
129. 尚	386
130. 符	388
131. 舒	389
132. 阮	390
133. 纪	391
134. 梅	393
135. 童	394
136. 凌	395
137. 毕	396
138. 单	397
139. 裴	398
140. 霍	400
141. 成	402
142. 苗	404
143. 谷	405
144. 盛	406

145. 冉	407	169. 缪	438
146. 蓝	409	170. 车	438
147. 路	410	171. 项	439
148. 游	411	172. 连	441
149. 辛	412	173. 褚	442
150. 靳	414	174. 娄	443
151. 欧阳	415	175. 窦	445
152. 管	417	176. 岑	446
153. 柴	418	177. 戚	447
154. 鲍	420	178. 景	448
155. 华	421	179. 党	449
156. 祁	423	180. 宫	450
157. 房	424	181. 费	451
158. 滕	426	182. 卜	452
159. 屈	427	183. 席	454
160. 解	428	184. 卫	454
161. 艾	429	185. 柏	456
162. 尤	430	186. 宗	457
163. 阳	430	187. 桂	458
164. 时	431	188. 应	459
165. 穆	432	189. 臧	460
166. 司	433	190. 闵	461
167. 古	434	191. 苟	462
168. 吉	435	192. 邬	463

| 目 录

193. 边 463	217. 乐 492
194. 姬 464	218. 冀 493
195. 师 465	219. 郁 494
196. 和 467	220. 南 495
197. 仇 468	221. 原 496
198. 栾 469	222. 燕 497
199. 刁 470	223. 楚 498
200. 沙 471	224. 鄂 501
201. 寇 472	225. 奚 502
202. 桑 475	226. 蔺 503
203. 甄 477	227. 郜 504
204. 丛 478	228. 花 506
205. 仲 479	229. 盖 508
206. 虞 480	230. 练 508
207. 敖 481	231. 廉 509
208. 巩 482	232. 井 510
209. 苑 484	233. 狄 511
210. 迟 485	234. 晋 513
211. 官 485	235. 来 513
212. 封 486	236. 晁 514
213. 谈 488	237. 都 516
214. 匡 489	238. 伏 517
215. 鞠 490	239. 薄 518
216. 荆 490	240. 元 519

241. 阴 ……523	249. 司马 ……531
242. 畅 ……524	250. 长孙 ……535
243. 卓 ……524	251. 呼延 ……535
244. 荀 ……525	
245. 山 ……526	附录一 ……537
246. 仓 ……528	附录二 ……545
247. 郅 ……529	附录三 ……559
248. 铁 ……530	

1. 王

【姓氏源流】

王氏主要有三大来源，其中有两支源于河南。一为子姓之王。商朝末年，忠臣比干因苦心劝谏暴虐无道的昏君纣王被剖心致死，葬于汲郡（今河南卫辉市）。留居汲郡的比干后裔，以本为王族之故，而改姓为王氏。二为姬姓之王。东周灵王太子晋，因直谏被废为庶人，其子宗敬为司徒，时人称为"王家"，其后便以"王"为氏。

早期活动地域以中原以及华北为主，秦汉以后向四周播迁，隋唐以前已经形成太原、琅琊、北海、陈留、东海、高平、京兆、天水、中山、山阳、金城、广汉、长沙、河南、堂邑、河东等王氏望族。历史上，王氏先后建立了新、汉、郑、燕、前蜀、闽等14个政权。宋明时期为中国第一大姓。如今，王氏已发展成为中国第一人口大姓，广泛分布于全国各地，尤以东北、内蒙古、山东、河北东部、江苏北部为多。

【祖源遗存】

比干庙：位于卫辉市北7.5千米的比干庙村，濒临京广铁路与107国道，为全国重点文物保护单位。比干庙坐北面南，为一长方形院落，建成区面积约为4.7万平方米。山门为新修复的九脊歇山式，造型庄重典雅。山门两侧有两尊象征威严和权力的高大石狮。山门外是一琉璃覆顶的高大影壁，高10米，宽约17米。影壁正中镶嵌着由24块方砖组成的绿色琉璃花卉，构图精巧，色彩绚丽。山门以内，东西相对两座硬山式配殿，各面阔5间，其中陈设有吟咏比干的诗画书法以及各林氏宗亲组织寻根祭祖的纪念物。二门为硬山式建筑，门两侧竖立有"朝天吼"。二门内为碑廊，陈列有历代帝王将

⊙ 比干庙

相、文人学士凭吊比干的诗文碑碣。其中有北魏孝文帝的"吊比干文碑",全文长达1800多字。碑廊中还有唐太宗的"贞观碑"。碑廊中的历代碑刻具有很高的历史和艺术价值。其中"吊比干文碑"相传为南北朝时的书法家崔浩所书,与龙门二十品齐名,为魏碑中的精品。三门以内为一座九脊歇山式大殿,面阔5间。东西两侧为硬山式建筑,其中陈列有林氏历代先祖的塑像。大殿内有彩塑的比干立像,匾额为"三仁第一",大殿前还有祭拜用的卷棚式拜殿。庭院内有元仁宗延祐四年(1317)所立比干祭碑。元仁宗曾下诏重修比干庙,并在大殿内新塑比干与箕子、微子像,取"三仁同德"之意。另有一通乾隆十五年(1750)御制石碑,刻有当年乾隆皇帝祭奠比干的诗文。大殿后有石坊,坊联为"孤忠心不死,故社柏犹存"。其后墓碑上相传为孔子剑书的"殷比干莫"4个大字,"墓"字写作"莫"字,意为借地为土,象征比干的英魂与天地同在。墓碑小亭之后,为比干墓高大的墓冢,墓冢的四周镶嵌有唐代李白、孟郊、宋代邵雍、王十朋、黄庭坚、明代彭时等人称颂比干的诗文。庙外建有文化展示区、林氏纪念区、生态园林区、商业服务区等旅游功能区。

升仙观与升仙太子碑:位于偃师市南20千米缑山上。传为道家七十二福地中的第六十福地。为纪念王子乔升仙,山上原建有升仙观，现无存。原址上有一高7米的升仙太子碑，由武则天亲自题额、撰写并书丹。另存有宋代《重修升仙太子大殿记》碑石以及清代乾隆皇帝亲书之石碑。

○升仙太子碑

【相关资源】

[故里故居]

王越故里：位于鹤壁市淇滨区钜桥镇岗坡村。王越居官后，迁居浚县城内北大街，现依然有其后裔。据《王氏家谱》记载，王越的后人已传至第28代。王越（1423或1426—1498），河南浚县人。明代官至兵部尚书，镇守边塞，收复河套失地。

王家宅：位于商丘老城首东一街，建于明天启年间，清代重修。为四合大院建筑，有大门、倒座、上房、厢房、硬山灰瓦顶，有脊饰，前出廊。

王铎故居：位于孟津县老城东街。占地百亩，清代末期尚存门楼1座，上悬"太保府"匾额，以及前厅、过厅、堂屋各5间，廊房各3间。王铎（1592—1652），河南孟津县人。清代书法家，善于草楷各体，官至礼部尚书。

东胡斋：位于沁阳市天鹅湖。又名东湖书舍，此地原为潮音寺，后明代郑藩恭王与何瑭共同兴小学堂，更名为"景贤书院"。崇祯十四年（1641）王铎旅怀，寓居此地，在这里留下了许多墨宝。

王全明宅：位于内乡县夏馆镇，始建年代不详。现存为清代建筑，为一完整四合院，共12间，硬山灰瓦顶。上房为楼房，上层楼房以隔扇相隔，上雕花、草、鸟等花纹。过厅与厢房梁头雕龙首。为武秀才王全明修建的宅院。

王宰臣宅：位于内乡县城内。为一完整的四合院，由主楼、过厅、厢房组成。硬山灰瓦顶，有屋脊装饰，墙上有透雕花纹，宅后有花园，具有江南风格。清初王宰臣因立军功而建此宅。

菜市街王家宅：位于商丘市睢阳区菜市街，始建于清同治年间，为王姓财主家宅。有正房、厢房等多座建筑，组成东西两座院落，均为硬山灰瓦顶，屋脊有装饰，正房檐下有木雕装饰。

王幼侨故里：位于安阳县曲沟镇北固现村，故居已经改建。王幼侨（1888—1951），河南安阳县人。宣统年间，曾经宣传西方先进思想，民国时期历任教育科长、教育厅长等职务，著有《新郑古器发现记》。

[墓葬陵园]

王乔墓：位于叶县仙台镇坟台村。原来墓葬很大，碑刻并立，有祭祀建筑。王乔，传说为汉明帝时叶县县令。

堰口汉墓：位于许昌市北郊。墓冢高2米，面积102平方米。传说为东汉王允墓。王允（137—192），东汉太原祁县（今山西祁县东南）人。献帝时任司徒，联络吕布谋杀董卓，被害于长安。

王霸墓：位于宝丰县李庄乡李庄村。墓冢已平，墓区面积3000平方米，墓前有"汉大将军淮陵侯王公之墓"墓碑。王霸（？—59），字元伯。东汉光武帝时任大司马。

王浚墓：位于灵宝市西阎乡大字营村。墓冢高3米，周长25米，县志记载为王浚墓。王浚（206—286），西晋大将，累官益州刺史，灭吴，迁抚军大将军。

刘店墓葬：位于遂平县和兴镇刘店村。墓冢为圆形，高3米，面积50平方米。传说为西晋孝子王祥墓。

王伯当墓：位于灵宝市卢氏县官道口镇杨庄。墓冢高14米，周长150米。民国年间被盗。王伯当（？—619），隋末瓦岗军将领，从李密入关降唐，后又叛唐被杀，葬于此。

王彦章墓：位于濮阳县徐镇武忠陵村。墓高1米，面积79平方米。王彦章（863—923），字贤明。五代后梁大将，累迁澶州刺史、郑州防御使等。

王拱辰墓：位于通许县城关镇前张村。墓冢近平，面积380平方米。王拱辰（1012—1085），宋仁宗时官拜御史中丞，元丰初累官武汝军节度使。

王德用墓：位于新郑市龙湖镇荆王村东。墓冢已近平，现存清代墓碑2通。王德用（979—1057），字元辅。宋仁宗时累拜检校太保、签书枢密院事。

王恽墓：位于卫辉市城郊乡八里屯村西南。墓冢高9米，面积约900平方米，神道两边石像生部分残毁。现存明弘治七年（1494）"元翰林学士谥文定秋涧王公之墓"碑。王恽（1227—1304），卫州汲县（今河南卫辉市）人。元代文学家，官至翰林学士。

王冕墓：位于伊川县彭婆镇草店村兵营院。墓地面积3200平方米，墓尚存有祭文墓碑1块。王冕，河南洛阳人。明正德十二年（1517）进士，后为兵部主事，镇护山海关，在辽东李真、陆雄之乱中被害。

王越墓：位于浚县大伾山天齐庙西。墓地面积1万平方米，墓前神道两侧有石羊、石马、牌坊、戏楼等建筑。

王顺行墓：位于浚县大伾山天齐庙西。墓破坏严重，唯崇祯九年（1636）所立墓碑尚存完好。王顺行，河南通许县人。明万历年间进士，官任大理寺评事、陕西巡抚兼三边总镇右副都御史，后免官。

王嵩墓：位于原阳县大宾乡王营村东。墓冢为一小土丘，现存明正德十二年墓碑1通。王嵩，河南通许县人。明成化年间河津县丞。

王刚墓：位于长垣县魏庄街道办事处西韩了强村。墓区面积500平方米，现存墓冢高2米。王刚，河南长垣县人。明洪武年间武德将军。

王钝墓：位于太康县高朗乡王坟村。墓冢高2米，周长30米。王钝（1334—约1404），河南太康县人。明建文初官居户部尚书。

王瀹墓：位于太康县高朗乡王坟村。墓冢高2米，周长16米。王瀹（1377—1450），明永乐进士，正统年间官居户部右侍郎、浙江巡抚。

王诰家族墓地：位于西平县谭店乡王吉白庄。墓地面积2000平方米，墓前神道被毁，出土墓志等物。王诰之妻、子均葬在其侧。王诰（1498—1557），字功遇。明代官至右都御史，抗倭功臣。

王氏家族墓：位于南阳市卧龙区陆营镇王宅村。墓冢大多已被夷平，现存少量神道两侧石人、残碑等。王氏系当地官家大族。经调查墓地中有王鸿儒墓。王鸿儒（1459—1519），明成化年间进士，曾任南京户部尚书。其弟王鸿渐墓在其侧，曾任山东右布政使。

王氏家族墓：位于焦作市中站区府城街道府城村。有多座墓冢，分别埋有王铎（曾任明金华知府）及其子王愈、其孙王蹯等，墓冢高约2米。《修武县志》有记载。

王彦礼墓：位于浚县黎阳镇后嘴头村。墓冢近平，现存"明故卫经历进宇王公墓表"墓碑。王彦礼，明初从山西洪洞县侨居浚东嘴头，世代务农，至四世王自立时家业旺盛。

王三善与苏三墓：王三善墓位于永城市蒋口镇张集村马楼。墓前神道有石牌坊，石马、石羊等石像生。王三善墓右侧百米，是其妾苏三墓。王三善，俗称王三郎，河南永城市人。出身富商之家，官至明吏部主事、太常少卿加兵部右侍郎。

王都堂墓：位于西华县艾岗乡潘岗村。墓前有碑，王祖嫡撰文，出土有陶院落模型。王都堂，明代进士及第，任翰林院编修。

王氏家族墓：位于夏邑县城关镇王楼村。墓冢近平，墓前有清嘉庆二十二年（1817）"敕授登仕郎广东揭阳县巡检晋赠儒林郎王荣亭墓碑"，还有同年所立"诰封登仕郎太学生王君迪墓碑"等石刻。

王铎墓：位于偃师市山化镇张沟村。墓冢近平，现存石人、石马、碑刻等。

王氏家族墓：位于尉氏县蔡庄镇舍茶岗村。多座墓冢已经夷平。现存墓碑数通，可辨"故明奉政大夫山东青州府海防同知前庚子经魁芝童王公神道"等。

王坛墓：位于淮阳县新站镇王坛村。墓冢保存完好，其北有王氏家族墓地，村名或与此有关。王坛，清代处士。

王贯三墓：位于民权县孙六镇河里王村。墓冢高2米，面积20平方米。墓前有清乾隆四年（1739）立墓碑一块。王贯三（1648—1720），考城（今河南民权县）人。清康熙年间进士，任户部主事。

王子凝墓：位于民权县城关镇柳园村。砖券墓，早年被盗。王子凝，清代户部尚书。

王敬之墓：位于民权县花园乡王庄村。墓冢面积18平方米。墓前有清代所立的墓碑1通。王敬之，清嘉庆进士，任刑部主事。

王懿德墓：位于开封市东郊。墓冢近平，立有墓碑，刻有王氏祖先墓地图。王懿德（？—1861），河南祥符（今河南开封祥符区）人。清道光进士，曾官任陕西布政使、闽浙总督。

[祠堂寺庙]

王刚祠堂：位于长垣县魏庄街道办事处西韩了强村。始建于明代，清代重修。坐西向东，面积600平方米。现存大门楼1间，南北厢房各3间，正房3间，均为硬山灰瓦顶，有脊饰，正房与厢房间有走廊相通，梁上绘画。

王氏宗祠：位于获嘉县亢村镇刘固堤村。始建于清雍正八年（1730），道光年间两次重修续建。供奉明初王井为始祖。现存戏楼，面阔3间，进深1间，下为砖砌台基，上为戏楼，硬山灰瓦顶；大殿1座，面阔1间，进深3间。

王翰林祠：位于濮阳县梁庄乡王郭村。现存祠堂面阔3间，进深2间，硬山灰瓦顶，有脊饰。祠堂内存有清代王氏族谱碑1通，为清代翰林王庠祠堂。

王家祠堂：位于焦作市中站区朱村街道马作村。清代建筑，现存大门1座，正房1座，东西配房与耳房等。正房为硬山券顶灰筒瓦，前檐为"福"字瓦当。大门前有石狮子1对。

王家祠堂：位于温县城关镇。清代建筑。现存大门、上房、东西厢房各3间。大门、厢房为硬山灰瓦顶，有屋脊装饰。前檐有木雕装饰。

王氏祠堂：位于焦作市山阳区新城办事处墙南村。建于清咸丰年间。坐西朝东，现存门楼1间，正房3间，均为硬山灰瓦顶，有屋脊装饰。门楼前檐有砖雕，祠堂内有《创修宗祠碑记》。

王氏宗祠：位于修武县郇封镇官司村。清代建筑，现存大门、正房各1座，大门面阔3间、进深1间，正房面阔3间、进深两间，均为硬山灰瓦顶，有屋脊装饰，大门屋檐下有雕刻，保存较好。

王家祠堂：位于孟州市南庄镇南庄三村。始建于清嘉庆五年（1800），清同治四年（1865）重修。大门、厢房已改观。现有正房1座，面阔3间，进深3间，悬山灰筒瓦顶，有屋脊装饰，前檐有木雕装饰，保存尚好。

王薛祠堂：位于温县杨磊镇王薛村。创建于清同治八年（1869）。坐北朝南，占地面积1500平方米，现存大门和东西厢房。大门面阔2间，进深3间，悬山灰瓦顶，屋檐下有斗拱，花雕装饰。

[碑碣刻石]

《拟山园帖》：位于孟津县老城王铎旧居之中。此帖为王铎传世法帖之一。由其子王无咎撰集，古燕吕昌摹，张翱镌，共10卷，79帖，1万余字，刻石90块。

《琅华馆帖》：现存于洛宁县文化馆中，为王铎书法珍品。清代顺治年间由王铎与张鼎延等人书写，张翱刻写。帖石用白玉石雕刻而成，共12方，字体草、楷、行书兼有。

王氏祠堂碑：位于清丰县瓦屋头镇王庄村。碑高1.5米，宽0.63米，厚0.15米，清道光十二年（1832）立。碑文记载了王氏家族奉行义、仁、信的处世治家宗旨。

王氏家族世系碑：位于永城市马牧镇两口村。碑高1.84米，宽0.65米，清道光二十四年（1844）立。王氏十世至十三世孙奉祀刻石。碑文记述王氏始祖讳良，明洪武年间自山东琅邪郯城县迁永城，至十三世孙念恭恐先人墓久而无征，乃合族公议修碑。

王家祠堂碑：位于温县徐堡镇亢村北街。清代建筑，碑高1.6米，宽0.58米，清代立碑，具体年号不详，碑文记载了王家祠堂修建情况以及祭祀时的一些规条。

王氏祠堂创建碑：位于新密市曲梁镇五虎庙村。碑高2米，宽0.5米，清宣统元年（1909）立，王鸣山书丹，王文秀篆额。碑文记述了王氏从山西洪洞迁新密的活动情况。

王氏家谱碑：位于新乡县翟坡镇寺王村。碑高2米，宽0.93米，厚0.3米。清乾隆五十七年（1792）立，荣锦书丹。碑文记载了王氏家族谱系。

王氏石坊：位于巩义市康店镇。民国5年（1916）建，为表彰王氏节孝而立。四柱三间三楼式石坊，高7米，宽4米，庑殿顶。建筑墙体雕有二十四孝图、八仙庆寿图。

[其他遗存]

王家楼：位于巩义市芝田镇官庄村。清代建筑。坐北朝南，面积400平方米。现存建筑有门楼、正房及东西厢房，均为硬山灰瓦顶。正房内有彩绘。

【人物名录】

西汉有王孙庆（濮阳）。东汉有王常（舞阳）、王梁（正阳）、王霸（许昌）、王康（南阳）、王吉（开封）。三国有王象（武陟）、王连（南阳）、王弼（焦作）。东晋有王隐（淮阳）。隋朝有王谊（洛阳），王贞、王伯当（均开封）。唐朝有王恭（滑县），王梵志（浚县），王知敬（沁阳），王求礼（长葛），王同皎、王丘（均安阳），王晙、王湾、王季友（均洛阳），王琚（沁阳），王泠然、王涣（均商丘），王虔休（汝州），王栖曜（濮阳），王沛、王建（均许昌），王智兴（温县），王仙芝（范县），王潮（固始）。五代有王宗涤（禹州），王建、王宗裕、王宗鼎、王元膺（均舞阳），王建及、王重师（均许昌），王审知、王延钧、王延翰、王继严、王鏻、王审邽、王延彬（均固始），王衍（舞阳），王宗寿（许昌），王晏球（洛阳），王琼（濮阳），王仁寿（南阳），王彦俦（汝南），王章（南乐），王重裔（淮阳），王峻（安阳）。北宋有王彦升、王承衍、王审琦（均洛阳），王仁赡（方城），王昭素（延津），王处讷、王熙元（均洛阳），王文宝（开封），王宾（许昌），王继恩（陕州），王佺、王蔼、王珪、王继英、王继忠（均开封），王利、王随、王瓘、王曙、王惟一（均洛阳），王大中（滑县），王怀隐、王砺、王洙（均商丘），王德用、王渊（均郑州），王尧臣（虞城），王田、王素、王易（均开封），王回（许昌），王逵（濮阳），王猎（长垣），王拱辰（通许），王诜（开封），王宗望（固始），王中正、王皇后（均开封），王慎言、王师约（均洛阳），王禀、王寿卿、王黼、王恩、王履（均开封），王钦臣、王昕（均商丘），王襄（南阳）。南宋有王绹、王伦、王垔、王继先、王震、王昇、王扔（均开封），王贵（汤阴），王侯、王逑（均淮阳），王炎（安阳）。金朝有王世赏、王硐（均开封），王竞（安阳）。元朝有王珍、王文干（均南乐），王磐（鲁山），王恽（卫辉），王鼎（林州），王兴祖（延津），王智秀（襄城）。明朝有王乾福、王巽（均兰考），王宇、王观、王继（均开封），王纯、王沦（均太康），王平（息县），王彰（郑州），王越（浚县），王相（光山），王鸿儒（南阳），王冕（洛阳），王锦（襄城），王尚𱃬（郏县），王教、王廷相、王梦兰（均兰考），王邦瑞（宜阳），王崇庆、王英明、王绖、王嗣虞（均濮阳），王祖嫡（信阳），王国（洛阳），王正志、王鹏、王延壁、王惟俭、王继（均开封），王述古、王聿修（均禹州），王三善（永城），王家祯（长垣），王廷谏（项城），王星奎（信阳）。清朝有王铎、王鉽、王无咎、王无党、王眉谷、王无荒（均孟津），王辅运（太康），王世当（宁陵），王遵性（西华），王进（滑县），王日温（尉氏），王培、王应昌（均柘城），王宗臣（淅川），王尊训、王云明（均西华），王伯勉（汤阴），王嘉生、王缙、王澄慧（均睢县），王培生（宝丰），王廷璧、王紫授、王桂、王吉士、王郊、王懿德（均开封），王无芜（孟津），王如岳（洛阳），王作梅（沁阳），王芝兰（嵩县），王子诚、王尔鉴（均卢氏），王郡（唐河），王梦麟（南阳），王曰烈、王茂松、王洗桂（均项城），王增（延津），王梦弼（商丘），王广运（商水），王慎余、王本立（均罗山），王汝谦（武陟），王贯三（夏邑），王巨孝（商丘），王检心（内乡），王格正（新密），王揆一、王锡侯、王安澜（均新乡），王嵩龄、王开贻（均光山），王屿（鲁山），王兰广（修武），王守毅（固始），王树芬、王嗣邵（均鹿邑），王兆吉（荥阳），王宗峄（遂平），王莲台（南阳），王天杰（巩义），王士㷎（武陟），王杲若、王洵（均新安）。

2. 李

【姓氏源流】

五帝之一的颛顼之后裔皋陶在尧时为大理官，执掌刑狱诉讼之事，其后代世袭理官，遂以"理"为氏。商末理征直言纣王，而遭杀身之祸，其子理利贞出逃至豫西伊侯之墟，靠木子果实充饥，得以生还，为了感激木子救命之恩，又因"李"与"理"音同，便改姓为"李"。

先秦时期主要活动于中原，秦汉时向各地迁移，南入两广，西进甘肃，以后在陇西、赵郡等地形成望族，并建立了中国历史上太平盛世的李氏唐朝，又先后有大成、西凉、大凉、吴、魏、楚、后唐、南唐、大蜀、西夏、大顺等李氏政权建立。在越南和朝鲜也有李氏王朝建立。如今，李氏已发展成为中国第二人口大姓，广泛分布于全国各地，尤以河北、山东、河南、四川、江苏、安徽等地为多。

【祖源遗存】

太清宫：位于鹿邑县城以东5千米的隐山上，始建于东汉桓帝延熹八年（165），初名老子庙。唐高祖武德三年（620），李渊追认老子为始祖，以老子庙为太庙。唐乾封元年（666），上老子尊号为"太上玄元皇帝"，诏建"紫极宫"。唐嗣圣元年（684），武则天追封老子母亲为"先天太后"，并建"洞霄宫"以祀之。唐玄宗天宝二年（743），下诏改紫极宫为"太清宫"。太清宫分前宫和后宫，相距约500米，中有"清静河"为界，河上建"会仙桥"连接两宫。前宫住乾道，后宫住坤道。前后宫共占地48万平方米，有楼台殿阁600余间。前宫午门耸立，御道坦直，院内以太极殿为中心，周围有七元殿、五岳殿、南斗殿、虚无殿、清静阁。太极殿内有老子塑像，殿前有铜铸八卦炼丹炉，殿侧有铁柱一根，传为老子"赶山鞭"，亦传为老子任柱下史之标志。殿东有井一眼，传为老子出生时九龙取水浴体处，故称"九龙井"。院内碑刻成林，显得庄严肃穆。太清宫于唐末毁于兵火，几成废墟，宋代重修。宋大中祥符七年（1014），真宗亲临太清宫，大排祀典于洞霄宫，又于宫东侧镌立御书"先天太后赞碑"一通，并下诏扩建庙宇。北宋末年，太清宫又毁于兵火。金元时重修。元至正十五年（1355），韩林儿在亳州称帝，下令拆太清宫之材，运至亳州盖宫殿。明万历七年（1579），再次修缮太清宫。清康熙十七年（1678），由道圣等人募资重修，7年始成。近代又毁于战乱，现仅存主体建筑太极殿5间，铁柱1根，古柏3株，碑刻9件，望月井1眼。洞霄宫仅存清代建筑三圣母殿5间，娃娃殿3间，宋碑1通。2001年，太清宫被国务院列为全国重点文物保护单位。

⊙太清宫

老君台：位于鹿邑县城东北角，为老子修道成仙飞升之地，故初名"升仙台""拜仙台"。宋大中祥符六年（1013），更名为"老君台"。台高13米，台上面积706平方米。全台以古式大砖堆砌，由24个平面围成圆柱形，台上环筑70厘米高的围墙，形与城

2. 李

⊙ 老君台

墙相似。台上有正殿3间，东西配殿各1间。正殿内原有老子铜像1尊，高2米许，铸工精巧。殿门檐下东西各嵌1碑，上书"道德真源""犹龙遗迹"。山门内东侧原有铁柱1根，高约2.3米，径约23厘米，突兀而立，古色苍然。大殿后原有老君炼丹房。山门下有青石台阶32层，加上正殿1层，恰为33层，以符老子飞升33天之说。老君台自古以来就是著名游览胜地，唐高宗李治、玄宗李隆基、女皇武则天、宋真宗赵恒，以及文学大家苏东坡、欧阳修等都曾来拜庙祭祀。1983年在此建博物馆。1986年，老君台被定为河南省重点文物保护单位。2001年，与太清宫遗址一起被国务院列为全国重点文物保护单位。

老子故宅：位于洛阳市瀍河区东通巷北头西侧，今洛阳市第二十四中学校院内。东临孔子庙（即瀍东书院旧址），西傍瀍河。故宅大门坐西向东，门上有2条石刻雕龙，额题"老子故宅"4个大字。进大门北折，坐北向南有1间佛殿，内塑观音菩萨像1尊。菩萨像前有1尊乌金佛像，约在民国16年（1927）时被人盗去。佛殿后砌有院墙，中开二门，与后院老子故宅相通，进二门，坐东向西有东厢房5间。通过院中甬道，过东厢房，可达坐北向南的大殿，内塑有老子像1尊。

太初宫：位于灵宝市境内，为春秋末期老子过函谷关时，关令尹喜拜留老子著述《道德经》的地方，后人又称老子故宅。据元大德四年（1300）、清顺治十年（1653）《重修太初宫》碑文记载，周昭王时，关令尹喜望东方有紫气，知有异人通过，整日恭候，果见老子驾青牛薄奋自东而来，即迎邀留居，著《道德经》五千言以传于世。意为先天一气浑成者，名为"太初"，后人即宅而观曰"太初观"。唐开元二十九年（741），更名为"天宝观"。宋崇宁四年（1105），更名为"太初宫"。现址上的太初宫正殿保留有唐、元、明、清建筑构件。院内原来古柏参天，碑石林立，殿宇辉煌，殿内老子像栩栩如生，均遭破坏。现在正殿为元代建筑特点，存有唐、明柱础。殿内塑有老子著经坐像、关令尹喜和牛童徐甲站像。院内有元、清两代重修太初宫碑石2块。太初宫偏殿东、西药王庙之间有回音现象。

【相关资源】

[故里故居]

李斯故里：位于上蔡县城东门里路北上蔡一中一带。这里有一水坑，名李斯坑，传说李斯被害后，赵高派人抄家，掘地三尺所致。相传李斯在上蔡东南九彩李村原有庄园1座，后又在上蔡西南汝河两岸购置土地，建造一所新庄园，名李斯楼，后更名为李七楼。李斯（？—前208），楚国上蔡（今河南上蔡县西南）人，秦庄襄王三年（前247）入秦，向秦王献灭六国、统一全国计，拜为客卿。秦统一中国后，官至丞相。后遭赵高陷害被杀害。

李左村：位于通许县西北15千米。相传李左车晚年在此隐居课徒，深受百姓爱戴，卒后葬于此。李左车，秦汉之际谋士，初在赵封广武君，后附汉多出奇谋，收燕、齐之地。

平泉庄遗址：位于伊川县城关镇梁村沟村。此处山峦环抱，林木掩映，泉溪萦回，平湖如镜。原为乔处士故居，后被唐朝宰相李德裕买得，加以修筑。在入仕之前，李德裕曾讲学其中。今仍有胜迹可寻。李德裕（787—850），字文饶，唐赵郡（治今河北赵县）人，李吉甫之子。唐武宗时居相位，力主削弱藩镇，是牛李党争中的李派首领，后遭牛派打击，贬为崖州（治今海南海口市琼山区东南）司户。著有《次柳氏旧闻》《会昌一品集》和《平泉山居草木记》等诗文集。

李贺故里：位于宜阳县西35千米的三乡镇。镇东的连昌河源于三门峡市陕州区，自西北向东南穿谷而过，经洛宁县东北境入宜阳三乡，注入洛河，昌谷就在连昌河与洛河的汇合处，昌谷之名即以连昌河谷而得。《宜阳县志》载："长吉（李贺）多才，栖息昌谷。"在李贺的诗歌中，有不少直接以昌谷为题的作品。据《南园十三首（其二）》的"宫北田塍晓气酣"句，宫即连昌宫，为唐高宗显庆三年（658）建，又有玉阳宫、兰昌宫之称。李贺（790—816），唐福昌昌谷（今河南宜阳县西）人，著名诗人。现留存诗作230余首，其诗作揭露现实，抒发悲愤之情。

晋王城遗址：位于上蔡县城东35千米，相传五代后唐庄宗李存勖曾屯戍于此。遗址高2.5米，面积7.5万平方米。出有黄釉瓷碗、四系罐等器物。晋王城西北100米处有一高台，上建太子庙，祀李存勖。李存勖（885—926），后唐庄宗，为五代后唐王朝的建立者，唐沙陀部人，李克用之子。

李际遇故里：位于登封市东北15千米唐庄乡磨沟村南窑。这里石厚土薄，地瘠民贫，李际遇就生长在这里。李际遇，明末登封磨沟村人，精通少林武术，明末农民起义领袖。

李绿园故居：位于平顶山市湛河区曹镇乡宋寨村。旧居为四间瓦房。1974年对旧居进行翻修。李海观（1707—1790），河南宝丰县人，字孔堂，号绿园，亦号碧圃老人。著有长篇小说《歧路灯》，亦工诗文。原有《绿园诗钞》《绿园文集》《拾捃集》等，已散佚。

谢庄村：位于滑县城关镇。该村东北角有土院墙、木栅门、草房5间，为李文成之故居，也是天理教诸首领聚会之所，起义失败后被清军焚烧，现旧址尚存。李文成（1766—1813），河南滑县人。清代河北、河南、山东农民起义首领。

李家宅：位于商丘市睢阳区双牌坊南二街。建于清光绪年间，为四合院式建筑，保存尚好。

李家宅：位于商丘市睢阳区考棚街。建于清光绪年间，为二进院落。

李鸣钟故居：位于沈丘县城长安西路北。约建于清末民初，为民国初年官僚李鸣钟宅，现为一座三进院落四合院，保存完好。

[墓葬陵园]

李母坟：位于鹿邑县城郊乡郭庄村南。当地传为老子母亲墓，清光绪年间《鹿邑县志》记为李母坟。

李广墓：位于安阳县磊口乡清峪村西。李广（？—前119），陇西成纪（今甘肃静宁县西南）人。西汉名将。

李青墓：位于南召县县城南关。李青，生平不详。

李左车墓：位于通许县孙营乡李左村西。墓冢为一圆形土丘，墓高5米。墓区面积约400平方米。嘉靖《通许县志》记载："墓前有石，方仅二尺，文字漫灭，其首可辨者，'君李左车墓'。"现已无存。墓前有清道光七年（1827）通许县知事李守弼重立碑刻。

李固墓：位于林州市市区东街村北。李固（94—147），字子坚。东汉名士，曾任荆州刺史、大司农、太尉，为官清正，因触犯梁太后死于狱中。

李咸墓：位于西平县出山镇坡李村东北。李咸（100—175），字元卓，东汉西平人。灵帝时任太尉。

李忠墓：位于西平县出山镇坡李村东北。传为汉李咸之弟李忠墓。

李云夫妇墓：位于濮阳县柳屯镇小寨村北。李云（496—575），字惠云。北齐时累官车骑大将军、银青光禄大夫、济南太守、豫州刺史等。

李世元墓：位于通许县邸阁乡标台村东。传为唐代名将李春孝之子李世元墓。

李嶷墓：位于焦作市中站区王封街道西冯封村北。此墓位于小山坡上，经长年雨水冲刷，封冢已与山坡平。墓前尚存唐开元年间墓碑1通，碑额书"大唐放简州长史李府君之墓"，碑文记载了李嶷生平。李嶷，唐代赵郡（今河北赵县）人。开元进士，官终真定令。

唐恭陵：位于偃师市缑氏镇滹沱村南，是全国重点文物保护单位。俗称太子冢，系唐高宗太子李弘之陵墓。高宗撰文并亲书之

"睿德纪"碑至今仍在，高5.47米，宽2.53米。冢南排列翁仲3对，石马1对，华表1对，另有石虎1对，东、北、西三面各有石虎1对。东北角有哀皇后陵墓，俗称娘娘冢。恭陵总面积3.5万平方米。陵冢高22米，底部周长620米，布局严整。李弘（651—675），字宣慈。显庆元年（656）正月被立为太子，675年随帝后出行洛阳，猝死于合璧宫绮云殿，死因颇受争议。

李愿墓：位于济源市克井镇大社村北。墓坐北向南，封土呈椭圆形，长30米，宽21米，高3米，面积600余平方米。墓前竖一石碑，碑正中刻"唐贤李愿之墓"，是清乾隆年间济源县令黄国铨所立。李愿，祖籍陇西（今甘肃天水市），唐初迁济源，韩愈好友。唐贞元十七年（801），韩愈送李愿归隐济源太行之阳的盘谷，并作《送李愿归盘谷序》。

李商隐墓：有三处。一处位于沁阳市区东1.5千米覃怀办事处庙后村南。原有墓冢，墓室为砖筑仿木结构，后被夷为平地。新规划的墓园东西宽76米，南北进深242米，总面积约1.84万平方米，分为门前广场、陈列接待区、诗碑大观园、墓冢四个区。一处位于博爱县许良镇江陵堡村西北隅。占地7500平方米，墓冢四周青石垒墙，呈圆形，直径15米，高3米，墓前立雕刻盘龙碑首1通，碑身正面正中篆书"李商隐之墓"。一处位于荥阳市豫龙镇二十里铺行政村首蓿洼自然村东南约500米，墓冢东低西高，为圆形，直径约10米，高4米。现已开辟为李商隐公园。李商隐（约813—约858），唐怀州河内（今河南沁阳市）人。晚唐著名诗人。

李密墓：位于卢氏县官道口镇三官庙村南。冢高约7米，周长约60米。李密（582—619），隋末瓦岗军首领，后与王世充交战失败，降唐，复叛唐被杀葬于此。

后唐明宗徽陵：位于孟津县送庄镇送庄村东南。墓冢为圆丘形，高12米，周长约180米。据县志记载为后唐明宗李亶陵，保存较好。

李存孝墓：位于武陟县阳城乡五车口村西南。李存孝，后唐大将，相传行至此地被围，遭车裂而死，五车口村由此得名。

李存勖墓：位于新安县北冶镇下坂峪村败仗沟。原墓冢高大，墓园面积6000平方米，今封冢已被夷平。史载其为后唐庄宗陵。

李诚墓：位于新郑市西北30千米的梅山村东南1千米、于寨村西南约200米处。原来冢高数米，墓周约6米见方，1958年被平毁，现冢残存1米许。李诫（？—1110），字明仲，郑州管城（今属河南郑州市）人。从北宋哲宗元祐七年（1092）开始在将作监供职，历任将作监主簿、监丞、少监和将作监，营建许多大型工程。所著《营造法式》，集古代建筑经验之大成，是我国建筑方面的一部巨著。

李佐夫妇墓：位于原阳县靳堂乡时庄村南。砖室结构。墓内有石棺，刻有孝子、节妇、烈女、友悌等人物故事画像，另有墓志一方。李佐，明处士，此为与其妻冯氏合葬墓。

李文敏墓：位于卫辉市庞寨乡纸坊村南。墓地面积1054平方米。前存墓碑2通。其一高2.26米，宽0.8米，厚0.18米。明嘉靖二年（1523）立，为嘉靖皇帝撰文的御祭碑。神道两旁立有墓阙、石像生等。李文敏，河南汲县（今河南卫辉市）人。明正德年间翰林。

李戴墓：位于延津县县城东北。墓冢圆形，直径15米，墓前建墓龛一座，新立石碑2通，坟冢四周用砖围砌。李戴，字仁夫，延津（今属河南）人。明隆庆年间进士，万历年间任吏部尚书，卒后葬此。

李化龙墓：位于长垣县魏庄办事处傅堤村西。李化龙（1554—1611），字于田。明万历二年（1574）进士，初授嵩县知县，后累官南京工部主事，湖南提学，湖、广、川、贵四省总督，兵部侍郎，兵部右尚书等职。卒年57岁，赠太师，谥襄毅。

李栋墓：位于长垣县魏庄办事处傅堤村南。墓冢近平，墓前石像生1958年埋入地下。1985年挖出石马1对，形象生动，现立于墓前。李栋，李化龙之父，后追封兵部侍郎、少保尚书衔。

李贤墓：位于邓州市区南5千米张营村东。俗称"李阁老坟"。墓枕北面南，封土隆起，庞然成丘。此墓于1952年被群众平毁，地面石刻只存石墩数个和石马1对。李贤（约1408—1467），字原德，南阳邓州（今河南邓州市）人。明朝中叶的著名贤相。著有《天顺日录》《古穰文集》等。

李升墓：位于邓州市西南解放村唐庄南。现存石碑2通，神道设施已毁，墓穴于20世纪70年代被发现，出土有墓志铭等文物。李升，系明阁老李贤之父。

李汝华墓：位于睢县县城北5千米傅路嘴村东500米处。墓冢已平，墓志尚在地下。李汝华（约1553—约1628），睢州（今河南睢县）人。明万历进士，官至户部尚书，并兼吏部事。

李舆墓：位于永城市条河乡条河村。其墓冢已夷平，尚存"故李公处士墓碣"1方，长方形，圆首，高0.91米，宽0.49米。碑文记述处士李舆先居永城太丘旱道口，后迁碣山的迁徙经过，以及李舆处世温和等颂词。碑阴雕一香炉。李舆，明处士。

李怀亭墓：位于淮阳县齐老乡柳林村东。墓冢土近平，面积80余平方米。墓碑已佚。李怀亭，明代处士，乐善好施，誉名乡里。

李加贤墓：位于扶沟县崔桥镇李景彦村。墓冢已平，仅墓碑1通，上书"明故处士李公讳加贤暨配孺人秦太君之墓"。李加贤，生平不详。

李威墓：位于邓州市林扒镇小李营村赵庙西南。冢高5米，面积100平方米。李威，明洪武年间任云南江川知县。

李氏家族墓：位于杞县西寨乡黄土岗村东南。著名者有李际春（约1534—1583，曾出使琉球诸国）墓、李茂春（1561—1632，曾官居刑部主事，诰授奉政大夫加大中大夫等）墓。

李燧墓：位于鹤壁市山城区石林镇李家坟村东北。此为李燧家族墓地，原存5座墓冢，现存其一，墓前原石像生、碑刻等亦不存。李燧，河南汤阴县人。明成化年间进士，累迁户部尚书。

李国祚墓：位于邓州市穰东镇三教村李梅园。现墓冢已平，仍存明万历年间立墓碑1通。碑高2.3米，宽0.8米，厚0.25米。李国祚，生卒年不详。据墓碑记载，李国祚系明总兵左良玉的妹夫，曾在镇平一带与李自成义军作战，承万历皇帝钦赐武解元。另记李氏五世世系。

李聪家族墓：位于林州市任村镇井头村南猫岭下。墓地有李聪（明嘉靖年间任宁乡教谕，为著名孝子）和其子李画（曾任武进知县、户部主事）、其孙李瑞（曾任大理寺评事、云南检察使）、其五世孙李坤达（曾任林县练兵总领）等人墓葬。墓地面积近2万平方米，现存3座墓冢，高约2米，还有成对的石虎、石马、石羊等石像生，以及半圮的石坊和1通"明云南检察使李公瑞墓"碑。

李先芳墓：位于范县濮城镇黄庄村北。面积约100平方米，墓冢已近平，墓碑仅余一螭首。李先芳（1510—1594），明嘉靖丁卯

（1547）进士，官至尚宝司少卿，有《江右诗稿》《李氏山房诗选》传世。

李炳墓：位于卢氏县东明镇涧西村李家坟。面积约2000平方米，墓冢已近平，尚存墓碑1通，其他石刻已毁。李炳，字恒桥，卢氏县人。明永乐癸未（1403）科进士，官至右副都御史，巡抚辽东转南京大理寺卿。

李氏家族墓：位于封丘县县城北周庄村东，时代为明、清。李氏为当地官宦世家，自明到清，家族内进士、翰林、太学生及大官僚数十名之多。其中李嵩阳为陕西布政司右参议，督学江南，几次授监察御史之职。今墓地尚存墓碑3通。

李千墓：位于荥阳市豫龙镇楚寨村南。墓冢已平，尚存清乾隆三十五年（1770）立墓碑1通，碑文记有李氏世系。

李合墓：位于义马市常村路街道石佛村南。墓冢高2.5米，周长50米。墓前存清代墓碑为"儒林郎议叙武信骑尉李公合墓"。

李香君墓：位于商丘市睢阳区路河镇李姬园村东。墓冢早被夷平，墓室经盗掘，原墓碑亦佚。今复拢土聚冢。李香君，明末歌妓，曾在南京秦淮河与侯方域相识并劝其爱重名节，后随侯方域返商丘。因其为风尘中人，卒后不得与侯方域同葬而葬于原居地李姬园。

李绍唐夫妇墓：位于商丘市梁园区谢集镇高台李村。封冢已平，尚存一墓表，清道光十七年（1837）立，全名为"皇清例貤封儒林郎贡生绍唐李公暨德配郑安人墓表"，记述了李绍唐夫妇生平。

李自成墓：位于商丘市睢阳区郭村镇金盆李村。封冢已平，尚存墓碑1通，高1.35米，宽0.7米，厚0.1米，清乾隆三十五年（1770）立。碑文记载李自成于明洪武初，从山西平阳府洪洞县迁居河南归德府商丘县郭村集的经过。

李子金墓：位于柘城县皇集乡罗李村南。墓经今人修缮，有民国27年（1938）重修碑1通。李子金（1622—1701），名之铉，清初著名数学家。世人称"辩士"，又有"狂夫"之誉。

李据墓：位于夏邑县北岭镇后林村西北。墓冢已不存，墓前有清乾隆三十一年（1766）所立墓碑1通，圆首，记述李据生平。李据，清乾隆年间中宪大夫候补知府。

李台三墓：位于郏县长桥镇前凌堂村东。墓冢高3米，面积

2040平方米，墓碑已残损。李台三，清郏县义士。据清同治三年（1864）《郏县志》记载，皇帝曾赐旌表。

文清公墓：位于温县赵堡镇南保封村东南1千米处。墓前原有石像生、神道碑等。"文化大革命"中，地面石刻和墓室均遭破坏，现已荡然无存。李棠阶（1798—1865），字树南，号文园，又号强斋，清代河内（今河南温县）人。22岁中举，道光进士，历仕道光、咸丰、同治三朝，官至礼部尚书。同治四年（1865）十一月，病死于北京，谥号"文清"。

李玑墓：位于郏县王集乡东马头王村北。墓冢已平。尚存清咸丰五年（1855）立墓碑1通，碑高3.12米，宽0.7米，碑文记述李玑生平与为人。李玑，生平事迹不详。

李德仁墓：位于鲁山县观音寺乡中滑石沟。墓冢已平。尚存清光绪二十年（1894）立墓碑1通。碑高1.9米，宽0.63米，厚0.2米。李德仁，清代鲁山人，有名望。墓碑记述李德仁精医术，又曾集资修寨，御寇而保乡民，从荆楚一带引种水稻，并修河渠兴灌田等功德之举。

李连霞墓：位于孟津县老城关李庄村西北。墓冢已平。现存清代石碑1通，首、座已佚，碑身高3.04米，宽1.1米，厚0.34米，立碑年月不详。碑阳刻"赠朝议大夫金衢兵备浙江布政司参议连霞李公神道"。

李健庵墓：位于兰考县堌阳镇西马目村东南。现存墓冢，高2.5米，直径6米，墓前有碑，高1.75米，宽0.5米，碑文记载墓主人生前行善事迹。李健庵，清乾隆年间考授内阁供事官。

李文墓：位于温县北冷乡东南冷村北。墓冢在"文化大革命"中被推近平，砖室墓已部分露出。李文，河南温县人。清道光年间进士，曾任宜兴知县，咸丰年间病故，归葬故里。

[祠堂寺庙]

铁瓦庙：位于通许县西北15千米李左村。传说东汉光武帝刘秀遇奸臣谋刺，路过此地，狂风大作，刘秀被车拦挡，方得脱险，以为是李左车显灵救驾，遂派马武、岑朋修庙建祠，庙上每间有一铁瓦，号称"铁瓦庙"。明正统八年（1443）重修。清代屡有修葺，现庙不存。又传李左车字陪昌,故祠名"陪爷庙",并以农历六月二十四日为李左车生日,每年届时举行香火大会,以为纪念。

盘谷寺:位于济源市克井镇大社村北,唐贞观十七年(643)李愿隐居于此。清乾隆年间建李公祠,已毁。现存韩昌黎为他送行的《送李愿归盘谷序》、清帝乾隆御书的《韩愈送李愿归盘谷序》及七言诗刻石。

连昌宫:位于宜阳县三乡镇北,连昌河西岸的汉山脚下。建于唐显庆三年(658)。宫早废,后在此建五花寺。今存一塔,高30米,为宋代建筑。唐代诗人李贺长期生活在这里。

福昌阁:位于宜阳县三乡镇东7.5千米的福昌村。隋时建福昌宫,现存建筑始于明代,清嘉庆年间曾进行过全面修葺,近年又重新翻修。为歇山式重檐四方型建筑,建于高台上,颇雄伟。

太子庙:位于上蔡县城东35千米杨集镇。台高3.5米,面积6400平方米,始建年代不详,明洪武年间重修。原台上古城和晋王井今已不存,现仅存拜殿3间,残碑数通。此庙与五代后唐创建者李存勖有关。

法眼寺:位于商城县黄柏山。明万历二十八年(1600)李贽因受迫害,迁居于此。居数月北去通州(今北京通州区),今寺已不存,仅有遗址。李贽(1527—1602),号卓吾,泉州晋江(今福建泉州市)人。明代思想家、文学家。历任辉县教谕、南京国子监博士等。著有《焚书》《藏书》《史纲评要》《四书评》等书。

晋王庙:位于郑州市管城回族区东晋王庙村边。始建于宋,明、清多次重修。原规模较大,后破坏严重。现仅存清代硬山灰瓦顶小瓦房10间和石刻。其中"灵显王庙赞碑"为宋真宗赵恒所书,碑文赞李靖"功有于国,惠泱于民"。李靖(571—649),字药师,京兆三原(今陕西三原县东北)人。唐代军事家。

李燧家庙:位于汤阴县五陵镇镇抚寨村。传说家庙即为李燧所建。

永思堂:位于商丘市睢阳区李口镇。始建于明永乐年间,为纪念李德所建的祠堂。原为前后两进四合院,现存前堂1座。李德,河南商丘人。明代燕王朱棣手下武将。

奉司堂:位于商丘市睢阳区李口镇永思堂东。为李德之子李敏之祠堂，四合院式建筑，保存尚好。

李氏祠堂：位于光山县文殊乡柿园村。清代建筑，前后两进院保存较好。祠内有清代修建碑记2通。传为替父申冤的李三姐修建的祠堂。

李三姐祠堂：位于郸城县南丰镇南丰东门外。建于清光绪年间，为典型的清末四合院民宅。

李家祠堂：位于洛宁县城关镇余庄村。始建于明，清代重修，保存尚好。

李家祠堂：位于焦作市山阳区百间房街道李河村。现存门楼3间，正房3间。

李家祠堂：位于温县北冷乡东南冷村东。现存大门、正房和东西厢房，保存较好。

李固家庙：位于汤阴县瓦岗乡瓦岗村。李固，汉代太尉，村内李姓称其为先祖，建家庙祭祀。

李白庙：位于登封市大金店镇陈村。始建年代不详，清代重修。庙内有清顺治十一年（1654）立"重修李白庙碑记"碑1通。

文清公祠：位于温县东北6千米处的赵堡镇南保封村中。清代创修。原为一组古建筑群，现仅存享堂，其余建筑已无存，享堂坐北面南，面阔3间，进深2间，硬山顶，仍保持原貌。堂内保存有清式家具和李棠阶及诰命夫人的牌位。

[碑碣刻石]

李公神道碑：位于偃师市李村镇马庄村南。全名为"大宋故赠中书令良僖李公神道碑"，碑文记述李良僖生平。李良僖（？—1063），即李照亮，北宋上党（今山西长治市）人。宋太宗明德皇后之兄李继隆之子。卒赠中书令，谥良僖。

李君墓碣：位于延津县塔铺乡任光屯后街。全名为"宋故赠尚书屯田员外郎李君墓碣"。碑高1.8米，宽0.68米，厚0.21米，圆首，方座。碑文共19行，满行34字，为柳秀所书，撰文人不详。碑阴上部刻有坟图，下半部为碑文，镌刻时间为宋元祐五年（1090）。李威让，宋代延津人。曾任新都、麟游县尉和叶县县令，卒后赠尚书员外郎。

追本溯源碑：位于清丰县韩村乡关樵夫村南。碑高1.72米，宽0.6米，厚0.16米，清乾隆十五年（1750）立，碑文追述元御史中丞河南行省右丞普化大元帅铁木黎，因元朝灭亡，改其五子为董、李、马、关、陈五姓之事。

重修学堂同圣庙碑：位于长垣县城内学堂同圣庙内。碑石平滑，透明如鉴，俗称透影碑。为李化龙篆额、撰文。

李氏功名碑：位于夏邑县太平镇太平集东南。立碑具体年代不详，碑文记述李氏世祖43人官品及居地。

大李家世碑：位于睢县平岗镇大李村东。碑文记载李氏家族变迁和李孟阳、李孟晖兄弟同榜进士"双凤齐鸣"事。

重修李氏祠堂碑：位于范县杨集乡李辛店村。碑文记载李氏明初自山西迁至开州（今河南濮阳市）定居及修建祠堂墙垣门楼等事。

李氏先茔相传统序碑：位于浚县新镇东郭村。碑文记载李氏始祖居山西平阳府洪洞县大槐树村，清乾隆三十九年（1774）迁至浚县西南东郭村之经过。

[其他遗存]

饮酒台：位于孟津县会盟镇台阴村南凤凰山北侧。俗称"黑李密饮酒台"，为隋末瓦岗军领袖李密宴请部众的地方。现存面积约200平方米，海拔215米，高出周边群岗约5米，东西两侧与东汉和曹魏两个皇陵区为邻。相传李密自隋大业十四年（618）驻军金镛城（今河南孟津县平乐镇金村，俗称李密城）后，常在台上饮宴，与部将议论天下形势，讲述兵书战策，深为部下叹服。

中军亭：位于浚县大伾山巅的六角攒尖亭，是隋末瓦岗军的遗迹，附近是李密墓和墓碑。据《新唐书》记载，当年瓦岗军首领翟让被李密杀害后，徐懋公被砍伤臂膀，后来他自率一军驻守黎阳，在大伾山操练兵马，建此亭用来观望敌方的情况。李密向唐朝投降后，又心存反复，被李渊父子射杀在熊耳山邢公岩下。徐懋公不计私怨，请求把李密尸身运回黎阳安葬。朝廷后准许，李密就被葬在山西南约2.5千米处。

古吹台：位于开封市东南郊。唐天宝三载（744）李白与杜甫来汴,又遇高适。三人一见如故,同登吹台,饮酒赋诗,遂留下李白的《梁园吟》、杜甫的《遣怀》、高适的《古大梁行》等佳作。明正德十二年(1517)御史毛伯温为纪念李白、杜甫、高适三人相携登台赋诗而于古吹台禹王殿东侧建立三贤祠。嘉靖四十一年(1562)增祀明中叶诗人李梦阳、何景明,故又改为"五贤祠"。现祠内有五贤塑像。

开封城墙:唐德宗建中二年(781)永平军节度使李勉修建,称汴州城。北宋时加以修复,称为里城,周围20里,城门10座。明代,城体内外包砖,又筑5座城门,4个角楼。清道光二十一年(1841)重修。现城墙周长为14.4千米,高度8~10米,底宽13~20米,马面11座,为全国重点文物保护单位。李勉(717—788),字玄卿。少好学,善鼓琴。唐肃宗时为监察御史,代宗时为滑亳节度使,德宗时为永平军节度使、检校司空同平章事。卒谥贞简。

州桥:位于开封市中山路中段,是开封汴河上的一座古桥梁。修建于唐朝建中二年,宣武军节度使李勉重修汴州城时所建,当时位于南城门外的通济渠上,名为汴州桥,简称州桥。明代变棚梁式为拱券式,明末被洪水淹没地下。1984年考古挖掘,发现了宽达30米的完整的古桥梁。桥面深4.5米,桥券东西长30米,南北宽17米,桥墩系宋代所修,桥券为明代所修。

紫云书院:位于襄城县西南10千米的紫云山中。明成化四年(1468)李敏曾回乡,见紫云山风景秀丽,环境幽雅,在此建屋三楹,读书讲学。成化十五年(1479)奉诏赐名"紫云书院",扩建殿宇斋堂,如文庙之制。现存大殿、东西配殿、东西厢房各3间。李敏(1425—1491),字公勉,河南襄城县人。明景泰五年(1454)进士。历任御史、按察使、户部尚书等职。

花潭书院:位于商城县城内(一说在黄柏山上),系李贽讲学著书的地方。李贽晚年与法眼寺住持无念禅师为友,常相往来,从之者数千。

汤泉池:位于商城县南雷山脚下,建有沐浴池塘。万历二十八年(1600)李贽偕同友人来游,作《温泉酬唱》。今汤池经过改建,已是建筑林立、景色绝佳的游览和疗养胜地。

拴马柏:位于新密市超化镇超化寺大殿前。树干古老,枝叶繁茂，树干下部有明显的一道伤痕。相传李际遇起义军到此，超化反动地主豪绅慑于义军威力，以投降为名，在超化寺设宴，妄图乘机杀害李际遇，酒过数巡，李际遇有所察觉，即机警离席，用刀砍断拴在柏树上的马缰逃去。因用力过猛，树干上留下一道深深的伤痕。为表示对英雄的怀念，故称此树为"拴马柏"。

司寨城：位于辉县市西北40千米的司寨村，创建于元末明初，青石砌筑。李文成率义军在这里坚守石城，弹尽粮绝后，李文成及50余名将士举火自焚，义军也全部殉难。

李大钊讲演处：位于河南大学校内。1925年，李大钊在河南大学作"英帝国主义侵华史"讲演。讲演处原为一座中西合璧的三层楼房，现局部改建。李大钊（1889—1927），字守常，河北乐亭县人。中国最早的马克思主义者，中国共产党的创始人之一。

【人物名录】

先秦有李耳（鹿邑）、李斯（上蔡）。西汉有李守（南阳）。东汉有李轶、李善、李通、李休（均南阳）、李章（武陟），李宪（许昌），李充（开封），李膺、李瓒（均襄城），李笃（民权），李翕（孟州），李昪（禹州），李咸（西平），李巡（商水），李昺（永城）。三国有李严（南阳）。南北朝有李洪之、李神（均灵宝），李彪（浚县），李平、李崇、李谐（均清丰），李延孙（伊川），李昶（范县）。唐朝有李公逸（杞县），李玄道（郑州），李商隐（沁阳），李延寿（安阳），李嗣真（长垣），李揆（荥阳），李观、李涉、李袭吉（均洛阳），李贺（宜阳），李罕之（项城）。五代有李思安、李知损、李仁罕（均开封），李存贤（许昌），李顼（项城），李守贞（孟州），李保殷（洛阳），李厚（汝南），李德诚、李建勋（均西华），李仁达（潢川），李恽（原阳）。北宋有李汉琼、李度、李九龄、李琪、李淓、李德柔（均洛阳），李穆、李神福、李继宣、李建中、李用和、李端懿、李溥、李宗咏、李宪、李舜举、李中师、李端愿、李规、李师师（均开封），李符（内黄），李诚（新郑），李惟清（夏邑），李及、李南公（均郑州），李昌龄、李弦（均滑县），

2. 李

李重贵（孟州），李陟、李防（均内黄），李允中（温县），李宗易（淮阳），李兑（临颍），李清臣（安阳），李鹰（禹州），李唐（孟州）。南宋有李璆、李苪（均开封），李兴、李迎（均济源），李迨（洛阳），李邦宪、李迪（均孟州），李曾伯（武陟）。金朝有李夷（淮阳）、李懈（安阳）。元朝有李志常（范县）、李居寿（卫辉）、李道谦（开封）、李纲（内乡）、李惟闾（安阳）、李敏中（西平）、李士瞻（新野）。明朝有李思齐（罗山），李叔允、李恭（均禹州），李英、李坚（均武陟），李希颜（郏县），李通（洛宁），李泰（鹿邑），李贤（邓州），李原（新郑），李信、李屿、李钺、李士允、李濂、李光壁（均开封），李敏、李绍（均襄城），李坚（唐河），李震（南阳），李和（安阳），李珍（洛阳），李孟旸、李汝华（均睢县），李景繁、李廷相（均兰考），李逊学（上蔡），李燧、李禄（均汤阴），李梦阳（扶沟），李廷相、李珏（均濮阳），李天宠（孟津），李可大（杞县），李时春（潢川），李蓘（内乡），李戴（延津），李若生（息县），李宗善（卢氏），李宗延（汝南），李化龙（长垣），李际遇（登封），李行志（修武），李永茂（邓州）。清朝有李际期（孟津），李嵩阳、李承绂（均封丘），李埈（汤阴），李光座、李宏谟、李敏第（均开封），李淑沆（洛阳），李实秀（卫辉），李鸿（邓州），李模、李清玉（均郏县），李天馥、李孚青、李汝懋（均永城），李元振、李广芳（均柘城），李遥、李中（均睢县），李端、李恂、李绍周、李汝霖（均济源），李薄（郾城），李登鳌、李心昂（均兰考），李焕然（浚县），李来章（襄城），李宏志、李海观、李蓬、李于潢（均宝丰），李舜德（兰州），李学裕、李坦（均洛阳），李遐龄（新密），李元溷、李敏第、李树谷、李奕畴（均夏邑），李文成（滑县），李名扬、李旭春（均卢氏），李印绶（渑池），李经世（禹州），李洲、李渡（均鲁山），李匡济（唐河），李子金（鹿邑），李德生（镇平），李卿毂、李孟群（均固始），李仁元、李世玉（均济源），李宏谟（开封），李棠阶、李柄涛（均沁阳），李浚（太康），李嘉乐（潢川），李裕泽（信阳），李鸿绪（巩义），李干公（商水）。

3. 张

【姓氏源流】

黄帝之孙、青阳之子挥曾任"弓正"之职，因受弧星形状的启发，发明了弓箭，遂以"张"为姓。挥与颛顼同为黄帝之孙，约生活在帝丘（今河南濮阳市）一带，因此，张氏源于河南。

最早活动于中原地区，秦汉前已经遍布华北各地，以后向甘肃、四川、长江流域发展。隋唐时期已经形成清河、南阳、吴郡、安定、敦煌、武威、范阳、犍为、沛国、梁国、中山、汲郡、河内、高平等望族。宋代以后遍布全国各地。如今，张氏已发展成为中国第三人口大姓，广泛分布于全国各地，尤以山东、河南、河北、四川等地为多。

【祖源遗存】

张挥公园：位于濮阳县东关老虎台地，金堤以北，南环路以南，公园以张挥墓和碑为中心向东、向西分别延伸200米。挥公墓为圆形，直径20米，基座高2.6米，土丘顶高5米。挥公碑在挥公墓地小广场外，碑身高3米，宽0.76米，厚0.5米，碑身阳刻"中华张姓始祖挥公墓"。挥公碑向南90米处为挥公像，像基座高5.15米，为钢筋混凝土结构，花岗岩粘饰，并有四组线描图案，分别是始制弓矢、射猎鸟兽、迎战共工、颛顼赐姓。人物造型活灵活现、栩栩如生，记述了挥公的功德。挥公像坐落在花岗岩基座上，像高3.3米，整体高度8.45米，采用实心红花岗岩雕塑而成。张挥手持弯弓，身挎利箭，目视远方，威武雄壮。

⊙濮阳张姓始祖挥公墓

【相关资源】

[故里故居]

张良故里：位于禹州市西南15千米处的张得乡张得村。据记载，该村原有石房寺，明嘉靖年间改为社祠，内供张良牌位，今已无存。张良（？—前189或前190），字子房，相传为城父（今河南襄城县西南）人。西汉初年著名政治家，汉高祖刘邦的重要谋士，封留侯。

留侯里：位于原阳县城东22千米处，相传为张良击秦寄居之处。张良封地留城，故称为留侯。为纪念张良击秦寄居处，村名改为留侯里。

张大夫寨：位于原阳县北12千米福宁集镇，相传为张苍故里，"大夫寨"为纪念张苍曾经为御史大夫得名。张苍（？—前152），西汉历算家。阳武（今河南原阳县东南）人。在秦朝时曾经当过御史，西汉时先后担任过代相、赵相，官至丞相，封北平侯。

张仲景故里：位于邓州市东30千米穰东镇张砦村，张仲景后裔依旧居住于此处。张仲景（约150—约219），名机，南阳郡（治今河南南阳市）人。东汉著名医学家。曾任长沙太守，所著《伤寒杂病论》《金匮要略》被奉为中医经典，后世尊张仲景为"医圣"。

张飞寨：有两处。一处位于荥阳市虎牢关东南，相传为张飞驻兵处。现存古城2万平方米，城墙断续残存。另一处在商丘永城市东北30千米芒砀山西，现残存寨墙两重，青石建成，外墙南北长250米，东西宽200米，外寨墙两侧有泉，相传为张飞饮马处。张飞（？—221），三国时期蜀汉名将。

张公艺故里：位于台前县南5千米孙口镇桥北张村。该村大多为张姓，均是张公艺50多代子孙。该村有关张公艺的传说很多，但遗迹很少。张公艺（578—676），唐代寿张（今河南台前县）人。以公道忍让、孝敬尊长著称，在他的主持下，形成了张氏九世同堂的大家庭。

百忍堂遗址：位于台前县南5千米孙口镇桥北张村。张公艺家族人多家业大，远近闻名，唐王怕他造反，私访其家，问其治家之道，张公艺写出一百个"忍"字，彰显公道忍让、孝敬尊长的品德，后人称其家为"百忍堂"。

张士贵故里：位于卢氏县城西2千米黑马渠沟口和洞庭沟之间，相传此处为张士贵故里。其后花园中的一眼水井，至今犹存。黑马渠张姓的宗族即是张士贵的后裔，其祖宗墓地在城北5千米处。张士贵（586—657），唐代名将，官左领军大将军，封虢国公，子孙袭爵。

张玺故里：位于沁阳市西北14千米处的校尉营村。墓封土高约1米多，墓前立一碑记，由首、身、座三部分组成，通高2.83米，宽0.66米。碑首篆额"圣旨"，碑身上刻张玺小传。张玺，清代河内（今河南沁阳市）人，清乾隆五十三年（1788）出任台湾分府，加同知衔，在台湾治理农桑颇有贡献，晚年回归故里。

张氏宅：位于商丘市睢阳区洪阁北街。建于清乾隆年间，清晚期又重修。有门楼、正房、厢房等，均为硬山灰瓦顶。正房有屋脊装饰。前出廊，屋檐下有木雕装饰。

张氏宅院：位于西华县城关镇北街。清代建筑。四合院布局，现存房屋27间，其中楼房3座，均出前轩，硬山灰瓦顶。现保存完好。

张鼎延宅：位于洛宁县城中南街。故宅现存大门、南厢房、东西厢房和上房，均为硬山灰瓦顶。上房面阔5间，木构件有雕饰，屋脊有装饰，大门外两侧有石狮1对。张鼎延（约1595—1660），清顺治年间与王铎同中进士，历任兵部、刑部侍郎。

[墓葬陵园]

张良墓：有两处。一处位于兰考县三义寨乡曹辛庄，现存墓冢高10米，周长60米，原建有留侯庙，有许多祭祀碑碣。县志记载留侯晚年称病隐居于此，卒后葬此。另一处位于宜阳县韩城乡官庄村，现存墓冢高2米，周长15米，墓冢前有清雍正九年（1731）所刻"留侯冢"墓碑1通。

张苍墓：位于原阳县城关镇谷堆村。墓地为一大土丘，面积约1200平方米，曾出土素面、几何纹汉砖，前有清康熙年间立墓碑1通，碑中央楷书"汉丞相北平侯张公讳苍之墓"。

张释之墓：位于方城县杨集乡胡岗村。现存墓冢高3米，直径10米，墓碑无存。张释之，堵阳（今河南方城县东）人。西汉前期政治家，文帝时期官居廷尉，以执法公正严明著称。

张潘二妃墓：位于许昌县张潘镇张潘村。两墓冢东西排列，相距50米，墓冢近平。传说汉献帝张、潘二妃子卒后葬于许，张潘镇由此而得名，县志中有记载。

张禹墓：位于武陟县大封镇赵庄村。墓为圆形，形制很大，直径130米。墓冢已经近平。张禹，汉代轵县（属今河南济源市）人。明习经武，封安昌侯。

张仲景墓：位于南阳市东关仲景路。墓冢高约2米，底径4米，其上建有歇山式亭子，清顺治十三年（1656）立"东汉长沙太守医圣张仲景墓"碑1通。

张衡墓：位于南阳市宛城区石桥镇小石桥。墓冢高8米，有碑楼两座，内立"汉征尚书张公平之墓"2通，记述了张衡品德、学术上的成就。墓北230米处有张衡读书台旧址。张衡（78—139），南阳西鄂（今河南南阳市石桥镇）人。东汉著名科学家、文学家。

打虎亭汉墓：张伯雅墓，位于新密市打虎亭村。墓区地面建筑无存，仅存高大并连两墓冢，西为画像石墓，东为彩色壁画墓，建制基本相同。由墓道、墓门、前室、中室、后室以及耳室组成，墓坑长26米，宽约21米，墓面积200平方米。墓壁上有大量的壁画，是我国美术史上的珍贵资料。张伯雅，汉代密县（今河南新密市）人。官弘农太守。

张燕墓：位于周口市区东南角，周项公路南侧。新中国成立前曾被盗掘，出土铁剑等器物。张燕，东汉末年黄巾起义将领之一，后降汉，再降曹魏，封平北将军、安国亭侯。

张公艺墓：位于台前县孙口镇桥北张村南200米。据张氏林地碑记载，原墓园"广20余亩"，松柏参天，仰视不见天日。墓前有石坊3座，石碑10余通。清光绪年间黄河屡次决口，墓园被冲毁，坟墓、石坊、碑碣淤埋于地下。其后人在墓址上堆起一座土冢，高12米，底径3米。

冢上村墓葬：位于滑县八里营乡冢上村。面积330平方米，墓冢圆形，高4米余，人称"小冢"，有传为卫国大夫张平冢。

张士贵祖茔：位于卢氏县城郊乡殷家凹村。为唐初大将张士贵祖茔，面积12000平方米，有多座墓冢。

张玘父子墓：位于渑池县南村乡桓王山下。原墓冢已经夷平，残存墓碑"宋靖远侯张玘"等。其旁有其子张世雄的墓冢。张玘，北宋渑池人。抗金名将，海州之战中战死，归葬南村南山下。

张谷墓：位于原阳县蒋庄乡张固村，墓冢略高于周围地表。张谷（1995—1058），北宋尉氏人。历官开封府士曹参军、屯田员外郎。

张载墓：位于尉氏县洧川镇。墓冢高3米，面积100平方米。张载（1020—1077），北宋思想家、教育家。

张钰墓：位于虞城县刘店乡朱园集村。现存墓冢高3米，周长24米，墓前有墓碑1通，望柱1对。张钰，明永乐年间赠御前正千户，授归德卫骠骑将军。

张链墓：位于焦作市中站区朱村街道。现存墓冢高2米，周长28米，呈丘状，冢周以砖砌高1米的石墙，墓前新建碑楼1座，内嵌明万历石碑1通。张链，明代人，曾任山东安立县训导，卒后归葬故里。

张论墓：位于洛宁县陈吴乡德里村。墓冢高3米，面积29平方米，墓前有崇祯年间所立墓碑，记述其生平事迹。张论，明代洛宁人。万历年间进士，崇祯年间两次担任四川巡抚，死后葬于故里祖茔。

张季彦墓：位于范县玉张村。墓冢面积30平方米，墓冢高2米。

张季彦，明万历年间进士，官至兵部主事，为官以清廉公正著称。

张九一墓：位于新蔡县孙召镇绿波楼村。墓冢高3米，面积16平方米，存有明万历年间墓碑1通，记述了万历年间皇帝派人祭祀张九一的情景。张九一（1533—1598），明代新蔡人。嘉靖进士，累迁都察院右佥都御史，巡抚宁夏。

张问行墓：位于内黄县城关镇长固村。墓冢高3米，面积180平方米，墓冢前有墓碑与石人、牌坊等。张问行，明代内黄县人。正德进士，历任山西按察使、陕西巡抚，人称张都宪。墓冢隆庆四年（1570）营建，与妻子王氏合葬。

张登高墓：位于范县濮城镇玉张村。墓冢高2米，面积25平方米。张登高，明代濮州（今属河南濮阳市）人。嘉靖进士，官至太常寺卿。

张遇墓：位于项城市秣陵镇张庄。墓冢遭到破坏，墓碑等物遭毁坏。张遇，明代项城人。成化年间进士，官至户部右侍郎。

张恕墓：位于项城市秣陵镇角楼村。墓冢早被夷平，墓室曾遭盗掘，为张恕与其妻妾合葬墓。张恕，原世居陈州，后奉其父母迁至项城。明成化十三年（1477）救济灾荒，有仁义之举。

张问明墓：位于新密市超化镇河西村。现存墓冢近平，尚存明代所立墓碑，记载其生平，文多褒扬之词。张问明，明代超化寨主，武略过人。

张孺人墓：位于汝南县常兴镇坟堂村。这一带为家族墓地，墓冢大多已经夷平，尚有墓碑1通，上书"封衔兵部尚书傅公孺人赠一品夫人张氏墓"，该碑按明代所立原碑记录旧事，民国3年（1914）其后裔重刻。

张卧明墓：位于虞城县城郊乡张大楼村。墓冢现已经夷平。存墓碑1通，碑文记述了张卧明生平。张卧明，明末任柘城守备，李自成攻下柘城后被杀。

张云墓：位于信阳市浉河区南湾街道南湾村。其墓主人为张云夫妇三人的合葬墓。张云，生平不详，曾官任户部尚书。

张汲泉墓：位于淮阳县朱集乡马楼村。墓冢近平，有墓志。张汲泉，明代人，为布衣，因学识而很有名望。

张楼明墓：位于虞城县利民镇张楼村。现存墓冢高2米，周长42

米，砖砌墓室，早年被盗。张楼明，生平事迹不详。

张氏家族墓：位于中牟县三官庙乡土墙村。墓地面积210平方米，墓冢5座，系张民表以及其上三代墓冢，其前各有墓碑。墓前有"故孝廉林宗张公配和氏合葬墓"，石像生已经毁坏。张民表（1570—1642），本名林宗，避讳改名民表，字法幢，明代藏书家。

张复和墓：位于淮阳县白楼乡张庄。墓冢遭破坏，墓碑无存。张复和，明代任曹县知县，赠文林郎，死于任上，归葬故里。

张永年墓：位于叶县洪庄杨乡炼石店村。墓冢已经夷平，尚存清嘉庆二十三年（1818）所立墓碑。张永年，生平不详，为清国子监太学生。

张鼎延墓：位于洛宁县城关镇东关窑村。墓冢高7米，面积420平方米。张鼎延（1582—1659），清朝时历任兵部、刑部侍郎，后归葬于此。

张玺墓：位于沁阳市西万镇校尉营村。墓地南北长50多米，东西宽15米，葬入七世人，张玺为第四代。墓冢高2米左右。

张家骏墓：位于林州市任村镇坷崂山。墓冢高2米，墓地面积2万平方米，墓中精美雕刻已经毁坏。张家骏，清林县（今河南林州市）人。光绪时翰林，精于行书，传说双手会行书。

张之埏墓：位于项城市高寺镇龙庄，墓冢很小，但保存很好。张之埏，清光绪年间进士，任为知县，死于上任途中，归葬故里。

张凤台墓：位于安阳县韩陵山。墓葬在村北面。张凤台（1851—1925），安阳崇义村人。清光绪进士，曾任知县、知府，民国时期任内务司长、民政长及河南省长等职。

张钫墓：位于新安县铁门镇千唐志斋博物馆附近。墓园面积81平方米，地坪划为81格，屏墙上方有81条涂金竖线，寓意墓主81岁。张钫（1886—1966），河南新安县人。同盟会会员，参加过武昌起义，历任国民党第20路军总指挥兼河南代理主席，抗日战争期间，任第一战区预备总指挥，军事参议院副院长、院长。解放战争后期任鄂豫陕绥靖区主任，后在四川率部起义。

张书印墓：位于新密市东南20千米大隗镇进化村。墓葬坐南朝北，墓冢高3米，周长30米，墓地面积264平方米，墓前竖有墓碑"中国国民党河南密县执行委员张书印之墓"。张书印（1902—

1930），新密（今河南新密市）早期著名革命人士，新文化、新思想的传播者，优秀农民运动领导人。

[祠堂寺庙]

三义庙：位于荥阳市泗水镇虎牢关前，以刘备、关羽、张飞义结同心而命名，始建年代不详。原有前后两院，有碑刻，殿内有昭烈皇帝、寿亭侯、桓侯牌位及关羽雕像等，现存石阁与关羽檀木雕像。

会善寺：位于登封市西北6千米太室山积翠峰下。原为北魏孝文帝离宫，隋代改为会善寺。现存山门、大雄殿等建筑50余间和戒坛、唐塔多种，寺西有国内最早的八角净藏禅师古塔，唐代天文学家僧一行在此出家。僧一行（683—727），俗名张遂，今河南南乐县人。

六忠祠：位于商丘市睢阳区中山西二街。始建于唐至德二载（757），初为纪念"安史之乱"中睢阳守卫战功臣张巡、许远而建，并以其部将南霁云配享，后增祀雷万春、贾贲，改称五王庙。宋代又增姚訚，始名六忠祠。明代重修。现存过厅1座，面阔3间，进深2间，拜殿1座，面阔5间，进深2间，均为硬山灰瓦顶，有屋脊装饰，前有廊，祠堂内有明代天启年间碑刻1块。

子房庙：位于叶县邓李乡张高村。始建于明万历年间，清代重修。坐北朝南，占地面积3600平方米。现存大门3间，正殿3间，东西配房各5间，均为硬山灰瓦顶，有屋脊装饰。庙内另有"重修子房庙碑记"碑1通，记述明万历年间为纪念汉代张良修庙事。

张释之祠：又名张公祠，位于方城县城关镇西关释之路。始建年代不可考，明宣德四年（1429）复建，成化十年（1474）重建，弘治六年（1493）又修。清康熙五十五年（1716）续修。祠内现存大门1间，卷棚、祠殿及住持房各3间，为单檐硬山式建筑。祠内存"汉张廷尉祠记"碑1通。

张公祠：位于许昌县张潘镇包公寨。始建于元朝，明、清重修。前有山门，门有"汉张公祠"石匾，后有张飞殿，面阔5间，进深3间，硬山灰瓦顶；西侧有包公殿3间，为硬山灰瓦顶。整组建筑修建在15米的高台上，祠堂内有明、清碑刻多块。

医圣祠：位于南阳市宛城区仲景路南段。始建于明嘉靖年间，明崇祯年间、清代增建与重修。占地面积约1万平方米，坐北朝南。中轴线自南而北依次为山门、中大殿、东西厢房，偏院有"医圣井"等。祠堂内有明清碑刻15通，大门外有"医圣张仲景故里碑"。

张公祠：位于周口市沙河南岸新华街。建于清同治六年（1867）。清代广西右江总兵张树珊曾随曾国藩驻兵周口，同治五年（1866）被捻军所杀。曾国藩等人禀请清廷为其建祠。现存享堂1座，面阔3间，进深2间，硬山灰瓦顶，祠内有清代碑刻2通。张树珊（1826—1867），安徽合肥人。清朝淮军著名将领。

张氏祠堂：位于镇平县城关镇。建于清道光年间，咸丰六年（1856）扩建。坐北朝南，中轴线上现存大门、二堂、大堂两进院落，东西厢房对称，大门面阔3间，进深2间，均为单檐硬山灰瓦顶。

张氏宗祠：位于新乡县翟坡镇小宋佛村。为明末兵部尚书张缙彦祠堂，清代建筑。现存大门1座，面阔3间，进深2间，硬山灰瓦顶，屋檐有斗拱。厢房和正房已经改建。

西于张家祠堂：位于焦作市解放区王褚街道西于村。清代建筑。现存门楼1座，耳房2间，均为硬山灰瓦顶。拜殿1座，面阔3间，进深2间，硬山卷棚灰瓦顶。

张家祠堂：位于登封市大冶镇刘碑村。清代建筑。大门已经改建。现存正房3间，西厢房3间。均为硬山灰瓦顶，有屋脊装饰，正房屋檐下有木雕装饰。保存较好。

张家祠堂：位于巩义市康店镇张岭村。祠堂建于清代。坐西朝东，面积1800平方米。现存建筑有门楼、拜殿、后殿、东西门房、戏楼、后天井院等建筑。多为硬山灰瓦顶。

张中丞祠：位于洛宁县老城内。为纪念明末右副都御史、四川巡抚张论，于明崇祯十年（1637）建立中丞祠。后李自成起义军将之烧毁，顺治九年（1652）重建。卷棚式大门已改建。原建筑尚存正殿1座，面阔3间，进深3间，硬山灰瓦顶，有屋脊装饰。

[碑碣刻石]

张巡故里碑：位于邓州市花洲办事处前李湾村。碑高2米余，中刻"唐忠臣封邓国公张巡故里碑"。张巡，邓州人，唐开元进士。天宝末年与许远守睢阳，屡败安禄山，后被叛军所杀，被追封为邓国公。明代万历年间，邓州知州赵沛等人立碑以示纪念。

三尊真容支提龛铭文碑：位于林州市西南15千米洪谷山谷口。碑为圆额，高1.84米，宽0.95米，行书。碑首刻有"华严三圣"，左右刻有《三尊真容支提龛铭》以及《述二人德道行记》，后者介绍了高僧义泓、乾寿的生平事迹。该碑是现存佛经中提倡孝亲最早的文字记录。义泓，俗姓张，唐朝和尚，曾经翻译《金光明经》等佛经200余卷。

张清丰孝子碑：位于清丰县县城。原碑已经丢失。现存碑为1935年重立，碑高2米余，宽0.8米，厚0.3米。碑阳楷书"隋张清丰孝子祠"，碑阴记述张清丰孝敬父母，隋开皇中以孝廉征聘为官而不就。唐大历七年（772）以其名为县名。张清丰，隋顿丘（今河南清丰县北）人。善事父母，以孝行称于时。

张氏祠堂碑：位于清丰县瓦屋头镇张林子村。碑高1.44米，宽0.55米，厚0.17米。明崇祯元年（1628）立。碑文记载张氏明初自洪洞县迁巨鹿后，因苦徭繁重，迁徙清邑城东张林子村事。

张铭之夫子碑：位于清丰县巩营乡王楼村。碑高1.8米，宽0.6米，厚0.23米。清光绪四年（1878）立。碑文记载张铭之博览群书，下笔成章，尤精理学等事迹。

张子玖追慕碑：位于民权县北关镇张道口村。碑高2.04米，宽0.61米，厚0.2米。清康熙年间立。碑名全称"清敕授登仕郎附监生位贵州黄平州分州张公讳容字子玖追慕碑"，内容追述张子玖从师学武创立秀拳，又善书法，尤绝丹青之生平事迹。

张公祠碑：位于周口市张公祠内。清同治六年（1867）十月立。碑高0.64米，宽1.12米，厚0.14米。碑文记述了李鸿章为广西右江总兵张树珊建祠向慈禧太后上的奏折，以及张树珊被捻军所杀的经过。

张氏谱系碑：位于遂平县花庄镇花庄村。碑高2米。咸丰七年（1857）立。碑文记述张氏世居邑西贾庄，始祖张应斗为躲李自成军，避难禹州林家寨，清初归里，并刻张氏家谱，以志不忘之事。

[其他遗存]

古博浪沙：位于原阳县城东关，为张良击秦始皇处旧址。现存有清康熙二年（1663）阳武知县谢色京立古博浪沙碑1通，高1.9米，宽0.8米，碑额篆书"张子房击秦处碑"，中书"古博浪沙"四字。另有乾隆时期的《重修博浪沙留侯祠暨创建广生殿碑记》与同治时期的《重修古博浪沙留侯祠广生殿碑记》。

灵台遗址：位于偃师市佃庄镇岗上村与大郊寨之间，汉魏故城内城的南郊，范围达4万平方米，东西有夯筑墙，中心建筑是一座方形夯土高台，南北残长41米，东西残宽31米，残高8米余。相传为张衡观测天象处。

虎牢关：又名武牢关，位于荥阳市汜水镇西1千米，因周穆王养虎于此而得名。现存有张飞城、吕布城、三义庙等遗迹，关前"虎牢关"三字为清雍正年间名家所题。

睢阳故城：位于商丘市睢阳区归德府城南。归德府城南门即睢阳故城北门。天宝末年，张巡、许远守睢阳多月，在孤立无援的情况下英勇就义，张巡后被追封为扬州大都督。

金明池遗址：位于开封西郊南正门村西北一带，是北宋时期著名的皇家园林。园林中建筑全为水上建筑，池中可通大船，战时为水军演练场。张择端的《金明池争标图》就是描绘了金明池中水军演练的场景。

【人物名录】

西汉有张耳（开封），张良、张辟强（均郏县），张苍（原阳），张释之（方城），张禹（济源），张长叔（洛阳）。东汉有张玄（孟州）、张宗（鲁山）、张堪（南阳）、张兴（鄢陵）、张衡（南阳）、张升（尉氏）、张迁（宁陵）、张让（禹州）、张匡（焦作）、张温（邓州）、张劭（商水）、张仲景（南阳）、张范（获嘉）。三国有张通（南阳）。西晋有张辅（南阳）。南北朝有张蒲（修武），张宗之（巩义），张敬儿（邓州），张惠绍（信阳），张孝秀、张熠（均南阳），张子信（沁阳）。隋朝有张衡（沁阳）、张须陀（灵宝）。唐朝有张亮（荥阳），张士贵（卢氏），张憬藏（长葛），张文仲、张说、张均、张垍（均洛阳），僧一行

（南乐），张齐贤（陕州），张廷珪（济源），张昕（襄城），张巡（南阳），张皇后（南召），张谓（沁阳），张彪（登封），张仲素、张建封、张贲（均邓州），张佑、张憎、张祎、张登、张正甫（均南阳）。五代有张全义（范县）、张仁愿（开封）、张廷蕴（睢县）、张颢（汝南）、张延翰（商丘）、张琳（许昌）、张业（开封）、张睦（固始）。北宋有张铸、张勤、张澹、张宗诲、张贵妃、张景宪（均洛阳），张去华、张煦、张耆、张忠、张惟吉、张孜、张近、张茂则、张若水、张叔夜（均开封），张昭允（卫辉），张昉（汝南），张汝士（睢县），张旨（沁阳），张弋（孟州），张逸（荥阳），张尧佐（巩义），张锐（郑州），张田（濮阳），张方平（商丘），张绛（宜阳），张阁（孟州），张虚白（南阳）。南宋有张云卿（洛阳），张宪（安阳），张九成、张说（均开封），张玘（渑池），张端义（郑州）。金朝有张毅、张瑴（均临颍），张从正（兰考），张邦直（沁阳）。元朝有张荣、张君佐（均鄢陵），张思明（获嘉），张祯、张雯（均开封），张铉（潢川）。明朝有张玉、张信、张路、张一桂、张皇后、张懋、张泰（均开封），张璞（滑县），张升、张皇后（均永城），张世禄、张昱、张卤（均兰考），张九功（陕州），张淮（襄城），张士隆、张泂（均安阳），张锟（禹州），张四知（汝南），张九一（新蔡），张孟男、张民表（均中牟），张以谦（洛阳），张信民（渑池），张云（信阳），张衍端（卫辉），张星（永城）。清朝有张鼎延（洛宁），张永祺（襄城），张同德、张文光、张翰、张射光、张开第、张东林、张行澍、张翌国、张光第、张春妮（均开封），张璠（禹州），张禹谟（宁陵），张沐（上蔡），张施大、张宗周（均浚县），张岳（商丘），张化凤（沁阳），张圻隆、张远览（均西华），张伯行、张师载（均兰考），张翰（登封），张宗说（夏邑），张素志（鄢陵），张星煜、张星焕（均嵩县），张远览（西华），张月桂（卢氏），张起鳌（新野），张淑（尉氏），张调元（郑州），张全仁（伊川），张宗泰（鲁山），张宝镕（虞城），张文林、张泳（均渑池），张绪楷（商城），张安雅（项城），张汝梅（新密），张谐之（三门峡），张仁甫（固始），张钟端（许昌），张树宝（新郑）。

4. 刘

【姓氏源流】

刘氏的主要来源有两支：一是源自祁姓。夏时帝尧后裔刘累因善于养龙，被孔甲帝赐姓御龙氏，后因饲养不善，死了一条雌龙，刘累怕孔甲帝治罪，便携家人逃到鲁阳（今河南鲁山县）隐居起来。刘累子孙遂以"刘"作为自己的姓氏，就是中国最早的刘氏。二是源自姬姓。周成王封王季（周武王祖父）的儿子于刘邑（今河南偃师市南），其后以"刘"为氏。

最早活动于中原地区，由于汉王朝长达400余年的统治，刘氏宗室分封到各地，因此刘氏在汉代已遍布全国各地，并在彭城、沛国、弘农、河间、中山、梁郡、顿丘、南阳、东平、高平、东莞、平原、广陵、临淄、琅邪、兰陵、东海、丹阳、宣城、南郡、高唐、高密、竟陵、长沙、河南等地形成望族，这些地方涵盖了全国的许多地区。到了宋代，在赣浙闽、冀鲁豫、川湘形成三大块刘氏密集区。到了明代，刘姓分布有稍许变化，赣浙苏、鲁冀晋陕、湘鄂形成新的刘氏人口密集区。如今，刘氏已发展成为中国第四人口大姓，广泛分布于全国各地，尤以四川、河南、山东、河北、湖南、辽宁、湖北、黑龙江、安徽等地为多。

【祖源遗存】

刘累故邑：在平顶山市鲁山县境内昭平湖中，有一座因湖水涨落而时隐时现的小岛。湖水处于最低潮时，岛露出水面约15米，面积约有30万平方米，此即为著名的刘累故邑——邱公城遗址。该遗址文化层一般厚3.5米，最厚处达4.5米，保存有陶片和红烧土。石斧、石铲、鹿角、兽牙、钱币、铸铁农具等依稀可见。上层为汉代文化层，中层为龙山文化层，下层为仰韶晚期文化层。相传刘累为孔甲帝养龙，因龙死了，刘累怕被治罪就躲到这里，卒后也葬在了这里。刘累墓在邱公城岛东北不远的地方，现已重新修整，并对外开放。

⊙刘累墓

刘子国故城遗址：位于偃师市缑氏镇西南4千米处浏河西岸的陶家村一带。刘国为春秋时期姬姓国。《左传》《国语》等史籍记载，刘国自康公、定公、献公、文公、桓公五世，相继为王室卿士。刘康公为周顷王的小儿子，是周匡王和周定王的同母兄弟，食采于刘，于公元前599年前后建立刘国。刘国诸公，在朝总揽百官，出外号令诸侯，地位显赫。《左传·哀公三年》载，刘氏与晋国的范氏世为婚姻。春秋末年，晋国赵、魏、韩三家灭范氏和知氏，支持范氏的周王室受到三晋的责难，当朝卿士刘文公也难免受到牵连。刘国事迹自鲁定公八年（前502）以后已无记载。据研究，刘国灭亡的时间当在战国初年的周贞定王时期。故城坐落在偃师市西南25千米的缑氏岭上，北临伊水，南依嵩山支脉青罗山，东边为蜿蜒北去的济河，西边是涧河的支流小西河。故城东、西、北三面临河，周围大都是高20米左右的悬崖峭壁，南面残存有城垣遗址。城垣为夯土所筑，分为东、西两段，东段长137米，西段长135米，宽约21～25米，夯层厚度约1米。城垣外为一条宽约54米的护城河。城内发现有道路和房基，南垣发现有一座宽约3米的城门遗址。故城地面上散布有大量东周时期的板瓦、筒瓦、空心砖和盆、甑、壶、豆、瓮等器物残片。建筑遗迹则主要集中在中部偏西地带。另外在遗址内还发现了一座春秋时期的车马坑和一批墓葬。

【相关资源】

[故里故居]

西峡汉王城：位于西峡县二郎坪镇东南汉王城村。城基明显可见，城址南北长500米，东西宽300米，夯层清晰，为平夯堆筑，城内有大量汉代筒瓦堆积。此地乃刘邦入关攻秦，出关与项羽争夺天下的往返要道。刘邦（前256或前247—前195），字季，沛县（今属江苏）人。西汉王朝的建立者，即汉高祖。

荥阳汉王城：位于荥阳市东北的广武山上，这里两山对峙，上有二古城，西城为刘邦所筑，称汉王城，东城为项羽所筑，称霸王城，后人习称"汉霸二王城"。二城北临黄河，西、南山峦起伏，地势险要。汉王城东西长530米，南北残长190米；霸王城东西长400米，南北残长340米。城墙基本相同，宽10余米，城墙夯土层分明，附近常发现铜铁箭头。

南宫遗址：据文献记载及考古发现，位于洛阳城内中部稍偏东南，大体在中东门大街以南，耗门至广阳门大街以北，开阳门大街以西，小苑门大街以东之地域。平面呈矩形，南北约长1300米，东西约长1000米。南宫本是周公修建的成周城宫殿区，秦始皇统一中国后，将此城封给吕不韦。吕不韦又在成周城的基础上加以扩建。西汉刘邦初定洛阳，曾在此居住三个月，历史上有名的"高祖论三杰"就发生在这里。东汉光武帝刘秀定都洛阳幸驾的第一座宫殿也是南宫。

梁园：位于商丘市梁园区。又名东苑、梁苑，为西汉梁孝王刘武所筑。据史籍记载，梁园"方三百余里。大治宫室，为复道，自宫连属于平台三十余里"，其规模之大，超过上林苑的三分之一，居全国之冠。里面奇花异草、珍禽异兽无所不有。现在梁园遗址尚清晰可见，遗留有白果树1棵。刘武（？—前144），沛县人。刘恒

（汉文帝）之子，封代王、淮阳王，后继为梁王，谥孝。

汉光武故里：位于南阳市宛城区瓦店镇刘营村八里铺，相传是汉光武帝刘秀的故里。村东有光武祠一座，门前留古槐1棵，三人合抱。村中有古碑3通，1通为明万历二十七年（1599）所立，上书"汉光武故里"；1通为明代南阳知府邓启愚立，上书"汉帝光武故里"；另1通上书"贵人乡"。刘秀（前5—57），字文叔，南阳蔡阳（今湖北枣阳市西南）人。汉高祖刘邦九世孙，东汉王朝的创建者，即汉光武帝。

东汉洛阳城：位于洛阳市东12千米，是刘秀东汉政权的都城。故城北依邙山，南临洛河，它是在东周的成周城、西汉的洛阳城基础上发展起来的。南城墙被洛河冲毁，其余三面城墙逶迤相连，周长约14千米。现存遗迹有西门外的白马寺，南门外的明堂、辟雍（太学）、灵台，城内的宫殿、寺院等。

太学遗址：位于偃师市佃庄镇太学村附近。整个太学遗址范围较大，分东西两部分，其中东部遗址南北长200米，东西宽150米，西部面积也有2万平方米。遗址内发现大面积夯土建筑基址，有一排夯筑房基，东西、南北排列有序。曾出土大量《熹平石经》《正始石经》残石。

避暑台：位于修武县北22千米百家岩寺明月泉处。这里山清水秀，明月泉长年不枯。相传汉献帝常避暑于此。现存有宋元祐四年（1089）"汉献帝避暑台"碑1通。汉献帝刘协（181—234），少帝时，为陈留王，董卓废少帝立其为帝，后被曹操迎于许都，延康元年（220），曹丕代汉称帝，他被废为山阳公，谥献帝。

睢阳故城：位于商丘市归德府城南2.5千米的老南关村北，是西汉初梁国的都城。已淤于地下，只有南城墙露出地面，长4千米许，有4门。夯土筑城，城内有梁孝王刘武的宫室与睢华宫、文雅台、吹宫钓台、忘忧馆、女郎台、凉马台等遗址。

刘氏民宅：位于获嘉县张巨乡东张巨村。建于光绪二十一年（1895），现存临街房、过厅、正房各5间，东西厢房各3间，面积约750平方米，均为硬山灰瓦顶，有脊饰。其中正房、厢房为二层楼房，正房前檐下有装饰性斗拱。

刘宅：位于获嘉县张巨村。清代建筑。现存上房，东、西厢房各5间，面积约310平方米，为硬山灰瓦顶，有脊饰，上房檐下有装饰性斗拱。保存较好。

刘家庄园：位于卢氏县范蠡镇街南。始建于清中叶，至民国初年迭有续建。四合院式布局，三进两院，各有正房5间，以及厢房、过厅、厨房、厩房、耳房、作坊等，最后为青砖发券窑洞居室。前院有民国初年修筑的一座三层炮楼。

刘氏宅：位于商丘市睢阳区北马道东二街。清代建筑，门楼已改建。正房3间，左右厢房各3间，均为硬山灰瓦顶，有脊饰。正房前檐下出廊。

刘家宅：位于商丘市睢阳区察院隅首西二街。建于清同治年间。现有正房5间，东、西厢房各3间，均为硬山灰瓦顶，有脊饰，前出廊。门楼已经改建。

刘家旧宅：位于商丘市睢阳区中山南四街。建于清同治年间。大门已改建，正房和厢房均为硬山灰瓦顶，有脊饰，前檐下施木雕装饰，并有回廊相通。

刘格故居：位于商丘市睢阳区小隅首西一街。建于清顺治初年，清晚期重修。为二进院落，大门已改建，现有过厅、后楼、东西厢房，硬山灰瓦顶，有脊饰。刘格，字念劬，商丘人，明万历末年举人，清初"雪苑六子"之一。

三道街刘氏宅：位于安阳市三道街。坐北朝南四合院，传袁世凯九姨太刘氏曾居于此。大门5间，中有穿堂通行。正房5间，东、西厢房各3间，均为硬山灰筒瓦顶，房前均有卷棚顶走廊。

[墓葬陵园]

戾太子冢：位于灵宝市豫灵镇底董村南。传为汉武帝刘彻之子刘据墓，俗称戾太子冢。冢高约50米，平面呈长方形，周长约534米。冢北另有两座小冢，传为戾太子两个儿子之墓，俗称"皇孙冢"。

汉陈顷王刘崇墓：位于太康县县城北关。墓室用砖石砌成，坐西向东，由墓道、甬道、南北耳室、前室、后室和回廊组成。回廊围绕整个墓室，内设7个小室。随葬品中石器最具特色，石仓楼上还雕刻画像。另有铜器、陶器和玉器等。墓主应是卒于安帝时期的陈顷王刘崇。

梁孝王墓：位于永城市芒山镇保安山南峰。墓门朝东，凿山为藏，属大型崖洞墓。南北长约96米，东西宽为32米，高4米，由墓道、南北耳室、甬道、2个车马室、主室、回廊、4个角室、5个侧室和排水设施等组成，墓内面积约700平方米，容积2800立方米。由于早年多次被盗，墓内遗物无存。但墓葬结构复杂，令人叹为观止。

刘买墓：位于永城市芒砀山柿园村东。为大型石崖墓，由墓道、甬道、主室、棺床室、沐浴室、厕间、巷道等组成，面积300多平方米。主室顶部绘有30平方米的彩色壁画。刘买（？—前137），西汉梁国国王，梁孝王长子。

光武帝陵：又称原陵，位于孟津县白鹤镇铁谢村东南。坐北面南，平面为正方形，占地面积4.9万平方米，由祠庙、方丈院、陵园三大部分组成，陵园四周有围墙，高约4米。从南门进入陵园，可以直达墓地。墓前立有巨大的墓碑，上书"东汉中兴世祖光武皇帝之陵"12个大字。墓为半圆形土丘，高15米，周长480米。陵园内有植于唐代的古柏千余株，衬托出陵园肃穆庄严的气氛。此外，光武帝陵的两大景观颇为引人注目：一为"汉陵晓烟"，即每年的清明前后，陵园内在一定的天气条件下会出现紫气弥漫的现象，使得整个陵园恍若仙境；二是"汉皇仰卧"，即站在汉陵外，透过周围的杨树林可发现陵园内郁郁葱葱的柏树的排列分布，恰似汉皇仰卧的姿态。陵园的西墙外，是宋太祖开宝六年（973）所建的光武帝祠，现在还保存有当时的御祭碑。

汉献帝陵：位于修武县方庄镇古汉村南。陵为半圆形，高约7米，周长约250米，在其南北各50米处均有一座小墓。《后汉书·礼仪志》注："献帝禅陵……在河内山阳之浊城西北，去浊城直行十一里，斜行七里，去怀陵百一十里，去山阳五十里，南去洛阳三百一十里。"陵东侧古汉山原有献帝庙，陵前有清乾隆五十五年（1790）墓碑1通，1966年被毁。现陵前尚有享堂5间，并有清代碑刻3通，即清康熙五十六年（1717）"各村会首祈求平安碑"、雍正九年（1731）"汉禅陵基址碑"、乾隆五十二年（1787）"汉献帝陵寝碑"。陵东侧献帝庙旁还有当年守陵人用的禅陵井。

汉愍帝陵：位于许昌县张潘镇张潘村北，为东汉献帝衣冠冢。

陵高15米，面积10000平方米，今仅存一长方形土台。据县志载为汉献帝墓，后昭烈帝刘备追谥其为愍帝，又称汉愍帝陵。

汉章帝敬陵：位于孟津县平乐镇平乐村北。墓冢高约16米，圆形土丘周长约420米。俗称"二汉冢"。

汉和帝慎陵：位于孟津县平乐镇平乐村北。墓冢高约10米，周长220米。俗称"三汉冢"。

汉明帝显节陵：位于孟津县送庄镇三十里铺村西南。墓冢高约20米，周长500米。俗称"大汉冢"。

汉桓帝宣陵：位于孟津县送庄镇三十里铺村北。墓冢高10米，周长320米。俗称"鳌子冢"。墓顶有盗洞两个，采得玉衣残片，可能是该陵被盗时的遗留物。墓冢遭局部破坏。

刘伶墓：共两处。一处位于获嘉县亢村镇郭堤村东北。今存墓冢高2米余，面积125平方米，前立墓碑已佚。另一处位于清丰县纸房乡武强镇村北。高1.5米，长2.5米，宽2米。传为刘伶墓。刘伶，西晋沛国（今安徽濉溪县西北）人，"竹林七贤"之一。

刘希夷墓：位于汝州市米庙镇刘沟村东北。墓冢高1米，直径为2.9米，依风穴山而筑，重建有纪念堂5间。刘希夷（651—约679），字庭芝，汝州（今属河南）人。唐代诗人。

刘禹锡墓：位于荥阳市豫龙镇狼窝刘村南。墓冢坐北面南，冢高约7.5米，周长约20米。《新唐书》载："乃葬荥阳檀山原。"民

⊙ 刘禹锡墓

国《荥阳县志》载："刘禹锡墓在檀山。"依托刘禹锡墓，荥阳市政府修建了刘禹锡公园。园内建设纪念场馆4座，建筑面积1600平方米；湖体3处，占地面积约2.5万平方米；广场3处，占地面积为1.8万平方米；纪念亭5座，沿主路及广场建设牌坊13座，以时间为径，穿过荥阳坊、连州坊、和州坊、朗州坊、苏州坊、夔州坊、汝州坊、同州坊等12座牌坊，串起诗人生活的轨迹。雕塑4处，其中北广场依地势建有长170米、高15米的巨龙雕塑；喷泉3处，小品8处。园内随处可见名家书写的刘禹锡诗文作品的石刻和楹联。刘禹锡（772—842），字梦得，洛阳（今属河南）人。唐代文学家、哲学家。贞元进士，著有《刘梦得文集》。

刘知远墓：位于禹州市苌庄乡柏村西北，省级文物保护单位。现存墓冢高8米，在墓冢东、西、南、北四个方向100~200米处，曾各保存石兽2尊，这应是当时陵园四阙之所在。神道长约80米，宽约40米，自北向南排列各种翁仲石兽，在"文化大革命"中遭受毁坏。刘知远（895—948），五代后汉高祖。947年即位，建都汴，翌年卒后葬于此。

刘承祐墓：位于禹州市花石镇徐庄北。墓冢封土在"文化大革命"中被夷平。据《旧五代史·汉书·隐帝纪下》和《禹县志》载，此为隐帝之颍陵。当地群众俗称为"咬脐郎"墓。刘承祐，后汉高祖刘知远之子，五代后汉隐帝。

刘昌祚墓：位于修武县方庄镇庄沟村东。墓长约2.5米，宽约3米，高1.5米。墓右侧有块石碑，高1.2米，宽0.75米，上书"道光廿一年……宋武康军节度使刘毅肃公昌祚之墓知州衔知修武县事淄川冯继照"。刘昌祚（约1022—1089），字子京，真定（今河北正定县）人，因作战有功，宋哲宗时任武康军节度使，卒谥毅肃。

刘景耀墓：位于登封市东华镇东金店村。墓地占地面积2000平方米，有墓冢，石马、石羊、望柱各1对及石坊1座等石刻，可惜在"文化大革命"期间被毁。刘景耀（1587—1639），明末登封人。曾任山东巡抚。

刘氏家族墓：位于清丰县马村乡宅刘家村南。面积近2000平方米，自明始世代袭用，中部原有享堂3间，汉白玉碑1通，今俱废，唯存清同治八年（1869）立"明诰封宁晋侯刘聚墓碑"1通。碑文载刘聚精骑射，通兵法，屡立战功等事迹。

刘奉先墓：位于永城市芒山镇谭庄东。现存土冢高3米，直径约8米，原有3座大冢，3通石碑，今碑已佚。刘奉先，明代永城人。"靖难之役"时追随燕王朱棣，后升任武略将军。

刘自强墓：位于扶沟县城郊乡万岗村西北。原墓前立有石碑5通，神道两旁石像生数十对，三门四柱式石牌坊1座，"文化大革命"中被毁，现仅存墓冢高2.5米，面积125平方米。刘自强（1508—1582），明嘉靖甲辰（1544）进士，历任陕西参政，湖广左右布政使，兵部、户部、刑部尚书等职，为官不畏权奸，享有清名。

刘守志墓：位于上蔡县芦岗办事处刘楼村南。封冢已夷平，墓室未扰。前存刘守志墓碑1通，明万历八年（1580）立；另存刘守志墓表，明万历十三年（1585）立。两通碑均高2.9米，宽0.73米，厚0.2米。张卤撰文，刘仁书丹，房楠篆额，刘光国立石。碑文简介刘守志生平。刘守志，明时为文林郎、山西太原府推官。

刘光国墓：位于上蔡县芦岗办事处刘楼村北。墓冢已平，墓碑亦佚。刘光国（？—1605），明隆庆戊辰（1568）进士，曾任御史中丞。先世居山东益都，元末迁到上蔡。

刘先墓：位于新密市大隗镇张固寺村北。现存土冢高2.2米，周长26米。刘先，字祖光，元封郑国公，明初官至骠骑将军右军都督府佥事。

刘寿墓：位于淮滨县栏杆街道刘大梓树村。墓冢已近平，墓前有清光绪十一年（1885）所立墓碑，记其先祖明初由山西洪洞县迁来之事。墓前原有大梓树1株，为其先祖所植，清光绪二年（1876）毁于野火，又立砖代树以志永久。村名也由树而起。刘寿，生平不详。

刘忠墓：位于开封祥符区陈留镇西北隅。墓冢已近平，墓前石刻毁于1958年。其墓俗称"阁老坟"。刘忠，字司直，陈留（今属河南开封市）人。明成化进士，正德年间任文渊阁大学士。

刘德明墓：位于扶沟县崔桥镇大刘村。墓前尚存清光绪三十一年（1905）立石碑1通。碑文记述了刘德明的功名和筹款用项等支出。刘德明，明癸酉科武举，例授明威将军。

刘济墓：位于郏县黄道镇谒主沟村西南。墓冢高3米，直径20米。冢前石人、石马、石羊及神道碑已大部分被毁，还存翠柏900余株。刘济，字洪仁，号青云，明代郏县人。官居辽东苑马寺少卿。

刘泾墓：位于沁阳市沁园街道崔庄北。墓地面积450平方米。1967年平整土地时冢平。刘泾，沁阳人，明代进士，曾官居御史。

刘氏祖墓：位于浚县善堂镇下河村。现存墓碑1通，碑文记载刘氏世居山西洪洞县，明太祖时，奉命迁于滑邑，世有十五及其支系繁衍生息之事。

刘尚信家族墓：位于浚县白寺乡西郭村西北。墓地坐西向东，面积约3500平方米。神道两侧立有对称排列的石羊、石虎、石马等石像生。现存墓冢32座，大型龙首龟趺清代立石碑3通，多记刘尚信生平及溢美之辞。刘尚信（1587—1656），明清之际人。明万历四十四年（1616）进士，官居徽州知府迁通政使参议。后降清，顺治初任南京通政使。

刘永新墓：位于新乡县朗公庙镇张湾村刘家坟。墓冢近平，现存清光绪三十年（1904）所立墓表，王安澜撰文并书丹。碑文记载刘永新镇压太平军起义，从侧面反映出洪秀全作战英勇，清军屡遭败绩等史实。刘永新，曾任昭武都尉，在广东做官期间镇压农民起义。

刘德远墓：位于商丘市睢阳区商丘古城南。墓封冢已平。存有墓碑1通。四棱柱形，螭首。高1.58米，宽0.34米。碑文简要介绍了刘德远生平。刘德远，官至五品知县。

刘超凤墓：位于夏邑县桑堌乡吴寨村南。现封冢已夷平，仅存神道碑1通。碑高4.15米，宽0.86米，厚0.26米。圆首，龟趺。碑文简记刘超凤历官及功名。刘超凤，清康熙武科进士，授福建诏安营守备。

刘理顺墓：位于杞县城关镇花园村。墓封冢已夷平，尚存碑刻1通。碑高2.69米，宽0.69米，厚0.29米，清康熙三十三年（1694）八月知县徐开锡立碑。碑四框雕云龙纹，中书"刘理顺状元神道碑"。刘理顺（1582—1644），杞县人。崇祯七年（1634）状元。李自成攻占北京后，刘理顺于京投缳自缢。

[祠堂寺庙]

宜阳光武庙：位于宜阳县城西约42千米的三乡镇三乡村北汉山之巅。现有山门5间，后有照壁，照壁西为鼓楼，东为钟楼，照壁后两侧有石望柱1对，中有大殿5间，大殿后为永乐宫。另有一些附属建筑。

光武台：位于项城市南顿故城北侧。东汉建武十九年（43），刘秀南巡，故地重游，至南顿县时在此筑台，后称光武台。台呈方形，高3米，面积1万平方米左右，南面与故城北城垣相接，其余三面有壕沟环绕。

光武庙：位于方城县独树镇搬倒井村。据传东汉光武帝刘秀于建武三年（27）讨邓奉、董欣至此，搬石得泉。后人为纪念此事建庙凿井，故俗称"搬倒井"。

光武祠：位于南阳市宛城区瓦店镇八里铺村。始建于明，清代重修，现存正殿1座。

白马寺：位于洛阳市东12千米，是佛教传入中国后营建的第一座佛寺，创建于东汉明帝永平十一年（68）。现存白马寺之规模和布局是明嘉靖三十四年（1555）大修时奠定的。为长方形院落，坐北朝南，建筑面积3.4万余平方米，中轴线上依次为山门、天王殿、大佛殿、大雄殿、接引殿和清凉台上的毗卢阁，附属建筑则位于中轴线两侧，全国重点文物保护单位。白马寺是汉明帝下诏修建。汉明帝刘庄（27—75），刘秀第四子。

海蟾宫：位于修武县城北约4千米处的马坊泉村中。坐北朝南，俗称"背南宫"，现仅存大殿及东配殿，元代建筑。相传刘海在此修道，见一金蟾嬉戏于水池中，口吐莲花，刘海乃夺金莲而吞，于是成仙。刘海，又名刘海蟾，字成宗，五代时后梁燕山人，道教全真道北五祖之一。

刘氏祠堂：位于永城市芒山镇刘厂学校。清代建筑。现存门楼1座，硬山灰瓦顶，有砖雕装饰；正房1座，面阔3间，进深2间，硬山灰瓦顶，有脊饰。前出廊，有木雕装饰，左、右厢房已改建。1975年刘姓人家曾维修。

刘氏祠堂：位于内乡县夏馆镇。建于清咸丰元年（1851），坐北朝南，现存卷棚、享堂、厢房各3间。厢房为硬山灰瓦顶。近年又进行维修，保存较好。

刘氏家祠：位于鹤壁市淇滨区大河涧乡将军墓村。建于清乾隆四十二年（1777），坐北朝南。现有大门、上房、东西厢房、后屋各3间。硬山灰瓦顶，有脊饰。祠内有碑，载刘氏先祖刘九珣由林县迁此创立家祠的经过。

[碑碣刻石]

斩蛇碑：位于永城市城北30千米的芒砀山南麓。立于明隆庆五年（1571）。碑高2.39米，宽1.15米，厚0.22米。碑额为半圆形，下为巨大的石龟座，碑正中刻"汉高祖斩蛇处"。碑文记载了刘邦在此斩蛇起义的经过。

乐陵太守刘君之碑：位于滑县八里营乡八里营村东。碑通高2.11米，宽0.85米，厚0.21米。螭首，正中辟一小龛，内刻一石像（已残），龛外镌刻"乐陵太守刘君之碑"，两侧浮雕盘龙。立于"大魏一百五十九年"，碑文记述刘君祖上世系和本人功德。

大宋新修后汉光武皇帝庙碑：位于孟津县光武祠内。北宋开宝六年（973）刻。碑通高4.3米，宽1.35米，厚0.39米。碑文歌颂光武皇帝由南阳起事，决战昆阳，扳邯郸之垒，定都洛阳之功德。

汉光武故里碑：位于南阳市宛城区瓦店镇八里铺村。碑高2.07米，宽0.78米，圆首。碑阳镌刻"汉光武故里"五字，落款为"南阳知府邓启愚立"。碑文漫漶，确切年号不详，系明碑。另有"汉光武故里碑"2通，皆为明万历年间所立。

刘氏功德碑：位于睢县城关镇西门里。碑高1.5米，宽0.5米。立碑年代、撰文并书丹人均不详。字21行，满行40字，碑文记述刘氏祖籍金陵，明初以官居"锦衣卫指挥使"定居睢州（今河南睢县）事。

刘理顺神道碑：位于杞县县城西3千米的花园村。碑身高2.69米，宽0.69米，厚0.29米，四周精雕阴刻云龙纹。康熙二十三年（1684）六月立。碑楼为青砖筑，楼阁式，"文化大革命"中被拆毁。1986年春，刘氏家族集资修筑碑楼。

刘氏族谱碑：位于濮阳县海通乡刘吕丘村。高1.7米，宽0.48米。清嘉庆二十二年（1817）立。碑文记述刘氏家族议修家谱立传事。

刘氏族系碑：位于渑池县城关镇一里河村北。刘氏墓地共有石碑3通，并有碑楼保护。"族系碑"立于最西边，碑呈长方形，长1.3米，宽0.8米，碑文记载了刘氏远祖系维吾尔族（畏兀儿），元初随蒙古人入中原，世代为官，明初从母姓刘，其一支居渑池，子孙繁衍，生生不息，为接续家族，立碑以志。

刘氏始祖碑：位于民权县花园乡张侯村。碑高1.78米，宽0.46米，厚0.12米。清乾隆七年（1742）立，碑文记述刘氏迁居此地之经过。

刘氏始祖碑：位于夏邑县县城北梁园村南。高1.7米，宽0.68米，厚0.21米，清乾隆三十七年（1772）立。碑文记载刘氏于明洪武年间由山西省洪洞县迁此经过。

刘氏始祖墓碑：位于遂平县花庄乡皮楼村。碑文记述刘氏从河北迁居遂平花庄乡一带，并提及其祖辈生平和子孙分居情况。

刘洪起故里碑：位于镇平县雪枫街道八里庙村柳竹泉庄南。碑高1.6米，宽0.6米，圆首，无座，青石质，无立碑人与时间。碑文记述刘洪起生平，受明藩王重用，官封大将军，以及与李自成军作战，抗击清军南下的情况。其侧尚存祖妣苏氏墓碑，追记刘氏族谱及刘洪起宦途诸事。刘洪起，生平不详。

创建祠堂暨祭田碑：位于新安县北冶镇刘黄村。碑高1.35米，宽0.55米。圆首，方座。清光绪二十一年（1895）立。碑文记载刘姓始祖明洪武初自山西洪洞县迁此居住，子孙繁衍，并捐资修建祠堂及捐地施为祭田之事。

创立家祠记碑：位于鹤壁市淇滨区大河涧乡将军墓村。碑高1.57米，宽0.57米，厚0.18米。清乾隆四十三年（1778）立。碑文记载该村刘氏自山西迁林县（今河南林州市）又迁至鹤壁的经过。

汉光武洗马桥碑：位于南阳市宛城区汉冢乡汉冢村。卧碑。横长1.42米，宽0.52米，厚0.26米。上书"汉光武洗马桥"6个大字，未署立碑年号。据传，昔日汉光武帝刘秀在村东洗过马，为此而修桥。桥早已无存，碑仍保存较好。

修建祠堂碑：位于新乡县朗公庙镇张湾村。碑高0.9米，宽0.62米。清道光十年（1830）立。碑文载刘氏祖居山西洪洞县，自洪武年间迁居新乡县西龙潭村，万历年间迁居家湾，故合族修建祠堂以奉祀祖先。

[其他遗存]

荥阳故城：位于郑州市西北27千米的古荥镇，最早建于战国时期。城垣略呈长方形，大部分尚存，东墙已被黄河泛滥冲没，仅存东北、东南两个拐角。故城南北长2000米，东西宽1500米，周长7000余米。楚汉战争中，刘邦据守于此。

楚河汉界遗址：历史上的楚河汉界，是汉高祖刘邦与西楚霸王项羽相争之处，在豫州荥阳成皋一带（今河南荥阳市）。它北临黄河，西依邙山，东连平原，南接嵩山，是历代兵家必争之地。公元前204年，刘邦和项羽在这一带发生战争，双方都竭力争夺此要地。公元前203年，刘邦凭大后方丰富的粮草资源作后盾，出兵击楚，项羽因粮缺兵乏，不得不被迫提出"中分天下"，割鸿沟"以西为汉，以东为楚"的要求。从此就有了"楚河汉界"之说。如今在荥阳市区东北的广武山上，还留着两座遥遥相对的古城遗迹，西边的叫汉王城，东边的叫霸王城，就是当年刘邦与项羽所筑，两城中间有一条宽约300米的大沟，这就是刘邦与项羽对垒的鸿沟。

将军柏：位于登封市城北3千米的嵩阳书院。汉武帝在元封元年（前110）游嵩山时，见此地有巨柏3株，便封为"将军"。"三将军"明末被烧，今存"大将军"和"二将军"，树龄在3000年以上。

嵩高城：位于登封市区北部。残存东城墙及部分北城墙，东城墙南北长约700米，北城墙残留地表长约200米，高2~3米，城墙宽约10米，夯土层十分明显。汉武帝在元封元年春祭祀中岳，归途中发一诏书，诏曰："以山下户三百为之奉邑，名曰崇高，独给祠，复亡所与。"

宣防宫：位于濮阳县土垒头村西南1千米、焦二砦村北2千米瓠子河堤上。汉武帝元光三年（前132），黄河自濮阳瓠子河堤决口，淹没十六郡，灾情巨大。元封元年，汉武帝到濮阳，亲自堵塞瓠子河口，君臣协力，终将决口堵住，工竣，在瓠子河堤上建宣防宫，并作《瓠子歌》两首。相传宣防宫建有殿阁数楹，高大雄伟。庭院有碑刻，殿内供奉武帝像。建筑已毁，遗址上现存汉代砖瓦残片颇多。

博望坡：位于方城县城南博望镇。建安七年（202），刘备与魏将夏侯惇、于禁等相遇，刘备等人在此设伏，火烧曹军，曹军大败。博望古战场遗址尚留存一株柘刺树，高5.9米，周长2.2米，虬枝盘旋，木质裸露，相传为火烧博望坡时的唯一幸存之见证。其他遗迹有刘备的观战台、夏侯惇屯兵时修建的城楼等古迹。

汉议事台：位于新野县城中心处。砖砌，高约10米，宽4米，长70米。台上筑有一重檐八角攒尖古亭。相传三国时期，此台为刘备、诸葛亮等议论光复汉室之处。

越石村：位于原阳县城东南13千米处的原武镇。晋惠帝永兴二年（305），正值八王之乱，晋朝统治出现严重危机，晋惠帝派刘琨于黄河南岸（今黄河北岸）屯军，组织军屯，开荒种地。刘琨的军队纪律严明，对百姓秋毫无犯。百姓感其恩德，在军屯处，以刘琨的字"越石"为村名。刘琨（271—318），字越石，晋魏昌（今河北无极县）人。西晋将领、诗人。

【人物名录】

东汉有刘永（商丘），刘宣、刘畅（均南阳），刘昆（兰考），刘隆（邓州），刘根（禹州），刘陶、刘翊（均许昌），刘望之（镇平）。三国有刘廙（镇平）。西晋有刘乔（南阳）。南北朝有刘湛、刘胡、刘虬、刘之遴（均邓州），刘坦（镇平）。隋朝有刘祐（荥阳）。唐朝有刘斌（南阳），刘政会、刘奇、刘崇望、刘崇龟、刘崇鲁（均延津），刘师立（虞城），刘道合（淮阳），刘希夷（汝州），刘仁轨、刘璙（均尉氏），刘允济（巩义），刘宪（宁陵），刘客奴（武陟），刘迺、刘允章（均伊川），刘昌、刘捍（均开封），刘玄佐（长垣），刘禹锡、刘伯刍、刘方平（均洛阳），刘建锋、刘知谦（均上蔡）。五代有刘隐、刘䶮、刘玢、刘晟、刘弘昌、刘弘弼、刘弘操、刘弘果、刘铢、刘弘邈（均上蔡），刘玘（杞县），刘岳、刘崇远（均洛阳），刘延郎（虞城），刘继勋（卫辉），刘铢（陕州），刘存（沁阳），刘琼（固始）。北宋有刘温叟、刘几、刘保勋、刘元瑜（均洛阳），刘熙古、刘蒙正、刘蒙叟（均宁陵），刘廷翰、刘舜卿、刘永年、刘平、刘谦、刘季孙、刘嗣明（均开封），刘用（安阳），刘随（民权）。南宋有刘履中（开封）。元朝有刘整（邓州）、刘好礼（开封）。明朝有刘先（新密），刘纲、刘宇（均禹州），刘通（西华），刘洪起（西平），刘聚（清丰），刘端（中牟），刘璋（卫辉），刘潨（安阳），刘忠、刘昂（均开封），刘校（郾城）、刘璟、刘讱、刘巡、刘贲卿（均鄢陵）、刘健（洛阳）、刘国翰（睢县）、刘大谟（兰考）、刘绘、刘黄裳（均潢川）、刘泾（沁阳）、刘全备（内黄）、刘自强（扶沟）、刘天绪、刘超（均永城）、刘孝（安阳）、刘诏、刘理顺（均杞县）、刘保儿（叶县）、刘之凤（中牟）。清朝有刘昌、刘源、刘朝佑、刘润、刘毓楠、刘遵海（均开封）、刘源洁、刘永新（均新乡）、刘达（浚县）、刘官统、刘榛、刘超凤（均商丘）、刘青霞、刘宗泗、刘青黎、刘青芝、刘青莲、刘凤楼（均襄城）、刘佑、刘汉黎（均鄢陵）、刘亮工（确山）、刘慎（鹿邑）、刘楫、刘应陛（均信阳）、刘体仁（许昌）、刘世明、刘国兴（均沁阳）、刘宽（虞城）、刘珰、刘光三（均新郑）、刘玉威（禹州）、刘大贲（鲁山）、刘代云（渑池）、刘嗣固（光山）、刘廷诏（永城）、刘司直、刘果（均洛阳）、刘凌汉（巩义）、刘朴（沈丘）、刘天保（睢县）、刘郁膏（太康）、刘鸿恩（尉氏）、刘应标（确山）、刘纯仁（新蔡）。

5. 陈

【姓氏源流】

陈氏出自妫姓，为虞舜后裔，根在淮阳。周武王灭商以后，追封前代圣王虞舜后人妫满于太昊之墟（今河南淮阳县），建立陈国。春秋末陈国被楚国所灭，其后人以"陈"为氏。

先秦时期主要在我国北方广大地区繁衍生息。魏晋南北朝时，开始大举向南迁移。唐朝初期和中期，中原陈氏有两次南迁福建。一是唐高宗总章二年（669），朝廷派陈政镇压福建的啸乱，陈政卒后，其子陈元光代父领兵，平定了局势，报请唐廷批准设置了漳州郡，陈元光因此被后人称为"开漳圣王"。二是颍川陈实后裔陈忠之子陈邕，受宰相李林甫排挤，迁至福建同安，其后子孙兴旺，在福建发展成为"太傅派"陈氏。陈氏入粤，始于南宋。陈氏入台，始于明末，福建同安人陈永华于明末随郑成功入台湾，为陈氏入台始祖。明清以后，闽粤等沿海地区的陈氏，有许多人出海谋生。如今，陈氏已发展成为中国第五人口大姓，广泛分布于全国各地，尤以福建、台湾、四川、广东等地为多。

【祖源遗存】

帝舜故里：有关专家认为，舜生于姚墟因以为姓，"耕于历山""渔雷泽""陶河滨""迁于负夏"在濮阳均有据可查，有迹可寻。瑕丘遗址在今濮阳县五星乡堌堆村，是东西相连的两座高台。姚墟位于濮阳市徐镇老街。舜井在徐镇政府西南500米处，乃舜帝出生地所在，已被淤塞。历山位于濮阳县东南13千米的胡状镇杨岗上村，舜曾躬耕于此。雷泽位于濮阳县西南2千米高新区、城关镇、五星乡交界处，相传舜在此打鱼。河滨位于濮阳县古黄河故道北，舜曾在这里制作陶器。帝舜后裔姓氏众多，人口较多的姓氏有陈、胡、袁、姚、田、孙、陆等。

陈国故城：今淮阳县城，原为陈国都城所在地。古陈国为妫姓国，是西周东南屏障，春秋后期为楚国所灭，共历568年。公元前478年楚灭陈后，设陈县，后楚迁都于此，称郢陈，复筑陈城，故称陈楚故城。陈国故城为内城外郭式格局，平面略为方形。现存城墙高5米，宽20米，周长4500余米，夯土筑成。高出地面的城墙建筑年代大约为春秋时期，明显晚于陈国立国之时。故城的宫殿区在淮阳县城东北部老衙门一带，如今这里依旧保留有高约5米的大型夯土台基。陈国故城区域出土的陶片以板瓦、筒瓦居多，筒瓦外饰绳纹，间饰凹弦纹。出土的盆、罐时代也较早，同时出土有蚁鼻钱。陈国存在时间长，加上陈国都城处于"楚夏之交"南北交通要道上，历来为兵家必争之地，使得陈国故城历尽沧桑。孙、田、胡、夏、薛、姚、袁、文、诸葛等姓氏起源都与古陈国或者陈国故城有关。

陈胡公墓：位于淮阳县城南关湖中。据《淮阳县志》载，陈胡公卒后葬于此。墓室系用铁铸而成，故称"铁墓"。《陈州府志》载："旧志谓在城南，世传其墓生铁冶铸成，苔色苍古，在壕内。今人谓在城西北角厄台下。"墓原无封土，近年陈姓寻根，始筑土为坟，并在墓前立"陈胡公之墓"碑并建碑楼。陈胡公，妫姓，有虞氏，名满，周武王灭商建周后，将其封于陈地，建立陈国，奉祀舜帝。卒后谥号为胡，故称陈胡公。

⊙陈胡公墓

【相关资源】

[故里故居]

陈胜故里：共两处。一处位于登封市东南15千米告成镇东北。城址呈南北长方形。北墙沿丘岭筑，长约700米，中段保留宽13米的缺口为城门遗迹，墙外侧有宽约60米的护城壕沟。东墙沿小溪西岸长约2000米，仅存部分城墙。西墙沿丘岭修筑，长约200米，仅存北段，墙外侧有宽6米的护城壕。南墙临告成镇北侧沿颍河北岸长约1000米，现存几段城墙。周长约5700米，总面积140万平方米。残墙高1～2米，最高处8米，墙基宽约30米。城墙系夯土筑成，部分城墙底部铺一层卵石。夯土层厚6～9厘米，每层均有圆形夯窝。城墙内含春秋战国时期陶片。城内中部偏北有一处大型建筑遗址，基面上残留成片的铺地砖，其上堆积大量砖瓦和陶器残片，发现有贮水池、节水闸和排水管道等，反映了当时城市建设中给排水设施的先进水平。城内还出土有残铁器、铜镞和陶鬲、釜、盆、盂、碗、豆、罐等。在一些陶器上还印有"阳城仓器""阳城"等戳记和其他陶文符号，证明这座城址是春秋战国时期的阳城。铸铁遗址在阳城南墙外，是战国时期的铸铁作坊。在遗址上发现不少战国时期的铸铁遗存。另一处位于商水县西南16千米扶苏村周围。阳城分外城、内城。外城东西长800米，南北宽500米，墙宽20米，版筑，夯层清晰，在城墙内侧有陶排水管道。内城居外城中部偏北，呈正方形，边长250米，墙宽7米，城内亦有陶排水管道。内城、外城皆有护城河。在城内出土有"扶苏司工"4字陶文，为秦代遗物。陈胜起义后，将阳城改名为扶苏城。西汉在此设阳城县。隋设扶苏县，扶苏之名一直沿用至今。陈胜（？—前208），字涉，阳城（今河南登封市东南）人。秦朝末年农民起义的领袖之一，与吴广一同在大泽乡（今安徽宿州市东南）率众起兵，成为反秦义军的先驱，在陈县（今河南淮阳县）称王，建立张楚政权。后兵败至城父（今安徽涡阳县东南）被杀。

玄奘故里：位于今偃师市缑氏镇北约1千米处的陈河村。主要包括三大部分，即玄奘故居、陈家花园、西园墓地。玄奘故居，坐落在陈河村中部，坐北朝南，大体为一南北长方形院落，分前后两院，故居大门仿隋唐风格，青瓦白墙，朱门红柱，匾额上书"玄奘故居"4个大字，出自我国著名学者、北京大学教授季羡林之手。陈家花园，位于玄奘故里正南，坐南朝北，背靠凤凰台，面对玄奘故居，占地面积约1万平方米。西园墓地，位于玄奘故里西南陈河村南800米，为玄奘父母的合葬墓地。除上述遗迹景点外，在玄奘故里，还保留有陈家古井、诵经斋、凤凰台、马啼泉、晾经台等遗迹遗物。陈家古井，现存玄奘故居内西侧，井旁古槐树、皂角树相抱生长。相传玄奘因自幼饮此井水，智慧早开，终成一代名僧。有关资料载，玄奘（602—664），俗姓陈，名祎，唐代缑氏（今河南偃师市）人。高祖陈湛，北魏清河太守；曾祖陈钦，北魏上党太守、征东将军，爵封南阳郡开国公；祖父陈康，以学优出仕北齐，历任国子博士、国子司业，又任礼部侍郎，食邑河南，后定居缑氏。贞观初，玄奘随商人往游西域17年，撰《大唐西域记》12卷。贞观十九年（645），归至京师，为佛教在中国的传播做出了巨大贡献。

[墓葬陵园]

陈平墓：位于原阳县阳阿村。汉文帝二年（前178），陈平病逝于长安，归葬故里。《原阳县志》记载："陈丞相墓在库上里，今没于河。"陈平（？—前178），字孺子，西汉阳武（今河南原阳县）人。生前曾任太仆、都尉、护军中尉、丞相等职，在汉王朝建立的过程中，协助刘邦用反间计使项羽去掉谋士范增，笼络韩信，并在刘邦征战中多用奇计，化险为夷，为平定诸吕叛乱，巩固刘氏政权做出了不朽的贡献。

陈胜墓：位于永城市东北芒砀山主峰西南麓。现存墓冢高5米，周长约50米。周围筑有青石围墙，高顶，下有须弥座，正中镌刻郭沫若书"秦末农民起义领袖陈胜之墓"。西汉以陈胜首倡反秦之功，高祖时为陈涉置守冢30家，免其赋税杂役，以守护墓地，东汉后渐废。1975年，国家拨专款整修，辟地4000平方米，砌石围墓，栽松植柏，置人守冢，为省级文物保护单位。

唐僧墓：位于偃师市缑氏镇唐僧寺西北约200米处，距玄奘故里约3千米。在清同治十三年（1874）所立"唐僧寺上殿又重修碑"中，有"唐僧卒葬白鹿塬处，确考即此寺也，现去西北数步，尚存有唐僧冢焉"的记载。墓冢呈覆斗形，冢前有墓碑，正面额书"声震五印"4字，碑身刻"大唐三藏法师玄奘之墓"，碑阴额书"誉满中华"，碑峰刻玄奘传记，录自《旧唐书》卷191。墓园周围遍植桂树，生机盎然。

陈星聚墓：位于临颍县城西南约6千米处的台陈村。南北长55米，东西宽30米，占地约1650平方米。1889年墓园落成时，墓前有华表、碑碣，墓道两侧为石刻造像，石人、石狮、石马、石羊、石猴等姿态各异。园内古柏森森，庄严肃穆。1958年和1965年陈星聚墓两次遭到破坏，目前仅存1块完整的墓碑和1块断裂的神道碑。陈星聚（1817—1885），字耀堂，清代临颍县孝台村（今河南临颍县台陈村）人。曾任台北知府。清朝光绪年间率领台湾人民抵御法国侵略者，取得了台北保卫战的胜利。辞世后，其遗骨被运回孝台村安葬于陈氏祖茔。家乡群众为纪念他治理台湾、保卫国土的功绩，将村名改为"台陈"，沿用至今。

[祠堂寺庙]

陈平祠：位于原阳县东北的阳阿村。创建于汉武帝建元三年（前138），明洪武年间和清乾隆年间又进行了重修，现存大殿3间，卷棚3间，均为清代建筑。有明代天顺年间"汉曲逆侯陈公故里"碑、明嘉靖二十六年（1547）"陈丞相雪诬辨碑"等碑碣6通。

顶角寺：现名定觉寺，位于荥阳市北10千米的广武镇定角寺村东头。寺内现存古建殿堂3间，门楼1间，其他均为现代建筑。相传公元前204年春，刘邦遭到楚军追击，途中忽遇长子刘盈（后为汉惠帝）和长女（后为鲁元公主），遂坐车同行。因楚军追击，刘邦曾三次将其子女推下车去，陈平却三次把其推下车的子女抱上车，并劝汉王说：眼下事态虽危急，车子跑得慢，可怎能扔下子女自己跑掉呢？后来车轮一侧脱轴，陈平毫不犹豫地用肩顶着车子继续奔跑，才得以脱险。汉王刘邦当上皇帝后，为了表彰陈平的忠贞，就在此修建"顶角寺"1座。

陈氏将军祠：位于固始县陈集镇安阳山西麓。为唐天宝年间陈元光孙子陈酆所建，清嘉庆年间重修，但祠堂基石的雕刻依然为

⊙固始陈氏将军祠

唐代风格。祠堂坐北朝南，占地500平方米，有房屋26间。将军祠正门的墙面是青砖错砌，门口有石阶、石柱、石楹、石狮。屋顶是具有南方风格的褐色小瓦。庭院青石铺路，庭院随迁而高，四周有带廊。祠堂内主要建筑是大殿，大殿的左侧石碑记载了陈元光在闽南平"蛮獠啸乱"、开发漳州的丰功伟绩。正堂的匾额为"尘净东南""威震闽粤"，堂联为"开闽数十年烽烟无惊称乐土，建漳千百载香火不绝祀将军"。大殿的正中央是泥塑的陈将军像。祠前是一湾池，名"月牙塘"。月牙塘东南角是陈氏"七星拱月"家族墓地，这里埋葬着陈元光祖父陈克耕等陈氏家族的先人。近年，海外及漳州等地不断组团来人到此寻根谒祖。陈之光，唐代光州固始人。为开发漳州做出了卓越贡献，被尊为"开漳圣王"。

玄奘寺：位于偃师市缑氏镇唐僧寺村。相传初创于北魏，原名灵岩寺。唐代人为颂扬玄奘不辞万难兴佛弘教的善行，遂易名"兴善寺"。明代万历年间，又改名唐僧寺。根据已故中国佛教协会会长赵朴初的建议，改今名"玄奘寺"。该寺为一坐北朝南长方形院落，现存殿宇2座。前为天王殿，又称下殿，面阔3间，进深1间，正中供弥勒佛，两侧分供东方持国天王、南方增长天王、西方广目天王、北方多闻天王。后殿为玄奘殿，也称上殿，面阔3间，进深3间，悬山式顶。正中供玄奘大师，身披袈裟，端坐莲台，睿智慈祥。殿内还有释迦牟尼画像、阿弥陀佛雕像和观音菩萨、文殊菩萨、普贤菩萨画像等。寺内还存有古碑数方，另有出土于玄奘殿前的1块残碑及寺外西北玄奘墓侧的2块经幢残石。

慈云寺：位于巩义市东南25千米的大峪沟镇民权村。始建于东汉永平七年（64），由印度僧人摄摩腾和竺法兰创建。唐贞观年间（627—649），三藏禅师玄奘又奉命重修此寺。明清时期多次增建、重修。寺内现存殿房10多间，石券窑洞3孔，均为清代建筑。尚存明清碑碣51通，塔铭43块。

[碑碣刻石]

大唐二帝圣教序碑：初立于偃师市招提寺，现藏偃师商城博物馆。高2.44米，宽1.04米。碑额正中刻坐佛，佛像左右分刻"大唐二帝圣教序碑"8个篆字。碑文分两部分，前为唐太宗李世民为玄奘所撰之《大唐三藏圣教序》，后为太子李治所撰之《大唐皇帝述三藏圣教序记》。碑文28行，每行56字。书法用笔端正紧密，绰有姿致。刻立于唐代显庆二年（657）。

追本溯源碑：见李姓下"追本溯源碑"介绍。

[其他遗存]

陈玉成就义纪念地：位于延津县老城内。现有纪念碑与纪念亭。陈玉成（1837—1862），清代广西藤县人。太平天国后期著名将领。22岁被封为"英王"，洪秀全曾明确宣布："京外不决之事，问于英王。"1862年，陈玉成被捕，在押送北京途中，被害于延津县西校场。

太极故里陈家沟：位于温县城东5千米，是中国太极拳的发源地。明末清初，陈家沟人陈王廷在家传拳术的基础上，创编了一种具有阴阳开合、虚实转换、刚柔相济、快慢相间等特点的内功拳种。按阴阳转换之意，取名"太极拳"。目前，陈家沟成为国内外太极拳爱好者朝觐拜师、切磋技艺的一方圣地。陈家沟特色景点有陈家沟太极拳祖祠碑廊、杨露禅学拳处、太极拳名人宗师纪念馆、陈照丕陵园等。

【人物名录】

秦有陈胜（登封）。西汉有陈余（开封）、陈平（原阳）、陈恢（南阳）。东汉有陈俊（南阳），陈蕃（平舆），陈寔、陈纪、陈湛（均许昌），陈翔（郾城），陈宫（濮阳）。三国有陈震（南阳）、陈群（许昌）、陈祗（平舆）。东晋有陈顗（鹿邑）。南北朝有陈忻（宜阳）。唐朝有玄奘（偃师），陈政、陈元光（均固始），陈希烈（商丘），陈贞节、陈夷行、陈润、陈黯（均许昌）。五代有陈绍（淮阳）。宋朝有陈越（尉氏），陈太素（洛阳），陈贯、陈安定（均孟州），陈知雄、陈知默、陈知俭（均郑州），陈安礼、陈安仁、陈安石（均孟州），陈恬（禹州），陈绎、陈彦猷、陈与义（均洛阳），陈知和、陈察（均开封），陈康伯、陈安节、陈景思、陈万里（均信阳），陈显微（淮阳），陈恕可（固始）。金朝有陈颜（卫辉）。元朝有陈思济（柘城）、陈天祥（洛阳）、陈端（原阳）、陈祖仁（开封）。明朝有陈卜（温县）、陈昕（卫辉）、陈璋（潢川）、陈柴（鄢陵）、陈耀文（确山）、陈士庆（邓州）。清朝有陈武（睢县），陈柴（光山），陈毅（兰考），陈爌（孟津），陈天清（柘城），陈鸣皋（禹州），陈履平、陈履中、陈宗石（均商丘），陈熔（新安），陈伯瑜（郏县），陈准（商丘），陈大文（杞县），陈孝宽（开封），陈元勋（荥阳），陈景雍（商丘），陈青萍（温县），陈禄兴（太康），陈星聚（临颍），陈心一（方城），陈伟勋（郾城）。

6. 杨

【姓氏源流】

杨氏有三个来源：一源自姬姓，以国为氏。西周幽王封宣王的小儿子尚父于杨（今山西洪洞县），建立杨国，春秋时为晋国所灭，子孙以"杨"为氏。二出自晋国公族，为唐叔虞之后。晋武公灭杨国后，将杨地封给少子伯侨为采邑，其后有羊舌肸，为晋太傅。羊舌肸的儿子伯石，字食我，以邑名为氏，称杨食我，其后世子孙遂以"杨"为氏。三是周景王之后被封于杨，在今河南宜阳县西，其后裔也以"杨"为氏。

先秦时期在陕西、河南发展，并形成弘农、河内等杨氏望族。两汉时期南下四川、浙江。杨坚建立隋朝，并统一中国。五代时期杨行密建立吴国。明代以后，主要在两广以及西南地区发展。如今，杨氏已发展成为中国第六人口大姓，广泛分布于全国各地，尤以四川、河南、云南等省为多。

【相关资源】

[故里故居]

杨香故里：位于沁阳市西南11千米处的杨香村。该村原名"阳乡"，因杨香打虎救父而更名为杨香村。杨香，晋代河内（今河南沁阳市）人，据记载，"年十四，随父刈稻田间。父为虎所擒，香徒手扼虎颈，虎奔逸。父得免"。

隋洛阳城：北至邙山，南至伊阙口，东距汉魏洛阳故城18千米。始建于隋炀帝大业元年（605），又称为"洛阳宫""东都"，由杨素等人负责修造。隋洛阳城有宫城、皇城、外郭城三重城郭，城内主要建筑有端门、乾阳殿等。

杨家宅：位于商丘市睢阳区首东一街。始建于清道光年间。门楼以及耳房3间，正房1座，面阔5间，左右厢房各3间，均为硬山灰瓦顶，有屋脊装饰，正房前出廊，屋檐下有木雕装饰与绘画。

杨宅：位于获嘉县县城行政街，为清代建筑。现存客厅5间，厢房15间，共30间，面积500平方米，为硬山灰瓦顶，有屋脊装饰。保存较好。

杨靖宇故居：位于驻马店市南5千米驿城区古城乡的李湾村。现存为四合院，有正房4间，东西厢房各3间，现为省级文物保护单位。杨靖宇（1905—1940），河南省确山县人。中共党员，著名抗日将领。

[墓葬陵园]

西杨村西墓葬：位于尉氏县水坡镇西杨村。墓冢高5米，面积550平方米，保存完好。传说为战国时期杨滚墓，内涵不详。

杨香墓：位于沁阳市崇义镇杨香村。墓冢高3米，面积100平方米，墓前有"流芳古孝杨香之墓"。村中有清代修复的"杨香祠"。

杨修墓：位于灵宝市西南豫灵镇北寨村西的古道北侧，东临玉溪涧，南接古道，西为平原，距老潼关10千米。杨修（175—219），字德祖，弘农华阴（今陕西华阴市东南）人。汉末文学家。

杨骏墓：位于灵宝市大王镇梨园村。墓冢面积150平方米，墓冢近平。杨骏,西晋弘农华阴(今陕西华阴市东南)人。武帝时期官至车骑将军,封临晋侯。

杨履庭墓:位于温县张羌街道徐沟村。单砖室墓,出土有三彩骆驼、马、武士俑等,另有猪、羊、狗、罐等陶制品及蚌壳盒、墨锭、铜镜等遗物,还有墓志1方。杨履庭(?—692),唐代弘农华阴人。曾任游击将军上柱国行原州都督府三郊镇副。于唐景云二年(711)与夫人薛氏合葬于此。

袁堡墓葬:位于新郑市龙湖镇袁堡村。墓冢高3米,周长35米。传说是杨业之子杨延景的衣冠冢。

杨延昭墓:位于巩义市孝义街道。墓冢近平,现存墓室以及部分石刻。杨延昭(958—1014),北宋名将杨业之子,人称杨六郎。

杨再兴墓园:位于临颍县皇帝庙乡小商桥村东。墓园坐北面南,墓冢高6.2米,周长100米,墓碑形制较小,上刻"宋统制杨再兴将军之墓",据说为当时岳飞临时用枪头所刻。墓前有石碑数通,记述杨再兴事迹及陵墓修建过程。祠原在村中,殿中有杨再兴身着白盔白甲坐像1尊,院内有白马1匹,作昂首嘶鸣状。祠内有碑,多为后人祭拜致敬之辞。杨再兴墓园及祠有楹联多副,其中最为人称道的一副是:"义气摧金师,曾扫敌氛经百战;英风余颍水,犹存孤冢峙千秋。"杨再兴(?—1140),相州汤阴(今属河南)人。南宋初岳飞部将。

⊙临颍县杨再兴墓

杨旦墓：位于新密市曲梁镇五虎庙村。墓冢已经夷平，尚存原墓前神道两侧石刻、石人、石羊等。杨旦，宋右奉议郎。

杨世庆墓：位于渑池县英豪镇沙村。人称"将军坟"，神道两侧有石马、石人、石羊等，墓碑为清代所立，碑文记述了墓主人的家世。杨世庆，元赠陕州飞骑尉。

杨薄墓：位于虞城县谷熟镇柯针园。现存墓冢高1米，周长10米。杨薄，明代兵部右侍郎杨镐之父。

杨镐墓：位于虞城县谷熟镇四菜园。墓冢高2米，周长20米。杨镐（？—1629），明万历进士，曾任兵部右侍郎，经略朝鲜事务。

杨春元墓：位于林州市任村镇耳庄村。墓冢高2米，墓地面积24平方米，现存清代墓碑1通。杨春元，明代固安（今属河北）人，祖籍林县（今河南林州市）。明代中叶驸马，《明史》记载："神宗十女，万历二十年（1592）下嫁杨春元。"

杨东明墓：位于虞城县利民镇宋楼村。现存墓冢高2.5米，周长20米，墓前原有石牌坊，其上装饰有精美图案，还有精美供桌。杨东明（1548—1624），河南虞城县人。明代理学家，著有《京营纪事》《晋庵文集》等。

杨乐马墓：位于扶沟县练寺镇杨王村。墓冢近平，尚存清代咸丰年间所立墓碑。杨乐马，明代扶沟人，官居光禄寺署正。

杨氏家族墓：位于焦作市马村区安阳城街道办事处马界村。墓冢大多近平，现存墓表1块，上刻行孝图，文字记载杨氏感其母教训之恩创建墓表之事。

杨氏祖茔：位于沁阳市柏香镇史村。茔地面积6600平方米，埋葬杨氏明至清九代人，后遭到破坏，出土有金银等器物。杨氏祖茔即明代宁夏巡抚杨嗣修的祖坟。

杨氏家族墓：位于范县杨集乡叶庄村。此处称为"杨家坟"，葬有杨光明、杨本针等人。杨光明，明隆庆举人，曾任故城县令、真定知府。杨本针，明崇祯年间进士，任户部主事、归德知府。墓冢尚存，墓碑半截埋于土中。

杨柳墓：位于淮阳县朱集乡杨寨村。墓冢已经破坏，不见墓碑。杨柳，明代当地处士。

杨明墓：位于扶沟县崔桥镇杨岗村。墓冢近平，尚存清嘉庆二年（1797）立石碑1通。碑高1.9米，宽0.64米，厚0.15米。上刻"明故处士杨公讳明字远来暨配李孺人之墓"。杨明，生平不详。

杨作楫墓：位于淮阳县白楼镇黎庄村东南。墓冢高2米，面积约80平方米。墓碑已佚。杨作楫，生卒年不详。陈州（今河南淮阳县）人。清代诰封文林郎，任山东登州府福山县知县。病故于任所，归葬故里。

杨克墓：位于西平县重渠乡新庄。墓冢近平，墓地面积36平方米。杨克，清代拔贡。

[祠堂寺庙]

杨香祠：位于沁阳市崇义镇杨香村中。祠堂坐北朝南，前为门楼，后有面阔3间的大殿，单檐硬山顶，清代建筑。

杨再兴庙：位于夏邑县临颍县皇帝庙乡小商桥村，为纪念南宋抗金名将杨再兴而建。有两处：一处为杨再兴墓祠，始建于宋代，清康熙四十年（1701）扩修。面积1400平方米。现存正殿、厢房等硬山灰瓦顶建筑。另一处被称为"杨爷庙"，创建于明代，现存建筑大殿与东西厢房，供奉杨再兴塑像。

杨氏先祠：位于夏邑县车站镇杨营村。始建于清嘉庆二十三年（1818），光绪二十一年（1895）重修。大门已经改建。现存正房1座，面阔3间，进深2间，硬山灰瓦顶，有屋脊装饰，前出廊，有木雕装饰；西厢房3间，硬山灰瓦顶。

杨氏祠堂：位于延津县石婆固镇小渭村。建于清光绪三十一年（1905），大门已经改建，东厢房3间，硬山灰瓦顶；正房1座，面阔3间，进深1间，二层楼阁式建筑，硬山灰瓦顶，有屋脊装饰。有碑刻1块。

[碑碣刻石]

杨勉斋墓碑：位于偃师市缑氏镇官庄村。墓碑高2.5米，宽0.76米，厚0.26米。碑文记述了杨氏以身许国，献身于辛亥革命的事迹。杨勉斋（1886—1912），河南偃师市人。清末进士，曾任户部主事，后投身于辛亥革命。

重修杨公祠记碑：位于鲁山县县城东。碑高2.35米，宽0.72米，厚0.23米。清道光八年（1828）立，记述明末李自成农民军两次攻占鲁山县城，知县杨桂林战死，后建祠纪念，并重修杨氏祠事。杨桂林（？—1642），即杨呈芳，桂林为其字，山海卫（治今河北秦皇岛市东北）人。明末任鲁山县知县，有惠政。

[其他遗存]

小商桥：位于临颍县小商桥南北寨之间的小商河上。建造于隋开皇四年（584），石拱桥，桥长21米，宽6米余。相传南宋大将杨再兴与金兵交战于此地，因马陷入商河而身中百箭，壮烈殉难。

杨氏寿坊：位于夏邑县桑堌乡吴寨村西南。清雍正六年（1728）建。现存高4.4米，宽6米。青石雕成，面阔四柱三间。第一横坊浮雕"皇典恩赐，二龙戏珠"，第二横坊刻"北堂眉寿"，第三横坊浮雕兵马，第四横坊刻"诰授荣禄大夫陕西西安副都统刘宫统之母诰封一品太夫人杨氏寿坊"，第五横坊浮雕有八仙。立柱楹联为"龙章凤篆九重持锡紫纶，鹤算松龄四海共仰寿母"，惜上部已损坏。

【人物名录】

西汉有杨仆（宜阳）。东汉有杨春卿（新野）、杨伦（兰考）、杨匡（开封）。三国有杨俊（新乡）。西晋有杨泉（商丘）。隋朝有杨尚希（灵宝）。唐朝有杨季昭、杨再思（均原阳），杨元琰、杨凌、杨凝、杨凭、杨虞卿、杨于陵、杨汝士、杨敬之、杨汉公、杨牢、杨仲昌（均灵宝）。五代有杨彦温（开封）。宋朝有杨守一、杨日严、杨畏（均洛阳），杨朴（新郑），杨大雅（商丘），杨畸翁（灵宝），杨应询、杨日言、杨安儿（均开封）。金朝有杨居仁（开封）。元朝有杨果（许昌），杨元直、杨焕（均开封），杨益（洛阳），杨士弘（襄城）。明朝有杨谧（兰考）、杨璲（原阳）、杨思敬（睢县）、杨时宁（开封）、杨东明（虞城）、杨镐（商丘）。清朝有杨遶（沈丘），杨运昌（沁阳），杨兆庆（济源），杨安辩（西华），杨名世、杨天其、杨铎（均商城），杨蕴奇（沁阳），杨居午（禹州），杨辅臣、杨祺（均商丘），杨璿（夏邑），杨光时（唐河），杨青鹤（卫辉），杨道纯（偃师），杨凌霄（项城），杨堃（渑池），杨源懋（偃师）。

7. 黄

【姓氏源流】

黄氏出自嬴姓，以国为氏。帝舜时代，东夷部落首领伯益因帮助大禹治水有功，被帝舜赐姓嬴。商末周初，有伯益后裔被封在今潢川，建立黄国。春秋时期，楚国称霸，只有黄国和随国敢与其抗衡。公元前648年，黄国为楚国所灭。亡国后的黄国子孙以国为氏，就是黄氏。

黄国灭于楚之后，黄氏族人散居四方，有的北逃至河南中部，大批则被迫内迁到楚国腹地。约300年后，黄国贵族后裔黄歇在楚国任宰相，被封为春申君。到汉代，黄姓开始向南北发展，向南发展到湖南、江西、四川，向北发展到河南。晋代黄氏开始进入福建，明末清初时开始进入台湾。黄氏族人在发展过程中形成多个郡望，如江夏、栎阳、安定、房陵、上谷、谯郡等。如今，黄氏已发展成为中国第七人口大姓，广泛分布于全国各地，其中以广东、四川、湖南、广西、江西为多。

【祖源遗存】

黄国故城：位于潢川县西北6千米淮水之南、潢河西岸的隆古乡，是信阳市保存最完整的一座春秋时期诸侯国都城遗址。故城呈长方形，城墙系夯土筑起，南北长约1550米，东西长约1350米，最高处5米，最低处约3米。故城内有许多重要遗迹，发现有青铜冶炼、制造

⊙ 黄国故城纪念馆

作坊12处之多，并出土了一批铜器残片，地面散布有春秋至汉代的各种陶片。城外有护城河，周围地势辽阔，十分壮观。城西有一处密集的墓葬区。古城附近曾多次发现黄国文物，并有蔡国、潘国的铜鼎、铜壶、铜盂等。1998年列为河南省重点文物保护单位，2006年黄国故城被国务院批准列入第六批全国重点文物保护单位。

黄君孟夫妇墓：位于光山县城宝相寺。该墓是一座长方形土坑竖穴墓，墓上原有7.8米高的封土，墓坑长7.9～9.1米，宽12.2米，深4.2米。1983年4月发掘，出土了大批精美绝伦的青铜器、玉器、竹木漆器、丝织片，多达200多件。冲压纹铜盆、黄夫人彩棺都是国内首次发现的实物。青铜器有鼎、豆、壶、盘等36件，是春秋早期青铜器中难得的瑰宝。丝织品中的紫色绣绢和绢纺残片是我国纺织史研究中极为珍贵的标本。竹排箫则是迄今发现的最早的竹质管乐器。玉器则有185件，占出土器物的77%以上，其制作精巧美观，反映了黄国极高的琢玉水平。黄君孟是春秋早期的一位黄国君主。

黄季佗父墓：位于光山县城郊，距黄君孟夫妇墓165米，属春秋中期墓葬。1988年6月发掘，出土文物近200件，其中陶鬲和4种形制的陶罐，为春秋中期考古增添了陶器标准器。110件金属弹簧器，不仅为研究春秋中期生产力发展水平提供了难得的实物资料，而且否定了英国人于1500年最早发明并使用螺旋弹簧器的观点。黄季佗父与黄君孟是同一族氏。

【相关资源】

[故里故居]

黄忠故里：位于南阳市宛城区新店乡夏饷铺村。村南有碑，碑高1.74米，宽0.68米，厚0.19米。清宣统二年（1910）立。碑文17行，满行47字。中刻"季汉后将军刚侯黄忠故里"11字。碑文追述了黄忠的功绩。黄忠（？—220），字汉升，三国南阳（治今河南南阳市）人。三国时期刘备部将。

[墓葬陵园]

黄香墓：位于禹州市郭连镇黄台寨村内。现存墓冢高5米，周长32米，墓前原有碑，"文化大革命"中被毁。据清乾隆年间《禹州志》记载，此处为黄香墓。黄香，汉孝子。

黄叔度墓：位于正阳县城西北隅。墓封冢高2米，周长26米。墓前立唐碑1通。碑阳正中镌题"汉黄叔度墓"，落题"颜真卿书"。西侧另存乾隆十七年（1752）立"汉黄征君墓"碑1通。墓前原征君祠不存。黄叔度（75—122），名宪，字叔度，号征君。东汉慎阳（今河南正阳县）人。初举孝廉，终不仕，有名节。

黄应选墓：位于博爱县许良镇大辛庄村北。墓冢高2米余，面积40平方米。墓前所立墓碑近年已佚。黄应选为明代当地孝子，县志有记载。

黄氏始祖墓：位于南乐县杨村乡黄庄村。墓冢已平。现存清光绪三十二年（1906）立墓碑1通，碑高1.65米，宽0.6米，厚0.28米。碑文记载黄氏先祖于明代永乐年间自山西洪洞县迁于此地的经过。

黄杰墓：位于长葛市古桥镇黄庄村西。墓区面积2.42万平方米，墓冢占地400平方米，高5米，墓前有石碑6通，包括神道碑、御祭文碑、通朝祭文碑和敕命碑等。神道两侧有翁仲及石马、石羊、石虎等石雕。黄杰（1430—1496），许州洧川（今河南长葛市东）人。明成化二年（1466）进士，曾任户部右侍郎等职。

黄吉士墓：位于内黄县城关镇东北4千米的燕庄村。墓冢始修于明万历年间。墓坐南向北。墓前曾有石马、石羊、石人及牌坊1

座，墓冢周长12米，高1.2米。村中原有祠堂，今已不存。村边有4个龟趺座，2通残碑。黄吉士，字叔相，明代内黄县人。万历十七年（1589）进士，官至顺天府尹。

黄甲墓：位于项城市郑郭镇范营村。墓冢已平，墓前有清嘉庆十三年（1808）所立神道碑1通，高1.7米。碑文介绍其生平。黄甲（1734—约1808），字天一。明末皇室后裔，其先祖明末避祸来项城，改姓黄。清嘉庆戊午（1798）科举人，善书。

黄锦凤墓：位于项城市郑郭镇范营村。墓冢已近平，墓前有清同治元年（1862）所立的神道碑。上书大字"大清偃师训导黄锦凤神道"。黄锦凤（？—1862），明末皇室后裔，清道光年间岁贡保授偃师训导，卒于任。

[碑碣刻石]

黄庭坚幽兰赋碑：位于叶县龚店乡卧羊山。碑文系宋代大书法家黄庭坚奉敕而书。清同治七年（1868）叶县知县欧阳霖主持翻刻。共12通，每通高2.07米，宽0.6米，厚0.16米。底座长0.65米，宽0.52米，厚0.23米。帖石每通刻文3行，每行101～113字，字径20厘米左右。12通帖石中，除1通为小序记载帖之名称及撰书人姓名外，余11通为《幽兰赋》全文，末有清同治八年（1869）欧阳霖隶书题跋9行，记叙了摹本的来源及刻石的经过。原立龚店乡卧羊山黄公祠内，1940年移至叶县城。

黄庭坚画像碑：位于叶县龚店乡卧羊山。原与幽兰赋碑同立于龚店乡卧羊山黄公祠内，后佚。于1984年文物普查时在城关镇焦庄村发现。碑高1.18米，宽0.51米，民国9年（1920）田作霖翻刻。右上角有黄庭坚自作画像赞"似僧有发，似俗无尘，作梦中梦，见身外身"等文字。

【人物名录】

西汉有黄霸（太康）。东汉有黄真（杞县）、黄浮（平舆）、黄宪（正阳）。三国有黄忠（南阳）。明朝有黄一真（内乡）、黄绂（封丘）、黄杰（尉氏）、黄吉士（内黄）、黄文焕（信阳）、黄绸（潢川）。清朝有黄瑞（商城），黄甲云（襄城），黄钠（光山），黄思宸、黄殿荃（均商城），黄席珍（武陟）。

8. 吴

【姓氏源流】

吴氏源自姬姓，以国为氏。周族首领古公亶父的儿子太伯、仲雍为让位于弟弟，主动远离家乡，出奔到江浙沿海一带，并带去中原的先进文化，受当地土著拥戴，建立吴国，两人先后为君。吴国灭亡后，其后裔以国名为氏，就是吴氏。

秦汉时期主要在江苏、浙江、江西、安徽等地发展，后在濮阳、渤海、陈留、吴兴、汝南、长沙、武昌等地发展成为望族。唐时，在南方各省迅猛发展，明代在江苏、浙江和福建、广东形成两大聚集区。如今，吴姓已发展成为中国第八人口大姓，广泛分布于全国各地，以广东、山东、四川、湖南、江苏、福建等地为多。

【相关资源】

[故里故居]

吴道子故里：位于禹州市西南20千米鸿畅镇的山底吴村，现存有吴道子墓、祖师洞、画圣祠、吴道子钓鱼台、牧牛坡、饮牛坑、涮笔黄龙潭、蛤蟆砚、十八彩石连环洞、石椅子等多处遗迹。画圣祠初建于唐朝末年，历代虽有修缮，终因沧海桑田，祠庙毁于一旦，仅留下残垣断壁，碑碣数片。1989年，经中宣部和文化部批准，其后裔为追念先贤，从四川迁回吴道子墓，在原址修建纪念馆，并新建了画圣文物陈列馆和画碑林苑。1999年，又将画圣祠重修一新。画圣祠占地面积1500平方米，建筑面积1900平方米，整体建筑为仿唐格式。其山门为五脊挑檐，斗拱托顶，圆券门洞。进门第一院是画圣碑林，多为名家临摹画圣墨宝，勒石为碑，价值无量。迎门一块横碑，高约2米，宽3米余，上刻《重修画圣祠碑记》。从碑记两侧拾级而上，是东西两厢房，明柱出檐，各3间。东厢是贵宾室，西厢是陈列室，院中方砖铺地，松柏青翠。拾级再上，是一月台，台沿有石护栏，栏板上刻有各种绘画。月台靠后是画圣大殿，大殿面阔5间，进深10米，彩绘檐檩，透窗雕棂。内塑吴道子站像，上悬木制横匾"百代画圣"。大殿西端，置画圣文物，最为国内外画家看重。画圣大殿后面，拾级而上，有圆门直通九龙山十八连环彩石洞。山顶建有"毛悟亭"，可望见"道子墓""饮牛坑""谜语峰"；南下是兰河，有吴道子垂钓台。乘船可游览湖面，靠岸而达"画圣公园"，是节假日的理想去处。吴道子，唐代阳翟（今河南禹州市）人。绘画技艺高超，被尊称为"画圣"。

吴其濬故居：位于固始县城东门内。当地群众称之为"状元府"。原是一座四合大院，包括沿街门楼、东西耳房，天井院分东园门、西园门和正门三个住宅。现仅存堂楼和"绿云轩"读书楼，为上下两层，共16间，总面积329平方米。楼房为青砖、灰瓦、木框架结构，前后廊为石基木立柱，二楼走廊为木花格护栏。吴其濬（1789—1847），河南固始人。清代著名植物学家，嘉庆年间状元，曾任学政、总督等职。

吴焕先故居：位于新县城南箭厂河乡四角曹门村。坐北朝南，现存建筑砖木结构，前后各3间，呈小型四合院。吴焕先（1907—1935），湖北黄安（今属河南新县）人。杰出的无产阶级革命家、军事家，鄂豫皖革命根据地创始人之一，红二十五军军长。

[墓葬陵园]

吴融墓：位于灵宝市豫灵镇杨家村。墓冢高3米余，周长约30米。吴融（850—903），唐龙纪（867—904）初及进士第，为翰林学士，官至中书舍人，进户部尚书。

吴阿衡墓：位于方城县券桥乡朱庄。墓地面积437平方米，墓冢局部破坏。吴阿衡，裕州（今河南方城市）人。明代万历年间进士，任兵部侍郎，后与清兵作战，死于疆场。其子将其遗骨归葬故里。

吴氏家族墓：位于淮滨县期思镇东寨村水库庄。这一带曾经称为吴家老坟。出土过吴士元墓志，其曾出任清乾隆年间台湾凤山县知县，后罢官归乡。

吴永禄墓：位于尉氏县大桥乡冯村。墓冢近平，墓前有碑1通，通高2.8米，宽0.95米，厚0.24米，螭首，龟趺。吴永禄，清初任浙江楚州府总兵，曾经镇压当地群众反清运动。

吴垣墓：位于宝丰县大营镇东宁庄东。墓冢占地面积90平方米，为一圆形土丘。吴垣（1649—1717），河南宝丰县人。清康熙时为翰林侍讲。后还乡，康熙曾经亲自书横幅，勒石于御书阁。

吴伯涵烈士墓：位于固始县泉河铺乡何桥村。墓冢高2米，直径4米。吴伯涵（1889—1930），河南固始县人。曾任中共固始县委秘书。1927年与蔡仲美等人一起组织农民武装"扁担会"，1930年被叛徒出卖遭杀害。

[祠堂寺庙]

吴氏世大夫祠：位于固始县城中心。即吴氏家祠，原有正殿、后殿、香火殿等，并有旁宅。现仅存大殿5间，硬山灰瓦顶，前廊有石质方立柱。其余建筑已改观，现有房屋面积162平方米。

上清宫：位于洛阳市老城北邙山翠云峰上。现存庙宇殿堂数间和10余通碑刻。初建于唐朝初年，称为元元皇帝庙，吴道子曾经在此画自唐高祖李渊以来的帝王、朝臣像。杜甫曾经以诗赞誉。

[碑碣刻石]

吴氏家族志碑：位于濮阳县户部寨镇李海村。碑高1米余，宽0.56米，厚0.18米。清同治年间立，圭首。碑文记述了吴氏家族明初由山西洪洞县迁至文留北吴家庄，以及咸丰年间黄河泛滥，继遭兵灾，同族四下分居，至同治年间水退，同族还家事。

[其他遗存]

吴道子洞：位于许昌市小西湖。今小西湖边上洞上村因吴道子洞而得名。相传吴道子路过许昌，见小西湖美丽，就在湖边筑洞而居，曾经在小桥旁画一卧虎，顷刻化为小桥，后称为"卧虎桥"。

东墅植物园遗址：位于固始县城史河李家花园所在地。道光年间，吴其濬的母亲去世，他在此守孝7年，其间建立起植物园，取名"东墅"。

西工兵营旧址：位于洛阳市中州中路西工段南北两侧。原先为袁世凯训练新兵所建，后吴佩孚扩建营地为1.2万间，有公馆、宾馆、阅兵台等建筑。吴佩孚（1874—1939），字子玉，山东蓬莱人。直系军阀首领。

【人物名录】

秦有吴广（太康）。东汉有吴汉（南阳），吴雄（洛阳），吴恢、吴祐（均长垣）。三国有吴壹、吴氏（均开封）。唐朝有吴兢（开封），吴道子（禹州），吴武陵、吴勔、吴彩鸾（均濮阳）。北宋有吴虔裕（许昌）、吴元瑜（开封）、吴天常（洛阳）。南宋有吴顺之、吴仁杰（均洛阳），吴益、吴皇后、吴盖、吴琚（均开封）。元朝有吴妙鉴（许昌）。明朝有吴道宁（沁阳）、吴阿衡（方城）。清朝有吴蘖邑（固始），吴学颢、吴淇（均睢县），吴治汇（汝州），吴友名（商丘），吴士功、吴政祥、吴元柄、吴保泰、吴玉纶、吴其泰、吴恒、吴其彦、吴葆晋、吴钺、吴其濬（均固始），吴纯仁、吴靖（均温县）。

9. 赵

【姓氏源流】

赵氏出自嬴姓，以地为氏。嬴姓伯益之后有造父，为西周穆王的驾车能手,他驾车日行千里,为穆王平定徐偃王之乱立下汗马功劳,被封于赵城(今山西洪洞县北),他的后代便以"赵"为氏。

西周末年造父之后叔带离周奔晋,其后裔为晋国大夫,战国初年三家分晋,建立南赵国,以后在天水形成望族。五代时期赵匡胤消灭群雄,建立宋朝。宋代以后,赵氏遍布全国各地。如今,赵姓已发展成为中国第九人口大姓,广泛分布于全国各地,河南、山东、四川等地赵姓人口较多。

【祖源遗存】

赵都中牟:位于鹤壁市西牟山附近。《史记索隐》"此中牟在河北",实际指的是黄河以北。《史记正义》曰:"汤阴县西五十八里,有牟山,盖中牟邑在此山侧也。"《中国历史地名大辞典》称:"中牟邑,春秋晋地,在今鹤壁市西,战国赵献侯迁都于此。"

黄华山:位于林州市区10千米的林虑山中段东麓。公元前307年,赵武灵王曾巡视到此,登上山顶,与大臣楼缓谋划过"胡服骑射"的改革。现存遗迹有觉仁院、慈明院、黄华中寺、王母祠等古建筑及诸多诗人所题诗词碑刻,还有"黄华流水颠倒颠"等七十二景。赵武灵王(前340—前295),战国中后期赵国国君,在位时大力推行"胡服骑射"政策,使赵国日益强盛。

【相关资源】

[故里故居]

赵家宅:位于商丘市睢阳区卫胡同街。始建于明天启年间,原为一组建筑群。现存上房1座,面阔3间,进深2间,硬山灰瓦顶,其余建筑已改建或废除。

汪桥赵家宅:位于商丘市睢阳区毛堌堆镇汪桥村。建于清光绪年间,现存大门1座,人称"过马门楼";正房1座,东厢房1座,均为硬山灰瓦顶,有屋脊装饰,前出廊。保存尚好。

[墓葬陵园]

赵云墓：位于南阳市宛城区黄台岗镇三十里屯村。墓冢近平，墓前尚存清咸丰元年（1851）所立蜀汉将军赵子龙墓碑1通。赵云（？—229），常山真定（今属河北石家庄市）人。三国时期刘备手下大将。

赵普墓：位于巩义市东5千米北山口镇北官庄村东南陵上。现存墓冢高57米，周长45米，宋太宗赵光义撰写神道碑。赵普（922—992），幽州蓟（今北京城西南隅）人，迁居洛阳。宋太祖赵匡胤主要谋士，曾经策划陈桥兵变，任兵部侍郎等职，提出了强化中央集权的措施，封魏国公，卒后封真定郡王。

赵文殷墓：位于内黄县亳城乡赵高固村。墓冢高2米余，面积60余平方米，墓前有神道碑1通。赵文殷，河南内黄县人。元代戏曲大家、书法家、画家，有书画与剧目流传于世。

赵彦福墓：位于民权县人和镇台上村。人称"石马坟"，墓冢已经推平，墓前有石马、石羊各1对。石牌坊残存。赵彦福，明万历年间进士，曾任九江总督、兵部侍郎等职务。

赵氏祖墓：位于浚县浚州街道前寺村。墓葬已经夷平。尚存清道光十二年（1832）所立墓碑，碑额为"启我后人"4字。碑文记述了赵氏先祖本晋洪洞籍贯，明洪武初年迁于浚县前寺庄，历经400余年，皆葬于村东祖茔。

赵瑛墓：位于博爱县柏山镇马营村。墓葬已经夷平，面积80平方米，墓碑已经残失。赵瑛，曾任明代南京御史。

赵春亭墓：位于巩义市芝田镇官庄村。陵园面积1600平方米，墓前尚存石刻12件、青石牌坊1座，雕刻精美。赵春亭（？—1634），明代巩县（今河南巩义市）人。卒赠文林郎。

赵宾墓：位于原阳县葛埠口乡毛滩村。墓冢面积10平方米，高1米有余，有墓碑1通，上刻"皇清诰封文林郎历任刑部两湖道司郎中赵公之墓"。赵宾（1609—1677），清初进士，官至刑部主事，文才博学，有《赵锦帆文集》传世。

赵氏祖茔：位于平舆县城西老王岗乡王庄村。墓冢大多已经夷平，石刻多丢失。现尚存清末所立"赵氏祖茔碑"1通。碑文记述了赵氏人家在清康熙二年（1663）由山西洪洞县迁居此处的经过。

赵良育墓：位于民权县北关镇赵家堤村。墓冢面积16平方米，高2米，墓前有石碑1通。赵良育（1697—1744），考城（今河南民权县）人。清诰授奉政大夫，安徽滁州知州。

赵氏祖茔：位于淮阳县王店乡赵庄。为清代赵氏家族墓地，面积约500平方米，曾经发现了赵桐辕墓志一合。墓地保存较好。赵桐辕，清封武德骑尉。

赵进士墓：位于沈丘县大刑庄乡赵楼村。墓冢近平，尚存清乾隆二十八年（1763）其曾孙赵林洙为曾祖所立墓碑1通。碑文记述乃祖一生功名。

赵华墓：位于沈丘县刘湾镇营坊村。墓冢近平，尚存神道碑1通，墓碑高2米余，宽0.75米，厚0.2米。清光绪年间立石。碑阳刻记墓主人官职与名讳，碑阴刻主人生平。

[祠堂寺庙]

赵氏宗祠：位于修武县郇封镇官寺村。清代建筑，大门已经破坏，配房已经改观。现有正房1座，面阔3间，进深2间。硬山灰瓦顶，有屋脊装饰，屋檐下有木雕龙、麒麟等动物。

[碑碣刻石]

宋太祖黄袍加身处碑：位于封丘县陈桥镇东岳庙内。碑高1.7米，宽0.5米，在系马槐碑西侧，碑阳刻"宋太祖黄袍加身处"，碑阴刻金梦麟《题系马槐》诗，行草相间，刚劲有力。

少林寺裕公碑：位于登封市少林寺。程钜夫撰文，赵孟頫奉敕书。碑高约4米，宽1米余。赵孟頫（1254—1322），浙江吴兴人，宋太祖子秦王赵德芳后裔，元代著名书画家，被元世祖封为魏国公。

洛京白马寺祖庭记碑：位于洛阳市白马寺山门东侧。通高3.5米，宽1.15米，额有"洛京白马寺祖庭记"，无书者姓名，有人怀疑是赵孟頫作品。

济渎庙投龙简记碑：位于济源市济渎庙内。碑高1.44米，宽0.66米。形制古朴，额"投龙简记"，周应极撰文，赵孟頫奉敕书，是其晚年作品。

盘谷序碑：镶嵌于辉县市百泉碑廊。碑高约2米，宽0.65米，上刻唐韩愈《送李愿归盘谷序》行书，为赵孟頫早年作品。

赵氏祖墓碑：位于漯河市召陵区邓襄镇牛赵村。碑高1.57米，宽0.62米，清乾隆四十年（1775）立，碑文记述赵姓由山西洪洞县迁至牛赵村居住的情况。

赵氏迁杞碑：位于民权县人和镇台上村。碑高1.45米，宽0.67米，厚0.2米。清乾隆五十年（1785）立，碑文记述赵氏明洪武年奉旨自山西洪洞县迁杞北，居赵家坛，墓葬于庄东事。

赵氏阡表碑：位于宜阳县寻村镇黄窑村，即赵氏墓地中。圆首，立碑年号不清。碑文记述了赵氏元至正末由山西洪洞县迁至河南宜阳黄窑村，先后七世祖均葬于黄窑村北量马寨。

赵氏家族碑：位于永城市顺和镇赵庄村。碑高2米，宽0.8米，圆首，边框装饰花纹，无立碑年号。碑文记述赵氏由来和功德。

赵氏宗谱记碑：位于尉氏县岗李乡榆林村。碑残高2米，宽0.6米，厚0.2米。碑文记述了赵氏家族明初自山西迁此，并续家谱与订族规之事。

【人物名录】

东汉有赵熹、赵康（均南阳），赵咨（延津）。三国有赵达（洛阳）、赵母（许昌）、赵俨（禹州）。南北朝有赵黑（温县），赵邕、赵文深、赵彦深（均南阳），赵肃、赵刚（均洛阳）。隋朝有赵轨（洛阳）。唐朝有赵弘智、赵矜（均新安），赵骅、赵宗儒（均邓州），赵璘（南阳），赵永日、赵昶、赵皞（均淮阳），赵德谭（上蔡）。五代有赵晖、赵玭（均濮阳），赵匡凝（汝南），赵廷隐、赵崇韬（均开封），赵光裔（洛阳）。宋朝有赵延进（清丰），赵元俨、赵恒、赵元杰、赵元偁、赵修己、赵野、赵滋、赵祯、赵曙、赵颢、赵頵、赵頵、赵遹、赵必、赵元亨、赵煦、赵勇、赵杞、赵佶、赵榛、赵令穰、赵楷、赵弁、赵桓、赵构、赵烨（均开封），赵孚、赵普、赵安仁、赵自化、赵良规、赵丙、赵尚宽（均洛阳），赵贺（封丘），赵概（虞城），赵峻（商丘），赵蕃（郑州）。金朝有赵滋（开封)。元朝有赵思恭、赵良辅(均安阳),赵丑厮(息县),赵宏伟、赵居信、赵珽(均许昌),赵鸾(汤阴),赵期颐、赵凤仪(均开封)。明朝有赵弪(开封)、赵廷瑞(濮阳)、赵之韩(荥阳)、赵迎(巩义)、赵时献(淮阳)、赵完璧(陕州)、赵贤(汝南)、赵彦复(杞县)。清朝有赵振先、赵震元(均睢县),赵宾(原阳),赵邦轼(柘城),赵经、赵来鸣(均禹州),赵御众(新密),赵光显、赵光耀(均陕州),赵应奎(商丘),赵遵律、赵源生(均偃城),赵伯升、赵宗猷(均西平),赵人成(固始),赵伯阶(卫辉),赵广恩(洛阳),赵国贤(项城),赵秉钧(汝州)。

10. 周

【姓氏源流】

周氏有两个来源:一源自姬姓,以国为氏。其先祖后稷为黄帝之后,受封于邰,别姓姬。后稷之后古公亶父为狄族所逼,率族人迁居周原,自此称为周族。古公亶父的曾孙姬发继承父志而建立周朝,建都镐京,史称西周。周平王时,迁都洛阳,史称东周。西周和东周共历近800年,后被秦所灭,部分周氏子孙及周朝遗民以"周"为氏。一支是周平王小儿子烈之后。平王封烈于汝南(今属河南),当地人称"周家",遂以"周"为氏。一支是周赧王之后。秦灭掉东周后,废周赧王为庶人,迁至惮孤(今河南汝州市西北),时称"周家",其后亦以"周"为氏。二为鲜卑族复姓所改。北魏时,代北贺鲁氏改为周氏;北魏献文帝次兄为普氏,后改为周氏。

先秦时期主要在河南境内发展繁衍。居住在河南汝州的周氏,部分人于秦代迁往沛郡，成为当地著姓，西汉大臣周昌、周勃，名将周亚夫即属此支。东汉末年，京师遭董卓之乱，汝南安城周氏有一支迁居今安徽庐江。西晋永嘉年间，中原士族随晋室南渡，有一支周氏迁往姑熟（今安徽当涂县）。唐高宗总章年间，陈政、陈元光父子入闽开辟漳州，随行人员中有周姓将校，这是周姓入福建最早者。唐僖宗时，河南周氏族人又有随王潮、王审知入闽的。南宋大臣周必大，自称其先祖为郑州管城人。汝南周氏有一支直接迁往福建宁化石壁乡，还有一支徙居永定。清朝康熙、乾隆年间，闽、粤周氏陆续有人移居台湾，后又有不少人到海外谋生。如今，周姓已发展成为中国第十人口大姓，人口广泛分布于全国各地，以西南及长江流域最为密集，在东北、陕西、甘肃、宁夏等地也有较多分布。

【祖源遗存】

东周王城：位于洛阳市涧河、洛河交汇处。据史籍记载，从周平王东迁洛邑后的500多年间，有300多年都于洛阳王城。城址略呈正方形，夯土筑成，北城墙保存较好，全长2890米，墙宽8~10米。西墙长3000米，宽15米左右；南墙长3400米，宽14米；东墙长3500米，宽15米左右。城墙上多夯窝，城墙下多叠压商代和西周时期的遗址。城内西南发现有南北两处大型建筑群基址。北面的建筑群四周有围墙，平面呈方形，东西长约344米，南北宽约183米。围墙内有长方形和其他形状的夯土台基，最大的两处位于中部偏北，南北并列，其中一座东西长60米，南北宽28米。南面的建筑群平面呈方形。城内西北角发现战国时代窑场和制造骨器的作坊，窑场东南面是玉器、石器制造作坊。城内东面发现粮窖80余座。晋《元康地道记》记载洛阳东周王城的规模时说王城"南北九里七十步，东西六里十步"。城内宫殿建筑排列有序。郭城四周各有3个城门，共有12门，每门有3条道路，男左女右，中间为车道。城内经纬路各9条，王宫建筑在中央大道上。在王宫的左边有宗庙祖堂，右边有社稷神坛，前面是朝会群臣诸侯的大殿，后面是商贸集市，基本形成了"前朝后市"的格局。

羑里城：位于汤阴县城北4千米处。遗址南北长106米，东西宽103米，面积约1.1万平方米，文化层厚约7米，是一处典型的龙山时期至东周时期的文化遗址。商纣王曾经将西伯侯姬昌囚禁于此7年，是我国有文字记载的第一个国家监狱。

同盟山：位于获嘉县东3千米，高约15米。相传周武王率领各路诸侯向殷都进军时在此誓师，当时将士封土为坛，后得名为同盟山。周武王，文王之子，为周朝的建立者。

周武王庙：位于获嘉县同盟山上，后人为纪念武王伐纣而建，始建年代不详。现存大殿、拜殿、配殿、厢房、山门等建筑以及碑刻30余通。

周公庙：位于洛阳市区定鼎南路。传由隋代末年王世充为奉祀周公而建。现存大殿、二殿、三殿、左右厢房等建筑。大殿面阔5间，进深3间，额题"定鼎堂"3字，取周公定鼎洛邑之意。九脊歇山顶，上覆琉璃瓦，保存明代建筑风格。殿内原供奉周公像和召公、毕公、伯禽像，今无存。厢房原祀历代名臣像，今无存。周公姬旦，是西周初年著名的政治家，分封诸侯，制礼作乐，并营建洛邑。近年来，周公庙经过全面修葺后，辟为洛阳都城博物馆。

汉魏故城：位于洛阳市区东15千米洛阳市郊区、偃师市、孟津县毗连处。北靠邙山，南临洛河。东汉、曹魏、西晋、北魏皆以此为都城，北魏末年在战乱中化为废墟。今存遗址内城东垣残长3895米，西垣残长4290米，北垣长3700米，南垣已为洛河所淹，残垣一般高出地面1～2米，北垣东段高出地面5～7米。城墙皆夯土版筑而成，周长约14千米。城内主要建筑为宫殿、衙署、苑囿等。北魏宫城为长方形，南北长约1400米，东西宽约660米。太极殿为宫中正殿。东汉太学遗址在内城南郊。已发现12座城门，城内略偏西北处是宫城遗址，另发现金墉城、纵横交错的24条大道、永宁寺塔基遗址等。城南发现著名礼制建筑明堂、辟雍、灵台。另有太学遗址、刑徒墓地已经大面积科学发掘。在发掘塔基的过程中，出土一批工艺精湛的泥塑造像，为研究北魏佛教艺术提供了珍贵资料。另有石雕、瓦、瓦当等建筑材料。平等寺北齐造像碑俗称寺里碑，在汉魏故城内城东垣外，今偃师市寺里碑村南。计4通，下部皆深埋于地下，地表裸露部分，高约1.5～2米不等。碑上雕有佛、菩萨、弟子像，结跏趺坐的六佛图，姿态优美的飞天，漫步行进的大象，造型生动的猛兽，以及帐幔、火焰、莲花等，内容丰富，题材多样，为北齐所遗存下来的少数佛教艺术珍品之一。北魏孝文帝迁都洛阳后，采取的改汉姓措施，使得洛阳成了包括胡、韩、潘、杜、苏、卢、陆、石、丘、侯、黎、贺、万、莫、葛、毕、单、谷、路、鲍、房、屈、解、艾、阳、穆、古、车、连、娄、窦、费、苟、和、甄、迟、封、奚、盖、狄、伏、薄、元等众多姓氏的祖源地。

【相关资源】

[故里故居]

磁固村：位于原阳县城西16千米，相传为周亚夫祖居处。村中有周氏祠堂和清道光二年（1822）重修家庙碑刻。祠堂内保存两副对联。其一横楣为"将军府"，对联为"大丞相谏书屡上，真将军壁垒一新"；其二横楣为"削平七国"，对联为"细柳屯军天子改容成礼，柏林遗冢野人颂德歌功"。周亚夫（？—前143），沛郡沛县（今属江苏）人。西汉名将，为平定"七国之乱"、巩固西汉政权立下汗马功劳。

[墓葬陵园]

周厉王墓：位于孟津县平乐镇朱仓村。墓冢高8米，周长120米。

周苛墓：位于郑州市惠济区古荥镇纪公庙村。墓冢原高约10米，周长约70米。周苛（？—前203），汉初沛县人。汉王三年（前204），刘邦被项羽困于荥阳，周苛、枞公坚守，刘邦得以逃出，后城破，周苛、枞公被杀。

周勃墓：位于郑州市中原区小双桥村。面积约5000平方米，封冢高17米，相传此墓为周勃墓。原有享庙，现不存在。周勃（？—前169），沛县人。西汉前期政治家，曾任右丞相，奉黄老之术，"无为而治"，以"厚重少文"传于后世。

柏林冢：周亚夫墓，在原阳县西南15千米原武乡。原来墓冢高大，柏树成林，石刻很多。由于黄河决口，冢被河水冲没。现墓冢高1.5米，面积约30平方米，存有碑刻1通，碑高1.3米，宽0.7米，碑文行书7行，满行29字，上刻"周亚夫墓，明万历中原武县令张君祥求得之，重封植焉，广地十亩，岁时致祭……"。

周氏墓地：位于延津县小潭乡大潭村。墓区面积3万平方米，原神道两侧的石像生已经毁坏。周氏族人著名的有辽保定军务兼理粮饷兵部右侍郎周泳、锦衣卫都督周嘉庆等，其墓碑等物仍存。

周严周墓：位于汝阳县城关镇连溪寺周家坟。墓冢已经夷平，墓前现存墓碑1通，清咸丰年间所立，碑文宣扬周严周隐居成仙事迹。周严周，清代晚期方术之士。

[祠堂寺庙]

周苛、枞公庙：位于郑州市惠济区古荥镇纪公庙村。清代建筑，现存大殿3间，硬山灰瓦顶，有前廊和屋脊装饰，庙内有清代碑刻3通。为纪念楚汉战争中刘邦大臣周苛、枞公二人被俘不屈，被烹而死的事迹修建的。

贤隐寺：又名贤山寺，位于信阳市浉河区五星街道贤山村。为南朝齐梁间名僧在松为纪念东汉隐士周磐和梁武帝贤山大捷所建。寺院主要建筑有山门、大雄殿、藏经楼、禅房、客房、僧房等，周围有大量古树。周磐（49—121），汉代汝南安成（今河南汝南县）人。

周氏祠堂：位于新蔡县城东马道街。建于清道光年间，坐东朝西，面积150平方米。大门已经改建，现存正房5间，南北厢房各3间，均为硬山灰瓦顶，有屋脊装饰，门窗保存完好。

周氏祠堂：位于商城县长竹园乡周家湾村。始建于清乾隆年间，光绪十五年（1889）重修。占地面积660平方米。现存房屋16间，一进两重，两边有回廊，砖木结构，享堂面阔3间，进深2间，硬山灰瓦顶。保存尚好。

[碑碣刻石]

周氏孝恩碑：位于荥阳市豫龙镇槐西村。碑高1.86米，宽0.65米，厚0.14米。清康熙九年（1670）四月初二立。碑文内容为周氏历代家谱。

[其他遗存]

周公测景台：位于登封市告成镇北侧的周公庙正殿前。它是我国现存时代最早、保护较好的天文台，也是我国古代测量日影、验证时令、季节的一种天文仪器。据《周礼》记载，西周时，周文王第四个儿子周公姬旦在营建东都洛阳时，在这里垒土圭、立木表测量日影，定出二十四节气。到了唐开元十一年（723），著名的天文学家僧一行进行天文观测时，命南宫说仿周公的土圭木表制成现在的石圭石表，距今已有1200多年的历史。现存的测影台，下部乃方形石座，形如15°的正方形锥体，高约2.5米，周长5.5米，名曰"圭"；上部为长方形石柱，高约2米，名曰"表"。表上端覆盖石雕，远视似亭，颇为壮观。

周党隐居处：位于渑池县城北8千米不召寨村附近。原先有一孔窑洞，相传为周党隐居处。由于年代久远，现旧址无存。周党，太原广武（今山西代县）人。西汉末年，王莽篡位，周党隐居，到光武帝时期为议郎，后隐居渑池。

贤隐山：位于信阳西郊，汉周磐弃官奉母，栖隐此地，后人称为"贤隐以表其高"，故得名。

【人物名录】

秦有周文（淮阳）、周市（开封）。西汉有周王孙（洛阳）、周燕（汝南）。东汉有周嘉、周乘（均汝南），周防（商水），周磐、周燮（均正阳），周举、周䚡（均商水）。西晋有周浚、周馥（均汝南）。东晋有周颛（平舆）。南北朝有周郎、周颙、周舍、周炅（均平舆），周兴嗣（项城），周弘正（太康）。隋有周摇（洛阳）、周法尚（平舆）。唐朝有周墀（汝南）。五代有周德权（许昌）。北宋有周审玉（开封）、周湛（邓州）、周之美（安阳）。南宋有周庭俊、周执羔（均信阳），周必大（郑州）。元朝有周全（潢川）。明朝有周济（洛阳）、周景（安阳）、周溥（开封）、周咏（延津）、周士朴（商丘）。清朝有周亮工、周在延（均开封），周琬（商丘），周令树（延津），周式度（柘城），周遐龄（南阳）、周琬（安阳）、周遇渭（浚县）、周龙章（太康）、周钺、周祖荫、周祖植、周祖培、周祖颐、周祖衔（均商城）、周之琦、周星誉、周星诒（均开封）。

11. 徐

【姓氏源流】

徐氏源自嬴姓，以国为氏。伯益佐大禹治水有功，被大禹赐为嬴姓，伯益之少子若木亦因父功而受封于徐，地在今江苏西北与安徽东北接合处。夏商周时期均为侯国，周穆王西巡，徐国之君偃以天赐祥瑞而号称"徐偃王"，公开反周，穆王日夜兼程赶回国都，准备平叛。徐偃王不忍生灵涂炭，主动收兵躲进深山，后人因而称此山为徐山。徐偃王很得民心，周穆王封其子孙于徐，建立徐国。春秋末年，徐国被吴国所灭，徐国后人遂以"徐"为氏。

最早繁衍于今江苏徐州、安徽泗县一带，后扩至凤阳。春秋末年，徐国为吴国所灭，有徐姓人避居河南、山东，唐代以前已经扩展到四川、广西、浙江、湖北、陕西、甘肃、山西、河北等地，并在东海、高平、东莞、琅邪、濮阳等地形成望族。宋代密集区在今江西、浙江、山东、江苏等地，明代则以浙江、江西、江苏为多。在当今中国姓氏中，徐姓依人口数量排在第11位，广泛分布于全国各地，以江苏、广东、浙江、四川、山东、江西、安徽人口最多。

【相关资源】

[故里故居]

徐家宅：位于商丘市睢阳区中山西一街。建于清代，为四合院。

大门、正房、厢房，均为硬山灰瓦顶，有屋脊装饰，并有回廊。

徐玉诺故居：位于鲁山县辛集乡徐营村。故居现存瓦房2间，草房2间，保存尚好。徐玉诺（1894—1958），河南鲁山县人。现代诗人、作家。

[墓葬陵园]

汉大贤徐母墓：位于许昌县蒋李集镇刘庄村。墓冢占地面积1000平方米，墓冢近平，墓前有清乾隆时期的墓碑1通，应为东汉末年徐庶母之墓。徐庶是刘备的谋士，其母因贤良出名。

徐美人墓：位于洛阳铁路分局第一小学。墓葬经发掘，由墓道、甬道和墓室组成。单室，方形，小砖券顶，穹隆顶。四角有砖柱，出土有铜、铁、陶等随葬器物，还有圭首方趺的墓志。徐美人，晋惠帝贾皇后乳母，在宫中颇受尊重。

徐彬墓：位于荥阳市豫龙镇槐西村。墓冢近平，墓前2尊石像生尚存，并有清代所立墓碑"徐氏先公之墓"。徐彬，明代荥阳人。成化年间安定县知县，卒后葬于此，县志有记载。

徐大壮墓：位于长垣县魏庄办事处大车村。墓冢现存高1米余，墓前石刻大多毁坏。徐大壮，明代长垣人。嘉靖三十二年（1553）进士，曾任河南道台，湖广、山东巡按。

徐固墓：位于漯河市源汇区阴阳赵乡姬留村。墓冢高2米余，墓地面积60平方米。徐固，郾城县（今河南漯河市源汇区）人。明代举人，曾任山西长治县知县，为官清廉。

徐鸣鹤墓：位于杞县城关镇老徐庄村。墓冢高3米，直径12米。墓碑及其他石刻埋入地下。徐鸣鹤，明代杞县人。隆庆五年（1571）进士，曾任屯留知县、山东道监察御史。

徐养相墓：位于睢县城郊乡徐大楼村。墓冢近平，后族人拢土为记。徐养相（1523—1592），明代睢州（今河南睢县）人。嘉靖进士，后为兵部车驾主事。

徐氏墓：位于鲁山县赵村镇上汤村。墓冢已经夷平，仅存清道光年间所留下的墓碑。碑文为徐启光所记，记述了徐氏祖籍安徽，清初创业迁内乡，乾隆十九年（1754）又迁鲁山等地的情况。

徐万年墓园：位于南阳市宛城区瓦店镇南村。现存墓碑1通，墓葬高2米，直径5米。徐万年（1880—1954），河南南阳市人。辛亥革命武昌首义的领导者之一。

徐玉诺墓：位于鲁山县辛集乡徐营村凤凰山上。周长11米，高3米。

[祠堂寺庙]

徐氏祠堂：位于叶县城关乡徐庄内。建于民国5年（1916），系徐庄财主祭祀祖先的家庙。门楼、厢房均为硬山灰瓦顶。上房3间，硬山灰瓦顶，有屋脊装饰和其他砖雕，通高13米，相当雄伟。保存完好。

徐氏家祠：位于卫辉市贡院街，为徐世昌的家祠。坐北向南，主体建筑占地面积5250平方米，分四进院落。祠内保存有"创建汲县徐氏家祠记碑"1通。螭首，高3.5米，宽1米，厚0.3米，由徐世昌亲自撰文并书丹。碑文记述了徐世昌家史及筹建祠堂的经过。

[碑碣刻石]

大唐嵩阳观纪圣德感应之颂碑：位于登封市嵩阳书院门前右侧。唐天宝三载（744）所立。碑通高约9米，碑身高约4米，宽2米，额题"大唐嵩阳观纪圣德感应之颂碑"，李林甫撰文，徐浩书丹。碑文记述了唐玄宗梦想长生不老的故事，主要是对道教的颂扬。

明故高祖徐氏家谱碑：位于唐河县龙潭镇中徐村后徐庄。碑高1米有余，宽0.6米，厚0.12米。清乾隆四十年（1775）立。碑文记述徐氏家族的源流。

【人物名录】

三国有徐庶（禹州）。唐朝有徐文远、徐有功（均偃师），徐商、徐彦若（均新郑）。五代有徐瑶（长葛）。北宋有徐处仁（商丘）。元朝有徐世隆（西华）。明朝有徐理（西平）、徐永（禹州）。清朝有徐作肃（商丘），徐鸿逵（邓州），徐定唐（林州），徐广缙、徐广绂（均鹿邑），徐振泉（沁阳）。

12. 孙

【姓氏源流】

孙氏的四个主要源头均源自河南。第一支出自姬姓。周武王将其同母弟康叔封于卫（今河南淇县），建立卫国。康叔后裔卫武公有个儿子叫惠孙，为卫国上卿，他的孙子以祖父的字作为自己的姓氏，是为孙氏。第二支出自芈姓。春秋时期，楚王蚡冒的曾孙孙叔敖因避难率家隐居期思，在今河南淮滨县东南。后在楚王亲信举荐下，孙叔敖做了楚国令尹。孙叔敖之后以其字为氏，亦为孙氏。第三支出自妫姓。陈厉公的儿子陈完避难到齐国，改称田氏，田完的五世孙田书为齐国的大夫，因伐莒有功，被齐景公封于乐安，赐姓孙氏。尽管此支孙氏得姓之地不在河南，但其为陈胡公之后，而胡公都陈（今河南淮阳县），因此，可以说此支孙氏亦源于河南。第四支源出子姓。商末，纣王昏庸无道，王叔比干因直谏而被杀，其子孙避难改姓，其中一支因本为王族子孙之故，便以"孙"为姓。

得姓之后的姬姓孙氏族人，早期主要活跃在河南和山东一带。春秋初期，姬姓孙氏一直世袭卫国的上卿，权倾一时，孙姓在河南地区发展很快，到春秋末，孙氏在卫国失宠，北迁晋国。而妫姓孙氏在山东发展得蓬蓬勃勃，尤其在战国时期出了一位赫赫有名的军事家孙武，其子孙明因父功而封富春侯，封地在今浙江富阳。三国时，孙坚父子在江南建立吴国，是孙氏家族发展的顶峰时期。西晋末年，因北方连年战乱，很多孙姓族人也随着南迁的大军渡江南下避乱，侨居浙江、安徽等地。唐朝又有不少中原孙氏家族南下到了福建、江西等地，至唐朝末年，孙氏已经播迁到了河南、河北、山东、山西、浙江、江苏、湖南、福建、陕西、江西等广大地区。清代以来，福建、广东等沿海孙姓族人开始移居台湾，后来又有不少人播迁到了海外。在当今中国姓氏中，孙姓依人口数量排在第12位，主要集中于山东、河南两省，在安徽、黑龙江、河北、辽宁、江苏、吉林等地也占有较大比例。

【祖源遗存】

帝舜故里：见陈姓下"帝舜故里"介绍。

戚城遗址：位于濮阳市区戚城文物保护区之内，当地也称孔悝城，相传是卫灵公的外孙孔悝的采邑。戚城遗址的城垣基本呈方形，东西稍宽，周长1520米，面积14.4万平方米，残存城墙最高处为8.3米，最厚处为16.5米。城墙东、西、南、北四面中部各有一缺口，其宽度均在30～40米之间，为城门遗迹。城内地面平坦，遗物比较丰富，发现裴李岗文化、仰韶文化、大汶口文化、龙山文化及商、西周、春秋、战国、汉代的房基、灰坑和文化层。卫成公六年（前629），卫成公自楚丘迁都帝丘后，该城因位于古黄河的东岸，东有齐、鲁，西有秦、晋，南有曹、宋、郑、陈、吴、楚等，不仅是卫都帝丘北面的重要屏障，而且是诸侯争霸的战略要地。据《左传》记载，从卫成公九年（前626）到卫灵公四年（前531）这95年间，各国诸侯在卫地会盟14次，在戚会盟就有7次之多。戚城遗址

⊙戚城遗址

东墙外80米处的高5米、长20米、宽16米的夯土台,就是当年的会盟台基址。1996年,戚城被国务院公布为第四批全国重点文物保护单位。戚城是卫国孙氏的封邑,也是孙、戚、文等姓氏寻根的圣地。

期思:位于淮滨县东南期思镇。孙叔敖系令尹蒍贾之子,因父被人陷害,为免遭诛杀,扶母隐居于远离郢郡(今湖北江陵县)的期思,故史籍均称其为"期思之鄙人也"。孙叔敖,姓蒍,名敖,字孙叔,一字艾猎,春秋时期楚国期思(今河南淮滨县东南)人。官令尹,是我国历史上最早的水利建设倡导者之一。

孙叔敖墓:位于淮滨县期思镇期思村。墓地面积约500平方米,原封冢高大,现仅略高于地表。墓地旁原有遗爱庙及墓碑,现已进行了大规模修整。

孙公祠遗址:位于淮滨县期思镇期思村西北。今庙宇已毁,仅存废墟。历代碑志也荡然无存,仅存一些碑文拓片及历代史志记载等资料。

埋蛇丘:位于淮滨县期思镇期思村埋蛇岭上。相传孙叔敖幼时,路见双头蛇(传为怪物,人见必死),自认为必死,又担心他人遇见而遭祸害,故杀而埋之。历代将此事传为佳话。

【相关资源】

[故里故居]

孙膑洞:又叫洗尘洞,位于淇县西南15千米青岩山中,为一天然钟乳石窟。明代依山开凿重建,面阔3间,进深2间。洞口有石屋、石门,洞内有孙膑石刻像,像前分列6根石柱,石柱上镌刻有楹联和图画,皆为明代遗存。附近有水帘洞、毛遂洞、庞涓洞等古迹。孙膑,齐国阿(今山东阳谷县东北)人。孙武的后代,战国时军事家。所著《孙膑兵法》总结了战国中期以前的战争经验,提出了不少有价值的作战指导思想和原则。

货药坪:位于济源市西35千米清虚宫的庵坪。这里枕山傍水,景色优美。相传孙思邈曾寓居于此,为山民品脉投药,多医异疾,往往能够妙手回春。孙思邈(581—682),京兆华原(今陕西铜川市耀州区)人。唐代著名医学家。一生遍游名山大川,坚持在民间采药行医，为人们解除疾苦，世称"药王"。宋徽宗到王屋山凭吊其墓，追封他为"妙应真人"。

药王洞：位于修武县北35千米太行山的茱萸峰东南麓。相传孙思邈常居此洞。洞高10米，宽11米，深30米。洞内有石像3尊，头部皆残，其中一尊，右手执一药丸，左手屈于胸前，众称为"药王"孙思邈像。另有金泰和七年（1207）的"修孙真人石像记"碑1通，碑文记述了孙思邈之籍贯、生平及洞的发现经过、修造石像缘由等。洞外有女贞子树1株。洞外还有天然形成的石臼，传为孙真人炼丹制药之遗迹。

孙氏民宅：位于舞阳县章化乡简城村，为清代乡绅孙永信家宅。建于清乾隆二十八年（1763）。现存三层高楼1座，面阔3间，进深2间，门前台阶17级。第一层为地下室，红石砌墙。第二层门内楼板建为吊桥，夜晚吊起可防盗。青砖砌墙，上镶嵌"花萼相辉"石匾，右刻小字"大清乾隆二十八年盛夏"，左刻"孙永信暨男文俊、文杰建"。第三层为硬山灰瓦顶。

孙家宅：位于商丘市睢阳区考棚街。建于清光绪年间。门楼已改建，现存正房1座，面阔5间，左右厢房各3间，均为硬山灰瓦顶，有脊饰。正房前檐下有木雕装饰。

[墓葬陵园]

孙思邈墓：有三处。一处位于济源市王屋镇孙真人坟村东。墓为圆形平顶，冢高近4米，周长30米。墓前有孙真人庙一座。一处位于沁阳市王曲乡古章村东南。东北—西南方向排列两冢，面积1500多平方米，东冢原高6米多，上有孙思邈祭祠3间，毁于1958年，封土于1969—1972年间夷平。当时发现两冢间有一石门砖室。一处位于武陟县小董乡沁阳村，称孙真墓。墓冢形制很大，因群众取土遭破坏，现存冢高4米，面积100多平方米。附近原有孙真庙，现已无存。

孙光普墓：位于新密市袁庄乡杨坟窝村东。冢堆近平，神道前尚存石表、石人、石狮、石羊等石刻。孙光普，生平不详。

孙传庭墓：位于灵宝市豫灵镇底董村西北。墓冢已夷平。1973年发现地下墓葬为砖券墓室，地表仍存清代立墓碑2通。孙传庭

（1593—1643），振武卫（今山西代县）人。明万历年间进士，崇祯年间曾任陕西巡抚，旋迁陕西总督，后在潼关与李自成起义军作战时被杀。

孙氏家族墓地：俗称孙家坟，位于浚县城关大伾山西南坡。有自明万历年间至清代晚期孙姓墓葬40余座。今孙氏后裔尚存有孙氏家谱墓茔图。

孙奇逢墓：位于辉县市东南郊东夏峰村东北。墓冢已近平，墓碑已失，其门人汤斌等人在其墓园植树数百株，至今仍郁郁葱葱。孙奇逢（1584—1675），容城（今属河北）人。明清之际著名学者，隐居苏门山（在今河南辉县市境内）夏峰村授徒讲学，世称"夏峰先生"。著有《夏峰先生集》《理学宗传》等。

孙绍阳墓：位于兰考县爪营乡栗庄村东南。现存墓冢高3米，面积近100平方米，墓前石碑已残。还有柏树2株。孙绍阳，清代兰考人。光绪年间进士，吏部右丞。

[祠堂寺庙]

孙思邈祠：亦名孙真人圣庙，在济源市天坛峰下孙真人墓前，为常见的四合院。清咸丰二年（1852）重建。现存西厢房和享殿。享殿面阔3间，前附廊柱，单檐悬山顶。西厢房墙壁上嵌清代石碑2通。

大黄冶孙真庙：位于巩义市东南9千米的站街镇大黄冶村，为纪念孙思邈而建。清代建筑，坐北朝南。现存建筑有山门、广生殿、孙真殿、拜殿，计房屋13间，土窑4孔。

孙氏祠堂：位于商丘市梁园区孙楼村。始建于明崇祯年间。坐北朝南，有大门3间，东、西厢房各3间，均为硬山灰瓦顶；正房1座，面阔3间，进深3间，悬山灰瓦顶。保存较好。据家谱，孙氏祖为明代官宦。

孙夏峰祠：位于辉县市苏门山百泉湖的清晖阁西。建于清康熙四十四年（1705），有大门、享堂、正庭、寝堂，道光六年（1826）知县周际华重修，寝堂匾曰"一堂正气"。

孙氏祠堂：位于永城市刘河镇孙厂村东。始建于明，清代重修。现存门楼1座，硬山灰瓦顶，有砖雕和脊饰；正房1座，面阔3间，进深2间，硬山灰瓦顶，有脊饰。槽下有木雕装饰，厢房已改建。

[碑碣刻石]

楚相孙公祠题刻：位于淮滨县期思镇期思村。原为孙叔敖庙内题名刻石。长1.2米，宽0.47米。横文阴刻楷书"楚相孙公祠"5字，上款为住持僧普峰重修，下款为清雍正六年（1728）所立。孙叔敖庙碑，期思镇原有3通，1通为明万历七年（1579）重修楚相孙公遗爱庙志碑，1通为清乾隆丙午年（1786）楚相孙叔敖庙碑，均在"文化大革命"期间散失。

[其他遗存]

啸台：位于辉县市西北3.5千米苏门山巅，为当年孙登隐居长啸处。明正德十一年（1516）御史许完在今啸台北建祠，清道光十四年（1834）知县周际华奉北道文檄改建啸台。后因战乱，建筑遭到破坏。1958年辉县人民政府又在原啸台处新建重檐六角攒尖式啸台建筑1座。孙登，字公和，号苏门先生，汲郡共（今河南辉县市）人。西晋隐士。其因避乱，来到苏门山，住在山洞里，终日不与外界交往，读《易经》，弹一弦琴，性无喜怒，后不知所终。

孙思邈洞：位于鹤壁市鹤山区鹤壁集乡西小庄村西。为一天然石洞，传孙思邈曾在此洞炼丹行医。洞内刻北宋崇宁元年（1102）题记和金代题记各1则，明弘治年间须弥座1件。洞口横额镌"大唐名医"4字，洞口外建有大门，上方刻有"药王洞"3字。

【人物名录】

东汉有孙堪（偃师）。唐朝有孙处约、孙佺（均郏县），孙过庭（开封），孙季良（偃师），孙逖（巩义），孙成、孙儒（均洛阳）。五代有孙鹗（滑县）、孙彦韬（开封）、孙方谏（郑州）。北宋有孙守彬（开封）、孙仅（汝南）、孙甫（禹州）、孙永（许昌）、孙固（郑州）、孙谔（商丘）、孙宗镒（尉氏）。南宋有孙惟信（开封）。明朝有孙贵妃（淮阳）、孙文宗（开封）、孙璟（新乡）、孙贤（杞县）、孙应奎（洛阳）、孙坤（睢县）。清朝有孙余庆（开封），孙抡魁（鲁山），孙枝荣（巩义），孙奇逢、孙用正、孙诠（均辉县），孙九同（禹州），孙世封（许昌）。

13. 马

【姓氏源流】

马氏源自嬴姓，以邑为氏。少昊之裔伯益的后代造父，因功被周穆王封于赵城，遂以封邑为氏。其后人在晋国成为主要势力，三家分晋，建立赵国。战国后期，王室宗族大将赵奢因破秦有功，被赵惠文王封为马服君，其子孙以马服为氏，后简称为马氏。

战国末期，已迁居陕西咸阳，此后不断得以发展，有许多成为当朝高官，家族逐渐得以兴旺，最终扶风茂陵成为马氏的发展繁衍中心。西汉时，新增由马矢姓改姓马而来的一支，也逐渐得到壮大。两汉至南北朝时期，除在扶风茂陵成为望族外，还分布于今河南、河北、山东、湖北、四川、甘肃、江苏、浙江等省的一些地方。唐朝末年，王潮、王审知入闽，有河南马氏人随同前往，在当地安家落户，后发展成为大族。许州鄢陵（今属河南许昌市）人马殷从军作战，在唐末五代十国时期被封为王，建立楚国，统治区域相当于现今湖南全省、广西大部及广东、贵州部分地区，从而使马氏在广大的地区内得到较大发展，分布于各地。宋代以后，闽粤地区马氏逐渐增多，到了明代，马氏族人得以进一步发展，遍布于福建。至清代，马氏开始移居台湾，进而又远徙东南亚及欧美。在当今中国姓氏中，马姓依人口数量排在第13位，其广泛分布于全国各地，尤以河南、河北、山西、江苏最多。

【相关资源】

[故里故居]

石田山房遗址：位于潢川县城西8.5千米的傅店镇何店村，为元代马祖常读书处。马祖常故居已无存，但其读书草堂的石田山房遗迹犹存。马祖常（1279—1338），光州（今河南潢川县）人。元代文学家，任御史中丞等职。其诗文多收入《石田集》。

马氏庄园：位于安阳县蒋村乡西蒋村，为清末巡抚马丕瑶、翰林马吉樟的故居，河南省重点文物保护单位。马吉樟之父马丕瑶始建马氏庄园，前后营造了近50年之久。现存建筑保存基本完好，建筑群由北、中、南三区组成，共分六路。每路前后又建4个四合院，每条中轴线上各开9道门，俗称"九门相照"。东一路为马氏家庙，前后两个院落；南区一路亦为一组九门相照的建筑。屋顶多为硬山顶，悬山次之。三个区建筑主要有厅、堂、楼、廊、房、门等形式，共401间。占地面积2万多平方米，建筑面积5000多平方米，比著名的山西乔家大院还要大。

马家宅：位于商丘市睢阳区中山北二街。门楼已改建，现存正房和厢房，硬山灰瓦顶，有脊饰。正房前出廊，木格扇门窗。

小店进士院：位于汝阳县小店镇小店村。清道光年间进士马晓林（曾任陕西南郑县知县）宅。坐北朝南，现存正房和东西厢房，均为两层硬山灰瓦顶木板楼。正房面阔5间，下为2米高的台基，门窗皆有雕花装饰。

[墓葬陵园]

马武墓：位于尉氏县十八里镇孟家村南。墓南北长50米，东西宽25米，高4米，夯筑。墓南侧植有古柏15棵。马武（？—61），字子张，湖阳（今河南唐河县）人。东汉光武帝时大将。

马腾墓：位于许昌县苏桥镇中许村。占地面积约1000平方米，冢高6米，植松柏。马腾（？—211），字寿成，扶风茂陵（今陕西兴平市）人。曾为西凉太守，后欲扶汉平曹，被曹操诱害于许都。

马燧墓：位于郏县南关街金吾庄西北。原冢高4米，面积340平方米，墓碑上书"唐北平王马公燧之墓"，1958年墓冢和石碑遭破坏。马燧（726—795），字洵美，汝州郏城（今河南郏县）人。唐大历、建中年间大将，一生征战南北，战功显赫，累官同中书门下平章事，封北平郡王等。

马祖常墓：位于潢川县傅店镇何店村北。墓区面积约2000平方米。现存墓冢高1米左右，前立有石像生，并有"马公祖常之墓"碑1通。

马文升墓：位于禹州市朱阁镇马坟村北。"文化大革命"中墓冢被挖近平，墓志被挖出。马文升（1426—1510），字负图，号约斋，钧州（今河南禹州市）人。官至吏部尚书，有《马端肃奏议》传世。

马卿墓：位于林州市河顺镇马家坟村北。墓地原有明嘉靖二十一年（1542）敕建石坊1座，上题"明副都御史马公茔"，右侧有嘉靖皇帝谕祭马卿石碑1通，墓冢因修铁路被夷平，石坊和碑刻先后拆毁，墓地只剩几通残碑。墓地还葬有其父马图、弟马予、侄马蛓。马卿（1478—1536），字敬臣，明代林县（今河南林州市）人。曾任福建布政使、右副都御史等职，有《马氏家藏集》《柳泉诗抄》等传世。

马仲良墓：位于内乡县灌张镇马集村。今墓冢已夷平，仍存清道光五年（1825）其后裔追念先祖所立墓碑1通。碑文述及马仲良一生征战，后遭杀害的经过。马仲良，河南内乡县人。明末李自成起义军步兵总管，后被清兵杀害。

马济胜墓：位于济源市克井镇孔山。墓冢已近平，墓地存石像生3对，石兽1对，为清道光十七年（1837）雕造。马济胜（1764—1836），字建业，山东菏泽人。清道光初任浙江提督，赠振威将军。

马氏先祖茔：位于鲁山县申庄、毛营村东地。墓冢已夷平。尚存清道光二十年（1840）立墓碑1通。碑高1.9米，宽0.69米，厚0.2米。碑文记述马氏先祖由山西安邑逃荒到鲁山，后颠沛流离及最后安居申庄、毛营之事。

马凌云墓：位于鲁山县昭平台库区乡婆婆街。墓冢已夷平。仍存清光绪十三年（1887）立墓碑1通。碑高1.8米，宽0.7米，厚0.18米。马全富立石，碑首刻阴阳八卦图，碑文追述马氏先祖康熙年间由山西洪洞县迁居鲁山婆娑街的经历。马凌云，清处士。

马举人墓：位于新乡县小冀镇东街马家坟。其墓冢近平，仍存清道光二十一年（1841）立墓碑1通，碑高1.5米，宽0.6米，姜倚衡书丹。碑文刻诗作16首，以言其主人志向。马举人，字席聘，曾任商城县教谕。

马丕瑶墓：位于安阳县蒋村镇西蒋村马丕瑶故居南200米处，"文化大革命"中被毁。马丕瑶（1831—1895），清代河南安阳人。官至广东巡抚。

马魏氏墓：位于鹤壁市淇滨区大河涧乡将军墓村东。冢土已近平，墓前尚有清同治十三年（1874）立的墓碑1通。碑文记述该村马姓、刘姓人家清初自林县迁到鹤壁的始末。

[祠堂寺庙]

马家祠：位于济源市邵原镇毛田村。大门已无存，现有祭堂1座，东西厢房各3间。祭堂面阔3间，进深4间，硬山卷棚勾连搭灰瓦顶，堂内有木雕孝子图12幅，颇为精美。

[碑碣刻石]

马氏祠堂碑：位于濮阳县梨园乡西马里集。碑高2.3米，宽0.85米，厚0.19米，清乾隆五年（1740）立。碑文记述马氏家族集资建祠和马氏始祖马飞兴明洪武年间在开州做官清正之事迹。

马氏始祖碑：位于驻马店市驿城区诸市镇马老庄。碑高1.3米，宽0.48米，厚0.13米。清咸丰九年（1859）十二月立。碑额题"木本水源"4字。碑文记述马氏于明洪武年间由山西洪洞县迁居此地，迄今十有七世，500余年茔迁数次，家经屡分，故建碑修谱以示后世子孙。

戴马同宗迁民祠碑：位于内黄县二安镇小槐林村。碑高1.6米，宽0.6米。清嘉庆十年（1805）立。碑文记述明天启年间戴子成、马子才系同胞，原籍山西洪洞县，明洪武初年迁徙于此，各易其姓，并筑二墓，表明两姓同宗。在村内立祠刻石，以志永远。

追本溯源碑：见李姓下"追本溯源碑"介绍。

马氏追远碑：位于浚县白寺乡马庄村东。碑高1.18米，宽0.98

米。清乾隆五十八年（1793）立。碑文记述马氏祖先马公从洪武起兵，连获战功，封千户之职，居住马庄400余年，后恐埋没始祖之功，立碑志存。

【人物名录】

东汉有马成（南阳）、马武（唐河）。南北朝有马嗣明（沁阳）。唐朝有马炫、马燧、马畅（均郏县），马异（洛阳）。五代有马殷、马希范、马希声、马希广、马希尊、马賨、马希振、马希望、马希杲（均鄢陵），马万（濮阳）。北宋有马知节（开封）。元朝有马祖常（潢川）。明朝有马亮（淇县），马文升（禹州），马图、马卿（均林州），马禄（信阳），马汝彰（卫辉）。清朝有马骅（南阳），马士鹭（开封），马浩、马时芳（均禹州），马鉴（荥阳），马克印（新野），马丕瑶（安阳），马殿甲（邓州），马德顺（洛阳）。

14. 朱

【姓氏源流】

炎帝时期有古老的部族朱襄氏，以发明琴瑟、降妖而著称，是朱氏最古老的来源。今河南柘城县为朱襄氏故地，有朱襄氏墓。不过朱氏最主要的一支出自曹姓，为颛顼帝的后裔。颛顼帝的玄孙陆终第五子名安，被大禹赐姓为"曹"。西周武王时封安的后代曹挟于邾，后邾国被楚国所灭，邾国贵族四处逃散，便去邑为"朱"氏。第三支出自祁姓，为帝尧之子丹朱之后，以先祖名字为氏。第四支源自子姓，系纣王之兄微子启的后代，其后裔中有公子朱，子孙以祖名为氏。

秦汉时,迁于中原及华东一带,东汉末年又迁至四川、福建等地。魏晋以前,已繁衍到河南、山东、安徽等地区,后随中原士族大举南迁,使得南方的朱姓更加庞大,到了南北朝时,朱氏已成为江南四大姓氏之一。汉唐间,朱氏曾在吴郡、钱塘、沛国、永城、丹阳、太康、河南等地形成望族。唐代已经远播广东,宋代在江西密集分布。朱元璋建立明朝,朱氏贵为国姓,发展更为迅速。在当今中国姓氏中,朱氏依人口数量排在第14位,广泛分布于全国各地,尤其以江苏、广东、浙江、河南等地为多。

【祖源遗存】

朱襄氏墓:位于柘城县北10千米朱堌寺村小学处。《太平寰宇记》称柘城为朱襄氏之邑。《河南通志》载:"柘城为朱襄氏之邑,春秋为陈株林地,朱堌寺在城东十里,明建,上有朱襄陵。"陵墓呈圆形,黏土结构,陵高10.9米,周长158米,直径50米。墓周

⊙柘城县炎帝朱襄陵

边用青石叠砌，高1.5米，墓四周用青石砌成高50厘米的台阶，意为"天圆地方"。陵墓规模庞大、气势恢宏，陵前有"炎帝朱襄陵"碑刻1通，香池1个，碑楼4座。明清以后历经修复。

颛顼陵：位于内黄县城南30千米三杨庄西北1.5千米，俗称高王庙。省级文物保护单位。陵墓南有硝河，北有沙岗。陵园原被沙土淤埋，1986年清理出来。陵园坐北朝南，主要建筑有御桥、山门、庙宇、碑亭、陵墓及接官厅等。两座陵墓并排而立，间距57米，东为颛顼陵，西为帝喾陵，陵冢约66平方米，冢高26米。青砖围墙，墙高2.5米。南墙嵌有元天历二年（1329）石碑1通，上刻"颛顼帝陵"，明嘉靖年间石碑1通，上刻"颛顼陵"。颛顼和帝喾为上古五帝中的两位。

丹朱墓：有三处。一处位于安阳县东20千米永和镇沿村台。墓冢原有封土面积1000多平方米，高有3米余。冢前有神道，两旁立有13尊石像，并有明代石碑，石碑上刊刻"中天世子彻侯丹朱之墓"10字。1958年当地农民平整土地时将陵墓封土毁坏，现遗址犹存。一处位于范县辛庄镇丹朱村附近，仅存有遗址。一处位于淅川县老城镇西南石门村，墓冢高大，前有"丹朱之墓"碑碣。丹朱，尧帝之子。

【相关资源】

[故里故居]

周王府：位于开封市西北龙亭湖。明代朱橚封周王之后，在北宋宫殿遗址上兴建起来。现存遗迹有王府后花园土山、万寿亭，内有"大清皇帝万岁"碑。龙亭为主要建筑，坐北朝南，高13米，南北长25米，台顶东西宽31米，青石结构，上有浮雕图案。大殿面阔5间，进深3间，重檐歇山顶。另外有山门、围墙厢房、碑刻等。

[墓葬陵园]

朱瞻墓：位于淮阳县王店乡商庄西。1987年群众取土发现一合墓志，为唐咸通六年（865）朱瞻墓。朱瞻，曾任唐许州节度使、衙前兵马使等职务。

朱灿墓：位于扶沟县包屯镇朱庄岗村。原封冢面积很大，现在近平。朱灿，生平不详，《扶沟县志》说为唐代朱灿墓。

朱温墓：位于伊川县白沙镇常岭村。墓冢高13米，周长250米，墓前现存石像生1对。朱温（852—912），后梁太祖，初都汴州，开平中迁都洛阳，据记载葬于此地，墓园称为宣陵。

明周定王墓：位于禹州市无梁镇申家村。人称"朱王坟"，即朱元璋儿子周王朱橚之陵，包括其妃子陪葬墓，形成规模庞大的陵区。原地面建筑已经毁坏，现存地宫，由墓道、墓门、甬道、前室、中室、后室与左右侧室构成，主体建筑1万多平方米。

朱彝墓：位于新安县磁涧镇老井村。墓冢尚存，墓室长34米，仿地面木构建筑，分为前室、后室、中室、左右侧室与耳室，墓前有御祭碑2通。朱彝，朱元璋第25子，封伊王，谥号万王，葬新安。

朱有烜墓：位于上蔡县邵店镇金景吴村。有墓门、甬道和前、中、后三室，以及东西侧室，出土有金银等器物与朱有烜墓志，还有其妻吴氏的墓志。朱有烜，明太祖朱元璋孙，封为顺阳王。

明徽庄王墓：位于禹州市鸠山镇魏井村。墓冢高1米，周长10米。墓前地上建筑大多被毁坏，仅存三个门洞的建筑及部分石刻。明徽庄王朱见沛，明英宗第9个儿子，明成化十七年（1481）就藩钧州，正德元年（1506）卒。

明徽简王墓：位于禹州市鸠山镇下官寺村，墓冢早已经夷平，墓前尚存部分石刻。明徽简王墓墓主人朱佑橒，徽庄王之子，明嘉靖四年（1525）卒。

明周端王墓：位于禹州市无梁镇观上村。墓冢早年被夷平。墓主人为朱元璋第10代孙朱肃溱。

明周恭王墓：位于禹州市无梁镇无梁村。现在墓冢封土无存，墓前尚存部分石刻。墓主人即藩王朱睦榊。

康王墓：位于安阳县西北28千米的伦掌镇康王坟村。现存遗迹有神道、锣鼓桥、石坊、宫殿、宫门、配殿等，但大部分已经毁坏，现存部分围墙、石像2个、石羊1个、御碑2通。康王朱厚煜与徐妃地宫幸存。朱厚煜，明成祖第三子赵简王朱高燧之五世孙。

潞简王墓：位于新乡市北郊凤凰山下。现存墓区占地11万平方米，分东西两部分，东区为潞简王墓，西区为次妃赵氏墓。墓区有以二龙戏珠图案为主体的石牌坊、石华表、明楼及享殿等墓园建筑。潞简王是明穆宗之子。

朱有熌墓：位于封丘县曹岗乡后府村。墓冢为砖石结构，直径为5米。朱有熌，明宗亲王，县志中有记载，宣德二年（1427）封于封丘。

朱祁镕墓：位于博爱县月山镇乔村北。墓冢高近2米，面积约140平方米。墓碑毁于1958年。朱祁镕，明代郑靖王之子，又称朝邑王。

朱应谷墓：位于浚县县城东田庄村。墓冢高5米，面积100平方米，墓冢封土前有供桌与残墓碑。朱应谷，明万历年间进士，曾任山东道都察御史。

朱载堉墓：位于沁阳市山王庄镇张坡村，现存面积约900平方米。墓冢高3米，直径8米。朱载堉（1536—1611），明代开国皇帝朱元璋九世孙，杰出的自然科学家、乐律学家。

朱鸿恩墓：位于商丘市睢阳区王坟乡保庄村。墓冢近平，尚存墓碑1通，清光绪三十年（1904）立，碑文记述了朱鸿恩生平。朱鸿恩，据碑文记载为明代武略骑尉。

朱庄寨墓群：位于民权县野岗乡朱庄寨村。墓冢有10余座，最大的称为朱大坟，墓前有明崇祯二年（1629）所立墓碑。

朱氏家族墓：位于民权县北关镇朱老家村西北。墓冢排列有序，墓园前立有清代石碑1通，高为2.34米，宽0.7米，厚0.2米。碑阳阴刻正楷"朱氏始祖碑"，并有石香炉、石案等供器。

[祠堂寺庙]

朱熹祠堂：位于嵩县阎庄镇朱村。清代建筑，现存门楼1座，正房1座，均面阔3间，硬山灰筒瓦顶，有屋脊装饰。祠堂内有清代乾隆五十三年（1788）"创建朱氏祠堂碑记"碑1通，为祭祀朱熹而建立。朱熹（1130—1200），南宋理学家、教育家。他的理学在明、清两代被提到儒学正宗的地位。

朱子祠：位于嵩县阎庄镇朱村。始建于明万历三十一年（1603），清代曾部分维修。现存门楼、左右厢房和文祖祠堂，祠堂为主体建筑，悬山灰瓦顶。另存明万历三十一年朱子祠碑，记述朱氏家世以及建祠堂的经过。

洞林寺：位于荥阳市贾峪镇寺村北，原为佛教在中原的三大寺院之一，唐、宋、元相继重建，明代周靖王葬于寺内，该寺成为周靖王的家祠佛堂。后几经劫难，寺内建筑大部分废毁，现仅存古塔。此塔建于明洪武十七年（1384）二月。塔高15米，为鼓腹瓶形实心喇嘛塔，用青砖白灰砌成。塔底为精雕的仰覆莲座，8级5棱叠涩，由下至上逐层缩小，每层中间镶嵌刻花的大青砖，3块一组，砖上雕鹿、马、牛、虎、象和各种花卉图案。其檐部用棱角牙子砖和拔檐砖砌边。塔身南面嵌有石铭"重开山无缘宝公禅师塔"。其上是螺旋形圆锥体，共9层，每层都有美丽的浮雕荷花、菊花等花卉及天马、游云等图案。塔刹上有华盖、宝瓶、宝珠等。

玉清宫：位于沁阳市西北，为皇帝巡查与重大节日的祭祀场所，始建于明宣德五年（1430）。后为郑藩王宫，朱载堉出生于此。

龙岗寺：位于沁阳市马坡村西。现存遗迹很少。相传创建于元代，为当时名寺，朱载堉经常与寺内住持研究音律、天文等。

九峰寺：位于沁阳市山王庄镇张坡村。唐代始建，现存东西配房，号称小东宫、小西宫，面阔3间，硬山式建筑。朱载堉晚年隐居此处。

高阁寺：位于安阳市老城内。为原赵王府内主要建筑，高台楼阁式建筑，台基底边长19米，南面有32级石阶，阁楼面阔3间，进深3间，重檐歇山顶，连台基通高18米。

朱氏祠堂：位于嵩县阎庄镇朱村。始建于清乾隆三十七年（1772）。现存门楼1座，硬山灰瓦顶；上房1座，面阔3间，悬山灰瓦顶，保存尚好。祠堂内有清乾隆年间所立"创建朱氏祠堂碑记"碑1通。

[碑碣刻石]

朱氏宗族图碑：位于荥阳市豫龙镇石柱岗村。八棱柱形，高6米，每面宽0.3米，座高1.4米。石柱中楷书"朱氏宗族图记"。相传此处为明代藩王花园，石柱为明代遗物。

朱氏庙碑：位于商丘市睢阳区王坟乡朱营村。碑已经残破，残高1.58米，宽0.6米，厚0.17米。立碑具体年号不详。碑文楷书323字，记述了朱氏为湖广襄阳人，居湖北宜城，明代立军功，授万户，迁居宋，卒后葬于阏伯台附近之事。

护茔林木记碑：位于长垣县赵堤镇大浪口村。碑高1.2米，宽0.48米，厚0.13米。清乾隆四年（1739）所立，碑文记述了该族为山西洪洞县人，有明定鼎迁民，始祖朱成，卜居于此，买坟种树，渐以凋残，今又栽树20余株于茔前，若旨加保护，皆他日栋梁，若有毁者，祖宗必显罚之事。

[其他遗存]

朱载堉纪念馆：位于沁阳市区薛街西口。该建筑为明清风格，坐北朝南，为本地少见的横四合院，面积900平方米，每座建筑为回廊硬山式。朱载堉经常在此与戏乐班子艺人研究乐谱、舞蹈等。

同乐会旧址：位于沁阳市区薛街中部。遗址为一座明代四合院建筑，是同乐会的活动场所之一。当时朱载堉组建同乐会在此研究乐律。

潞王刻石：藏于卫辉博物馆内。现存潞王刻石300余方，均为长方形，内容选自《全唐诗》中李白、杜甫、白居易等人诗句，后有潞王印章多方。为崇祯九年（1636）以前所刻，原藏卫辉潞简王府，清初被嵌于卫辉府学宫墙上，现移存于卫辉博物馆内。

【人物名录】

战国有朱亥（开封）。东汉有朱祐、朱晖、朱穆（均南阳），朱震（开封），朱零（郾城）。东晋有朱序（桐柏）。南北朝有朱修之（桐柏）。唐朝有朱敬则（永城），朱放、朱忠亮（均开封），朱宣（夏邑）。五代有朱友贞（开封）、朱瑾（夏邑）、朱友谦（许昌）、朱元（沈丘）、朱葆光（南阳）。北宋有朱景、朱光庭（均偃师），朱皇后（开封），朱之才（宜阳）。南宋有朱胜非（汝南）、朱敦儒（洛阳）。元朝有朱文英（濮阳）、朱德润（商丘）。明朝有朱橚、朱有燉（均开封），朱谦、朱永（均夏邑），朱有爋（开封），朱宇湆（南阳），朱睦楧（开封），朱载堉（沁阳），朱翊镠、朱常淓（均卫辉），朱炳南（睢县），朱瑛（滑县），朱由崧、朱常洵（均洛阳），朱聿键、朱聿𨮁（均南阳）。清朝有朱冲（鲁山）、朱靖旬（安阳）、朱紫贵（项城）。

15. 胡

【姓氏源流】

胡氏主要有三个来源，有两支源于河南。一出自妫姓，为胡公满的后代。西周初帝舜的后代胡公满被封于陈（今河南淮阳县），建立陈国。妫满卒后谥号为胡公，他的后代中有的以他的谥号为姓，姓"胡"。二出自归姓，以国为氏。归胡国，故址在今颍州汝阴（今安徽阜阳市）一带，是西周初期分封的归姓诸侯国。归姓起源于尧舜时代的后夔（封伯、归伯），其氏族部落原居于河南商丘一带，后来遭到商王武丁的讨伐，被迫四处播迁。除一部分留居中原（今河南漯河市东部一带）建立了归胡国外，大部分归夷人不愿臣属于商王朝而继续向南迁徙，其中一支归夷人迁居于汝阴一带，并在该地区建立起妢胡国。在春秋末期，归胡、妢胡被楚国所灭，其国王族后裔多有以故国名为姓氏者。三为鲜卑族复姓所改。北魏纥骨氏随魏孝文帝南迁洛阳后，定居中原，改为胡姓。

先秦时期主要在河南、安徽、山东境内发展。至汉时，迁入陕西、甘肃、山西、山东、湖北等地。汉唐间，在安定、新蔡形成望族。西晋末年，因"永嘉之乱"胡氏中原士族大举南迁，居于福建、广东等地。在当今中国姓氏中，胡氏依人口数量排在第15位，广泛分布于全国各地，以四川、湖北、江西、安徽、浙江、山东、湖南为多。

【祖源遗存】

帝舜故里：见陈姓下"帝舜故里"介绍。
陈国故城：见陈姓下"陈国故城"介绍。
陈胡公墓：见陈姓下"陈胡公墓"介绍。
汉魏故城：见周姓下"汉魏故城"介绍。

【相关资源】

[故里故居]

胡权故里：位于滑县旧城东南20千米上官镇永兴营村。该村胡权后裔保存有胡权出任山西省榆次县知县的圣旨，现收藏于滑县文物保管所。胡权（1571—？），字巽昂，大名白马（今河南滑县）人。明天启二年（1622）进士，历任山西榆次知县、吏部主事、吏部尚书等职。

[墓葬陵园]

胡权墓：位于滑县上官镇永兴营村西南。占地3305平方米。有墓碑、石牌坊、石马、石羊、石人、石供桌等。1958年，除胡权墓及其墓碑外，皆被毁。

胡守忠墓：位于宁陵县城郊乡胡二庄西南。墓冢高不足1米，面积约15平方米，原神道前有石像生，已荡然无存。其周围为胡氏家族墓地。胡守忠，河南宁陵县人。明嘉靖壬辰（1532）进士，历官都察院右副都御史兼詹事府丞、兵部侍郎。

胡大海墓：位于郸城县胡集乡胡集东北。墓冢面积约1万平方米，高约2米，为大型石室墓。胡大海（？—1362），虹县（今江苏泗县）人。明初将领。初从朱元璋起兵，镇守金华时为叛将所杀，追封越国公。

胡氏家族墓：位于光山县南向店乡老虎山村。为明清胡氏家族墓地，墓冢多已近平，个别尚高2米，还保留一些墓碑。明万历二十九年（1601）所立胡左溪墓碑，高1.9米，记述其一生不仕，从善积德；清乾隆年间所立胡煦墓碑，记墓主为雍正年间吏部侍郎，颇有政绩。

胡克俭墓：位于新县郭家河乡郭家河村。墓地面积约700平方米，面向东，墓冢穹隆形，块石砌成，高1米，周长12米，白色大理石墓碑上镌文是"赠刑部尚书胡克俭之墓"。胡克俭（1554—1635），河南新县人。明万历丙戌（1586）进士，授庶吉士，改御史巡按。天启中期历刑部右侍郎，卒赠刑部尚书。

胡瑞墓：又称都堂坟，位于内乡县赵店乡胡坟村。村即以墓名。墓冢已近平，神道两侧仍存石人、石狮、石马各1对，六棱柱形华表，石碑螭首、龟座等。据村内现存胡瑞墓表文字称，胡瑞，明代内乡人。官至都察院右副都御史，巡抚山西，后卒于家。墓表为明万历五年（1577）立，并述及胡氏家世。

胡宾周墓：位于邓州市陶营镇河里胡村排子河南岸。墓冢高2米，面积30平方米。墓前立碑1通。胡宾周（1839—1910），河南邓州人。清末进士，官至直隶总督，钦加二品，死于天津，归葬故里。

[祠堂寺庙]

胡公祠：位于郑州市人民公园内。1932年国民政府由南京迁都洛阳后，李烈钧、张继、于右任等人，因感胡景翼的一生"丰功伟绩足以为后世表，当永久纪念，以资景崇"，在郑州胡公旧宅兴建纪念祠。祠占地约1.5万平方米，有楼1座，祭堂5间。祭堂前有碑亭2座。祭堂内有刘有中撰文、于右任书丹《郑州胡公笠僧祠碑记》。胡景翼（1892—1925），字笠僧，又作励生、立生。陕西富平县人。1924年，与冯玉祥、孙岳发动北京政变，推翻直系政权，组织国民军，任副总司令兼第二军军长。不久被任命为河南督军。1925年4月10日在开封病逝。

[碑碣刻石]

新建祠堂碑：位于鹤壁市山城区石林镇卜家沟村。碑圭首。高1.9米，宽0.57米，厚0.17米。清道光十年（1830）立。孙明场撰文，孙开元书丹，楷书。碑文叙述该村胡氏自京都海岱门迁于鹤壁之情况。

胡氏宗派碑：位于邓州市陶营镇河里胡村东北。碑高1.7米，宽0.7米，清光绪甲申年（1885）立。胡宾周撰文，胡玉藻书丹。碑文记述胡氏家族出虞舜，至汉关内侯胡威而始，后从山西洪洞县迁入南阳，分镇平、南阳、新野、唐县、枣阳各处，迄今历40辈及子孙繁衍情况。

【人物名录】

三国有胡综（沈丘）。南北朝有胡僧祐（固始）。五代有胡饶（开封）。北宋有胡令仪（开封）。南宋有胡阆休（开封）。金朝有胡天作（郑州）、胡权（延津）。元朝有胡闰儿（淮阳）、胡彝（安阳）。明朝有胡睿（长垣）、胡瀛（罗山）。清朝有胡煦、胡礼篯、胡季堂（均光山），胡具庆（杞县），胡清瑞（襄城），胡赞采（潢川）。

16. 林

【姓氏源流】

林氏有两个重要来源，均源自河南。一支源自子姓。商部族首领和商始祖契的十四世孙成汤建立商王朝。商末纣王之叔比干为拯救王室直谏被杀，其夫人在避乱途中于长林石室生下儿子坚，遂以"林"为氏。另一支源自姬姓。周平王的庶子姬开，字林，其后代以祖字为氏。

秦汉以前林氏族人主要活动在河南、山东、河北等地，并在济南、西河形成林氏的两个集中区。秦汉开始，向山西、陕西、甘肃、江苏、四川、福建等地发展，并在南安郡、下邳郡、晋安郡形成郡姓望族。唐宋时期在南方诸省有较大发展。宋朝以福建、浙江、广东分布最密，明朝在今福建、广东、浙江、江西、江苏、广西等地也有较大发展。在当今中国姓氏中，林姓依人口数量排在第16位，其广泛分布于全国各地，以福建、广东、台湾人口最多。

【祖源遗存】

比干庙：见王姓下"比干庙"介绍。

朝歌摘心台：位于淇县县城西北隅，是一个大土台，高13米，面积约为1500平方米。相传殷纣王在其上建摘星楼1座，因此得名。摘星楼，意极言其高，登楼手可摘星辰，后因比干死于纣王之手，改名为"摘心台"，一直流传到今天。1984年，淇县人民政府拨款对摘心台进行整修，并辟为公园，供人们游览参观。

三仁祠：原址在淇县城关镇南门里。正德十六年（1521），为纪念"三仁"，即箕子、微子和比干的德行而建，后分别于明嘉靖十三年（1534）、嘉靖四十五年（1566）和清乾隆七年（1742）进行重修。民国时仍保存有殿宇3间，门前照壁上有石刻麒麟，人称"活麒麟"，后被毁。1995年，淇县文物旅游局在摘心台公园新修三仁祠，建有山门、正殿和东、西厢房。正殿门阔3楹，钢筋混凝土结构，回廊歇山式双层，彩绘精美别致，内塑"三仁"像。东西厢房是砖木结构，东厢房内有比干、比干夫人、林坚一家人的塑像。西厢房为林氏展厅。祠内有明代创建三仁祠的石碑2通。重建的三仁祠，再现了"三仁"的形象和业绩。近年来，海内外林氏后裔前来寻根祭祖的络绎不绝。

长林石室：为林氏先祖林坚的出生之地，位于今淇县（古朝歌）黄洞乡仙人梯安乐窝。仙人梯在淇县城西北14千米的山区，下临武公祠水库和淇（县）林（州）公路，主峰海拔365米，悬崖峭壁，植被茂盛，风景秀丽，环境宜人。摩崖上的诗句为"石洞无灯凭月照，山门不锁待云封"。安乐窝在仙人梯半山腰，有十几个天然洞穴，最引人注目的就是林泉洞，传说林坚就出生在这个洞里，洞深10米，高3米左右，最宽的地方可达4米多。洞内还有小洞，洞左有一个奇特的小洞，传为比干夫人和林坚的卧室，深6米多，高2米左右，宽一般为3米。据说仙人梯山崖上曾经有1通古碑，碑高1米多，宽近1米，上书"长林石室，淇园绿竹"8个大字，上面的小字风化较为严重，但仍依稀可辨。1962年拓宽淇（县）林（县）公路时，大部分摩崖石刻和古碑被毁，整个安乐窝被辟去3米多宽。

魏孝文帝吊殷比干文碑：又名"太和碑"，位于卫辉市顿坊店乡比干庙村比干庙内。北魏时立，宋重修，省级文物保护单位。碑头和碑身用一块巨石雕成，碑头上雕刻着6条舞须弄爪的神龙。碑高约4.3米，宽约1.15米，厚约0.42米。驮碑的石龟有3米长。

皇帝祭殷太师比干文碑：位于卫辉市顿坊店乡比干庙村比干庙内。唐代立，元重刻。贞观十九年（645）唐太宗过卫地为悼祭比干而立。螭首，龟趺。通高3.9米，宽1.15米，厚0.39米。额篆"皇帝祭殷太师比干文"。正文21行，满行50字。薛纯陁书。元延祐元年（1314）重刻，内容记赠太师比干诏；中段为祭文；碑阴刻下诏、祭文人姓名及各撰文书丹者名。

商少师碑：位于卫辉市顿坊店乡比干庙村比干庙内。碑高2.03米，宽0.68米，厚0.2米。唐李翰撰文。宋重刻，建中靖国元年（1101）正月朱子木立。张琪书丹，孙绚题额，刊者柳士衍。碑文楷书20行，满行44字。记述贞观十九年（645）太宗过卫地，下诏追赠少师比干为"忠烈公"，派大臣持节凭吊，命郡县封墓、修祠、守墓，以少牢之礼按时祭奠之史事。

皇元敕修太师忠烈公殷比干庙碑：位于卫辉市顿坊店乡比干庙村比干庙内。碑高3.96米，宽1.06米，厚0.34米。碑首身一体，龟趺，楷书，士公孺撰文，刘敏中书丹，姚炜题额。元延祐四年（1317）立。记述仁宗继位后，延祐三年（1316）春下诏，命卫辉总管府大臣密尔向善为比干修祠、塑像、建东西廊房等事。

重修殷太师比干墓祠碑：位于卫辉市顿坊店乡比干庙村比干庙内。明嘉靖十七年（1538）刻立。碑高2.7米，宽1.05米，厚为0.32米。碑额篆书"重修殷太师比干祠墓碑之记"12字。碑文楷书22行，满行60字。赐进士第奉政大夫河南卫辉府同知前通政使司右参议山东按察司副使奉敕整饬密云等处兵备晋城裴骞撰文，王聘书篆，工部都水司主事杨纶书丹，碑文书法工整，字体宽博。碑文反映了对殷纣王的深恶痛绝，对比干太师的缅怀思念，记述了比干墓的修复过程。

东周王城：见周姓下"东周王城"介绍。

【相关资源】

[故里故居]

太平天国围攻怀庆府指挥部旧址：汤帝庙旧址。位于沁阳市汤帝庙，创建于元代，明清时整修。建筑群规模宏大，总体建筑坐北朝南，呈传统的中轴对称式布局。原有牌楼、戏楼、山门、石坊、钟鼓楼、孙真殿、火庙殿、配殿、厢宇、卷棚、汤帝殿、三清大殿等建筑。庙两侧原来还有丁兰祠等建筑，均为太平军驻所。太平军撤围后，大部分被清军破坏，现仅存四厢宇、卷棚和汤帝殿。大殿为林凤祥的卧室，卷棚为议事厅和召开军事会议的场所。1986年河南省人民政府公布其为省级文物保护单位。林凤祥（1825—1855），南宁武鸣（今广西南宁市武鸣区）人。太平天国著名将领，牺牲后被追封为求王。

[祠堂寺庙]

林氏祠堂：位于商城县长竹园乡百战坪村。共有房屋16间，一进两重。清宣统三年（1911）建。砖木结构，硬山灰瓦顶。1938年部分建筑被侵华日军烧毁，1943年整修。现保存较好。

[碑碣刻石]

林氏家谱碑：位于杞县苏木乡林寨村。碑高1.96米，宽0.59米，清咸丰六年（1856）十月立。圆额上镌有二龙戏珠图案。林杨祖撰文，李琢庵书丹。碑文记林氏家族系殷代比干之后，原姓子，武王赐林姓之事。

[其他遗存]

林公堤：位于开封郊区张湾一带。清道光二十一年（1841）八月，黄河在此地决口，洪水淹没开封城，同年九月，遣戍伊犁途中的林则徐与大学士、军机大臣王鼎一起，奉旨率众堵口。次年三月，决口合龙，所筑之堤称"林公堤"。林则徐（1785—1850），字元抚，又字少穆，福建侯官（今福建福州市）人。清嘉庆年间进士。历任道台、巡抚、总督等职,为官清正,办事认真,具有强烈的爱国精神,主张严禁鸦片,有"民族英雄"之誉。

【人物名录】

清朝有林建(鲁山)。

17. 郭

【姓氏源流】

郭氏源头较多,其主支源于姬姓。西周时期,武王封其叔虢仲于西虢。周平王东迁时,西虢迁于河南,改称南虢,春秋时灭于晋。留在原西虢者史称小虢,春秋时为秦所灭。周武王封其叔虢叔于东虢,在今河南荥阳市北。周平王东迁后,把东虢之地给予东迁有功的郑国,东虢后裔虢序北迁山西平陆,史称北虢,后灭于晋。赵简子开拓晋阳前后(即公元前497年前后),虢序后裔辗转徙居晋阳及其以北地区(今山西太原至忻州、原平一带)。西虢、东虢、南虢、北虢之后均以国名为氏,为虢氏。因"虢"与"郭"音同,又称郭氏。

春秋战国时期,主要在河南、陕西、山西、山东、河北等地发展。秦汉时,有部分郭氏族人徙居江南。汉代及其以后的较长时期内,太原一直是郭氏的发展繁衍中心。此外,郭氏在汉代又有居于今内蒙古、甘肃、四川、安徽者。三国时,移居浙江、湖北、江苏等地。唐代时,曾两次向福建迁移,到南宋时期,开始进入广东。明末清初,移居台湾。在当今中国姓氏中,郭氏依人口数量排在第17位,广泛分布于全国各地,以河南、河北、山东、湖北、四川等省为多。

【祖源遗存】

虢国上阳城：位于三门峡市区东南部，北依上村岭，南临青龙涧河。城垣平面呈东西向长方形，东西长1000～1050米，南北残宽560～610米，周长约3200米。东城墙保存较好，南城墙被涧河水冲毁。城垣墙基宽4.5～6米。城墙墙体系采用大版筑的方法，以集束棍分层夯筑而成。城垣外环绕两道城壕，这是极为少见的。此外，在城内西南部还发现了宫城的北城墙与东城墙的夯土墙基，宫城城垣外有一道与之平行的城壕；内侧则有较大面积的夯土基础及多个直径近1米的柱坑，当属大型建筑遗存。不仅如此，在城垣内外还发现了制陶、冶铜与制骨等手工业作坊；而在宫城内也发现了较大规模的地穴式储粮库和多处南北向或东西向的陶制供水管道系统，其中一条呈东西向的管道残长160余米。

虢国墓地：位于三门峡市市区北部的上村岭，是西周晚期至春秋早期的虢国国君及贵族墓地，距今2800—2655年。虢国墓地发现于1956年，是中国迄今为止发现的唯一一处规模宏大、等级齐全、排列有序、保存完好的西周至春秋时期大型邦国公墓，墓地总面积约32.45万平方米。墓地内已探明的墓葬总数在500座以上，主要经过两次大规模的发掘。第一次是1956—1957年，在上村岭墓区发现墓葬234座，车马坑3座，马坑1座，出土各类遗物9179件。其中等级最高的墓为虢国太子墓，证实这里是虢国贵族的墓地。第二次是1990—1991年，在上述墓区的北侧发掘了18座墓葬，出土了大量随葬青铜器和玉器。玉器造型多样，华丽精美，其中的玉茎铜柄铁剑，是中国迄今发现的最早的人工铁制品。虢国墓地的发现，填补了中国西周考古史上的空白，印证了文献中关于虢国的记载，为人们了解虢国经济、文化等方面提供了丰富的实物资料。

虢国车马坑博物馆：位于三门峡市春秋路北侧，是在西周虢国车马坑遗址上建立起来的一座专题博物馆。该馆始建于1984年，占地面积1200平方米，属仿古歇山式建筑。馆内有三个基本陈列，即虢国简史、三门峡历代碑碣石刻艺术、虢国车马坑和复制的古战车。虢国车马坑为长方形，坑底南北长15米，东西宽3.82

米,深4.1米,坑内保存有战车5辆,战马10匹,由北向南排列。车为木质结构,独辕双轮,车上施漆,由车轮、车厢、车辕等部件组成,保存完整,形象清晰。每辆车的下边压有两匹马,马头朝北,排列整齐,系杀死后埋葬的。车厢底下还发现有狗的骨架。同时出土的还有大量的铜车饰、铜马饰及其他陪葬品。虢国车马坑是我国目前发现的东西周相交时期保存最为完整的一座车马坑,具有重要的历史、科学、艺术价值,1963年被定为全国重点文物保护单位。

【相关资源】

[故里故居]

郭巨故里:位于林州市姚村镇。因郭巨埋儿而得名,分西、南、北三个自然村。今西孝村东有1座清代所建的券门楼,门额上镌刻"郭巨故乡"4个大字。由此向北300米的双泉河北岸是郭巨埋子处。郭巨,东汉林虑(今河南林州市)人,家境贫寒,生活十分艰难。因儿与母争食,为确保母亲有饭吃,不得已将儿子活埋。

郭朴故居:位于安阳县白璧镇东柴村。现存院落1座,坐北朝南,北楼原5间,现存4间,东楼3间,均为砖木结构,明代风格。遗有"师傅元宰"匾额1块。郭朴(1511—1593),明代安阳人,生于正德年间。嘉靖十四年(1535)中进士,曾两任吏部尚书兼武英殿大学士,入内阁,故又称郭阁老,又至太子太傅,后三次上疏乞归故里。

仁义巷:在安阳老城内,为一条东西长百余米的小街,是明朝宰相郭朴的祖宅所在地。相传当年郭家邻居建房造屋挤占了郭家一墙之地,家人致书于郭朴,他回信说:"千里捎书只为墙,让他三尺又何妨?万里长城今犹在,不见当年秦始皇。"郭家人明白道理后甘愿让地三尺,邻家见状也立即将院墙后移。就这样你退我让,原先院墙所在的地方竟然变成了一条宽可行人的巷子。

郭湜故里:位于新乡县东北定国村,村内现有郭氏宗祠,保存较好。郭湜(1564—1623),明代新乡人。万历时官至礼部侍郎。

[墓葬陵园]

嵩陵：后周太祖郭威墓。位于新郑市城北18千米的郭店镇周庄村南约500米处。陵地北高南低，东西各有一道小土岭，陵墓两侧各有一条干沟。冢高约9米，周长103米，保存较好。

郭熙墓：位于温县岳村街道方头村。墓冢已近平，面积60多平方米。郭熙（1023—约1085），字淳夫，河南温县人。北宋画家、绘画理论家。

郭巨墓：位于林州市姚村镇姚村中学校园内。墓冢高约7米，面积250平方米，墓南边原有一座石牌坊，上题"汉孝子郭公巨之墓"，有明代"汉孝子郭巨墓"碑和"祭郭孝子墓记"碑2通，均毁于"文化大革命"中。1976年在墓冢东南起土时，发现两重石门。

郭贞墓：位于汤阴县任固镇赵庄村北。墓冢已近平，石像生也埋入地下，墓前仅存至正元年（1341）墓碑1通。郭贞，元代汤阴人。任邯郸知府。其二子分别任中政院掾史和翰林典史。至正元年郭贞葬于此。

郭湆墓：位于新乡市凤泉区耿黄乡南鲁堡村西南。墓地面积875平方米，原有石坊、石像生排列，今多不存。

郭朴墓：位于安阳县韩陵镇韩陵山。墓在"文化大革命"中被毁。墓室结构及随葬品不详。出土墓志一方，石刻"明光禄大夫少傅兼太子太傅吏部尚书武英殿大学士赠太傅谥文简东野郭公墓志铭"。陈于陛撰文，梁梦龙书丹，罗万仪篆额。现存有墓碑2通。

郭明善墓：位于获嘉县亢村镇山头王村西北。面积约1200平方米，墓前有碑，高1.5米，宽0.66米，为清光绪九年（1883）立，上书"元万户侯郭始祖讳明善之冢"。发申撰文，发嵩书丹。郭明善，元末大将，曾镇压过刘福通起义军，升万户。

郭臣墓：位于虞城县闻集乡郭老家村东。墓冢高2米，面积1500平方米，砖室墓，墓前立墓碑、石人、石马、石狮等。郭臣（1496—1573），字敬止，明代虞城人。明周王府仪宾，尚闽清公主，加封亚中大夫。曾注《孝经》。

郭罡墓：位于虞城县闻集乡郭老家村北。墓冢高1米，周长10米。郭罡（1511—1564），字籽粒，别号凤楼。明嘉靖三十二年（1553）在朱仙镇一带镇压师尚诏农民起义有功，赐官总兵。

郭浚墓：位于浚县白寺乡郭庄村。墓冢已夷平，尚存清康熙三十七年（1698）立墓碑1通。碑高1.6米，宽0.5米。郭瑞昌撰文。碑文记述先祖郭浚本居山西洪洞县，明洪武开疆，按户迁民，迁至浚县西泊头村，肄业农圃，筑室而居，修茔于庄之东，遂家至巨富事。另存清乾隆四十七年（1782）立"泊头村郭氏坟社序"碑1通，记载泊头村因郭氏繁衍而易名郭庄及郭氏历代世系和生产、生活情况。

郭瑷墓：位于项城市永丰镇郭草楼村。墓冢已平，墓前有神道碑1通，高1.8米，清光绪二十四年（1898）立。碑文介绍其生平。郭瑷，字玉臣，清同治丁卯（1867）科举人，任汲县教谕，因疾卒，归葬故里。

郭书堂墓：位于项城市永丰镇郭草楼村南。冢已近平。郭书堂，清末项城人。光绪甲午（1894）科进士，官至刑部主事。光绪庚子（1900）以疾卒。

[祠堂寺庙]

汾阳王庙：位于巩义市回郭镇东南2千米的漫流村南岗上。殿宇建筑早已破坏，原在大殿前檐下竖立有"唐汾阳王庙记"石碑1通，高1.4米，宽0.7米。碑文计29行，每行字数多少各异，额题"大唐功臣汾阳王庙记"9字，系金宣宗元光二年（1223）二月立。碑文还载郭子仪统兵来到漫岗时，曾为当地人民驱散"妖雾"，之后年岁丰登，老百姓过着安居乐业的生活，于是为他建庙纪念。原庙前殿檐下另竖有万历时邑宰顾汉题的七言绝句一首。庙侧有一孔砖窑洞，根据砖砌特点，可能为金、明时建筑，是汾阳王庙唯一现存的建筑物，群众传为郭子仪遏制妖雾的"遏风洞"。郭子仪（697—781），华州郑县（今陕西华县）人。唐代大将。安禄山叛乱，郭子仪时任朔方节度使。肃宗即位，任兵部尚书、同中书门下平章事、关内河东副元帅，收复长安、洛阳及河东、河西、河南地，擢中书令，封汾阳郡王。

郭朴祠：位于安阳市钟楼巷西口中山街。祠内现存大殿，坐西向东，面阔5间，进深3间，悬山灰瓦顶。殿内有郭朴坐像碑1通，高2.35米，宽1.1米，厚0.2米。

郭家祠堂：位于孟州市谷旦镇禹寺村西。清代建筑。现存戏楼1座，面阔3间，进深2间，建在砖石台基上，硬山灰瓦顶，有脊饰。正房1座，面阔3间，进深3间，硬山卷棚勾连搭灰瓦顶。

郭家庙：位于洛宁县城关镇余粮村。有大门、厢房和上房。硬山灰瓦顶，有砖雕和脊兽。

郭氏宗祠：位于新乡市牧野区定国村。现存大门3间，东西配房各3间，上房3间，均为硬山灰筒瓦顶，有脊饰，上房前檐下有木雕装饰。祠内有郭渭、郭遇熙草书碑3通，大门前有石狮1对和上马石1块。

[碑碣刻石]

迁民碑：位于卫辉市唐庄镇郭全屯村。碑高1.5米，宽0.7米，厚0.32米。明洪武二十四年（1391）仲秋立。额书"卫辉府汲县"5字，楷书15行，行字不等。记载明初由山西泽州建兴乡大阳都迁至汲县双兰屯共112户，由里长郭全率领，编为十甲，每甲11户，并设甲首，双兰屯亦因里长郭全改名为"郭全屯"。

郭氏墓志碑：位于浚县善堂镇郭小寨村。卧碑，长1.05米，宽0.78米，厚0.2米。清乾隆五年（1740）立。碑文记述郭氏祖籍山西平阳府洪洞县，自明太祖登乾位，因洪洞地狭人众，颁旨迁民，迁至滑县，谨卜城北十里小寨居住事。

[其他遗存]

观星台：位于登封市东南13千米处告成镇。为我国古代著名天文学家郭守敬所建，由台身与石圭、表槽组成。台身上小下大，形似覆斗。台面呈方形，用水磨砖砌造。台高9.46米，连台顶小屋通高12.62米。台下边宽16米多，上边约为下边一半。在台身北面，设有两个对称的出入口，筑有砖石踏道和梯栏，盘旋簇拥台体，使整个建筑布局显得庄严巍峨。台顶各边有明显收缩，并砌有矮墙，台顶两端小屋中间，由台底到台顶，有凹槽的"高表"。在凹槽正北是36块青石平铺的石圭。石圭通长31.19米。观星台是世界上现存最古老的天文台,为全国重点文物保护单位。

【人物名录】

西汉有郭解(济源)。东汉有郭丹(邓州),郭贺(洛阳),郭弘、郭躬、郭镇、郭嘉、郭图(均禹州)。西晋有郭默(开封)、郭象(洛阳)。东晋有郭默(武陟)。唐朝有郭孝恪(禹州)。五代有郭忠恕(洛阳)。北宋有郭贽(睢县),郭天信、郭遵、郭稹、郭载、郭天信、郭逢原(均开封),郭逵、郭忠孝(均洛阳),郭熙、郭思(均温县)。南宋有郭倪(开封)、郭雍(洛阳)。元朝有郭昂(林州)、郭菩萨(息县)。明朝有郭济(太康),郭维藩(兰考),郭凤仪(开封),郭朴(安阳),郭浣、郭湜(均新乡),郭显忠(太康)。清朝有郭万国(许昌),郭一鹗(洛阳),郭文华(登封),郭岱之(舞阳),郭遇锦、郭文贞、郭爽(均新乡),郭程先(辉县),郭鉴庚(信阳),郭云升(滑县)。

18. 何

【姓氏源流】

何氏的起源有两支,最为重要也是最为族人认可的一支出自姬姓,为周文王之后,源于河南。西周初年,周成王姬诵封他的弟弟叔虞在唐,史称唐叔虞。唐叔虞是晋国的开国君主,他的十一世孙万,被封在韩(都阳翟,今河南禹州,后迁新郑),人称韩武子。其裔孙韩王安为秦所灭,子孙避难逃亡到江淮一带,当地人因"韩""何"音不分,后误写为"何",子孙沿用,遂为何氏。

西汉时期，主要在今河南、安徽、山东、四川、陕西等地发展。魏晋以后，繁衍中心南移，逐渐形成庐江、东海等郡望。唐代以来，何氏族人不断迁徙，广东、湖北、江苏、湖南、福建等省都有了何姓族人的足迹。在当今中国姓氏中，何氏依人口数量排在第18位，现已分布于全国各地，以四川、广东、湖南为多。

【祖源遗存】

郑韩故城：是春秋时期郑国和战国时期韩国先后建都所遗存的城址，位于新郑市城关附近的双洎河与黄水河交汇处，是郑姓重要的发祥地之一。1960年以来文物工作者对城址进行了勘探和发掘。城址为不规则长方形，城垣用黄土夯建而成，最高处16米，残高10米左右，城基宽40~60米。城墙下部为春秋夯土层，上部为战国夯土层。城址东西长约5000米，南北长约4500米，周长约19000米。中间有一道南北隔墙，把城分为东城和西城两部分。西城北墙长约2400米，东墙长约4300米，大部分墙基埋于地下，南墙和西墙有一部分墙基没有找到。东城北墙长约1800米，东墙长约5100米，南墙长约2900米。西城内西北部有一小城为宫城。宫城东西长500米，南北宽320米，为郑、韩两国的宫殿区。宫城的西北部发掘出一座长方形竖井地下室，南北长约9米，东西宽约3米，室内有5眼水井，用陶井圈筑成。室内和井中出土有牛、羊、猪、鸡等动物残骨和陶器。故城遗址中文化遗存非常丰富，在东西两城的西南部发现了氏族墓地，出土了大量的青铜器、玉器、陶器等遗物。2002年还发现了郑国公族墓地，其中包括18座春秋时期郑国贵族陪葬车马坑、3000多座墓葬，埋葬有多位郑国国君，属郑国王陵遗址。东城内有各种手工业作坊遗址，面积达10万多平方米，出土了熔铁炉和铁器、陶范等，另有多处窑遗址，陶器、玉器作坊遗址。东城西南部有制铁遗址，西北部有制造骨器的作坊遗址，出土了大量的骨器。郑国在郑韩故城传二十三世，历时391年，于公元前357年被韩国所灭。韩国在此地传八世，历时145年，秦始皇十七年（前230）被秦国所灭。郑韩故城沿用500多年，是中国古代著名的都城。

【相关资源】

[故里故居]

何瑭故居遗址：位于沁阳市塔寺前街，现沁阳市第一中学东院，原为何瑭居住之所，后其裔孙将其改建为何文定公祠。毁于清末。何瑭（1474—1543），明代河内（今河南沁阳市）人。弘治间进士，官至南京右都御史，卒赠礼部尚书，谥文定。著有《阴阳管见》《柏斋集》。

何家院：位于栾川县潭头镇古城村。相传明代临汝有何姓商人在潭头经商发财而建此宅院。四合院为清代建筑，现存下房、东西厢房、正房。均为硬山灰瓦顶，有脊兽，房前带廊。

[墓葬陵园]

何景明墓：位于信阳师范学院院内。墓地原翁仲布道，牌坊比立，碑碣通衢，封冢高大，后遭破坏。墓室早年被盗，冢前仅存断石残碑。信阳师范学院重修了墓园，新立高3米的墓碑1通，上书"何景明之墓"。何景明（1483—1521），字仲默，号大复山人，明代信阳人。明代文学家。弘治进士，官至陕西提学副使。著有《大复集》。

何瑭墓：位于沁阳市南关。墓地原面积1700平方米，现封土高2.5米，面积仅30多平方米，神道石雕早废，现仅存神道碑1通埋入土中。

何岩墓：位于扶沟县吕潭乡前何村南。墓已为平地，墓前尚存石碑1通。圆首，高1.87米，宽0.72米，厚0.17米，上刻"明中宪大夫陕西庆阳府知府何公东村之墓"。何岩，字邦镇，号东村，明代扶沟人。正德丁丑（1517）进士，授户部浙江主事，晋升员外郎。

何廷保墓：位于虞城县城郊乡何楼村西。墓冢高1.5米，周长22米，现有清嘉庆年间立碑1通。何廷保，清代大学士。

何寨明墓：位于淮滨县张里乡后何寨村。又称"何大老坟"，为当地何氏祖茔。面积约250平方米，冢高5米。1957年被盗，为砖室墓，出有陶、瓷器。

[祠堂寺庙]

何氏祠堂：位于濮阳县清河头乡前刘贯寨村。为清代当地乡绅何家祠堂，由大门、左右厢房、上房组成四合院式建筑。均为硬山灰瓦顶，有脊饰。大门檐下有砖雕装饰。

何氏祠堂：位于西华县奉母镇七里仓村。清代建筑，四合院式布局，现存房屋30余间，硬山灰瓦顶，脊饰有多种动物图案。

[碑碣刻石]

何氏家族碑：位于扶沟县吕潭乡前何村。碑高1.63米，宽0.68米，厚0.16米。明正德六年（1511）立，圆首，记述何岩及其先祖宅居于邑东北尚村岗，至何岩进士及第，作此文以示纪念。

何洪德行碑：位于扶沟县吕潭乡吕潭集。碑一半淤于地下。露出地面部分高1.73米，宽0.85米，厚0.23米。明嘉靖七年（1528）立。碑文柳体楷书，字寸半见方，额题"敕命之宝"。记述户部浙江清吏司主事何岩之父何洪及其母之德行。

【人物名录】

东汉有何进、何苗、何皇后（均南阳）。三国有何夔（太康）、何晏（南阳）。西晋有何曾、何劭（均太康）。北宋有何继筠、何承矩（均洛阳），何中立（长葛），何灌（开封）。明朝有何德（潢川），何钧、何浚（均灵宝），何景明（信阳），何瑭（沁阳），何洛文、何弈家（均信阳）。清朝有何达善（济源）、何之璞（扶沟）、何昱（南阳）、何家琪（封丘）。

19. 高

【姓氏源流】

高氏主要有两个来源：一出自姜姓，以邑为氏。姜太公六世孙、齐文公吕赤之子受封于高邑（今河南禹州市），称公子高。公子高的孙子傒，是齐国的重要大臣，以祖父封邑为氏，称高傒，其后有高氏。二出自姜姓，以王父字为氏。春秋时齐惠公之子公子祁，字子高，其后以高为氏。

高氏的发源地虽说在今河南省禹州境内，但自春秋以后的高氏却大都出自齐鲁之地。战国或秦时，高氏已自山东迁入今河北、辽宁省境。秦汉时期高氏的足迹已经遍布于华北、陕甘宁以及中原地区。东汉末期是高姓的鼎盛时期，在山东地区形成了历史上最著名的渤海高氏。西晋时，高氏主要向北和东北迁移。南北朝时，高氏因北齐的灭亡而被迫移民陕南和西蜀。隋唐时期，高氏主要的活动地仍在长江以北，但继续向四川和江浙地区迁移。五代宋元时期，高氏大批移民于江南各地，尤其是江浙地区。明末清初高氏进入了台湾。当代高氏依人口数量已发展繁衍为中国第19大姓，其广泛分布于全国各地，主要集中于山东、安徽、江苏三省。

【祖源遗存】

姜太公故里：位于卫辉市西北13千米的太公泉村。太公泉村原名姜塬。殷末因纣王暴虐无道，姜太公遂隐居故里垂钓，太公泉发源于太行山，水流5000多米，潜流入地，称作太公河，又名磻溪钓鱼沟。在河旁台地当年姜太公垂钓处，矗立着太公塑像。紧靠钓鱼台之北有太公庙，始建于东汉永建年间（126—132），原为太公后裔汲县县令崔瑗所修，并立有太公庙碑，碑云："太公本生于汲，故居犹存。"历代续有修葺，现存之太公庙为1924年中州名儒李敏修解囊重修，占地面积1.2万平方米，建筑面积315平方米。坐北朝南，为两进院，正殿内塑有吕尚像，壁画为《太公钓鱼》和《文王拉纤》。太公庙东500米处为太公祠，大殿面阔5间，进深3间，周围古柏苍郁，碑碣林立。太公庙西南1千米处为太公墓，墓冢高大。《河南通志》载："吕尚墓，在府城（今卫辉市）西北太公泉，尚昔避纣居东海之滨，后徙渭滨，封国于齐，还葬于此。"现存清康熙二十年（1681）所立的"周姜太公茔葬处"墓碑。太公后裔姓氏众多，有姜、吕、尚、丁、卢、高、齐、崔、丘等。

禹州高邑：位于禹州市鸿畅镇东高村和西高村一带，这里以高姓的起源地、夏文化的中心腹地而著称。这里三面为沟，一面临河，易守难攻，是理想的居住之地。早年高姓起于东高村，后来逐渐繁衍壮大，遂又分衍出西高村。

【相关资源】

[故里故居]

文通故里：位于叶县城内。1979年在城内十字街口（旧县衙前）发现一块残石碑，上有"文通故里"4个字，隶书。左下落款为"□□县彭泽欧阳霜建，□□人许静题"。现存叶县文化馆。高文通，名凤，字文通，东汉南阳叶（今河南叶县）人。名儒，一生不仕，隐身垂钓，终于家。

高弟宅：位于商丘市睢阳区刘隅首西二街。建于清顺治年间。原为四合院建筑，今大门已改建。现存正房3间，左、右厢房各4间，硬山灰瓦顶，有脊饰，前出廊。高弟（1605—1673），字汉翀，明末商丘人。历任兵部尚书、辽东经略使。

[墓葬陵园]

高拱墓：位于新郑市城关乡阁老坟村北。冢高6米，周长95米，原墓前石刻已毁。高拱（1512—1578），字肃卿，明代新郑人。嘉靖进士，官至内阁首辅，卒谥文襄，有《高文襄公集》。

高魁墓：位于新郑市和庄镇河西高老庄村祖茔。墓冢高约3米，周长约30米，有石碑1通，保存完整。碑文记述为高魁墓。高魁，高拱祖父。

高怀德墓：位于巩义市南7千米芝田镇茶庄村南部。现存墓冢高2米，周长20米，墓前原有清道光元年（1821）石碑1通，上书"宋渤海郡王武穆高公墓"。该碑1982年已由巩义市文物保管所保存。高怀德（926—982），字藏用，常山真定（今属河北石家庄市）人。北宋初大将，官至殿前副都典检加驸马都尉，陪葬于永安陵和永定陵之间。

高杰墓：位于虞城县城郊乡毛堂村西。现墓冢高2米，周长15米，前立碑1通。高杰，陕西米脂人。随李自成起义，绰号翻天鹞，明崇祯八年（1635）叛变投明，官至总兵。后北上抗清，至归德，定居虞城。顺治二年（1645）被谋害。

高遐昌墓：位于淇县北阳镇十里铺村。墓冢已夷平，尚存清康熙六十一年（1722）立墓碑1通，碑高2.6米，宽0.76米，厚0.27米。碑文记载高遐昌历官及对其为官政绩的颂扬。高遐昌，清代淇县人。康熙乙卯（1676）进士，曾官入司员外郎、京畿街道事等职。

高氏祖茔：位于濮阳县五星乡高城村南。封冢已平，尚存清光绪十六年（1890）石碑1通。碑圭首，方座，高1.83米，宽0.5米，厚0.18米。碑文记载高氏系出渤海，隶籍澶渊，世居州东古颛顼城，即今高城村。另记其子孙繁衍及墓地范围。

高弟墓：位于商丘市睢阳区李口镇高坟村西南。墓葬曾遭盗掘，现存封冢呈圆丘状，高1.5米，底面周长6米。

高允善墓：位于夏邑县李集镇肖洪刘庄村东。墓冢已无存。墓前有清光绪三十年（1904）立"修职郎高允善墓"碑1通。高1.7米，宽0.62米，厚0.19米。圆首，浮雕麒麟图案，保存较好。

高亮墓：位于永城市顺和镇高双庙村东。封冢已夷平，尚存碑1通，碑高1.74米，宽0.69米。圆首。碑阳镌"先考讳亮神道"6字，下部刻家族世系及名字。碑上文字、图案尚清晰完好。

高梅阁墓：位于项城市郑郭镇李寨村西南。墓冢已近平。高梅阁，清末翰林高钊中之姑母，善诗画，有《形短集》传世。

[祠堂寺庙]

高拱祠及石坊：位于新郑市。祠在北大街，已被改建，现为城关镇小学。明代为高拱建立石坊7座，分布于城内主要街衢，工艺精湛，各具特色，"文化大革命"中全毁。

高子祠：位于辉县市东关。坐北朝南，占地738平方米。现存山门3间，东西配房各3间，硬山灰瓦顶，有脊饰；正殿1座，面阔3间，进深3间，硬山卷棚勾连搭灰瓦顶。

[碑碣刻石]

高公祠题记：位于叶县常村镇下马庄村。题记长0.66米，宽0.5米，厚0.17米。清同治八年（1869）立。内容记述高文通的高风亮节和德行。

醉翁亭记刻石：现存郑州市博物馆。宋代欧阳修撰，苏轼书，清康熙三十一年（1692）新郑高有闻刻。共24方，其中13方《醉翁亭记》，5方为苏轼记述写此文的缘由与落款。另6方为赵孟頫、宋广等人题跋。前18方每方长约0.6米，宽0.4米；后6方长0.6～0.9米，宽0.4米。宋元祐六年（1091），苏轼应开封刘季孙之请，以楷、行、草3体兼用的书体写了《醉翁亭记》。赵孟頫评其书曰"短长有度，玉环飞燕""如绵裹针，外柔内刚"，欧阳氏名篇，加之苏轼妙书，真可谓珠联璧合，堪称上品。明代时，宰相高拱得之，命鄢陵刘巡请人刻于石，置于刘氏家祠。其后苏轼所书墨迹长卷被焚，鄢陵刻石又磨损不清，高拱的后裔高有闻出其家藏旧拓命工重刻，置于高氏祠堂内。

[其他遗存]

高文通隐居处：位于叶县常村镇石门水库大坝东。碑下半截残缺，现高1.3米，宽0.8米，厚0.25米。清同治八年（1869）立。欧阳霖立碑，许静书丹。阴阳两面刻字，阳面隶书"汉高文通隐居处"，阴面记述汉代名儒高文通于此隐居、读书漂麦之事。

【人物名录】

春秋有高柴（淇县）。西汉有高遂（商丘）。东汉有高获（息县）、高凤（叶县）。三国有高柔（杞县）。西晋有高光（杞县）。唐朝有高岑（登封）、高郢（卫辉）。五代有高季兴、高从海（均陕州）。北宋有高继冲（三门峡），高頔（杞县），高志宁（洛阳），高元亨、高旦（均开封）。南宋有高洵（开封）。元朝有高鸣（安阳）、高兴（汝南）、高翼（南阳）。明朝有高鉴（太康）、高叔嗣（开封）、高拱（新郑）、高进孝（获嘉）。清朝有高弟（商丘），高遐昌（淇县），高玢（柘城），高倬（沁阳），高钊中、高钦中（均项城），高同善（卫辉），高建章（镇平）。

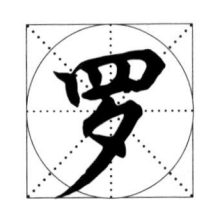

20. 罗

【姓氏源流】

罗氏出自妘姓，以国为氏。颛顼之孙祝融之后，因善于结网而罗捕飞鸟，故为罗部族。周初正式封为罗国，都城由湖北宜城、枝江迁湖南湘阴，春秋时为楚国所灭，其后裔以国为氏。

早期即活动在长江中游一带，以后还扩展到江西、两广和四川、贵州、云南等地，在今江西、湖北、湖南，即豫章、襄阳、长沙形成望族。宋明时期，已迁布大部分省区，仍以江西、湖北、湖南、安徽为密集区。在当今中国姓氏中，罗姓依人口数量排在第20位，人口广泛分布于全国各地，主要分布在四川、广东、湖南、江西、贵州和湖北等省。

【相关资源】

[墓葬陵园]

罗成墓：位于西平县环城乡罗成坟村南。墓冢上底周长37米，高3.5米，墓坑呈刀形，南北向，为竖穴土坑墓，由墓道、墓坑组成。墓东西长5.9米，宽3.4米。相传唐初统一战争中，罗成与苏定方大战于老王坡，罗成中计，马踏淤泥河被乱箭射死，人马俱亡。旧县志记载：在县城北7.5千米淤泥河南，水涨时，墓亦不能淹没，旁有马冢。罗成，隋末唐初大将。

罗彦瑰墓：位于巩义市鲁庄镇罗彦庄村东，市文物保护单位。墓冢高3米，周长20米。史书载为罗彦瑰墓，村即以墓名。罗彦瑰（925—972），并州太原（今属山西）人。北宋开国功臣。

【人物名录】

宋朝有罗存（开封）。

21. 郑

【姓氏源流】

郑氏源自姬姓，以国为氏。周宣王封其弟姬友于南郑（今陕西华县），是为桓公。西周末年，郑武公随平王东迁，在今郑州一带建立郑国，后被韩国所灭。亡国之后的郑国子孙以国为姓，是为郑氏。

先秦时期活动于中原地区，秦汉以后向今浙江、陕西、山东、湖南、湖北、四川、河北、山西、江苏、安徽等地发展，并以荥阳郑氏最为显赫。宋代以东南沿海、河南、湖北最为密集，明代以浙江、福建、江西最多。在当今中国姓氏中，郑氏依人口数量排在第21位，其广泛分布于全国各地，主要集中在浙江、福建、四川、河南等地，台湾也有较多分布。

【祖源遗存】

郑韩故城：见何姓下"郑韩故城"介绍。

郑庄公陵园：位于新密市曲梁镇王岗村东郑伯岭上，具茨、大隗二山位于其前，梅、泰二山位于其后。郑庄公陵园坐北朝南，南北长431米，东西宽123米。现存建筑为明清风格，主要建筑有山门、阁楼、牌坊、祭坛、大殿、陵墓区、始祖塔等。墓高10米，周长125米。墓前有碑刻。郑庄公，郑武公子，因平其弟共叔段叛乱，向外伐齐败周胜北戎，有"郑庄小霸"之称。

京襄城：位于荥阳市东南约10千米的王寨。京襄城原名京邑，在郑国建国以前的东虢时期就已经成为重镇。郑国东迁以后，京邑依旧是大都会，时人甚至有"京大于国"的说法。郑庄公将京邑封给弟弟叔段，叔段据此发动叛乱。后叔段流放到共，而庄公的母亲也涉嫌叛乱被流放到城颍。后庄公后悔，"掘地及泉"与母相见，奉母如当初。其后"叔带之乱"，周襄王避乱于京城，所以京城又称为"襄城"，历史上京城还被称为"古京城""叔段城"，合称"京襄城"。京城城址呈南北长方形，南北长1722米，东西宽1418米，周长6300米。今存旧城墙8段，长1000多米，其中东南一段长60

⊙荥阳京城古城址

多米，高约10米，东北城角长200余米，高约6米，墙基宽约25米。城墙土质非常坚硬，夯层十分清晰。南墙与东墙外有深沟。城内地面上广泛散布着春秋至汉代的陶片等遗物，城外四周也发现大量的空心砖墓，1979年城内还出土了两枚汉代金饼，重约50克。京襄城是郑、洪、龚、段等姓的祖根地之一。

【相关资源】

[墓葬陵园]

郑群墓：位于荥阳市广武镇桃花峪村。墓冢已经夷平，发现有石墓门，传说为郑群墓。郑群，唐代荥阳人。曾任监察御史。

郑元和墓：位于武陟县大虹桥乡原和村。墓冢为圆形，直径40米，占地1400平方米，因沁河决口将墓冢淤平。郑元和，陕西汧水一带人。曾中状元，卒后葬于此。

郑公墓：位于温县城关镇前上作村。墓冢已经夷平，现存清康熙四十一年（1702）神道碑，碑高3米，宽1米，碑文为"皇清赠修职郎甘肃巩昌府经历郑公神道"，被称为"指路碑"。墓主身份不详。

[祠堂寺庙]

郑氏祠堂：位于安阳县洪河屯乡大正村。始建于明代，清代重修。现存山门3间，照壁，拜殿3间，享堂3间，均硬山灰瓦顶，有祭台。祠堂内有清代重修碑3通，记述郑氏明代从山西迁至河北邢台，后又迁至安阳的经过，另有家世谱系，有一定的历史价值。

郑公祠：位于汤阴县瓦岗乡郑家屯村。面积285平方米，现存影壁、大门、正殿、东西厢房，均为硬山灰瓦顶，保护尚好，祠堂内有表彰郑公的"圣旨"碑。郑公即郑贵，为明成化年间汤阴大户，灾害之年曾两次放粮救灾，被封为"义民使"，后人为表示纪念而建祠堂。

[碑碣刻石]

郑氏石坊：位于巩义市站街镇仓西村。清道光二十九年

（1849）旌表郑氏节孝奉圣旨而建。四柱三间三楼式石坊。屋檐下设置斗拱，雕二十四孝图等图案花纹。

【人物名录】

战国有郑国（新郑）。西汉有郑当时（淮阳）。东汉有郑兴、郑众、郑太（均开封），郑众、郑安世（均平顶山），郑敬（平舆）。三国有郑浑（开封）。西晋有郑袤、郑冲（均开封）。南北朝有郑鲜之、郑羲、郑绍叔、郑懿、郑道昭、郑俨、郑伯猷、郑述祖、郑孝穆、郑伟、郑元礼（均开封）。隋朝有郑译、郑子翻（均开封）。唐朝有郑善果、郑元璹、郑世翼、郑钦说、郑蜀宾、郑亚、郑潜曜、郑昈、郑虔、郑颢、郑肃、郑云逵、郑珣瑜、郑还古、郑浣、郑覃、郑郎、郑准、郑权、郑仁表、郑畋、郑处海、郑从谠、郑綮、郑絪、郑常（均荥阳），郑惟忠（商丘），郑回（安阳），郑繇（郑州）。五代有郑璠（汝南），郑遨（滑县），郑韬光（孟津）。北宋有郑希甫（荥阳），郑骧（洛阳），郑向、郑皇后、郑居中、郑坤（均开封），郑雍（睢县）。南宋有郑景纯、郑兴裔、郑闻（均开封），郑惇方（荥阳）。元朝有郑廷玉（安阳）、郑汝翼（洛阳）。明朝有郑镒（开封）、郑二阳（鄢陵）。清朝有郑谦（温县）。

22. 梁

【姓氏源流】

梁氏有两个来源：一源自嬴姓，以国为氏。伯益之后非子为周孝王养马有功，封于秦，史称秦嬴，为秦国开国之祖。非子曾孙秦仲及其五子讨伐西戎有功，秦仲的小儿子康被封在夏阳梁山（今陕西韩城南），建立梁国。春秋时梁国为秦所灭，其子孙以国为氏，称梁氏。二源自姬姓，以国为氏。周平王之子唐受封于南梁，地在今汝州西，后被楚所灭，其子孙以邑为氏，亦为梁氏。

秦汉时主要分布在河南、陕西、河北、山西、山东、江苏等地，并在安定、扶风、天水、河南等地形成望族。西晋末已南下福建、广东。宋代，河南、山东、广东、湖南、陕西、福建、浙江等地梁氏族人较为集中。明清时期，梁氏已遍布全国，且以广东、福建、浙江为主要聚居地。在当今中国姓氏中，梁氏依人口数量排在第22位，其已分布于全国各地，尤以广东、广西、四川、山东、湖北为多。

【祖源遗存】

南梁故城：位于汝州市杨楼镇樊古城、古城、杨古城村一带。城址平面呈长方形，据文献记载为战国时南梁城址。

【相关资源】

[墓葬陵园]

梁文贞墓：位于灵宝市西阎乡杨家湾村东北。占地面积135平方米，墓冢高2.5米。有梁文贞墓碑1通，唐开元初立，已残损。墓旁原梁子庙毁于兵燹。梁文贞，虢州阌乡（今河南灵宝市）人。唐孝子，记载其曾穿圹为门，为亲守墓三十年。

梁用墓：位于南乐县千口镇东梁村南。墓封冢已夷平，现存清乾隆三十六年（1771）立墓碑1通，碑高1.52米，宽0.56米，厚0.28米，碑文记载梁氏先祖于明代永乐年间自山西洪洞县迁于此地的经过。梁用，明崇祯年间大理寺卿梁天奇之祖父。

梁天奇墓：位于南乐县千口镇西梁村东。梁天奇（1572—1636），明代南乐人。崇祯年间官大理寺卿。其墓俗称"御史坟"，早年被盗，墓志存东梁村梁家祠堂中。墓前神道留有石刻数件。

明梁将军墓：位于信阳市浉河区十三里桥乡十三里桥村。据记载为明镇远将军梁淳庵墓。早年被破坏，墓碑已失。现冢高3米，占地面积约146平方米，前有两棵古柏。梁淳庵，福建章州人。康熙初任信阳卫指挥。

[祠堂寺庙]

梁家祠堂：位于南乐县千口镇东梁村西。始建于乾隆四十年（1775），清晚期重修。占地面积70平方米，面阔3间，进深2间，硬山灰瓦顶。祠内有清代残碑1通。

梁氏宗祠：位于修武县城关镇小韩村。清代建筑。大门已改建，现存正房1座，面阔5间，进深3间，硬山灰瓦顶，有脊饰，檐下额枋雕花卉等纹饰。

[碑碣刻石]

梁氏世系碑：位于永城市顺和镇梁庄村。碑高2.13米，宽0.7米。清乾隆年间立，圆首，碑首及碑身边框饰花卉、云纹图案。碑身刻"梁氏先茔"4字及世系人名。

【人物名录】

三国有梁习（柘城）。唐朝有梁肃（嵩县）。宋朝有梁周翰（郑州）、梁忠信（开封）。元朝有梁琮、梁贞（均安阳）。明朝有梁铭、梁瑶（均汝南），梁震（新野），梁问孟（新乡），梁廷栋、梁熙（均鄢陵）。清朝有梁云构（兰考），梁建、梁群英（均鹿邑），梁琦（孟津），梁熙（鄢陵），梁凤诰（宜阳）。

23. 谢

【姓氏源流】

黄帝后裔在今河南唐河、南阳一带建立谢国，西周后期被灭，子孙以国为氏，形成第一批谢姓人。谢国灭亡之后，周宣王将其舅父申伯封于谢地，建立姜姓谢国，后被楚国所亡，子孙亦以"谢"为氏。

先秦时期活动于豫西南淮河上游，汉代以前已经远迁山东、湖北、湖南、四川等地，汉唐发展到江西、四川、云南以及东南地区。东晋南朝时为"高门世族"，并在陈留、陈郡、下邳、会稽等地形成望族，宋明以来已经分布于全国各地。在当今中国姓氏中，谢氏依人口数量排在第23位，人口广泛分布于全国各地，尤其以广东、江西、四川、湖南等地为多。

【祖源遗存】

谢国故城：位于今南阳市东北部古宛城旧址上。谢国地域在今唐河、南阳、新野。欧阳修的《谢绛墓志》中说谢国"在南阳宛"，王符《潜夫论》中记载"故谢邑改封为申后，其城在南阳宛北序山之下"。申国占据谢邑后，谢将都城迁至今新野与唐河交界处的棘阳城。

【相关资源】

[故里故居]

谢灵运故里：位于太康县城东南22千米处的槐寺村，现存建筑不多。谢灵运（385—433），陈郡阳夏（今河南太康县）人。南朝宋诗人，"阳夏六谢"中的代表人物。

谢氏民宅：位于嵩县旧县镇谢庄村，为清代建筑。现存门楼2座，上房9间，下房6间，西厢房12间，占地面积370平方米。上房悬山灰瓦顶，有屋脊装饰。

[祠堂寺庙]

谢公祠：位于林州市合涧镇南庵沟村。始建于乾隆年间。现存建筑硬山顶带瓦廊，正房5间，内存有明清碑刻12通，其中以谢思聪所建渠道大字碑为最早。其他碑刻大多是后人颂扬谢思聪惠政而为的。谢思聪，滋阳（今河北行唐县）人。万历年间任明代林县知县。

谢氏祠堂：位于商丘市睢阳区郭村镇谢寨村，为纪念谢世堂而建。谢世堂，又名谢鹏翰，字荫南，同盟会会员。曾任第一届国民参议会参议员、大元帅府谘议。祠堂前有其子谢中僚撰写的石碑1通，介绍谢世堂生平。现存建筑堂屋1座，面阔3间，进深3间，硬山灰瓦顶，有屋脊装饰，四面均有明柱，其余建筑已改建。

[其他遗存]

谢公渠：位于林州市合涧镇洪谷山景区内。明万历二十四年（1596）由知县谢思聪主持兴建。渠首自洪谷山起，流经杨家庄、椒园、小付街、青林、圪道、拐头山、木纂、豆家庄、北山、马军池，到达辛安村池内，全长9千米，渠宽0.4米，可供沿渠40个村庄人畜用水，还可浇灌田地。清乾隆五十年（1785），沿渠村民在渠首洪谷山修建"谢公祠"，纪念谢思聪主持修渠事迹。20世纪90年代后期，合涧镇将洪谷山开辟为风景区，洪谷渠和谢公祠经修复后成为洪谷山景区主要景点之一。

【人物名录】

西汉有谢躬（南阳）。东汉有谢弼（濮阳）、谢甄（郾城）。东晋有谢鲲、谢安、谢石、谢玄、谢道韫、谢琨、谢景仁（均太康）。南北朝有谢瞻、谢晦、谢方明、谢弘微、谢灵运、谢惠连、谢述、谢庄、谢综、谢稚、谢超宗、谢朓、谢瀹、谢朏、谢征、谢蔺、谢哲、谢煆、谢贞、谢几卿（均太康）。唐朝有谢偃（浚县）。五代有谢彦章（许昌）。北宋有谢良佐（上蔡）。南宋有谢伋（上蔡）。元朝有谢让（许昌）。明朝有谢诏（沁阳）。清朝有谢杰（巩义）。

24. 宋

【姓氏源流】

宋氏出自子姓，以国为氏。周武王封商末纣王的庶兄微子启于宋国（今河南商丘市），战国时被齐、楚、魏国联军所灭，其后以"宋"为氏。

秦代时，在秦、楚等地均有宋氏足迹。汉代以后，散播于今山西、陕西、河南、江西、湖北、山东、甘肃、安徽、浙江等地。南北朝时期，在河南、弘农、京兆、扶风、敦煌、乐陵等地形成望族。唐宋时，扩展到四川、广西、湖南、福建、广东等地，北宋时主要聚集于陕西、河北、四川、河南等地，明代则集中在山东、江西、浙江等地。在当今中国姓氏中，宋氏依人口数量排在第24位，其广泛分布于全国各地，尤以山东、河南、河北、四川等地为多。

【祖源遗存】

阏伯台：位于商丘市睢阳区归德府城西南1.5千米处，是商始祖帝喾高辛氏之子阏伯埋葬地。有周长270米、高35米的夯土台，台上有大殿、厢房、禅门、钟鼓楼等古代建筑，大殿内有塑像，台前有门。所有建筑均为青砖灰瓦硬山式建筑，台前还有碑廊，记述了阏伯台的盛衰。台后有和尚塔。每年农历正月有大型的古庙会，游人达数万之众，谓之"朝台"。经考古专家、天文学家论证，它是我国现存最早的天文台之一。上古时，帝喾之子契在此为火正，一是管理火种，二是祭祀火星并观察火星的运行，以便及时地告知人们防灾避祸并适时播种收割。由于太岁星在卯时出现叫"单阏"，在甲年出现叫"阏逢"，久而久之，观察火星与太岁星的火正契就被称为"阏伯"。契卒后，人们就在他生前观察火星的高地上葬之，后人称之为阏伯台、火星台或火神台。

微子墓：位于商丘市睢阳区路河镇西南12千米处的青岗寺。占地1200平方米，墓冢高大，庄严肃穆。墓地原建有庙宇，后废，墓冢亦渐成平地，仅存明万历四十年（1612）归德知府郑三俊所立石碑1通。墓碑高约3米，宽1米，石碑正中刻有"殷微子之墓"5个楷书大字，虽历经数百年风雨剥蚀，碑文仍清晰可辨。近年来，随着寻根朝觐、归乡祭祖旅游活动的兴起，前来微子墓祭祀观光的人越来越多，微子墓也得到了进一步开发和保护。1980年以来在墓地堆新冢，并修建碑楼，新筑仿古陵墙200余米，陵门一座。2000年，印度尼西亚著名企业家宋良浩先生捐资300余万元，重建微子祠。微子祠由大殿主体区、墓葬园林区、古四合院区三部分组成。祠堂门柱上刻楹联"微子史长传，仁在殷商德在宋；祠堂春永驻，花常鲜艳柏常青"。

宋国故城：位于商丘市睢阳区归德府城西南隅，是周初宋国都城遗址，也是我国历史上商周时期的政治、经济、文化中心之一。因黄河多次泛滥成灾，城垣大部分掩埋在黄土之下，周代宋城、秦汉睢阳城、明弘治十六年（1503）归德府旧城和明正德十六年（1521）现归德府城等数座城互相叠压着。城市布局不太明晰。只有西墙的大部分及南墙和北墙的西段保存较好，城墙顶部距地表最浅处1米左右。城址平面呈长方形，东墙长2900米，南墙长3550米，西墙长3010米，北墙长3252米，周长1万米，总面积10.2平方千米，出土有战国陶豆、绳纹瓦片等。宋国故城城外有郭，内有城。《左传·隐公五年》记载："郑人以王师会之。伐宋，入其郭。"宋城每面3门，共有12门。见诸文献记载的，南垣有南门、演门、崇门等，北垣有北门、桐门、蒙门，东垣有东门、阳门、泽门，西垣有西门、鲁门、桑林门。城内宫城称为公宫，其内有朝宫、沃宫、少寝、东宫等，宫城之左右分别设置有大庙、亳社等。宫城南垣设门，叫卢门。宫城之外有武宫，为阅兵场所。宫城之北设市，四周围以墙垣，南面有门，有市吏进行管理。城内工商业发达，制玉、制药者散居在巷道间，是当时一座著名的大都会。

三陵台：位于商丘市商丘古城西北9千米处。史载为西周宋国戴、武、宣三公的3座陵墓，故称三陵台。西汉时，汉高祖刘邦之孙梁孝王刘武在此大兴土木筑梁园，至今陵上仍有离宫遗存的瓦片。神道两侧白杨古柏参天，碑楼林立，庄严肃穆。陵前有宋氏家祠、谕祭谕葬碑、石牌坊等，还有石人、石马、石羊等栩栩如生的石像。清初著名诗人、"雪苑六子"之一的贾开宗曾多次游三陵台，并写下了一首脍炙人口的《咏三陵台》诗："三陵孤峙宋城隈，古木蒙茸一径开。乱窟深回藏虎豹，悬崖陡峭长莓苔。宋襄统系思遗冢，梁孝繁华想废台。每伴田塍寻胜事，披蓑戴笠雨中来。"近年来，当地政府投资建造了仿古大门，新修了院墙，重立了三公陵碑，对古柏进行了拯救性保护，新栽了果树、花木，还新修了一条宽9米，从市区直通三陵台的公路。三陵台吸引了越来越多三公后人前来拜谒。

葵丘会盟台：位于民权县城东北20千米的黄河故道北岸。台高3米，面积约300平方米。春秋鲁僖公九年（前651），鲁僖公、齐桓公与周公、宋子、卫侯、郑伯、许男、曹伯夏秋两次会盟于此。宋子（？—前637），即宋襄公，名兹父，宋国国君（前650—前637年在位）。

【相关资源】

[故里故居]

宋讷故里：位于滑县牛屯镇南宋林村，村中有宋讷祠堂及族谱。宋讷祠堂坐北朝南，现存门楼1间，祠堂3间，碑刻数通。祠堂内供有宋讷等人的塑像，并挂有宋讷及洪武、建文、永乐诸皇帝的画像，画面上有明代画家苏伯衡亲笔题的《画像赞》。宋讷（1311—1396），字仲敏，号西隐，滑州白马（今河南滑县）人。明初教育家，元（后）至元庚辰（1340）科进士，官盐山尹，明初为国子监祭酒，著有《西隐集》传世。

白云茅屋：又称茅屋白云，位于滑县旧城南门外约1千米处的瓠子堤上。元末，宋讷辞去盐山县尹后，曾在此筑草堂隐居，潜心著述《西隐集》。白云茅屋曾被列为"滑县十二景"之一，现仅存遗址。

宋礼故里：位于洛宁县城北20千米东宋镇马村。村内有宋氏草堂3间。宋礼（1360—1424），字大本，明代洛宁人。历任山西检察使、工部尚书，治理惠通河有功，加封宁漕公。

宋家老宅：位于商丘市睢阳区西马道南二街东。建于清顺治年间。现存三进院落，大门、倒座、前室、过厅、后房及左右厢房共计36间，均为硬山灰瓦顶，有脊饰，前檐多出廊。

宋权宅：位于商丘市睢阳区中山西三街。建于清初，为两进院落，占地近1000平方米。现存大门、过厅、正房、厢房，均为硬山灰瓦顶，有脊饰，前出廊，过厅、正房前檐下有木雕装饰。宋权（1598—1652），字雨恭。明天启年间进士，官山西阳曲县令，清顺治三年（1646）迁国史院大学士。

宋家东宅：位于商丘市睢阳区叶隅首东一街。建于清同治年间。现存门楼1间，正房1座，面阔3间，进深2间，硬山灰瓦顶，有脊饰，前出廊。左右硬山顶厢房各3间。

宋荦故居：位于商丘市睢阳区红阁南街。建于康熙年间，现存过厅、正房、东西廊房，均为硬山灰瓦顶，有脊饰，前出廊，有木雕装饰。大门已改建。宋荦（1634—1714），字牧仲，号漫堂。清初著名文学家，与侯方域等人并称"雪苑六子"，官至吏部尚书。

宋宅：位于商丘市睢阳区市场街。建于清同治年间。现存正房、厢房等建筑，均为硬山灰瓦顶，有脊饰，前出廊，正房前檐下有木雕装饰。大门已改建。

宋家后宅：位于商丘市睢阳区中山西一街。建于清同治年间。原为两进院落，今大门与前院厢房已改建，现存过厅、正房、厢房等建筑，硬山灰瓦顶，有脊饰。过厅、正房檐下有木雕装饰，并施彩绘。

宋华亭宅：位于商丘市睢阳区中山南一街。建于清光绪年间。现有前厅、过厅、正房、后堂、厢房等16座建筑，组成四进院落。

硬山灰瓦顶，多座厅堂檐下有木雕装饰。宋华亭，当地富商财主。

[墓葬陵园]

宋义墓：位于内黄县楚旺镇楚旺集西街。墓冢较残破，高近2米，占地100平方米，原有清代墓碑，毁于1958年。宋义，秦末农民起义将领之一，曾在此抵对抗将章邯，因作战不力，为项羽所杀，葬于此。

宋循墓：位于安阳县安丰乡北丰村西。墓为砖室墓，墓室长3.3米，宽3米。1971年发掘，墓葬形制为单室土洞墓，平面呈铲形，墓道呈斜坡状，位于墓室的南壁中部，墓室平面呈圆角长方形，棺床砌于墓室偏西处，其上有人骨架一具。随葬品有瓷器5件，器型有四系罐、单耳瓶和八盅盘；陶俑24件，分为武士俑、套衣俑、侍俑、女俑、骆驼和狗等6类；陶器2件，分别为陶缸和陶罐；墓志1合，边长38厘米，厚6.5厘米，志盖篆书"宋君墓铭"4字，志文正书，题"隋故骠骑将军遂州使君宋君墓志铭"。宋循（499—589），广平平恩（今河北曲周县东南）人。任隋骠骑将军、遂州刺史。

宋宝墓：位于清丰县阳邵乡阳邵集南。墓冢高2米余，占地面积约126平方米。墓前石刻群已埋入地下。地面现存元延祐二年（1315）所立碑1通。宋宝，元皇庆年间任朝列大夫骑都尉，在战乱中曾扶危济贫、收养孤儿。

宋讷家族墓：位于滑县牛屯镇南宋林村西。宋讷之父宋崇禄为元礼部尚书，其兄、其子、其孙俱为官，均葬于此，俗称"阁老坟"。"文化大革命"时墓前石像生、石牌坊被毁，冢多推平，只有延祐五年（1318）、至正二年（1342）、洪武二十三年（1390）等元代3通、明代1通墓碑幸存。

宋纁墓：位于商丘市睢阳区归德府城西11千米处宋大庄村北。宋纁墓坐落在三陵台中峰的南面。墓高3米，周长20米，上尖下圆，保存完好。墓南有长200米的神道，现存石人、石马、石坊和御祭石碑等，墓周有翠柏200余株。宋纁（1522—1591），字伯敬，号栗庵，归德（今河南商丘市）人。嘉靖进士，历任御史、巡按、户部左侍郎、吏部尚书等。宋纁生性刚直，为官清正，受到时人的好评。著有《四礼》《商丘旧志》。

宋庄明墓：位于商水县张庄乡宋庄村南。俗称"三姓坟"，占地面积近300平方米。有土冢3座，高近2米。墓前原有墓碑，记述董、宋、张三姓兄弟明代由山西洪洞县迁民到此，卒后葬在一起。

宋礼墓：位于洛宁县东宋镇西坞村北。冢高3.5米，周长43米。这里山林茂密，景色清幽。1975年当地农民从墓洞取出志石一方，现存马村宋氏家庙。墓前有明永乐二十二年（1424）刻立石碑1通，高2米。碑文记述了宋礼身世、历官和事迹。

宋权墓：位于商丘市睢阳区坞墙镇宋庄西。《商丘县志》载，宋权墓在城西约1千米阏伯台后。墓冢被夷平，现存石狮子等残石刻数件。

宋四阳墓：位于平舆县老王岗乡王庄村。墓封冢已夷平，尚存清代墓碑1通。碑高1.5米，宽0.75米，厚0.1米。立碑年号不详。碑文言及清朝腐败、卖官鬻爵事。宋四阳，清代进士。

宋天禄墓：位于新乡市凤泉区潞王坟乡前郭柳村东南宋家坟。墓冢近平，尚存清光绪二年（1876）立墓碑1通，碑文记载了宋天禄身世及其二子所历官职等。宋天禄，清代处士。

[祠堂寺庙]

宋氏宗祠：位于沁阳市山王庄镇万善村。占地面积1000平方米。现有山门、耳房、过厅、廊房、正房等建筑。正房面阔3间，进深3间，悬山灰瓦顶，有脊饰，前檐额、枋有木雕装饰。其余均为硬山灰瓦顶。

宋讷祠堂：位于滑县牛屯镇东宋林村。建于明洪武年间，清代多次重修。现存门楼1座，上悬挂"宋文恪公祠"匾，内悬朱元璋书"开国明师"匾。上房1座，面阔3间，进深2间，硬山灰瓦顶，前出轩，檐下有明柱。祠堂内有清代和民国年间碑刻6通。

宋氏祠堂：位于新蔡县古吕镇。建于明嘉靖年间，清乾隆二十七年（1762）重修。为江苏溧阳宋氏明初迁蔡后，至嘉靖己未（1559）始建祠。坐西朝东。现存正房"迎晖堂"，面阔5间，进深2间，大式硬山灰瓦顶；南厢房3间，"卧隐堂"（北厢房）3间，均为单檐硬山式砖木结构建筑，今已拆除。原有"含元楼"1座，已圮，存清"重修含元楼碑记"1通。

宋氏小祠堂：位于新蔡县县城北大街。称其为"宋氏小祠堂"，以区别于古吕镇的宋氏祠堂。现存正房5间，面积80平方米，硬山灰瓦顶，保存较好。大门、厢房已改建。

[碑碣刻石]

东郡宋氏世德褒嘉之碑：位于滑县宋讷家族墓前。四方体碑，通高3.65米，每面宽0.77米，元至正二年（1342）三月立。盝顶，须弥座。碑文主要颂扬宋氏祖上之功德。

宋氏族谱碑：位于镇平县侯集镇宋营村。碑高1.44米，宽0.66米。圆首，无座，青石质。民国4年（1915）立。碑文记述明兵马指挥万户侯宋士艺生平，其中述及和宋营相邻的易营、宋庄、余河等庄名来历，有一定历史价值。

[其他遗存]

宋家旧店铺：位于商丘市睢阳区中山南二街。为宋姓富商开设的店铺，临街5间，其后为宅院，有正房、厢房。均为硬山灰瓦顶，有脊饰，并有前廊相通。

【人物名录】

战国有宋钘（商丘）。西汉有宋胜之（镇平）。东汉有宋均、宋意（均邓州）。南北朝有宋懔（邓州）。唐朝有宋之望、宋之问、宋令文（均灵宝），宋单父（洛阳）。北宋有宋偓、宋迪、宋皇后（均洛阳），宋庠、宋准、宋用臣（均开封），宋子房（荥阳），宋迪（洛阳），宋祁、宋乔年、宋位、宋玘、宋文蔚（均杞县），宋炎（陕州），宋班（郑州），宋守约（延津）。南宋有宋昭（安阳）、宋文蔚（杞县）、宋五嫂（开封）。金朝有宋可（武陟）。元朝有宋崇禄（滑县）。明朝有宋广（南阳）、宋讷（滑县）、宋纁（商丘）、宋训（新蔡）、宋礼（洛宁）、宋献策（永城）。清朝有宋权、宋炘、宋致、宋荦、宋至、宋韦金、宋吉金、宋筠、宋起、宋华金（均商丘），宋永兴（沁阳），宋元醇（鲁山），宋继郊（开封）。

25. 唐

【姓氏源流】

唐氏有两个来源：一出自祁姓，以国为氏。帝尧初居陶，后徙唐，古称陶唐氏。其裔封为唐侯，周成王灭唐，子孙遂以"唐"为氏。二出自姬姓，以国为氏。周成王灭唐，封弟叔虞于其地，叔虞裔孙燮父之后别封于唐，其后以"唐"为氏，叔虞也因此称唐叔虞。唐叔虞的子孙也有以国为氏者。

早期主要分布于魏、楚、晋、秦，即今天的河南、河北、湖北、山西、陕西等地。汉唐时扩展到山东、江苏、甘肃、江西、四川、广东、福建、湖南等地，并在晋昌、北海、鲁国、晋阳等地形成望族。宋明时期，湖南、浙江、四川、湖北、广东、广西等地唐氏人口较为集中。在当今中国姓氏中，唐氏依人口数量排在第25位，人口广泛分布于全国各地，尤以四川、湖南为多。

【人物名录】

东汉有唐羌（平舆）、唐衡（郾城）。唐朝有唐衢（荥阳）。北宋有唐广仁（内黄）。南宋有唐与之（滑县）。元朝有唐琮（淅川）。明朝有唐相（长垣）。清朝有唐巍然（睢县）。

26. 许

【姓氏源流】

许氏出自姜姓，以国为氏。尧时高洁之士许由，为避让君位而隐居于箕山（在今河南登封市），卒后亦葬于此。周初，周武王封炎帝裔孙伯夷之后文叔于许由旧地，建立许国，至战国初年为楚国所灭，子孙以国为氏。

秦汉前后，由中原外迁，并形成高阳、汝南两大望族。隋唐时期，已经远播安徽、山东、江苏、浙江、陕西、四川、湖南、云南等地。宋明时期，远居东南、西南边陲。在当今中国姓氏中，许氏依人口数量排在第26位，人口广泛分布于全国各地，尤以江苏、山东、云南、广东等地为多。

【祖源遗存】

许由冢：有两处。一处位于登封市箕山山顶东端。聚石为冢，冢呈圆状，高约5米，周长60米。南高宽，北低窄。东、南临悬崖峭壁，西北稍缓，有约300米长的石墙围护，乃许由寨，俗称"花寨"。西南墙有石券门洞，高2.5米，宽2米，深3米。司马迁在《史记》中就对箕山许由冢有所记载。晋代皇甫谧《高士传》云："（许）由殁，葬箕山之巅，亦名许由山，在阳城之南十里。尧因就封其墓，号曰箕山公神，以配食五岳，世世奉祀，至今不绝也。"《水经注·颍水》云："颍水径其县故城南……县南对箕山，山上有许由冢，尧所封也。"《说嵩·箕山》引《海内奇观》云："许由冢，岁饥，诸恶少发之，石椁发辄合。"又据"许由征君庙碑"载："箕山之巅，有高士征君许公冢焉。"另一处位于鄢陵县陈化店镇许由寨内北端中轴线上。今冢高约5米，南北长20米，东西宽约8米。明嘉靖《鄢陵县志》载"许由冢在甘罗南保"，并

⊙许由墓

将它列为古"鄢陵八景"之首。明人张琳《许由古冢》诗云:"让位唐虞圣绝伦,寓言巢许迹皆陈。箕山有墓空如釜,颍水无风净不尘。叶底绿苞仍浥露,陇头黄犊自耕春。高踪千古真堪训,后世何多受禅臣。"明人曹汴《鄢陵怀古》诗曰:"宿草尚凝如晦墓,秋风谁掩许由扉?"

许由庙:位于登封市许由寨西北600米的山坡台地上,左有虎头岩,右有馒头坡。始建年代不详,现存庙堂2所,正殿是许由庙,当地称征君庙。殿宇3间,土木结构,硬山式,小瓦覆顶,前檐2柱,殿内设施无存。右为奶奶堂2间。院内尚存松树1棵。庙内原有石碑八九通,现仅存明代傅梅所撰咏许由诗1首,残碑断碣若干。"箕山公神""许真君""九天侍中"是许由在古代被赋予的神仙名分,许由庙的烟火至今缭绕不断,每年农历六月初九(当地传说中的许由生日)的庙会依然热闹非凡。

洗耳泉:位于登封市箕山颍河边。现为长3米、宽15米、深2米的石井。相传为许由厌恶听见尧召其为九州长而至山下洗耳处。

许由寨:位于鄢陵县陈化店镇常村。现存寨墙高5米,寨门已经毁坏,其内原有许由祠,尚存"许由砦"青石匾1块。

许国故城：位于许昌市建安区张潘镇古城村东南。城址坐落于盆李和甄庄两个自然村，为西周时许国国都所在地。自西周初年文叔封许至公元前567年灵公迁叶，许国在许昌建都长达460余年，乃许姓发源地之一。民国22年（1933）《许昌县志》记载：许昌"内城为周代许国都城原址，外城乃汉献帝都许时所扩建"。内城即许国故城，平面略呈长方形，东西长约1300米，南北长约1500米，占地面积约200万平方米。在城内采集到的西周与春秋时代遗物，有带瓦钉的残板瓦、陶排水管道、铜矛、铜戈、铜镞、铜爵、铜匜、铜瓿、铜鼎、布币、玉璧等。东汉末年，曹操迎汉献帝都许，曹魏时许为五都之一，盛极一时，南北朝时毁于战火，现存城址依稀可见。

许灵公墓：位于叶县故县村古叶城东垣外500米处许岗之上。许灵公是许国的第十五世国君，也是第一位被迫从故国迁走的国君。公元前567年，"许灵公畏逼于郑，请迁于楚。辛丑，楚公子申迁许于叶"。2000年4月，许灵公墓被发现并予以发掘，墓虽被盗破坏严重，但仍然出土文物312件，其中有编钟、升鼎、钺戈、多戈戟、戈、跽坐铜人、盘龙器座等，不少铜器上带有铭文。这批铜器大都作于许国迁叶之前，多属社稷重器，为许国传世珍宝。

【相关资源】

[故里故居]

许慎故里：位于漯河市召陵区姬石镇许庄村。村中有大量与许慎相关的传说与遗迹。许慎（约58—约147），字叔重，汝南召陵（今河南漯河市召陵区）人。东汉著名的经学家、文字学家。著有《说文解字》。

二龙里：位于平舆县城内，是汉代许劭故里。故宅早已经毁坏，现存一石碑，其上刻有"二龙里"3个大字。许劭（150—195），东汉末名士，汝南平舆（今河南平舆县北）人。与其从兄许靖俱有名，被赞誉为"二龙"。

许衡故里：有两处。一处位于沁阳市西13千米处鲁村，村中原有元代刻立的"许鲁斋故里"碑，"鲁村"因为是鲁斋故里而得名。另一处位于今新郑市许岗村，村中现存清雍正二年（1724）所立"许鲁斋故里"碑1通。村西有清乾隆二年（1737）许衡十四世孙许熙等所建的"许衡祠"，祠内现存清代乾隆、咸丰、道光年间先后刻立的石碑7通。许衡祠原来规模相当宏大，现仅存2个门楼、享殿和东西配房。此外，新郑市内南大街也有一处许衡祠，系明代所建，现存明、清重修碑各1通。许衡（1209—1281），宋元之际著名政治家、理学家，祖籍今河南沁阳市，其父因战乱迁居今河南新郑。

许文正公别墅：位于沁阳市西景明村（即景贤村）。现存别墅的遗迹，在此有许衡的祀地1.9万平方米，许氏子孙世代守护着。

圭塘：位于安阳市城西，有许有壬所建的1处别墅。建于至正八年（1348），因凿池其中，形如桓圭，故名"圭塘"。园中"花竹泉石，超然林壑"，许有壬日携宾客弟子觞咏其间。今洹水公园内尚存一古代石桥名曰"圭塘"。许有壬（1287—1364），河南汤阴县人。元代大臣，历任辽州事、江南行台监察御史等职，因敢于直言而闻名。

[墓葬陵园]

许慎陵园：位于漯河市召陵区姬石镇许庄村，京珠高速、漯双公路均可到达，距漯河市5千米，是以历史文化为特色的人文景观。陵园占地8000平方米，位于许庄东头，主要景点有墓碑、许慎墓。墓冢高5米，底径16米，周长49米。墓前有清顺治十三年（1656）立重修墓道碑、康熙四十六年（1707）立汉孝廉许公之墓碑和光绪二年（1876）立"许夫子从祀文庙记碑"，以及1985年中国训诂学会和郾城县政府新立的"重修许慎墓碑记"碑。墓四周植松柏，使墓区显得清幽而恬静。

许冲墓：位于漯河市郾城区黑龙潭乡许庄村。墓冢已经毁坏，清末发现墓志铭，许氏后人拢土为墓，现墓冢高4米，周长14米。许冲，许慎次子。

许褚墓：位于武陟县龙源镇西仲许村。墓地面积650平方米，墓冢近平，地面仅存石羊3件。许褚，三国时期曹魏大将。

许远墓：位于偃师市南部西寺庄村。墓冢呈圆形，高6米，占地面积75平方米。墓前原有碑碣，现遗失。许远（709—757），盐官（今浙江海宁市西南）人。唐安史之乱时为睢阳太守，与张巡等坚守睢阳，后城陷被杀，被称为"烈丈夫"。

许衡墓：位于焦作市中站区东南1.5千米处。这里是许衡的家族墓地，规模较大，有土冢千余，许衡墓位于墓地南端，这里原来古柏参天，碑碣林立，建筑布局完整，在"文化大革命"中遭到破坏，1987年又重新修复。许衡墓坐北朝南，北为墓冢，南为神道，南北长100余米，东西宽50余米。神道南端为一六角碑亭，亭内碑刻元代圣谕《赠谥碑记》。其后两侧为二碑楼，内立"圣祖仁皇帝赞"和"高宗纯皇帝御祭文"碑。碑楼后为享堂3间，硬山卷棚式。前有月台，月台上东西两侧有元代石羊1对，享堂墙壁前后正中分别悬挂"道接程朱"和"朱子后一人"匾额。享堂后神道两侧为文武大臣石像，均残。最后为墓冢，冢高约5米，直径约12米，四周以青石垒砌。冢前立"元儒许文正公墓"碑1通。墓地四周散置残碑断碣，多为圣旨御祭碑，尚待修复。

⊙许衡墓

许衡祖茔：位于沁阳市西向镇鲁村。占地面积1800平方米，现茔地大部分为耕地。

许氏家族墓：位于灵宝市函谷关镇梁村。许氏为明代梁村望族，据说其先祖元代定居于此。墓地面积1800平方米，墓冢已经被雨水冲为平地。

许天颜墓：位于漯河市郾城区商桥镇大扬村。墓冢近平，尚存清代墓碑1块，上书"明七世祖江南提督许公天颜享年八十七岁之神墓"。许天颜，许慎后裔，明代景泰年间曾任江南提督。

许宗礼墓：位于长垣县卢岗乡三青观村。现墓区面积150平方米。墓冢高2米，直径3米。许宗礼，明代长垣人。万历四十年（1612）进士，初授孝义知县，历官户科给事中、太常寺少卿、都察院福建左察御史等职。

许士信墓：位于灵宝市西阎乡东吕店村。墓前神道两侧尚存石人、石马、石羊，但都埋于地下，地表尚存墓碑1块。许士信，明代当地士绅，许氏家族为当地官家大族。

许胜墓：位于邓州市文渠镇许营村。现墓冢已夷平。前尚存墓碑1通，碑高1.7米，宽0.7米。立碑年号不详。据碑文记述，许胜，字得功，号敬丹，原籍福建漳州府漳浦县人，官至天津总兵官、左都督，康熙七年（1668）奉旨屯垦于邓西黄渠，卒后葬于此。

许作梅墓：位于新乡市牧野区王村镇周村东南。墓冢高2米，墓前原来有石坊，已经毁坏。许作梅，清代新乡人。曾任工科给事中，以不避权贵、直言敢谏而著名，人称"许三本"。

[祠堂寺庙]

许慎祠：位于漯河市郾城区郾城一中院内。建于清光绪二十五年（1899），占地面积2000多平方米。祠原有门楼、过厅、享堂、东西廊房，共21间，还有影壁、照壁等。享堂上悬"五经无双"金字匾额，内供"汉太尉南阁祭酒许讳慎字叔重之位"木柱。堂内四壁装有檀木雕刻的栏板，上镌《说文解字》540部序目。祠院内有清光绪二十八年（1902）郾城县知县王凤森所立"创修许南阁祠记碑"。辛亥革命后，该祠被毁，仅存过厅5间。1985年，过厅经整修后，辟为"许慎纪念馆"。

许文正公祠：有两处。一处位于沁阳市内桥口街，原有祠面阔5间，进深2间，现仅存遗迹。另一处位于焦作市中站区李封村内，创建于元代，元、明、清历代多次扩建，坐北朝南，规模较大，原有山门、卷棚、大殿、厢房和配房等。南北长约150米，东西宽约60米，"文化大革命"中被毁。1996年，李封村村民按照原来的规模和形式，集资在原址上重新建复了卷棚和大殿。院内保存有元、明、清历代碑刻，详细记载其创修经过、规模和重修经过等内容。

许三礼祠：位于安阳市文峰区西冠带巷。建于清康熙三十四年（1695）。有正院与偏院，正院有悬山式建筑，西侧院有两座硬山式建筑，保存尚好。许三礼（1625—1691），清初安阳人。顺治十八年（1661）进士，官至兵部右侍郎。

六忠祠：见张姓下"六忠祠"介绍。

[其他遗存]

月旦坪：位于平舆县城关清河中。为一岛，占地面积6000平方米。岛上原有月旦亭，每月初一，许劭与其从兄许靖等在此纵论大事，品论乡党人物。今亭已不存。

【人物名录】

西汉有许负（温县）、许晏（开封）。东汉有许扬、许曼（均平舆），许慎（漯河），许栩、许靖、许劭、许峻（均平舆），许攸（南阳）。三国有许慈（南阳）。唐朝有许昼（商丘）。五代有许规、许逊（均南阳），许德勋（确山）。宋朝有许均、许希、许怀德（均开封），许拯、许翰（均睢县）。金朝有许国（沁阳）。元朝有许衡（焦作），许熙载、许有壬（均汤阴）。明朝有许廓（襄城），许进（灵宝），许逵（固始），许诰、许赞、许论（均灵宝）。清朝有许定国（太康），许宸（内乡），许作梅（新乡），许士正、许容（均虞城），许保清（商丘），许梦兰（鲁山）。

27. 邓

【姓氏源流】

邓氏有两个来源：一出自姒姓，以国为氏。夏禹的曾孙仲康，封自己的一个儿子在邓林（今河南邓州市一带），建立邓国，后来在商朝的时候被灭，邓国的遗民就用国名作为自己的姓氏，从此姓邓。二是出自子姓，以国为氏。商王武丁封自己的叔父于邓，建立邓国，并且赐其姓曼，因此也被称作邓曼国。邓曼国后来被楚国所灭，有些国人就用国名作为自己的姓氏，是邓氏的又一来源。

东汉初，邓氏因族人为光武帝刘秀的中兴汉室立下大功及与东汉皇室的亲戚关系，一跃而成为东汉最显赫的家族，南阳郡因此成为邓姓望郡。河南境内的陈郡也是邓姓望族所居之地。河南邓氏不断外迁，并在安定、高密、平阳、长沙形成望族。唐代，南阳邓氏分衍出的支派更多，分别居住在甘肃、山西、湖南、河南等省的一些地区。宋时，邓姓在南方已播及江西、湖北、福建、广西等地。明朝的时候，邓姓开始有人移居台湾。在当今中国姓氏中，邓氏依人口数量排在第27位，人口广泛分布于全国各地，尤以四川、广东、福建、湖南、江苏、江西、台湾等地为多。

【祖源遗存】

邓国故城：南宋罗泌的《路史》记载了两个邓国，一为夏人所建，一为商人所建。夏之邓国，《路史》云："邓，仲康子国，楚之北境，史云阻之以邓林者，今之南阳。"商灭夏后，夏人所建之邓国不知所终，至武丁时，又将其叔父曼封于此重建邓国，此邓国直至周釐王四年（前678）为楚所灭。因此，商周之邓国是在夏之邓国故土上建立起来的，其中心区域在今邓州市一带。对此，古今文献多有记载。东汉许慎《说文解字》说："邓，曼姓之国，今属南阳。"段玉裁注曰："今南阳府邓州是其地。"清代江永《春秋地理考实》亦有类似记载："邓国，今南阳府西南百二十里邓州是也。"郭沫若《两周金文辞大系图录考释》"邓公墓"条亦云："邓国故地在河南邓县。"

邓侯吾离冢：位于邓州市城区东南约3千米处的八里王村吾离冢组。吾离是邓国历史上一位有作为的国君。他在任期间，励精图治，发展农桑，鼓励冶铁铸造，"邓师铸剑"曾闻名天下，又广泛与列国建交，邓国曾一度崛起，屹立于列国之林。吾离卒后，葬于今邓州市东南吾离冢村。当地老人说，早年冢曾被盗，出土有陶鬲、陶俑等，并发现一把半截铜剑。

【相关资源】

[故里故居]

邓禹故里：位于新野县城郊乡板桥铺村。早期有木牌坊及庙宇，后毁。村周围多汉代遗存。村南有碑楼1座，内镶嵌有石碑1通。碑身高1.98米，宽0.74米。清光绪元年（1875）立，献之撰文，永书书丹，倪正鉴刻石。碑身正中竖书"汉高密侯邓元公故里"9字。碑文7行，满行25字，记述邓禹"东汉中兴，功盖诸将，始封梁侯，继封高密侯"及邓禹故里在新野东北板桥铺村之史实。邓禹（2—58），字仲华，南阳郡新野（今河南新野县）人。东汉开国勋臣。

[墓葬陵园]

邓禹墓：有两处。一处位于沁阳市王曲乡里村东南。冢现存封土高8.5米，占地面积2450平方米。墓地多次被盗，1984年曾发现有盗洞。为砖筑多室墓，墓内泥土淤积，未经清理。冢南65米处有一石辟邪，高1.15米，长1.9米，头足均残。另一处位于孟津县白鹤镇雷湾村西南。墓冢高3.5米，周长36米，传为东汉名将邓禹墓。

[祠堂寺庙]

邓家祠堂：位于商丘市睢阳区宋集镇西街。建于清光绪年间。

有门楼、正房、厢房。均为硬山灰瓦顶。门楼前檐有砖雕装饰，正房檐下有木雕装饰及木槅扇门窗。

[其他遗存]

邓禹台：位于新野县城西北10千米处的西赵庄村西。台地高阔，柳堰河环绕。传刘秀起兵，邓禹从刘秀，曾于此筑台阅兵，故名。邓禹台呈方形，占地面积1000多平方米，高约2米。明嘉靖年间，邓姓为怀念邓禹之功绩，于台上建祠堂1座。祠有碑3通，卧碑中书"养武堂"，侧竖碑2通，概述邓禹之功绩。1946年祠堂毁。台址现为耕地，稍隆起。

邓禹寨：位于禹州市神垕镇，下临半拉河。据传，邓禹为保刘秀避免被王莽追杀，选此高地建石寨，称邓禹寨，刘秀暂隐身于此。

水灌台：位于周口市区东南隅，沙河之阳。现为一高台，东西宽70米，南北长110米，高7.8米。原名观水台，大禹开通九河治理水患，曾在此筑台观水象。另据《太平寰宇记》，为三国时魏将邓艾所筑灌溉城。

【人物名录】

春秋有邓析（新郑）。东汉有邓晔（西峡），邓晨、邓禹、邓训、邓鸿、邓彪、邓绥、邓骘、邓康（均新野）。三国有邓芝、邓艾（均新野）。东晋有邓岳（淮阳）。唐朝有邓世隆（安阳）。五代有邓季筠（夏邑）。宋朝有邓洵异。清朝有邓万吉（项城）、邓楚翘（商城）。

28. 冯

【姓氏源流】

冯氏有两个来源：一出自姬姓，以邑为氏。周文王第十五子毕公高后裔毕万，西周时为晋国大夫，受封于魏。毕万的后代中有一个叫长卿的，被封在冯（今河南荥阳市广武镇一带），长卿的后代用邑名作为自己的姓氏，是为冯氏。二出自归姓，以邑为氏。春秋时期郑国大夫简子（归姓）是郑简公时的重要大臣，被封在冯，他的后代也是用封邑作为自己的姓氏，亦姓冯。

先秦时期主要在河南及周边的山西、河北、山东、陕西等地活动，并在上党、颍川、弘农、杜陵等郡形成望族。西晋末年，中原冯氏族人开始大举南迁，移居安徽、江苏、江西、浙江等地，也有一部分迁徙到了山东。东晋末年，有冯氏族人迁徙到了辽宁。唐朝末年，黄巢起义时，有冯氏族人迁居福建，到宋朝末期，又发展到了广东，清朝康熙至乾隆年间，冯氏开始进入台湾。在当今中国姓氏中，冯氏依人口数量排在第28位，主要分布于广东、河南、河北、江苏、山东和云南等地。

【祖源遗存】

冯沟城遗址：位于荥阳市冯沟村北，原有城垣遗址，面积不详，现仅存南垣残段，高约3米，有陶片等物，年代为东周至汉代时期。

郑韩故城：见何姓下"郑韩故城"介绍。

【相关资源】

[故里故居]

父城遗址：位于宝丰县城东15千米处的冯庄村北，原系春秋时楚国北方重镇。分内外二城，外城呈长方形，城垣痕迹尚隐约可见。东西长110米，南北宽500米。内城俗称紫金城，为长方形夯土台，占地面积约3.4万平方米，冯异生于此城内。冯异（？—34），字公孙，颍川父城（今河南宝丰县东，一说河南郏县南）人。东汉光武帝时封阳夏侯，有"大树将军"之称。明帝时封之为"云台二十八将"之一。

冯镐故里：位于信阳市浉河区飨堂村。与何家飨堂（何景明）相距约1千米。倚傍浉河水，背接连绵起伏的山丘，风景秀丽。冯镐（约1452—1506），信阳州（今河南信阳市浉河区）人。明代将军，官至湖广按察副使。

[墓葬陵园]

冯异墓：位于宝丰县李庄乡李庄村西南。墓冢已近平，占地面积9000余平方米，墓前原有明代碑刻"大树将军墓"1通，已毁。

冯熙墓：位于偃师市邙岭镇刘坡村南冯王山。现存冢高6米，周长80米。据唐咸通八年（867）其第十二代孙冯玄德等人为冯熙建新庙时所立"后魏昌黎冯王新庙碑"记，该墓为冯熙墓。冯熙（？—495），南北朝北燕皇室后裔，后魏时以国戚获贵，晋昌黎王。后自求做洛州刺史。

冯京墓：位于新密市曲梁镇五虎庙村南。为冯京及三位夫人的合葬墓。1981年发掘清理。墓室平面为长方形，石条砌筑。墓圹以石条隔离为四室，分葬冯京及三位夫人王氏、二富氏。每室墓顶各置墓志1合。其中冯京墓志长1.31米，宽1.29米，厚0.3米，盖盝顶，正中镶"宋故宣徽南院使太子太保致仕赠司徒谥文简冯公墓志铭"，志铭阴刻篆书，志盖阴刻四神，志石阴刻人物画像，志文53行，每行62字，彭汝励撰文，王古书丹，乔执中篆盖，志文详载冯京生平。冯京墓曾被盗多次，骨架凌乱，棺椁已朽，出土遗物有瓷碗、盘、碟、瓶、陶盆及宋代铜钱。其出土的多块墓志，可补《宋史》之缺。冯京（1021—1094），字当世，鄂州江夏（今湖北武汉市武昌区）人。宋仁宗皇祐元年（1049）状元，官至宣徽南院使、太子少师。

冯宣墓：位于新密市曲梁镇黄台村西北。据《密县志》记载：

"冯宣，元梁国公冯世昌祖，墓在县东岐固保。延祐初，曾孙都御史识烈门立神道碑，赵孟頫书。"墓冢近平，神道前的大型墓碑、石人等在"文化大革命"中被破坏，尚存部分残石。

冯镐墓：位于信阳市浉河区飨堂村。该墓因早年被盗，已清理发掘，出土有瓷碗、陶罐、金耳环、铜钱等，系冯镐夫妇合葬墓。墓前原石坊已毁，仅存两柱础，两残石马，一残石人。墓前有明弘治十年（1497）所立的青石碑，高2.4米。

[祠堂寺庙]

大树将军庙：位于西平县蔡寨乡冯张庄小学校园内。相传，冯异当年在这一带镇守鱼鳞街，施政爱民，深受拥戴。东汉永初六年（112），安帝追思"云台二十八将"的开国之功，遂下诏在此立庙纪念冯异。此庙一直保存到新中国成立前。今庙已不存，庙址尚在。

冯家祠堂：位于焦作市中站区朱村街道店后村。大门已毁。现存正房3间，东西厢房各3间，均为硬山灰筒瓦顶，有脊饰，前出廊。

冯氏宗祠：位于获嘉县冯庄镇冯庄村。建于清初。冯氏明初由山西洪洞迁此。现存戏楼、大门、穿堂过厅、正房等建筑，多为硬山灰瓦顶，其中过厅为卷棚式灰瓦顶。

[碑碣刻石]

冯玉祥施政碑：在杞县县城内孔庙西廊后墙。碑文真书阴刻，高2.15米，宽1.07米。碑文如下："我们一定要把贪官污吏、土豪劣绅扫除净尽。我们誓为人民建设极清廉的政府。我们为人民除水患、兴水利、修道路、种树木及做种种有益的事。我们要使人人均有受教育、读书识字的机会。我们训练军队的标准是为人民谋利益，我们的军队是人民的武力。"另外，在荥阳市汜水车站、巩义市站街镇、尉氏县洧川镇、孟津县老城乡、济源市区、长葛市老城镇、舞阳县城、三门峡市陕州区观音堂镇七里村、虞城县利民镇、周口市川汇区搬口街道、新安县千唐志斋博物馆等地，也均立有内容相同的"冯玉祥施政碑"。

[其他遗存]

北伐军阵亡将士墓地：位于郑州市中原区碧沙岗公园内。冯玉祥为纪念在北伐战争中殉难的所部官兵，1928年在郑州市西白沙岗购地约27万平方米，兴建了陵园。冯玉祥亲笔题写"碧沙岗"作为陵园名称。陵园最初建成时，北临郑洛大路，有3个大门，中间呈正方形，高数十米，上有平台。郑洛大路北沿有3个高大的影壁墙（已废）。陵园周围为高2米的红砖高墙，全园由北向南由中心公园、烈士祠、烈士公墓、民生公墓四部分组成。1956年郑州市人民政府将这里改建成碧沙岗公园，烈士遗骨迁至郑州烈士陵园。

阵亡将士纪念塔：位于开封市中山路南段马路中间。始建于民国17年（1928），是冯玉祥为纪念北伐战争中阵亡的将士而建。塔呈六角形，尖顶，高23.75米，底座直径3.05米，犹如一把宝剑，直刺云霄。民国23年（1934），在塔北侧建立了以张钟端为首的河南辛亥革命十一烈士墓。墓建成后，此塔更名为辛亥革命纪念塔，并将周围地带辟为墓园。1981年辛亥革命十一烈士墓迁往禹王台公园，而塔犹存。

【人物名录】

西汉有冯扬（内黄）。东汉有冯异（宝丰），冯勤（内黄），冯鲂、冯石（均唐河），冯良（南阳）。南北朝有冯亮（南阳）。唐朝有冯元淑、冯元常（均安阳）。北宋有冯吉（洛阳）、冯守信（滑县）、冯拯（孟州）。清朝有冯克善、冯端本（均开封），冯绣（淇县）。

29. 韩

【姓氏源流】

韩氏主要有三个来源，其中有两支源于河南。一出自姬姓，以邑为氏。周成王分封其弟叔虞于唐邑，因唐邑临晋水，叔虞之子燮继位以后，称为晋侯。晋穆侯之支孙毕万受封于韩原，毕万的后代就用封邑为氏，称为韩氏。二出自姬姓，以国为姓。韩国（都阳翟，今河南禹州市，后迁新郑）为战国七雄之一，开国君主是春秋时晋国大夫韩武子的后代虔。韩被秦灭后，韩国国君的后代有的就以国为姓，也为韩氏。三系鲜卑族改姓。北魏时期，孝文帝迁都洛阳，大汗氏改汉姓为韩氏。

先秦时期主要在发源地河南、山西境内繁衍生息。秦汉时期，已经播迁到江苏、浙江、四川、山东、甘肃、河北、北京及北部一些地方。魏晋时期，在颍川、南阳两地形成望族。宋代以来，韩氏已广泛分布到全国各地。在当今中国姓氏中，韩氏依人口数量排在第29位，人口广泛分布于全国各地，尤以河南、山东、江苏为多。

【祖源遗存】

郑韩故城：见何姓下"郑韩故城"介绍。
汉魏故城：见周姓下"汉魏故城"介绍。

【相关资源】

[故里故居]

韩擒虎故里：在滑县留固镇南8千米处。村中原有孚济王祠（韩擒虎庙），该祠占地面积六七千平方米，除3间正殿外，另有偏殿及配房20余间，石碑50余通。现建筑和石刻多数不存。现存正殿是

1997年重建的。院内迎大门处立1通碑刻，上书"隋上柱国韩擒虎之故里"。另在祠的南边有韩擒虎母亲之墓。韩擒虎（538—592），字子通，东垣（今河南新安县东）人。隋开国将领，封上柱国。

韩愈故里： 位于孟州市西6千米处韩庄村。村中路北，有一所坐北向南的高门楼四合院。门口有石狮、门墩各1对，院内宽敞雅致。清翰林五经博士韩九龄及后三代都住此。韩愈（768—824），河南孟州人。唐代著名文学家、思想家，贞元进士，官至吏部侍郎，位列"唐宋八大家"之首。

昼锦堂： 位于安阳市老城东南营街东段路北。北宋三朝宰相、安阳人韩琦兼任相州知州时，曾在州署后园修建一座殿堂，反"富贵不归故乡，如衣锦夜行"之意，取名"昼锦堂"，后迁东南营。昼锦堂顶覆绿色琉璃瓦，堂后为忘机楼，东有狎鸥亭，西有观鱼轩，后为书楼和康乐园。此处园林秀丽幽雅，为当时全国四大园林之一。现存大门、二门、书楼、厢房及3株古槐。昼锦堂西侧为韩琦庙，内现存昼锦堂记碑及其他碑刻20余通。

[墓葬陵园]

韩哀侯墓： 位于禹州市鸿畅镇冀村东岗。墓冢高6米，周长48米。按《禹县志》记载为韩哀侯冢，俗称韩冢或汉冢。韩哀侯，战国中期韩国国君。

韩昭侯墓： 位于宜阳县韩城乡城角村。墓冢高20米，底部为正方形，顶为圆形，面积约为2000平方米。据《通志》等文献记载为韩昭侯墓。韩昭侯（前362—前333在位），战国时期韩国国君。

韩王墓： 位于嵩县德亭镇王莽寨仰天池山下。墓冢高12米，周长约68米。据《嵩县志》载为战国韩王墓。

韩棱墓： 位于舞钢市八台镇刘沟村西老荆山东麓。墓区面积3200平方米，墓葬依山傍水。墓冢高8米，墓碑早年被毁，现仅存底座。韩棱，生卒年不详，汉章帝、和帝时官五迁，至尚书令，又任南阳太守，后为司空，卒于任。

韩擒虎墓： 有两处，一处位于新安县铁门镇庙头村。墓冢早年夷平，现存石碑1通，新安县县长曲席秉题，民国27年（1938）立。一处位于滑县赵营乡小韩村东。墓区面积100多平方米。墓冢呈椭圆形，高7米，《清一统志》云："擒虎墓在滑县东北七十里小韩村。"

韩愈墓：有两处。一处位于孟州市城西6千米处的韩庄村北半岭坡上。始建于唐敬宗宝历元年（825）。墓地处丘陵地带，墓冢高10余米，冢前建有祠堂，计有飨堂3间，门房3间。祠内共有石碑13通，记载有韩愈生平事迹等。墓前院内有古柏两株，相传为唐代栽植，有清乾隆年间孟县知县仇汝瑚碑记"唐柏双奇"，左株高16米多，树围4米；右株高13米多，树围约3.6米。另一处位于焦作市马村区安阳城街道马冯营村南。墓占地20平方米，墓冢高2米。1986年8月，韩愈后裔集资为其立碑刻石，并修建了碑楼。《修武县志》有"在青龙岭前有一冢，周围三丈许，高七八尺，后人传为韩文公墓"的记载。

韩湘墓：位于孟州市缑村镇庙底村西。墓坐北朝南，墓前新修单间享堂。墓冢呈半圆形，直径约7米，高约2.5米。冢前现保留清乾隆庚戌年秋"唐大理丞韩公湘之墓"碑1通。墓地遍植花草修竹，环境优美，四周青砖围墙。韩湘，生卒年失考，字北渚。唐长庆三年（823）进士及第，官至大理寺丞。

韩愈祖茔：位于孟州市城西6千米处的韩庄村北。陵园面积3300平方米，墓冢高10米，周长60余米，建于唐宝历元年（825）。墓前建有茔门、享堂各3间，清代碑刻10余通，多为记述韩愈的事迹及祠堂修建情况。

韩氏墓地：位于许昌县桂村乡湾王村西。据《许昌县志》记载："州西嘉禾乡灵井里北有宋韩氏八凤墓。"冀国公韩亿五子（纲、绎、维、综、缜）、三孙（宗道、宗师、宗武）皆居显官，时称韩氏八凤，卒后葬于此，八冢相连，今存二冢，墓前神道两侧有石刻群。

韩氏祖墓：位于沈丘县老城镇韩湾村南。封冢已夷平。尚存清道光二十一年（1841）韩氏十三世孙为祖父韩凤从立墓碑1通。碑高1.93米，宽0.63米，厚0.16米。碑文记述明弘治年间韩氏始祖由山东入沈邑籍的经过。

韩琦墓：位于安阳市殷都区皇甫屯村西。墓冢高3米，"文化大革命"中被破坏。墓为圆形砖石结构。《安阳县志》记载，安丰西北地有宋朝宰相魏国公韩琦之墓。

韩氏家族墓：位于焦作市中站区府城办事处北敬村西。韩氏为当地官宦世族。墓地现可辨有韩俨墓，冢高近1米，周长5米，前有"韩氏灵泉阡碑记"1通，建有碑楼。韩俨为明大学士。韩茂墓，冢高近1米，周长5米，前有墓碑，建有碑楼。据碑文记载，韩茂曾任将仕佐郎、直隶大名府开州吏目。其他墓冢多已近平。

[祠堂寺庙]

韩文公祠：有两处。一处位于沁阳市区联盟街。始建于明嘉靖九年（1530），万历十九年（1591）改建为昌黎书院，崇祯元年（1628）复立奉生祠。现存山门、拜殿、大殿各1座。山门面阔3间，进深2间，歇山灰瓦顶。拜殿面阔3间，进深2间，卷棚式灰瓦顶。大殿面阔3间，进深2间，悬山灰瓦顶。祠内有明代创修韩文公祠序及重修碑记3通。另一处位于卢氏县范里镇庙沟村西山顶处。始建年代不详。明、清多次修葺，占地面积近3000平方米。现存大门1间，戏楼3间，卷棚3间，正房面阔3间，进深2间，左右廊房各5间，硬山灰瓦顶。

韩愈文庙：位于嵩县田湖镇腾王沟村。始建于清乾隆二年（1737），嘉庆、道光年间扩建重修。现存山门、两庑耳房共16间，面积约468平方米。全部建筑均为单檐硬山灰瓦顶。另存清道光年间碑刻2通。

韩王庙：位于安阳市老城东南营街路北，昼锦堂西，为祭祀韩琦而建。始建于北宋，元大德二年（1298）重修。现有大门、二门、庙堂3间，东西厢房各3间。西厢房内存昼锦堂记碑和其他碑刻20余通。近年来，新加坡、泰国及我国港澳地区韩氏后人常来祭拜。

韩氏家宅：位于平舆县射桥镇老街。传为清代财主韩大化祖上建造，清代建筑。现存门楼、上房、东西配房。均为硬山灰瓦顶，透雕门楣。

[碑碣刻石]

韩仁铭：全称"汉循吏故闻喜长韩仁铭"。现存荥阳市文物保管所。东汉熹平四年（175）刻。碑文左侧刻有金正大五年（1228）

赵秉文和正大六年（1229）李天翼跋语及李献能题铭，详述该碑出土情况。额篆"汉循吏故闻喜长韩仁铭"10字。碑文隶书，8行，每行存18字。记述韩仁生平事迹。字体疏朗，行笔遒劲，为汉隶书体另一流派。碑额篆书，结体长短随字结构，行文茂密，和而能变，与碑文隶书同出一人之手，世称双绝。韩仁（？—前175），汉景帝时为山西闻喜地方官，有政绩，不幸早逝，河南尹为之建祠树碑，以示褒扬。以此推测，韩仁或为河南（今河南洛阳市东北）人。

"唐昌黎伯文公韩子墓道"碑：位于孟州市西虢镇落驾头村。碑高1.62米，宽0.7米，厚0.2米。圆首。上题"道光八年冬十月，翰林五经博士裔孙邑后学马士奇"，下款书"赐同进士出身，钦取二等第四名隶用知县偃师后学段圻书丹"，中刊"唐昌黎伯文公韩子墓道"。碑文记有韩愈籍贯等内容。

韩文公故里碑：位于孟州市城南关文庙前。碑高2.44米，宽0.73米，厚0.2米。圆首。上题"同治癸亥（1868）年夏"，下款"知孟县事叶世槐敬立"，中间书"韩文公故里"5个大字。

昼锦堂记碑：原碑刻立于宋治平二年（1065），已无存。今存之碑为元初至元间重刻，且久埋地下。清顺治年间在彰德府鼓楼西出土，移立于府城东南营街的韩琦祠西庑内。碑由宋邵必篆额，欧阳修撰文，蔡襄书丹，世称"三绝碑"。碑高2.73米，宽1.21米，厚0.27米，碑文18行，每行39字，碑身下部已斑驳漫漶。欧阳修所撰《昼锦堂记》乃传世之名篇。碑阴还刻有司马光撰写的《北京韩魏公祠堂记》。原碑立于北京（今河北大名县）魏公祠，元时被人移刻于此碑碑阴，其书法与碑之正面如出一人之手。

宋故魏国韩公神道碑：位于安阳市西北23千米处的水冶镇井家庄村西。碑通高5.2米，宽1.5米。螭首，龟趺。碑由吏部郎中王珪书丹，武宁章由直篆额，中书省玉册官王克明刊石。碑因石质间有梅花纹石而名"梅花碑"。

韩氏宗祠碑：位于光山县晏河乡韩畈村。碑半圆首，高1.8米，宽0.6米。刻于清嘉庆三年（1798），楷书，碑文记述韩氏族谱情况。

[其他遗存]

盘谷寺：位于济源市区北12千米处的太行山南麓盘谷口。寺以谷名。始建于北魏太和三年（479）。唐贞元十七年（801），李愿归隐盘谷，因韩愈作序送之而负盛名。寺依山而建，为典雅玲珑的四合院落，现存古建筑有接官厅、山门、大雄宝殿、钟鼓楼、东西廊房等，均系清代建筑。寺前有御碑亭，碑刻乾隆皇帝亲书的韩愈《送李愿归盘谷序》及步韩愈韵的七言诗，书法如行云流水，洒脱而凝重。西北有明初所建的四面五层密檐式舍利砖塔。东北500米高的茶壶龛上，摩崖石刻着乾隆亲书的《盘谷考证》及"名山胜迹"4个大字。寺后谷内之盘石，宜雕砚台，用其所雕之天坛砚（亦称盘砚），为我国名砚之一。

【人物名录】

战国时有韩非、韩安（均新郑）。秦有韩成（商丘）、韩信（新郑）。西汉有韩安国（民权）、韩千秋（郏县）。东汉有韩歆（南阳），韩棱、韩韶、韩演、韩融（均舞阳），韩馥（禹州），韩伯俞（商丘），韩嵩（桐柏），韩浩（武陟）。三国有韩暨（方城）。南北朝有韩延之、韩盛（均方城），韩雄（新安）。隋朝有韩擒虎、韩洪、韩僧寿（均新安）。唐朝有韩翃（南阳），韩干（开封），韩云卿（孟州），韩弘、韩充（均长垣），韩愈、韩湘（均孟州），韩思彦（南阳）。五代有韩建（许昌）。北宋有韩国华、韩琚（均安阳），韩守英、韩综（均开封），韩亿、韩缜、韩维、韩宗道、韩绛（均杞县），韩正彦、韩琦、韩忠彦（均安阳），韩璹（卫辉），韩川（陕州），韩拙（南阳），韩若拙（洛阳）。南宋有韩宗厚（许昌），韩肖胄、韩侂胄、韩皇后（均安阳），韩公裔（开封），韩元吉（杞县）。金朝有韩玉（安阳）。元朝有韩国宝（信阳），韩中、韩冲（均卫辉），韩元善（太康）。明朝有韩政（睢县）、韩镐（卢氏）、韩玉（通许）。清朝有韩应琦（唐河），韩逢吉、韩则愈、韩程愈（均鄢陵），韩存义（沈丘），韩锡献（新安），韩嘉会（灵宝）。

30. 曹

【姓氏源流】

曹氏有两个来源：一以国为氏。古帝颛顼玄孙陆终第五子安，因为帮助大禹治水有功，被封在曹。商朝初年，东迁至滑县的漕邑，盘庚迁都殷之后，曹人再次被迁往山东定陶。西周初年，周武王把曹安的后代曹挟改封在邾，建立了邾国。战国中期，邾国被楚国所灭，子孙散居各地，有的则以原国名作为姓氏，就是曹氏。二出自姬姓，以国为氏。周武王姬发把曹挟改封到了邾，同时把自己的弟弟振铎封在曹，建立曹国。战国时，曹国被宋国所灭，曹国后人用国名作为自己的姓氏，即曹姓。

先秦时期主要分布在山东和江苏一带；汉代迁至安徽、浙江、湖北等地，开始进入福建、广西；到明代，开始迁居广东；清朝雍正年间，曹姓有人开始移居台湾。在当今中国姓氏中，曹氏依人口数量排在第30位，人口广泛分布于全国各地，尤以四川、河北、河南、湖北等地为多。

【相关资源】

[故里故居]

曹瑾故里：位于沁阳市北大街中段西侧。原正院为三进院，两侧有配院。现仅存客厅1座，面阔5间，为普通外廊木楼阁式建筑。曹瑾（1784—1848），字怀璞，号定庵，河内（今河南沁阳市）人。道光十七年（1837）任台湾凤山知县，道光二十年（1840）升任淡水厅同知。他兴利除弊，养廉爱民，尤其注重海防，曾三次击退英军入侵。道光二十五年（1845），以疾乞归，道光二十九年（1849）卒。

[墓葬陵园]

高平陵：位于汝阳县内埠乡茹店村东南500米处的霸陵山下，为魏明帝曹叡陵。土冢自上而下为夯土层，呈长方形，东西长45米，南北宽37米，高15米，上方平顶。明成化和清乾隆、道光年间所修《汝阳县志》均记载魏明帝高平陵在茹店东二里许霸陵山下。

曹植墓：有两处。一处位于淮阳县王店乡张庄西北。墓地俗称思陵冢，原本有4冢，高10余米，总面积5900平方米。1976年曾挖开一冢，出土陶、铜、玉、石等器物近百件，其他保存尚好。据《河南通志》和《淮阳县志》记载为曹植墓。依其他资料考证或为衣冠冢。另一处位于通许县长智镇后七步村。墓冢高3.4米，面积480平方米，墓前原有祠，祠前立有"通许县创建陈思王陵祠记"石碑1通，高3.44米，宽0.76米，系明万历八年（1580）立。今祠毁碑存。七步村传为曹植七步成诗之处。曹植（192—232），字子建，沛国谯郡（今安徽亳州市）人。三国魏诗人，曹操子，封陈王。代表作有《洛神赋》。

曹彬墓：有两处。一处位于郑州市上街区沙固村西北。占地4700平方米，冢高10余米，墓前有清嘉庆年间石碑1通，碑载曹彬于宋咸平二年（999）卒于京师，其子璨、玮迎葬于汜水。另一处位于巩义市北山口镇北官庄村南。墓高5米，周长40米。曹彬（931—999），真定灵寿（今属河北）人。北宋开国功臣，封鲁国公。

曹铎墓：位于巩义市河洛镇鲁村西村。墓冢于1960年被平，墓前尚存1石人，露出地面1.2米。墓碑1通。曹铎，巩县（今河南巩义市）人。元时任山东道宣慰副使、雁门关三边总督等职。

曹月川墓：位于渑池县仰韶乡曹滹沱村北。墓冢长3米，宽2.5米，高约1米。存清代墓碑1通。曹月川（1376—1434），即曹端，字正夫，河南渑池县人。明初著名学者、理学家。永乐年间中举，授霍州学正，学者称月川先生，卒后迁葬故里。

曹亨墓：位于新蔡县十里铺乡曹庄东。墓封冢早已夷平，尚存神道两侧石狮4尊、石羊2尊及石供桌2张、香炉1件、烛台2件等。曹亨（1507—1588），明代新蔡人。官至南京工部尚书。

曹瑾墓：位于沁阳市区南关西侧。墓地面积900平方米，"文化大革命"中神道石刻被毁，墓冢被平。现墓冢恢复，存部分石坊构件。

[祠堂寺庙]

魏文帝庙：位于许昌县将官池镇郭集村西南。因庙建在遥观如山的高阜上，内中又有一幢高高的阁楼，所以人们都称它为"高庙"。该庙原为曹操所建曹氏家庙。魏明帝曹叡太和六年（232）四月临许昌，到庙内祭祀，把曹氏家庙改为文帝庙，以纪念开国帝王曹丕。两晋、隋唐至宋代，文帝庙几经修葺，殿宇规模越来越大，金炉香火愈烧愈旺，在许昌成为颇负盛名的"帝庙"。庙院占地6000多平方米，前有山门，中有大殿和东西厢房。该庙历史悠久，是河南省较早的文帝庙之一，虽历经修葺，却仍保留着显著的明代风格，是研究古代建筑艺术的宝贵资料。

[碑碣刻石]

三绝碑：即"受禅表"碑和"公卿将军上尊号奏"碑，位于许昌市繁城镇汉献帝庙内。"受禅表"碑高3.22米，宽1.02米，厚0.28米，圭形，上有碑穿，碑额题篆书阳文"受禅表"3字。碑文22行，每行49字，字大1寸2分，隶书阴镌，内容首先阐明禅让乃自古之美德，接着颂扬曹丕"齐光日月，材兼三级"，有"尧舜之姿""伯禹之劳""殷汤之略""周武之明"，在公卿将军固请下，他"回师千虑，至于再，至于三"，才在繁阳（今河南临颍县繁城）筑灵坛举行受禅大典。"公卿将军上尊号奏"碑高3.22米，宽1.02米，厚0.32米，圭形，上有碑穿，碑额篆书阴刻"公卿将军上尊号奏"8字。碑文隶书阴镌，正面22行，背面10行，每行49字，字大1寸2分，内容为魏文武大臣奏请曹丕代汉称帝事。奏章称道"汉帝奉天命以固禅，群臣敬天命以固请"，汉献帝让位、曹丕代汉乃天命所归。两碑均系王朗文、梁鹄书、钟繇镌字，谓之"三绝"，即文表绝、书法绝、镌刻绝，有较大的史料价值和艺术价值。

[其他遗存]

曹魏故城：即许昌汉魏故城，是曹操迎汉献帝都许之地，在许昌市东南18千米处的古城村一带，原名许县。魏黄初二年（221），因"魏基昌于许"，魏文帝曹丕改许县为许昌。魏都洛阳后，许昌仍为五都之一，"许昌"名沿用至今。古城于南北朝时毁于兵火，遗迹尚存，分内城、外城。内城址现在比外城址高近2米，周长近5千米。内城西南隅有汉献帝祭天的毓秀台，现台高15米，面积200平方米。城西张潘村有汉献帝衣冠冢，村西南有张、潘二妃墓。外城多废。

官渡古战场：位于中牟县城东北2.5千米处的官渡桥村一带，因傍官渡水而得村名。村内原有关帝庙，存清乾隆年间石碑，碑文云"官渡乃关帝拒袁斩将处"。据《中牟县志》载，这里旧有城叫"官渡城"，又有台名"官渡台"或"曹公台"，乃东汉曹操与袁绍相拒之处。附近有"水溃村"。距官渡城20千米处的霍庄有"袁绍岗"，传说是袁绍屯兵处。官渡之战发生在东汉建安五年（200），当时袁绍率兵20万南下，曹操率兵4万在官渡相拒。当年春，曹操乘袁绍傲慢轻敌、内部失和之际，两次偷袭袁绍后方，焚其粮草辎重，断其粮道，致使袁绍军心动摇，纷纷溃散，曹军则全线出击，歼灭袁军主力，为统一北方奠定了基础。这是我国历史上以弱胜强、以少胜多的著名战役之一。

毓秀台：位于许昌市城东20千米处的古城西南隅，在汉魏故城内。东汉末年，曹操迎汉献帝都许后，此处为汉献帝祭天之坛。台高15米，原占地4000平方米，台上有天爷殿、东西厢房、天王殿、山门等建筑。每逢节日大典，台上百官登坛祭天祈祷。

射鹿台：位于许昌市东北25千米处的许田村西，为三国时汉献帝与曹操"许田射猎"处。现台高约10米，面积约4000平方米。台前有石碑2通，一为清康熙年间许州吏滕之瑚书"射鹿台"，二系清乾隆十二年（1747）立，碑文记载了"许田射猎"的史实。曹操迎汉献帝都许后，常陪同汉献帝到许田一带游猎，并建亭筑台，世称此台为"射鹿台"。

小西湖：位于许昌市内。汉代筑城挖土成坑，导潩水灌而成湖。湖心建有"德星亭"，满池荷花，风景优美。相传三国时期在此建"建安诗坛"，"建安七子"常来这里会文诵诗。据说，《短歌行》即曹操在此欢宴诗人时即兴而作。

军屯村：位于鄢陵县南20千米处的武岗村一带，为曹操实行军屯的地方。军屯，即寓兵于农，既种田又练兵。附近大营、小营、胡营、任营、郭营、周营、前营、后营等村，均为当年驻扎兵马、实行军屯处。

议事台：位于鄢陵县城南8千米处的马栏镇议事台村。台高5米，周长300多米，为一椭圆形土台。台上原建筑面貌不详。世传曹操为便于领导屯田筑议事台，常集群臣幕僚商讨国家大事及屯田事宜。台东北隅的一洼地（皇家洼）即为筑台取土所挖。今议事台附近，西有韩营，东南有郭营，台前有岗口，西南有大营、小营、观台（曹操观看练武之台）、武岗（曹操练武场）、望田台（曹操观望屯垦田地之所）等。

望田台：位于鄢陵县望田镇望田村。三国时期许昌至鄢陵一带是曹操募民屯田的地方，在此地筑一高台，便于观望了解庄稼生长的情况。现在周围村庄仍沿用袁屯、靳屯、耿屯、孙屯等当时屯田的村名。

羊肠坂：位于沁阳市北25千米处的常平乡碗子城山上，为羊肠坂的南端。羊肠坂史称"太行陉"，是沟通豫、晋的捷径要道，它北起壶关，南下怀川平原，迂回盘旋在崇山峻岭之间，在沁阳境内有23千米长，常平村至碗子城段为其咽喉要道。传说这条通道是尧帝南下太行山，巡狩怀川大地时所开，秦赵长平之战时始为战略要道，且为南段战役的主战场。汉建安十一年（206）曹操在沁阳屯兵一年，发15岁以上男丁1500人应征入伍，北征高干。面对军旅生活的艰辛，他写下了著名诗章《苦寒行》，抒发其决心统一中国北方的豪情壮志。迄今千年古坂道仍存900多米。在坂道上，蹄痕轮迹还依稀可见，令人回眸深思那车摧马嘶、刀光剑影的古战场。宋建隆三年（962）和元至正年间，两次对坂道进行整修，并摩刻《修太行道记》于悬崖。清同治初年，在悬崖又摩刻"古羊肠坂"4个大字。

练兵台：位于襄城县东北20千米处的台王村西，传为曹操练兵之地（又称论城）。现存台高10米，南北长约500米，东西宽350米。台上原有庙宇、松柏，今已不存。

受禅台：位于临颍县繁城镇。台高20米，略呈方形，边长约30米，是当年魏王曹丕接受汉献帝的禅让、登基称帝的地方。建安二十五年（220）冬十月，魏王曹丕在繁阳筑灵台，举行受禅大典，接受汉献帝的禅让，代汉立魏，改年号为黄初，是谓魏文帝。从此结束了刘汉王朝400多年的历史，开始了我国历史上的魏、蜀、吴三国时代。台前有2碑，即"受禅表"碑和"公卿将军上尊号奏"碑，具体详细地记述了这一历史事实。

曹魏洛阳城：在今洛阳市东15千米处。由曹丕于黄初元年（220）在东汉洛阳城基础上修建而成。南北呈长方形，东、西、北三面城垣各有几处曲折，保存状况较好，南城垣因洛河北移被毁，西城垣残长4290米，宽约20米，北垣全长3700米，宽约25～30米，东垣残长3895米，宽约14米。南垣长度以东西垣的间距计算约2460米，城垣周长约1.4万米。西、北、东垣共计城门12座，其中西垣3座，从南到北依次为广阳门、西明门、阊阖门；北垣2座，从西至东依次为大夏门、广莫门；东垣3座，从北至南依次为建春门、东阳门、清明门；据文献记载，南垣应有4门，自东至西依次为开阳门、平昌门、宣阳门、津阳门。城西北隅仿邺城三台建金庸城，为军事防御设施。洛阳城仿邺城的设计，将宫城集中于城内中部以北，将官署、居民区置于城区南部。城南设立国学、明堂、灵台。此灵台为东汉时所建，魏晋沿用，是我国发现的最早一座天文观测台，距今已有1900多年。

凌云台：位于漯河市郾城区西北15千米处的台王村。台高约10米，南北长约180米，东西宽约160米，为三国魏文帝曹丕所筑。据《三国志·魏书》载，黄初二年（221）十二月，曹丕东巡，筑凌云台。后世在台上建道观，今已不存。

【人物名录】

东汉有曹节、曹破石（均新野）。南北朝有曹景宗（新野）。唐朝有曹华（滑县）、曹确（洛阳）。北宋有曹宪（淮阳）、曹组（许昌）。南宋有曹勋（禹州）。元朝有曹世贵（兰考）。明朝有曹端（渑池）、曹凤（新蔡）、曹文衡（唐河）。清朝有曹琪（息县），曹鹏翊（巩义），曹逢庚、曹肃孙（均洛阳），曹瑾（沁阳），曹三祝（三门峡）。

31. 曾

【姓氏源流】

曾氏有两个来源：一出自姒姓，以国为氏。大禹治水成功以后，由其子启正式继承君位，并建立了夏王朝。夏王少康时封其子曲烈于鄫，在今河南方城一带，后被莒国消灭，其国人以国为氏，去邑为曾氏。二出自姬姓，以国为氏。西周初年，周穆王在姒姓曾国旧地——河南方城设立姬姓曾国，以后在楚国的压迫下多次迁移，战国时期迁居随国旧地，即湖北随州，后被楚国消灭，子孙以国为氏，亦为曾氏。

先秦时期活动在今河南、山东、湖北等地。汉唐之间，已经向今江苏、浙江、湖南、湖北等地区扩展，在鲁郡、天水、庐陵等地形成望族。宋时，重点分布在今江西、福建、安徽、广东、河南、陕西等地。明时，江西、广东的曾氏人群最为密集，湖南、福建、湖北也有较多分布。在当今中国姓氏中，曾氏依人口数量排在第31位，主要分布在长江以南，以四川、湖南、广东、江西等省为多。

【祖源遗存】

纶邑：位于登封市颍阳镇。据《登封县志》载，颍阳夏初称纶国，少康中兴为纶邑，春秋叫纶氏，后魏时方置颍阳县。今有断续城墙，为后代修复。少康，传为夏国王，姒姓，相之子。寒浞攻杀相，后得同姓部落有鬲氏帮助，攻杀寒浞，恢复夏王朝，史称"少康中兴"。

方城曾国：位于今方城、叶县一带。"曾"与"缯"同，《左传·哀公四年》载："叶公诸梁致蔡于负函，致方城之外于缯关"，高士奇《春秋地名考略》疑缯关是曾国的故墟。如今为全球曾氏宗亲寻根拜祖服务的古缯国文化苑、大宗祠、博物馆已建成并对外开放。

⊙古缯国博物馆落成仪式

【相关资源】

[故里故居]

曾家宅：位于商丘市睢阳区娄隅首东街。建于清道光年间。大门已经改建，现存正房3间，均为硬山灰瓦顶，有屋脊装饰，前出廊。保存较好。

【人物名录】

南宋有曾几、曾逮（均洛阳），曾觌（开封）。明朝有曾曰惟（光山）。清朝有曾昭文（新县）、曾力相（固始）。

32. 彭

【姓氏源流】

彭氏源出颛顼，系以国为氏。颛顼之后有陆终，陆终的第三个儿子篯铿被封于大彭（今江苏徐州市西郊），建立大彭国，称为彭祖。大彭国历舜、夏、商三朝，后被商高宗武丁所灭，子孙遂以国为氏，就是彭氏。

大彭氏失国之后，有彭氏族人迁居河南南阳一带，其中有位名叫彭仲爽的人由南阳去楚为大夫，是为彭姓徙居湖南、湖北的开始。秦末时楚汉争霸，位于楚国都城的徐州处于战乱状态，有一支彭氏族人为避战乱而由彭城远迁陇西。汉时有长平（今周口西华县）侯彭宣，举家迁居河南淮阳，后在淮阳发展成为望族。魏晋时，今山东、陕西、甘肃、江西、四川、福建等省均有彭姓族人在活动。唐以后在江西、福建、四川、湖南等地密布，并扩展到全国各地。在当今中国姓氏中，彭氏依人口数量排在第32位，人口广泛分布于全国各地，尤以湖南、四川、湖北、江西为多。

【祖源遗存】

古帝丘遗址：位于濮阳县城东南12.5千米处的五星乡高城村。传因上古颛顼高阳氏曾在此定都，又名颛顼城。唐代李吉甫《元和郡县图志》云："濮阳县，东至州八十里。本汉旧县也，古昆吾国，即帝丘，颛顼之墟也。"杜佑《通典》载："帝丘，今濮阳县也。"宋乐史《太平寰宇记》曰："（濮阳）古昆吾旧壤，颛顼遗墟，故曰帝丘，亦曰高丘。"《明一统志》载："颛顼城在开州城东二十五里，一名东郭城。"

【相关资源】

[故里故居]

彭雪枫故居：位于镇平县雪枫街道办事处七里庄村。占地面积2900平方米，是彭雪枫的出生地。有北正房3间、东厢房2间、牛棚4间、草料房3间。彭雪枫（1907—1944），河南镇平县人。中国无产阶级革命家、军事家。

[墓葬陵园]

彭氏家族墓：位于灵宝市阳店镇下坡头村南。地表现存两座墓冢，其一为彭范墓，曾官明给事中；其二彭簪墓，彭范之弟，曾为太医。

彭凌霄墓：位于淅川县老城镇东南三里桥。彭凌霄，明代淅川人。崇祯年间为礼部右侍郎兼翰林院学士。

饿夫墓：位于辉县市苏门山东侧山坡上。为彭了凡之墓，墓高3.25米，周长13.8米，墓门处立2块石碑，左边1块上书"饿夫墓"3个大字，为孙奇逢所书；右边1块上书《彭了凡小传》，为清康熙五十年（1711）辉县知县范景所立。墓南有4块巨石，每块石上刻1字，横排"民族精神"4字，为冯玉祥所书。再往南5米处，有"重修饿夫墓碑记"碑1通。彭了凡，原籍河北蠡县。明末，吴三桂勾结清兵入关，彭了凡来到百泉，住在孙奇逢家里。明朝灭亡，彭了凡对清军不满，决心以死抗争，终日不食，饿死在啸台旁。孙奇逢悲其壮志，称彭为"饿夫"。

彭公墓：位于邓州市彭桥镇彭桥村西。墓碑碑文记载彭公经诰授通议大夫、礼部侍郎及其一生事迹。彭公或即彭凌霄。

[其他遗存]

彭雪枫纪念馆：有两处。一处位于镇平县城北隅。占地面积9200余平方米，主体建筑展览馆总面积2350平方米，有600余幅有关彭雪枫戎马一生的珍贵照片，分8个部分集中展览。另有彭雪枫铜像1尊，耸立于花岗石基座上。铜像两侧有石碑2块，一碑介绍彭雪枫的生平事迹，一碑记叙建造纪念馆的经过。另一处位于夏邑县。1982年始建，1985年落成。占地面积3150平方米，建筑面积430平方米。迎门醒目卧碑1座，刻"彭雪枫将军壮烈殉国处"，碑阴刻彭雪枫生平事迹，中央坐落彭雪枫将军半身塑像，底座正面刻张爱萍将军题写的"彭雪枫将军"。另有彭雪枫同志事迹展览堂、新四军第四师指挥部旧址及彭将军遗体停放处等建筑。

【人物名录】

西汉有彭宣（太康）。东汉有彭宠（南阳）。南宋有彭义斌（开封）。清朝有彭而述、彭始搏、彭运斌（均邓州），彭如芝（南召），彭树葵、彭家屏（均夏邑）。

33. 萧

【姓氏源流】

萧氏源自子姓，以邑为氏。春秋时期宋国发生叛变，湣公被南宫万所杀，诸公子逃到萧邑避乱，名士大心与诸公子组成一支军队，打败叛军，并立新君。大心因在这次平乱中有功，被封于萧邑（今安徽萧邑），称为萧叔。其后被楚国所灭，子孙以邑为氏。

先秦时期活动于河南、山东、江苏、陕西一带，南北朝时期，兰陵萧氏显贵于天下，建立了齐、梁两朝，使萧氏发展进入了一个鼎盛时期。唐宋以前，萧氏族人已广布于山东、河南、河北、安徽、北京、福建、广东等地。元明清时期，萧氏族人播迁到了四川、湖南、江西、湖北等地。自清康熙末年，萧姓族人多次入迁台湾，有的还远播海外。在当今中国姓氏中，萧氏依人口数量排在第33位，人口广泛分布于全国各地，尤以四川、湖南、江西、湖北、广东为多。

【祖源遗存】

宋国故城：见宋姓下"宋国故城"介绍。

【相关资源】

[墓葬陵园]

梁武帝陵：位于沁阳市柏香镇肖寺村。此处有两个土冢，传说为梁王双冢。现存封土高4～6米，南北长117米，东西宽72米，两冢相距37米，陵南500多米处有"萧氏衍祠"，萧寺村因此得名。据推测，祠的位置当为陵墓的神道口。《河内县志》载："帝饿死，葬于河内。"在墓冢北侧发现有盗洞。梁武帝，名萧衍，字叔达，南兰陵（今山东兰陵县西南）人，南朝梁开国之君。萧衍卒后葬于丹阳修陵，此处为梁武帝的衣冠冢。

萧让墓：位于武陟县大封镇大封村。墓冢近平，面积1350平方米。萧让，元代武陟人，官至河北道提刑按察使，卒赠司徒、孟国公。

萧体元墓：位于新野县溧河铺镇西街。墓冢近平，墓前原石马、石羊等被毁坏。立碑年号不详。现存墓碑1通，碑高1.38米，宽0.56米，碑阳竖题"明代故三世祖考刑部主事萧公讳体元之神墓"，系萧氏后人追念先祖而立。萧体元，明代新野人。嘉靖三十八年（1559）进士，官刑部主事。

[祠堂寺庙]

贤隐寺：见周姓下"贤隐寺"介绍。

[其他遗存]

酂县城址：位于永城市酂城镇政府西南，为西汉酂侯萧何封邑。城址为长方形，东西长800米，南北宽600米，城墙内外夯土筑成，中心填以泥土，城西南角发现有陶制排水管道。

造律台：又称为律台、鄦台，位于永城市鄦县城址东南侧。相传因萧何在此制定律令而得名。遗址长54米，宽34米，高7米。据调查，该遗址内涵丰富，其时代从龙山文化时期到商代。

梁王垒：位于信阳市贤隐山，原有宫殿建筑，现已经毁坏。相传南朝齐明帝时期萧衍在贤隐山击败北魏孝文帝所派遣的大军，被封为建阳县男。萧衍自立为帝后，为纪念贤隐山大捷而建立行宫以纪念。

【人物名录】

唐朝有萧存、萧颖士（均许昌），萧昕（洛阳）。五代有萧希甫（商丘）。明朝有萧守身（沁阳）。清朝有萧家芝（沁阳）。

34. 蔡

【姓氏源流】

蔡氏最重要的一支出自姬姓，源自河南。周武王姬发灭商后，将弟弟叔度封于蔡（今河南上蔡县西南），建立蔡国，与兄管叔鲜、弟霍叔处共同监督被封在商朝旧都的殷纣王之子武庚禄父，管理殷商遗民，史称"三监"。武王卒后，子成王姬诵继位，由武王之弟周公姬旦摄政。管叔、蔡叔对此不满，联合武庚及东方夷族进行反叛。后被镇压，武庚、管叔被杀，蔡叔遭放逐，不久，死于迁所。其子胡，与父亲的反叛行为决裂，遵守文王的德训，与人为善。周公姬旦听说后，就派他到鲁国辅佐自己的儿子伯禽。由于胡在鲁政绩卓著，周公奏请成王，复封胡于蔡，以奉蔡叔之祀，是为蔡仲。春秋时，蔡国因受楚的逼迫，多次迁移。蔡平侯时迁新蔡

（今属河南），称上蔡；昭侯迁州来（今安徽凤台县），称为下蔡。公元前447年，蔡国被楚国攻灭，子孙散居楚、秦、晋、齐等各国，以国为姓氏，称蔡氏。

先秦时期主要是在今河南、安徽境内发展繁衍，也有到外地做官留居当地者。汉代，已有蔡氏族人居于今江苏、浙江，但河南仍是蔡氏的主要聚居地，直至南北朝时期，陈留圉（今河南杞县南）一直是蔡氏的发展繁衍中心。因西晋惠帝时分陈留郡置济阳郡（治所在今河南兰考县东北堌阳镇），圉属济阳，故《百家姓》列蔡氏郡望为"济阳"。至汉末，已经向北发展到了内蒙古、宁夏、甘肃等地。唐初，蔡氏族人开始移居福建，后来又有人迁入广东。明末，郑成功收复台湾，随行的将领中有姓蔡的，成为最早踏入台湾的蔡姓人。在当今中国姓氏中，蔡氏依人口数量排在第34位，广泛分布于全国各地，尤以广东、浙江、江苏、台湾等地为多。

【祖源遗存】

蔡国故城：位于上蔡县芦岗的东坡，是西周、春秋时期的蔡国都邑。故城的平面图略呈长方形，东西略短，南北稍长，各城角均为圆转角，唯西南城角稍向外突出。《上蔡县志》记载："蔡国故城址高一二丈，周围二十余里。"根据1963年的实测，同《上蔡县志》所记载的基本相符合。城墙高4～11米，宽15～25米，最宽处为70～95米。南墙西起谢村东北约900米处，东到别村西北约500米处，长约2700米，东墙南与南墙东端相接，北至尚村西800米处，长约2490米，北墙东与东墙北端相接，西至李村村南400米，长约2113米，西墙北与北墙西端相接，南与南墙相连，长约3187米，总长约1万米。城墙系用夯土逐层筑起，夯土一般为黄色或灰黄色，夯层厚8～14厘米。夯窝甚浅，有的不十分明显，但尚能看出为小圆底形，直径2～3厘米，城墙中下部的夯土中，包含有仰韶、龙山、商代和西周的陶片。上部夯土层有春秋战国时期的遗物和陶片，由此可见，该城始建于西周初年，春秋时期曾进行过加固和修复。春秋时期这里不但是蔡国的国都所在地，而且也是楚国北方的重要军事重镇。蔡国故城直到秦汉时期还在继续沿用。故《水经注·汝水》

曰："汝南郡，楚之别也。汉高祖四年置，王莽改郡曰汝汾。是故蔡国。"今故城内外两汉墓葬密布，陶器残片到处可见，当可证明故城的使用时期较长，其影响也很大。

新蔡蔡国故城遗址：位于新蔡县城的西北部。公元前530年蔡国即建都于此。故城北临章湖，东北临莲花湖，南临车辆湖、临岗地，城南5千米处有汝河，城北15千米处有洪河绕城东南下，距城7.5千米，与汝河相汇。故城周长3215米，面积约5.2万平方米，今故城南、北、西三面被工厂、机关、学校等占用。现存城墙最高处10米，宽50米，低处2.7米，宽20～40米，夯土层厚14厘米，夯窝清晰可见。地表遗存包含大量灰陶豆柄和盘、绳纹瓦片等。值得注意的是，在城北有蔡侯墓及古墓群。1963年被确立为河南省重点文物保护单位。

蔡侯望河楼：位于上蔡县城西南1千米处的故城西垣上，西临汝河故道。据《上蔡县志》记载，每当汛期，汝河河水上涨，蔡侯常登楼西望，了解汛情。因蔡侯望河楼高踞土台之上，登临眺望，周围数十里的河流、农田、村落尽收眼底。台旁树木丛生，绿荫环抱。

蔡侯墓：位于新蔡县城北周潢路东。面积900平方米，封冢高4米。史书记载和口碑相传为蔡侯墓。据封冢南侧夯层观察，为春秋时期墓葬。附近原有72冢，为一庞大的春秋墓葬群，今已不存。地表散存春秋时期陶豆、盘等器物残片甚多。

【相关资源】

[故里故居]

蔡邕故里：位于尉氏县南17.5千米处的蔡庄。据《尉氏县志》记载，蔡邕故里，即蔡家庄，又名蔡相乡，祠墓犹存。蔡邕（132—192），陈留圉（今河南杞县南）人，东汉文学家、书法家。

蔡氏西宅：位于商丘市睢阳区四牌楼西三街。蔡家为商丘十大富户之一，宅院建于清道光年间，占地2000平方米，由过厅、正房、后堂、厢房、配房等13座建筑组成3座院落，均为硬山灰瓦顶，有脊饰，正房、后堂前檐下有木雕装饰并施彩绘。

蔡氏东宅：位于商丘市睢阳区中山北四街。建于清道光年间。由过厅、正房、后楼、厢房等14座建筑组成4座院落，占地约800平方米，均为硬山灰瓦顶，多有脊饰及前出廊，正房檐下有木雕装饰并施彩绘。

蔡氏南宅：位于商丘市睢阳区叶隅首西一街。建于清光绪年间。门楼有脊饰和砖雕，正房、厢房均为硬山灰瓦顶，正房有脊饰，前出廊，檐下有木雕装饰并施彩绘。

[墓葬陵园]

蔡公子义墓：位于潢川县隆古乡高稻场庄。墓葬在春秋黄国故城西北。1966年进行发掘清理，有朽残木椁底板4块，共出土青铜器13件，其中有铭文"蔡公子义"，应属蔡国青铜器，附近还有同期墓葬分布。

蔡邕墓：位于开封市祥符区半坡店乡桃花洞村南。面积2500平方米，墓冢高3米，原存有大量碑碣，20世纪50年代被毁，现存石碑2通，为"纪立蔡中郎墓碑""汉蔡中郎墓"，均为民国时所立。

蔡茂墓：位于武陟县西南西司徒村东。墓为圆形，直径约22米，高2.5米，占地480平方米。蔡茂，字子礼，东汉河内怀县（今河南武陟县西）人，通达儒学，官至相位，任司徒。清道光《武陟县志》载："（蔡茂卒）赐东园梓棺，归于故里。"

蔡京墓：位于滑县牛屯镇王蔡村西北角。为一土丘，高约2米，周长约245米。《滑县志》记载：蔡京因晚年犯罪被贬故里后，又遭家灭九族，身断三节，其腰部中节葬于此地。蔡京，唐代滑州（今河南滑县）人。早年为僧，值令狐楚镇守滑台，见他眉清目秀，不苟进退，心甚惜之，遂劝以学。蔡京弃禅操觚，果然高中进士，官至御史。

蔡齐墓：有两处。一处位于巩义市芝田镇蔡庄村西南。墓已在"文化大革命"中被夷为平地，现仅存一表一碑。墓前石表被当地人称为"驸马碑"。表高2.75米，直径0.3米，上部为瓜棱形，下部为16面多边形。表额为正方平面，上篆刻"丞相国府君蔡公之神道"。幢面文字多已剥落，不可识读。碑为清同治八年（1869）立，主题"宋臣蔡文忠公之墓"，有上注"公讳齐，字子思，宋祥符八年状元，官拜宰相"。另在蔡庄村发现一石碣为明崇祯五年（1632）赵应箕立，上书"宋祥符八年状元宰相文忠公蔡齐故里"。另一处位于禹州市文殊镇蔡寺村西北隅。冢现高3米，周长20米，残石刻数件。据《禹州县志》记载，墓前原有石刻、翁仲，多毁。蔡齐（988—1039），字子思。祖居莱州胶水（今山东平度市），后居巩县蔡庄（蔡齐故里之称）。大中祥符八年（1015）考中状元，先后任通判、知州、御史中丞、枢密副使和参知政事等职。

蔡天祐墓：位于睢县县城南门里。墓冢面积50余平方米，整座墓由石灰和黏合剂封闭，异常坚固。蔡天祐（1440—1534），明睢州（今河南睢县）人。弘治进士。历官山东副使、山西按察使、兵部左侍郎等职，曾辟海圩田万顷，人称"蔡公田"，后出使大同平叛，威震边陲。

蔡正心墓：位于商丘市睢阳区古宋街道香山庙村。墓葬封冢已夷为平地，尚存墓碑1通，高1.33米，宽0.57米，厚0.14米。清嘉庆二十三年（1818）立。碑文记述蔡正心生平。据碑文记载，蔡正心曾官武略骑尉。

[碑碣刻石]

熹平石经：原石立于洛阳城南门外太学讲堂前，传为蔡邕所书，其遗址在今偃师市朱家圪垱村。汉灵帝熹平四年（175），蔡邕等建议在太学建立正规的六经标准文字，以免贻误后学。工程从汉灵帝熹平四年（175）起至光和六年（183）止，历时8年，共刻石碑46座，全部碑文约20万字。这部石经因刻于熹平年间，又只有隶书一种字体，故称"熹平石经""汉石经"或"一字石经"。这部石经刻成后不久，即屡遭破坏，几乎荡尽无存。后世陆续在河南洛阳、陕西西安两地发现一些零碎残石，其中最大的一块残石是1925年在洛阳出土的，现存西安碑林。另外，日本中村不折氏书道博物馆亦收藏残石数块。

面壁之塔刻石：现位于少林寺碑廊的西墙壁上。碑高1.07米，宽1.1米，上阴刻楷书"面壁之塔"4字，字径40厘米，书法雄放遒健，为宣和四年（1122）蔡京所写。蔡京（1047—1126），字元长，仙游（今属福建）人。宋代熙宁三年（1070）进士，官至太师，精工书法，尤擅行书。

达摩面壁之庵刻石：位于登封市少林寺初祖庵大殿后西小亭

前。蔡卞书"达摩面壁之庵"6个大字,字高35厘米,宽27厘米,笔法劲健,有唐人遗风。蔡卞,字元度,仙游(今属福建)人,蔡京之弟。熙宁三年(1070)进士,官至枢密院事,工书法。

会食宁神院题名碑:原立于巩义市芝田镇八陵村宁神院,现存巩义市文物管理所。碑高1.79米,宽1.31米,正面题字7行。刻立于绍圣二年(1095),是北宋官员监护怀、昌二王西葬时朝拜永裕陵、会食宁神院的题名,据传为蔡京所书。

[其他遗存]

造纸河:位于偃师市缑氏镇陈河谷,马涧河从村中流过。东汉和帝元兴元年(105),蔡伦在此改进民间造纸方法,用树皮、麻头、敝布、鱼网为原料造纸,人称"蔡侯纸"。因此,马涧河流经缑氏镇那一段河流被称为"造纸河",志书记载岸上原有"造纸河碑",惜已失损。近年来,文物工作者在附近的汉墓中,发现数百块形状各异的空心砖,砖上绘有楮树、木芙蓉、扶桑等可为造纸原料的树木图案。由此推测,这些砖为纸作坊用物。蔡伦(?—121),东汉造纸术发明家。字敬仲,桂阳郡(治今湖南郴州)人。明帝永平十八年(75)入宫为宦,东汉章和元年(87)任尚方令。

纸庄:位于偃师市首阳山镇境内。相传,东汉人蔡伦为改进造纸术遍访民间高人,尝试多种材料,先令人在偃师市缑氏镇"造纸河"小规模试验,初试成功后便带工匠在京城洛阳东洛河下游开始大规模生产。一时间工匠云集,遂形成两个村落。靠南近洛河的为前纸庄,靠北的称后纸庄。

【人物名录】

西汉有蔡义(温县)。东汉有蔡茂(武陟),蔡玄(项城),蔡邕、蔡琰(均杞县),蔡衍(项城)。南北朝有蔡廓、蔡兴宗、蔡搏、蔡景历、蔡凝、蔡征、蔡约(均兰考),蔡那、蔡道恭(均邓州)。北宋有蔡抗、蔡天球、蔡挺、蔡奕(均商丘)。南宋有蔡凝(开封)。元朝有蔡珍(安阳)。明朝有蔡天祐(睢县)、蔡毅中(光山)。

35. 潘

【姓氏源流】

潘氏有三个来源：一源自姬姓，以邑为氏。周文王第15子毕公高将自己的小儿子封在潘邑（今河南荥阳市），潘灭后，邑人以潘为氏。二源自芈姓，以邑为氏。潘崇是楚成王太子商臣的老师，他力劝商臣围攻成王，迫使成王自杀，商臣即位为穆王。穆王封潘崇为太师，掌管国事，食邑于番（又称鄱，今河南固始县），其后人也以邑为氏，因"鄱"与"潘"通，亦为潘氏。三为鲜卑族复姓所改。北魏孝文帝迁都洛阳后，破多罗氏改汉姓为潘氏。

先秦时期活动于河南、陕西、湖北，汉唐时向湖南、河北、山东、甘肃等周边地区迁移，并在广宗、汉寿、冯翊、京兆、河南、荥阳等地形成望族。唐代开始向东南沿海一带迁居，并逐步遍布全国大部分地区。在当今中国姓氏中，潘氏依人口数量排在第35位，人口广泛分布于全国各地，尤以广东、江苏、安徽、内蒙古、河南、四川、湖北、浙江等地为多。

【祖源遗存】

番国故城：在固始县城关及城北一带。故城规模较大，分内城和外城，内城位于外城内东北部。两城的城墙大部分尚存，有一部分虽已夷平，但城基仍清晰可辨。内城周长6.5千米，外城周长13.5千米。外城北城墙如同一座东西延伸的山岭，故当地人称之为"长山"。中段有一个宽72米的缺口，即城门。城墙上及城内外出土春秋战国遗物较多。故城所处地势较高。在内城的中部和西南部有几座大型汉墓，在南城外一带有数十座春秋战国墓。1974年12月在城址南部出土3枚楚国金币"郢爰"，后又在城址东南发现春秋时期的铜鼎、铜盘、青铜剑等。在城址东南1.5千米处的侯古堆发掘几座大型春秋墓，根据文献记载和出土文物，可以断定这里就是春秋时蓼国的都城。楚灭蓼后，为楚属番国城池。

汉魏故城：见周姓下"汉魏故城"介绍。

【相关资源】

[故里故居]

潘安故里：位于中牟县大潘庄。《中牟县志》记载，在县城西北1.5千米处有潘安墓。那里原为贾鲁河故道河堤南侧，因年深日久，历经多次黄河泛滥冲刷，墓室沉入河底，被冲成两丈多深的大水潭，墓室是用青砖砌成的。中牟县于1996年建成潘安故里游乐园，园内有潘安墓、潘安碑等遗迹。每年清明，海内外的潘安后人前来凭吊、祭祖。潘安（247—300），即潘岳，西晋中牟（今属河南）人。西晋著名文学家。

潘礼故宅：位于商丘市睢阳区南马道西一街。现存前堂、后堂各1座，均面阔3间，进深2间，硬山灰瓦顶，有脊饰，前出廊，明柱下有鼓形石础。大门和厢房已改观。潘礼，字嘉会，归德卫（今河南商丘市）人。明代天顺年间进士，曾任工部侍郎。

[墓葬陵园]

张、潘二妃墓：位于许昌县张潘镇西。传为汉献帝二妃，卒后葬于许。张潘镇也由此得名。二墓东西排列，相距50米。墓冢已近平。

潘芘、潘岳墓：位于巩义市芝田镇南石村罗水东岸，为西晋文学家潘岳父子墓。两墓分别在郑洛公路两侧，墓冢为南北向排列，北冢高3.5米，周长20米，传为潘岳之父潘芘墓；南冢高6米，周长32米，是潘岳墓。墓前原有碑，今已不存。

明承事郎潘君墓：位于新乡市凤泉区大块镇原庄村西南潘家坟。墓主人系明兵科给事中潘铎之弟。墓冢现已近平，前仍存嘉靖三年（1524）所立墓表，高1.95米，宽0.75米，厚0.22米，碑文载墓主人身世及潘氏家族诸事。

【人物名录】

东汉有潘勖（中牟）。西晋有潘岳、潘尼（均中牟）。五代有潘环（洛阳）。南宋有潘贤妃（开封）。明朝有潘礼（商丘）。清朝有潘业（鲁山）。

36. 田

【姓氏源流】

田氏出自妫姓，为陈氏所改。周武王灭商之后，将舜的后裔妫满封于陈，建立陈国。到前672年，陈厉公之子敬仲，又称完，由于陈国内乱而出奔齐国，因"田"与"陈"音相近而改称田氏。

先秦时期在山东繁衍，后播迁到河南、江苏、河北、山西等地。汉初，高祖刘邦采纳娄敬建议，强迁关东豪族于关中，田氏亦在强迁之列，后发展成为京兆一带望族。西晋末年，由于社会动荡，田姓避乱南迁，已分布于长江中下游地区，也有迁山西、宁夏、天津等地。汉唐间，田氏望族居于北平、雁门、太原、河南、京兆、天水等地。宋代形成了湖南、河北、山东的人口密集区。明代田氏人口则以山西、山东、河北为多。在当今中国姓氏中，田氏依人口数量排在第36位，人口广泛分布于全国各地，尤以河南、四川为多。

【祖源遗存】

帝舜故里：见陈姓下"帝舜故里"介绍。

陈国故城：见陈姓下"陈国故城"介绍。

陈胡公墓：见陈姓下"陈胡公墓"介绍。

【相关资源】

[故里故居]

三田故里：位于巩义市孝义镇。现存有石刻匾额、对联"三田故里""三田遗风""荆树复活兄弟乐，书田无税子孙耕"等。传说田真兄弟分家产，欲截荆树为三，即枯。兄弟受感动痛哭，曰："从先人良言为孝，急他人之急为义，无孝无义，天地难容；行孝奉义，枯木重生。"话音落而树荣。兄弟合欢，后人为表彰田氏兄弟的孝心义举，把故里改名为孝义。原巩义市孝义岭上三田墓，冢已无存。

[墓葬陵园]

龙相墓葬：位于长垣县恼里镇龙相村南，相传为田儋墓。墓冢近平，面积约50平方米。田儋，齐国贵族，秦末与其弟田横起兵，重建齐国，后败死。

田横墓：位于偃师市首阳山街道田寨村南。墓前有墓碑、赞碑各一。墓前有石碑2通。墓碑高1.66米，宽0.54米，厚0.16米。碑正面刻"齐田横之墓"，为清乾隆五十五年（1790）河南太守张松孙所书。碑下端有数行小字，其文曰："按，《史记》，田横与其客二人乘传诣洛阳，至尸乡，遂自刭。高帝为之流涕，发卒两千人，以王者礼葬田横。既葬，二客穿冢旁孔皆自刭，下从之。唐韩昌黎有吊文。"另为赞碑，高1.34米，宽0.67米，厚0.21米。上有清道光八年（1828）所刻"谒齐王田横墓古歌一首"及跋文数行。田横，出身于齐国旧贵族。秦末天下大乱，旧贵族妄图割据称雄，田横自立为齐王。后刘邦统一中国，田横败逃海岛，刘邦招田横归汉，田横与二食客赴洛阳途中，行至尸乡（今河南偃师市西南），因耻称汉臣，自刎而死。刘邦葬以王侯之礼。

田珍墓：位于虞城县小侯乡御祭坟村西。现存冢高2.5米，周长69米，墓前原有敕修牌坊1座，已毁。尚存神道碑1通、御祭碑6通及石人、石狮、石羊、石马等石像生。田珍（1571—1631），明代虞城人。万历年间进士，累官南京通政使，卒赠通议大夫、南京工部右侍郎。

田种玉墓：位于范县陆集乡田埚堆村西。墓葬占地约120平方米，前原立碑1通，现淤埋地下。田种玉，清代范县人。乾隆年间进士。

[祠堂寺庙]

田氏祠：位于巩义市孝义镇大王沟口村。明正德十二年（1517）知县朱胜倡建。祠已毁，清康熙四十六年（1707）重刻明碑，记述了田氏兄弟的事迹和建祠经过。此碑现存巩义市文物管理所。

田家祠：位于济源市下冶镇逢石村。清代建筑。祠坐西朝东，现存门楼1座，左右厢房各3间，正房5间，均硬山灰瓦顶，有脊饰。门楼前檐有砖雕，正房前檐有木雕，较为精美。

田氏宗祠：位于沁阳市西万镇西万村东南。创建于清康熙十三年（1674），乾隆年间两次增修。该祠坐北面南，长50米，宽16.5米，面积825平方米。前院有山门、耳房、过庭3座建筑，自成一个完整的四合院。山门面阔3间，进深2间，单檐悬山式，顶覆灰筒瓦，脊饰各种走兽，外廊石柱，西边外展"八字墙"。山门东西两侧各有耳房，单檐硬山卷棚顶。过庭为牌楼式，面阔3间，明间进深2间，次间进深1间，单檐歇山顶。山门至过庭有一条长15米、宽3米的甬道。四合院东西两侧各有厢房3间，单檐硬山顶，檐下饰斗拱，前墙装雕花隔扇门。四合院的主体建筑为大殿，面阔5间，进深1间，单檐硬山顶。宗祠大门前右侧有古柏1株，传为汉柏。

【人物名录】

西汉有田甲（商丘）。南北朝有田益宗（光山）。北宋有田京（鹿邑），田况（开封），田瑜、田述古、田腴（均洛阳），田昼（禹州）。南宋有田有嘉（开封）。元朝有田滋（开封）。明朝有田汝耔（开封）、田珍（虞城）。清朝有田兰芳、田逊（均睢县），田凤仪（安阳），田依渠（长葛）。

37. 董

【姓氏源流】

董氏主要来源有二：一出自己姓。相传颛顼的己姓子孙有名叫叔安的，被封于飂（今河南唐河县南）。他有个儿子名叫董父，对龙的习性很有研究，帝舜就让他专门养龙，为豢龙氏。在董父的精心驯养下，许多龙学会了表演各种舞蹈，帝舜很是喜欢，就封董父为鬷川侯，还赐他以董为姓氏，他的后代就是董氏。二出自姬姓，以官为氏。春秋时，西周大夫辛有的两个儿子到了晋国，被任命为主管典籍的官吏，其职责是"董督晋史"。在古文字中，"董"有管理的意思，所以人们称他们为董史，其后世袭晋国太史之职，并以董为姓氏。

董氏发源之后，开始主要在河南、山东、山西、陕西一带生息繁衍，后不断向外迁徙，汉唐间在陇西、济阴形成望族。明代以前，河北、山西、贵州、广东、四川、浙江、湖北、河南、福建等地都有董姓族人分布。清朝，董姓族人开始进入台湾，并移居海外。在当今中国姓氏中，董姓依人口数量排在第37位，主要分布在山西、河北、河南、云南、山东、辽宁、浙江等地。

【相关资源】

[墓葬陵园]

董仲舒墓：位于温县黄庄镇董杨门村东南。其墓冢已平，墓室尚存。1963年春，在墓地曾发现一残砖，刻文曰"汉儒董仲舒公墓"。董仲舒（前179—前104），西汉思想家、政治家。汉武帝举贤良文学之士，他对以"天人三策"，提出"罢黜百家，独尊儒术"的建议，为汉武帝采纳，开此后两千余年封建社会以儒学为正统的先声。

董卓墓：位于巩义市大峪沟镇董陵村西。冢高5米，周长40余米。传为汉末大军阀董卓首级葬处。

董汉儒家族墓：位于濮阳县海通乡沙固堆村东。墓地坐落在一片高丘上，面积约2万平方米，现存墓冢7座，以昭穆为序作"人"字形排列，墓前尚存部分石马、石狮、石人、石望柱等。董汉儒（1562—1628），明代开州（今河南濮阳市）人。万历进士，天启初迁兵部尚书，崇祯初进太子太保。卒葬故里。

[祠堂寺庙]

董公祠：又名董宣祠，位于洛阳市老城东大街现民主街口的路北。始建于明代，为纪念有"强项令"之称的东汉京兆洛阳令董宣而建。院内有碑记"乾隆四十一年岁次丙申"等字样，为重修祠之碑记。祠院坐北向南，1间正殿，1间卷棚。院内有600年古槐1棵，高8米，周径3.2米，树干已空，仅存10厘米厚外层，然仍树枝婆娑，树冠覆地200平方米。董宣，字少平，陈留圉（今河南杞县南）人。东汉初任北海相、江夏太守、洛阳令等职。在职不畏强暴，惩治豪族。任洛阳令时，光武帝的姐姐湖阳公主的奴仆仗势杀人，被湖阳公主包庇。董宣拦住湖阳公主的车，令奴下车而杀之。公主诉于刘秀，刘秀令董宣向公主叩头谢罪，他拒不低头。刘秀令人强按之，也不能使其俯首。京师豪族贵戚莫不畏之，号为"卧虎"。

董家祠堂：位于商城县达权店镇黑河村。建于清光绪十三年（1887）。该祠堂坐北朝南，为一进两重院落，现存房屋21间。大门为硬山式门楼建筑，青石雕刻门楣，两耳房檐下砌雕砖装饰。享堂面阔3间，进深1间，为硬山灰瓦顶。整座祠堂结构紧凑，具有江淮地区清代建筑风格。

[碑碣刻石]

董汉儒家族功德碑：位于濮阳县海通乡沙固堆村。碑高1.7米，宽0.87米，立碑年代已不可辨识。明大书法家董其昌书丹。碑文行书，内容歌颂万历年间兵部尚书董汉儒家族之功德。

追本溯源碑：见李姓下"追本溯源碑"介绍。

大唐处士董钟墓志：2003年巩义市出土，现藏洛阳师范学院图书馆。志盖镌"大唐故董君墓志之铭"。"大唐故处士董府君（钟）墓志铭并序"，楷书，21行，满行21字。志石边长0.48米，厚0.09米。

明董继祖及夫人韦氏墓志：2003年洛阳出土，现藏洛阳师范学院图书馆。"明赐进士、文林郎、直隶河间府推官龙阳董公（继祖）、元配韦氏封孺人合葬墓志铭"，赐进士第、承德郎、工部都水清吏司主事孙澜书，乡进士、陕西西安府同州合阳县知县甥孙聂溶篆。楷书，35行，满行50字。志石边长0.8厘米，厚0.17米。

[其他遗存]

董其昌行书长卷：今藏新乡市博物馆。长卷画心宽0.26米，长2.35米，绫地。内容为《王宰山水歌》，为董其昌书法真迹。董其昌（1555—1636），松江华亭（今上海市松江区）人。善书画，与邢侗、米万钟、张瑞图号为"晚明四大家"，其中又以他的声誉最著。初以宋米芾为宗师，后自成一家，世人将他与米芾、赵孟頫相提并论。主张"字须熟外生"，追求平淡古朴的书品。

【人物名录】

西汉有董公（伊川）、董忠（禹州）。东汉有董宣（通许）、董班（南阳）、董祀（开封）。三国有董厥（桐柏）。东晋有董景道（灵宝）。南北朝有董征（淇县）。隋朝有董伯仁（汝南）。北宋有董俨（洛阳）。明朝有董兴（长垣）、董尧封（洛阳）、董汉儒（濮阳）。清朝有董笃行（洛阳），董襄（汤阴），董上国（宝丰），董之铭、董文柄（均洛阳），董占元（沁阳），董以威（巩义）。

38. 袁

【姓氏源流】

西周初年，周武王封舜后裔妫满于陈，其后裔伯爰的孙子涛涂，因功赐邑阳夏（故城在今河南太康县），以祖父字为氏，就是爰氏。因古时"爰"与"辕"相通，其后去"车"为袁氏。

先秦时期活动于河南。东汉时，汝南袁安家族累世官宦，四世三公，盛于东汉，"汝南袁氏"成为东汉的著姓。西晋末年，许多居于中原的袁姓士族渡江南下，历东晋、宋、齐、梁、陈，多因仕宦而散居江南各地。隋唐时期，袁姓子孙旺于江南，而中原袁姓依然繁衍不衰，这一时期，浙江、四川、江西、福建等地均有了袁氏族人的足迹。宋明时期已经分布到大江南北，并在四川、浙江、江西、江苏形成聚集区域。在当今中国姓氏中，袁氏依人口数量排在第38位，人口广泛分布于全国各地，尤以四川、河北、江苏、河南、江西、浙江等地为多。

【祖源遗存】

帝舜故里：见陈姓下"帝舜故里"介绍。
陈国故城：见陈姓下"陈国故城"介绍。
陈胡公墓：见陈姓下"陈胡公墓"介绍。

【相关资源】

[故里故居]

袁氏故居：位于项城市王明口镇袁寨村。原先为史家旧宅，1858年袁家买下后，举家从项城袁阁迁居此处，并重新修建，为袁世凯出生地以及童年居地。晚清四合院式建筑，分左、中、右三处院落,各院落均三进,原有房舍200余间,面积4万平方米。现存左院第一进南屋3间、东屋3间;第三进主楼6间;中院第一进大厅5间,第三进主楼6间等,有假山、凉亭、水池等装饰建筑。袁世凯(1859—1916),字慰亭,又作慰庭,号容庵、洗心亭主人。河南项城人,故称"袁项城"。中国近代史上著名的政治家、军事家,北洋军阀领袖。死后葬于安阳市城北洹水之滨。

养寿园遗址:位于安阳市北2千米处。1909年袁世凯下野后改建。《续安阳县志》载,园内小溪常流,山林峻石,亭台水榭,颇为壮观。内有养寿堂、红叶馆、洗心亭、垂钓亭等15类建筑,27个景点。建筑设计采用中西合璧,别致新颖。1947年毁于战火,今存遗址。

[墓葬陵园]

袁象谦墓:位于新蔡县古吕镇吴庄村。墓前立碑1通,祭祀桌1张,碑首椭圆形。碑文云"袁象谦和宜人郑、谢老太君合葬墓"。墓冢高2米,面积25平方米。袁象谦,清代新蔡人,贡生,官南宫县丞。

袁世凯墓:又称为袁林,位于安阳市太平庄北。墓区占地面积8.6万平方米,有照壁、神道、玉带桥、牌楼门、碑亭、山门、享堂等。墓冢高8米,具有典型的时代特色,墓区前半部是中国明清皇陵的风格,后半部是西洋陵寝的模式。

[祠堂寺庙]

袁公祠:位于济源市枋口。明万历三十五年(1607)建,坐北朝南,依山开凿,形如石窟,高3米,阔4米,其内雕刻袁应泰坐像。石窟外题记有许多水利资料。袁应泰(?—1621),凤翔(今属陕西)人。明万历进士,曾任工部主事、兵部侍郎等职,在河内(今河南沁阳市)任职时期,因兴修水利,利民功著,被誉为"禹后第一人"。

袁家山:又名吕祖庙,位于睢县城内文化路东街。建于明天启年间,传为袁可立所建。现存有山门、大殿、八角亭,大殿后有深洞,整体像一只帆船。袁可立,明睢州(今河南睢县)人。万历进士，曾任兵部尚书等职，后因不满魏忠贤而隐退。

端敏袁公祠：位于淮阳县城大同街。清同治年间诏为漕运总督袁甲三而建，面积约6000平方米，现存堂屋3间，硬山灰筒瓦顶。檐下额坊、斗拱等均彩绘。原有"端敏袁公祠"，已亡失。

[碑碣刻石]

重修袁氏坟墓碑记：位于正阳县城西。碑高2米，宽0.7米，厚0.18米。清嘉庆二十一年（1816）立，额刻文武官吏像。碑文记述正阳袁氏支脉繁衍始末。

[其他遗存]

枋口广济渠：位于济源市沁河南岸，为袁应泰率民凿山开渠处。因用枋木做闸门，故名"枋口"，袁应泰开凿广济渠，加上后人开凿的永利四渠，形成五渠分流之势。

袁世凯行宫：位于项城市城区十字街。始建于清光绪三十三年（1907），袁世凯堂弟袁世钧营建。原有楼房99间，现部分已毁坏，仅存中院、后院二进院落建筑11座，48间，均硬山灰瓦顶。

【人物名录】

东汉有袁著（平舆），袁良、袁安、袁京、袁敞、袁彭、袁汤、袁成、袁盱、袁逢、袁祕、袁阆、袁闳、袁弘、袁忠、袁隗、袁遗、袁术、袁绍、袁谭、袁尚、袁熙（均商水）。三国有袁涣（太康）。西晋有袁淮（太康）。东晋有袁瑰、袁乔、袁宏、袁山松、袁豹、袁湛（均太康）。南北朝有袁淑、袁式、袁颛、袁粲、袁彖、袁昂、袁枢、袁泌、袁敬、袁奭、袁峻（均太康），袁翻（沈丘），袁跃、袁聿修（均项城）。隋朝有袁充（太康）。唐朝有袁滋、袁郊（均确山）。五代有袁象先（夏邑）、袁时中（滑县）、袁禠（淮阳）。北宋有袁曦（登封）、袁逢吉（鄢陵）。元朝有袁裕（洛阳）。明朝有袁可立、袁枢（均睢县）。清朝有袁宏谟、袁赋诚（均睢县），袁舜裔（开封），袁艮（虞城），袁世凯、袁世教、袁甲三、袁保庆、袁保恒、袁保龄（均项城），袁汝表（睢县）。

39. 于

【姓氏源流】

于氏源自姬姓，以国为氏。周武王第二个儿子封于邘（今河南沁阳市邘邰村），建立邘国，因称邘叔。邘国灭亡之后，子孙以国为氏，去邑而为于氏。

早期主要活动在在今河南境内，秦汉时期，于姓人开始以河南为中心缓慢向周边播迁，北迁山西、河北，东迁安徽、山东，西迁陕西、甘肃，此期于姓主要是以我国北方的中原地区为繁衍播迁的中心，并形成三大郡望，即河南、东海、河内。魏晋南北朝时期，河南于氏南下湖北，后辗转于四川、湖南。宋明时期，以山东、河南、江苏、河北等地分布密集。在当今中国姓氏中，于氏依人口数量排在第39位，主要分布在山东、黑龙江、辽宁、吉林、湖南、陕西等地。

【祖源遗存】

邘国故城：位于沁阳市西万镇邘邰村东。城址分为东、西两部分。东城城址平面呈长方形，现存东墙和北墙，东墙残长150米，北墙残长820米，宽17～22米，高2～7米。城墙夯土建筑，北墙发现3处城门，西北角高地应为宫殿所在。西城原有四门，现残存城角长约20米，南门刻石"古邘城"，其年代应晚于东城。

【相关资源】

[墓葬陵园]

于之大墓：位于淮阳县齐老乡于集寨。墓冢高2米，面积约30平方米。据《淮阳县志》记载，为于之大之墓。于之大，陈州（今河南淮阳县）人。明代进士，官至知府。

[碑碣刻石]

移民碑：位于漯河市召陵区万金镇坡于村。移民碑高1米余，宽0.6米，碑文记载了明洪武年间山西大旱，民不聊生，于氏兄弟三人举家自洪洞县迁居此地的经过。

[其他遗存]

镇河铁犀：位于开封市东北的铁牛村头。铁犀高2米，独角朝天，昂首蹲卧，背部有明代于谦所书《镇河铁犀铭》，主要记述了于谦祈祷黄河水灾平息的愿望。于谦巡抚河南期间，曾经率领当地人民在开封城西、北、东三面修筑防护堤，并制造了镇河铁犀。

【人物名录】

隋朝有于义、于宣敏、于颛、于玺、于仲文（均洛阳）。唐朝有于颀、于頔（均洛阳）。清朝有于锦堂（西华）。

40. 余

【姓氏源流】

余氏以名为氏。春秋时期秦国上卿由余的祖先是晋国人，因避乱而落难于西戎。戎王派由余到秦国以示交好，秦公对由余礼遇有加，后由余留在秦国并得到重用，秦国因此成为西方霸主。由余之后，以其名字为姓，便有了余氏。

先秦时期在今陕西、甘肃发展。秦汉以后向东发展，尤其在今江苏、浙江、安徽等地区发展成为大族，形成新安、下邳、吴兴等余氏望族。唐代已经遍布长江中下游地区，并进入今福建、江西、浙江地区。宋明时期，今福建、湖北、江西、浙江是余氏人口较为集中的地区。在当今中国姓氏中，余氏依人口数量排在第40位，以四川、广东、云南、江西等地的余氏人口为多。

【相关资源】

[墓葬陵园]

余城墓：位于商丘市睢阳区阎集街道余坟村。墓冢高1米，周长4米，墓前原有石刻。余城（？—1648），商丘（今属河南）人。明万历年间进士，官至兵部侍郎，清军入关后服银而亡。

余添墓：位于方城县券桥乡营房村。墓冢近平，墓前有康熙、雍正年间墓碑1通。余添，福建漳州人。康熙七年（1668）领兵驻河南南阳裕州督垦，诰授镇国将军，卒后葬于此。

余连萼墓：位于项城市新桥镇洪庄村。现存墓冢很小，但保存完好。余连萼（1854—1889），清代河南项城人。光绪九年（1883）进士，官至刑部主事。

[祠堂寺庙]

余氏祠堂：位于商城县伏山乡余子店村。清代建筑，坐东朝西，现存门楼3间，前殿3间，拜殿3间，偏殿3间，四周有花墙与门楼。偏殿硬山灰瓦顶，前殿、拜殿悬山灰瓦顶，斗拱与砖雕具有典型清代建筑特点，现保存完好。

【人物名录】

明朝有余爵（禹州）、余大中（嵩县）、余城（商丘）。清朝有余珆、余靖（均禹州）。

41. 叶

【姓氏源流】

叶氏源自芈姓，以邑为氏。帝颛顼之后鬻熊的曾孙熊绎受周成王之封而建立荆（楚）之国。春秋时期楚庄王的曾孙戌，在沈县任县尹，人称沈尹戌，他的儿子沈诸梁被任命为楚国北边要地叶邑（今河南叶县叶邑镇）尹，史称叶公。叶公后裔，以邑为氏，即叶氏。

先秦时期在河南、湖北等地活动，汉唐之际向湖南、山西、山东、安徽、浙江等地迁移，并在南阳、下邳形成望族。唐初、唐末以及北宋末年，中原叶姓族人的几次南迁进一步壮大了南方叶姓族人队伍，使得浙江、福建、安徽、江苏、江西等南方叶姓到宋朝，尤其是南宋时异军突起，族中名人辈出，成为大姓望族。明清时期，叶姓族人继续写就家族辉煌，不仅播迁范围进一步扩大，而且著名人物不绝于书。清代以来，福建、广东等沿海叶姓族人开始移居台湾。在当今中国姓氏中，叶氏依人口数量排在第41位，人口广泛分布于全国各地，尤以福建、台湾、广东、江苏、江西等地人数最多，分布最密集。

【祖源遗存】

叶公陵园：位于叶县叶邑镇西北。1994年修复的叶公陵园占地2万平方米，陵园高2米左右，长约8米，宽约5米。布局严整，是海内外叶公后裔寻根问祖和人民群众瞻仰谒拜的圣地。春秋末年，楚贵族沈诸梁食采于叶邑，人称叶公。他除辅佐楚惠王和经营方城之外，还兴建东西二陂水利工程，平定白公胜之乱，身兼司马、令尹二职。孔子周游列国，曾拜访叶公，叶公也曾问政于孔子。叶公晚年退老于叶，葬在叶邑北澧河南岸。叶公后裔，以"沈"或"叶"为姓，尊沈诸梁为始祖。

叶邑故城： 位于叶县城南15千米澧河与烧车河交汇处的叶邑镇。城址呈长方形，黄土夯筑，毁坏严重，有的城墙残高3米，北城墙残长850米，西城墙残长1160米，面积100余万平方米。故城处于南北交通要道，曾经为应、楚名城，是方城之外的军事重镇，灭应之役、方城之役等著名战役都与故城有关。

玩龙台：《叶县志》记载："玩龙台在旧县城东。叶公好画龙，神龙下降，即此地。台前有墨池，今尚有遗存可寻。"

【相关资源】

[故里故居]

叶家大院： 位于商丘市睢阳区老城叶隅首东街。始建于明代，部分建筑为清代增建，现存大门、前室、中厅、后室及6处东、西厢房，组成三进院落，均为硬山灰瓦顶，有屋脊装饰，前出廊，是典型的北方民宅风格。

叶廷桂故居： 位于商丘市睢阳区老城娄隅首西街。始建于明万历年间，清代重修。现有正房、厢房等11座建筑，组成正院和东西跨院，均为硬山灰瓦顶，部分有屋脊装饰，保存尚好。叶廷桂（1585—1646），明代虞城人。天启年间进士，累官山西按察使、兵部左侍郎等职。

叶家南宅： 位于商丘市睢阳区老城隅首东街。建于清康熙年间，清代晚期重修。为一四合院，正门、正房、厢房均为硬山建筑，有屋脊装饰，院内有回廊，保存尚好。

邓城叶氏住宅： 位于商水县邓城镇邓城寨村。始建于清康熙年间。四合院布局，现存三进院落。有平房17间，楼房70间，面积1980平方米。前院南北二楼相对，东西两侧各有厢房3间，中院四周都是二层楼房，东西二楼有走廊，后院为楼房，以游廊相连，有木雕装饰。整座建筑为硬山灰瓦顶，布局严谨。

叶家宅： 位于商丘市睢阳区老城中山南四街。清代建筑，大门、过厅、正房等建筑为硬山灰瓦顶，大门前檐有砖雕，过厅正房前出廊，厢房已经改建。

[墓葬陵园]

叶呈春墓：位于虞城县谷熟镇叶老家村。墓区面积1500平方米，现存墓冢高2米，周长33米，原有的石像生多毁坏。现存墓葬以及石狮，雕刻精美。叶呈春，明兵部左侍郎叶廷桂之父。

叶元滋墓：位于虞城县谷熟镇叶老家村。现存墓冢高1.6米，周长17米，墓前立有墓碑。叶元滋，兵部左侍郎叶廷桂之子，历任武略将军、锦衣卫副千户。在李自成攻打归德时战死。

叶增固墓：位于虞城县谷熟镇叶老家村。现存墓冢高1.5米，周长10米。叶增固，考授州同晋国子监典簿，授儒林郎。

叶建封墓：位于虞城县谷熟镇叶老家村。现存墓冢高2米，周长18米。叶建封，历任明代江西信丰县知县、湖南长沙府知府。

叶增高墓：位于虞城县谷熟镇叶老家村。现存墓冢高2米，周长18米。叶增高，清康熙壬子拔贡，精于草书。

叶廷桂墓：位于虞城县刘店乡叶田庄。现存墓冢高1米余，周长17米。墓前原有石供台、墓碑等，均残。

叶廷秀墓：位于范县辛庄镇叶庄村。墓冢面积10余平方米，高1米余。叶廷秀，明天启乙丑进士，官居兵部右侍郎。

叶笙墓：位于商丘市睢阳区王坟乡大王庄村。现存墓冢近平，墓碑为清道光年间所立，记载为清封宜人侯母卒后与叶笙合葬的情景。叶笙，清授五品衔湖北候补巡检。

【人物名录】

北宋有叶棻（南阳）。明朝有叶廷桂（商丘）、叶廷秀（范县）。清朝有叶鹏云（商丘）。

42. 蒋

【姓氏源流】

蒋氏出自姬姓，以国为姓。西周初年，周公姬旦的第三个儿子叫伯龄，被封在蒋（今河南淮滨县东南），建立蒋国，是周朝的一个小国。后来蒋国被楚国所灭，伯龄的后代子孙就以国名命氏，称蒋氏。

先秦时期主要在其发源地河南发展。汉代，已经播迁到陕西、山东、江苏、浙江、四川、安徽等地。唐代初年，河南蒋氏族人开始进入福建，到宋代时，已经有蒋姓人在广东定居。在当今中国姓氏中，蒋氏依人口数量排在第42位，主要分布在四川、江苏、湖南、浙江等地。

【祖源遗存】

蒋国故城：位于淮滨县东南13千米白露河和淮河交汇处中间偏南地带。故城北靠死河，这条小河由北至南到古城下折向东去。死河以西为岗地、以东为湾地，城址便坐落在东、西、北三面湾地包围的一片岗地上。城址呈长方形，东西长1200米，南北宽400~500米，城北面靠死河的台地与城内地面相平。其余三面城墙或断或续，墙高2~3米，底宽32米左右。在城址内采集有商周以至唐代的许多遗物，如商周时期的陶鬲足、春秋战国时期楚国的蚁鼻钱、唐代的铜镜等。蒋国为周公第三子伯龄的封国，当为成、康之际所封。始封国邑在尉氏县西。大约到周宣王时，为了强化对淮河中上游地区的控制，姬姓蒋国迁至淮滨县东南。春秋中期城濮之战后，楚国北上受挫，掉头东向，伐灭淮河流域小国，蒋国当于此时被灭，楚灭蒋后置期思县。

【相关资源】

[碑碣刻石]

蒋氏祠堂碑：位于商城县汪岗镇蒋岗村。碑高1.1米，宽0.78米。清光绪乙巳（1905）六月立，撰文及书丹人蒋艮，正文楷书15行，满行20字，记述蒋氏祠堂的修建经过和蒋氏祭供祖先等事。

蒋奇猷功德碑：位于睢县县城东南蒋坟村。碑高1.41米，宽0.6米。清康熙年间刻石，张庚书丹，楷书、隶书并用，记载蒋奇猷在乡里赈济灾民、修堤铺路等有利民生的功绩。蒋奇猷（1618—1689），清初睢州（今河南睢县）人。顺治年间举人。富而好施，多有善举。

[其他遗存]

阳武县城：即今原阳县城，为蒋兴祖抗击金兵就义的城址。宋时为土城，明正统十四年（1449）增筑砖城。城门5个。今城墙已毁，仅存清乾隆时重修砖城记碑1通。据《宋史·忠义传》载，钦宗靖康年间，金兵南侵时，蒋兴祖为阳武县令，在城被围时坚持抗战，至死不屈，极为忠烈，他的妻、子均死于此。

【人物名录】

唐朝有蒋伸、蒋偕、蒋将明、蒋乂、蒋系、蒋曙（均洛阳）。清朝有蒋发（商城），蒋奇猷、蒋日纶、蒋予蒲、蒋珩、蒋予检（均睢县），蒋湘南（固始），蒋艮（商城）。

43. 杜

【姓氏源流】

杜氏有两个来源：一出自祁姓，以国为氏。西周初年，周成王将唐杜氏迁于杜城，建立杜国，史称杜伯。周宣王时，杜伯蒙冤被周宣王所杀，杜国因此灭亡，留居杜城者以"杜"为氏。二为鲜卑族复姓所改。南北朝时，北魏孝文帝迁都洛阳，改鲜卑族的独孤浑氏为杜氏。

先秦时期杜氏播迁繁衍于今山西、山东、湖北、四川等省。汉代到南北朝时期，杜氏在今河南境内分布较为普遍，并在南阳形成望族；陕西京兆杜氏比较兴旺。宋代以来，杜姓族人迁居福建、广东等地。在当今中国姓氏中，杜氏依人口数量排在第43位，人口广泛分布于全国各地，其中尤以辽宁、四川、湖南、山东、河北、甘肃等地为多。

【祖源遗存】

刘累故邑：见刘姓下"刘累故邑"介绍。
汉魏故城：见周姓下"汉魏故城"介绍。

【相关资源】

[故里故居]

杜康村：位于汝阳县城北25千米处。村南杜康河流水潺潺，清澈见底，其中酒泉沟一段，百泉喷涌，清洌碧透，夹岸树木葱郁，景色宜人。酒泉沟旁有杜康祠，始建于汉光武帝刘秀建武年间。近年来，当地企业出资重建了杜康祠、香醇园、杜康墓园、杜康酒家、酒泉亭、二仙桥、葫芦湖、知恩亭、古酿斋、七贤遗址、魏武

⊙杜康墓

居、饮中八仙殿等20多个景点，并办起中国酒类博物馆等，使杜康村成为酒文化旅游胜地。

杜康公园：简称"杜园"，位于伊川县城西南部。西接白虎山，东与伊川杜康酒厂相临，占地面积7200平方米，园中有山门、怡然亭、溢香堂、酒圣祠等主要建筑，总建筑面积3900平方米。在苍松翠柏掩映下的酒圣祠位于杜园正中央，四周有回形走廊，雕梁画栋，五彩缤纷。祠正中是杜康金身塑像。

杜甫故里：位于巩义市城东10千米处的站街镇南窑湾村。背依笔架山，面临东泗河，是唐代大诗人杜甫的诞生地。杜甫曾祖杜艺任巩县令时，举家由襄阳迁居巩县，杜甫即生于此，并在此度过少年时代。故里原有杜甫祠堂，始建年代未详。清雍正五年（1727）河南府尹张汉重修并立"诗圣故里碑"1通，清乾隆、同治及民国年间又多次立石。杜甫故里坐东向西，现有宅院长20米，宽10米，小青瓦门楼，院内有东西向临街房3间，硬山式灰瓦顶，门上悬郭沫若书"杜甫故里纪念馆"匾。室内陈列杜甫诗集珍本及后人诗配画等。东侧有房2间，北侧有1间窑洞，门额悬郭沫若书"杜甫诞生窑"匾额，洞口为砖砌墙壁。洞高3米，宽2米，深20米，前7米为明代砖券，后13米系1955年仿明代砖券重修。院内西墙上嵌清代碑1通，楷书"唐杜工部讳甫位"，1963年初迁此。门外墙上嵌清代张汉草书"诗圣故里"碑1通。故居大路口有碑楼1座，内立清代碑刻，正面楷书"唐工部杜甫故里"，碑楼北侧嵌清代石刻1方，为"唐工部杜文贞公碑记"。

杜彦威故居：位于光山县殷棚乡李庄村。旧居为2间硬山顶灰瓦房，面积50平方米，曾是杜彦威出生和成长的地方。杜彦威（1907—1948），河南尧山人。1924年加入中国共产党，曾与熊少山、殷仲环领导殷区农民运动。后加入红四方面军，1948年12月牺牲于徐州。

[墓葬陵园]

杜甫陵园：位于巩义市西6千米处康店镇康北村西岭上。陵园南眺嵩岳，北凭黄河，东傍蜿蜒东流的伊洛河，地势开阔，绿树成荫，环境优美。陵园占地约2.2万平方米，坐北向南，主体建筑有大门楼、杜甫大型雕像、双层亭、"诗圣"碑林、杜甫墓、吟诗亭、望乡亭、草亭、献殿等。杜甫墓呈覆斗状，高10米，周长72米，墓前立有石碑2通，其一为清康熙四十四年（1705）"唐杜少陵先生之墓"，其二为清康熙十九年（1680）"巩县杜少陵先生墓碑记"。唐大历五年（770）杜甫在湖南湘江途中病亡（一说死于耒阳），因家人无力安葬，灵柩厝于岳州（治今湖南岳阳）平江县南15千米处的小田村。元和八年（813），其孙杜嗣业扶柩归葬于此。杜甫墓已经重

⊙杜甫墓

新修建扩充，占地约2.7万平方米，并修建了仿唐式大门，竖花岗岩杜甫像，建仿唐杜诗碑廊，以崭新的面貌向世人开放。

杜甫墓：位于洛阳城东约28千米处的偃师市城关镇杜楼村。墓碑立于清乾隆五十五年（1790），上书"唐工部拾遗少陵杜文贞公之墓"13字，为河南府尹张松孙手书。另有碑刻10余方，今存杜楼中学院内。墓冢以青砖包边，呈八角形，高2米，周长32米，系1956年重修时所砌。杜甫墓之北，原有杜甫祖父杜审言墓，今已不存。再向北，有杜甫先祖、晋当阳侯杜预墓，今存墓碑。

杜氏祖茔：位于扶沟县吕潭乡栾坡村内。墓封冢已平，尚存清咸丰十一年（1861）立墓碑1通，碑额刻"杜氏祖茔"4字，碑文记述杜氏始祖由山西洪洞县迁入扶邑后的繁衍情况。

杜之恒墓：位于新野县施庵镇杜营村西。封冢高2米，直径约9米。《新野县志》记载及杜氏后裔口碑相传为明大学士杜之恒墓。杜之恒，明代新野人。

二杜墓：位于宜阳县柳泉镇花庄村北。二杜系曹魏时杜畿、杜恕父子，杜畿任尚书左仆射，杜恕任幽州刺史。两墓距离较近，形如马鞍，高7米许，周长20余米，县志记载为二杜墓。

武强镇晋墓：位于清丰县纸房乡武强镇村北。两座墓冢相距10米，高1.5米，长2.5米，宽2米，传分别为杜康墓和刘伶墓。墓前立清光绪十一年（1885）碑1通，书"远祖杜公讳康之墓"。其中一墓曾出土有陶罐、陶盆等晋代遗物。

[碑碣刻石]

重修杜如晦庙碑：位于尉氏县洧川镇纸坊村。碑高1.16米，宽0.46米，厚0.15米。清乾隆二十九年（1764）立，圆首，方座。碑文记述杜如晦生平和庙宇颓废重修事宜。杜如晦（585—630），唐初大臣，字克明，京兆杜陵（今陕西西安市东南）人。官至尚书右仆射，卒后葬于洧川。

晋当阳侯杜公之祠碑：位于南阳市七里园乡大屯村东。碑已残为两截，高1.33米，宽0.66米。元至元十六年（1279）九月立，李衍书丹，碑阳楷书"晋当阳侯杜公之祠"，碑阴楷书16行，满行23字，为杜昌翁祭文。杜预（222—284），西晋京兆杜陵（今陕西西安东南）人。官至镇南大将军，因平吴国有功，被封为当阳侯。

【人物名录】

西汉有杜周、杜延年、杜缓、杜钦、杜业（均南阳），杜邺（内黄）。东汉有杜林（内黄）、杜诗（卫辉）、杜茂（邓州）、杜子春（偃师）、杜根（郾城）、杜众（灵宝）、杜密（登封）、杜乔（林州）、杜安（禹州）。三国有杜夔（洛阳）、杜袭（舞阳）、杜棋（南阳）。隋朝有杜正玄、杜正藏（均安阳）。唐朝有杜正伦、杜咸（均安阳），杜审言、杜甫（均巩义），杜暹、杜鸿渐（均濮阳）。北宋有杜杞、杜孩儿、杜炤（均开封），杜常（卫辉）。南宋有杜充（安阳）、杜生（许昌）。元朝有杜瑛（偃师）、杜敬（开封）、杜秉彝（安阳）。明朝有杜忠（卢氏）、杜柟（临颍）。清朝有杜俊彦、杜之昂（均扶沟），杜桂（卢氏），杜允中（灵宝），杜知耕（柘城），杜苇（汝州），杜培诚（方城），杜毓泽（沁阳）。

44. 苏

【姓氏源流】

苏氏有两个来源：一出自己姓，以国为氏。五帝之一颛顼后裔昆吾的儿子在夏代被帝槐封于有苏，故称有苏氏。周初，武王将有苏氏首领苏忿生任命为司寇，封于温（今河南温县）。春秋时，苏国灭亡，其后代以"苏"为氏。二为鲜卑族复姓所改。北魏代北鲜卑族复姓拔略氏随魏文帝南迁洛阳，改汉姓为苏氏。

早期主要集中在中原，汉唐时在陕西、河北、湖北等地发展，在扶风、武功、赵郡等地形成望族。唐代以后向东南地区播迁，并形成眉山、铜山、芦山三大族派，渐次发展到全国各地。在当今中国姓氏中，苏氏依人口数量排在第44位，人口广泛分布于全国各地，尤以广东、广西、河南、山西等地分布为多。

【祖源遗存】

苏国故城与古温城：位于温县西的上苑、古城村一带。依文献记载，苏忿生受封于温而建立苏国，并以温为苏国国都。在今上苑村北发现有面积4.5万平方米的遗存，文化层厚约3米，发现有灰陶罐、鬲、鼎、杯、豆等陶器和少量石器，从陶片可知此处为龙山文化与二里头文化遗存。在遗址西部濒临古济水之处，有断续的夯土层，很有可能为早期城墙。在上苑以东至招贤一带，南达古城、安乐寨，至今还保留有较多的遗迹与传说，有的地方还保存高3～5米的城墙，从城墙内的包含物分析，此应为东周至汉晋时期的古温城之所在。在招贤村西北，发现有面积达1万平方米的汉代烘范窑遗址，经发掘共清理4座残炉和窑室，清理出500余套尚未浇注的叠铸范模，计16类36种，多为车马挽具，最多者可一次浇注84件，为当时世界上最先进的铸铁技术。这也从一个方面反映了汉代古温城的经济水平。在上苑村西还保存有东西长约500米、两头宽约百米的马蹄形土台，土方高10米，系夯土结构。此土台为古温城的高台建筑，因周桓王十六年（前704）周臣虢公仲率兵伐晋之曲沃，于此集合诸侯誓师而称为"虢公台"，并因此成为古温城的标志性建筑。三国时，司马懿北征公孙渊于此路过，在台上宴请故里父老，故亦称"贺酒台"。

苏门山：位于辉县市西北百泉镇一侧，现已与辉县市区联为一体，为苏姓的发源地。苏门山为太行山支脉，又称苏岭、百门山，其意为"樵苏之门"，其名称至少在晋代便已有。苏门山海拔仅184米，但却北牵群岭、南吐清泉，漫山翠柏，满目青绿，亭、台、楼、庙虚掩其间，碑碣刻石藏于其侧。苏门山为一文化山，晋代孙登常啸于此，其山巅有啸台，东侧有明代义士彭了凡的饿夫墓，西侧有宋代理学家邵雍的故居"安乐窝"，中间半山处有孔庙，山脚下有卫源庙和碑廊，到处都是历史，随处可见文化。

汉魏故城：见周姓下"汉魏故城"介绍。

【相关资源】

[故里故居]

苏秦故里：苏秦为战国时纵横家。《史记·苏秦列传》载："苏秦者，东周洛阳人也。"《史记》正义引《战国策》确指其为"洛阳乘轩里人"，但其具体位置已不得知。《太平寰宇记》引《郡国志》曰："苏秦宅，在利仁里。后为后魏尚书高显业宅。每夜显业见赤光，于光处掘得金百斤，铭曰'苏秦金'。显业因为之造寺。"据《尚友录》考证，苏秦为洛阳古太平庄人。近年来，在洛阳市郊李楼乡太平庄村发现了唐代的"苏秦墓"碣，以及明初的"苏秦故里"碑，在附近的汉墓中还发现有"苏氏"二字的陶罐，从而可以确定这里不但有苏氏居住，而且极有可能为苏秦故里。

[墓葬陵园]

苏氏祖陵：位于温县县城北。两个高大的土冢有虹桥相连，当地称之为"联珠台"，高7米，周长200米，传说此为殷末名臣苏护与苏全忠父子墓。另在今县城以西夏庄村有"苏沟"，传说此地有苏氏墓区，清道光年间曾发掘一墓，墓石上写有"商大将军苏全孝之墓"的字样。以上墓冢，虽未经过科学发掘，但从对部分墓葬的勘探可知，这些墓冢的年代较多，从其所具有的更多的与苏氏有关的传说可以推测，这些墓冢或许与苏氏祖陵有关。

苏秦墓：有三处。一处位于新安县铁门镇蔡庄村南，墓区面积600平方米，现存墓冢高4.5米，传为苏秦墓；一处位于巩义市西南28千米处的鲁庄镇苏家庄村南，墓现高约15米，周长约80米，传为苏秦墓；一处位于洛阳市东郊，汉魏故城东南约1.5千米，洛河北岸有张苏寨村，寨内有一冢，相传即苏秦墓。

三苏坟：又称苏坟、苏家坟，位于郏县西北27千米处的小峨嵋山的箕形山坳里。三苏坟墓区有砖砌围墙，占地7937平方米，南墙正中有清式硬山式门楼，门楼两侧有1对石狮，门外神道两侧分列有石人、石狮、石马、石羊、石狗、石猴等石像生。门内侧有宽6米、高7米的石坊，左右坊柱正面镌刻有东坡示子由诗："是处青山可埋骨，他年夜雨独伤神。"坊楣刻有"青山玉瘗"的横额。石坊后为享堂和祭坛，再后面为三个圆形墓冢，苏洵墓居中，苏轼、苏辙二墓分列两侧，墓冢大小基本相同，高约2米，周长约15米，墓前均有石供案及墓碑。在墓冢两侧有苏洵曾孙六公子碑及墓。坟院西南有三苏祠，内塑有三苏坐像。坟院和祠堂内外

⊙三苏坟

现存有祭文、诗词碑刻数十通。院内广植翠柏数百株，郁郁葱葱，庄严肃穆。据记载，苏轼于北宋建中靖国元年（1101）病逝于常州，次年移葬于此。苏辙于苏轼卒后11年病逝于许昌，从兄归葬于此，其子孙亦多在此下葬。1972年，发现了苏辙之子苏适及夫人黄氏的墓志刻石。因此，郏县三苏坟应为三苏家族的重要墓地。苏洵于北宋治平三年（1066）卒于京城（开封），后归葬于故乡眉山，今四川省眉山市柳沟有苏洵及夫人程氏合葬墓。郏县的苏洵墓为元代至正年间（1341—1368）县尹杨允所置的衣冠冢。三苏，即北宋文学家苏洵、苏轼、苏辙父子。

苏立墓：位于修武县七贤镇北孟村南。高2米，周长20余米，面积约16平方米。墓前有一龟形碑座。苏立，字挺之，修武县孟村人。北宋景德年间，契丹南侵，苏立尽散家财，组织乡曲子弟，结以信义，捍御群寇。后参加官军，因功勋卓著，官至右骐骥副使同提点湖南两浙刑狱公事。卒于长沙官舍，归葬乡里。

苏民望墓：位于长垣县张寨乡苏坟村西。墓区面积300平方米。墓冢高3米，直径5米。一侧为其父墓。苏民望，字子惠，明代长垣县人。隆庆间进士，历任刑部主事、贵州道御史、河南巡按、陕西

按察司副使。

苏祐墓：位于范县杨集乡苏庄东南。墓冢高1.5米，周长15米。原墓前神道石刻均毁，仅存螭首残碑2通，字迹已难辨认。苏祐（1492—1571），明代濮州（治今河南范县西南濮城镇）人。嘉靖年间进士，历任兵部侍郎、兵部尚书，著有《三关纪要》《谷原诗文》等。

苏澹墓：位于范县王楼镇苏庄东。墓冢面积120平方米，高1米余。前存明代立墓碑1通，记其生平。苏澹，明兵部尚书苏祐之子，早年随其父宦吴，有《苏仲子集》传世。

苏继欧墓：位于许昌县榆林乡牌坊李村东北。占地约2000平方米，今墓冢已近平。苏继欧（1572—1627），苏轼后裔，明代许州（今河南许昌县苏桥村）人，万历年间进士，官居吏部考功司郎中，遭魏忠贤陷害致死，后被追封为太常，葬于颍水之滨。

[祠堂寺庙]

净居寺：又名梵天寺，位于光山县城西南22千米处的苏山峡谷中。苏轼被贬谪黄州赴任途中曾游该寺，住5月有余，寺中存有"宋苏轼游净居寺诗并序"石碑。该寺始建于唐神龙二年（706），宋乾兴元年（1022）重建，更名梵天寺。现存房屋59间、明清碑碣36通及紫云塔等，大雄宝殿已修缮恢复原貌。

乾明寺：位于睢县县城。北宋绍圣元年（1094）四月，苏轼被哲宗贬谪，知定州，不足一年，解除定州之任，去岭南惠州，途中适逢雨天，留住襄邑（今河南睢县）乾明寺中，遂书《洞庭春色赋》《中山松醪赋》。此二赋受襄邑人喜爱，视若珍宝，于是在乾明寺刻碑建亭曰"宝墨亭"。现寺与亭均已不存。二赋真迹于1982年由吉林省博物馆收藏。

三苏祠：位于郏县三苏墓园西南广庆寺后院，系元代创建。祠内至今保存着元代"三苏"泥塑像。祠前有元至正十二年（1352）曹师可"三苏先生祠堂之记"碑、明嘉靖三十一年（1552）知县尹庭"祭苏坟二首"碑、清嘉庆年间河南按察司检事牛朝字"拜谒三苏公之墓"碑等。

张氏家庙：位于许昌县椹涧乡东长店村。现存建筑为清代所建，面阔3间，进深2间，硬山灰瓦顶。相传为北宋苏辙的旧居客厅。南侧高岗被称为子由岗，以宋时苏辙（字子由）旧寓于此得名。

[碑碣刻石]

涌金亭碑：位于辉县市西北3.5千米处百泉涌金亭内北墙壁上。碑上刻"苏门山涌金亭"，为元祐五年（1090）苏轼所书，字体端庄有法，俊逸潇洒。

题布袋僧真仪像碑：位于辉县市百泉碑廊上院。碑上刻僧人画像及苏轼题词："熙宁间，画公崔白示余布袋僧真仪，其笔清而尤古，妙乃过吴矣。"

观音赞碑：镶嵌于登封市少林寺碑廊墙壁上。高1米，宽0.45米，苏轼书丹绘画，行书字体。碑上部有碑文11行，满行10字，字径1.5厘米；碑文右侧有题记4行，字径约1厘米；碑阳面下部线刻一观音像，像高0.56米。此碑刻立于金代，显然为后人临摹重刊的。此碑书画俱佳。

《醉翁亭记》刻石：现存郑州市博物馆。宋代欧阳修撰，苏轼书，清康熙三十一年（1692）新郑高有闻刻。共24方，其中13方为《醉翁亭记》，5方为苏轼记述写此文的缘由与落款，另6方为赵孟頫、宋广等人题跋。

[其他遗存]

拜相台：位于安阳市城西5千米的柴库村西。相传战国时，苏秦联合六国抗秦，在此聚会诸侯，并在此台上授印。苏秦为六国丞相，故称"拜相台"。现存土台高约7米。

东坡读书台：位于光山县净居寺背侧，高踞在苏山的山腰间。苏轼游净居寺时，每日同居仁和尚于此吟诗作赋。据载读书台当年有房十数间，今仅存灰砖铺面的台址。

小西湖：位于许昌市西北隅，占地近20万平方米。始创于东汉末年，取名"西湖"。北宋时期，苏轼、苏辙曾与欧阳修、范仲淹、程颢、程颐等人云集于此，观花赏景，饮酒赋诗。苏轼曾在此建"长啸亭"，常临亭长啸，借酒浇愁。苏轼游西湖时，曾写有五言长诗《许州西湖》。后苏轼官杭州，赋诗寄赠许州知州赵德麟，诗中有"西湖虽小亦西子"之句,赵遂改许州西湖为"小西湖"。现已辟为西湖公园。

苏子由读书亭:位于淮阳县城西北柳湖中,为苏辙任陈州教授时所筑,明成化年间扩建,台高4米,面积1500平方米。台中有亭,亭高10米,内径为6米,周围有3级台阶。原亭已废,仅存湖中高台。1996年有关部门重修亭台。

【人物名录】

战国有苏秦、苏代(均洛阳)。三国有苏林(民权)。南宋有苏汉臣(开封)。明朝有苏璟(开封)、苏朝宗(卫辉)。清朝有苏宏祖(汤阴),苏文枢、苏嵋(均卫辉),苏名卿(淮阳),苏天福(永城),苏源生(鄢陵),苏鹏鬻(荥阳)。

45. 魏

【姓氏源流】

魏氏出自姬姓,以国为氏。周文王的儿子毕公高,其后代毕万为晋献公时大夫,因功以魏为封邑,以后成为晋国的大族,三家分晋之后正式建立魏国,魏惠王时迁都大梁(今河南开封市西北),故又称梁国。战国末年为秦国所亡,其后裔以国为氏,即魏氏。

先秦时期在今山西、河南、山东等地发展,两汉时期繁衍到今湖南、湖北、河北、陕西、甘肃、青海等地,并在巨鹿、任城等地形成望族。唐宋以来,魏氏族人已繁衍到今江苏、浙江、江西、湖南、四川及两广地区和福建等地。在当今中国姓氏中,魏氏依人口数量排在第45位,并以四川、河北两地为多。

【祖源遗存】

魏都大梁：位于开封市的西北部，其北城墙在今开封北城墙和西城墙之外。大梁有12个城门，今天能找到线索的只有两处，一个是东面铁塔附近的夷门，另一个是高门即大梁的西门。两门之间相距大约5千米，南城墙在今相国寺南，北城墙在今开封城北2千米处，其面积比今天的开封城还大。

梁惠王墓：位于中牟县官渡镇韩庄村西南500米处。清同治《中牟县志》云："梁惠王墓，在县东三十里韩庄西南一里，周围二亩，高一丈五尺，形如偃月。"墓南北长98米，东西宽65米。墓冢高出地面4米，俗称"老虎谷堆"。梁惠王（前400—前319），即魏惠王，公元前369—公元前319年在位。战国魏武侯之子，先后败于齐、秦，迁都于大梁，死后葬于此地。

魏襄王墓：位于卫辉市区西南12千米的娘娘庙村南约200米处。从东到西分布了7个土冢，其中第3号冢是战国时期魏襄王（一说为魏安釐王）墓，即《汲冢书》出土遗址。西晋咸宁五年（279），该墓被汲郡人盗发后，残存先秦古籍竹简数十车。太康二年（281），晋武帝下令整理这批竹简。经学者们20年的整理、考证，整理出闻名于世的《汲冢书》，又称《汲冢纪年》《竹书纪年》。

信陵君墓：位于开封城南金钟李村西。墓高约1米，直径15米，周长50余米，墓冢林木覆盖，郁郁葱葱，颇为壮观。千百年来，信陵君广招天下客、礼贤下士和"窃符救赵"的故事流传不衰，有包括汉高祖刘邦和史学家司马迁在内的无数贤人雅士来此拜谒，并留下许多著名诗篇。信陵君，名叫魏无忌，魏昭王之子，为"战国四公子"之一。

【相关资源】

[故里故居]

魏野草堂：位于三门峡市西三里桥村，为宋朝处士、诗人魏野故居。前为草堂，后有乐天洞，清泉翠竹绕之，云山大河临之。魏野在此作成《草堂集》。现仅存乐天洞。魏野（960—1019），陕州（今三门峡市陕州区）人。北宋著名隐士，有《草堂集》传世。

[墓葬陵园]

魏冉墓：位于邓州市大东门外的苗圃北。墓冢现高5米，周长42米。《大明一统志》等记载魏冉墓在邓州。魏冉，战国时期政治家、军事家，秦昭襄王母宣太后之弟，后封于穰，号穰侯。

魏征墓：有两处。一处位于虞城县店集乡魏堌堆村东北。墓冢高2米，周长10米，墓地面积500平方米，有残碑1块。另一处位于尉氏县洧川镇魏征庙村。墓冢高10米，底径26米。据说魏征投李密瓦岗军前曾侨居洧上（今河南尉氏县洧川镇），卒后归葬于此。魏征（580—643），唐初著名政治家，以直谏闻名天下。

四合村墓葬：位于尉氏县洧川镇四合村。墓冢高10米，直径24米。据记载唐代魏征曾客居于洧，卒后葬此。

魏允贞墓：俗称都堂坟，位于南乐县城南关外。明神宗万历三十七年（1609）十二月筑墓，与其妻邑人商丘县丞赵履谦女合葬，敕修神道、翁仲石碑。20世纪40年代挖开坟墓，魏允贞尸骨未腐，俨如安然熟睡，衣冠佩饰亦如生者。出土有墓志。

魏氏家族墓：位于南乐县城关镇。墓地面积1500平方米。魏允贞（1542—1606），明大名府南乐县（今属河南）人。万历年间任兵部右侍郎、监察御史。其子魏广微历任南京礼部侍郎、礼部尚书。

魏氏先茔：位于清丰县仙庄镇西魏村。墓冢年代为明代，现墓冢已平。现存墓碑1块，为清乾隆三十三年（1768）所立，碑文记述了魏氏先祖明洪武年间自山西洪洞县迁移至此子孙繁衍的情况。

魏谦六墓：位于郏县王集乡魏庄村。墓冢已经夷平，现存有道光帝时碑石1通，碑高2.34米，宽0.7米，魏谦六之子魏蓝玉、魏梦玉立石，碑文系道光皇帝对魏谦六诏旨的全文。魏谦六，汝州郏县（今属河南）人。清代道光进士，曾任文安等地知县，后归葬故土。

[祠堂寺庙]

魏征庙：位于尉氏县洧川镇魏征庙村。该庙坐北向南，原庙门高大雄伟，门前有石狮1对，昂首怒目，气势逼人。现存大殿1座，拜殿3间。殿前两侧悬有2口铁钟，殿内中央塑魏征像，神采奕奕。

[碑碣刻石]

魏氏墓碑：位于台前县夹河乡张广村。现存墓碑4块，有"义官魏公宗理之墓"碑、"国戚魏四公良富妣马氏墓"碑等。为明代碑刻，原立于山东阳谷县张秋乡西魏氏祖茔。1985年魏氏后人迁至此处。

魏氏祖茔宗派碑：位于濮阳南乐县寺庄乡利固村。碑长1.56米，宽0.58米，厚0.18米，明万历九年（1581）魏氏子孙立，碑文记述魏氏祖籍及四门子孙繁衍情况。

魏允贞墓志铭：原石1947年出土于南乐县城南1千米许的魏允贞墓中，后来移至南乐县文化馆。墓志一合二石，刊于明神宗万历三十五年（1607）四月十七日。青石质，正方形，高宽皆0.99米，厚0.17米。志文楷书68行，满行79字，共有5100余字。字体稍扁，端正秀丽。墓志基本完整，唯志盖损右下角。其上阴刻篆书4行，满行5字，为"明通议大夫兵部右侍郎见泉魏公墓志铭"17字，缺"夫"字。墓志由长垣李化龙撰文，广信杨时乔篆盖，临潼李三才书丹。三人于《明史》中皆有传，志文未见著录。其志文为史书中所载的有关诸人的官秩事迹提供了有力的佐证，丰富了明代历史资料，有的可补史书的不足。

魏氏节孝石坊：位于巩义市康店镇裴峪村焦家祠堂院内。建于清嘉庆年间。该坊是一座石质三间四柱三楼式牌坊，明间高5.6米，宽3米，两次间均高为3米，宽1.2米。庑殿顶，顶上的脊吻在"文化大革命"中被毁，其他部分保存尚好。檐下置斗拱，正中嵌刻一竖匾，上刻"圣旨"2字。斗拱下置坊，上雕八仙图，坊下置栏板，上刻"壶仪闺范"4个颜体大字。再下又置石坊，上刻5幅图像，其内容大都是宣扬孝道的。坊下置栏板，上刻楷书"旌表已故太学生焦正儒妻魏氏节孝坊"。两次间结构与明间同，右次间石坊与栏板上雕刻有游龙及白蛇传人物，形态生动。石坊的阴部也有内容丰富的雕刻图案。该坊结构严谨，造型古朴，雕刻精细，保存完好，具有一定的艺术价值。

[其他遗存]

魏允贞画像：系南乐县城内魏氏家族祖传，现藏县狮子庙街。画像为绢本，装裱规整。通高3.4米，宽1.22米。用工笔浓彩技法绘制魏允贞站像。魏允贞面目端正，表情严肃，头戴五梁冠，身穿紫袍，手抱牙笏，足登云头靴。画像无衬景，显得刚毅正直。绘画技艺娴熟精练，头面部细腻，一丝不苟。服饰多用平涂，仅在衣褶处用重墨勾勒，稍加润色，使衣着朴实无华且严肃规矩。画像略显破残，无题字，仅在上部卷轴上残存"介肃公"3字。画像曾经修补，始制年代不详。

【人物名录】

战国有魏无忌（宁陵）。秦有魏咎、魏豹（均宁陵）。东汉有魏垣（正阳）。三国有魏延（桐柏）。唐朝有魏元忠（商丘）。五代有魏仁浦（卫辉）。北宋有魏丕（安阳）、魏咸信（卫辉）、魏野（陕州）。明朝有魏尚纯（禹州），魏大本（汤阴），魏允贞、魏广微（均南乐）。清朝有魏文翰（郑州）。

46. 程

【姓氏源流】

程氏源头较多，比较为族人认可的一支起源于中原地区，是从风姓中分出的，为重黎之后。商时封重黎之裔孙于程（今河南洛阳市东），建立程国。周宣王时，重黎裔孙休父入朝任司马，他的子孙以封国为氏，就是程氏。

春秋时，分布在今河南、山西、河北、陕西一带，秦汉之际，程氏族人已迁入蜀郡，以及今浙江、江西。至汉代，程姓主要兴盛于我国北方各地，分布于今山西、河南、河北、陕西等地，并有部分南迁至今四川、浙江、江西等地。魏晋之际，尤其是晋末，因北方连年战乱多事，中原氏族大举南迁，有程氏族人也随之南迁。其中安徽、江苏等省是程氏首先南迁的主要地区，其后再繁衍于湖南、江西省境。与此同时，程氏在西北也有了新发展，并在安定形成望族。唐宋时期，程氏族人已散居全国大部分地区，以安徽、四川、江西、河南、湖北为多。在当今中国姓氏中，程氏依人口数量排在第46位，人口广泛分布于全国各地，尤以河南、安徽、湖南、四川、山东等地为多。

【祖源遗存】

程国故城遗址：位于洛阳市东15千米的偃师、孟津交界处。《通志·氏族略》载："程氏，伯爵，风姓，重黎之后也。重为火正，裔孙封于程。洛阳有上程聚，即其地也。"

【相关资源】

[故里故居]

"二程"故里：位于嵩县田湖镇程村。故居初建于宋徽宗崇宁二年（1103），为"二程"后裔世居之地。明景泰六年（1455），被敕封为"二程故里"，建石牌坊1座，已毁。现存清道光四年（1824）修复的程氏祠堂。原为4座大院，共60间，现存建筑20间，其余40间已经复修，全祠面积约4390平方米。祠前是"永敬门""棂星门"，门内两边有"春风亭""立雪阁"，后面是"道学堂""启贤堂"及东西讲堂，前院有古柏（已枯）。祠内存有宋至清碑刻20通。"二程"指的是北宋著名哲学家、教育家程颢、程颐兄弟。"二程"为北宋理学奠基人，后朱熹继承发展了"二程"学说，被世人称为"程朱学派"。程颢（1032—1085），字伯淳，后人称明道先生；程颐（1038—1107），字正叔，后人称伊川先生。

⊙ 两程故里石坊

两程故里石坊：位于嵩县田湖镇程村。始建于明天顺六年（1462），万历七年（1579）重修，为四柱三间三楼式石坊，明间高8米，宽4.5米，两次间均高6.5米，宽2.5米，庑殿顶。明间檐下施石坊，置石斗拱，正中嵌横匾，上书"圣旨"和"两程故里"。两次间结构同于明间，各嵌栏板，上刻立坊者姓名。

程福亮故居：位于洛宁东宋镇大庄村。现存大门、前院、中院和绣楼，均为硬山式砖木结构，四合院建筑。大门有砖雕装饰，绣楼5间3层。程福亮（约1623—1692），清代洛宁人。累官怀庆总兵，封骁骑将军。

⊙ 程福亮故居——绣楼　　⊙ 程福亮故居——分院门楼

[墓葬陵园]

二程墓：位于伊川县城西1.5千米处的白虎山下。墓冢坐北向南，平面略呈长方形，东西长205米，南北宽137.5米，总面积约3.3万平方米。墓园包括程墓和程祠两部分。祠庙在前，墓冢在后，四周有围墙。园内有古柏500余株，苍劲挺拔。墓园西北角为程氏三先生墓冢，呈"品"字形排列，上为"二程"之父程珦墓，左为程颢墓，右为程颐墓。墓前均竖有墓碑1通。墓前神道两侧置有明代增设的石刻仪仗石人、石狮、石羊等，多已残损。墓前祠庙内有大殿、卷棚、东西厢房各3间，均为近代建筑，祠院内两侧分别竖立有明宣德和清康熙、嘉庆、乾隆年间的重修碑4通。

程震墓：位于偃师市缑氏镇程庄村东。其墓封冢已夷平，尚存"金故少中大夫御史程君墓碑"1通。碑螭首，赑屃座。高4.18米，宽1.1米，厚0.39米。元中统四年（1263）立。元好问撰文，李微书丹，李冶题额。文隶书24行，每行64字，记述程震家世、官职生平，赞扬其为政干练而有风骨。碑阴刻"程氏先茔图""两程世系图"。神道石刻尚存石羊、石狮、石虎等。程震（1180—1224），东胜（今内蒙古托克托）人。金代进士。初为陈留县（今属河南开封市）令，累迁监察御史，为官不避权贵，颇有政声。

⊙程震墓碑

程国仁墓：位于商城县伏山乡杨桥村。墓冢东西长12米，南北宽9.5米，冢高3米。现墓旁仅存有石祭台、石碑龟座，碑已不存。程国仁，号鹤樵，清代商城县人。乾隆进士，嘉庆时任翰林院编修，官至贵州巡抚。

程祥庵墓：位于叶县任店镇柳疙瘩营村。墓封冢已夷为平地，仍存清咸丰九年（1859）立墓碑1通，碑高2米，宽0.7米。碑文记载了程公身世、品行，还提及捻军在叶县境内的活动。

程家村墓群：位于嵩县木植街乡程家村北。程氏墓地，墓冢多已平。尚立有程光祖夫妻合葬墓碑，清同治五年（1866）刻石。墓碑记述嵩县高都街程姓和程村的程姓为同一祖宗后裔，原祖居江南，后迁到嵩县，在程村建有祖茔。

[祠堂寺庙]

二程祠：位于洛宁县东宋镇丈庄村。为程颐、程颢后裔于明嘉靖年间创建，清顺治十年（1653）、康熙二十年（1681）重修。现存戏楼较残破，大门、厢房已改建。正殿1座，面阔3间，进深2间，硬山灰瓦顶。正殿前壁嵌康熙二十六年（1687）、二十八年（1689）立"重修二程祠碑记"2通。据碑文记载，在清代康熙至乾隆年间，丈庄程氏精英辈出，相继涌现出诰封骁骑将军程永管、兵部武库司郎中程湛、兴汉挂印总兵程福亮、淮安知府程懋等众多名人。

⊙洛宁二程祠

程家祠堂：位于邓州市夏集乡程集村。为纪念程颐、程颢所建，建于清乾隆四年（1739），民国年间曾维修。现存正房3间，大式硬山灰瓦顶，前檐有斗拱，明柱、梁架门窗木雕精细。厢房、大门已失原貌。祠内有清代建祠碑记1通和木匾额1块，保存尚好。

二程祠堂：位于伊川县江左镇程村。祠堂始建于明景泰年间，清嘉庆十四年（1809）、道光十年（1830）陆续增修。现存大门、二门、三门、东西厢房，均为硬山灰瓦顶，拜殿和大殿面阔3间，进深各3间，为硬山勾连搭灰瓦顶。堂内有明、清碑刻多通。

程氏祠：位于封丘县冯村乡永头村。始建年代不详，清光绪年间重修，为宋代理学家二程后裔所建。有门楼3间，东西廊房各3间，正房3间，均为硬山灰瓦顶，有脊饰，组成一座完整四合院。祠内有清代木匾1块，对联1副，重修碑记2通。

[碑碣刻石]

增修程明道先生祠碑：位于宝丰县商酒务镇商酒务中学内。为清代嘉庆二十二年（1817）宝丰中学秦伯度于增修程祠及春风书院后所撰文并书丹之碑记，记述程颢的官历、在春风书院讲学经过、增修后祠及书院规模等。

[其他遗存]

嵩阳书院：位于登封市区北3千米的嵩山南麓太室山下。因其坐落在嵩山之阳，故名。它与湖南长沙岳麓书院、江西庐山白鹿洞书院、河南商丘应天府书院并称为"中国古代四大书院"。北魏太和八年（484）在此建嵩阳寺，为佛教活动场所，僧徒数百。隋改建为嵩阳观，为道教活动之地。五代后周时改为太乙书院。宋至道三年（997）赐名为"太室书院"，宋景祐二年（1035）赐额改为"嵩阳书院"。宋代大儒程颢、程颐、司马光、范仲淹等均曾在此讲学。金、元时废。明嘉靖八年（1529）重建，清康熙十三年（1674）再建，仍名嵩阳书院，盛极一时。现存建筑及布局大体保持了康熙年间重建时的基本建制，中轴对称，院落宽敞，主体建筑五进，两侧配以厢房，有房舍近百间。中轴线上的建筑依次有大门、先圣殿、讲堂、道统祠、藏书楼，东西两厢各有四勿斋、博约斋、三益斋、考场、丽泽堂及廊房等。嵩阳书院内先圣殿、讲堂、道统祠、藏书楼等祭祀建筑与教学建筑互相穿插，独具特色。

伊皋书院：又名伊川书院，位于伊川县鸣皋村书院街。始建于宋神宗元丰五年（1082），为宋代理学家程颢、程颐著书讲学之所，因其地濒临伊水，又因程颐之号为伊川而得名。北宋南渡，书院渐趋荒废。元延祐年间，蒙古族炮手总管克烈希复加营建，元世宗赐名"伊川书院"，明、清时又多次重修，有大成殿、立礼殿、讲书堂、九贤祠、藏书楼、稽古阁、文庙、两程祠、克烈公祠等建筑，今仅存大成殿3楹、克烈公祠3楹、东西厢房各1间。大成殿前有宋柏1株，高18.2米，树身周长4.4米。另有碑碣数通。

大程书院：位于周口市扶沟县城内。最初由宋代程颢在扶沟任知县时亲自创立，时名"书院"，院址在县署之后。程颢逝世后，经历多次变故。清康熙四十三年（1704）迁建于化民台旁，即今院址。清乾隆十二年（1747）重修，并改名"大程书院"。程颢、程颐兄弟二人皆为宋代著名理学家，程颢居长，故曰"大程"。清光绪五年（1879）大规模扩建，光绪九年（1883）增设东西文场，使书院与试院合一。现存建筑即为此次扩建的原物，主体建筑保存完好。书院布局严谨规整，中轴线三进：一进大门。二进曰龙门，取鲤鱼跳龙门登科取士之意。两进之间为前院，由2座月门分隔为东西两院，环境极为幽静。三进讲堂名"立雪讲堂"，取"程门立雪"之意。龙门与讲堂之间有较开阔的庭院。与一般书院所不同的是，此书院并非庭院两侧单列厢房斋舍，而是东西各两列，纵向四列厢房并立，原为考场，故称东西文场。这种保留着古代考场形制的书院较为少见。

【人物名录】

三国有程秉（项城）。宋朝有程德玄（荥阳），程戡（禹州），程昉、程迪（均开封），程颢、程颐、程珦（均嵩县），程彪（长垣），程迥（宁陵）。清朝有程福亮、程湛、程懋、程辙（均洛宁），程元章（上蔡），程运栋（开封），程国仁（商城），程毅（修武）。

47. 吕

【姓氏源流】

吕氏源自姜姓，以国为氏。炎帝裔孙伯夷，因佐禹治水有功，虞夏之时受封于吕（今河南南阳市）而建国。春秋初，为楚国所灭，其后子孙以国为氏，称吕氏。另有一支吕国后裔迁于今河南新蔡县，史称东吕，后被宋国所灭，其后亦以吕为氏。

先秦时期主要在河南、安徽、山东、湖北、陕西等地繁衍。两汉以后广播于河北、山西、内蒙古、甘肃、江苏、四川、浙江等地，并形成河东、东平、东莱、阳翟、濮阳、略阳等多个郡望。宋代已发展到福建、两广等地，明代已遍布全国大部分地区。在当今中国姓氏中，吕氏依人口数量排在第47位，在山东、河南等地为多。

【祖源遗存】

太公故里：见高姓下"太公故里"介绍。

大吕亭遗址：位于新蔡县县城东北张庙大桥东新洪河北岸。遗址高3米，边长44米，面积约2000平方米，发现有绳纹陶片。文献载此为大吕亭，为商周时期故吕侯国。

吕国故城：位于南阳市卧龙区王村乡董营、方营一带。旧时南阳西城门额曰"吕城肇封"。董营村附近竖有"古吕国城遗址"碑刻。在这里出土有新石器时代晚期的陶片和汉代的砖瓦片。20世纪五六十年代，登高俯视尚可隐约看见古城的风貌。吕国是吕氏、崔氏、尚氏等姓氏的发源地。

【相关资源】

[故里故居]

吕不韦故里：位于禹州市禹城岗中部。吕不韦之父居阳翟经营珠宝生意，成为阳翟大贾，生吕不韦，落户之地人称大吕村。该村北靠吕梁山，西临吕梁江，十三条街巷纵横交错，全村1000余户，5000多人，于村东又建小吕村，如今也有近3000口人。大吕村前立有"秦相吕不韦故里"碑，村后建有吕丞相祠。

吕布城：位于荥阳市虎牢关西北隅的九曲山巅。相传吕布与刘、关、张虎牢之战屯兵于此，故名吕布城。现存城墙断垣300余米，城高7米。城南有跑马岭，城西有刑岭，城东有摩天岭、养马沟，城北有练兵场、点将台等遗迹。吕布（？—199），字奉先，东汉末五原九原（治今内蒙古包头市西）人。善弓马，号称"飞将"，骁勇无谋、反复无常，好猜忌，后为曹操所杀。

吕蒙正故里：位于洛阳市伊滨区佃庄镇相公庄。吕蒙正贫贱时居住过的寒窑旧址，至今犹存于村东北角，残窑高约丈余，面积8平方米，内有明代石碑1通，为明代吕蒙正后裔所立，石碑正中有线刻吕蒙正朝服站像。破窑前有吕公祠，矗立于相公村东街口，祠内塑有吕蒙正坐像，坐像后悬挂着清慈禧太后所书的"立朝端介""亢直懿徽"的匾额两面，祠前碑碣林立，其中有一下驮赑屃的高大石碑，上书"宋名相以状元及第封许国公赠太子太师中书令谥文穆蒙正吕公破窑神道"。1995年，相公庄乡亲会同吕氏宗亲在寒窑之南又集资修建了"吕蒙正故里""北宋五贤相纪念""吕氏故园"等碑刻。吕蒙正（944—1011），北宋洛阳人。太宗、真宗时任宰相，以敢言著称，晚年辞官归乡。

吕蒙正故居：位于尉氏县朱曲镇小寨村。据传吕蒙正因父母不睦，随母被逐，流寓朱曲镇，现在小寨村有吕蒙正墓。有民国年间立石碑1通，刻"吕蒙正养晦处"。

[墓葬陵园]

吕尚冢：位于获嘉县徐营镇宣阳驿村西南。现存墓冢圆形，高

2.5米，直径20米，传为吕尚冢。吕尚，即姜太公。

吕不韦墓：位于偃师市首阳山镇大冢头村。冢现高10米左右，直径20米。大冢头村因吕冢而得名。1994年，吕冢东北侧树立了一座高8米的"秦相吕不韦纪念碑"，原西北大学校长张岂之先生应偃师古都学会的邀请，撰写了碑文，充分肯定了吕不韦的历史贡献。

吕蒙正墓：位于尉氏县朱曲镇北小寨村内。冢高约20米，直径66米。据《洧川县志》载："吕蒙正……卒谥文穆，葬于洧，建有祠堂，春秋致祭。"墓周有小寨，墙高三丈（小寨村名由此而来），每逢春秋，乡人谒陵，登高远眺，空旷无际，爽气宜人，故有"吕祠爽秋"之誉，为洧州八景之一。在吕蒙正墓南约0.5千米的地方，立有"吕蒙正养晦处"石碑1通，明万历四十二年（1614）立，1930年重立。

吕夷简墓：位于新郑市郭店镇李坟村东。墓冢高4米，周长40米。吕夷简（979—1044），宋真宗咸平三年（1000）进士，累官至同中书门下平章事，颇有政绩。庆历三年（1043）以太尉辞官而退，不久因疾去世。宋仁宗赐书"怀忠之碑"。

吕公著墓：位于新郑市郭店镇武庄村。墓冢坐北面南，高6米，周长50余米。墓前原有明代钧州知州刘魁增修名人墓碑，已残毁。清咸丰四年（1854），新郑县令吕成彦复立碑题"宋司空赠太师同平章事谥正献吕申公之墓"。吕公著（1018—1089），宋代名相，在哲宗朝颇有建树，封申国公，谥正献，死葬新郑祖茔。

吕补衮墓：位于长垣县孟岗镇五里屯村西北。墓冢已近平。吕补衮，字翰公，河南长垣县人。清顺治年间进士，日照县知县，累官至礼部员外郎。

吕二公墓：位于永城市顺和乡吕小楼北。封冢已夷平，尚存墓碑1通，高1.74米，宽0.64米。清康熙三十七年（1698）立。碑首半圆，碑体呈长方形，首刻日、月、云气，边沿刻有牡丹花卉。墓碑记载了二公早丧，由于生前对大公的家庭照顾得很好，几个侄子对他很感激，为此立碑以志其德。

[祠堂寺庙]

吕祖庙：位于洛阳市北约2.5千米的邙山南麓。相传吕洞宾曾

"憩鹤于邙山之巅"，后人于此处修庙塑像，名曰吕祖庵。现存古建筑26间，自山门到后殿呈台阶式上升。山门为砖石结构，整个建筑不见一木，九脊歇山顶，门洞内上部为券顶；山门两旁各有客房3间，均为硬山式砖木结构。卷棚为石木结构，四角以四根方形石柱支撑，顶饰琉璃瓦。卷棚前为月台，月台两旁各有一月亮门。前殿面阔3间，进深2间，硬山式顶，砖木结构，上饰琉璃瓦与吻脊。格扇门，花格窗，进殿内有一方形砖台，上为木构吕祖阁，阁内供置吕祖像。大殿两旁各有配殿2间，为硬山式顶，木结构，板门，直棂窗，出前檐。出前殿后门拾级而上是一月台，两边各有厢房3间，为硬山式顶，砖木结构。正殿建在月台上，面阔3间，进深2间。两边各有配殿2间，均为硬山式顶，砖木结构，顶覆青色小瓦，出前檐。庙内有施地、重修道人纪念碑等20余通。吕洞宾（798—？），传说中的八仙之一，号纯阳子，又称纯阳道人，名岩，唐末京兆（治今陕西西安市）人。

吕祖阁：又称白云阁，位于卫辉市区西北隅。始建于盛唐，重建于清康熙二十二年（1683），阁有三层，高15米，雕梁书柱，宏伟壮观，上面有清卫辉知府白涛题"白云阁"3个大字，下层为脱凡洞。吕祖阁占地2.2万平方米，由吕洞宾正殿、偏殿、山门戏楼组成。可惜顶部两层于1984年被一场大火焚毁。吕祖阁有对联曰："卅二色神仙宝光，也似佛，也似儒，出世还入世；五千言道德真嗣，亦称师，亦称祖，可名非常名。"

吕祖祠：位于浚县大伾山的西北面，是为纪念吕洞宾而建造的。建于清康熙十五年（1676），面积5600平方米。主要建筑分布于中轴线上，巧妙连接，浑成一体。崖壁凿洞，洞内凿就石桌与吕洞宾坐像。洞口阴刻吕祖祠。整体建筑坐东南面西北，层叠而上，布局严谨，气势恢宏。祠左侧山径曲折优美，历杏花岩，经张仙洞，过云渡桥，达吹月岭上之圆门。门上砖雕纯阳洞天。附近崖壁布满诗词题记，山河一望、步虚声、第一峰、东皋舒啸、怀禹等，含意深刻，书法精湛。越圆门，山势陡峭，拾级而登，即达大伾山绝顶太极宫。宫前石坊曰小壶天。坊左右建高台，左为代天监察之台，右为五雷号令之台，台高丈余，为古挂灯座式。吕相祠是一处浓厚的人文景观和秀美的自然景观完美结合的典范。

[其他遗存]

臭坡：相传吕蒙正随母流寓，乞讨为生，附近有一白马寺，吕蒙正闻有钟声即前往求食。久之，众僧厌烦，将敲钟改为饭后以拒之。后来吕蒙正高中，皇上问及寺僧虐待情况，吕蒙正说："罢了。"皇上误"罢"为"杷"，便下令将寺中众僧栽于地上用杷杷了，后血肉腥臭。现在群众仍称此地为"臭坡"。

【人物名录】

东汉有吕强（荥阳）。三国有吕乂（南阳）。北宋有吕蒙正、吕端（均洛阳），吕海、吕拙、吕希道、吕由诚（均开封）。金朝有吕大鹏（新密）。元朝有吕𡊰（沁阳）。明朝有吕坤（宁陵）、吕维祺（新安）。清朝有吕慎多（宁陵），吕履恒、吕兆琳、吕谦恒、吕法曾、吕宣曾、吕耀曾、吕守曾、吕公溥、吕燕昭（均新安），吕振、吕永辉（均永城）。

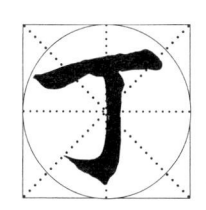

48. 丁

【姓氏源流】

丁氏主要有三个来源：一为殷商诸侯丁侯后裔。周武王讨伐殷纣时，丁侯因不从而被周所灭，其子孙散居各地，遂以丁为氏。二出自姜姓，以谥为氏。姜太公的儿子伋为周成王和周康王时的重要大臣，卒后赐谥号为丁，他的子孙就有一部分用他的谥号作为自己的姓氏，就是丁氏。三出自子姓，以谥为氏。宋国有大夫宋丁公，卒后其子孙以谥号为氏，称丁氏。

先秦时期主要在山东、江苏、河南等地发展，到汉代时，已经扩展到了河北、陕西、广西、湖北，并且在三国和两晋时期，发展到了长江下游地区。唐初，丁氏族人开始进入福建，并且在宋代时迁居广东。清朝嘉庆年间，开始有丁氏族人到台湾定居。在当今中国姓氏中，丁氏依人口数量排在第48位，广泛分布于全国各地，尤以江苏、福建、湖南、湖北、安徽、山东、江西、浙江、贵州、吉林、辽宁等地为多。

【祖源遗存】

太公故里：见高姓下"太公故里"介绍。
宋国故城：见宋姓下"宋国故城"介绍。

【相关资源】

[故里故居]

丁兰故里：位于沁阳市区东北部的水北关西巷村内。原有丁兰巷和丁兰祠，后毁。现存清乾隆五十二年（1787）"汉孝子故里"碑1通，碑高2.24米，宽0.73米。碑右侧楷书记载丁兰事迹，"郡县以闻，诏奉其像"。丁兰，东汉河内（今河南沁阳市）人。事母至孝。及母丧，刻木孝母，事母如存。

[墓葬陵园]

丁长庆墓：位于西平县重渠乡丁寨村西北。墓冢高1.1米，面积约30平方米。传为清武举丁长庆墓。

丁逊之墓：位于固始县陈集镇康店村南。墓冢直径4米，高2米，竖有墓碑。丁逊之（1822—1894），号竹樵，清代固始人。道光己酉（1849）科举人，咸丰丙辰（1856）进士，任户部主事，善书画。

[祠堂寺庙]

丁家祠：位于济源市下冶镇逢石村。祠堂坐西朝东，现存门楼

1座，左右厢房各3间，正房5间。均为硬山灰瓦顶，有脊饰。门楼前檐有砖雕，正房前檐有木雕，较为精美。

大丁祠堂：位于邓州市北郊湍河北岸大丁村。建于明嘉靖年间，明末清初被毁，乾隆二十年（1755）重建，道光、咸丰间多次重修。现存拜亭1座，四角攒尖顶，卷棚3间，还有清代"重修丁氏祠堂碑记"1通。

【人物名录】

西汉有丁宽、丁姓（均商丘）。东汉有丁綝、丁鸿（均郾城）。北宋有丁罕（许昌），丁立（商丘），丁度、丁讽（均开封）。明朝有丁魁楚、丁启睿（均永城）。清朝有丁敬（杞县）、丁象辉（邓州）。

49. 沈

【姓氏源流】

沈氏主要来源有二：一出自姬姓，以国为氏。周成王封其叔季载于沈，在今河南平舆县北，建立沈国。春秋时沈国被蔡国所灭，沈国后人遂以国名作为自己的姓氏，就是沈氏。二出自芈姓，以邑为氏。春秋时，楚庄王之子公子贞被封在沈鹿，在今安徽临泉与河南汝南一带，其后遂以封邑名命氏，称沈氏。

先秦时期活动于河南、湖北，后向四处播迁。东汉以后进入浙江。至唐代，已散居今江苏、浙江、江西、湖北、湖南、四川等地。在当今中国姓氏中，沈氏依人口数量排在第49位，人口广泛分布于全国各地，尤以江苏、浙江、河南三地分布最密集。

【祖源遗存】

沈国故城：位于平舆县射桥镇古城村。沈国在春秋时期是小国，由于长期在诸侯列强夹缝中求生存，其疆域范围、都城所在地有不同的记载。《汉书·地理志》《后汉书·郡国志》《晋书·地理志》认为平舆古城是春秋沈国国都。《宋书》《通典》认为"平舆古沈子国，今沈亭是也，汉旧县"。《水经注·汝水》载汝水支脉"又东南经平舆故城南为澺水。县，旧沈子国，有沈亭"。《元和郡县志》《太平寰宇记》等史书有大致相同的记载：春秋沈国故城在汝阳（今河南汝南县）县城东北。故城在今平舆县射桥镇古城村一带，距县城20千米。故城呈长方形，东西长1350米，南北宽1500米，文化层厚度1～5米。故城中出土有簋、鬲、鼎等春秋时期的文物，还出土了春秋时期的青铜剑。故城南边春秋战国墓地出土了一批古币。故城中有押龙沟、绑龙桩、斩龙台等古迹。传说押龙沟是蔡国军队攻入沈都，索绑沈子嘉的古道；绑龙桩是捆绑沈子嘉的桩柱遗址；斩龙台是斩杀沈子嘉的断头台。

【相关资源】

[故里故居]

闹龙街：位于商丘市归德府城北门里，原名马道街，沈鲤的府舍就在这里。沈鲤（1531—1615），字仲化，明归德（今河南商丘市）人。嘉靖年间进士，历任礼部尚书、文渊阁大学士等。相传明神宗朱翊钧年轻时曾乘车辇到归德，向沈鲤请教。走进马道街，顽童惊吓了他的马，他几乎掉下辇来，因此十分生气，要把这条街拆掉。沈鲤告诉他这条街叫闹龙街，万岁走到这里不闹还不吉利呢。朱翊钧气消了些，但还是要在第二天把住在黑板门院里的顽童抓来问罪。沈鲤随即暗地里派人通知各家，连夜把大门都刷黑。第二天朱翊钧派人抓冒犯他的顽童时，因一街两旁大门都是黑的，弄不清是哪家的孩子，只好作罢。

[墓葬陵园]

沈佺期墓：位于内黄县张龙乡西沈村。墓始修于唐开元初年（713）。清康熙学士沈涵与翰林沈宗敬封土为冢祭祀，题碑"唐沈云卿之墓"。墓坐北朝南，周长14米，高1.5米。沈佺期（约656—713），字云卿，河南内黄县人。初唐诗人，与宋之问齐名，时人谓之"沈宋"。著有《沈佺期集》。

沈度墓：位于商丘市梁园区水池铺街道沈坟村西北。封冢呈圆丘状，高2米，底面周长18米。墓前有明万历谕碑及石像生等。沈度，明万历年间礼部尚书沈鲤之父。

沈鲤墓：位于商丘市梁园区水池铺街道东3千米处的郑永公路北侧。墓葬占地约1.5万平方米，墓高5米。墓前现有石人、石马、石羊若干，刻画简洁，栩栩如生，两行古柏郁郁葱葱，庄严肃穆。

[碑碣刻石]

沈佺期故里碑：位于内黄县张龙乡东沈村。碑文记述唐代诗人沈佺期籍贯及生平事迹。

修建沈氏宗祠碑：位于宜阳县城关镇沈屯村。卧碑，长0.94米，宽0.58米。际雍撰文并书丹。立碑年代不详。碑文记载了沈氏始祖明初自岐阳迁居沈屯，其后人追思先祖，立祠树碑，以求永传不没之事。

【人物名录】

宋朝有沈伦、沈继宗、沈超回、沈昭逊（均太康），沈士龙（许昌），沈贵妃（开封）。明朝有沈鲤（商丘）。清朝有沈源深（开封）、沈嘉炎（许昌）。

50. 任

【姓氏源流】

任氏主要来源有二：一以国为氏。黄帝的少子禹阳，受封于任，而成为中国最古老的姓氏之一。二出自风姓，以国为氏。太暤氏之后有任国，其后以任为氏。

先秦时期活动于今河北、河南、山东、山西、陕西、湖北等地，汉唐时扩展到今江苏、广东、四川、浙江、甘肃、安徽等地，并在乐安、南阳、庐江、西河、渭州、河东、陈留等地形成望族。宋明时已扩展到全国大部分地区，尤以四川、山西、山东、河南较为集中。在当今中国姓氏中，任氏依人口数量排在第50位，人口广泛分布于全国各地，尤以河南、山东两地为多。

【相关资源】

[墓葬陵园]

任瑰墓：位于尉氏县门楼任乡赵家村北。墓葬高3米，周长45米。任瑰，字玮，隋末唐初庐州合肥（今属安徽）人。唐武德年间任谷州刺史，王世充数攻新安，瑰拒破之。

任佐墓：位于卢氏县东明镇张麻村北。冢高2.5米，周长45米。任佐，字廷甫，河南卢氏县人。明景泰年间进士，官至山西道监察御史，曾钦差江南，率兵平定石城之乱。卒年58岁，归葬故里。

任钦宇墓：位于民权县北关镇任庄村西。墓冢已被夷平。现存明天启七年（1627）立墓表，高2米，宽0.7米，厚0.15米。碑阳阴刻正楷"曹县邑庠钦宇任公墓表"。

任家坟：位于宜阳县城东关外。系县城内任姓祖茔。清《宜阳县志》载："明任政墓，县东一里。"现有2座砖室墓顶部裸露在地表，南北方向，两墓相距5米。原有石坊和石像生数对，今坊已倒塌，石像生仅存3件。

[其他遗存]

任家民宅：位于宜阳县城东街任家院。传为明任政、任淮宅，二人生平不详。大门、廊房、过厅均已改建，仅后楼尚保持原貌。面阔3间，硬山灰瓦顶二层楼房，上层正中有横式方窗，两边圆形窗，下层为拱形门，楼为发券顶。

任氏民宅：位于虞城县城关镇大同街，清代建筑。主院为三进四合院，东西有两侧院。

【人物名录】

东汉有任光、任延、任隗（均南阳），任峻（中牟）。北宋有任福（开封）、任谅（汝南）。金朝有任履真（长葛）。明朝有任昂（荥阳），任世身（淮阳），任进道（内黄）。清朝有任珍（宜阳），任文晔、任璿（均新乡），任枫（汝州），任若海（武陟），任为奇（息县），任随成（济源）。

51. 姚

【姓氏源流】

姚氏出自妫姓。帝舜生于姚墟，在河南濮阳，后世子孙便以居地为姓，有姚姓。

先秦时期在河南、山东、江苏一带居住。汉唐时期，已迁到山西、广西、四川、浙江等地，并在吴兴郡形成望族。两宋时，已分布于今河北、河南、山西、山东、四川、江西、江苏、浙江、福建、广东、辽宁等地。明初，作为洪洞大槐树迁民姓氏之一，被分迁于山东、河南、河北、东北等地。明末，已广布大江南北，尤以江苏、浙江最为集中。在当今中国姓氏中，姚氏依人口数量排在第51位，人口尤以四川、江苏、浙江、安徽等地为多。

【祖源遗存】

帝舜故里：见陈姓下"帝舜故里"介绍。

【相关资源】

[墓葬陵园]

姚期墓：位于孟州市城伯镇东、西姚村之间。清乾隆《孟县志》载："安成侯姚期墓，在城北十八里姚村。"现存墓冢南北长70米，宽35米，高约13米，占地面积2.5万平方米。当地群众称其实际为两冢，北墓冢为姚期墓，南墓冢为其子姚刚墓。原南边的墓葬上建有文昌堂，现存一清代碑记。原北边的墓葬上建有享堂。二者现在已经重修。姚期，东汉光武帝时期大将，被封为安成侯。

姚崇墓：位于伊川县彭婆镇许营村北。墓冢已被破坏，现存唐代神道碑1通，为姚崇之子姚彝所立。碑身高2.62米、宽1.21米、厚0.34米，碑文为楷书，共32行，每行49字。由于年久风化，现仅存667字，内容述姚崇生平。碑为青灰色石质，首身一体，龟趺，碑首刻六龙伏绕，首高1.1米、宽1.3米、厚0.37米，额高0.56米、宽0.44米，额题篆书"大唐故光禄少卿虢县开国子姚公之碑"，共4行16字。姚崇（650—721），字元之，唐代陕州硖石（今河南三门峡市陕州区）人。武则天至唐玄宗时期的宰相，在任颇有建树。

姚懿墓：位于三门峡市陕州区张茅乡西崖村。墓冢早已被夷平，1983年发掘清理，为带耳室土洞墓。出土有墓志一合及青釉和白釉瓷器、陶器、漆器、木俑等。墓前立有神道碑1通。姚懿，姚崇之父。

姚枢墓：位于辉县市百泉镇大官庄村。墓地面积3000平方米，现存墓冢2座，前有墓碑2通，其中之一是姚枢之子姚炜之墓。姚枢（1201—1278），元初大臣，理学家，官至翰林学士，卒后封为文献公。

姚远昌墓：位于驻马店市驿城区刘阁街道姚庄。墓冢近平，尚存墓碑1通，碑身为长方形，长1.5米，宽0.8米。碑文记载姚远昌先祖明初自陕西迁确山境北乐山安营，后因兵荒马乱，祖碑丢失，又重新序祖碑的经过。

姚家坟：位于辉县市上八里镇石门店村。墓地在山上，为姚氏家族墓。现地面封冢多不明显。据墓碑记载：其始祖姚清金末自陕州迁至山东巨野十字坡，清乾隆年间其后裔将遗骨迁葬辉县石门口，光绪十四年（1888）率族鸠工始立碑碣。

[祠堂寺庙]

姚公祠：位于辉县市市区西关，为纪念姚枢而建。该祠始建于明嘉靖三年（1524），清康熙四十六年（1707）、道光八年（1828）重修。现存有大门，门额上有道光年间知县周际华题"姚公祠"3字。正房、厢房各3间，均为硬山灰瓦顶，有脊饰。祠内保存清代重修残碑2通。

六忠祠：见张姓下"六忠祠"介绍。"六忠"指姚訚、张巡等6人。姚訚（？—757），唐将领。安史之乱时，姚訚随张巡守睢阳（属今河南商丘市），坚守不屈。城陷后，遇难。

[碑碣刻石]

姚懿墓碑：位于三门峡市陕州区张茅乡西崖村。通高4米，宽1米，唐开元三年（715）立，首题有"大唐故嵩州都督赠吏部尚书文献公姚府君之碑"，碑文记述了姚懿的世系、历官等情况。

【人物名录】

东汉有姚期（郏县）。唐朝有姚崇、姚弈、姚訚、姚勖、姚系、姚合、姚岩杰（均三门峡），姚恩元（安阳）。五代有姚彦章（汝南）。元朝有姚枢、姚燧（均洛阳）。明朝有姚继可（襄城）。

52. 卢

【姓氏源流】

卢氏来源包括：一是出自上古尊卢氏之后，古卢国为其活动地（今河南卢氏县一带）。二是出自姜姓，以邑为氏。姜太公因佐武王灭商有功，被封于营丘，建立齐国。历经十代，春秋时齐文公有子名高，高的孙子傒为齐国正卿，因迎立桓公有功而食邑于卢，其子孙以"卢"为氏。三为鲜卑族复姓所改。南北朝时，北魏孝文帝迁都洛阳，改鲜卑族的吐伏卢氏、莫庐氏为卢氏。

先秦时期在山东、河北、河南、湖北等地发展。南北朝时期，"范阳卢氏"成为当时最为高贵显赫的四家大姓之一，备受推崇。除范阳外，河南郡、河间郡等均为卢氏郡姓望族。唐代，卢氏随中原士民两次南下闽粤。宋代在山东、河南、浙江多有分布。明代浙江、江西、江苏为卢氏人口聚集最为密集的三个地区。在当今中国姓氏中，卢氏依人口数量排在第52位，在广东以及河北、广西、湖北、四川、河南等地有较多分布。

【祖源遗存】

太公故里：见高姓下"太公故里"介绍。
汉魏故城：见周姓下"汉魏故城"介绍。

【相关资源】

[故里故居]

卢仝故里：位于济源市城西7千米的思礼村。北枕万羊山，南临红涧河，东瞰灵山，西望王屋。现保存有"卢仝故里"碑，碑残高约1米许，宽0.4米。卢仝墓在村东武山，已无封土。卢仝（约795—

835），号玉川子，河南济源人，祖籍河北涿州市，唐朝著名田园诗人。有《玉川子诗集》《茶谱》传世。

花洞：位于济源市西北石村附近，相传为卢仝耕耘、烹茶之所。卢仝有诗云："买得一片田，济源花洞前。"

卢家民宅：位于济源市大峪镇关阳村。四合院式布局，坐北朝南，房屋硬山灰瓦顶，有回廊相通，为典型的北方民宅建筑群。

[墓葬陵园]

卢府君墓：位于伊川县彭婆镇许营村。墓冢被夷平，墓室尚存，有墓碑，全称"唐故中大夫上柱国鄂州刺史卢府君神道碑并序"，李邕撰并书。唐天宝元年（742）二月立。行书，共25行，每行50字。额隶书12字。卢府君即卢正道，官至鄂州刺史。

卢照邻墓：位于禹州市无梁镇尚家村西南。现存墓葬高7米，周长40米。清乾隆《禹州志》载为卢照邻墓。卢照邻（约630—680后），唐代诗人，"初唐四杰"之一，一生困于病，后郁郁投颍水而死。

卢传元墓：位于扶沟县江村镇周坞村东。现存墓葬高2米，存清雍正七年（1729）石碑，记述墓主人的事迹。卢传元，明万历年间进士，官至陕西按察使。

[祠堂寺庙]

卢崖寺：位于登封市市区东部高庄村东。始建于唐，传为唐代高士卢鸿隐居处。现存清代建筑正殿5间，硬山灰瓦顶，有屋脊装饰。卢鸿，一名鸿一，字浩然，一作颢然，唐幽州范阳（治今河北涿州市）人。工篆书，擅山水树石，作《草堂十志图》，写其居处景物，有摹本传世。

[其他遗存]

卢敖洞：位于卢氏县文峪乡涧西村东。洞高5米，进深4米，原有卢敖造像，早毁不存。传为秦博士卢敖炼丹灭疫、得道成仙处。汉置卢氏县，即因卢敖而得名。

玉泉：位于济源市望春桥东百米漭河北岸，俗称卢仝泉。相传为卢仝与茶客诗友对盏互吟之所。泉亭已毁，存有卢仝泉刻石1通，三角形怪石，高1.6米，最宽处0.96米。正面隶书"唐贤卢仝泉石"，阴面刻七言绝句诗1首。

【人物名录】

唐朝有卢怀慎、卢奂、卢弈、卢杞（均滑县），卢鸿、卢坦、卢迈（均洛阳），卢仝（济源），卢携（郑州）。五代有卢蘋、卢质（均洛阳）。宋朝有卢多逊、卢察（均沁阳），卢斌、卢守勤（开封），卢士宏（新郑）。元朝有卢亘（卫辉）。明朝有卢楠（浚县）、卢镗（汝南）。清朝有卢以洽（浚县）。

53. 傅

【姓氏源流】

傅氏有两个来源：一以地为氏。商王武丁于傅岩发现了贤者说，并任命为宰相，结果天下大治，武丁也因此而被誉为"中兴明主"。因说版筑于傅岩，被赐姓为傅，故称傅说。傅说之后有傅氏。二出自姬姓，以邑为氏。黄帝的后裔大由封于傅，其后以傅为氏。

傅氏得姓之后，主要在北方发展，并在北地、清河形成望族。唐朝末年，中原士人纷纷南迁避乱，长期繁衍于北方的傅氏，也随之渡过长江，播迁到江南各地，进而延伸到今四川、广东、广西、福建一带。宋时，傅氏族人已在今福建的仙游、晋江、上杭等地成为望族。在当今中国姓氏中，傅氏依人口数量排在第53位，人口广泛分布于全国各地，尤以山东、湖南等地为多。

【祖源遗存】

商相祠：位于荥阳市高山镇石洞沟村，为纪念商代丞相傅说而建。商相祠坐北朝南，面积约5300平方米，高约30米，整个祠堂利用土丘以砖石砌成。通往祠庙大门的是二十四级台阶，寓意为二十四孝。在祠堂门下方台阶两侧，各有小庙两孔。据说台阶西侧供奉的是郊禖，是帝王求子祭拜的神灵，台阶东侧供奉的也是一方神灵洪山。登上二十四级台阶来到门前，抬头便看到一块"良弼家风"的匾额。据说此匾是商武丁为褒奖傅说贤良、忠诚、厚道所赐。

商高宗陵：又名武丁墓，位于西华县田口乡陵西村东。该陵为一高台地，高6米，南北长200米，东西宽110米。陵前原有高宗庙，由于历代帝王嗣统，以其德于民，岁时皆遣官致祭。宋太祖开宝三年（970）诏修陵庙。相传武丁在这一带率民灭蝗，卒后葬于此。附近有两小冢，传为傅说、甘盘之墓。《陈州府志·修高宗陵庙碑记》云："宋太祖开宝中，尝诏治王之庙而广，其栋宇至八十八楹，塑其像于殿中。又立傅说、甘盘二相夹持左右，列绘群臣于四壁。复辟东西两序，前辟重达，后严燕寝，致祭有所，供庖有次，珍木森于其中，缭墙周于其外。壮丽密邃，威灵如在。岁时敕守，吏恭洁致。"元季兵毁，大中丞吴韫庵檄有习举而修之。陵前又竖二坊，一题"高宗陵"，二题"高宗神道"。陵园内翼庙夹道，松柏参天，浓郁蔽日。陵侧有株铁树，虬枝枯干，无叶无花，举目视之，则青色盎然，殊有生意。千百年屹立陵边，沧桑不易，索有"铁树留春"之誉。清康熙六十一年（1722）、同治八年（1869）定帝王陵寝祀典。原陵庙院内存宋、明、清修建和祭祀碑数十通，到民国时陵园渐废。现仅存陵冢，另有散落在陵西村农家的石碑7通。

商高宗庙：位于西华县高宗陵前，据县志记载此庙始建于北宋，后代屡有修废。原有大殿、配殿等建筑，大殿内塑有高宗坐像，傅说、甘盘立于左右，四壁为彩绘，绘有武丁时大臣的画像。1938年黄水泛滥，陵庙被冲毁，现存有石刻。

【相关资源】

[墓葬陵园]

傅宗龙墓：位于项城市秣陵镇西南隅。墓冢已平。傅宗龙，明末陕军主帅，在项城火烧店一战败北，被李自成擒杀于秣陵镇南关外，后葬大吉村（即现址），追谥忠壮公。

傅廷献墓：位于襄城县汾陈乡赤涧付村西北，俗称"赤穴墓"。冢高2米，周长22米。墓前有嘉庆二十年（1815）所立墓碑1通，记明进士中宪大夫知镇江府事加兵备道副使傅廷献生平。

傅氏家族墓：位于鹤壁市山城区鹿楼街道胡家嘴村东北地。墓冢均近平，石刻也多无存。尚有清光绪二十八年（1902）所立的墓碑1通，记述傅氏先祖于明初洪武年间由山西壶关迁居此地的经过。

【人物名录】

西汉有傅昭仪、傅喜（均温县）。东汉有傅昌、傅俊（均襄城）。唐朝有傅仁均（滑县）、傅奕（安阳）、傅游艺（卫辉）。北宋有傅求（民权），傅自得、傅尧俞（均济源）。南宋有傅自修、傅察（均济源）。元朝有傅彦和（杞县）。明朝有傅安（太康）、傅允（兰考）、傅振商（汝南）。清朝有傅景星、傅而保（均登封），傅鸾祥、傅鹤祥（均汝阳）。

54. 钟

【姓氏源流】

钟氏有两个来源：一出自子姓，以邑为氏。春秋时宋桓公的曾孙伯宗在晋国做官，被郤氏杀害，其子州犁逃奔楚国，食采钟离，其后有钟氏。二出自嬴姓，以国为氏。春秋时有钟离国，其后以钟离为氏，后简称为钟氏。

先秦时期活动于江淮与江汉之间。从汉代开始，颍川长社（今长葛市）一直是钟姓的发展繁衍中心，这里曾孕育出许多杰出人物，颍川也因此成为钟氏重要郡望。西晋末年，颍川钟氏随晋室渡江，居于建康，此间亦有钟氏迁居福建、浙江者。唐代，钟姓还分布于今山西、四川、广东、安徽等地。宋代主要集中分布于江西、湖南、湖北、江苏等地。明代，江西、广东、浙江则是钟氏族人的密集区。在当今中国姓氏中，钟氏依人口数量排在第54位，人口广泛分布于全国各地，尤以广东、江西、四川、广西、湖南、浙江等地为多。

【相关资源】

[故里故居]

钟繇故里：位于长葛市老城西北，现名"田庄"。田庄有四五十户人家，全部姓田。对于钟繇故里姓田而不姓钟，当地流传着这样一个故事：说是钟姓在古代有人犯罪，朝廷追查，要株连全族。故里的钟姓人家或逃亡，或被迫改姓。因繁体的"钟"字是由"金""千""田""土"四字组成，以农为本的先民，做出了"宁舍千金，不离田土"的选择，于是就改为田姓。钟繇（151—230），三国时期颍州长社（今河南长葛市东）人。著名书法家、政治家。

[墓葬陵园]

钟繇墓：位于长葛市老城西北。墓冢高约10米，底边长40余米。墓冢西侧尚有一座高约7米的小冢，为钟繇次子钟会墓。两墓之间有砖砌甬道相通，甬道北面有一汉代陶圈井。墓冢南侧有一深约5米的大坑塘。当地百姓称此两墓为"钟坟"，坑塘为"钟池"。虽历经1700年风雨，钟繇墓仍然保存完好。1991年旅居台湾的钟姓裔孙集资在墓前为钟繇重新立了一座墓碑，质地为花岗岩，高2米，宽0.7米，上书"先祖钟公繇之墓"。

[其他遗存]

钟繇洗砚池：位于长葛市老城镇小南门里。池东西长60米，南北宽30米，水深3～4米，池水常年不涸，是钟繇练字洗砚的地方。民国时池上建有亭榭曲桥，今已不存。现在长葛市旧城钟繇练习书法的旧台址，已成为一个面积数百亩的大池塘。池塘边杨柳依依，风光秀丽，已被长葛市人民政府定为长葛八景之一，名为"钟台遗迹"。据史料所述，钟繇少年和青年时期在县城南部筑台学习书法，非常勤奋刻苦。清乾隆十二年（1747）《长葛县志》载："钟繇台在县治前，繇尝学书其上，洗砚于池，池水尽黑。"

【人物名录】

东汉有钟兴（商水），钟瑾、钟皓（均长葛）。三国有钟繇、钟会（均长葛）。东晋有钟雅、钟琰（均长葛）。南北朝有钟嵘（长葛）。元朝有钟嗣成（开封）。清朝有钟国士（沁阳）。

55...姜

【姓氏源流】

姜氏是中国最古老的姓氏之一，出自炎帝。相传少典娶于有蛴氏，生炎帝，因炎帝生于姜水，故姓姜。

得姓之后的姜氏族人主要在今陕西、河南、山东、甘肃等地繁衍，汉魏间，在天水形成望族。另外，汉代江苏、四川等地已有姜氏族人居住。唐宋时期，姜氏族人移居到了河北、江西、浙江、安徽、广东等地。明清时期，吉林、辽宁、山西、贵州、湖南、福建、湖北等省也都有了姜氏族人分布。在当今中国姓氏中，姜氏依人口数量排在第55位，人口广泛分布于全国各地，尤以山东、辽宁、黑龙江、吉林、河南、四川、内蒙古等地为多。

【相关资源】

[故里故居]

太公故里：见高姓下"太公故里"介绍。

[墓葬陵园]

姜太公墓：位于卫辉市太公镇吕村西。现存墓冢为圆形土丘，高3米，周长约80米，前有清康熙二十年（1681）卫辉府知府所立"周姜太公茔葬处"墓碑1通，已残。墓室曾经被盗掘，暴露部分可见为石条券砌而成。

[祠堂寺庙]

姜太公庙：有两处。一处位于卫辉市太公泉村，依山傍水，始建于东汉，后多次重修。晋太康十年（289）卢无忌修时立"齐太公吕望表"于庙内。东魏武定八年（550）汲郡太守穆子容撰写碑记。

明万历、清乾隆年间也曾修复。现存太公庙为1924年修。庙内有雕塑、壁画，栩栩如生。另一处位于安阳市东南营后卫街。清代建筑。现存大门、厢房，均为硬山灰瓦顶；正殿1座，面阔3间，进深2间，为硬山卷棚勾连搭灰瓦顶。

[碑碣刻石]

太公吕望表：又称卢无忌碑，晋代汲县令卢无忌所立。原碑造于晋太康十年（289）三月十九日，东魏武定八年（550）重刻，清嘉庆四年（1799）移至卫辉府学宫，即现卫辉市第一完全小学，以后碑下落不明，但碑之拓片至今尚存。该碑说太公吕望是汲县人，《金石萃编》卷三二载有碑文，是研究中国古代军事家姜太公的珍贵资料，其书法被评为晋隶之最。

[其他遗存]

姜氏民宅：位于嵩县九店乡九店村。现存堂屋11间，厢房9间，下屋11间，面积约410平方米。整组建筑均为硬山灰瓦顶，保存较完整。

【人物名录】

唐朝有姜抚（商丘）。南宋有姜浩（开封）。

56. 崔

【姓氏源流】

崔氏源出姜姓，以邑为氏。西周时，姜太公因辅佐周武王灭商有大功而被封于齐,都山东临淄,姜太公之子丁公伋继位齐国国君,而丁公的嫡子季子把君位让给兄弟叔乙,自己到崔邑,从此,季子的子孙便在崔邑居住下来,并以"崔"为氏。

春秋时,崔氏世代在齐国担任重要官职,直到齐景公时,崔杼在政治斗争中失败,遂迁出齐国,避居鲁国。秦朝时,崔意如被封为东莱侯。汉朝时,崔业继承了这一爵位,并且在清河东武城定居。崔业的弟弟崔仲牟,另居博陵安平。此两人的后代在汉魏南北朝及隋唐时代发展成大族,史称清河崔氏和博陵崔氏。其间,崔氏还繁衍到了河南、陕西、山西、甘肃等地。唐代以后崔氏族人大批南迁,主要分布于今江苏、安徽、浙江、江西等省。宋代以后,分布地域更广。在当今中国姓氏中,崔氏依人口数量排在第56位,人口广泛分布于全国各地,尤以山东、河南、黑龙江、辽宁、江苏为多。

【祖源遗存】

太公故里:见高姓下"太公故里"介绍。
吕国故城:见吕姓下"吕国故城"介绍。

【相关资源】

[故里故居]

崔家宅:位于商丘市睢阳区小隅首西一街。始建于明万历年间,清乾隆年间重修。大门已改建。现存正房1座,面阔3间,进深2间,硬山灰瓦顶,有脊饰,前出廊,有明柱和台阶。东、西厢房各3间,硬山灰瓦顶。

[墓葬陵园]

崔珏墓:位于清丰县高堡乡彭家村西。墓冢已夷平,墓前保存有清嘉庆五年(1800)立墓碑1通,碑高1.93米,宽0.78米,厚0.29米。碑文追述崔珏生平。崔珏,字梦之,唐代清河(今属河北)人。曾任淇县县令,有惠政,官至侍御史。

崔铣墓：位于安阳市殷都区北蒙街道皇甫屯村西。县志记载崔铣卒后葬于此。墓区范围2万平方米，冢高4米。崔铣（1478—1541），明代安阳人。弘治十八年（1505）进士，官至南京礼部右侍郎，卒赠礼部尚书，谥文敏。

崔儒秀墓：位于三门峡市湖滨区崖底街道师家渠村西南。墓前有石马、石羊、石狮、石象等。墓室已塌陷，石刻多掩埋地下。崔儒秀（1569—1621），明代陕州（今河南三门峡市陕州区）人。万历进士，授户部郎中、大理寺卿。著有《岁寒松柏论》《百将传》等。

崔氏祖茔：位于淮阳县齐老乡苗集东。现存一些墓葬，封土多遭破坏，墓前石刻、墓碑也已不存。村内崔姓后裔族人已加封土保护。

[祠堂寺庙]

崔铣祠：位于安阳市区小颜巷。因崔铣为官清正廉洁，人称"小颜回"，故此巷称为"小颜巷"。祠堂建于明嘉靖二十三年（1544）、万历七年（1579）重修，清代多次修葺。现存大门3间，仪门3间，大殿1座。大门、仪门均为硬山灰瓦顶，大殿面阔3间，进深3间，悬山灰筒瓦顶。祠内其他房屋均已改建。另存有清"重修崔文敏公祠记"等碑刻4通。

[碑碣刻石]

崔景荣墓：位于长垣县苗寨镇榆林村东南。原墓葬为砖室墓，建筑宏伟，牌坊、石像生、碑刻林立。后历经洪水泛滥，皆淤于地下。崔景荣（？—1631），字自强，明代长垣人。万历十一年（1583）进士，官至吏部尚书。

重修崔氏祠堂碑：位于林州市河顺镇上石村西。碑高1.4米，宽0.6米。清道光十一年（1831）立。崔尉然撰文，崔振中书丹。碑文记述了清道光十年（1830）闰四月二十二日地震当地受灾情况。

【人物名录】

唐朝有崔知悌、崔知温（均鄢陵），崔元综（新郑），崔日知、崔日用（均滑县），崔曙（商丘），崔颢（开封），崔光远（滑县）。北宋有崔颂（偃师），崔颐正、崔偓佺（均封丘），崔立、崔公孺（均鄢陵），崔鹏（杞县），崔昉（偃师）。金朝有崔禧（延津）。明朝有崔铣（安阳）、崔儒秀（陕州）、崔景荣（长垣）。清朝有崔德聚（巩义）。

57. 廖

【姓氏源流】

廖氏主要有三个来源：一出自己姓，以国为氏。相传帝颛顼有个后裔叫叔安，夏时，因封于飂（故址在今唐河县湖阳镇），故称廖叔安。其后代以国为氏，称廖氏。二出自姬姓，以国为氏。周文王有个儿子叫伯廖，因受封于古飂国故地，建立廖国。春秋时，被楚国所灭，其后裔以"廖"为氏。三出自偃姓，以国为氏。尧、舜的贤臣皋陶的后裔夏时受封于蓼（故址在今固始县境内），建立蓼国，后被楚国灭亡，子孙以"廖"为氏。

早期主要是在今河南南部的上蔡、平舆、汝南等县发展繁衍，因这一带西汉初属汝南郡，故廖氏族人皆称"先世居汝南"，并以"汝南"为堂号。隋代以前廖氏族人已迁徙到了今河北、湖北、湖南、四川、福建、广东等地。汉唐之间，在汝南、巨鹿两地形成望族。唐代以后移居福建、广东等地。清初，陆续有廖氏族人迁至台湾，还有一些人移居泰国、新加坡等国家。在当今中国姓氏中，廖氏依人口数量排在第58位，在全国分布广泛，尤以江西、湖南、四川、广西、广东等地为多。

【祖源遗存】

偃姓廖国故城：位于固始县城东南陈琳子镇高墩子村南，东距淮河支流史河约1.5千米。基址现保存于地表以上的面积2000多平方米，高出现在地表约1.5米。遗址内发现了一处西周时期大型夯土基址，东西长约64米，南北宽约62米，高2米，基址中部为一大型房基，房基东西长约32米，南北残宽3～5米，如果复原其全部面积为960多平方米。房基的西南和东南部保存较好，在南墙和居住面中发现南北非等距离排列的柱洞15排，整个居住面可分出3～4层，共保留柱洞200多个，发掘结果表明该房基在长期使用过程中经过多次维修。大型夯土基址的外面为一周护城壕，宽14～16米，底部距离现在地表深约5米，考古人员从中出土大量西周时期陶片。

蓼王庙遗址：位于唐河县湖阳镇蓼山顶。后晋天福七年（942），后人为了纪念蓼王叔安治水理国的丰功伟绩而建。后因战乱被毁，宋朝时汴梁营田提举裴世英登蓼山祭拜蓼王，见蓼王庙已被战争破坏，予以重修。元至元四年（1267），淮安李松真作《蓼王庙记》称："夫高爵重禄，声名震慑于天下者，或可以势力取之。至于投世不忘祠而祀之者，唯其功德加于民也。"对蓼王叔安做出极高的评价。蓼王庙今已不存。2004年11月11日，香港上水115代廖太全先生只身前往蓼山祭拜蓼王，并捐建了蓼阳河石碑，碑高3.5米，碑文详细记载了从始祖叔安至115代太全先生的迁徙过程，追述了蓼王叔安治水理国的丰功伟绩。蓼王叔安在蓼山顶留有生活遗迹，在通往蓼山的通道上，现存有两道城墙遗址。

【人物名录】

东汉有廖扶（平舆）。明朝有廖逢节（固始）。

58. 范

【姓氏源流】

范氏出自祁姓，以邑为氏。帝尧裔孙刘累事夏王孔甲，赐氏御龙。后迁鲁县，至商为豕韦氏。西周初期改为唐公。周成王灭唐，迁唐公于杜，为杜伯。周宣王时，杜伯无罪被杀，其子隰权逃往晋国，被任命为士师，子孙遂以"士"为氏。他的孙子士会，担任晋国上军主将。前593年，因战功升为中军元帅，被封在随，后来改封到范（今范县）。他的后代子孙遂以邑为氏，就是范氏。

先秦时期在今山西、河南、陕西、河北等地生息繁衍，秦汉之际已徙至今安徽、四川、浙江、江西等地。汉唐间在南阳、高平两地形成望族。唐时已进入福建，到宋时，福建范氏日渐兴旺，并不断外迁到广东的潮安、大埔、五华、陆丰、饶平等地。在当今中国姓氏中，范氏依人口数量排在第59位，人口广泛分布于全国各地，并以河南、四川、辽宁等地为多。

【祖源遗存】

刘累故邑：见刘姓下"刘累故邑"介绍。

范邑故城：位于今范县东南10千米处。明嘉靖《范县志》载："范，古为晋大夫士会食邑。会之先刘累尝为御龙氏，故城设六门，以肖龙形，东西为首尾，南北为四足。去今治东南二十里。"范县位于河南省东北部黄河与金堤河之间，北和山东省莘县毗邻，南隔黄河与山东省鄄城相望，属濮阳市管辖。如今在范县，有关范姓起源的遗迹因为历史的原因，已经荡然无存，但其祖地的地位一直被范氏族人所认可。

【相关资源】

[故里故居]

范蠡故里：位于南阳市宛城区黄台岗镇三十里屯。《越绝书》载：范蠡其始居楚也，生于宛橐，或伍户之墟。《水经注》云：宛城南三公城侧有范蠡祠。蠡，宛人；祠，即故宅也。后汉末有范曾，为大将军司马，讨黄巾至此，为蠡立碑，文勒可寻。晋夏侯湛在南阳时，又为其立庙。唐时张蠙曾作《经范蠡旧居》等。今祠庙无存。范蠡（约前536—约前448），春秋末期楚国宛（今河南南阳市）人。著名政治家、军事家、思想家，被后人尊为"商圣"。

[墓葬陵园]

范武子陵园：位于范县高码头镇老范庄西侧。清康熙《范县志》载："范武子墓，在县东三十里，宣子墓附焉。年远埋没，不可追寻。"2005年，香港实业家范止安捐资在范县修建的范武子陵园，占地约2.5万平方米。园内除了范武子塑像，还有范崑、范中彦、范绒等墓。

范滂墓：位于确山县刘店镇古庄西。墓呈正方形，占地约7500平方米，其中坟墓为400平方米，高出地面4米左右，20世纪50年代和70年代三次遭破坏，掘出上百件石猴、石马等陪葬品和2块石方门。现尚存清同治七年（1868）石碑1通，落款是"大清同治七年戊辰冬上浣谷旦，知确山县古闽戴文海书"。范滂（137—169），字孟博，东汉汝南征羌（治今河南漯河市东南）人。累官光禄勋主事，主张抑制豪强，反对宦官政治，后被迫害死于狱中。

范粹墓：位于安阳县洪河屯乡洪河屯村西北。墓葬1971年发掘。土洞墓，由墓道、墓门、墓室组成。墓室方形，面积约7.3平方米，穹隆顶，绳纹小砖封砌墓门，室内设椁床，出土物有墓志、陶器、钱币、瓷器等，尤以舞乐黄釉瓷扁壶最珍贵。范粹，北齐时任骠骑大将军。

范仲淹墓：位于伊川县彭婆镇许营村北。墓地分前后两部分，前院有山门、石坊、石翁仲、石羊、石马、范氏祠堂等，其中祠堂旁的飨堂内有"以道自任"匾额，为清代光绪帝亲题。祠堂前有范文正公神道碑，其碑额为宋仁宗亲书的"褒贤之碑"4字，碑文为隶书，由宋代名臣、著名文学家欧阳修撰写。祠堂后有范仲淹墓、范仲淹母秦国太夫人墓及范仲淹长子纯佑墓。后院有范仲淹次子纯仁墓、三子纯礼墓、四子纯粹墓及孙辈墓等。范仲淹（989—1052），北宋著名的政治家、军事家和文学家，官至参知政事，著有《范文正公集》。

范通直墓：位于方城县古庄店乡金汤寨村。墓为砖券洞室墓，墓室长5.5米，宽4米。墓室用砖较特殊，分别模印有篆书、隶书、正楷铭文，随葬品有石俑、铜钱等。范通直是北宋兵部侍郎范致虚的父亲，殁后葬于此。范致虚（？—1129），两宋之际建州建阳（今属福建）人。建炎初年知邓州。

范致祥墓：位于方城县古庄店乡金汤寨村。墓为砖石结构，墓室东西长4.58米，南北宽2.58米。墓室四壁均用长灰砖筑砌，砖面上模印有隶书铭文。墓顶平砌7块青石，内有墓志铭1方。范致祥，范致虚之弟。

范中彦墓：位于范县高码头镇中范庄西北。墓葬面积近10平方米，墓冢高近1米。墓前神道两侧石像生淤埋地下，地表尚存范中彦墓碑及御祭碑。范中彦，明代范县人。万历丙辰（1616）进士，恩赠湖广布政使司右参政。

范济世墓：位于博爱县许良镇吕店村南。墓冢高3米，面积60平方米。范济世，明代济源人。曾任南京户部尚书，卒后葬于此。

[祠堂寺庙]

范家祠堂：位于焦作市山阳区张庄村。现存大门3间，正房3间，东西耳房各1间，均为硬山灰瓦顶，有脊饰，檐下有精美木雕，正房有木槅扇门窗和屏风。大门两侧有石狮1对。

[碑碣刻石]

范蠡故里碑：位于内乡县菊坛公园内。碑高1.98米，宽0.58米，圆首，碑阳勒刻隶体"越大夫范蠡故里"7字，为1933年内乡县县长王法舜所立。

清知县范子焕碑：位于焦作市马村区西待王村。碑高2.3米，宽0.71米，厚0.27米。清乾隆三十六年（1771）为知县范子焕立。碑文记其为官清廉。范氏家谱曾记有此碑。家谱现由村内范氏后裔保存。

[其他遗存]

花洲书院：位于邓州市古城东南隅。书院系北宋著名政治家范仲淹谪知邓州后为培养人才而创建。庆历六年（1046），范公应挚友滕子京之邀，在花洲书院挥毫写下了脍炙人口、中外传诵的《岳阳楼记》。"先天下之忧而忧，后天下之乐而乐"的名句遂成为千古绝唱，花洲书院也随之名扬海内外。修复后的花洲书院包括春风阁、春风堂、藏书楼、先圣殿、览秀亭、范文正公祠、名人馆、百花洲、碑廊、石艺园、中国书院博物馆等建筑和景点。

⊙花洲书院

应天书院：位于商丘老城之东，在北宋时与江西庐山的白鹿洞书院、湖南长沙的岳麓书院、河南嵩山的嵩阳书院并称为"四大书院"。范仲淹曾在此求学、讲学。书院屡有兴废，如今的应天书院在宋代原址附近进行修复。

【人物名录】

春秋有范蠡（南阳）。战国有范雎（开封）。东汉有范滂（郾城）、范冉（兰考）。西晋有范粲、范乔（均民权），范汪（许昌）。东晋有范宣（开封）、范宁（淅川）。南北朝有范泰、范晔（均淅川），范云、范缜（均泌阳），范岫（兰考）。唐朝有范履冰（沁阳），范传正（邓州）。宋朝有范雍、范子仪、范子奇（均洛阳），范恪、范琼（均开封），范启（淅川）。元朝有范孟（杞县），范谷英（上蔡）。明朝有范敏（灵宝），范守己（尉氏）。清朝有范印心（温县），范正脉（修武），范发愚、范泰恒、范照藜（均沁阳）。

59. 陆

【姓氏源流】

陆氏有四个来源：一出自芈姓，以邑为氏。相传帝颛顼之孙吴回在帝尧时任火神祝融，他的儿子名终，被封在陆乡，故称陆终，其后以邑为氏。二出自妫姓，以邑为氏。战国时田完裔孙、齐宣王少子通，受封于平原般县陆乡，即陆终的故地，其后以"陆"为氏。三以国为氏。春秋时有陆浑国，被晋国所灭，其后以国为氏，称为陆氏。四为鲜卑族复姓所改。南北朝时有代北鲜卑复姓步陆孤氏，随魏文帝迁至洛阳后改为陆氏。

先秦时期活动在今陕西、河南、山东、甘肃等地，汉唐时期在今湖北、安徽、江苏、江西、河北等地已广为分布，并在河南、吴郡、颍川、平原、河内等地形成望族。宋代在浙江、江西、江苏、福建等地为多。明代时形成浙西、广东两大密集区。在当今中国姓氏中，陆氏依人口数量排在第61位，以江苏、广西、浙江、广东、上海等地为多。

【祖源遗存】

帝舜故里：见陈姓下"帝舜故里"介绍。

陆浑关：又称陆浑谷，位于嵩县城东15千米伊河中游陆浑峡谷中，此地即秦晋共迁"陆浑之戎"于伊洛之处，古又称"晋阴地"。这里左有陆浑岭，右有陆浑水库，为伊河干流唯一的一座大水库，容量约13亿立方米。水库大坝建于陆浑峡谷内，高55米，长71米，并有溢洪道、输水洞、灌溉洞、渠道、电站等附属建筑，水光山色，秀丽壮观，为陆氏族人的寻根圣地。

汉魏故城：见周姓下"汉魏故城"介绍。

【人物名录】

唐朝有陆庭曜、陆坚、陆据（均洛阳），陆扆（陕州）。五代有陆思铎（范县）。元朝有陆红（洛阳）。清朝有陆继辂（洛阳）。

60. 金

【姓氏源流】

金氏主要有两个来源：一出自少昊金天氏。相传少昊是上古五帝之一，是黄帝的己姓子孙，少昊卒后被尊为西方大帝。按照古人的五行学说，西方属金，所以少昊又有金天氏的称号。他的后裔就有以"金"为姓的，称金氏。二出自匈奴休屠王太子金日䃅之后。汉武帝时，匈奴休屠王的儿子日䃅归顺于汉室。由于他曾铸铜人像

（又称金人）以祭天，遂被赐姓金氏。

汉代以前，金氏族人主要在山东、江苏、河南境内繁衍，魏晋间在彭城形成望族。宋明时期，南方的金氏除在今浙江、江苏一带发展外，还分布于今江西、安徽、湖南、湖北、福建、广东等地。从清朝嘉庆年间开始，闽、粤金氏陆续有人迁至台湾，此后，有的再迁海外，侨居于新加坡等国家。在当今中国姓氏中，金氏依人口数量排在第62位，其中以河南、浙江、江苏、湖北、四川、上海等地为多。

【相关资源】

[祠堂寺庙]

金家祠堂：位于洛宁县老城内。建于清代。金氏家世不详。该组建筑多已改建，原建筑仅存上房1座，面阔3间，进深2间，硬山灰筒瓦顶，有脊兽，保存完整。

金家庙：位于郏县渣园乡仝楼村西。始建年代不详，清咸丰三年（1853）重修。现存广生殿1座，面阔3间，进深2间，建在砖石台基上，大式硬山绿琉璃瓦顶，梁檩有龙凤图案，脊饰滚龙浮云。庙内其他建筑已改建，尚有清代重修碑记1通。

【人物名录】

清朝有金得（鲁山）。

61. 石

【姓氏源流】

石氏有三支源于河南。一源自姬姓，以字为氏。卫康叔六世孙卫靖伯之孙石碏，是卫国的贤臣，以大义灭亲而闻名。他的子孙以先祖的字为氏，即石氏。二源自子姓，以字为氏。宋国有公子段，字子石，其后人以先祖的字为氏，亦为石氏。三为鲜卑族复姓所改。北魏迁都洛阳后，乌石兰氏改为石氏。

先秦时主要活动在河南北部与河北南部一带，其中战国时已远播湖北。唐代以前主要分布在河南、河北、山东、山西、江苏等地，并在武威形成望族。石氏有两支称帝者，今山西榆社的石勒家族建立了五胡十六国之一的后赵；山西太原的石敬瑭建立了五代十国的后晋，成为石氏家族史上的两个亮点。宋代以来，在河南、山西、河北、安徽、山东、北京、江苏、浙江、江西、陕西、四川、湖北、湖南、广西及东北等地均有分布。在当今中国姓氏中，石氏依人口数量排在第63位，人口较多，尤以四川、河北、山东、陕西、辽宁、河南等地为多。

【祖源遗存】

卫国故城：位于淇县城关镇，是第二道朝歌城（纣王城）的城垣上段。当年周公奉成王命兴师平定武庚叛乱，杀武庚（纣王子）、管叔，流放蔡叔，将殷旧都朝歌地区划为卫国，封康叔为卫君，建都朝歌，宫殿建在城内定昌（今河南淇县城内东街东仓），传至懿公，因其玩鹤丧志，不理朝政，终在公元前660年被北方狄人所杀。城址平面呈长方形，南北长3100米，东西宽2100米，周长约1万米。城墙墙基宽50~70米，残高1.5~3.6米。城墙版筑，版眼明显，均为平夯，版眼间距2.2~3.1米，版眼孔径6~8厘米，夯层清晰，夯面平整，夯层每层厚6~12厘米。在夯土中发现有商末至春秋战国时期的豆柄陶细、陶瓶底、陶盆、绳纹瓦片、矮足粗绳纹鬲、绳纹小薄砖等。1986年被确定为河南省文物保护单位，2006年被国务院批准为全国重点文物保护单位。在故城附近有3个作坊遗址：冶铁作坊在付庄及该村南北，1986年发现。始于西周卫国，至汉代仍旧沿用。作坊遗址呈长方形，长宽均约300米，面积约9万平方米，文化层厚1~3.1米，含有大量矿石、铁块、木炭、残炼铁炉、模板、残鼓风管、烧土及铁制品，并发现一件耜铧和大量商代陶片及春秋至汉代瓦片。制骨作坊在今东关村东、跃进路北侧，相传是商王武丁时期制骨作坊，西周卫国仍用。面积约有7.4万平方米，文化层厚1~3.5米。1988年，在路北侧排水沟断面上，仍有大量骨骼露出。有的骨头上有锯、钻、磨等加工痕迹。西坛冶铁遗址于1988年5月5日被发现。遗址在城关红旗路中段北侧30余米处，南北长50米，东西宽30米，面积1500平方米。距地表0.7米，文化层厚3米，包含物有木炭、炉壁、铁渣、矿石、铁块、红烧土、模板及建筑所用细绳纹筒瓦、板瓦和生活用具陶罐、盆、瓮、豆等。经河南省文物考古研究所鉴定，为战国中期卫国炼铁作坊。

宋国故城：见宋姓下"宋国故城"介绍。

汉魏故城：见周姓下"汉魏故城"介绍。

【相关资源】

[墓葬陵园]

晋高祖陵：又称显陵，即后晋高祖石敬瑭之墓，位于宜阳县石陵乡石陵村西。陵墓高20米，占地100平方米，墓前有清雍正二年"晋高祖之陵"墓碑。石敬瑭（892—942），五代后晋的创立者，在位时割燕云十六州予契丹，自称"儿皇帝"。

[碑碣刻石]

石保兴墓神道碑：位于孟津县常袋镇石碑凹村西。碑通高5.6米，碑身高4.3米、宽1.45米、厚0.54米，龟座高0.95米、宽1.45米、长3.1米，八角形石座高0.5米、直径1.1米。碑额刻有"大宋故赠□

州观察□石公碑"12个篆书大字。碑首两侧刻2盘龙，碑身两侧浮雕蔓草纹，置于八角形大石座上，座深埋于地下。碑文为行书，撰文者为李宗谔。石保兴，北宋重臣石守信长子。石守信（928—984），五代宋初浚仪（今河南开封市）人。拥立赵匡胤建立北宋有殊勋。

石保吉墓神道碑：位于孟津县常袋镇石碑凹村西。碑座埋入土中，碑身高4.3米、宽1.45米、厚0.54米，碑额高1.6米。碑额刻有"大宋西平石公神道"8个篆书大字。碑首两侧镌刻2盘龙，顶部正中刻1坐佛，佛有背光。碑身两侧面浮雕蔓草纹。碑文为行楷，撰文者为杨亿，书丹篆额者为尹熙古。石保吉，北宋重臣石守信次子。

【人物名录】

战国有石申（开封）。西汉有石奋（温县）。北宋有石守信、石保吉、石保兴（均开封），石熙载、石中立（均洛阳），石延年（商丘），石得一（开封）。南宋有石元孙（开封）。

62. 戴

【姓氏源流】

戴氏主要有两个来源，均源自河南。周公旦封微子启在商故地商丘，建立宋国，微子启的第十一代孙，卒后谥号为"戴"，史称宋戴公。他的子孙中就有人用"戴"作为自己的姓氏。戴氏的另外一个起源出自姬姓，是周朝宗室的后代。周朝宗室中有人被封在戴（今河南民权县东），建立戴国，后来被宋国所灭，亡国后的戴国子民就有人用国名作为自己的姓氏，从此姓戴。

先秦时期主要是在其发祥地豫东一带发展繁衍。汉代，有徙居豫南者，南迁江浙者，东迁山东者。魏晋南北朝时期，在江浙一带分布更为广泛，还有的徙居于今安徽、湖北。唐代，开始进入福建，后又有相继迁入今陕西、湖南、江西。在当今中国姓氏中，戴氏依人口数量排在第64位，人口广泛分布于全国各地，尤以江苏、浙江、河南等地为多。

【祖源遗存】

微子墓：见宋姓下"微子墓"介绍。

宋国故城：见宋姓下"宋国故城"介绍。

三陵台：见宋姓下"三陵台"介绍。

戴国故城遗址：周代姬姓小国，其故城在今商丘市民权县西北。戴国位于郑国与宋国之间，郑、宋两国不和，戴国多受欺凌，春秋初期郑国实力较弱，戴国实为郑国附庸。《左传·隐公十年》载，前713年，蔡国、卫国随从宋国伐郑，并乘机侵入戴国，一贯善谋的郑庄公抓住这一时机，在戴国围歼了三国之师，又顺便将戴国占为己有。

【相关资源】

[碑碣刻石]

戴氏建祠源流碑：位于光山县泼陂河镇戴围孜。碑为圆首，高1.37米，宽0.5米，厚0.09米，刻于清道光三年（1823），额题"本固支荣"4字，方座，王廷辅撰文书丹，楷书。碑文记载戴氏祠修建情况。

戴马同宗迁民祠碑：位于内黄县二安镇小槐林村。碑高1.6米，宽0.6米。清嘉庆十年（1805）立。碑文记述明天启年间戴子成、马子才系同胞，原籍山西洪洞县，明洪武初年迁徙于此，各易其姓，并筑二墓，表明两姓同宗。在村内立祠刻石，以志永远。碑文反映了民俗、族谱辈分和迁民的历史情况。

【人物名录】

西汉有戴德、戴圣（均商丘）。东汉有戴遵、戴良（均正阳），戴凭（平舆）。唐朝有戴胄、戴至德（均安阳）。北宋有戴兴（开封）。明朝有戴冠（信阳）。清朝有戴锡纶（光山）。

63. 贾

【姓氏源流】

贾氏出自姬姓，是黄帝的后裔。周朝时，成王把自己的弟弟叔虞封在唐（今山西翼城县西），史称唐叔虞。康王时，叔虞的小儿子公明又被封在贾（今山西襄汾县西南），建立了贾国，史称贾伯。春秋时期，贾国被晋国所灭，贾国有些人就用国名作为自己的姓氏，从此姓贾。贾氏还有一个起源，就是春秋时，晋文公重耳灭贾国后，晋襄公把贾地赏给辅佐晋文公称霸的狐偃之子狐射。狐射之后，子孙以封邑为姓，称为贾氏。

贾氏发源于山西省，先秦时期有的迁至今河南、山东。此后，河南贾氏繁衍昌盛，人丁兴旺，又衍生出许多支派。两汉时，贾氏播迁到了陕西。南北朝时，贾氏继续外迁。北周、北齐都有贾姓族人迁居河北。至迟在东晋就有贾姓族人南下渡江，居住在江浙一带。五代时贾氏有人迁居福建，宋朝有人迁居四川。可见，唐宋时期江南的许多地方都已有贾姓居民。贾氏移居海外约始于清代，今新加坡等国有贾姓华侨。在当今中国姓氏中，贾氏依人口数量排在第65位，人口广泛分布于全国各地，尤以山西、河北、河南、四川等地为多。

【相关资源】

[墓葬陵园]

贾复墓：位于宝丰县城大寺街。墓地面积2890平方米，墓冢原高5米。"文化大革命"时期被平。今仅存清乾隆四十八年（1783）立重修贾刚侯墓碑记残段，清道光年间撰修的《宝丰县志》亦记载此为贾复墓。贾复（？—55），字君文，南阳冠军（今河南邓州市西北）人。东汉初政治家、军事家，谥号刚侯。

贾逵墓：位于沈丘县城西南新谷河、颍河交汇处。今存墓冢封土高约7米，周长72米。俗呼华姑冢，村名由此而来。贾逵，字景伯，东汉扶风平陵（今陕西咸阳市西北）人。曾任豫州刺史，传其卒后葬于此。

贾诩墓：位于许昌县尚集镇岗朱村东。墓高10米，占地3300多平方米。墓室后部被破坏，出土的陶器也被砸毁，双虎铺首衔环画像石墓门、墓楣现藏于许昌博物馆。贾诩，字文和，武威姑臧（今甘肃武威市凉州区）人。寓居许下，曾授曹丕以自固之术，丕终得立。丕即位后，封诩为太尉，卒后葬于许。

贾咏墓：位于临颍县城关镇西南。墓地面积8850平方米，冢高4米。墓前有明嘉靖年间碑刻2通以及部分石像生。贾咏（1464—1547），明代临颍人。明嘉靖年间大学士。

贾心斋墓：位于新乡县高新区东台头村北。墓地面积4.5万平方米，神道两旁排列有石马、石羊、石虎等石像生，墓碑上刻有"皇明敕封监察御史祀乡贤贾公心斋之墓"。

[祠堂寺庙]

贾谊祠：位于洛阳市老城区东关爽明街中段。其祠明清时多次修葺，清末一度改为河南府中学。现存大殿3间，硬山灰瓦顶，其他建筑已改观。贾谊（前200—前168），河南洛阳人。西汉杰出政治家、文学家。

贾氏祠堂：位于商丘市睢阳区宋集镇贾祠堂村。始建于明末，清代重修。为四合院式建筑，现存门楼1座，硬山灰瓦顶，有脊饰，前檐有砖雕装饰。正房3间，东、西厢房各3间，均为硬山灰瓦顶，前出廊。

贾复庙：位于宝丰县城民治街。为纪念东汉初胶东侯贾复所修，始建年代不详，清乾隆五年（1740）知县马格捐俸修葺，咸丰十一年（1861）、光绪六年（1880）又重修。现大门、厢房已改建，仅存正殿1座，建在高1.4米、长24.6米、宽15.3米的石砌台基上，面阔3间，进深3间，硬山灰瓦顶，有脊饰，廊檐下施斗拱。庙内有清代重修碑记2通。

[碑碣刻石]

雪苑名流贾开宗碑：位于商丘市睢阳区王楼乡贾庄西南。碑高1.68米，宽0.63米，厚0.18米。清光绪十二年（1886）立，韩孟春撰文，宋廷杰书丹，碑文楷书258字，记述清初著名文学家贾开宗生平和墓地位置、形制等。

[其他遗存]

贾复城：故址位于今平顶山市宝丰县城与灰河之间。现仅存北城墙一面，全长1100余米。城基毗邻净肠河，外壁青石包砌；原上部包砖，现尚有少量残存。据清嘉庆《宝丰县志》载"贾以执金吾击郾所筑"，亦名曰"金吾城"。此城建于东汉，历代均有修葺。

六忠祠：见张姓下"六忠祠"介绍。祀贾贲、张巡等六人。贾贲（？—757），唐朝将领。安史之乱时，坚守雍丘（今河南杞县）城，城陷后遇难。

贾鲁河：原名黄水河，又名小黄河。源于荥阳市东南与新密市交界的圣水峪，并汇索、须、京等水，经中牟、尉氏、扶沟、西华，从周口注入颍河。河道狭窄，河底高于地面，水涨决堤成灾。元至正四年（1344）五月，黄河暴溢，河南、山东罹遭水患。至正十一年（1351），贾鲁征招兵民17万人，以疏、浚、塞并举，全面治理。对黄河南岸的黄水河，从四月到七月疏通故道140千米，八月堵塞决口，水归故道，九月通舟楫，十一月全部完工，使黄水河南流汇入海。万民感德，改黄水河名为贾鲁河。贾鲁（1297—1353），河东高平（今属山西）人。历任户部文事、行都水监等职。至正十一年（1351）被任命为工部尚书、总河防使，负责治理黄河，治河获得巨大成功。

【人物名录】

西汉有贾谊、贾嘉、贾捐之（均洛阳），贾山（禹州），贾护（浚县）。东汉有贾复、贾宗（均邓州），贾彪（郾城）。唐朝有贾言忠、贾曾、贾至、贾悚（均洛阳）。五代有贾公铎（上蔡）。北宋有贾琰、贾炎、贾岩、贾圭、贾祥、贾昌朝（均开封），贾黯（邓州）。明朝有贾绽（安阳）、贾咏（临颍）、贾继春（新乡）。清朝有贾庄（襄城）、贾开宗（商丘）、贾光烈（沁阳）、贾之彦（洛阳）、贾湘（沁阳）、贾国祥（商丘）、贾敬修（原阳）、贾锋（光山）。

64. 韦

【姓氏源流】

韦氏源自彭姓。夏王少康的族裔，封于豕韦（今河南滑县），称豕韦国，后被商汤所灭，其后人以"韦"为氏。还有说韩信被害时，其家人有的为免遭杀身之祸，而改韦氏。

发源于河南的韦氏，先秦时期主要在中原一带活动，并不断向周围地区迁徙，汉代时，已分布到今河南、山东、陕西、山西、河北等地。三国两晋南北朝时，韦姓人除避战乱者有南迁情况外，大部于原籍繁衍生息，并在京兆形成望族。宋明以来，播迁到了东南、西南及其他地区。在当今中国姓氏中，韦氏依人口数量排在第66位，以广西、河南等地为多。

【祖源遗存】

伦邑：见曾姓下"伦邑"介绍。

豕韦国故城遗址：豕韦始建于夏朝少康之世，《路史后纪》："夏之中兴，别封其孙元哲于韦，为夏伯。"豕韦地域在今滑县一带，滑县古称为白马县，《水经·河水注》："津之东南，有白马城。白马有韦乡、韦城。"豕韦建都韦城，在今滑县东18千米的留固镇白马墙。豕韦是夏代强国，与东夷族风姓有婚姻关系，被商汤所灭。

【相关资源】

[墓葬陵园]

韦思谦墓：位于原阳县县城北关外。原先墓冢稍微高于地面，墓碑已经残破。韦思谦（？—688），阳武（今河南原阳县）人。唐高宗时，官至御史大夫。

韦仪墓：位于洛宁县陈吴乡西寨子村。现存墓冢高2米，面积24平方米，墓前有碑。韦仪，金皇统八年（1148）被封为武大夫、武德将军。

[祠堂寺庙]

韦思谦祠：位于原阳县陡门乡仁村堤村。明代始建，现存为清代建筑。道光九年（1829）、光绪三十二年（1906）重修，坐北朝南，门楼、正殿3间，东西厢房各5间，均为硬山灰瓦顶，匾额、画像已被毁坏。

【人物名录】

唐朝有韦思谦、韦承庆、韦嗣立、韦济、韦恒（均原阳）。南宋有韦渊（开封）。

65. 夏

【姓氏源流】

夏氏有两个来源：一源自姒姓，以国为氏。尧时洪水泛滥，颛顼之孙崇伯鲧受命治水失败之后，由其子大禹继续治水，他采用与父亲不同的治水方法而取得了成功，舜封他于夏，并将帝位传与他。由此开始了长达400余年的夏王朝统治。夏朝先后在阳城（今河南登封市）、安邑（今山西夏县西北）等地建都，后因夏桀无道而为商汤所灭，其族裔以国为氏，即夏氏。二是源自妫姓，以字为氏。舜的后裔于西周时期受封于陈（今河南淮阳县），春秋时期陈宣公有庶子西，字子夏，他的孙子征舒以先祖之字为氏，亦为夏氏。

先秦时期在河南、山西、山东、安徽等地活动，南北朝时期向江苏、浙江地区发展。夏氏的望族有以会稽郡为代表的江苏、浙江夏氏，以谯郡为代表的河南、安徽夏氏，以高阳郡为代表的河北夏氏，以鲁郡为代表的山东夏氏。隋唐以后，夏氏已经遍布全国各地，其中宋朝时在江西、山西、河南、浙江等地最为密集，明朝时以江苏、浙江、江西等地为多。在当今中国姓氏中，夏氏依人口数量排在第67位，江苏、浙江、江西、安徽、湖北、四川、山东为夏氏主要分布区。

【祖源遗存】

禹都阳城：位于登封市告成镇附近。由大、小两城构成，其中小城为两个相连的古城堡，年代为龙山文化晚期，同夏"禹都阳城"年代相当。小城址由东西并排的两座版筑城址组成，平面为长方形。西城原先面积估计有8000多平方米，东城也差不多。东城已经被五渡河冲刷破坏大半，仅保留西壁，西城以东城的西壁为其东墙，大体呈正方形，仅存北壁29米。城内中部和西南地势较高处发现有夯筑圆形奠基坑，坑内有祭祀杀殉的成人和儿童尸骨，一坑内多者达7人。在城内的龙山文化层中出土有青铜器的残片，并在一个陶器的底部发现陶文。大城面积约30万平方米，大城的北城墙夯土残留长度370米，残留高度0.5~1.2米；北城壕长约630米，宽约10米，残留深度3~4米，向东通往五渡河；西城壕残长130米，宽约10米，残留深度1.5米，向南通往颖河。东面和南面的城墙与城壕已被毁坏。城址的城墙夯土呈黄色，土质纯净且坚硬。夯层分数层，基本呈水平状夯筑。夯层表面有夯具痕迹，似用河卵石类夯具所夯砸，夯窝明显。城墙夯土为平地起建，逐层夯筑而成。

禹王台：位于开封市区东南部，传说为师旷奏乐之地。战国梁惠王筑台以纪念，名为"吹台"。明正德年间改元君祠为禹王庙，此后"吹台"也称为"禹王台"。现台呈龟形，高2米余，面积3000平方米，台前有"古吹台"的木牌坊及御书楼，其后有禹王殿，东侧有为纪念唐代李白、杜甫、高适而建成的三贤祠，西有水德祠，殿后有御碑亭。

神禹导洛处：位于卢氏县东15千米处的峡谷中。相传大禹治水时，带领民工在此开凿山石，导洛水东流，人民得以安居乐业。大禹在山壁上用剑刻一古"洛"字，后人为纪念大禹，在此建庙宇祭祀，唐宋以来留下很多碑刻。清知县刘应元书"神禹导洛处"刻于西壁。《尚书·禹贡》载"导洛自熊耳"即此。

龙门：位于洛阳市南25千米处。相传大禹在此凿山治水时期曾经得到神龙相助，因此凿成以后将此处命名为龙门。因两山夹伊水，故而龙门又称为伊阙。

洛出书处：相传大禹凿龙门后，于洛河得一神龟所送之书，即洛书，后大禹依书整理出五行、历法、农作、法令等方面的内容。

钧台：又名夏台，位于禹州市古钧台街北口。《竹书纪年》载："夏启元年，帝即位于夏邑，大飨诸侯于钧台，诸侯从。"《春秋·昭公四年》载："夏启有钧台之享。"钧台之飨实际是夏王朝的开国大典，标志着中国第一个奴隶制国家的建立。今存钧台，砖石结构，呈长方形，边长8米，高5米，南面正中有拱券门洞，门洞上方刻有"古钧台"3字，署名为"光绪甲午夏南海黄憬重修",门洞两侧有楹联"得名始于夏,怀古几登台"。

启母石:位于登封市北3千米处。为巨型山石,高约10米,周长约50米。相传,大禹治水,凿轩辕山,与妻子涂山氏约闻鼓而饷。石误中鼓,涂山氏往,见禹正作熊开山,惭而去。至嵩山下,化为石,禹至,曰"归我子",石破北方而启生,故石头得名。

启母阙:位于登封市嵩山南麓,距离市区2千米处的嵩山万岁峰下。启母阙为启母庙前的神道阙,与太室阙、少室阙并称"中岳汉三阙"。阙的北边190米处有一开裂的巨石,即是启母石,根据文献《淮南子》记载,上古时期大禹奉命治理泛滥的河水,三过家门而不入,其妻涂山氏化为巨石,巨石从北面破裂而生启。西汉武帝游览嵩山时,为此石建立了启母庙。东汉延光二年(123),颍川太守朱宠于启母庙前建神道阙,即是启母阙。汉代因避汉景帝刘启的讳,曾一度改名为开母庙、开母阙。启母阙是中岳汉三阙中损坏最为严重的。西阙现存高3.17米,东阙现存高3.18米,两阙间距6.8米,整体结构和太室阙相同。阙顶已经部分遗失,阙身用长方形石块垒砌而成,上面有长篇小篆铭文,记述了夏禹及其父亲鲧治水的故事,字体遒劲俊逸,是汉代书法中的精品,一直为国内外金石学家所注重。阙的下部是东汉熹平四年(175)中郎将堂溪典所书《请雨铭》,字体为隶书,只是大部分已经剥落。阙身的四周雕刻有宴饮、车马出行、百戏、蹴鞠、驯象、斗鸡、猎兔、虎逐鹿及大禹化熊、郭巨埋儿等历史故事画像60余幅。其中的蹴鞠图,刻画有一个头挽高髻的女子,双足跳起,正在踢球,舞动的长袖轻盈飘扬,女子两旁各站立1人,击鼓伴奏,再现了汉代蹴鞠运动的真实场面。

陈国故城:见陈姓下"陈国故城"介绍。

陈胡公墓:见陈姓下"陈胡公墓"介绍。

【相关资源】

[墓葬陵园]

夏后皋冢:位于三门峡市陕州区菜园乡北沟村。墓冢高5米,周长30余米,此墓冢传说为夏后皋冢。夏后皋,夏代帝王孔甲之子。

[碑碣刻石]

渡河词碑：位于获嘉县亢村镇，又叫马号碑。明嘉靖十三年（1534）立，碑高3米余。碑文记述了明世宗南巡途中的盛况。此碑为夏言随驾南巡间所亲书，字为行草。

[其他遗存]

王相岩：位于林州市石板岩镇王相村西，是东汉名士夏馥隐居的地方。后世称其隐居的岩洞为王相岩，沟被称为王相沟，村被称为王相村，就连王相岩上的一棵大树都被称为王相树。又因明代道士赵得秀修道于此，又称为老道岩。岩上有玉皇阁等仿古建筑。

夏家院：位于原阳县县城南街。占地面积1万平方米，为清代财主夏氏宅院。主体建筑分前后两院，另有南北跨院，坐东朝西。前后院楼门窗雕刻精细。现存房间60余间，硬山灰瓦顶，是一处保存完整的清代建筑。

夏家民宅：位于辉县市市区西大街。清代建筑。现存4座院落，共有建筑11座，50余间，面积近3000平方米，均为硬山灰瓦顶。每院均有回廊，是保存较好的北方民宅。

【人物名录】

东汉有夏恭（商丘）、夏馥（通许）。明朝有夏之令（光山）。清朝有夏锡畴（沁阳）。

66. 丘

【姓氏源流】

丘为古称，清初为避圣人孔丘之讳，而改"丘"为"邱"。民国以来，有的邱氏改回丘氏，有的未改，因而成为两个姓氏，实出一源。丘氏有三个来源：一出自姜姓，以地为氏。姜太公因辅佐武王灭商有功，而被封于齐，都营丘，其子孙有以地为氏而为丘氏者。二以地为氏。帝颛顼之后裔祝融氏吴回之子陆终第五子安，曹姓。西周初年，周武王封曹姓后裔曹挟于邾，建立邾国，后迁邹县南，春秋时邾大夫弱丘之后有丘氏。三是鲜卑族复姓所改。北魏代北鲜卑族复姓丘林氏、丘敦氏随魏文帝南迁洛阳，改为丘氏。

先秦时期活动于山东一带。秦汉以后迁至河南、陕西、江苏、浙江、山西、四川，甚至远播福建。在河南（今洛阳）、扶风、吴兴等郡形成望族。宋代则集中分布于福建、湖南、江苏、浙江等地，明代已遍布各地，尤以江西、福建、江苏为多。在当今中国姓氏中，丘氏依人口数量排在第68位，在四川、湖南、广东等地人口最为集中。

【祖源遗存】

宛丘古城遗址：位于淮阳县城东南4千米处的大连乡大朱庄西南隅，俗称平粮台，又称平粮冢、贮粮台，是目前我国发现年代最早、规模最大、保护最完好的龙山文化时期古城遗址。有专家认为，该遗址就是太昊伏羲故都。

太公故里：见高姓下"太公故里"介绍。

汉魏故城：见周姓下"汉魏故城"介绍。

【相关资源】

[墓葬陵园]

邱生墓：位于商水县白寺镇郭小寨村东。墓葬现高3米，面积约80平方米。邱生，秦汉之际楚辩士，传卒后葬于此。

[其他遗存]

三仙洞：位于辉县市西北3.5千米处的苏门山东南，为丘处机修道的地方。因丘处机、刘处元、谭处端三人都住过此洞，故得名。丘处机（1148—1227），金登州栖霞（今属山东）人，字通密，道号长春子。全真教祖师之一。

【人物名录】

唐朝有丘和、丘行恭、丘神勣（均洛阳），丘悦（嵩县）。明朝有邱陵、邱璐（均兰考）。

67. 方

【姓氏源流】

方氏主要有两个来源，均源自河南。一以地为氏。炎帝的第九世孙方雷，因为帮助黄帝讨伐蚩尤有功，被封于方山（今河南禹州市西北），后代就以"方"为姓。二出自姬姓，以字为氏。周宣王时期，大臣方叔领兵平定南蛮，被封于洛（今河南洛阳市），他的子孙以他的字作为姓氏，称方氏。

先秦时期主要在发源地河南境内繁衍发展，以后在河南郡形成望族，后逐渐向四周扩展。唐代，河南方姓开始进入福建、广东，并在清朝初期移居台湾。在当今中国姓氏中，方氏依人口数量排在第69位，在全国分布广泛，尤以安徽、河南、浙江、辽宁、江苏、福建、云南等地为多。

【祖源遗存】

方山：位于禹州市西部25千米处的方山镇境内，方雷受封于此。今山门前北面山腰有"古方雷氏封邑"石碑，香港方润华先生捐建的"溯源光辉"门楼、方氏溯源亭，韩国温阳方氏中央宗亲会为他们的籍迁一世祖所立的"大唐翰林学士奉旨赴新罗文化使者方智先生纪念碑"。下方山岗有香港雷方邝寻根访祖团捐资兴建的方氏总祠堂和溯源纪念堂。

东周王城：见周姓下"东周王城"介绍。

【相关资源】

[墓葬陵园]

方成法墓：位于商城县伏山乡杨桥村。方成法，清道光辛卯（1831）科举人，甲辰（1844）科大挑二等，任扶沟县儒学教谕。墓前有光绪二十七年（1901）立的墓碑1通，记述其生平。

【人物名录】

南宋有方淑（开封）。明朝有方应时（信阳）。清朝有方遯（南阳）、方瑞兰（禹州）。

68. 侯

【姓氏源流】

侯氏有四个来源：一为黄帝史官仓颉之后。传说仓颉为汉字的发明者，他姓侯冈，其后有以"侯"为氏者。二出自姒姓，以地为氏。相传夏后氏的后裔有的被封于侯（今河南偃师市），子孙以地为氏，称为侯氏。三出自姬姓，以爵为氏。春秋时期晋国的公族晋哀侯和他的弟弟潘侯被晋武公所杀，他们的子孙逃奔他国，以祖先的爵位为氏，亦为侯氏。四为鲜卑族复姓所改。北魏代北鲜卑族复姓古口引氏、侯奴氏、渴侯氏随魏文帝南迁洛阳，改为侯氏。

先秦时期在其发源地河南、山西境内繁衍，秦汉之际已遍布今天的山西、河北、河南、山东、宁夏等地，其中以上谷侯氏发展得最为兴旺。汉末，有侯氏后裔侯恕为北地太守，举家迁居到三水，即今天的陕西境内。魏晋南北朝时期，鲜卑族侯氏成员的加入壮大了家族队伍，并在河南形成望族。西晋末年，和其他姓氏一样因为战乱迁到南方，遍及长江中下游广大地区。唐代的时候，开始移居福建、广东等地。宋代以后，已遍及全国各地，在山西、河南、湖南、陕西有较多分布。明朝则集中于陕西、山西、浙江、山东、河南、甘肃、江苏、河北等地。在当今中国姓氏中，侯氏依人口数量排在第70位，在湖南、安徽、河南有较多分布。

【祖源遗存】

仓颉陵：有两处。一处位于南乐县梁村乡史官村西侧。陵为高约5米的土丘。陵前石人气宇轩昂，石狮威武，栩栩如生。石牌坊古朴伟岸，牌坊额上的"仓颉"二字是明隆庆年间南乐知县刘弼宽所书。在陵墓之下有仰韶文化至龙山文化时期的古文化遗存。另一处位于开封市刘庄北。南宋人罗泌所撰《路史》所引的《禅通纪》

称:"仓颉居阳武而葬利乡。"关于利乡的位置,罗泌称:浚仪县即春秋之阳武高阳乡也,或曰利乡。至少在北魏时期,郦道元在《水经注·渠水》中就指出:"大梁,本春秋之阳武高阳乡也。"郦道元还引《陈留风俗》(浚仪):县有仓颉师旷城。北宋末年孟元老所著《东京梦华录》几次提到仓王庙在外城东北,是宋人出城探春、登高的好地方。宋代以后,开封人口锐减,城墙缩小,仓王墓在北门外,极为偏僻。明、清的地方志都指出,仓颉墓和庙在府城东北10千米。仓颉,今濮阳市南乐县吴村人,是黄帝时期造字的史官。据记载,仓颉观鸟造文,形成了中国最原始的文字,被尊称为"造字圣人"。

仓颉庙:位于南乐县吴村东侧,与仓颉陵东西相望。整个庙宇坐北面南,占地2700多平方米。庙分山门、二门、拜殿、正殿和寝殿。山门前有石望柱1对,雕工精美,图案逼真。山门、二门为硬山式建筑,气派恢宏;拜殿、正殿和寝殿位置错落有致。庙内松柏苍翠,碑石林立,楼台亭榭,鳞次栉比,有明代著名文人墨客题写的楹联和篆额及仓颉的石雕肖像。二门内的大方碑上书"三教之祖""万圣之宗",拜殿正中高悬"万古一人"金匾。

仓颉墓:位于虞城县西北12千米堆坡村西北隅。相传,黄帝史官、文字鼻祖仓颉卒后即葬于此。现存墓冢呈圆丘形,高3米余,周长45米。墓前有祠,大殿3间,为清康熙四年(1665)虞城知县程本节所建。殿内曾塑有仓颉像,后废。殿前有康熙四十一年(1702)立石碑1通,阴刻"古仓颉墓"4字。东西侧有参天古柏2株。祠院呈"凸"字形,现为仓颉小学占用。

二里头遗址:位于偃师市二里头村,为夏王朝国都的遗址。二里头遗址包含的文化遗存上至距今5000年左右的仰韶文化和龙山文化,下至东周、东汉时期。而遗址的兴盛时期是前2036年至前1600年的夏文化,考古学将其主要阶段称为"二里头文化"。经过40多年的持续发掘,在二里头发现的主要遗存有:已知中国最古老的宫殿,建筑布局严谨,主次分明,开创了中国历代帝王宫殿建筑形制之先河,许多形制为后世沿用,号称"中华第一王宫";几十座墓葬;铸铜、制玉、制石、制骨、制陶等手工作坊遗址。这里出土的青铜容器是中国最早的一批青铜器,也是世界上最早的青铜器。二里头文化作为中国夏商文化的一个界标,对探寻中国五千年文明的起源,尤其是夏商周断代有极其重要的意义。

汉魏故城:见周姓下"汉魏故城"介绍。

【相关资源】

[故里故居]

侯恂老宅:位于商丘市睢阳区中山北三街。建于明代,部分清代重修。前后两进院落及左右跨院。过厅、正房、厢房等均为硬山灰瓦顶,有脊饰,前出廊。侯恂(1590—1659),字若谷,河南商丘人。明代时任兵部侍郎、户部尚书等职,后朝议中变下狱。李自成攻破北京后,对明朝留下的三品以上官员,只用他一人。

壮悔堂:位于商丘古城内,为明末才子侯方域壮年著书处,是一座明三暗五、前出后包、上下两层的硬山式建筑。屋脊有青兽压顶,屋内有木屏相隔,门窗镂花剔线,圆柱浮雕龙凤,通体显现出清代匠人高超的建筑艺术。侯方域(1618—1655),字朝宗,号雪苑,河南商丘人。清初诗文大家。祖父侯执蒲为明朝太常寺卿,父侯恂为明末户部尚书,叔父侯恪为明南京国子监祭酒。侯执蒲、侯恂、侯恪都是进步的东林党首领,与魏忠贤的阉党势不两立。侯方域受其先辈的教育和影响,参加了爱国团体复社,与明末大奸臣魏忠贤及其余党展开了积极的斗争。秦淮名艳李香君与他倾心相爱,并支持他揭露和抨击阉党。侯方域与李香君的爱情故事被清代著名戏剧家孔尚任编成名剧《桃花扇》。明朝灭亡后,35岁的侯方域回到归德老家。想起自己遭遇坎坷,事业一无所成,他悔恨不已,发誓终生不仕,并将其书房起名为"壮悔堂",从此致力于研究学问,创作诗文,《壮悔堂文集》《四忆堂诗集》都是在此完成的。

[墓葬陵园]

侯恂墓:位于商丘市睢阳区路河镇侯小园村。

侯方域墓:位于商丘市睢阳区路河镇侯小园村东南。现墓冢已被夷平,墓经多次盗掘,曾出侯方域墓志一方尚存。

侯耆宾墓:位于鲁山县四棵树乡侯崖村。墓冢已夷平。仍存清咸丰九年（1859）立墓表，高1.78米，宽0.67米，厚0.16米，何道泰撰文，王之翰书丹，碑文记述侯氏祖籍禹州、乾隆二十年（1755）逃荒到鲁山定居大侯崖等事。侯耆宾，生卒年不详。

【人物名录】

战国时有侯嬴（开封）。西汉有侯刚（渑池）。东汉有侯霸（新密）。南北朝有侯刚（洛阳）。明朝有侯于赵（杞县）、侯恂（商丘）。清朝有侯肩复、侯方岩、侯云登、侯方域（均商丘），侯抒愫、侯瑜（均襄城），侯原棐、侯运昌、侯长松（均杞县）。

69. 邹

【姓氏源流】

邹氏出自姚姓，为帝舜之后。帝舜后裔在商朝时期建立邹国，春秋时期为曹姓邾人所夺，后被齐国所灭，子孙以国为氏，即邹氏。另外，子姓宋国公族正考父食邑于邹，其后裔以邑为氏，是邹氏的又一来源。

早期以山东为中心，汉代以后在河北、河南、陕西、湖南、江西、浙江等地发展，并在范阳形成望族。唐代以后向东南地区发展，并以江西、江苏、福建为集中区。在当今中国姓氏中，邹氏依人口数量排在第71位，以四川、江西、湖北、山东等地为多。

【祖源遗存】

帝舜故里：见陈姓下"帝舜故里"介绍。

宋国故城：见宋姓下"宋国故城"介绍。

【相关资源】

[墓葬陵园]

邹复墓：位于焦作市郊王封街道王封村。为画像室墓，平面呈八角形，刻有散乐图等图画，为金承安四年（1199）天水郡秦氏为其夫范阳郡邹复所修。

邹廷琛墓：位于信阳县。墓冢已经夷平，尚有清光绪"清显考太学生邹公大人讳廷琛之碑记"1通。邹廷琛，清代监生，清同治三年（1864）被太平军所杀。

【人物名录】

五代有邹勇夫（固始）。清朝有邹王子（沁阳）。

70. 熊

【姓氏源流】

人文始祖黄帝，居于轩辕之丘（今河南新郑市），国号有熊，故称有熊氏，其后人以熊为氏。楚国的先祖鬻熊，其后裔以其字为氏，是熊氏的又一来源。

秦汉以前，在湖北、湖南、河南、江西等地繁衍发展，少数散居于河北、山东等地。魏晋南北朝时，已迁入我国江南广大地区，经过长时间的繁衍发展，逐渐在江陵、豫章形成望族。唐宋年间，熊姓后人陆续向江苏、浙江地区迁移，而南昌与江陵两地的熊姓依旧长盛不衰，人才辈出，族大人众。宋代以后以江西、福建、湖南三地为多。明代集中在湖南、福建两地。在当今中国姓氏中，熊氏依人口数量排在第68位，以湖北、江西、四川、湖南、贵州等地为多。

【祖源遗存】

新郑黄帝故里：位于新郑市区轩辕路。黄帝故里祠始建于汉代，后曾屡经毁建，明清修葺。清康熙五十四年（1715），新郑县令徐朝柱立有"轩辕故里"碑。近年来，新郑市人民政府对黄帝故里景区进行了扩建。扩建后的黄帝故里景区共分五个区域：广场区、故里祠区、鼎坛区、艺术苑区、轩辕丘区。祠前广场有千年古枣树、国槐、百年银杏、松柏，"乾坤浮雕圆盘"立于中道，轩辕桥下姬水潺潺流过，"轩辕黄帝之碑"立于其右。故里祠中有前门、正殿、东西配殿。正殿中央供奉轩辕黄帝中年坐像，两配殿有黄帝元妃嫘祖和次妃嫫母像。祠后建有黄帝宝鼎坛，竖九鼎。黄帝宝鼎置于中宫，高6.99米，直径4.7米，重24吨，为天下第一鼎。其他分别为爱鼎、寿鼎、财鼎、仕鼎、安鼎、丰鼎、智鼎、嗣鼎，置八卦之位。鼎前有青石甬道铭文镌刻万年历史故事，两侧立有56根民族图腾玉柱，鼎坛四周建有楹联回廊，挂有当代名人歌颂黄帝功德的楹联。在鼎坛的北面是轩辕丘旧址，高大的丘内建有轩辕黄帝纪念馆，为地穴覆土式建筑，采用虚幻手法，展示黄帝风采。轩辕

⊙黄帝故里

丘一侧，建有黄帝文化艺术苑，荟萃了丰富多彩的黄帝文化艺术。

楚都丹阳：位于淅川县至陕西省商洛市商州区一带。《史记·楚世家》："熊绎当周成王之时，举文武勤劳之后嗣，而封熊绎于楚蛮，封以子男之田，居丹阳。"1979年在淅川下寺丹江水库区域发现的古城址，有可能是楚都丹阳。城址呈方形，南北长900米，东西长800米，城墙残宽8米，夯土建筑，夯土内发现有春秋时期的陶器残片。

【相关资源】

[故里故居]

熊少山故居：位于光山县马畈镇柳河村。旧居基本无存，在原房基上修复而成。熊少山，1924年加入中国共产党，1925年在光山领导农民运动，1929年任豫鄂边革命委员会执行委员、肃反委员会主席，1930年春领导光山农民起义，同年11月病逝。

[墓葬陵园]

熊羽中墓：位于潢川县双柳树镇秦棚村。墓冢高2米，墓地面积8000平方米，墓前有石人、石马、石羊等神兽及墓碑1通，记载了其生平事迹。熊羽中，明代曾任户部尚书。

熊氏家族墓：位于信阳市平桥区平昌关镇李营村熊湾庄。墓冢多近平，尚存几通墓碑，碑文记述熊氏家族原籍江西九江，后搬迁至信阳熊庄居住的情况。

71. 孟

【姓氏源流】

孟氏有两个来源，都出自姬姓。一支是卫国公孟氏之后。春秋时期，卫襄公的长子絷，字公孟，他的子孙以公孟作为自己的姓氏，后省去"公"为孟氏。一支是鲁桓公长子庆父之后。庆父在庶子中排行老大，而"孟"字在兄弟排行次序里代表最大的，庆父的后裔有的以其排行次序为氏，就是孟氏。

先秦时期主要在其发源地河南、山东及其周边的山西、河北等地发展繁衍。东汉时迁徙到了陕西、浙江等地，在隋唐前播迁到了云南、甘肃、湖南、四川、福建、湖北等地，并在平昌、平陆、东海、武威等地形成望族。宋明时已播迁至全国各地，以河北、山东、山西、四川最为集中。在当今中国姓氏中，孟氏依人口数量排在第73位，以山东、河南、辽宁、黑龙江、吉林、河北等地人口最多。

【祖源遗存】

卫都帝丘：位于濮阳县五星乡高城村南，距离县城约10千米，春秋时期卫国都城。《春秋·僖公三十一年》载："狄围卫，十有二月，卫迁于帝丘。"杜预注："辟狄难也。帝丘，今东郡濮阳县。故帝颛顼之虚，故曰帝丘。"遗址为一处面积约916万平方米的古城址。四面城墙顶部多被4~5米的唐宋淤沙层所覆盖，城壕和城内的文化层被汉代厚约6~8米的淤土层所叠压。整个城址平面形状为长方形，保存高度约6~9米，城墙基础宽约70米，顶部宽约20~30米，城墙之外有一周护城壕。北墙长约2420米，该墙中部偏东（安寨村西北）内收，形成一个近90度的折角，东墙长约3790米，西墙长3986米，南墙长2361米，南墙毁坏比较严重，不少地段在距离地表7~8米才见夯土。

卫灵公墓：位于长垣县满村镇冯墙村东南。冢高2米，周长15余米。墓前原有碑碣数通，现仅存1方龟趺，据碑文为春秋卫灵公墓。

【相关资源】

[祠堂寺庙]

孟子游梁祠：位于开封市区游梁祠街，建于明代，清代重修。现仅存孟母祠南、北屋各3间，硬山灰瓦顶，有碑刻2通。

[碑碣刻石]

孟家祠堂碑：位于泌阳县杨家集乡孟岗村东北。碑通高1.87米，宽0.66米，厚0.16米。额题"例恩"2字。碑文记载孟氏家族于明初自山东邹邑迁此及清雍正、康熙、乾隆、嘉庆年间行文免除赋税的事。

[其他遗存]

孟氏石坊：位于巩义市河洛镇石板沟村十字口。清道光年间建，市级文物保护单位，为四柱三间三楼式石坊。为旌表孟氏节孝而立。

【人物名录】

战国时有孟贲（濮阳）。三国有孟光（洛阳）。唐朝有孟诜（汝州）、孟云卿（洛阳）。北宋有孟厚（洛阳）。金有孟宗献（开封）。明朝有孟洋（信阳）、孟化鲤（新安）、孟绍虞（杞县）。清朝有孟观（开封）、孟文升（原阳）、孟发成（南阳）。

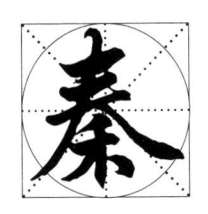

72. 秦

【姓氏源流】

伯益的后代非子，被周孝王封于秦亭，襄公时因护送平王东迁有功，于关中正式建立秦国。战国时，孝公用商鞅变法，国力富强，后由始皇统一天下，建立秦朝。秦亡后，王族子孙以国名作为姓氏，称为秦氏。有鲁国公族食采于秦邑（今河南范县），其后以封邑为氏，是秦氏的又一来源。

先秦时期主要分布于今河南、陕西、山东、湖北、河北等省。秦汉以后在甘肃、四川、山西等地发展，并在天水、太原、齐郡、河内等郡形成望族。宋、元、明时期，又迁至今广西、安徽、贵州、福建、北京、上海等地。在当今中国姓氏中，秦氏依人口数量排在第74位，在河南、四川、广西等地有较多分布。

【祖源遗存】

秦邑遗址：又称秦亭、秦城，为鲁后裔封邑，位于今范县城东南。《春秋》云，鲁庄公三十一年（前663）"筑台于秦"。杜预注："范县西北有秦亭是也。"

【相关资源】

[墓葬陵园]

秦氏家族墓：位于平舆县射桥镇郭王村。秦氏，明代平舆望族，与崇王结为姻亲。

[其他遗存]

法海寺秦少游书莲花经玉石塔：位于新密市法海寺内。该寺内有一舍利塔，建于宋咸平四年（1001），高约15米。塔身四周，刻满宋代文学家秦少游亲笔书写的《莲花经》，长达7万言。"文化大革命"期间被毁，残石现存新密市博物馆。秦观（1049—1100），北宋词人，字少游。"苏门四学士"之一，著有《淮海集》。

【人物名录】

唐朝有秦宗权（上蔡）。五代有秦彦晖（上蔡）。元朝有秦长卿、秦从龙（均洛阳）。清朝有秦阿灼（荥阳）。

73. 白

【姓氏源流】

白氏源头较多，但最主要的也是最为白氏族人认可的一支是出自芈姓，为白公胜的后代，源出河南。楚平王时，太子建因做晋军袭郑国的内应而被杀，太子建的儿子熊胜便逃到吴，投奔伍子胥。楚平王的孙子惠王即位以后，楚令尹子西慕名把熊胜召回国来，封在白邑（今河南息县包信镇东南），称白公胜。白公胜一心想为父报仇，几次要求子西出兵攻打郑国，子西也答应了。可是不久晋国伐郑，子西为了同晋争霸，就出兵救郑，白公胜认为子西言出无信，非常生气，于是发动政变，杀死子西，囚禁楚惠王，并着手改革朝政以争取人心。这时镇守在北部边境的叶公子高得到消息，领兵进入楚都，救出了楚惠王。白公胜打了败仗，逃到山里自杀，其子孙便以祖辈封邑为氏，称白氏。

早期主要分布于陕西、河南、湖北等地。战国时期，白公胜之子首先徙居秦国，在今陕西发展繁衍。秦始皇一统天下，封白起之子白仲于山西太原，其子孙遂世居太原。汉代以后，由于西域和西北少数民族白氏族人的加入，甘肃、青海、新疆等地白氏不断内迁，白氏族人队伍进一步壮大，并在南阳、太原等地形成望族。宋代以后，白氏已分布到了长江南北各地，分布重心仍在陕西、山东、山西、河南等北方地区。在当今中国姓氏中，白氏依人口数量排在第75位，以四川、山西、陕西、河南等地为多。

【祖源遗存】

白国故城：在息县包信镇东南21千米。春秋时期，赖国徙至包信镇，白国北与赖国为邻。春秋晚期，楚平王灭赖置县。公元前487年，楚封太子建之子胜于此为县公，称白公胜。白公胜所在的县邑白城距白亭（白国故城）仅5千米。《水经·淮水注》云："（淮水）又东径白城南，楚白公胜之邑也，东北去白亭一十里。"《路史·国名纪一》载："白，蔡之褒信西南白亭是。楚平王灭以封子建之子胜，曰白公。"

【相关资源】

[故里故居]

白居易故里：位于新郑市西约5千米东郭寺。唐大历七年（772），白居易诞生于此，并在此度过了他的童年。故居在其生前就遭到破坏。大和元年（827），白居易在途经故乡时题诗说："去时一十二，今年五十六。追思儿时戏，宛然如在目。旧居失处所，故里无宗族。岂唯变市朝，兼亦迁陵谷。独有溱洧水，无情依旧绿。"后人为纪念诗人，曾经制作"乐天故里"匾，悬挂在村中福胜寺拜殿卷棚额上。又刻"白居易故里"石碑，立于村内。白居易（772—846），字乐天，祖籍山西太原，生于今新郑市。唐代著名诗人，官至太子少傅。晚年寓居香山，自号"香山居士"。

白居易故居：在今洛阳狮子桥东、贺村西、大屯北的焦枝铁路西侧，唐代称履道里。据史书记载，其住宅坐北向南，占地约1.1万平方米，其中3000多平方米为宅，约4600平方米为园。园中原有

"映日堂"3间、"九志堂"5间，花卉茂盛，池水可泛舟，舟中有胡床，床前有浴池，桥道弯曲，龟游鱼跃。白居易晚年诗作皆成于此，他对自己作品的整理工作也大多在这里完成。在白居易故居旧址兴建的白居易故居纪念馆占地约5.3万平方米，整个布局按唐代东都的"田"字形里坊街道兴建，馆内有白居易故居、白居易纪念馆、乐天园、白居易学术中心、唐文化游乐园、仿唐商业街等建筑。白居易故居北半部为住宅区，南半部主要为园林和湖泊，整个布局力求再现原貌。白居易纪念馆是一座仿唐式建筑，馆内有诗人的塑像，并陈列他的生平事迹、文献资料及有关字画、壁画等，是凭吊诗人的主要场所。

白乐宫：位于长葛市石固镇朝阳村。据《长葛县志》记载，白居易"晚年筑室兹地，相传遗址尚存，土人犹呼为白村。卒而墓其侧，凿凿有据，郡乘所记，安可诬也？"白居易晚年长期在此居住。白乐宫原为一组规模较大的建筑群，现存白乐祠、白公桥、白隐楼等。

白朗故居：位于宝丰县张八桥镇大刘村。故居为普通农家小院，茅屋3间，土墙环护，1911年10月，白朗于此举起义旗。现茅屋已经其后代改建为砖瓦房，为省级文物保护单位。白朗（1873—1914），字明心，宝丰县张八桥乡大刘村人。清末农民起义领袖。

[墓葬陵园]

白公陵：位于洛阳市龙门西山南麓，始建于唐，现今存陵碑1座。白公胜卒后，其部将石乞将其安葬于荒山之间，据称白起攻克郢都后曾前往祭拜。唐大和五年（831），时任河南尹的白居易接到好友元稹书信，称"勘得白公墓圹远离人烟，湮于荒岭旮旯之中，车马难行，乏祀"，元稹时任武昌军节度使。于是，白居易派堂弟白敏中、嗣子白景受赴荆山护白公胜灵柩至洛阳，同年五月五日安葬于龙门西山南麓。另据道光十三年（1833）《白氏宗谱》记载，宋真宗年间，白氏后人曾在此建白公庙，历年春秋祭祀，香火不断，后白公陵、庙皆毁圮。2001年，由白氏裔孙白胜主持发掘，在白公陵旧址出土了白公陵巨碑，出土时碑首已断裂，用五条钢筋加固，碑首八龙饰，碑通高6.3米，宽1.65米，厚0.55米。碑正中楷书大字"楚王白公胜之陵",左落款为"河南尹白居易立,大唐大和五年岁次辛亥,五月戊戌朔五日,元稹拜书",右为碑文,计338字。另出土龟趺(碑座)1座。

白园:又称白冢,在洛阳市龙门东山(香山)北端琵琶峰上,为纪念唐代大诗人白居易而建。整个白园分为青谷、墓体、诗廊三区。青谷区自然风光秀丽。两侧都是绿竹,主要景点有听伊亭、乐天堂、松冈亭等。听伊亭系白居易晚年与其好友元稹、刘禹锡等对弈、饮酒、品茗、论诗之处。乐天堂内有汉白玉雕成的白居易塑像,素衣鸠杖,栩栩如生,有飘然欲仙之态。墓体区有墓冢、古碑、自然石卧碑、乌头门、磴道、碑庐等。墓前石碑上刻"唐少傅白公之墓"7个字,碑高1.87米。墓右侧巨石卧碑刻有《醉吟先生传》。

白居易墓:位于长葛市石固镇朝阳村北白乐宫。《长葛县志》载:"白乐天墓在县西南三十八里白家村西,有高冢,建祠绘像于上。邑治西南三十里,有宫名曰白乐,以白乐天先生墓于斯也。"现冢高约5米,周长60米。冢上有白乐祠,面阔3间,进深1间,祠内四壁绘画,中为白居易画像。

白氏祖茔:位于淮阳县临蔡镇东。为清代白氏家族墓地,面积1200平方米。1984年文物普查时,曾在当地发现墓志2合,一名白永亮,清代敕授文林郎,赐封奉政大夫,曾任宝庆府通判等职。一名白英发,为白永亮子,清代诰赠武翼都尉,曾任麻阳县知县等职。

白朗墓:位于平顶山西区关庄北坡。1914年,白朗在战斗中负伤牺牲,其遗体初被部下掩埋于下张庄村东乱石垄中,后又秘密转移至此。现墓葬保存完好,前有中国文联原副主席陶钝题写的"清末农民起义领袖白朗纪念碑"题刻。

[祠堂寺庙]

香山寺:位于洛阳市龙门东山半山腰上。始建于北魏熙平元年(516),武则天称帝时重修该寺,常亲驾游幸,并留下了"香山赋诗夺锦袍"的佳话。唐大和六年(832),时任河南尹的白居易捐资六七十万贯,重修香山寺,并撰《修香山寺记》刻于石上。其中写道:"洛都四郊山水之胜,龙门首焉。龙门十寺观游之胜,香山首焉。"晚年居洛后，白居易常登香山消遣，自号"香山居士"。有诗曰："空门寂静老夫闲，伴鸟随云往复还。家酝满瓶书满架，半移生计入香山。"

香山庙：位于新密市平陌镇香山峰上，为纪念白居易教民采煤、制陶而建。该庙四周垒红石为垣，面积220.5平方米，正中大殿3间，宽3.5米。庙内祀白居易等群像，庙外有红石寨环绕，长93.5米，宽81米。《说嵩》记载，香山"石质脆腻，细理缕叠，遍产磁炭，居民借其利。或曰磁始于白居易尹河南时，教民作业以活，民立祠山上祀之，曰香山庙"。

[其他遗存]

白居易教民制陶处：位于新密市西南14千米的香山。香山又称香浒山，盛产磁土。《密县志》记载："磁始于白居易尹河南时，教民作业以活，民立祠山上祀之，曰香山庙，并以名山也。"庙内清咸丰年间碑文记载："相传太傅流寓于洛，以陶冶教居民，民享其利，故立庙祀之。"现庙毁，存碑刻数通。香山附近至今还有不少陶瓷厂。

白氏世谱碑：位于巩义河洛镇庙阙村。1984年文物普查时，在巩义市城东北约9千米南河渡镇原白氏祠堂大殿发现。石碣长1.17米，宽0.77米，青石，楷书，清咸丰八年（1858）三月由白永清刻立。碑文记述白氏起源，以及唐代著名大诗人白居易的世系。白氏族谱延记至清代。

昭穆辩正碑：位于民权王桥张楼村。碑高1.92米，宽0.69米，厚0.19米。清嘉庆二十四年（1819）立。碑首题楷书"白老家西偏里许先茔昭穆辩正碑记"。记述白氏祖辈宗谱。

【人物名录】

战国有白圭（洛阳）。唐朝有白履忠（开封）。北宋有白守素（开封）。元朝有白景亮（南阳）。明朝有白愚（开封）。清朝有白云上（沁阳）、白朗（宝丰）。

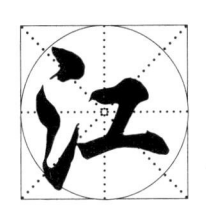

74. 江

【姓氏源流】

江氏出自嬴姓，以国为氏。相传大禹的臣子伯益因辅佐大禹有功，被封在江地（今河南正阳县），建立诸侯国江国。春秋时，江国被楚国所灭，子孙就以国名作为自己的姓氏，就是江氏。

先秦时期主要在河南境内发展繁衍。两汉时期，与河南接壤的河北、山东等地已有江姓族人移居。魏晋时期，河南仍是江姓族人的主要聚居地，淮阳、济阳子孙繁盛，历代仕宦，成为江姓望族。宋代以来，江苏、浙江、福建、四川、安徽、江西、湖南等地都有江姓族人分布。在当今中国姓氏中，江氏依人口数量排在第76位，主要分布在广西、江苏、安徽、四川、广东、湖北、福建等地。

【祖源遗存】

江国故城：位于今正阳县南35千米的大林镇涂店村东北角。城址平面略呈长方形，东西长500米，南北宽350米，总面积约17.5万平方米。遗址位于淮河和汝河之间，西北距正阳县城36千米，南距淮河仅1千米，东边与息县接壤。城墙破坏严重，大都埋于地下，遗址西南角是一片地势险拔的高地，宛如关隘，古称"凤凰台"，当地人也叫它"烽火台"，大约是保存在地面上的城垣遗存。江国故城城内的西北部，发现大面积夯土建筑基址，可能是宫殿区所在。还有一处称为"冢子园"的遗址，圆锥形土堆高8米，面积达2000平方米，是古江亭遗址，曾是江国国君游乐、纳凉的地方。这里汉时为慎阳县，隋时改为真阳县，清乾隆年间改为正阳县。江国故城遗址内经常有东周至汉代遗物出土，表明该城从周代一直沿用至汉代。遗址内的江氏始祖纪念碑是亡国后的江氏遗民为纪念江国的首末两位国君江济和江贞而立的。

【相关资源】

[故里故居]

江淹故里：位于民权县程庄镇江集村。《南史·列传》载："江淹，字文通，考城人也。"考城原为县，后划归民权县。村内原有江氏祠堂并挂有江淹画像，今已不存。该村及邻村江姓人家，皆其后裔。江淹（444—505），南朝梁济阳考城（今河南民权，一说河南兰考）人。官至金紫光禄大夫。擅长辞赋，有较高的艺术成就。

[墓葬陵园]

江淹墓：有两处。一处位于民权县李堂乡岳庄村西。据《归德府志》记载，江淹墓在考城县西5千米。墓冢高2.3米，面积约25平方米。墓前有明代成化年间重修江文通墓碑1通，上写"齐醴陵侯金紫光禄大夫江文通之墓"。现在，墓冢和墓碑均保存完好。清人陈履平有诗："三尺荒坟约略存，笔花曾否伴吟魂。白杨一片西风里，空与寒鸦长子孙。"另一处位于杞县官庄乡江陵岗村。据清代《杞县志》记载，江淹墓在江陵岗，墓前有江淹庙，始建年代不详，明代嘉靖三十二年（1553）、清雍正元年（1723）和乾隆二十四年（1759）3次重修。现在仅存墓冢，墓冢高1.5米，周长14米，面积约42平方米。墓地附近的江陵岗、江庄、北江庄等村江姓，据说均为江淹后裔，另一部分后裔留居南京，新中国成立前每年都有人来杞县为江淹墓祭扫，祭礼隆重。

江老将墓：位于鲁山县熊背乡桃园沟村。墓主人生卒年代不详。墓冢已近平。墓冢前保存有清康熙五十二年（1713）立的墓碑1通。墓碑高1.45米，宽0.64米，厚0.22米。据碑文记载，江老将原籍福建省漳州市漳浦县石埠河村，为郑成功旧将，官拜骠骑将军，后归顺清廷，被安置在鲁山屯垦。

[碑碣刻石]

江氏宗祠碑：位于杞县于镇镇江庄。碑通高2.45米，宽0.95米，清光绪元年（1875）立。碑圆首方座，江朝忠撰文并书丹。额书

"渊源弗坠"4字，碑文载江氏建祠祀祖事。

[其他遗存]

江家老店：位于商丘市睢阳区叶隅首西一街。建于明正德年间，清代重修。传为江姓开设的客栈。占地1400平方米，现存过厅、上房、厢房等8座建筑，组成两进院落，硬山灰瓦顶，有脊饰，前出廊。

【人物名录】

西晋有江统（杞县）。东晋有江惇、江逌（均杞县）。南北朝有江夷、江湛、江智渊、江谧、江淹、江泌、江祐、江秉之、江敩、江悦之、江式、江蒨、江总、江禄、江革、江子一、江德藻（均民权）。北宋有江休复、江端礼、江端友、江端本（均开封）。

75. 阎

【姓氏源流】

阎氏有两个主要来源：一出自姬姓，以地为氏。西周初，武王封太伯曾孙仲奕于阎乡，其后以"阎"为氏。二出自姬姓，以邑为氏。春秋时晋国成公子懿，食采于阎邑，其后以"阎"为氏。

早期形成于江苏、山西、陕西、湖北四个中心。汉唐时期向四周扩展，在河南、太原、天水等地形成望族。宋代则以四川、山东、河南、陕西为集聚区。明代仍以北方为中心，在山西、山东、河北、河南也有较多分布。在当今中国姓氏中，阎氏依人口数量排在第77位，主要分布在河南、山东、河北及甘肃、辽宁、陕西、安徽等地，在北方占有较大的比重。

【相关资源】

[墓葬陵园]

阎调羹墓：位于新蔡县古吕镇阎洼村。墓冢高2米，面积100平方米。阎调羹（1552—1619），河南新蔡人。明代万历年间进士，授户部主事，后升为太守。著有《熊耳山房诗集》。

阎周民墓：位于新密市老城南。墓冢高2米余，墓前有明嘉靖年间所立墓碑。阎周民，密县（今河南新密市）人。明代直隶保定府通判、应州知州，文才出众。

阎学曾墓：位于鲁山县张官营镇张官营村。墓冢近平，尚存清代墓碑1通。碑文记述了阎氏祖籍及后迁居于此地的经过。

阎翠峰墓：位于温县北冷乡北冷村。墓冢近平，墓前立有清代墓碑1块。阎翠峰，河南温县人。清代光绪年间进士，曾任翰林、吏部中宪大夫。

【人物名录】

东汉有阎姬（荥阳）。南北朝有阎庆（洛阳）。五代有法华行钧（原阳）。北宋有阎文应（开封）、阎充国（洛阳）、阎士安（淮阳）。元朝有阎楀（西华）。明朝有阎禹锡（洛阳）、阎谦（原阳）、阎坦（项城）。清朝有阎廷谟（孟津）、阎锡爵（固始）、阎尧熙（夏邑）、阎梦松（新蔡）、阎定家（邓州）。

76. 薛

【姓氏源流】

薛氏有两个来源：一源自任姓。黄帝小儿子禹阳受封于任国。其十二世孙奚仲在夏禹时为车正，受封于薛，至战国中期为齐所灭，其后人以"薛"为氏。二源自妫姓。田氏代齐后，齐湣王封齐相田婴于薛，后其子孟尝君袭封。秦灭齐后，孟尝君子孙分散各地，以封邑为氏，即薛氏。

先秦时期主要活动于江苏、山东、安徽、河南、河北等地。秦汉时在西至四川，东到东海，南至长江，北到山西的广大地区都已有了薛氏族人的足迹。魏晋隋唐间，生活区域进一步扩大，已播迁到长江以南和西北地区并在河东、新蔡、沛国、高平等地形成望族。宋明时期，以山西、浙江、江苏、陕西等地人口为多。在当今中国姓氏中，薛氏依人口数量排在第78位，以江苏、山西、陕西、河北、福建等省人口为多。

【祖源遗存】

陈国故城：见陈姓下"陈国故城"介绍。

陈胡公墓：见陈姓下"陈胡公墓"介绍。

【相关资源】

[墓葬陵园]

薛大猷墓：位于汤阴县古贤镇河岸村。墓冢高2米，面积100平方米，墓前有碑刻3通。薛大猷（1285—1327），元代汤阴人。唐代左骁卫大将军薛仁贵的后裔，弃官隐居乡里专事教学，从学者多崇敬而效法之。

薛氏祖茔：位于修武县郇封镇郇封村。共有元代墓葬3座，一座为元故通议大夫吏部尚书薛澍之墓，另两座为薛澍祖父、父亲之墓。现存有元代墓碑3通。

[祠堂寺庙]

薛王祠堂：位于温县番田镇王薛村，创建于清同治八年（1869）。坐北朝南，占地面积1500平方米，现存大门和东西厢房。大门面阔2间，进深3间，悬山灰瓦顶，屋檐下有斗拱，花雕装饰。

【人物名录】

东汉有薛汉（淮阳）、薛包（平舆）。南北朝有薛俶（洛阳）。唐朝有薛颐（滑县）。北宋有薛居正（开封）。元朝有薛大猷（汤阴）。清朝有薛所蕴、薛奋生（均孟州）。

77. 尹

【姓氏源流】

尹氏主要有两个来源：一以地为氏。黄帝之子少昊氏，又称金天氏，为当时东夷首领，其子殷（般）为工正之官，受封到尹，地在今河南宜阳县西北、新安县东南，子孙世掌其职，后以地名为姓氏，就是尹氏。二以官为氏。尹为商周时代的官名，职位相当于宰相。商汤时伊挚为尹，周宣王时，兮伯吉甫为尹，他们的后代都有以先祖的官职为尹氏者。

商朝都今河南安阳，故尹氏主要发源于河南一带。先秦时期尹氏族人已分布到了陕西、山西、河北、山东等地。西汉至南北朝时期，尹氏已有迁至今河北、贵州、广东、广西、安徽、四川、湖南、甘肃、江西等省者，并在河间、天水形成望族。宋明时期，向东南方向迁移，宋代以河南、湖南、甘肃较为密集。明代形成了江西、山东、浙江、湖南的集聚区。在当今中国姓氏中，尹氏依人口数量排在第79位，以湖南、四川、湖北为多。

【祖源遗存】

宜阳尹国：周代古国，尹国原先在陕西关中地区，后来迁至豫西宜阳西，目前尚未发现尹国遗迹。尹氏在春秋末期势力较强盛，当时发生了严重的周王室内部争斗，尹氏站在了王子朝一边，将周敬王赶出王城，后周敬王在晋国的帮助下平叛，尹氏出逃，不久灭亡。

殷墟：位于安阳市西郊小屯村一带，是盘庚从奄迁殷所在地，是中国历史上有文献可考、能肯定确切位置的最早的都城。长宽各约6千米，总面积约3600万平方米，遗产地保护区核心面积414万平方米，缓冲区面积为720万平方米。殷墟总体布局严整，以小屯村殷墟宫殿宗庙遗址为中心，沿洹河两岸呈环形分布。现存遗迹主要包括殷墟宫殿宗庙遗址、殷墟王陵遗址、洹北商城、后冈遗址及聚落遗址（族邑）、家族墓地群、甲骨窖穴、铸铜遗址、手工作坊等。

【相关资源】

[墓葬陵园]

尹氏始祖墓：位于扶沟县白潭镇西尹村。墓冢已经平毁，尚存清嘉庆十五年（1810）立石碑1通。上刻"尹氏始祖考暨始妣之墓"，碑文记述了祖茔规模与所收的粮食尽用于立碑的情况。

[碑碣刻石]

豫州从事尹宙碑：位于鄢陵县城东南隅的文庙戟房内。褒褙高

2米余，宽1米左右，东汉熹平六年（177）立，传说为东汉书法大家蔡邕书。碑文记述了尹宙家世，自高祖至其父，世代为官，尹宙通晓经史，任郡主簿等职。

尹巨川碑：位于郑州市中原区三官庙村。碑楷书。为明代大学士高拱用中药名书写的七言诗碑，此碑原先竖立在城西王府坟村附近尹氏坟前，其后人运至三官庙家中。

【人物名录】

东汉有尹敏（方城）、尹勤（南阳）、尹勋（巩义）。宋朝有尹拙（许昌），尹继伦（开封），尹源、尹洙、尹朴、尹材、尹焞（均洛阳），尹白（开封）。

78. 段

【姓氏源流】

段氏主要有两个来源，均源于河南。一出自姬姓，是春秋时期郑武公的儿子共叔段的后代。春秋初期，诸侯国郑国国君郑庄公的弟弟段，被封于京（今河南荥阳市），后来与其母亲密谋推翻郑庄公，事败逃到共城（今河南辉县市），又称共叔段。他的子孙有的以他的名字为姓氏，就是段氏。二是复姓段干木的后代。春秋末期著名的思想家老子（李聃）有一个儿子叫宗，任魏国将领，因功被封于段干，此后其子孙便以封邑名段干为氏。后来，魏国的段干木西迁入关，把段干的"干"字去掉，以"段"为氏。

大体上来说，在姓氏的发展史上段氏应是一个典型的北方民族，源于北方，大举发展于北方，尤其是陕西、甘肃两省最旺盛。

历史上曾在京兆、武威等地形成望族。除上述地区之外，汉至隋唐时，陕西、河南、河北、云南都有了段氏的子孙。宋代以山西、河南、江西、湖南最为集中。明代则以山西、云南、甘肃人口最多。在当今中国姓氏中，段氏依人口数量排在第80位，广泛分布于全国各地，尤以四川、山西、河北、云南等地为多。

【祖源遗存】

京襄城：见郑姓下"京襄城"介绍。

共国故城：位于今辉县市区一带，坐落在共山南麓，东沿东石河，西临百泉河，南望平原沃野。《太平寰宇记》记载："今卫州共城县，本周共伯国，古共城在今县东一百十步。"《清一统志》说："共县古城即今卫辉府辉县治。"而公元前722年叔段在与其兄庄公的争斗中失利，被迫逃亡到共，《左传·隐公元年》载："段入于鄢，公伐诸鄢。五月辛丑（二十三日），大叔出奔共。"现在的城址平面略呈长方形，东西城垣各长1300米，南北城垣各长1200米，周长5000米，面积156万平方米。地面上保留有断续的城墙遗迹，东垣南北两端各存200米，北垣东西两端计约800米，西垣北端约200米，南垣东段约300米，残高一般6米，墙基宽40米，顶

⊙辉县市共城城址

部宽10米左右，夯土筑成，夯层厚约10厘米。城垣发现缺口7处，可能是城门的遗迹。共城遗址的北城垣外有一条护城河，宽约53米，东城垣外的护城河由于受到北面山洪暴发的冲刷，变成一条既深又宽的干河，名为东石河。城内北部（今辉县市人民政府后院）有一座名为"共姜台"的高台建筑，高出地面5米多。辉县旧志载："共伯妻共姜，因其夫共伯早死，她守节于此，台上有共姜祠。"1981年在共姜台南约200余米处，发现一座大型建筑基址，以及板瓦、筒瓦等碎片，它与共姜台一起形成高低错落的建筑群体，可能是共国的宫室建筑。

【相关资源】

[墓葬陵园]

段干木墓：位于尉氏县水坡镇西杨村北。墓冢高2米，墓冢周长96米，面积500平方米，传为段干木墓。段干木，战国初年魏国名士，李宗的后代。

段国璋墓：位于济源市城关镇西关。墓冢高2米，面积40平方米。曾被盗掘，墓前神道尚有石像掩埋土中。段国璋，明末清初济源人。官至工部左侍郎。

段聪墓：位于淮阳县齐老乡马庄村南。墓冢遭破坏，曾露出石棺。墓碑已毁。段聪，明代处士，生平不详。

【人物名录】

五代有段凝（开封）、段希尧（沁阳）。北宋有段少连（开封）。元朝有段丑厮（洛阳）、段天佑（开封）。清朝有段长基（偃师）、段柄南（陕州）、段晴川（温县）。

79. 雷

【姓氏源流】

雷氏以国为氏，源于河南。雷氏与方氏同出一源，都是方雷氏的后裔。相传方雷氏是炎帝神农氏的九世孙，因战功被黄帝封于方山（今河南禹州市西北，又称外方山，即嵩山），建立诸侯国。其后子孙以国为氏，有雷氏。

先秦时期主要在河南境内繁衍，后不断外迁，汉唐时期，已分布于安徽、江西、四川、湖北、陕西等地，并在豫章、冯翊发展成望族。此后分布范围进一步扩大，内蒙古、湖南、广东等地均有了雷氏族人的足迹。宋代时，雷氏分布更为广泛，今福建、广西、湖南、广东、山西等省（自治区）均有雷氏人居住。在当今中国姓氏中，雷氏依人口数量排在第81位，主要集中在四川、湖北、陕西，在湖南、福建、江苏、上海、河南、河北、山西、云南、北京等地均有分布。

【祖源遗存】

方山：见方姓下"方山"介绍。

【相关资源】

[墓葬陵园]

雷万春墓：位于商丘市睢阳区王坟乡老南关村南。墓冢已无存。现存"唐将军雷公万春之墓碑"1通，残高1.5米，立碑年代不详。"重修雷将军墓碑记"1通，清光绪三十一年（1905）周启祥等人立。碑文记述雷万春之英勇，以及重修墓冢之经过。雷万春（701—757），字鸣空，又字一元。唐代将军，骁勇善战，安史之乱中守睢阳，面中六矢而不倒。

[祠堂寺庙]

六忠祠：见张姓下"六忠祠"介绍。

【人物名录】

宋朝有雷允恭（开封）。清朝有雷方晓、雷继祖（均淮阳）。

80. 黎

【姓氏源流】

黎氏有四个来源：一出自九黎后裔。据《风俗通义》等所载，九黎，相传为少昊金天氏之时的诸侯。九黎曾被封为火正，掌管民事，其后裔有以字为氏，称黎氏。二出自黎国后裔。据《元和姓纂》等所载，商时有诸侯国黎国：一个在今山西长治县西南，商末被周文王所灭；另一个在今山东郓城县西。这两个黎国的子孙，后以国为氏，姓黎。又据《风俗通义》所载，这两个黎国均为古部落"九黎"之后。三出自帝尧后代。据《元和姓纂》等所载，商末为周文王所灭的黎国，在周武王分封诸侯时，被封给帝尧的后裔，赐爵为侯，并且仍然沿用黎国的名称。春秋时黎国迁都于山西黎城县东北的黎侯城，后为晋国所灭，其子孙后以国为氏而姓黎。又据《路史》所载，古黎国被周文王勘平，武王克商后，封商汤后裔于黎国，后有黎侯丰舒，其子孙有黎、犁二氏。这一支出自帝尧后裔的黎姓，史称黎姓正宗，后来成了整个黎氏家族中最为主要的组成部分。四为鲜卑族复姓所改。北魏时，素黎氏随孝文帝迁都洛阳后，改为黎氏。

最早繁衍于河南、山西、山东一带。早在战国时，黎氏就外迁到了陕西、云南、江苏、广西、广东、河北等地。到汉朝时，江西、湖南等地也有了黎姓族人的足迹。魏晋隋唐间在京兆、九真、宋城形成望族。宋、明以后，黎姓逐渐遍布全国各地，但仍以南方分布最多。在当今中国姓氏中，黎氏依人口数量排在第82位，广泛分布于全国各地，尤以湖南、广东、江西等地为多。

【祖源遗存】

汉魏故城：见周姓下"汉魏故城"介绍。

【相关资源】

[墓葬陵园]

黎世序墓：位于罗山县定远乡刘店村。现存墓冢高4.4米，周长27.4米。墓前立有供桌、条几、香炉、蜡台，并有道光年间所立御祭碑。黎世序（1772—1824），河南罗山县人。清朝著名水利专家。嘉庆年间官至江南河道总督。做官注重做实事、不张扬，最大功绩是治河兴水利，造福百姓。病卒后归葬故里。

[其他遗存]

御碑亭：位于罗山县御碑亭村。碑亭八角形，以石雕琢而成，雕龙画凤，异常华美。亭内立3通清道光皇帝褒黎世序治河功绩的石碑，故称"御碑亭"。

【人物名录】

清朝有黎世序（罗山）。

81. 史

【姓氏源流】

史氏有三个来源：一以官职为氏，为仓颉之后。仓颉为史官，人称史皇氏，其后有一支以官为氏，称史氏。二亦以官为氏，为周太史佚之后。佚是西周初年的史官，起初辅佐武王克商，后又辅助成王，因其终生担任周朝太史，历史上都称他为史佚。史佚卒后，他的后代便以官为氏，称史氏。古西域康国支系史国人来中原居住者，以国为氏，是史氏的又一来源。

史姓起源复杂，自以官为姓称史氏后，春秋战国时期，就已广泛分布于全国各地。至魏晋南北朝时，在建康、宣城、高密、京兆、河南等地形成望族。唐五代时，今湖南、浙江、山西等地有史氏分布。宋代，今江西、河北有史氏。至明代，史氏还分布到了今湖北、安徽、福建、广东、贵州、云南等省的一些地方，已遍布江南。清代以后，史氏有迁往海外者，侨居于新加坡等国家。在当今中国姓氏中，史氏依人口数量排在第83位，尤以湖南、山东为多。

【祖源遗存】

仓颉陵：见侯姓下"仓颉陵"介绍。
仓颉庙：见侯姓下"仓颉庙"介绍。
仓颉墓：见侯姓下"仓颉墓"介绍。

【人物名录】

春秋有史䲡（濮阳）。东汉有史弼（民权）、史晨（洛阳）。五代有史弘肇（荥阳）。北宋有史珪（洛阳）、史方（开封）、史抗（济源）。南宋有史达祖（开封）。金朝有史学（洛阳）、史怀

（淮阳）。明朝有史可法（开封）。清朝有史洞（偃师）、史春荃（辉县）。

82. 龙

【姓氏源流】

龙氏有五个来源：第一支出自黄帝的大臣龙行之后，这是中国最早的龙姓。黄帝居有熊（今河南新郑市），是为河南龙氏，因此，最早的龙姓出自河南。第二支源于舜的臣子纳言龙，纳言为舜时的官职，其子孙以先祖的字为氏，即龙氏。第三支出自己姓，黄帝之后裔颛顼有子曰称，称又有子叫老童，老童的后裔善于养龙，在舜帝时被封于董，称董父，为己姓，氏为豢龙氏。豢龙氏之后有龙氏。第四支出自祁姓，为帝尧之后裔。尧之子丹朱的后裔在夏孔甲时期有一个能人，名叫刘累，因为善于养龙，而被封为御龙氏，御龙氏之后裔也有一部分为龙氏。这部分龙姓出自河南鲁山县。第五支以邑为氏。春秋时楚大夫食采于龙（其地今不详），其后以龙为氏。

约在汉代，甘肃和湖北、湖南省境及山西、河北、河南、山东间已是龙姓繁衍的三大中心。魏晋南北朝时，中原一带的龙氏也同其他姓氏一样，因北方战乱大举南迁，这样也使南方各地龙氏人数急剧增长，为后来江南一带的龙氏繁衍打下了坚实的基础。魏晋隋唐间，龙氏在武陵、天水等地形成望族。宋代，在四川、江西、安徽、河南、浙江等地有密集分布。明代则以江西、湖南、湖北、广西最为集中。在当今中国姓氏中，龙氏依人口数量排在第84位，以湖南、四川、广东、江西分布为多。

【祖源遗存】

帝舜故里：见陈姓下"帝舜故里"介绍。

刘累故邑：见刘姓下"刘累故邑"介绍。

【人物名录】

清朝有龙之章（太康）。

83. 贺

【姓氏源流】

贺氏主要有两个来源：一出自姜姓，为庆氏所改。春秋时，齐桓公之后有大夫庆封以父名命氏，称为庆氏。东汉时传至庆仪为汝阴令，其曾孙庆纯官拜侍中，为避汉安帝的父亲刘庆的名讳，"庆"字改为同义的"贺"字。庆纯改为贺纯。二出自鲜卑族复姓。南北朝时北魏孝文帝迁都洛阳后，实行汉化，将鲜卑族复姓贺兰氏、贺拔氏、贺狄氏、贺赖氏、贺敦氏皆改为汉字单姓贺氏。

汉魏六朝时期，贺姓与虞、魏、孔三姓并称为"会稽四姓"。魏晋南北朝时期，因北方兵连祸接，各民族不断大举南迁，使得南方的贺姓家族分布更广。出自鲜卑族的贺姓，也很快繁衍壮大，后与从江南北上的贺姓不断地融合发展，逐渐在北方形成两大郡望，即河南郡、广平郡。唐宋之际，贺氏已分布于我国东部广大地区，其中在北方，是以今河南、河北、山西、山东、陕西分布最为集中。明清以后，贺姓遍及全国各地，并有远播海外者。在当今中国姓氏中，贺氏依人口数量排第86位，以湖南、山西两省为多。

【祖源遗存】

汉魏故城：见周姓下"汉魏故城"介绍。

【人物名录】

隋朝有贺若谊、贺若弼（均洛阳）。五代有贺璟（濮阳）。北宋有贺皇后、贺怀浦、贺令图（均开封），贺铸（卫辉）。南宋有贺允中（汝南）。明朝有贺盛瑞、贺仲轼（均获嘉）。清朝有贺具庆（杞县）。

84. 顾

【姓氏源流】

顾氏有两个来源：最古老的一支源于河南。夏朝时，昆吾氏的子孙封于顾（今河南范县东南），建立顾国。商朝初年，顾国被商汤攻灭，散居各地的顾伯子孙便以国为氏，称顾氏。越王勾践七世孙摇，曾担任过分布在今福建北部和浙江南部地区的闽越族首领，因助刘邦灭项羽有功，被封于东瓯做东海王。后来封自己的儿子为顾余侯，子孙留居会稽，其支庶子孙以其封号的第一字为氏，是顾氏的又一来源。

先秦时期主要在河南、浙江、湖北一带生活。三国至唐代，顾氏一直是江东四大姓之一，会稽也因此成为顾姓郡望之一。武陵是顾姓的又一郡望。宋代以来，顾氏不断向南北各地播迁。至明代，不仅分布于今山东、安徽、湖北、湖南、福建、广东、四川等地，而且在北方的陕西、山西、河北、内蒙古等地也有顾氏人居住。在当今中国姓氏中，顾氏依人口数量排在第87位，以江苏、浙江两省为多。

【祖源遗存】

顾国故城遗址：位于范县东南张庄乡旧城村东南。旧志载，顾城在县南15千米。《诗》曰"韦顾既伐"，即此。城址东边长4000米，西边长3400米，南边宽3000米。

【相关资源】

[墓葬陵园]

顾佐墓：位于太康县毛庄镇顾窑村南。墓冢高9米，周长50米，墓冢呈圆锥形。墓前有两根高3米的石望柱。顾佐（1376—1446），太康县顾窑村人。明建文年间进士，官至右都御史。

顾家坟：位于襄城县汾陈乡竹园村北。面积约600平方米，墓前有清立顾宗颜及夫人合葬墓碑。

【人物名录】

明朝有顾佐（太康）。清朝有顾增华（长葛）。

85. 毛

【姓氏源流】

毛氏源自姬姓。周文王第八子叔郑受封于毛，在今陕西岐山、扶风一带，建立毛国，为伯爵。周平王东迁后，岐山、扶风被戎狄占有，毛国随之东迁至洛邑（今河南洛阳市）附近的籍水毛泉（今河南宜阳县东北），战国初年被韩国所灭，王族子孙以国为氏，即为毛氏。

先秦时期活动于陕西、河南。汉唐时广布湖北、四川、安徽、河北、山东、山西等地，并在西河、荥阳、河阳、北地等郡县形成毛氏望族。唐末五代以后，毛姓除居于河南、河北、山西、山东、陕西等省外，开始在江南昌盛起来，浙江、江西、广西、四川、湖南成为人口最为集中的地区。在当今中国姓氏中，毛氏依人口数量排在第88位，以浙江、广西、四川的毛氏人口为多。

【祖源遗存】

毛国故地：西周初年，毛国初封于陕西扶风，周平王率周王室东迁洛邑，建立东周王朝时，毛国也随之东迁。东迁后毛国的地望，在今河南省宜阳县境。清顾栋高《春秋大事表》认为毛姓封地在今河南省宜阳县境，清张应昌《春秋属辞辨例编》也认为毛伯采邑在今河南省宜阳县界。可见，宜阳为毛国故地。

【相关资源】

[故里故居]

毛遂故里：位于原阳县师寨镇路庄村。在村子西边有一座毛遂庙。在距离毛遂故里东南二三百米的地方有一个小土丘，当地人称为"毛坟"或"毛遂岗"。在原阳县还广为流传《毛遂打醋》《毛遂吃毛栗》《毛遂拉塔》等神话故事。像这样的传说，路庄村乃至原阳县的老人孩子都能说出一两个，这里的人们将毛遂称为"毛遂爷"。毛遂，战国时期赵国人，平原君赵胜门下食客。

毛昶熙故里：位于武陟县木栾店。"文化大革命"前，其故居尚保存有部分清代建筑，今多已无存。毛昶熙（1817—1882），字旭初，河南武陟县人。清道光年间进士，官至兵部尚书。

毛昶熙花园：位于博爱县西北4千米处的月山镇下庄村北西侧，乃毛昶熙告老还乡后的住所。现尚保存有"呼云楼"照片，地面上仍保存有各种建筑基址。

[墓葬陵园]

毛公墓：位于济源市邵原镇毛田村南。墓冢呈圆丘形，高20米，直径约100米。相传周司空毛公采邑在此。县志载毛公冢在毛田村。

毛玠墓：位于许昌县五女店镇毛王村南。墓葬为小砖汉墓，出土镜、五铢、陶鼎、陶壶、陶罐等。毛玠（？—216），陈留平丘（今河南封丘县）人。东汉末名士。

毛远文墓：位于武陟县城关小原村东。墓地原为毛氏祖茔，墓冢几近夷平。现其先祖墓前尚立有墓碑1通，毛树棠撰文并书丹，记述毛氏家族明洪武初由山西洪洞县迁武陟木栾店、卜兆于沁河北小原村东建毛氏祖茔等事实。毛远文，清道光年间户部侍郎。

毛昶熙祖茔：位于武陟县城西北隅小原庄村西。整个墓地土丘累累，其父为户部侍郎，葬于此。墓地为毛氏祖地，墓葬几近夷平，墓碑记述了毛氏家族在明洪武年间由山西迁往河南的经过。

毛昶熙墓：位于博爱县下庄村西。墓葬高3米，面积200平方米，墓前立神道碑1通，碑由碑首、碑身、碑座组成。碑首高1米，雕刻二龙戏珠，上刻"圣旨"2字，已残。碑身高1.9米，宽0.68米，碑沿四周刻花卉、花瓶等，中间竖刻"诰授光禄大夫赠太子少保尚书谥文达毛公神道"。碑座为长方体。

[祠堂寺庙]

毛氏祠堂：位于新安县正村镇中岳村。清代建筑，面阔3间，进深2间，硬山灰瓦顶，有屋脊装饰，厢房有回廊相连。墙壁上嵌记述重修祠堂及毛氏由山西洪洞迁此记事碑。

【人物名录】

东汉有毛玠（封丘）。东晋有毛穆之、毛宝、毛璩（均原阳）。南北朝有毛修之、毛惠远、毛惠秀、毛喜（均原阳）。明朝有毛文炳（郑州）。清朝有毛汝铣（郑州），毛树棠、毛昶熙（均武陟）。

86. 郝

【姓氏源流】

郝氏出自子姓，以地为氏。商朝帝乙之子期被封于郝乡，其后裔有的便以地为氏，称郝氏。

汉代以前主要在今山西、陕西、河南、河北等地繁衍播迁。晋末开始南迁，移居到今安徽一带，但在唐代以前，郝氏繁衍重心仍在北方的山西、陕西、河南、山东等地，并在太原、京兆形成望族。唐宋之际，江南地区郝氏人口有了较快的增长。宋代，主要分布在今山西、河南、安徽、湖北等地。在当今中国姓氏中，郝氏依人口数量排在第89位，以河南、山西、河北三省为多。

【相关资源】

[故里故居]

郝家宅：位于商丘市睢阳区菜市南二街。建于清道光年间。有大门、正房、厢房等建筑。硬山灰瓦顶，有脊饰和木雕装饰，并有回廊相通。

[墓葬陵园]

郝三泉墓：位于鹤壁市山城区鹿楼乡刘庄村南。墓冢高不及1米，墓前立有清光绪三十年（1904）"三泉郝君暨德配节孝王氏墓表并铭"1通。碑文记述郝三泉生平及与捻军抗争的情况。

郝武德墓：位于淮阳县冯塘乡齐庄西。墓冢已近平，墓碑已佚。原碑文记该处为"宛丘县明化乡东温村祖茔"。郝武德为元代明威将军上骑都尉，元统三年（1335）葬于此。卒后又追封太原郡伯。

郝维乔墓：位于扶沟县包屯镇郝岗村北。原墓前有石坊，现墓冢高2.5米，面积25平方米。郝维乔，明代扶沟人。隆庆戊辰

（1568）科进士，官陕西右布政使。

郝相墓：位于扶沟县包屯镇郝岗村北。俗称"郡马坟"，现封土堆高2.5米，面积25平方米。墓前尚存1石碑，上刻"明镇平王府仪宾贞庵郝公之墓"13字，碑上无纪年，碑两旁雕有两条昂首奋爪的飞龙。

[碑碣刻石]

郝文举懿行碑：位于扶沟县包屯镇郝岗村北。碑高3米，宽0.95米，厚0.25米。螭首。明万历十九年（1591）立。额篆"奉天诰封"4字。碑身石质细腻、光亮。碑文柳体楷书，记述山东布政使左参政郝维乔祖父母的品德及赠封情况，现建有碑楼保护。

87. 龚

【姓氏源流】

龚氏为共氏所改。一是共工氏之后，姓共，后因避乱改姓龚。二是西周时，有郑武公之子叔段受封于共国（今河南辉县市），称为共伯。春秋时，共国被卫国所灭。共伯的后代就用国名"共"作为自己的姓氏。后有因为避仇而改为龚氏者。

早期主要繁衍于今山东、河南、山西、河北及辽宁等地。汉代以后，则以我国南方的江苏、四川、湖南、湖北、安徽、江西等省为主要的繁衍地。魏晋南北朝时，已成为湖南、湖北一带望族。至唐宋时期，龚姓便大举繁衍称盛于我国江南广大地区，主要繁衍于今江苏、福建、浙江、广东等省。明代以后，龚氏有的又移居今上海、广西等地。从清乾隆年间开始，闽、粤龚氏陆续有人移居台湾，有的又进而迁往新加坡等东南亚国家。在当今中国姓氏中，龚氏依人口数量排在第90位，以四川、湖北、江西、山东、江苏、浙江、湖南等地为多。

【祖源遗存】

孟庄遗址：位于辉县市孟庄镇东侧台地上。面积达36万平方米，属新石器时代至商周时期的大型遗址。东墙保存较好，南北长约375米，北墙西段被毁，现存残长约260米，西墙长约330米，南墙全部被破坏。保存较好的墙体底部宽约20米，残高0.5～1.5米不等，东北墙角为圆弧状，城墙外侧有护城河，宽约30余米，深距地表5米余。城墙多用生土夯筑而成，夯层厚10～15厘米。东墙中部发掘出一座城门，门道宽2.1米，下为路土，门道两侧挖有基槽，竖贴有木板，木痕较为清晰。城内发现大量龙山文化遗迹，有长方形房基、长方形水井、圆形袋状窖穴等。还出土有同时期的一批遗物，有鼎、瓮、盆、罐、豆、碗、杯等陶器和一些石器、骨器等。孟庄龙山城址可能是古代传说中共工氏所留。

【人物名录】

元朝有龚友福（光山）。

88. 邵

【姓氏源流】

周初，武王封庶弟姬奭于召，为公爵，世称召公。召公为周初与周公并列的有功之臣，其子孙世袭召公之职。周王室东迁洛邑后，召公的采邑也随之东移于王屋（今河南济源市邵原镇）。召公之后，以采邑为氏，就是召氏。到战国，其后裔以召加"邑"字，始称邵氏。

早期主要活动在陕西、河南、山东一带。汉唐之时已广布到长江以南，在湖南、江西以至福建均有分布。在河北不但有邵氏分布，还形成了以博陵郡为代表的邵氏望族。宋明之时，邵氏在江苏、浙江形成密集居住区，并成为南方的重要姓氏。在当今中国姓氏中，邵氏依人口数量排在第91位，以江苏、山东、甘肃、湖北为多。

【祖源遗存】

甘棠苑：又称召公祠，位于三门峡市原陕州故城。西周初期，武王去世，年幼的成王继位，由周成王的两个叔叔周公、召公分陕而治，辅佐朝政，"周公营洛，召公主陕"。召公姓姬名奭，西周初期的著名政治家，三公之一。据《史记·燕召公世家》记载，召公下乡视察时，体恤民情，广施惠政，深得民心，曾在田间地头处理民间事务，靠着甘棠树休息，后人作《诗经·召南·甘棠》诗来歌颂召公，并集资修建召公祠，院内栽种甘棠树，以示对召公的纪念，故三门峡市陕州区也称甘棠县旧治。历代诗人曾动情赋诗赞颂，韩翃诗曰："春桥杨柳应齐叶，古县甘棠也作花。"新修建的甘棠苑主要建筑有召公殿、清风亭、净心桥、静心桥、清心桥、廉风洞、洗面池、清风亭，另有大量的诗壁碑廊、戒石铭石、幽径曲水、怪石修竹、浮雕名匾等。

召伯祠：召伯祠堂，故址在今宜阳县城附近洛河边。今仅存甘棠召伯碑，碑高1.01米，宽0.6米。上刻甘棠树1株，召公端坐于树下石上。左上方镌刻"召伯甘棠图赞"6字，右下方题跋80余字。现移存于宜阳县文化馆。

宜阳邵伯听政处碑：位于宜阳县寻村镇甘棠村南永灵公路边。碑立于清雍正二年（1724），碑身高2.2米，宽0.72米，正面书有"召伯听政处"5个大字。今碑首已失。

【相关资源】

[故里故居]

安乐窝：位于今洛阳市洛龙区洛河南岸的安乐窝村，是北宋著名理学家邵雍（邵康节）的故居。邵雍早年游历讲学，后徙居西京洛阳时，司马光等人为他集资购买了原五代节度使安审琦的故宅30多间，邵雍将其居室题名为"安乐窝"，自号"安乐居士"。北宋末年，安乐窝被遗弃民间，金代改为"九真观"，明景泰年间重建。今存有邵雍祠堂，位于村内洛龙公路东侧，坐北朝南，前殿3间，中厅3间，其后有"皇极书阁"3间，为楼阁式结构。整座建筑为硬山灰瓦顶，有屋脊装饰。邵雍（1011—1077），共城（今河南辉县）人。北宋著名理学家、易学家、思想家。

辉县安乐窝遗址：位于辉县市百泉湖西北约300米的苏门山南坳。此处原为北宋著名理学家邵雍的宅第，主要建筑有星极殿、无垠月窑、东西厢房等，今均已毁废，故迹尚存。有碑刻数十块，多为元、明、清各代名人的诗文。

[墓葬陵园]

邵雍墓：位于伊川县平等乡西村的西北坡上。坐北朝南，面积

⊙邵雍墓

7600平方米，四周有砖砌围墙。门前有石坊1座，横额镌刻"安东佳城"4字。青石框门上横额刻"邵夫子墓"4字，两侧镌刻对联，门内有石狮1对，享堂3间。墓冢坐落在坟院上部中间，高2米，砖砌八角形，正面上部嵌一镌刻"新安伯"3字的长方青石。冢前有"宋先儒康夫子墓"碑。另有清代和近代重修邵雍墓碑2通。1963年被列为河南省重点文物保护单位。

邵氏家族墓：位于封丘县曹岗乡邵寨村西南。面积约1800平方米。前有清嘉庆九年（1804）立墓碑1通，记载邵氏谱系。墓地西侧有石狮子1对，雕刻较为细腻。

[祠堂寺庙]

邵雍祠：位于辉县市西北2.5千米苏门山下的百泉湖西，俗称邵夫子祠。祠依山面水，环境幽雅。初建于明成化年间，清道光十年（1830）知县周际华又进行了修缮。此处原是北宋著名理学家邵雍的家园，邵雍曾长期在此讲学，著书立说，并创立了百泉学派。祠呈四合院式，主要由门楼、击壤亭、拜殿、大殿等组成。山门为硬山卷棚灰瓦顶，门额上悬"邵夫子祠"匾额。北山房4间，硬山灰瓦顶。击壤亭面阔3间，进深1间，悬山卷棚顶。亭内悬"击壤亭"木匾，有清代和近代石碑2通。

⊙邵雍祠

【人物名录】

西晋有邵续（安阳）。唐朝有邵说（安阳）。北宋有邵古、邵雍（均辉县），邵少微、邵伯温（均洛阳）。南宋有邵博、邵溥（均洛阳）。清朝有邵宝华（西平）。

89. 万

【姓氏源流】

万氏主要有三个来源：一出自姬姓，以祖父字为氏。周朝有大夫受封于芮，建立芮国，为伯爵。春秋时，芮国国君芮伯万的子孙以其字为氏，就是万氏。二出自姬姓，以祖父字为氏。春秋时，晋国有大夫毕万，为毕公高之后，因辅佐晋献公有功，受封于魏，又称魏万，他的子孙也以"万"为氏。三为鲜卑族复姓所改。南北朝时北魏有吐万氏、万纽于氏，随孝文帝迁都洛阳后改汉姓为万。

先秦时期主要在今陕西、山西、山东、河南地区生息繁衍。两汉时期，扶风万氏枝繁叶茂，故万氏有扶风郡望。魏晋南北朝时，北方战火四起，万姓有避居南方者，此次南迁奠定了后世万氏盛于南方的基础。另外，北魏迁都洛阳后，随着汉化政策的推行，鲜卑族万氏迅速发展壮大，形成万氏河南郡望。唐时，浙江、安徽万姓较盛。宋元时期，南方万氏人口陡增，江西、湖北、湖南、浙江都是万氏人口较为集中的地区。明清时期，万氏族人生活区域进一步扩大，四川、江苏、广东、广西也有万氏族人足迹。在当今中国姓氏中，万氏依人口数量排在第92位，以江西、江苏、湖北等省为多。

【祖源遗存】

汉魏故城：见周姓下"汉魏故城"介绍。

【相关资源】

[墓葬陵园]

万果墓：位于漯河市市区人民路。墓葬高4米，面积108平方米。出土有墓志1合。据墓志知，墓主万果，明嘉靖南京乡耆，曾在沙澧河交汇处渡船，乐善好施，扶危济困，人多德之，明嘉靖二十一年（1542）卒后葬此。

[祠堂寺庙]

万家祠堂：位于邓州市夏集乡万营村。始建于明代，清代重修，现存正房1座，面阔3间，进深3间，正方形，四角攒尖顶，南面有5个拱门。

【人物名录】

唐朝有万国俊（洛阳）。北宋有万适（淮阳）。清朝有万邦荣（襄城），万如济、万如洺（均淮阳），万金墉（开封），万青选（固始）。

90. 钱

【姓氏源流】

颛顼的后裔彭祖，夏商时建立彭国。彭祖的后裔彭孚在周朝钱府担任上士的官职，其后代便以其官职为氏，就是钱氏。

钱姓源起于陕西，后在中原活动，发迹于徐州，故以彭城为郡望。三国时，遍布于江苏、浙江、安徽。唐宋之际，钱镠在临安（今浙江杭州市）建立吴越国。在当今中国姓氏中，钱氏依人口数量排名第93位，主要集中分布于江苏、浙江、广东、上海等地，在安徽、河北、湖北等地也有较多分布。

【相关资源】

[墓葬陵园]

钱九韶墓：位于新密市超化镇凤凹村南。现存墓葬高3米，周长26米。钱九韶，清代诗人，讲学于桧阳书院，著有《芦花诗集》。

[祠堂寺庙]

钱家祠堂：位于固始县武庙集镇余楼村，清代四合院式建筑。现存大门、厢房、上房共16间，均为硬山灰瓦顶。

【人物名录】

北宋有钱若水（新安）。清朝有钱腾云、钱万选（均淮阳），钱九韶、钱九府（均新密）。

91. 严

【姓氏源流】

严氏第一支出自尧舜时期的古严国，其地约在今河南洛阳一带。第二支出自芈姓，为春秋时楚庄王的后裔，起初以先祖的谥号为姓，称为庄氏。东汉明帝名刘庄，庄氏为避皇帝名讳而改姓严。

东汉时，多居山东、湖北、安徽、浙江一带。另四川、云南、贵州一带亦有严氏族人足迹。魏晋时，北方严氏多居于陕西、山西、河南、甘肃等地，其中以陕西、甘肃最为兴旺，并在天水、冯翊、华阴形成望族。唐代以后，北方严氏族人不断南迁，至明清时期，严氏族人分布重心明显南移，今安徽、江苏、浙江、福建沿海一带最为集中。在当今中国姓氏中，严氏依人口数量排在第94位，以湖北、江苏、浙江为多。

【祖源遗存】

汉魏故城：见周姓下"汉魏故城"介绍。

【相关资源】

[墓葬陵园]

东紫陵墓葬：位于沁阳市紫陵镇东紫陵村。墓冢原有封土，占地面积1800平方米，传说为东汉名士严光的墓葬。

严嵩墓：位于台前县后方乡玉皇山岭村。墓冢为圆形土丘，高3米。严嵩，明嘉靖年间首辅，著名的权臣。

92. 赖

【姓氏源流】

赖氏出自姬姓，系以国为氏，始祖为叔颖。周文王灭商之后，为加强其统治，大封同姓诸侯，其中他的弟弟叔颖被封在赖地，故城在今河南息县东北35千米处的包信镇，建立子姓侯国。公元前538年赖国被楚灵王所灭，其族人被迫迁往鄢地，在今河南鄢陵县境内。亡国之后的赖国子孙为表示对故国的思念，便以故国名字作为自己的姓氏，称为赖氏。

得姓之后的赖氏族人早期主要在河南鄢陵县境内繁衍发展，后在颍川郡、河南郡、河内郡形成望族。赖姓是南迁较早的姓氏之一，早在东汉以前赖姓族人已播迁到了今湖南零陵和越南河内等地区。魏晋南北朝时，赖姓加入了为躲避纷乱由北方而南迁的队伍之中，并在湖南、福建、江西、广东等地繁衍播迁，成为当地大姓。赖氏开基台湾始于清朝康熙年间，此后，不断有福建、广东等地赖氏族人渡海迁往台湾，使得赖姓成为台湾人口最多的姓氏之一。在当今中国姓氏中，赖氏依人口数量排在第95位，主要分布在广东、江西、台湾、福建、四川、广西等地。

【祖源遗存】

赖国故城遗址：位于息县包信镇傅庄村境内。城址平面略呈方形，东西长113米，南北长112米，高2米，四周有40米宽的护城沟。城址内出土有鼎、鬲、罐等器物，遗址的表面散存着较多西周时期的陶器残片。鼎、鬲、罐等器物的纹饰有绳纹、刻画纹、附加堆纹、瓦纹、指窝纹等。在城基探沟里发现了红烧土层。红烧土层里有六七层夯土层，每层厚度15厘米，表面有夯窝，墙基里边发现周代以前的陶器残片。

93. 洪

【姓氏源流】

洪氏主要有两个来源，均源于河南：一为共工氏之后。相传共工氏活动于今河南辉县一带本姓共氏，从黄帝时起就担任了治理天下水利的官职，被人们尊为水神，后与颛顼逐鹿中原时被打败。大禹治水时，共工氏因不与其合作，被流放到江南的蛮荒之地。共工氏的后人在江南定居后，为了让后世子孙记住他们的祖先做过水神，就给"共"字加上"水"旁，以此作为自己的姓氏，这样就形成了洪姓。二以国为姓。西周时，有郑武公之子叔段受封于共国，称为共伯。春秋时，共国被卫国所灭。共伯的后代就用国名"共"作为自己的姓氏。后来因为避仇改为洪姓。

先秦时期主要在其发祥地今河北、河南、辽宁一带发展繁衍，后播迁至安徽、甘肃、江西等地，并在敦煌、宣城、豫章形成望族。隋唐以后，洪姓称盛于安徽、江西一带。北宋时，播迁到广东、福建等地。明清时期，分布到全国各地。在当今中国姓氏中，洪氏依人口数量排在第97位，以江苏、浙江等省为多。

【祖源遗存】

孟庄遗址：见龚姓下"孟庄遗址"介绍。
共国故城：见段姓下"共国故城"介绍。
京襄城：见郑姓下"京襄城"介绍。

【相关资源】

[墓葬陵园]

洪镇清墓：位于淮滨县王店乡黄楼庄。墓冢高3米，面积约80平方米。1958年，墓前石人、石马、石狮、石猴、供桌被毁。现存清道光十五年（1835）所立墓碑1通。碑阳刻"皇清赠文林郎洪公行三讳镇清字延辉府君墓"，碑阴刻洪氏世系。洪镇清，清代文林郎。

94. 武

【姓氏源流】

武氏主要有三个来源：一源自偃姓。夏代时期有穷氏后羿曾经一度为君，后羿的臣属中有武罗，为东夷武罗国之君，武罗之后有武氏。二源自子姓。宋微子受封建立宋国，春秋时期有宋武公，其子孙以先祖谥号为氏。三源自姬姓。周平王少子出生时手心有"武"字纹迹，故被赐为武氏，为周朝大夫，后来他的子孙以"武"为氏。

先秦时期活动于中原地区，汉唐之间已经扩散到山东、江苏、山西等地，并形成太原、沛郡两个武氏郡望。宋代已经遍布全国各地，并以山西、河北、湖北、河南、湖南为多。明代的山西、山东、河北、河南、陕西、江苏等地都有广泛分布。在当今中国姓氏中，武氏依人口数量排在第98位，以河南、河北、山西、内蒙古、黑龙江等地为多。

【祖源遗存】

宋国故城：见宋姓下"宋国故城"介绍。

三陵台：见宋姓下"三陵台"介绍。

【相关资源】

[故里故居]

上阳宫遗址：位于今洛阳市支建街北，距皇城南城墙40米，南临古洛河。遗址东西长50余米，南北宽17余米，现已经通过考古工作清理出廊房、水池、假山等遗迹。廊房的夯土台基南北向，有两排柱础。水池边有砖砌护岸和石制栏杆，水池南北两岸有假山多处。上阳宫遗址出土遗物主要为建筑构件，有琉璃瓦、筒瓦、板瓦、瓦当和铺地方砖、长方砖等。上阳宫为唐高宗与武则天时期的重要宫殿活动场所，素以建筑华丽著称。

[墓葬陵园]

武朝聘墓：位于台前县后方乡武口村，墓地面积10平方米，墓冢高1米，直径2米，呈圆锥形。武朝聘（1831—1899），字殿臣，寿张县（今河南台前县）人。清代官归德府总兵。

[祠堂寺庙]

古唐寺：位于洛阳市东郊瀍河回族区唐寺外村内。初建于唐中宗神龙元年（705），本称福先寺，又称塔寺，故址在今塔湾村西，俗称"唐寺崖"的地方。据《全唐文》所云，武则天曾经亲自为福先寺撰写过浮图碑文，明代改建今址。

白马寺：位于洛阳市东10千米，背负邙山，南临洛水。东汉明帝为纪念白马驮回经卷，于永平十年（67）建寺并命名，使其成为佛教传入我国的第一座寺院，被尊为"释原"和"祖庭"。寺院规模宏大，建有天王殿、大雄宝殿、千佛殿、毗卢阁、钟鼓楼等，山门外两匹戴鞍驮经的宋代青石雕白马，姿态浑重，神气沉着。寺外齐云塔高13米，属方形密檐式砖塔，造型美观，古雅秀丽。寺内还保存有天竺僧人摄摩腾、竺法兰的两个墓冢。白马寺有至今规模与武则天有较大关系。垂拱元年（685），武则天敕修白马寺，大兴土木，广修殿宇，使其成为规模空前的寺院，寺内僧众千余。现在天王殿、大雄宝殿、千佛殿等建筑还都保留唐代风格。

奉先寺卢舍那佛：位于洛阳市龙门石窟中。为武则天执政时期修建而成，历时四年时间，其规模之大在龙门石窟中堪称第一。唐代龙门石窟的重点洞窟中，以卢舍那像龛一组尺度宏伟的艺术群雕最为著名。奉先寺卢舍那佛大像龛是初唐时期最伟大的石窟工程，完工于675年，是由唐高宗与皇后武则天亲自倡议开凿的。武则天还为此施舍了自己的脂粉钱两万贯。卢舍那佛像总高17.14米，头高4米，耳长1.9米，为龙门石窟中的最大佛像。这尊佛像丰颐秀目，嘴角微翘，头部稍低，姿态可人，既睿智又慈祥，令人敬而不惧。从造型艺术上看，凝聚了中国女性典型的容貌气质，舒展秀丽，温文沉静，史载卢舍那佛是武则天现实形象的艺术创作。卢舍那大佛侧旁还有其弟子阿难、迦叶、胁侍菩萨和力士、天王的雕像。这样的一组雕像有机地组合起来，形成了一个艺术整体，完美地烘托了佛教气氛。

[碑碣刻石]

天后诗书碑：位于登封市少林寺内。碑文为武则天所作诗并序，王知敬楷书，18行，每行26字。唐永淳二年（683）二月，武后随高宗临幸少林寺，见其母杨氏14年前在少林寺营建之所未就而亡，触景伤怀，继续资助"终此功德"（碑序）。当年，诗序由寺僧摹勒上石。

石淙河摩崖题刻：位于登封市东南20千米石淙河南四箱潭北崖。石淙河至此汇集成潭，两岸峰峦叠翠，石壁如削，幽洞曲径，清流如注，淙淙有声，故名"石淙"，武则天曾多次到此避暑游览。唐久视元年（700），"正月戊寅作三阳宫于告成之石淙，夏四月幸三阳宫"。武则天在此赋诗抒怀，群臣应命酬和，五月将诗刻于北崖，字径2寸。石刻分三层，上层首行题"夏日游石淙诗并序"及武则天的诗序和诗，中下层为16位从臣所作的七言诗各一首，保存基本完整。

黄大王故里碑：位于偃师市岳滩镇王庄村。石碑通高2.85米，碑额高0.99米、宽0.84米、厚0.23米，碑身高约1.86米、宽0.8米、厚0.21米。额篆"皇清"2字，额面浮雕二龙戏珠。碑身阳面刻写文字较少，均楷书阴刻，正中部竖行刻写"黄大王故里"5个大字，两侧刻"王府在治西南二十里许王家庄""王墓在治南五十里万安山"。为清嘉庆十五年（1810）偃师县知县武肃所立。黄大王，即黄守才，为明末清初所祀地方性河神之一。

[其他遗存]

中岳嵩山：位于登封市。武则天是自汉武帝以来对嵩山最感兴趣的帝王。她曾经同唐高宗在仪凤四年（679）及其后数年多次巡游嵩山，在其当政后，还选中嵩山进行封禅大典，封嵩山为神岳，尊神岳为天中王。武周武后天册万岁二年（696）登嵩山，改嵩山县为登封县，改阳城县为告成县，以示大功告成，将当年的年号改为"登封元年"，并大赦天下。701年，武后长安元年正月又建三阳宫于石淙河边，五月率领群臣到三阳宫石淙河会饮赋诗，至今嵩山依旧保留有封祭坛碑、石淙会饮等文物古迹。

【人物名录】

秦朝有武臣（淮阳）。唐朝有武元衡、武儒衡（均偃师）。北宋有武宗元（孟津）。清朝有武君相、武君烈（均嵩县），武得荣、武君相（均尉氏），武绍周、武亿、武穆淳（均偃师），武士选（长葛）。

95. 莫

【姓氏源流】

莫氏主要有三个来源：一以国为氏。古代有鄚国（故城在今河北任丘市北），其后人以鄚为氏，后简为莫氏。二以官为氏。春秋时楚国有莫敖官职，其后人以莫敖为氏，后简为莫氏。三为鲜卑族复姓所改。南北朝时，北魏鲜卑族有邢莫氏、莫那娄氏，入中原后均改为莫氏。

早期莫氏族人主要在其发源地，即今河北、湖北繁衍，并缓慢地向周边播迁。魏晋南北朝时，在江陵郡、巨鹿郡形成望族。隋唐时期，莫姓分布之地渐广，在今河南、河北、山西、甘肃、山东、湖北、湖南、江苏、浙江、广东、四川、福建等地均有莫姓人定居。宋末元初，今浙江、江苏等地的莫氏为避兵火，大批拥入今广东、广西。明清时期，莫氏族人分布更为广泛，并有渡海赴台，扬帆南洋者。在当今中国姓氏中，莫氏依人口数量排在第99位，以广西、四川、广东等地为多。

【祖源遗存】

汉魏故城：见周姓下"汉魏故城"介绍。

【人物名录】

清朝有莫瞻菉（卢氏）。

96. 孔

【姓氏源流】

孔氏来源较多，最为孔姓族人认可的一支出自子姓。商朝灭亡后，纣王的兄长微子启被周成王分封于宋（今河南商丘市南），建立宋国。宋襄公五世孙孔父嘉在宋国任大司马，后被权臣华督杀害。孔父嘉的儿子木金父逃奔鲁国，他的儿子睪夷以祖父之字"孔"为氏，就是孔氏。

先秦时期主要在今山东、河南地区繁衍。秦汉以后，很快散播到今河北、山西、湖南、广东等地。汉唐间在鲁郡、京兆、东平、会稽等地形成望族。宋明时期，北方的山西、辽宁等省，南方的江苏、云南、贵州、四川等省都有孔氏族人。清代以后，孔氏不仅遍布全国各地，而且有不少人移居海外。在当今中国姓氏中，孔氏依人口数量排在第100位，人口广泛分布于全国各地，尤以山东、江苏、吉林等地为多。

【祖源遗存】

孔子还乡祠：位于夏邑县刘店集乡王公楼村，是古代为纪念孔子还乡祭祖而修建的建筑物。因为夏邑是孔子的祖籍，孔子的先祖弗父何及以下六代宋父周、世子胜、正考父、孔父嘉、木金父、睪夷均葬于此，孔子常回来祭祖省墓。后人为纪念孔子还乡，在此大兴土木，建起了还乡祠。据考，还乡祠始建于唐初，多次被毁。其形制仿文庙，坐北向南。曾有一壁、四门、一坛、两庑、两殿、一厅和碑林。宋真宗时，孔子四十五代孙孔良辅、孔彦辅由曲阜来此定居，对还乡祠修复扩建。金代，又立杏坛碑于大成殿前。清道光元年（1821），增建四代祠（崇圣祠）。后在"文化大革命"中被完全破坏。1994年，夏邑县成立孔子祖籍文化学会，并重修还乡祠。

孔子还乡祠建筑规模宏大，是省级旅游景区（点）挂牌单位，已建成棂星门、大成殿等多处建筑。大成殿前有孔子还乡铜像一尊，在原遗址上还有古碑、残碑及新立石碑等。

【相关资源】

[祠堂寺庙]

夫子庙：位于永城市芒砀山镇夫子山南坡。始建于宋代，明清曾遭兵燹。现存为清代建筑，坐北朝南，由启圣殿、东西厢房和大成门组成。启圣殿，硬山灰瓦顶，面阔5间，长19.2米，进深4间，宽13.2米，构架特征为七架梁带前后双步梁，并出四架梁前廊，前廊梁下作轩。东西厢房各面阔5间，长13.74米，进深1间，宽4.8米，前檐带廊，构架为五架抬梁式，硬山顶，仰合灰瓦屋面。大成门平面呈长方形，面阔3间，长9.8米，进深2间，宽4.4米，硬山顶，仰合灰瓦屋面，前后各有三级踏步，前后檐各用两根八棱石柱承重。院内正中月台下有3通石碑掩映在两株千年古柏的浓荫下。

孔氏家庙：位于郑州市古荥镇南街。始建于宋，明、清重修。现存庙堂1座，面阔3间，前有明柱外廊。堂前有清道光年间碑刻1通，古柏2株。"文化大革命"中，原有的厅堂、照壁和1通宋碑被毁。

[碑碣刻石]

孔子问礼处碑：位于洛阳东关。春秋战国之时，东都洛阳集中了国家众多的文物典籍。老子李耳在洛阳任守藏室柱下史时，孔子曾不远千里来到洛阳，入周问礼于老子，问乐于苌弘。回去之后，孔子把带回的文献书籍经过整理修订，归纳为"六经"，创立了儒学。这与他入周问礼有密切关系，所以说孔子创立的儒家学说思想根源和洛阳、河洛文化圈不无关系，甚至可以说是源于周礼，源于河洛。后人一直把孔子至洛阳问礼传为美谈，至今，洛阳东关还立有清代所立"孔子入周问礼处碑"，供人们瞻仰怀古。

[其他遗存]

夫子崖与晒书台：又称夫子避雨处，位于永城芒砀山麓的夫子山南坡，为一天然岩洞。传说孔子游宋，在这里避过雨。洞南北约8米，东西约10米，高2米。四壁齐整，洞底光滑。洞中有孔子石像一尊，拱手缩颈，屈膝盘坐。该像高1米，雕刻精细，栩栩如生。洞的正上方，有一平坦的巨石，当地人惯称晒书台。传说孔子遇雨淋湿了竹简，在此摊晒。台前有孔庙，现存殿宇面阔5间，进深3间，有厢房、山门等。

孔子击磬处：位于卫辉市郊南关村南，孔子周游列国过卫击磬于此。占地900平方米，亭正方形，攒尖顶，东西各辟一门，西南门楣上嵌石碣一方，上书"玉振遗韵"4字。明万历十五年（1587）知府周思宸重修。清乾隆十五年（1750）又重修。清高宗过卫，书"孔子击磬处"碑1通，并题诗于碑阴，置于亭中。

文雅台：位于商丘市古城城郭东南角内侧，护城河外沿，为高出地面10余米的台地，占地9800平方米。现有院墙一周，过厅3间，大殿3间，习礼亭1座，亭内有唐朝著名画家吴道子所绘孔子石刻画像，亭四周有历代名人碑刻40余通。鲁哀公三年（前492）孔子适宋，与群弟子习礼大檀树下。西汉时，梁孝王在此建亭台楼阁，常与司马相如、邹阳、枚乘等在此吟诗作赋，故有"文雅"之名。

弦歌台：位于淮阳县城西南隅的南坛湖中。台上现存建筑有2门，正殿7间。正殿是主体建筑，飞檐斗拱，上盖绿色琉璃瓦。周围有青石方柱24根。正门石柱上镌刻的对联是"堂上弦歌七日不能容大道；庭前俎豆千年犹自仰高山"。前门上有清康熙五十年（1711）立的石匾，上书"弦歌台"3个大字。弦歌台，原名"弩台"，《元和志》说"后汉陈王宠善射，尝于此教弩"，因以得名。汉灵帝时，爆发了黄巾起义，义军浩浩荡荡，所向披靡，各郡县守兵望风而逃。唯独陈王刘宠占据陈城四面环水的地利，四面吊桥高悬，自带强弩手数千固守此台，终于扼住了黄巾军，所以此台又被称为"扼台"。到了唐开元年间，孔子庙迁到这里。明宪宗成化六年（1470），知州倪诰重建孔庙并塑孔子和十贤像。明世宗嘉靖七年（1528），巡按御史谭缵增拓正殿7间，门2座，题曰"绝粮祠"。嘉靖二十一年（1542），巡按御史赵继本改名为"弦歌台"。明神宗万历二十九年（1601），睢陈道徐即登增建大门，曰

"美富之门"。清康熙二十一年(1682),知州萧国弼重修殿内塑像,康熙五十二年(1713),都御史揆叙重修大殿7楹,改为方形石柱,上覆绿琉璃瓦,重修孔子及十贤像。乾隆、嘉庆、咸丰年间又多次修葺,现存的建筑是清乾隆四十八年(1783)所重建的。弦歌台历来被文人墨客称为"陈州八景"之一。

【人物名录】

西汉有孔仅、孔休(均南阳)。东汉有孔乔(南阳)、孔嵩(邓州)。宋朝有孔三传、孔维、孔守正(均开封),孔兆(陕州),孔夷(汝州)。金朝有孔彦舟(林州)。清朝有孔门奇(汝阳)。

97. 汤

【姓氏源流】

汤氏出自子姓。夏朝末年,居住在黄河下游的商部落首领名契,本是黄帝曾孙帝喾之子,被帝尧封于商(今河南商丘市南),赐姓子氏。契传十四世至履,正值夏朝末代夏王桀统治时期。履,字汤,又称成汤,尊称帝乙,他即位后爱护民众,施行仁政,深受人民拥护,周围一些小国也慕名前来归附,因之势力迅速扩大。而夏桀残暴无道,国内日趋动荡不安,诸侯们也不听从他的号令。成汤见其形势,顺从民意,不断积聚力量,开始有计划地讨伐夏桀。他先灭掉了商附近的夏的属国葛,接着经过11次的出征,灭掉了夏的3个重要的同盟国韦、顾、昆吾,成为当时的强国。随后一举灭夏,把夏桀放逐到南巢,建立商朝。成汤的子孙中,有的以他的字"汤"为姓氏,就是汤氏。

早期以中原为聚居地，汉唐时已南迁江苏，甚至远达今越南。在北方还形成了中山、范阳等郡的望族大姓。宋明时，已南迁东南及南方各地，尤以江西、江苏、浙江、安徽为多。在当今中国姓氏中，汤氏依人口数量排在第101位，以福建、湖南、江苏、湖北为多。

【祖源遗存】

阏伯台：见宋姓下"阏伯台"介绍。

郑州商城遗址：位于郑州市区内，面积25平方千米，距今约有3600多年，是目前我国发现的规模最大、保存最好的商代前期都城遗址。城址平面呈长方形，北城墙1690米，西城墙1700米，南城墙和东城墙均长约1870米，以东南城角保存较好。城墙为黄土夯筑而成，采用了护城坡堵挡木板的技术。城内中部偏北与北部，发现20多处商代夯土台基，是商代的宫殿区。城址的南部与西部，有制陶、冶铁、冶铜等手工作坊区。城址外围则分布有祭祀遗址与墓葬。遗址内出土数以万计的文物，有石器、玉器、货贝、陶器、青铜器、铜器等。其中最珍贵的如玉戈、玉铲、玉璋、大型铜方鼎等，都是罕见的文化瑰宝。由大面积的宫殿遗址、手工作坊及精美的青铜礼器群等可以断定，这是一座都邑，考古界考证该城性质为商汤所居"亳都"，即郑亳。

【相关资源】

[墓葬陵园]

汤氏祖茔：位于邓州市陶营乡汤营村南。墓边有清代石碑楼1座，碑文载，汤姓来自江西省抚州府金溪县（今江西金溪县），明洪武二年（1369）迁此。

汤斌墓：位于宁陵县西北棘古城，"文化大革命"期间被破坏，墓志收藏于商丘市博物馆。墓志刻于清康熙二十八年（1689），高、宽各0.78米，厚0.15米，碑文详细记述了汤斌的生平事迹。汤斌（1627—1687），字孔伯，睢州（今河南睢县）人。顺治年间进士,官至工部尚书,撰有《洛学编》《潜庵语录》。

[祠堂寺庙]

汤文正公祠:位于睢县城关镇西门里建设路中段,又名汤恭人旌烈祠、汤家祠堂。原有大门、二门、卷棚、大殿等,大殿前有汤文正公蛟龙碑和汤恭人碑各1通。现仅存大殿6间,碑刻已收藏于商丘市博物馆。汤文正公,即清初大臣、理学家汤斌。

【人物名录】

北宋有汤悦(西华)。清朝有汤斌、汤之昱、汤准(均睢县),汤豫诚(开封),汤兰亭(商丘),汤金策(安阳)。

98. 向

【姓氏源流】

向氏有两个来源:一源自祁姓,以国为姓。古有向国,春秋初年被莒国所灭,其后以"向"为氏。二出自子姓,以字为氏。春秋时期,宋桓公有子名肸,字向父,其后以"向"为氏。

先秦时期活动于山东、河南,汉唐之际在今河南有较大的发展,并以河内郡、河南郡为郡望,在湖北、江苏等地也有扩展。宋代以后在今河南、江西、宁夏、江苏、湖南、浙江、四川等地有广泛的分布。在当今中国姓氏中,向氏依人口数量排在第102位,以湖南为多。

【祖源遗存】

向国遗址：位于济源市境内，古向城大约在济源市左山村附近。《路史·国名纪一》："向，向姜国，今河阳西北三十五里有向城。"《十三州志》记载："轵县南山西曲有故向城，即周之向国。"杨伯峻《春秋左传注》："今济源市南稍西二十余里有故向城。"向国在西周灭商过程中起到了很大的作用，西周初年部分地域划到苏国，西周末年被封给皇父。

微子墓：见宋姓下"微子墓"介绍。

宋国故城：见宋姓下"宋国故城"介绍。

【相关资源】

[墓葬陵园]

向秀墓：位于武陟县三阳乡冢头村。墓冢高2米多，东西34米，南北47米。其东南60米处还有一冢，高近2米，东西11米，南北20米，传为向秀儿子之冢。向秀（约227—272），魏晋之际哲学家、文学家，"竹林七贤"之一。官至黄门侍郎、散骑常侍，对老子学说、庄子学说很有研究，传世之作为《思旧赋》。

【人物名录】

春秋有向戌（商丘）。东汉有向长、向栩、向翔（均淇县）。西晋有向秀（武陟）。南北朝有向靖（焦作）。北宋有向拱、向皇后（均沁阳），向敏中、向传范（均开封）。南宋有向子韶、向滈、向澹、向子忞、向沈（均开封），向瀚（沁阳）。

99. 常

【姓氏源流】

传说黄帝有大臣常先，官大司空，是见于史载的最早的常姓名人。常氏最为重要的一支出自姬姓，以邑名为氏。武王克商后，封其同母少弟于康，世称康叔。康叔分封其子于常邑，其后遂以邑为氏，就是常氏。

最初以今山东西部为主要繁衍中心。战国末年，繁衍于今河南、河北南部等地，并已散居于大江南北。汉唐间在太原、平原、河内、武威形成望族。宋代，常氏已多分布于我国长江中下游地区，并迁居福建、广东，最后到达云南、贵州等地。至明清，常氏已广布于我国大部分地区。在当今中国姓氏中，常氏依人口数量排在第103位，以河南、山西、黑龙江、吉林、河北等地为多。

【相关资源】

[祠堂寺庙]

常氏祠堂：位于内乡县夏馆镇常庄村。建于道光六年（1826）。现存享堂3间，坐北朝南，单檐硬山灰瓦顶，有脊兽等，屋内暖阁摆常氏祖先牌位，绘有二十四孝图和十八罗汉图。保存尚好。

[碑碣刻石]

常氏祠堂题记刻石：位于栾川县城关。1937年，国民党参议员、财政厅厅长常志箴，建其母关太夫人墓园。蒋介石、汪精卫、林森、于右任、商震、章炳麟、吴佩孚、张学良等20余人分别题词，常将各人题记勒石嵌于常氏祠堂内壁。现大多保存尚好。

【人物名录】

三国有常林（温县）。南北朝有常景、常奭（均温县）。唐朝有常达（陕州）。北宋有常恩德（开封）、常珪（洛阳）。清朝有常翼圣（鄢陵）、常茂徕（开封）。

100. 温

【姓氏源流】

温氏主要源头有三支，均出自河南温县。第一支源出己姓，为颛顼高阳氏的后裔。颛顼的后裔中名平者，佐夏灭有穷氏有功，约在夏代中期被封于温（都城在今温县招贤乡上苑村北），建立温国，夏代末年，被商族灭亡之后，其后人以国为氏，就是温氏。第二支与第一支同源，亦为颛顼之后，西周初年，周武王因功将其首领苏忿生封到温县，建立苏国，都于温城。周襄王二年（前650），苏国被狄人所灭。苏国后人有的因为居于温地而以"温"为氏。第三支源出姬姓。周武王之子叔虞被封于唐，称唐叔虞，他的儿子燮父因境内有晋水，将国号改称为"晋"。春秋时代，苏国亡后，周襄王把苏都温城赐给晋国，晋景公又把温城送给公族大夫郤至作为采邑。郤至之后有的以邑名作为自己的姓氏，亦为温氏。

先秦时期活动于今河南温县一带的中原地区，汉唐之间向山西扩展，形成以太原郡为郡望的温氏名门，重点在今山西祁县。唐宋以后，在陕西、山西、河南、湖北、浙江、福建、广东等地均有温氏分布。在当今中国姓氏中，温氏依人口数量排在第104位，在山西、河北、北京、天津、河南、山东、重庆、四川、广东、福建等地均有分布，其中东南沿海地区占有一定比重，京津以及东北的温氏中有的系满族汉化而来。

【祖源遗存】

温国古城：温国的地域在今焦作市温县一带，温国的得名与其境内的温泉有关。温泉在县城西2千米多的远村众神庙附近，泉涌口大如盆。温国古城在今县城西南13千米招贤乡安乐寨村一带，处于冲积平原之上，有东口、段村和上苑遗址等许多新石器时期文化遗址。上苑遗址面积3万平方米，以龙山文化为主，出土器物有罐、鬲、鼎等，与夏代温国古城范围一致。商代温地成为商王狩猎的场所。

【相关资源】

[故里故居]

温造别墅：位于济源市南25千米左山村，又名温处士庄。背靠王屋山的金山，南临黄河，居高临下，清静幽雅，为温造隐居之所。温造（766—835），唐朝河内（今河南沁阳市）人。累官侍御史等职，在任开渠，有益乡民，人称"右史渠"。

[墓葬陵园]

温佶墓：位于济源市坡头镇左山村。墓冢已经夷平。墓地立有"唐故太常丞谏议大夫温府君神道碑"，碑高5米，墓碑碑文书法精美。现存石狮1对。温佶，字辅国，唐朝并州祁（今山西祁县）人。

温造墓：位于济源市坡头镇左山村中，原先立有歌颂温造兴修水利的功绩碑，"文化大革命"中佚失。

【人物名录】

唐朝有温造、温璋（均沁阳）。宋朝有温仲舒（洛阳）。

101. 康

【姓氏源流】

康氏主要有两个来源：一出自姬姓，以谥号为氏。周武王灭商后，把同母幼弟姬叔封在康（今河南禹州市），故称康叔。周武王卒后，发生了叛乱，周公姬旦兴师平定了叛乱，把商故都周围地区和殷民七族封给康叔，建立卫国，建都朝歌（今河南淇县）。姬叔被封于卫国后，称卫康叔。卫康叔的子孙，有的以他原来的谥号为姓氏，就是康氏。二出自西域康居国，以国为氏。汉朝时候，汉政府曾经在西域设置西域都护府，管理西域国家。后来，康居国王子到汉朝河西地区听候汉朝廷的消息，这位王子便长期居住在这里，子孙留而不返，他们就以国名"康"为姓。

先秦时期在今河南北部及东部、山东西部和河北西南部一带繁衍。至秦代，开始向西或向东继续繁衍播迁，并在京兆、东平形成望族。唐初，有康姓渡江南迁到江苏、浙江一带，在会稽形成望族。至唐代，康氏已散居今河南、山东、陕西、甘肃、新疆、山西、河北、安徽等地。宋代以来，四川、江西、湖南、广东等地均有康姓族人分布。在当今中国姓氏中，康氏依人口数量排在第105位，以安徽、四川、陕西、甘肃、山东等地为多。

【祖源遗存】

卫国故城：见石姓下"卫国故城"介绍。

【相关资源】

[故里故居]

康百万庄园：位于巩义市康店镇康店村。建于明末清初，因庄园主康应魁两次悬挂千顷牌，曾向清廷捐助饷银，故被称为"康百万""康半县"。该庄园占地面积达6.43万平方米，由住宅区、作坊区、栈房区、饲养区、金谷寨和祠堂等6部分33个庭院组成。其中有楼房53座，平房97间，券窑73孔。在庄园西南250米处有金谷寨，原名"五圣顶"，建于清同治七年（1868），四周深沟巨壑，易守难攻，堪称天险，康家为了抵抗捻军，勾结乡绅，胁迫群众修筑了此寨。现有窑洞30余孔。庄园内还保存有当年康家使用过的奢侈豪华的陈设品和生活用具，如桐木雕花顶子床、雕花神生橱、端砚、满汉全席餐具等一批有价值的文物。

[墓葬陵园]

康瑭墓：位于林州市原康镇东掌村西南。墓地原有石人、石马、石羊、石柱等，后因1976年修渠用石料毁掉诸石雕，唯一的石人因埋地下未被毁掉，此地当地人称"石人洼"。县志对该墓有记载。康瑭，字良辅，金兴定年间进士，官任沁州军节度使兼怀州招抚使，并授赐林州行元帅府经历官。

[祠堂寺庙]

康家祠：位于济源市轵城镇西留养村。清道台康济渊墓祠，坐北朝南。现存享堂3间，为砖石结构无梁建筑。碑已佚，墓亦无存。

[碑碣刻石]

康公家庙碑：位于博爱县月山镇常马庄东。碑高1.9米，宽0.76米。清道光四年（1824）立。碑文记载康济渊所任官职和生平事迹及康氏家族的迁徙情况。

康霖三神道碑：位于巩义市西北康店镇康南村。碑高4.07米，宽1米，厚0.32米。龟座。清同治五年（1866）立。碑文记载奉政大夫遂平县教谕、候补知县康霖三生平。碑两侧刻亲友题诗，草、隶、篆均有。

[其他遗存]

康氏石坊：位于巩义市河洛镇石板沟村。清光绪十年（1884）

建，为康氏节孝坊。四柱三间三楼式石坊。明间高5.5米，宽5.5米。额坊及栏板上雕二十四孝图、八仙庆寿图及人物花卉图案。

【人物名录】

宋朝有康保裔、康德舆（均洛阳）。南宋有康翼（开封）。

102. 施

【姓氏源流】

施氏有三个来源：一出自子姓，为殷民七族之一。周初，武王之弟康叔受封于卫，分到了殷民七族，其中有施氏。二以国为氏。夏代诸侯国有施氏之国，在今湖北恩施自治州一带，其后有施氏。三出自姬姓，以王父（祖父）字为氏。春秋时鲁惠公有个儿子叫公子尾，字施父，鲁桓公时任大夫，有贤名，其子孙以王父之字为氏，即施氏。

先秦时期主要在今山东境内繁衍。春秋末期，鲁国被楚国所灭，施姓开始散居在山东大地。秦汉以前，施姓开始向邻近的河北、河南、安徽、江苏一带播衍。汉时已有施姓入关中者，如著名学者施仇即由沛（今江苏沛县）入长安。魏晋南北朝时期，军阀纷争，夷族入侵，社会激剧动荡，致使民不聊生，饿殍遍野。苦于生计，施姓族人开始大举南迁江南，并在今浙江湖州一带形成大的聚落。唐代中期，施姓进入福建。唐宋之际，居住在浙江湖州一带的施姓经长期繁衍，已经人丁兴旺，族大人众，并时有显贵者，从而形成了吴兴郡望。元时，江浙闽一带百姓避乱四迁，施姓有入广东、云南、广西、湖南、湖北、江西、四川者。明清以降，施氏族人已分布到全国各地。在当今中国姓氏中，施氏依人口数量排在第106位，以江苏、浙江、福建等地为多。

【人物名录】

清朝有施景舜（睢县）。

103. 文

【姓氏源流】

文氏主要有三个来源，均源于河南。一源自姬姓，以谥为氏。周文王的支庶子孙中有以他的谥号"文"为姓氏的，称文氏。二源自姜姓，以字为氏。周初封炎帝族裔文叔于许（今河南许昌市东），史称为许文叔，其族裔中以其字为姓氏，就是文氏。三源自姬姓，以字为氏。春秋时期卫国有公族孙林父，为世家公卿，史称孙文子，其子孙以祖字为氏，称文氏。

早期活动于陕西、河南、山东一带，春秋战国时期，播迁于江淮一带。西汉时，有安徽文氏族人迁入四川。汉至三国时期，河南、山东、山西为文姓繁衍望地，并在雁门形成望族。魏晋南北朝时期，因北方连年战乱，文姓也加入到中原士族南迁队伍之中，这次南迁奠定了后来南方文姓旺于北方文姓的基础。唐宋时期，史料记载文姓活动地点主要在山西、河南、四川、江西、江苏等地，尤以江西、四川发展最旺，同时，这两地后来成为南方文姓的繁衍中心。明朝时期，江西、湖南、四川、江苏等地是文氏人口较为集中的地区。在当今中国姓氏中，文氏依人口数量排在第107位，主要集中在广东、江西、广西、湖北、四川等地。

【祖源遗存】

戚城：见孙姓下"戚城"介绍。

许昌故城：许国最早建都于河南许昌市一带，许昌故城位于许昌市东20千米处，许昌县张潘镇古城村东南，城址坐落于盆李和甄庄两个自然村。为西周时许国国都所在地。自西周初年文叔封许至周简王十年（前576）灵公迁叶，许国在许昌建都长达460余年，乃许、文等姓发源地之一。民国22年（1933）《许昌县志》记载，许昌"内城为周代许国都城原址，外城乃汉献帝都许时所扩建"。内城即许国故城，平面略呈长方形，南北长约1500米，东西宽约1300米，面积约200万平方米。在城内采集到的西周与春秋时代遗物，有带瓦钉的残板瓦、陶排水管道、铜矛、铜戈、铜镞、铜爵、铜匜、铜觚、铜鼎、布币、玉璧等。东汉末年，曹操迎汉献帝都许，曹魏时许昌为五都之一，盛极一时，南北朝时毁于战火，现存城址依稀可见。

【相关资源】

[墓葬陵园]

四合村墓葬：位于巩义市鲁庄镇四合村。墓冢高4米，周长50米。《巩县志》记载为东汉末袁绍大将文丑墓，内涵不清。

文彦博墓：位于伊川县城关镇罗村西北。现存墓冢高4米，周长52米，曾经被盗。文彦博，北宋政治家，历侍仁宗、英宗、神宗、哲宗四朝，出将入相50年。著有《文潞公集》。

【人物名录】

三国有文聘（南阳）。

104. 牛

【姓氏源流】

牛氏源自子姓。西周后期宋国公族有大夫牛父，为司寇，在率军抵御狄人对宋国的进攻时不幸阵亡，其子孙便以他的名字作为姓氏，即牛氏。

发源于今河南商丘的牛氏，先秦时期主要在河南、陕西、河北一带活动。汉唐之间，已扩展到山东、江苏、甘肃，并在陇西形成望族。宋代以来，已遍布河北、河南、江苏、安徽、甘肃、山东、山西、上海等地。在当今中国姓氏中，牛氏依人口数量排在第108位，主要分布在河南、河北、山东、山西等地。

【祖源遗存】

微子墓：见宋姓下"微子墓"介绍。
宋国故城：见宋姓下"宋国故城"介绍。
三陵台：见宋姓下"三陵台"介绍。

【相关资源】

[墓葬陵园]

牛皋衣冠冢：位于鲁山县熊背乡石碑沟。牛皋（1087—1147），两宋之际汝州鲁山（今属河南）人。宋朝大将，抗金英雄。

牛凤墓：位于叶县常村乡享堂村西。牛凤，明代叶县人。嘉靖时南京太常寺卿，终葬于此。

[碑碣刻石]

牛伶墓碑：位于宝丰县城衙前街。清乾隆十九年（1754）刻立。碑高1.6米，宽0.66米，厚0.22米。楷书，11行，共380余字。牛佺，李自成大顺政权丞相牛金星之子。

【人物名录】

南宋有牛皋（鲁山）、牛戬（洛阳）。明朝有牛存喜（沁阳），牛金星、牛佺（均宝丰）。清朝有牛浩然（唐河）。

105. 樊

【姓氏源流】

樊氏有两个主要来源，均源于河南。一支源出于子姓。西周初年，周成王的叔父康叔管辖殷民七族中有樊氏。另一支出于姬姓，以邑为氏。周太王的二儿子虞仲有个后代名叫仲山甫，因立下不少战功，被封于樊（又叫阳樊，在今河南济源市曲阳），他的子孙便以樊为氏，称为樊氏。

早期樊姓族人主要在今山西、河南、陕西一带居住，魏晋隋唐间在上党、南阳形成望族。宋代以后播迁到山东、安徽、江西、湖北、湖南等地。在当今中国姓氏中，樊氏依人口数量排在第109位，以河南、山西、陕西、河北、四川等地为多。

【祖源遗存】

曲阳遗址：位于济源市西8千米的曲阳村和西官桥村之间，西距曲阳村400米，东距西官桥200米。遗址东西长约240米，南北宽约210米，面积5万平方米。其地原为高地。出土有龙山时期的石斧、石镰、石铲、石杵、石凿和陶鬲、陶豆、陶罐等残片。陶片多为泥质灰陶，纹饰有粗细绳纹、方格纹、附加堆纹。鉴定为龙山文化遗址，为市级重点文物保护单位。曲阳遗址中，还发现大量西周和春秋时的陶鬲等残片，汉代的陶鼎、仓壶等类的器物及汉代砖室墓葬。出土的一大铁钟上有铭文"阳樊东关"字样。据县志记载，该地在东周时为一城池，称为"阳樊"，周襄王以阳樊赐晋文公。

曲阳湖：亦称樊家湖、樊公湖，坐落在国家级风景区济源市王屋山景区脚下，水域面积近千亩。湖水清澈，岸柳婆娑，青山倒影，水天一色。湖面常有成群结队的白天鹅、鸿雁翩然游戏，各式游船荡漾其间。曲阳古称樊国，为仲山甫采邑。《史记》所载"晋文公出阳民"的故事就发生于此。

【相关资源】

[墓葬陵园]

樊哙墓：位于舞阳县城北20千米马村乡郭庄村内。根据《舞阳县志·古迹》记载，樊侯墓在舞阳县城北18.5千米鲁奉保樊庄，也就是今天的华店（郭庄）。由此可知郭庄原名为樊庄。现在那里只存有一墓冢，长约50米，宽约30米。墓坐北朝南，墓前有一条长38米、宽7米的神道。神道旁立有石碑1通，是明嘉靖十五年（1536）知县张颖和、县丞钱汝楫所立，上书"汉左丞相樊哙之墓"。背面镌刻汉代班固撰写的《汉樊侯铭》："煌煌将军，威盖不当，操盾千钧，拔主项堂，兴汉破楚，矫矫忠良，卒为丞相，帝室以康。"碑额书"汉室元勋"。在墓冢西面约250米处有一座"樊侯祠"，祠中大殿已毁坏，现仅存配房1间，内藏历代碑刻10余件。樊哙（？—前189），西汉初将领。沛县（今属江苏）人。少年时以杀狗为业，后随刘邦起义。鸿门宴上，项羽欲杀刘邦，樊哙面斥项羽。后官至左丞相，因军功封舞阳侯。

樊毓山墓：位于南阳市西郊十八里岗村西。墓封冢已平。尚存墓碑1通，高1.67米，宽0.45米。立碑年月、撰书人字迹磨灭不能辨。碑文大略记载樊氏兄弟文武俱能，颇得金将军赏识，平定天山、伊犁叛乱，屡立战功，诰授资政大夫，樊氏兄弟不恋仕途，退仕归里等。樊毓山，生卒年不详。

[祠堂寺庙]

樊哙庙：一处位于舞阳县北舞渡乡蒿庄村。又名西高庙，为祭祀樊哙的庙宇，始建年代不详。现存大殿1座，面阔3间，进深3间，硬山琉璃瓦顶，另有石碑1通，上书："此舞河滨，有峻岭焉，乃前汉大将军樊哙之行宫"。一处位于博爱县高庙乡北朱营村东。始建年代不详，明、清重修。仅存大殿1座，面阔3间，进深3间，悬山灰筒瓦顶。整座大殿由10根石柱和8根木柱支撑，莲花覆盆式柱础，柱侧脚明显，保留元代建筑风格。殿内有残损壁画。

[碑碣刻石]

重修樊侯祠碑：位于舞阳县马村乡华店村。碑高1.97米，宽0.6米，厚0.2米。清光绪十三年（1887）立，华锦成撰文，华锦锡书丹。碑额书"汉室元勋"4字，碑文述及捻军攻寨甚急，而樊侯显灵，捻军退走事，故重修祠以示纪念。

[其他遗存]

赤眉故城：位于内乡县城北20千米的赤眉镇。城址东西长约450米，南北宽约200米，总面积约9万平方米。城墙用夯土筑成。在城址内出土有汉代的砖瓦、陶片等文物。明嘉靖《南阳府志校注》载："赤眉城在田下保，世传汉赤眉樊崇驻兵所筑。"清朝《南阳府志》亦载："赤眉城在内乡县田下保，古称'平丘社'，汉更始既都长安，赤眉帅樊崇追兵至，筑城暂驻。"西汉更始二年（24），樊崇率赤眉军入长安，途中驻扎于此，当地人遂将"平丘社"更名为"赤眉城"。城址南边有一城门，是近代修筑。门额上书写"赤眉古寨"4个楷书大字。

【人物名录】

西汉有樊并（尉氏）。东汉有樊晔、樊仲华（均新野），樊宏、樊倏、樊焚、樊重、樊准（均唐河），樊英、樊陵（均鲁山）。三国有樊建（桐柏）。南北朝有樊素安（泌阳），樊毅、樊猛（均唐河）。隋朝有樊叔略（开封）。唐朝有樊泽、樊宗师（均南阳）。清朝有樊执中（项城）。

106. 葛

【姓氏源流】

葛氏主要有两个来源，均源于河南。一出自葛天氏后裔，以"葛"为氏。二出自嬴姓或偃姓，以国为氏。夏朝末年，商汤攻灭葛国（今河南宁陵县、长葛县一带），其族人以国名作为姓氏，称为葛氏。三出自鲜卑族。南北朝时期，北魏鲜卑族的葛贺氏随北魏孝文帝南下定居洛阳，也改从汉姓为葛。

先秦时期在中原一带活动，汉唐时尽管已繁衍至山东、安徽、江苏等地，但重心仍然在河南，顿丘、梁郡两地的葛氏更是兴旺。宋代以来，葛姓族人不断向外迁徙，江苏、浙江、安徽、江西、福建、河北、湖北、上海、北京等地均有分布。在当今中国姓氏中，葛氏依人口数量排名在第110位，以江苏、安徽、山东、河南等地为多。

【祖源遗存】

葛天氏陵遗址：位于宁陵县城西北12千米原种场。始建年代不详，陵地至今岿然，为圆形土丘，周长35米，高3米多。

葛城遗址：位于宁陵县石桥乡葛伯屯村西北角。为夏、商、周时期葛国（俗称葛伯国）的都城。遗址南北长500米，东西长100

米。《孟子·滕文公下》载："汤居亳，与葛为邻。"《史记·殷本纪》记载："汤征诸侯。葛伯不祀，汤始伐之。"葛城遗址南临高速公路，北距黄河故道10千米，属黄泛区，黄河泛滥，大量泥沙淤积，历经数千年沧桑，很多历史遗迹被湮没于地下，于是才有"葛伯屯里城摞城"的说法。

汉魏故城：见周姓下"汉魏故城"介绍。

【相关资源】

[墓葬陵园]

葛进成墓：位于嵩县德亭镇元湾村。墓冢已近平，尚存有清道光二十二年（1842）所立墓碑。碑文记述葛进成系布衣，世居南阳，明季六世祖遭明末之乱，始祖母携子6人由南阳府迁到嵩县下元湾。其中五子、六子同始祖失落于今田湖之窝城。

葛家墓群：位于清丰县马村乡葛家村西南。面积600平方米，有墓冢7座，高1.5～2米不等。传为明洪武年间为官的葛氏家族墓地。

[祠堂寺庙]

葛氏祠堂：位于宁陵县石桥乡葛伯屯村葛城遗址内。据商丘市《葛氏族谱》记载，在"葛天氏陵"遗址处，原建有葛氏祠堂，占地约5万平方米，是汉朝葛龚、葛庐、葛文几位将军受封后回宁陵寻根、祭祖所建。当时建有大殿5间，高10米余，东西配房各3间，大门3间。院中当时有石刻文物100余件，祠堂内塑有"葛天氏""葛伯王"塑像等。葛氏祠堂虽多次毁于历代战火，又代代多次重修，后于明朝嘉庆年间被泛滥的黄河水淹没。

葛家祠：位于济源市五龙口镇北官庄村。清代建筑，有大门、厢房、前屋、后屋等组成的两进院落，中间以月亮门相通。均为硬山灰瓦顶，多有脊饰和木雕装饰。

[碑碣刻石]

葛川祠碑：位于清丰县马村乡葛家村。碑通高2.59米，宽0.67米，厚0.2米，清光绪三年（1877）立。碑文记载葛川在平定苗民叛乱中深得朱元璋赏识,授护卫将军之事及其长女为朱元璋丽妃等史实。

【人物名录】

东汉有葛龚(宁陵)。宋朝有葛守昌(开封)。

107. 邢

【姓氏源流】

邢氏有两个来源:一源自姬姓,以国为氏。西周时期周公旦第四子受封于邢国,春秋时期被卫国所灭,其后人以"邢"为氏。二出自姬姓,以邑为氏。春秋时期晋国大夫韩宣子的家族食采于邢邑,其后人以"邢"为氏。

魏晋南北朝期间,河间邢氏名人辈出,高官不断,河间因此成为邢氏的郡望。隋唐之际,河间邢氏依旧长盛不衰,兴旺发达,播迁繁衍以北方邻近区域为主,但南方一些地方,如安徽、江苏、浙江等地已有名载史册之邢姓人物出现。北宋时,北方辽、金等少数民族十分强悍,不断侵扰今河北、山西北部,邢姓因仕宦或避乱徙居当时的国都汴京(今河南开封市)及河南各地者甚多。靖康之难后,有邢氏族人避居江浙一带者。明清时期,邢氏不断发展繁衍,在当今中国姓氏中,邢氏依人口数量排在第111位,以山东、河南、河北等地为多。

【祖源遗存】

邢丘故城:位于温县城东的北平皋村。古邢国是周代姬姓国,据《左传》《汉书》等古文献记载，邢始封地在河南温县东，后周成王时期为防御北戎才迁于河北邢台。现存城址平面呈方形，边长约1000米，城墙夯土建筑，残高6米，南城墙保存较好，城内中部偏北地势较高，可能为宫殿所在地。出土陶器发现有"邢"和"邢公"的陶文。城址年代为春秋，应该是在西周邢国故城的基础上建筑的。

【相关资源】

[故里故居]

邢道臣宅：位于商丘市睢阳区老县城刘隅首西二街。建于清代乾隆年间，晚清时期重修。四合院式建筑。大门、正房、厢房均为硬山灰瓦顶，有屋脊装饰。

[墓葬陵园]

邢恕墓：位于原阳县师寨镇高庄村。墓冢高2米，原有墓碑已经毁坏。邢恕，郑州原武（今河南原阳县）人。从程颢学，宋元祐年间官至御史中丞。

【人物名录】

北宋有邢敦（杞县），邢恕、邢居实（均原阳）。南宋有邢焕（开封）。元朝有邢秉仁、邢温（均安阳）。明朝有邢枢（长垣）。清朝有邢以忠（柘城）。

108. 安

【姓氏源流】

安姓主要有两个来源，均源自河南。其一出自姬姓。传说黄帝的孙子安封于西戎，后来建立了安息国（在今伊朗高原）。汉时西域与中原交往增多，安息国派遣王子世高入中国，居洛阳，遂留中国，以国为氏。其二为鲜卑族安迟氏所改。据《魏书·官氏志》记载，在南北朝时期，北魏代北的鲜卑族贵族安迟氏随北魏孝文帝南下，定居洛阳，改姓汉姓安。另外，据《唐书》所载，安氏为"昭武九姓"之一。隋唐时期，祁连山北邵武城有康国，后为匈奴击败，迁至中亚，建立了安、曹、何等9个小国。唐高宗永徽年间，"昭武九姓"先后归附内地，其中有安氏。

安氏虽然得姓于中原，但晋魏间繁衍中心却在北方，并在姑臧形成望族。隋唐间，河内郡、武陵郡也是安姓人口较为兴旺的地区。宋元时期，金兵入主中原和蒙古军队南下，致使北方再度处于混乱状态，由此中原人士大举南下，安姓族人也多携家南徙于安徽、江苏、浙江等地。如今安姓族人足迹已遍布中国大陆、香港、台湾等地，有的甚至漂洋过海到了异域他国。在当今中国姓氏中，安氏依人口数量排在第112位，以河南、河北、山东三省为多。

【祖源遗存】

新郑黄帝故里：见熊姓下"新郑黄帝故里"介绍。
汉魏故城：见周姓下"汉魏故城"介绍。

【相关资源】

[墓葬陵园]

安菩夫妇墓：位于洛阳市龙门东山北麓。墓门为青石结构，其上布满精美的线刻图案，两扇石门能启闭自如。墓中出土石质墓志1合，随葬品129件，最引人注目的是那些斑驳绚丽的唐三彩，这些唐三彩器造型准确生动，釉色艳丽夺目，在烧制技术上也展现了惊人的成就，堪称古代艺术瑰宝。安菩的父亲是西域安国人，归降唐朝后被封为五品京官。安菩64岁时病死于西安。其妻卒后，由他们的儿子合葬于洛阳。

【人物名录】

北宋有安忠、安德裕（均洛阳），安寿、安扶（均开封）。元朝有安住（鄢陵）。明朝有安然（开封）。

109. 齐

【姓氏源流】

齐氏有两个来源：一出自姜姓，以国为氏。炎帝之裔，太公望子牙被封于营丘，建立齐国，其后以国为氏。二出自姬姓，以字为氏。春秋时卫国有大夫齐子，其后以"齐"为氏。

春秋后期，齐姓开始向河南、河北等地播迁。秦汉之际，齐姓在北方的分布之地更多，并在高阳郡、中山郡、汝南郡等地形成大的聚落，后经繁衍，逐渐形成了齐姓高阳、中山、汝南等郡望。唐代,播迁到四川、湖北、安徽、江苏、浙江等地。明清时期,播迁到全国各地。在当今中国姓氏中,齐氏依人口数量排在第113位,以河北、河南、山东及东北三省为多。

【祖源遗存】

太公故里：见高姓下"太公故里"介绍。
卫国故城：见石姓下"卫国故城"介绍。

【相关资源】

[墓葬陵园]

齐敬宾墓：位于扶沟县曹里乡胡横村西。墓葬前原有石碑数通,石狮1对,墓葬高2米。齐敬宾,明万历年间光禄寺署丞。

齐牧民墓：位于太康县齐老乡齐老村。墓冢已近平,墓碑已佚。齐牧民,清代进士,曾任怀庆府河内县教谕。

【人物名录】

清朝有齐慎（新野）。

110. 乔

【姓氏源流】

乔氏有两个来源：一出自姬姓。相传黄帝卒后葬于桥山（在今陕西黄陵县城北）,子孙中有留在桥山守陵看墓的,于是这些人就以山为姓,称为桥氏。后周文帝时,令天下桥姓均改姓为"乔",以取高远之意。二是匈奴贵族汉化改为乔姓。史料记载,乔氏为汉代匈奴四个贵姓之一。

先秦时期活动于山西、陕西、内蒙古、河北、河南等地,南北朝时已南迁至湖南、四川,并在梁国、冯翊形成望族。隋唐时期,主要繁衍于今陕西、山西、河南、安徽等省。宋代,在河南、浙江、山东较为密集。明代,分布重心在山西、陕西、河南、河北。在当今中国姓氏中,乔姓依人口数量排在第115位,以河南、山西、山东、河北等地为多。

【人物名录】

西汉有桥仁(商丘)。东汉有桥玄、桥瑁(均商丘)。唐朝有乔潭(商丘)。北宋有乔维岳(项城)。明朝有乔缙(洛阳)。清朝有乔腾凤(孟州),乔履信、乔廷谟(均偃师)。

111. 庞

【姓氏源流】

庞氏有两个来源:一为庞降之后,以名为氏。古帝颛顼有8个儿子,其中一个名叫庞降,庞降的子孙后代就以"庞"作为姓氏。二出自姬姓,以地名为氏。周文王之子毕公高,受封于庞,其子孙以其封邑为氏。

魏晋以前,庞氏族人已分布于今河南、河北、山西、陕西、山东、湖北、重庆、辽宁、四川、甘肃等地,并在南安、南阳、始平、谯郡形成望族。隋唐之际,江苏、安徽、福建也有了庞氏族人定居。

明清以降，庞氏族人已分布到全国各地。在当今中国姓氏中，庞氏依人口数量排在第117位，以广西、山东、河北、广东为多。

【相关资源】

[墓葬陵园]

庞涓墓：位于通许县城关乡三里岗村西北。墓冢完好，呈圆丘形。墓南北宽36米，东西长36.8米，高5米，墓葬前有小墓，传说为兵器冢。东南的小冢传说为战马冢。庞涓（？—前341），战国时魏国名将，与孙膑同时师从鬼谷子，后兵败马陵而亡。

【人物名录】

东汉有庞参（偃师）。

112. 颜

【姓氏源流】

颜氏有两个来源：一出自姬姓，以邑为氏。西周鲁国开国之君伯禽支庶有封邑于颜者，其后代以"颜"为氏。二出自曹姓，以字为氏。黄帝之孙颛顼的玄孙陆终有六子，第五子曰安，曹姓（祝融八姓之一）。安裔孙挟，周武王时封于邾（故城在今山东邹县东南），建立邾国，为鲁附庸。邾挟之后，至于夷父，字颜，又称邾颜公。邾国被楚国灭掉后，颜公的支庶子孙有人以祖父的字为姓氏，称颜氏。

先秦时期主要在山东活动，并外迁到周围的河南、湖北等地。

魏晋南北朝时，世居在琅邪、东鲁一带的颜姓并没有因为外界的动荡不安而受影响，反而高官不断，族大人众，并发展成为颜姓琅邪、鲁国郡望。汉唐时期在河北、陕西及其他地方也有颜氏分布。北宋末期，由于康王赵构南迁杭州，有山东、河南等地颜姓播迁江南。南宋末期，居于江苏、浙江、福建、江西一带之颜姓人为避兵火，有迁两广、两湖之地者。在当今中国姓氏中，颜氏依人口数量排在第118位，以湖南、山东、江苏三省为多。

【相关资源】

[墓葬陵园]

颜良墓：位于浚县善堂乡酸枣庙村。墓冢近平，现存康熙十五年（1676）立"汉将军颜良之墓"。颜良，东汉末年袁绍军大将，后被关羽斩首，传说葬此。

颜玉光墓：位于安阳县磊口乡清峪村。土洞墓，墓室长2米多，宽2米多。1971年发掘，为石封门砖砌棺床，墓室中有壁画，出土有墓志等器物。颜玉光，北齐文宣帝高洋之妃。

颜真卿墓：位于偃师市山化乡汤泉村的村口，村民称之为"颜鲁公坟"。颜真卿墓北依邙山，南坐洛水，墓长宽均为16米，墓前有明、清石碑各1通。明碑为县令吕纯如撰写的"唐太师颜鲁公真卿墓碑记"。该碑高1.75米，宽0.6米，厚0.15米。清碑高1.45米，宽0.6米，厚0.17米。正面正中刻"福唐赠司徒谥文忠颜鲁公之墓"，为乾隆五十五年（1790）三月太守张松孙和邑令汤毓倬所立。现为市级重点文物保护单位。1996年，山化乡政府对颜真卿墓进行了整修，并建立了颜真卿纪念馆。颜真卿（708—784），字清臣，唐代著名书法家、艺术家、政治家。开元年间进士，德宗时，被李希烈缢死。

北关墓葬：位于西峡县城北关。墓冢原高10米。"文化大革命"时遭破坏。墓前存清光绪年间墓碑1通，题为"颜真卿母亲之墓"。

[祠堂寺庙]

北泉寺：位于确山县城西北9千米秀山、乐山之间。始建于北齐，现存古塔、古碑、大佛殿、鲁公祠及隋果、唐柏等，颜真卿被缢死在此寺中。

鲁公祠：位于确山县城北泉寺内，明嘉靖二十六年（1547）建。现存大殿3间、颜真卿殉节碑1通、颜真卿亲书"天中山"匾额1块。

[碑碣刻石]

八关斋会报德记碑：原位于商丘市归德府城南土墙外侧，为颜真卿所书。主要内容是介绍信都郡王田神功的孝行与为建斋百姓踊跃捐资及斋会的盛况。碑毁坏严重，现存碑刻为复制品，存于古泉河岸。

[其他遗存]

天中山：位于汝南县城北2千米处，又名天台山。原是一座圆形小山，占地约540平方米，高3.6米。据史载："禹分天下为九州，豫为九州之中，汝又为豫州之中，故为天中。"另一说为古代无钟，白天的时辰只能用日影的变化来计算，汝南旧志记载："自古测日影，以此为正，故筑土累石以记之。"相传周武王在此筑山一座，上置土圭，测日影考分数以此为正。现存遗址高3米，周长300米。此地为唐建中三年（782）李希烈囚禁颜真卿的地方。颜真卿曾经为天中山书碑"周公营洛建表测景"与"天中山"等字。"天中山"的名字自唐以后正式载于史籍。

113. 庄

【姓氏源流】

庄氏有两个来源：一出自芈姓，以谥为氏。楚庄王之后，以"庄"为氏。二出自子姓，以谥为氏。宋庄公之后，以"庄"为氏。

先秦时代，庄氏已经向各地播迁，今山东、湖北、浙江、河南等地都有庄姓族人的足迹，更有定居今贵州、云南者。庄王苗裔庄跻（一作庄豪），于顷王时率军攻略巴蜀黔中以西，灭夜郎国至滇（今云南滇池附近），因黔中被秦攻占，已无归路，遂在滇称王。秦汉之际，依旧以湖北、河南为繁衍中心。魏晋以后，庄氏族人先后迁居今甘肃、浙江、山东、江苏等地，并在天水、会稽、东海形成望族。唐末，河南固始人庄森随王潮、王审知入闽，落籍永春桃源里蓬莱山，并以此为根据地向广东、台湾等地迁徙。明清时期，庄氏生活区域进一步扩大。在当今中国姓氏中，庄氏依人口数量排在第120位，以广东、福建、台湾、江苏等地为多。

【祖源遗存】

宋国故城：见宋姓下"宋国故城"介绍。
微子墓：见宋姓下"微子墓"介绍。

【相关资源】

[故里故居]

庄周故里：位于民权县城东北30千米顺河乡清莲寺村。村内有一长200米胡同，其中有一古宅，现已毁坏，传为庄子故宅，人称"庄周胡同"。在此胡同东南有一古井，名"庄周井"，另外还有与庄周相关的传说。庄周（约前369—前286），即庄子，字子休（亦说子沐），宋国蒙（今河南商丘市东北）人。战国时期杰出的思想家、哲学家，道家学派的代表人物。著有《庄子》。

[墓葬陵园]

庄周墓：有两处。一处位于民权县老颜集乡唐庄村。墓冢高2米，面积20平方米，墓前有清乾隆时期所立墓碑。碑阳刻"庄周之墓"，碑阴刻"重修庄周墓碑记题名"。另一处位于伊川县白元乡白元村，墓冢高4米，周长49米，原有清代所立庄子墓碑1通。白元村东有一庄子洞，传说为庄子传道之处。

庄文训墓：位于沈丘县付井乡庄营村。墓冢已经毁坏。尚存清光绪年间所立墓碑，上刻庄公文训及原、继配吴、牛孺人合葬墓。碑文记述墓主人生平。

[其他遗存]

庄子井：位于民权县顺河乡清莲寺村。在村东南隅，有一口老井，传为庄子井。这口井原深数丈，井壁坚如文石，光泽似黑玉，泉清而味甘，为庄子生活、炼丹汲水处。后来，几遭黄河水患，历经屡次整修，保存至今。清代贡生张良珂曾作诗咏庄子井道："一抹林园带夕阳，名贤故里井泉香。居民莫作沧桑感，此水如今尚姓庄。"

【人物名录】

战国有庄周（民权）。元朝有庄文昭（安阳）。

114. 聂

【姓氏源流】

聂氏源自姬姓，以邑为氏。春秋时，卫国公族有大夫食邑于聂邑，地在今河南清丰县一带，其子孙以邑为氏，是为聂氏。

东汉之前，聂氏基本以北方为其繁衍发展的中心地带。魏晋南北朝时期，除在北方繁衍外，还有一部分聂氏族人南迁到了今江苏、浙江、江西、安徽一带，在河东、新安形成望族。两宋之际，南方聂氏发展迅速，并继续外迁到今福建、湖南、湖北等地。明清时期，聂氏族人已分迁到全国各地。在当今中国姓氏中，聂氏依人口数量排在第121位，以江西、河南、湖南、湖北等地为多。

【祖源遗存】

卫国故城：见石姓下"卫国故城"介绍。

【相关资源】

[故里故居]

轵邑：位于济源市城南5千米的轵城镇。建于春秋，始因战车列卫，继而筑城，故名。战国时为重镇，乃"天下名都"之一。现存城墙遗迹，呈正方形，周长7千米，最高达9米。城内曾经出土战国和汉代陶片及"古轵国"石刻。城北阎斜村边立碑上书"聂政故里"。轵城南关，近代名范村，深井尚存，传为聂政操鼓刀以屠汲水之井。聂政（？—前397），战国时轵邑（今河南济源市南）人。著名刺客。

[墓葬陵园]

聂政墓：位于济源市轵城镇泗涧村西，市级文物保护单位。墓葬呈圆形，有高7米的封土堆，占地面积400平方米，墓葬前有享堂。

⊙聂政冢

[祠堂寺庙]

聂家祠：位于济源市大峪乡大峪村，清代建筑。现存建筑占地面积200平方米，正房1间，面阔3间，进深3间，厢房3间。

[碑碣刻石]

聂政故里碑：位于济源市轵城镇宗庄村南。清代碑刻。碑现存于宗庄阎斜村仓库中，碑文不详。

[其他遗存]

聂政台：位于禹州市红星电瓷厂院内。聂政为韩卿严遂刺杀韩相傀，后横剑自刎，传此处为聂政暴尸处，后人建台纪念。明朝武宗正德年间重修。聂政台坐北朝南，为砖石混合建筑，高9.62米，占地面积1165平方米。台南面有34级台阶，拾级而上，可登上平台，平台连接台阶处有山门。山门东侧，有一座钟鼓楼。过山门，有一庙房，从庙房两侧可达中部第二庙门，穿过此门，上六层石阶，可到第二平台。平台中央为大殿，殿面阔和进深皆为3间，属歇山九脊单檐式建筑。殿顶为绿色琉璃瓦覆盖。脊鸱和戗脊、垂脊、仙人、兽件都用绿釉装饰，造型十分逼真。大殿前有拜殿1座，拜殿的东西两边各建有配殿1座。大殿后面靠平台边沿，有一排庙房，从山门两侧沿平台边沿砌有1米高的围墙。远望高台，庄严巍峨，为禹州一大景观。

【人物名录】

战国有聂政（济源）。东汉有聂季宝（襄城）。唐朝有聂夷中（洛阳）。宋朝有聂崇义（洛阳）。清朝有聂大敏（永城）。

115. 鲁

【姓氏源流】

鲁氏源自姬姓，以国为氏。周武王的弟弟周公旦受封到东方的鲁国，因周公辅周王，由其子伯禽前往就任，战国时为楚所灭，其子孙以国名为氏，即鲁氏。

先秦时期主要在今山东活动。秦汉之际，鲁姓族人西入关中，并在扶风形成望族。东汉中期，迁入今河南新蔡的一支鲁姓族人，人丁兴旺，并形成新蔡郡望。东汉后期，新蔡鲁氏开始向安徽、江苏的北部缓慢迁徙。至唐代，鲁氏族人已播迁到了山东、山西、河北、河南、陕西、江苏、安徽等地。宋元之际，居江苏、江西、安徽、浙江一带的鲁氏族人为避兵火，有的南迁到了福建、广东，有的西迁进入湖南、湖北。在当今中国姓氏中，鲁氏依人口数量排在第123位，以河南、湖北、安徽、云南、山东等地为多。

【相关资源】

[墓葬陵园]

鲁雨亭墓：位于永城市东北34千米芒砀山主峰南麓。为八角形，青石垒砌，上有封土。墓高2.5米，直径5米，南壁横嵌墓碑1通，上镌鲁雨亭生平事迹。墓前建祠，有正殿与东西侧房。鲁雨亭（1899—1940），原名鸿逵，又名鲁鹏，字雨亭，河南永城市芒山镇人。抗日烈士。

[祠堂寺庙]

鲁公祠：位于中牟县刘集乡鲁庙村。即东汉灵帝时司徒鲁恭的纪念祠堂。鲁恭初曾为中牟令，重德化省刑罚，以"鲁公三异"而著称于史。

【人物名录】

西晋有鲁褒（南阳）。

116. 岳

【姓氏源流】

岳氏以官职为氏。相传共工后裔，因佐禹治水有功，赐姓姜，封于吕，为四岳。四岳后人以官为氏，就是岳氏。

早期的活动范围在中原地区，汉以后，主要是以山阳郡（今山东金乡）为繁衍中心。魏晋南北朝时期，除继续繁衍于山阳一带，并最终昌盛为岳姓的山阳郡望外，亦播迁到了河淮地区，还在今邺郡形成望族。宋代，岳氏族人已播迁到了今江苏、浙江、江西、湖南、湖北、陕西、四川。明清时期，已分布到全国各地。在当今中国姓氏中，岳氏依人口数量排位第124位，以河南、山东、四川等地为多。

【相关资源】

[墓葬陵园]

岳飞先茔：位于汤阴县东22千米的南周流村，占地面积5700余平方米。1978年被列为汤阴县文物保护单位。墓区有岳飞曾祖岳成、祖父岳立、父亲岳和的墓葬。明弘治年后，岳飞先茔有享殿5间，东西庑各3间，看墓人住房2间，戏楼1座，牌坊1座，墓阙1座。其中古柏百余株，碑刻12通。1967年冬，岳飞先茔的享堂等被拆除，木料、石料、砖瓦均被变卖或是移作他用。明代栽植的柏树被伐去大部，仅留19株。岳飞（1103—1142），字鹏举，相州汤阴（今属河南）人。南宋初抗金名将，著名军事家。

[祠堂寺庙]

岳飞故里祠：位于汤阴县菜园乡程岗村。该村相传为宋代相州汤阴县永和乡孝悌岳家庄。该庙占地面积1000平方米，始建于明中叶，坐北朝南。中轴线上自南而北为山门、拜殿、正殿，西侧有西子祠，东侧有岳云祠、三代祠，均为硬山灰瓦顶。

岳飞庙：有三处。第一处位于汤阴县城岳庙街。始建年代无考，重建于明景泰元年（1450），历经多次修整，形成面积4300平方米的古代建筑群。庙坐北朝南，自南至北依次为施全祠、山门、仪门御碑亭、正殿、寝殿，东侧有岳云祠等，西侧有精忠坊等。正殿面阔5间，进深3间，硬山顶，屋檐有斗拱。庙内有《满江红》《出师表》等碑刻。第二处位于内黄县石盘屯乡麒麟村。始建于明代，清代重修。现存大殿1座，面阔3间，进深3间，硬山灰瓦顶。殿内有岳飞塑像和岳飞生平壁画。庙内有清代碑刻1通。保存尚好。第三处位于开封市祥符区朱仙镇。建于明成化十四年（1478），坐北朝南，现存建筑面积5000平方米，山门面阔3间，东西厢房各5间，进深3间，单檐歇山绿琉璃瓦顶，殿前存明代碑刻8通，其中有摹刻岳飞手迹《满江红》等。

岳家祠：位于武陟县大虹桥乡岳庄村。始建年代不详，现存建筑年代为清乾隆时期，有大门、正房2座，均面阔3间，进深2间，硬山灰瓦顶。有大门屋脊装饰，门首横额"精忠报国"，透雕二龙戏珠，正房有屋脊装饰。

岳忠武王庙：位于辉县市。明万历四年（1576）建，乾隆五年（1740）绅士孟五金等人重修，并捐置祭祀田。现存正殿1座，面阔3间，进深2间。东廊房1座，面阔3间，进深1间。均为硬山灰瓦顶，有屋脊装饰。其余建筑无存。

岳飞观：位于淮阳县太昊陵内，现存清代正殿、卷棚各3间。殿内有岳飞塑像，殿前有秦桧、王夫人等5人的跪像，西围墙有岳飞手书《出师表》和《后出师表》石刻20余块。

[碑碣刻石]

岳飞系马槐碑：位于内黄县城西后街。碑高1米，宽0.45米，厚0.16米，民国14年（1925）立碑。碑文记述了岳飞事迹及其少年时常在此系马的故事。

岳忠武王故里碑：位于汤阴县火车站。碑高4米，宽0.72米，厚0.3米。民国31年（1942）由汤阴县县长刻立，阳面刻有"岳忠武王故里"，阴面刻有岳飞事迹，右侧有岳飞事迹，左侧有一首七律。

[其他遗存]

岳飞点将台：位于开封市祥符区朱仙镇西南1千米。现存遗迹为圆形土堆，高约4米，周长12米，相传岳飞在朱仙镇大战金兵时，曾经在此台上调兵遣将。

荥阳岳阵图：位于荥阳市汜水镇西南岳阵图村。这里是黄土高岭，沟壑纵横，土岭上有一片平地，南北长1000米，东西宽500米，蜿蜒直至虎牢关，岳飞曾经在此打败金兵。

牛皮寨：位于辉县市西北40千米抬头村西北。相传金兵欲渡淇河与岳军交战，岳飞在上游用牛皮拦截河水，当金兵渡河之时，放水淹金兵，故此地得名牛皮寨。

营盘山：位于辉县市西北苏门山西，传说为岳飞驻兵处。现存遗迹有锅灶坑、箭镞等，以及岳飞所书"有志者事竟成"碑刻。

【人物名录】

南宋有岳飞、岳云、岳珂、岳甫（均汤阴）。明朝有岳璿（开封）。

117. 翟

【姓氏源流】

翟氏主要有两个来源：一出自隗姓，以族名为氏。黄帝之后，有隗姓狄人部族。春秋时期活动于齐、鲁、晋、卫、宋等中原诸国之间，称为翟族，春秋时被晋国所灭，其后以"翟"为氏。二出自姬姓。周成王封次子于翟（故城在今洛阳市），其后以"翟"为氏。

先秦活动在以中原为核心的北方地区，分布于今河南、山东、山西一带。两汉之际，翟姓人已西入陕西，南入四川、江苏。魏晋南北朝时，定居于汝南、南阳之翟姓人颇为兴盛，后经繁衍发展，最后形成汝南、南阳郡望。隋唐之际，翟姓人依旧兴盛于北方，尤其是河南一带的翟姓人尤为兴旺。五代十国至两宋，翟姓人在北方的河南、山东依旧很是旺盛，并且今北京一带已有翟姓人定居。而南方的安徽、江苏等地的翟姓人已经初具规模。宋末元初，河北、山东、山西等地之翟姓人繁衍较为平稳,而安徽、江西、江苏、浙江一带的翟姓人为避兵火,辗转于南方诸省,使两湖、两广等地都有了翟姓人。在当今中国姓氏中,翟氏依人口数量排在第125位,以河南、山东、河北三省为多。

【相关资源】

[墓葬陵园]

翟义墓:位于滑县万古乡冢后村。墓冢面积130平方米,高3米。翟义(?—7),汝南上蔡(今属河南)人。官至东郡太守,王莽居摄时,起兵讨伐,兵败而亡。

[其他遗存]

点将台:位于滑县瓦岗寨村1千米处,为翟让阅兵点将的指挥台。现存台高约2米,周长150米,四周出土有隋唐时期起义军遗物与瓷器。翟让,东郡韦城(今河南滑县)人。隋末瓦岗军首领,后被李密所杀。

兴洛仓:又名洛口仓,位于巩义市东南丘陵上。建于隋开皇十六年(596)。《读史方舆纪要》载:"隋大业二年(606)于巩东南原上筑仓城,周过二十里,穿三千窖,窖容八千石。"兴洛仓是隋代战略性粮仓之一。隋政府一贯注重粮食储备,宁肯饿死老百姓也要装满国家的粮仓,因此虽然当时河南、山东饿殍遍地,但兴洛仓仍然储备着充足的粮食。大业十三年(617)二月,以翟让、李密为首的瓦岗起义军攻克兴洛仓,开仓放粮,深得民心,最终攻克洛阳。由于历史的变迁,仓窖全毁,现存唐建仓城城墙一段,长百余米,宽约10米,高处约5米,夯层明显,内含隋唐时期的砖瓦陶片。

【人物名录】

西汉有翟方进、翟义、翟宣(均上蔡)。隋朝有翟让(滑县)。北宋有翟望(开封)、翟敦仁(滑县)。南宋有翟兴(宜阳)。明朝有翟瑄(洛阳)、翟唐(长垣)。

118. 殷

【姓氏源流】

殷氏有两个来源：一出自子姓，以国为氏。商王盘庚迁都于殷，自此商朝又被称为殷朝或殷商。殷商亡以后，其后裔有的便以"殷"为氏。二以水名为氏。颍川（今河南许昌市东）有殷水，居者有以"殷"为氏者。

早期活动地在河南一带，秦汉之际播迁到今浙江、山东、山西、陕西等地。三国时南迁于今江苏、四川一带。两晋南北朝时，陈郡长平殷氏发展迅速，族大人众，名人辈出，并发展成为殷氏郡望。唐代以后远迁山东、湖北、安徽、河北、陕西、天津、江苏、江西的部分地区，在辽宁、四川、福建、山西、浙江等地也有分布。在当今中国姓氏中，殷姓依人口数量排在第126位，以江苏、山东、安徽、河南等地为多。

【祖源遗存】

郑州商城遗址：见汤姓下"郑州商城遗址"介绍。

商高宗陵：见傅姓下"商高宗陵"介绍。

殷墟：位于安阳市西郊小屯村一带，是盘庚从奄迁殷所在地，是中国历史上有文献可考，能肯定确切位置的最早都城。长宽各约6千米，总面积约3600万平方米，遗址地保护区核心面积414万平方米，缓冲区面积为720万平方米。殷墟总体布局严整，以小屯村殷墟宫殿宗庙遗址为中心，沿洹河两岸呈环形分布。现存遗迹主要包括殷墟宫殿宗庙遗址、殷墟王陵遗址、洹北商城、后冈遗址及聚落遗址（族邑）、家族墓地群、甲骨窖穴、铸铜遗址、手工作坊等。

朝歌城：位于淇县。纣王即位之后，志存高远，励精更始，卧薪尝胆，决心宏振殷邦，增光先王，遂把都城沫邑易名朝歌，因朝

118. 殷

⊙朝歌城

歌山而名。朝歌者，高歌黎明，喜迎朝阳，兴旺发达也。又在朝歌营造三道城垣。头道城的北门淇水关距南门常屯22.5千米；二道城南北长3100米，东西宽2100米，面积达600多万平方米，城墙宽70米；三道城即紫禁城约60万平方米，的确体现了一个"邦畿千里"的大国风貌。民谚曰："殷纣王的江山，铁桶一般。"

纣王墓：位于淇县城东7千米处。墓冢有三：南边的叫大冢，系纣王墓；北边有两个小冢，系姜王后和妲己墓。大冢长50米，宽15米，高7米。据河口村传说，昔日墓前有巨碑，上书"殷纣辛之墓"5个篆体大字。纣王墓古代系淇园八景之一，名曰"纣窝滩声"。

社稷坛：位于淇县城北，是纣王祭祀祖先的地方。

凉马台：位于淇县南6千米处，台高3米，面积1.2万平方米，是一处龙山至商代的文化遗址。相传古时此地林木繁盛、幽静凉爽，纣王征战东夷时曾经登台歇息，马入林片刻，汗水尽消，喜得马匹狂嘶，因名"凉马台"。

朝歌寨遗址：位于淇县桥盟乡大石岩。海拔760米，面积5万平方米，明代《淇县志》记载："朝歌寨是殷纣王避之所。"

鹿台：位于淇县城西太行山牛金岭西。遗址尚存，面积13万平方米，文化层厚1米。史书记载，其广三里，高千尺，七年而就。传为纣王储存财富的场所，亦相传为纣王与妲己娱乐的场所。周武王灭商，纣王在此自焚。后人诗云："忆昔商王起鹿台，罔思固本聚民财。而今财散空台榭，唯有闲云自往来。"

【相关资源】

[故里故居]

殷仲环故居：位于光山县殷棚乡五楼村。旧居为硬山灰瓦顶，面积100平方米。1929年，殷棚区农民起义军司令部曾秘密设立此处。殷仲环，1924年加入中国共产党，曾与熊少山等领导当地农民运动，任营长。1931年在与敌人作战时牺牲。

【人物名录】

东晋有殷浩、殷仲堪、殷仲文（均淮阳）。南北朝有殷淳、殷景仁、殷冲、殷孝祖、殷琰、殷芸、殷钧、殷不佞、殷不害（均西华）。唐朝有殷闻礼、殷仲容、殷季友（均西华），殷侑、殷盈孙（均淮阳），殷文亮（洛阳）。五代有殷崇义（西华）。清朝有殷元福（新乡）。

119...申

【姓氏源流】

申氏源自姜姓，以国为氏。商代时，炎帝后裔、孤竹国国君伯夷为了让贤而离国出走，被当时人称为高士。周武王封伯夷的后人于申，在今河南南阳，国君称申侯。春秋时申国被楚所灭，其子孙以国为氏。又说西周宣王封其舅父于申，号申伯。

申国灭亡后，申国子孙四散，春秋战国时期已分布到今山东、山西、陕西、湖北、河北、江苏等地。两汉时，申氏族人已播迁到广西、四川等南方地区。魏晋南北朝时期，在魏郡、琅邪郡、丹阳郡形成望族。唐宋间，申氏族人已广泛地分布于今江苏、湖北、湖南、浙江、江西、四川等南方诸省。明清时期，福建、广东、云南、贵州等地已有申氏族人足迹。在当今中国姓氏中，申氏依人口数量排在第128位，以河南、河北、山西为多。

【祖源遗存】

伯夷、叔齐墓：位于偃师市西北首阳山上。现存两个荒丘，相传为伯夷、叔齐墓。首阳山南面，今郭坟村南大路旁有清乾隆年间碑刻1通，上刻"古贤人伯夷叔齐墓道"9字，并附刻"正北至首阳山墓冢二千八百八十步"，碑阴刻《夷齐隐首阳山辩》一文（现存偃师商城博物馆）。伯夷，商代末年商国属国孤竹国国君的儿子，因与其弟叔齐互让继承父亲王位，皆出走在外。周武王领兵伐商，兄弟俩"扣马而谏"，阻武王伐纣。商亡后，二人隐居首阳山，因"不食周粟"而亡。

二仙祠：位于登封市北太室山三皇口东南，又名"嵩阳洞"，洞内面积24.5平方米。传孤竹国国君二子伯夷、叔齐逃君位在此修行，故名。

首阳山：位于偃师市西北。山上原有伯夷、叔齐庙，已毁。首阳山东北5千米有"扣马村"，相传因伯夷、叔齐"扣马而谏"得名。

申国故城：申国地域以今南阳市为中心，北至伏牛山南麓，东以方城山丘陵地为限，南与蓼、谢、邓诸国接壤，西与吕国为邻，处于南阳盆地北部的唐白河中游地带。《汉书·地理志》"南阳郡宛县"班固原注："故申伯国。"《后汉书·郡国志》"南阳郡宛县"原注："宛本申伯国。"《水经注》载"水南经宛城东，其城故申伯之都。大城西南隅即古宛城也"。现存古宛城东北角一部分，呈曲尺形，城基高出地面5～7米，长约1400米，系夯土构筑。在断崖处尚可看到明显的夯窝。城基外为护城河遗迹。后经过文物钻探又发现西北角及西部城墙基址局部。在古宛城北部今南阳市瓦房庄的汉代冶铁遗址，东西长600米，南北宽200米，总面积12万平方米。遗址经1959年发掘发现熔炉基址17座,窑址4座。炉膛内发现铁块300千克,出土陶范300多块及坩埚、残鼓风管等。锻制铁器有刀、镰、斧、锤、凿、锹、矛、环等,且冶铸技术已达相当高的水平。1991年发掘的制陶作坊区,出土了大量的实用陶器和冥用器物。

【相关资源】

[墓葬陵园]

申剔天墓:位于驻马店市驿城区橡林乡申庄村南,市级文物保护单位。墓葬已夷平。现存清代光绪年间碑刻,碑文精美,记述其人生平。

[碑碣刻石]

申氏支序碑:位于新密市白寨乡刘堂村申氏家祠。碑文记述申国公在明朝受诬告,十八子分居于河南及全国其他各地的情况。

【人物名录】

战国有申不害(荥阳)。西汉有申屠嘉(商丘)。东汉有申屠蟠(兰考)。南北朝有申恬(安阳)。五代有申文柄(洛阳)。清朝有申维岳(武陟)、申启贤(延津)。

120. 耿

【姓氏源流】

耿氏起源有二,有一支源于河南。一以地为氏。商代有君王名祖乙,他把国都从相迁到邢(今河南温县东),后来盘庚又把都城迁到亳。盘庚迁都后,一部分商朝的公族没有跟随他南迁,仍然留在了邢。这一部分人就把邢作为自己的姓氏,因古时"邢"与"耿"通,遂以"耿"为氏。二出自姬姓,以国为氏。商代末年有耿国,周成王分封同姓人于耿国。春秋时耿国被晋灭掉,其族人以国为氏,是为耿氏。

先秦时期主要在今河南、山西、河北、陕西、山东等地繁衍,汉唐间在高阳、扶风、河东三地形成望族。宋代以来不断外迁,散居各地。在当今中国姓氏中,耿氏依人口数量排在第130位,在全国有广泛分布,河南、河北、山东等地分布较为集中。

【祖源遗存】

邢丘故城:见邢姓下"邢丘故城"介绍。

【相关资源】

[故里故居]

耿介故居:古名"敬恕堂"。坐落于登封市西南街一隅,建于清代初年。现仅存大门1座,堂屋3间,长、宽各10米,南屋3间,房屋比堂屋形制小,东、西风道尚存。总面积1000平方米。耿介(1622—1693),字介石,号逸庵,河南登封人。曾任清朝福建巡海道按察副使,后晋为詹事府少詹事。告老后在嵩阳书院任教。卒后葬于原城西南角河西岸台地上。

[墓葬陵园]

耿弇墓:位于商水县李埠口乡李庄村北。墓地面积约600平方米,封堆已夷平,墓内曾遭盗掘,为多室砖券墓,出土有陶楼模型、铁剑等物。据《商水县志》记载为耿弇墓。耿弇(3—58),扶风茂陵(今陕西兴平市东北)人。东汉大将军,曾镇压赤眉农民起义,帮助光武帝刘秀平定天下。

耿九畴家族墓:位于卢氏县城郊乡西湾村西。俗称耿家坟,面积9000余平方米，原墓前排有石像生、石碑等，均残毁。耿九畴（？—1460），河南卢氏县人。明代贤臣，官至南京刑部尚书。

耿裕墓：位于洛宁县长水乡西长水村后寺湾西。墓冢已淤埋地表以下，墓前发现龟趺碑座及文吏石翁仲1件。耿裕，耿九畴之子。明景泰年间进士，弘治年间累官至礼部尚书，有清平名德。

耿介墓：位于登封市西南小河西台地。墓冢近平，墓室完好，陵前石刻遭破坏，仅存石坊横额，上书"耿介坟茔"。

耿拱极墓：位于西平县城郊乡小李庄西。《西平县志》记载为清耿拱极墓。墓冢近平，面积70余平方米。耿拱极，河南西平人。顺治九年（1652）进士，清代书法家。

耿代勋墓：位于永城市裴桥镇郭庄。封冢已夷平，尚存墓碑1通，已残。墓碑高1.19米，宽0.6米。碑首半圆，上刻盘龙戏珠。碑体长方形，边沿刻荷花、牡丹。碑文记述耿氏祖先由山东迁居江南，不知几世祖分居永城境内安居乐业的史实。

【人物名录】

北宋有耿充从（偃师）、耿傅（洛阳）、耿南仲（开封）。明朝有耿九畴、耿裕（均卢氏）。清朝有耿应斗、耿应庚、耿应张、耿兴宗（均襄城），耿介（登封），耿惇（虞城）。

121. 关

【姓氏源流】

关氏主要有两个来源：一为夏桀忠臣龙逢之后，以邑为氏。夏朝末时，桀封其大臣龙逢于关，所以龙逢也叫关龙逢。但夏桀荒淫无度，整日酒池肉林。关龙逄前去劝谏，触怒了夏桀，结果被囚禁起来杀死。关龙逄的后代后来改姓关，称关氏。二为尹喜之后，以官为氏。春秋时，周朝大夫尹喜在函谷关任关令，传说他后随老子成仙，其后人以他的官名为姓，即关氏。

先秦时期主要在河北、山西、河南、陕西境内繁衍，汉唐时期在陇西、东海两地形成望族。宋代以来关姓族人除在北方祖地生息繁衍外，有的还迁徙到了江苏、上海等地。在当今中国姓氏中，关氏依人口数量排在第131位，其中以广东、辽宁、黑龙江、河南关氏人口最多。

【祖源遗存】

关龙逄故里：在长垣县恼里镇龙相村。此村古称龙城，因龙逄官居相位，后改龙城为龙相。相传龙逄墓亦在此处。

关龙逄墓：位于灵宝市北函谷关镇孟村。唐代立碑，书"夏直臣关公之墓"，石碑无存。大冢周围还有两三个小冢，传为皇姑之墓。据《太平寰宇记》载，开元十三年（725），唐太宗东巡过函谷关时立碑。现墓保护较好，高5米，周长150余米。

⊙关龙逄墓

【相关资源】

[墓葬陵园]

关林：位于洛阳市城南7.5千米，相传是埋葬三国蜀将关羽首级的墓冢，故又称关帝冢。因在冢前建庙，亦称关帝庙。关林是通称。关林占地约6.7万平方米，翠柏800多株，殿宇廊庑150余间，石坊4座，大小石狮子110多个，碑刻70余块。这里隆冢丰碑，殿宇堂皇，古柏苍郁，景色幽雅。其建筑规格是按照宫殿形式修建的，布局严谨壮观。庙前有戏台，中轴线建筑依次有舞楼、山门、仪门、拜殿、文殿、武殿、春秋殿、石坊、碑亭、关羽古墓。关林文殿又称大殿，高约20米，殿顶琉璃瓦覆盖，五脊飘逸。文殿内，关羽帝王像高达6米，关帝头戴十二冕旒帝王冠，身着锦绣龙袍，凤眼蚕眉，面贴赤金，端严正坐，两侧为关平、周仓、王甫、廖化等诸将，造像高大，栩栩如生。武殿又称二殿，殿中塑"关公怒视东吴戎装坐像"，关羽身着绿袍，外露铠甲，头戴纶巾，双眉紧蹙，怒视东南三国吴地。关帝两侧，关平捧印，周仓持刀，仪态逼真。2006年，被国务院列入第六批全国重点文物保护单位。2008年，关公信俗被国务院确定为国家级非物质文化遗产。

[祠堂寺庙]

三义庙：位于荥阳市虎牢关前，以刘备、关羽、张飞义结同心而命名。始建年代不详。原为前后两院，门前置石狮，院墙上嵌石碑数十通，殿内供昭烈帝、寿亭侯、桓侯牌位。后院高台上建石阁，有关羽"夜观春秋"坐像、骑马铜像和1.6米的紫檀木雕像。关平、周仓分立左右。庙宇毁于清兵，近年又有恢复，现存石阁和关羽紫檀木雕像。

灞陵桥关帝庙：位于许昌市西郊灞陵桥西。为后人追念关羽所建。庙为三进大院，有山门、钟鼓楼、大殿、厢房、道士院等，并塑有关羽、曹操和二夫人像。其中关羽勒马塑像神采奕奕、英姿飒爽，庙中古柏参天，碑碣林立。

关帝庙：位于周口市富强街。建于清康熙三十二年（1693），后经雍正、乾隆、嘉庆、道光年间屡次重修、扩建，咸丰二年（1852）全部落成，历时159年。整个庙宇为三进院落，占地达2.1万平方米。照壁、山门、钟鼓楼、铁旗杆、石牌坊、碑亭、享殿、大殿、河伯殿、炎帝殿、歌舞楼、拜殿、春秋阁由南向北，依次建于中轴线上；药王殿、灶君殿、财神殿、酒仙殿、老君殿、马王殿、瘟神殿及东西看楼、东西虎殿、东西廊房、东西马房左右对称，建于两侧。庙内古柏参天，庭院清幽，碑碣林立，殿堂秀丽。

[碑碣刻石]

关羽挺风勒马画像碑：位于许昌市春秋楼院内。明万历二十七年（1599）刻石，碑长1.6米，宽0.62米，厚0.14米，碑首伏升状，须弥座，额上篆书"乾坤正气，日月精忠，满腹义勇，万代英雄"16字。碑面所刻关羽挺风勒马图，构图巧妙，立意深邃，画工精湛，为历代学者赞叹，不失为一件传世雕刻精品。该碑右上角署名："唐吴道子画，明秣陵弟子李宗周立。"

追本溯源碑：见李姓下"追本溯源碑"介绍。

[其他遗存]

灞陵桥：原名八里桥，在许昌市城西4千米的清泥河上，相传为三国名将关羽辞曹挑袍处。原桥高于水面3米余，为三孔青石桥。桥旁有"汉关帝挑袍处"石碑，为明末将领左良玉所立。另一通碑为"辞曹书"，保存完好。清代康熙、雍正、乾隆年间，又竖了4通碑，文字清晰，碑文记述关羽对曹操辞其金而挑其袍的过程，歌颂他"依曹已久仍归汉，留得英风在颍州"的忠义品格。

春秋楼：又名大节亭，曾以关公宅、关王庙、武安王庙、两院英风庙、关帝庙称之，位于许昌市中心文庙前街中段，为明清风格建筑群。相传关羽下邳兵败后，为保刘备的甘、糜二位夫人，归附曹营入许。操赐羽宅第一处，羽避其嫌，将一宅分为两院，二位皇嫂居内院，自己住外院，晨夕问安，夜读春秋，秉烛达旦，传为美谈，后人为昭彰关羽忠义，建庙以祀之。庙内兴建一楼，名曰"春秋楼"，俗称"秉烛达旦处"。春秋楼创建于元至元年间，元、明、清曾多次修葺，建筑规模逐步完善。据记载，原来的外院有山门、钟鼓楼、春秋楼、中殿、后殿，内院有关帝三代祠、昭烈皇后祠、问安亭和部分配套建筑。后毁于战争兵火，只残留春秋楼1座。1995年，许昌市政府拨款修复。修复后的春秋楼占地面积2万平方米。外院有山门、春秋楼、关圣殿、刀印楼，内院为园林建筑风格，有甘糜二后宫、问安亭、水榭、挂印封金堂，还有文庙院的大成殿、戟门、东西廊等。新修建的关圣殿，面阔7间，进深3间，总高度33.1米，三重檐，歇山式高台建筑，顶饰黄色琉璃瓦，汉白玉栏板，青石铺地，殿内塑13米高关羽坐像及关平、周仓、王甫、廖化塑像。

【人物名录】

唐朝有关播（卫辉）。

122. 焦

【姓氏源流】

焦氏出自姬姓，以国为氏。周武王立国之后，封神农氏后代裔孙于焦（今河南三门峡市陕州区焦城），建立焦国，其后以国为姓，遂为焦氏。

源于河南的焦姓先秦时期主要在今河南及其周边的陕西、山西、河北等地发展繁衍。两汉时除继续繁衍于北方外，已有焦姓族人迁徙到了长江以北的安徽、长江以南的浙江等地。汉魏时期，焦姓在中山、广平、冯翊等地形成望族。魏晋南北朝时期，今宁夏、甘肃等地也有了焦氏族人的足迹。唐代以后，焦氏族人开始南迁，繁衍到了今安徽、江西、江苏、浙江一带。在当今中国姓氏中，焦氏依人口数量排在第133位，以河南、河北、山东三省为多。

【祖源遗存】

焦国故城：在今三门峡市陕州区西十里铺一带。《史记·周本纪》曰："武王追思先圣王，乃褒封神农之后于焦。"焦国始封者为神农氏后裔，而姬姓焦国是后来改封的。何光岳先生认为姜姓焦国被迫东迁，西周时在今中牟，东周初迫于郑国压力而迁至豫东商水县，再迁今安徽亳县。此二地又被陈国兼并，最终迁至山东嘉祥县东北的焦城，春秋中叶之前并入鲁国。姬姓焦国约于西周末年被东迁后的虢国所灭。

【相关资源】

[墓葬陵园]

焦裕禄烈士陵园：位于兰考县城北部黄河故堤上，占地6.8万平方米。陵园由纪念碑、墓区和纪念馆组成。纪念馆前身1966年年底建在建设路南段，1983年迁建入陵园，是为旧址。新纪念馆建成于1994年，由序厅、展厅、贵宾厅和放映厅等组成。序厅有焦裕禄半身铜像。展厅面积1300平方米，展示内容分5部分：神州赤子、临危受命、执政为民、干部楷模、今日兰考。焦裕禄墓坐北朝南坐落在堤顶中间，用汉白玉长条石砌成，长4.9米，宽2.3米，高1米。墓前立有汉白玉石碑，碑高2米，宽0.6米，厚0.18米，正面镌刻着"焦裕禄烈士之墓"，碑首镶嵌烈士的瓷像，碑阴记载烈士的生平事迹。墓区是16米见方的平台，墓北面为高7米的屏风墙，上面镶有"为人民而死，虽死犹荣"的金字。2003年4月，焦裕禄烈士墓被国务院增补为全国重点文物保护单位。焦裕禄（1922—1964），山东淄博人。1962年12月被调到兰考县担任县委第二书记、书记。面对该县严重的内涝、风沙、盐碱三害，他同全县干部群众一起，与自然灾害进行了顽强的斗争，即使身患肝癌重病在身，仍坚持在抗灾第一线，被人民群众称为"党的好干部"。

焦芳墓：位于泌阳县贾楼乡焦坟村南。墓园面积原约15万平方米，平面布置呈圭首石碑形，现墓园已不存。唯神道两侧石刻尚存石马、石羊、石虎、石豹、侍女、武士等12尊，均系南阳菜花石雕成。焦芳及其后人焦希程等人墓冢、墓碑均毁。焦芳（1434—1517），明代泌阳人。正德年间吏部尚书、文渊阁大学士。

【人物名录】

西汉有焦延寿（商丘）。明朝有焦宏（叶县）、焦芳（泌阳）。清朝有焦复亨、焦贲亨（均登封），焦荣（新野）。

123...左

【姓氏源流】

左氏有两个源头：一是出自姜姓，以族为氏。春秋时齐国公族有左公子和右公子之分，左公子之后以"左"为氏。二是出自子姓，以官为氏。宋国公子䀡为左师，其后人以"左"为氏。

先秦时期主要在今河南、陕西、山东、山西、河北等北方地区活动。两汉间已迁徙到今安徽、江苏、四川等地。魏晋时期，左姓在今山东、河南等地繁衍迅速，后昌盛为左氏的济阳郡望。南北朝至隋唐，逐渐播迁于江东各地。宋元以后，左氏族人在江南分布更广，两湖、两广等地均有左姓人入迁。明清两代，左氏族人生活区域进一步扩大，云南、贵州、福建、台湾等地均有了左氏族人的足迹。在当今中国姓氏中，左氏依人口数量排在第135位，以河南、湖南、四川、河北、湖北、山东、安徽、江苏等地为多。

【祖源遗存】

宋国故城：见宋姓下"宋国故城"介绍。

【相关资源】

[墓葬陵园]

左棻墓：位于偃师市蔡村北。墓冢高3米，占地2万平方米。曾经被盗，出土墓志铭文云"左棻，字兰芝，齐国临淄人，晋武帝贵人也"。

左良玉衣冠冢：位于许昌市建安区苏桥镇苏桥村。左良玉（1599—1645），明末大将，因在许昌与李自成作战有功，卒后在此立有衣冠冢，现在墓冢近平。

【人物名录】

东汉有左雄（邓州）、左悺（孟津）、左原（开封）。明朝有左国玑（尉氏）。

124. 柳

【姓氏源流】

柳氏源自姬姓，以邑为氏。春秋时鲁孝公裔孙展禽食采于柳下（今河南濮阳县柳下屯），其后以"柳"为氏。

先秦时期活动于今河南北部和山东西部一带。秦灭六国后，有柳氏族人入居山西省境者，后逐渐在河东形成望族。唐代以前，柳氏已入居四川、广西、福建、陕西等地。唐代以后，柳姓称盛于南方，江苏、安徽、浙江、福建等地均有了柳氏族人的足迹。在当今中国姓氏中，柳氏依人口数量排在第136位，尤以湖北、山东、河南、湖南等地为多。

【相关资源】

[墓葬陵园]

柳下跖墓：位于濮阳县郎中乡展邱村西南。面积60平方米，墓冢高2米，传为春秋末年农民起义领袖柳下跖墓。民间称柳下跖为"展雄王"，称其墓为"展丘"。

[碑碣刻石]

柳毅故里碑：位于卫辉市庞寨乡东柳位村，明代碑刻。碑高1米，宽0.5米，厚0.15米，明万历年间所书，碑阳文"柳毅故里"4字。

【人物名录】

清朝有柳同春（太康）、柳堂（扶沟）。

125. 甘

【姓氏源流】

甘氏有三个来源，主要源于河南。一以国为氏。夏朝时，有诸侯国甘国（在今河南洛阳市西南），其后以国名为姓氏，称甘氏。二以字为氏。商朝时，高宗武丁曾就学于甘盘，后武丁为商王，遂用甘盘为相。甘盘的后代子孙以祖上的名字为姓氏，就是甘氏。三出自姬姓，以邑为氏。周武王时，封同族人于畿内为诸侯王，其中有封于甘地者，称甘伯，其后代亦为甘氏。

先秦时期主要在河南、陕西境内繁衍，后不断迁徙，汉唐间在渤海、丹阳两地形成望族。宋代以后，南迁至湖南、江西、福建、广东等地。在当今中国姓氏中，甘氏依人口数量排在第137位，主要分布于广西、四川、广东、江西等地。

【祖源遗存】

商高宗陵：见傅姓下"商高宗陵"介绍。陵前原有商高宗庙，内有甘盘塑像。

洛阳甘国：甘姓最早产生于夏朝，发源地在今天的洛阳市西南。那时在众多的诸侯国当中有一个甘国，后来甘国被其他诸侯国所灭，亡国后的甘国君主后裔便以原封国名作为姓氏，于是就有了甘姓。

【相关资源】

[墓葬陵园]

甘罗坟：位于新安县磁涧镇八徒山村西。甘罗，战国时秦相甘茂之孙，因功12岁拜为秦上卿。墓冢早年已夷平，墓室曾遭盗掘。据《新安县志》记载为甘罗坟。

[碑碣刻石]

重修甘氏祠堂记碑：位于濮阳县海通乡甘吕村。卧碑，长1.14米，宽1.1米，清咸丰岁次壬子（1852）五月立。记述该村甘氏族裔重修祠堂经过。

【人物名录】

宋朝有甘昭吉（开封）。

126. 祝

【姓氏源流】

祝氏有两个来源：一以官为氏。古有祝官，其后以"祝"为氏。二出自姬姓，以国为氏。周武王克商，封黄帝的后裔于祝，后被齐国所灭，其后以"祝"为氏。

西周、东周两代祝氏族人除繁衍于其发源地外，因仕宦等原因，逐渐进入今陕西、河南等省。两汉之际，已有祝姓人徙居江西、湖南等南方地区。魏晋南北朝时期，已有大量祝氏族人徙居今安徽、江苏、浙江、江西等地，但北方的河南、山西两地之祝氏繁衍尤为昌盛，人丁兴旺，因此形成祝氏的河南、太原郡望。唐宋时期，不断有北方祝氏族人南下到湖北、四川、浙江、福建、安徽、广东等地，祝氏族人生活区域南移。明清时期，祝氏族人生活区域进一步扩大，已遍布全国各地。在当今中国姓氏中，祝氏依人口数量排在第138位，尤以浙江、江西、四川、山东、湖北、河南等地为多。

【人物名录】

明朝有祝暹（开封）、祝尧民（洛阳）。清朝有祝昌、祝庆藩、祝宗梁（均固始）。

127. 包

【姓氏源流】

包氏来源有二，均源自河南。一出自风姓。伏羲又称庖羲，或包羲，他的后代有的就以"包"作为自己的姓氏。二出自申姓，为春秋时楚国大夫申包胥之后。申包胥，楚国国君蚡冒的后裔，故又称王孙包胥。因为封地在申（今河南南阳市一带），所以又叫申包胥。申包胥的后代以其名字中的"包"字为姓，为包氏。

先秦时期主要在今河南、陕西、山西等地繁衍，汉代时包氏已在浙江落籍。隋唐间丹阳、上党两地包姓族人人丁兴旺，成为当地望族。宋代以来，散居全国各地，清朝初年移居台湾。在当今中国姓氏中，包氏依人口数量排在第139位，主要分布于内蒙古、浙江、江苏、甘肃等地。

【祖源遗存】

伏羲陵：位于淮阳县城北1.5千米处的蔡河之滨。明以前建筑，除现存墓碑外，均毁于洪水。陵园内现存建筑多为明英宗正统十三年（1448）以后所重建。陵园南北长750米，占地约58.3万余平方米，分外城、内城和紫禁城，其中轴线上的建筑，由南向北依次为渡善桥、午朝门、东西大门、玉带桥、道仪门、先天门、太极门、钟鼓楼、廊房、统天殿、显仁殿、太始门、陵垣门、伏羲陵、蓍草园等。内外城之间，左侧有女娲观、玉皇观、三清观、天仙观，右侧有岳忠武祠、老君观、元都观、火星台。寝殿后的伏羲陵，高20余米，周长182米，陵前有八卦坛和宋代墓碑1通。整个陵园规模宏大，气势雄伟。1988年被国务院列入全国重点文物保护单位。

申国故城：见申姓下"申国故城"介绍。

【相关资源】

[墓葬陵园]

包拯墓：位于巩义市区南4千米芝田镇后泉沟东岭上，东距宋真宗陵1千米。墓坐北向南，墓冢呈圆形，高5米，周长20米。墓前有清乾隆年间石碑1通，碑通高2.67米，正中铭"宋丞相孝肃包公墓"。墓前有神道，两侧有石刻造像。左侧有望柱、石羊和石虎。望柱高3.4米，石羊高1.4米，石虎高1.04米。石刻石质、造型、风格等均与宋真宗陵前石刻相似。包拯去世后，奉诏陪葬于永定陵西北。包拯（998—1062），字希仁，宋庐州合肥（今安徽合肥市）人。天圣五年（1027）进士。历任监察御史、天章阁待制、龙图阁直学士、枢密副使等职。知开封府时，执法严峻，不畏权势，被誉为"包青天"。官至礼部侍郎，嘉祐七年（1062）去世，谥孝肃，赠礼部尚书。

[祠堂寺庙]

包公祠：有两处。一处位于开封城西南碧水环抱的包公湖畔，是为纪念中国历史上著名清官包拯而建的祠堂。包公祠占地1公顷，由大殿、二殿、东西配殿、半壁廊、碑亭组成。风格古朴，庄严肃穆。祠内陈列展示有包公铜像，龙、虎、狗铜铡，包公断案群塑，"开封府题名记碑"，包公正史演义等文物史料。另一处位于淮阳县城西北隅，陈州人为纪念包拯而建。据记载，明成化年间，知州戴昕建祠。清嘉庆十二年（1807）知府包敏、知县张世濂重修。正殿两侧有对联——"理冤狱关节不通自是阎罗气象，赈灾黎慈悲无量依然菩萨心肠"，道出了人民赞扬包公的心声。包公在任开封府尹时，相传奉旨下陈州放粮赈灾，在陈州怒铡了皇亲国舅曹彪，为陈州人除了害，申了冤。淮阳"四贤祠碑"载："包孝肃公有功吾陈也。持节发菌，痛抑豪右，所全活陈民数万。"陈州人世代不忘包公恩德，建祠祭祀。

筛粮冢：位于淮阳县城东南4千米的平粮台，台高5米。相传包拯为救淮阳灾民，怒铡当地豪绅恶霸曹国舅，在曹府抄出大批粮米,在此处筛晒后分给饥民百姓。从粮中筛出的沙子堆积成台,因而得名。关于包拯陈州放粮一事,当地多有传颂,并编成戏剧《陈州放粮》。

[其他遗存]

开封府:又称南衙,初建于五代时期梁开平元年(907),至今已有1000多年历史。在北宋时期,位居京都的开封府号称"天下首府",曾有过160年的辉煌。寇准、包拯、欧阳修、范仲淹、苏轼、司马光、宗泽等一大批杰出的政治家、文学家、思想家、军事家都曾在此任职。特别是包拯任开封府尹时,以其铁面无私、执法如山被后人称道。千百年来,开封府以其"廉正刚毅"为鲜明特色的府衙文化名扬天下,受到历代百姓的怀念和敬仰。由于战火毁损和黄河水淹,昔日的开封府早已无存。开封市经过论证、规划,在开封府原址辟地60多亩,历时2年多的建设再现开封府昔日辉煌。重建的开封府位于开封市内包公湖东湖北岸,建筑面积1.36万平方米,气势恢宏,巍峨壮观,与位于包公湖的包公祠相互呼应,同碧波荡漾的包公湖湖水相映衬,形成了"东府西祠"楼阁碧水的壮丽景观。开封府依北宋《营造法式》建造,以正厅(大堂)、议事厅、梅花堂为中轴线,辅以天庆观、名礼院、潜龙宫、清心楼、牢狱、英武楼、寅宾观等50余座大小殿堂。

128. 宁

【姓氏源流】

宁氏有两个来源:一出自姬姓,以邑为氏。春秋时,卫成公之子季亹受封于宁邑(今河南修武县,一说河南获嘉县),其后以

"宁"为氏。二出自嬴姓,以谥号为氏。春秋时,秦襄公的曾孙谥号为宁,其后因以为氏。

宁氏得姓之后,世代为卫国上卿,执掌朝政。春秋末年,宁喜被卫献公攻杀之后,宁氏子孙开始从祖地今河南获嘉大规模播迁四方。魏晋南北朝至唐代,岭南宁氏一枝独秀。岭南宁氏也是春秋时卫国宁氏的后裔,自晋代从今山东淄博迁居于今广西钦州一带,世代为俚僚酋帅,统管着岭南的广西东南部、广东西南部一带,这一地区也是当今中华宁姓聚居最为集中的地区。宋以后,宁姓分迁于山东宁阳、湖南三阳、湖北麻城、山西忻州、山东蓬莱、安徽阜阳、辽宁南部等地,形成了一个个宁氏聚居地。在当今中国姓氏中,宁氏依人口数量排在第139位,主要分布于广西、湖南、山东、河南等地。

【祖源遗存】

季亹冢:位于获嘉县张巨乡李村村东北近0.5千米处,东南距齐州故城遗址(宁城故址)2.5千米。李村村民叫它宁家古冢,也说它是宁氏始祖季亹冢。季亹乃宁氏始祖。《元和姓纂》载:"宁,卫康叔之后季亹,食采于宁,弟顷叔生跪,跪孙速生武子俞,俞生殖,殖生悼子喜,九世卿族。"《姓氏考略》:"宁,卫康叔之后,至武公生季亹,食采于宁。"冢高约3米,占地约300平方米,保存基本完整,现为县重点文物保护单位。获嘉有72冢(实有百余冢),多与武王伐纣,孔子、孟子的活动有关。有的有资料可查,有的是民间传说。虽然现在李村已经没有宁姓人,但在1996年,在张巨乡李村发现了两张清代宁氏人买卖地契的文书,一张是清嘉庆二十一年(1816)宁长远买邓胡氏祖宅基地一处的契约,另一张是清同治六年(1867)宁福堂买侯清彦耕地的契约。两张契约买卖的宅基地和耕地均是李村的地。这两张契约说明,宁氏人直到清朝嘉庆、同治年间在李村还存在着一个较大的家族,而这一家族应该是自西周以来一直定居于此世代相袭守护祖坟的宁氏族人。

宁氏祖茔:位于获嘉县张巨乡李村东北,该村为宁氏世代的聚居地。如果最终能够从考古学上确认其为宁氏祖茔,此地应该成为

⊙ 获嘉宁姓得姓始祖季亹墓

海内外宁氏的祖源之所在。

【相关资源】

[故里故居]

中牟故邑：赵国在定都邯郸以前，曾经一度都于中牟，在今河南省鹤壁市西。赵都中牟的地理坐标在"牟山"，为鹤壁市西的太行山余脉。在其附近发现有鹿楼战国秦汉冶铁遗址、后营战国秦汉墓群、狮跑泉战国窖藏铜钱等均为中牟城邑的相关遗存。

[碑碣石刻]

宁玉墓志：全称为"有元故镇国上将军吴江长桥行都元帅沿海上万户宁公墓志铭并序"，孟州出土，现存孟州市文化馆。元大德六年（1302）十二月刻。志长1.22米，宽1.03米。前翰林侍读学士知制诰同修国史中宪大夫江南诸道行御史台侍御史高凝撰文，奉训大夫怀孟路孟州知州兼管本州诸军奥鲁劝农事刘渐书丹。志文正书，38行，满行55字。书法工整秀雅，为元志之上品。志文内容为宁玉的祖籍、世系、生平、子女等及其为官之政绩。宁氏《元史》无载，此志可补史阙。

[其他遗存]

洛阳宁懋石室：北魏横野将军甄官主簿宁懋墓上祀宗祖的石室。约建于北魏孝昌三年（527）。1931年2月，在河南洛阳故城北半坡出土，流出国外，现藏美国波士顿美术馆。石室以数块石板及石质屋顶拼装而成，高1.38米，宽2米。石室仿木结构，为单檐悬山顶、进深二架椽、面阔3间的房屋。无门，下有基石。每间刻出人字拱二朵及檐柱等，山面刻蜀柱、叉手。在内外壁画上以阴线刻满绘画，依一定规制，将不同内容的画幅安排在特定的位置上。正面门外两侧各刻一金甲武将，执戟、剑、扬盾，着武将装束，怒目扬眉、神采飞扬，是驱恶辟邪的守门神。门两边各刻有"孝子宁万寿""孝子宁双寿造"的字样。两山面上分上下栏刻丁兰、舜、董永及董晏4组孝行历史故事，画面均以独幅形式表现主要的情节内容。内部正壁是3位贵族及陪伴的侍女像，左右山面则分别刻有乘骑和牛车的出行行列，门内两侧刻绘着在庭院间以屏帐围隔的庖厨图。

【人物名录】

春秋有宁戚（鹤壁）。西汉有宁成（邓州）。元朝有宁玉（孟州）。

129. 尚

【姓氏源流】

尚氏源自姜姓。周太师姜太公，号尚父，其子孙以祖字号为氏。北魏时鲜卑族汉化亦有尚氏。

早期活动于山东一带，汉唐之间在山西、陕西、河北等地发展，并以上党郡、京兆郡、清河郡为郡望，形成尚氏名门望族。宋代以来在河南、河北、辽宁、天津等北方地区发展，在河南、河北有较多分布。在当今中国姓氏中，尚氏依人口数量排在第141位，主要分布于河南、山东、河北等地。

【祖源遗存】

太公故里：见高姓下"太公故里"介绍。
吕国故城：见吕姓下"吕国故城"介绍。

【相关资源】

[故里故居]

尚家宅：位于商丘市睢阳区北马道东二街。清代建筑，大门已改建，现有正房、东西厢房各1座，硬山灰瓦顶，有脊饰，前出廊，有木雕装饰。

[墓葬陵园]

尚缙墓：位于民权县花元乡尚楼村西北。墓前立有石碑1通，现埋于地下，墓冢高2.7米，面积约120平方米。尚缙（1455—1523），字美仪，明代嘉兴（今属浙江）人。嘉靖年间进士，官至临江知府。

【人物名录】

唐朝有尚献甫（卫辉）。南宋有尚大伸、尚振藻（均安阳）。元朝有尚敏（杞县）。明朝有尚䌷（睢县）。清朝有尚金章（开封）、尚庆潮（罗山）。

130. 符

【姓氏源流】

符氏出自姬姓,以官为氏。战国时鲁国末代国君顷公的孙子公雅,曾任秦国符玺令,他的代以官名作为姓氏,称为符氏。

早期主要活动在陕西、山东、河南一带,汉唐时在琅邪形成望族。唐末五代,河南宛丘(今河南淮阳县东南)符氏非常兴旺。宋代以来,符姓族人广泛分布到湖南、江西、浙江、广东、海南、河北等地。在当今中国姓氏中,符氏依人口数量排在第142位,海南、广东、湖南三省符姓人口占全国符姓人口的七成以上。

【相关资源】

[祠堂寺庙]

符氏祠堂:位于内乡县城东南东符营下河村。始建年代不详。坐北朝南,有清代建筑厢房、上房共9间,硬山灰瓦顶,均有雕龙凤图案的透花槅扇门窗。大门改建,门前有石狮1对,做工精细。

【人物名录】

东汉有符融(开封)。五代有符存审、符彦超、符彦饶(均淮阳)。北宋有符彦卿、符皇后、符惟忠、符昭寿、符昭愿(均淮阳)。清朝有符兆熊(宁陵)。

131. 舒

【姓氏源流】

舒氏出自偃姓，以国为氏。周代时，皋陶的后人受封于舒国，春秋时被徐国所灭，后复国，又被楚国所灭，其后以"舒"为氏。

先秦时期主要在其得姓地安徽庐江一带繁衍，并向周围地区迁徙。魏晋隋唐间，已分布到今安徽、陕西、河北、河南、湖北、湖南等地，并在京兆、巨鹿、庐江形成望族。两宋之际舒氏已播迁繁衍于今浙江、安徽、江西等地。元代时，今福建、云南、贵州、广东、广西、四川等南方各地都有了舒姓族人的足迹。明清时期，舒姓分布之地更广，并有渡海赴台、远播海外者。在当今中国姓氏中，舒氏依人口数量排在第143位，以湖南、四川、湖北、江西为多。

【相关资源】

[祠堂寺庙]

舒氏祠堂：位于光山县孙铁铺乡舒堂村，清代建筑。现存四进院落。有房屋33间，其中后院正房形制最大，面阔5间，进深3间，灰瓦顶，祠堂内有清代修建的重修碑刻。

132. 阮

【姓氏源流】

阮氏出自偃姓，以国为氏。皋陶之裔封于阮（今甘肃泾川一带），殷商末年为周文王所灭，其子孙以国为氏。

唐代以前分布于大江南北，但均号称"陈留尉氏"之阮氏，因而陈留郡为阮氏郡望。唐代以后在今福建莆田、安徽滁县、山西长子、安徽桐城、河南洛阳、安徽怀宁、江苏仪征等地均有名族分布。在当今中国姓氏中，阮氏依人口数量排在第144位，在全国有一定分布，尤以广东、湖北、浙江、广西、福建为多。

【相关资源】

[故里故居]

阮籍故里：位于尉氏县东南15千米的阮庄。现村中阮姓均为阮籍后裔。明嘉靖《尉氏县志》载：晋阮氏宅，阮咸与阮籍居道南，诸阮居道北，北阮富而南阮贫。阮籍（210—263），字嗣宗，陈留尉氏（今属河南）人。三国魏文学家、思想家，"竹林七贤"之一。曾官步兵校尉。

[墓葬陵园]

阮籍墓：位于尉氏县小陈乡阮庄村。墓冢高3米多，周长57米，青石所砌，墓前立有官至体仁阁大学士的清著名学者、文学家、书法家阮元亲书的"魏关内侯散骑常侍嗣宗阮君之墓"的墓碑，这是阮元任河南巡抚时拜祭阮籍墓时所立，书体为隶书，遒劲有力，是难得的书法精品。今尉氏县有阮氏后裔3000多人。

[其他遗存]

啸台：位于尉氏县城东北隅，又称阮籍台。啸台原高50米，据说阮籍善啸，其声与琴音相和谐，常常携酒登此台长啸。曾依"台迥风清暑月寒"的特殊景色，而有"啸台清风"之誉，名列"尉氏八景"，吸引了不少文人墨客，如唐代的包融，宋代的苏东坡、黄庭坚，明代的李梦阳等名士前来登台吟诗。啸台现在东依城墙，西濒东湖，夯土所筑，高仍有十多米。台上建筑今已不存。

【人物名录】

东汉有阮瑀（尉氏）。三国有阮籍（尉氏）。西晋有阮咸、阮瞻、阮修（均尉氏）。东晋有阮放（尉氏）。南北朝有阮长之、阮韬、阮孝绪、阮卓（均尉氏）。南宋有阮思聪（固始）。

133. 纪

【姓氏源流】

纪氏出自姜姓，以国为氏。周武王时封炎帝后裔于纪，建立纪国。春秋时纪国被齐国所灭，其后以"纪"为氏。

得姓之后的纪氏族人主要在今山东、河南境内繁衍，并不断向外迁徙，汉唐间江苏、甘肃、河北等地均有纪姓族人居住，并在天水、高阳、平阳等地形成望族。宋代以来，江西、广西、浙江、云南、北京等地均有纪氏族人分布。在当今中国姓氏中，纪氏依人口数量排在第146位，主要分布于山东、安徽、江苏、河北等地。

【相关资源】

[墓葬陵园]

纪信墓：位于郑州市惠济区古荥镇纪公庙村。墓门朝东，地面现存圆冢高9米，周长约120米。墓前建有纪公庙，竖有祭祀碑碣多通。1980年年初，郑州市博物馆对该墓进行过考古发掘。该墓系用300多块空心砖扣合而成，分两主室和耳室。墓室外圹长9米，宽4.5米，虽经多次盗掘，仍出土铜器、铁器、玉器、陶器和车马饰等300余件。纪信（？—前204），汉高祖刘邦的大将。据《史记·项羽本纪》载，汉王三年（前204），刘邦屯兵荥阳，项羽率兵围攻，汉军绝食。汉将纪信为汉王刘邦献计："事已急矣，请为王诳楚为王，王可以间出。"刘邦采纳其计，遂命御史大夫周苛、枞公守荥阳，趁纪信假扮刘邦出行诈降之际，带数十骑从西门遁走成皋。项羽得知刘邦已逃走，怒焚纪信，葬残骸于此。

[祠堂寺庙]

纪公庙：位于郑州市惠济区古荥镇纪公庙村。后人为纪信修墓立庙，今庙已无存，只剩唐代以后重修庙宇和赞颂纪信的碑刻30余块。

城隍庙：位于郑州市区东大街路北。全名"城隍灵佑侯庙"。始建于明初，弘治十八年（1505）重修，其后屡有修葺。坐北朝南，现存山门、前殿、乐楼、大殿、后寝宫等。山门面阔3间，进深2间，门前有1对石狮。前殿距山门10余米，面阔3间，进深2间，中置神像3尊。乐楼和前殿相距咫尺，面阔3间，进深2间，高约15米。主楼居中，左右两侧檐下配歇山式边楼，大殿面阔5间，进深3间。后寝宫是庙内的主要建筑，面阔5间，进深3间，由卷棚和寝殿组成，歇山式建筑。殿前有1卷棚，面阔5间，进深2间，绿色琉璃瓦顶。寝殿檐下施斗拱，拱眼壁饰彩画。庙内碑刻很多，其中有张大犹草书石碑"神赞""寿赞"2通，前者高约1.8米、宽0.82米，后者高约1.81米、宽0.8米，笔迹苍劲挺拔。据载，郑州城隍庙以纪信为城隍而塑像供奉。

[碑碣刻石]

汉忠烈公纪念碑：位于郑州市惠济区古荥镇纪公庙村。唐长安二年（702）书法家卢藏用刻。碑身与碑头为一石，头为半圆形，高浮雕6条蟠龙，额篆书"汉忠烈公碑"。隶书23行，行41字。碑文记述纪信为救汉高祖刘邦，而遭项羽火焚的忠烈事迹。碑阴下部亦有隶书碑文，因时间久远而字迹不清。

134. 梅

【姓氏源流】

梅氏出自子姓，以国为氏。商王太丁封其弟于梅，为伯爵，世称梅伯。周武王克商后，梅伯的后裔封于黄梅，子孙以梅为氏。

秦汉之际，大多梅姓居住在相对富庶的中原一带，其他梅姓则以黄梅为中心，呈放射状向四周扩散。魏晋南北朝时，梅姓在汝南郡繁衍呈族大人众、枝繁叶茂之势，后逐渐发展成为梅姓历史上最重要的郡望——汝南郡。隋唐以前，梅氏已分布到了今湖南、湖北、江苏、江西、安徽、浙江等江南广大地区。唐、宋两朝，梅氏族人继续向全国各地迁徙，分布到了广东、云南等地。宋元之际，梅姓在江南各省繁衍昌盛，尤其以安徽宣城为最，可谓人丁兴旺，名人辈出，并且此时梅氏已有人定居于甘肃。明清时期，梅姓在全国分布更广，并有渡海赴台、侨居海外者。在当今中国姓氏中，梅氏依人口数量排在第147位，以湖北、安徽、河南、江苏等地为多。

【人物名录】

西汉有梅免（南阳）。明朝有梅思祖、梅殷（均夏邑）。

135. 童

【姓氏源流】

童氏有两个来源：一源自上古，以名为氏。黄帝之孙颛顼有个儿子叫老童，老童之后以祖上名字中的"童"字命氏。二出自风姓，以名为氏。春秋时晋国有大夫胥童，其后有童氏。

早期主要在今河北、山东、山西等地繁衍，并在雁门、渤海、东莞等地形成望族，然后逐渐向南播迁，唐代已播迁到今福建等地。宋元时期，载于史册的童氏名人大多出自今福建、安徽、浙江、四川等地，可见，此时童氏已成为一个南方姓氏。明清时期，童氏生活区域进一步扩大。在当今中国姓氏中，童氏依人口数量排在第148位，在全国有一定分布，尤以浙江、安徽、湖北等地为多。

【祖源遗存】

内黄二帝陵：位于内黄县城南30千米三杨庄西北1.5千米，俗称高王庙。陵墓南有硝河，北有沙岗，陵园面积20多万平方米。陵园原被沙土淤埋，1986年清理出来。陵园坐北朝南，主要建筑有御桥、山门、庙宇、碑亭、陵墓及接官厅等。两座陵墓并排而立，间距57米，东为颛顼陵，西为帝喾陵，陵冢约66平方米，冢高26米。青砖围墙，墙高2.5米。南墙嵌有元天历二年（1329）石碑1通，上刻"颛顼帝陵",明嘉靖年间石碑1通,上刻"颛顼陵"。2000年,二帝陵被批准为省级文物保护单位。

【人物名录】

北宋有童贯(开封)。

136. 凌

【姓氏源流】

凌氏出自姬姓,以官为氏。春秋时,卫康叔庶子在周朝为凌人之官,他的后人就以他的官职作为姓氏,就是凌氏。

先秦时期主要在今河南、河北一带繁衍。秦汉以后不断外迁,到三国时已有凌氏族人播迁到了今江苏等地,但在唐代以前凌氏族人的生活重心仍在北方,并在渤海、涿鹿、河间形成望族。宋元时期,南方凌氏异常活跃,见诸史册的名人大多出自今浙江、福建、江苏、上海、安徽地区。明清时期,凌氏族人生活区域进一步扩大,今湖北、湖南、广东等地也都有了凌氏族人的足迹。在当今中国姓氏中,凌氏依人口数量排在第149位,在全国有一定分布,尤以广东、广西、湖南、安徽、江苏、江西等地为多。

【祖源遗存】

卫国故城:见万姓下"卫国故城"介绍。

【人物名录】

明朝有凌汉（原阳）。

137. 毕

【姓氏源流】

毕氏有两个主要来源，其中一支源于河南。一是出自姬姓，以国为氏。周文王的十五子高被封于毕，为公爵，称毕公高，其子孙后代就以国名"毕"作为姓氏，就是毕氏。二是鲜卑族出连氏所改。南北朝时期，北魏代北的鲜卑族贵族出连氏随孝文帝南下，定居洛阳，改汉姓为毕氏。

发源于陕西的毕氏后来主要繁衍于黄河以北的河南、山西、河北一带，并在河内、东平、太原、河南等地形成望族。唐宋间，毕氏族人有南迁到湖南、湖北、江西、浙江、安徽等地。明清南下北上，迁入福建、广东、台湾及东北三省。在当今中国姓氏中，毕氏依人口数量排在第150位，以山东、河北、辽宁、河南、安徽、黑龙江等地为多。

【祖源遗存】

汉魏故城：见周姓下"汉魏故城"介绍。

【相关资源】

[墓葬陵园]

毕文亨墓：位于宜阳县丰李乡毕沟村南。墓冢高6米，直径9米。墓前有墓碑1通，是民国29年（1940）其后裔所立。墓东南30米处，有明成化五年（1470）碑刻2通，为敕封毕文亨父母、祖父而立。神道置石像生6对。毕文亨，河南洛阳人。明景泰甲戌（1454）进士，官至都察院副都御史。

【人物名录】

唐朝有毕构、毕宏、毕诚（均偃师）。北宋有毕士安、毕从周（均郑州）。南宋有毕良史（开封）。

138. 单

【姓氏源流】

单氏有两个来源：一出自姬姓，以邑名为氏。周成王把自己的小儿子臻封到单地（今河南济源市西南，一说今河南孟津县一带），为伯爵，称为单伯。单伯的子孙便以封地为氏，就是单氏。二为鲜卑族改姓。南北朝时，北魏代北复姓阿单氏、纥单氏迁居洛阳后，均改为单氏。

先秦时期主要在今河南境内繁衍。汉唐间已播迁到山东、江苏、甘肃、上海等地，并在南安、河南形成望族。宋代以来，单氏生活区域不断扩大，在今江西、广西、安徽、宁夏、陕西等地均有了单氏族人的足迹。在当今中国姓氏中,单氏依人口数量排在第151位,在全国有一定分布,尤以江苏、山东、河南、安徽、辽宁、黑龙江、浙江等地为多。

【祖源遗存】

济源单邑故址:位于济源市东南与孟州市交界的地方,一说孟津县一带。单伯为畿内诸侯,世为周王室的卿士。鲁庄公元年(前693),周王嫁女于齐,鲁侯主婚,单伯送王姬至鲁。鲁庄公十四年(前680),单伯又参与了齐人伐宋之役,由此可见单伯的显赫地位。

汉魏故城:见周姓下"汉魏故城"介绍。

【人物名录】

东汉有单超(洛阳)。清朝有单鹏晏(巩义)。

139. 裴

【姓氏源流】

裴氏有两个来源:一出自嬴姓,以邑为氏。周孝王封伯益的后裔非子于秦,非子的后代被封于蕢乡,子孙以蕢为氏,至六世孙蕢陵,被周釐王改封到解邑,为了表示离开故土之意,便将"蕢"字的"邑"改为"衣",姓裴。二以地为氏。春秋时,晋平公封颛顼后裔于裴中,称为裴君,其后有裴氏。

先秦时期在山西、河南居住。汉末魏晋之际,河东裴氏异军突起，一发不可收拾。自秦汉以来，历六朝而盛，至隋唐而盛极，五代以后，余芳犹存，在上下2000余年间，豪杰俊迈、名卿贤相摩肩接踵，辉耀前史，茂郁如林，代有伟人。唐代以后，裴氏族人生活区域越来越大，山西、陕西、河南、湖北、江苏、福建、湖南、广东、天津、江西、山东、河北、安徽等地均有了裴氏族人的足迹。在当今中国姓氏中，裴氏依人口数量排在第153位，在全国有一定分布，尤以江西、陕西、山西、广西、广东等地为多。

【相关资源】

[墓葬陵园]

裴祗墓：位于洛阳市周公庙西北，西晋墓葬。该墓为小砖结构，由墓道、甬道、主室组成，主室为方形，穹隆顶。墓志有文曰："晋故大司农关中侯裴祗，字季赞，河东闻喜人也。春秋六十有七，元康三年七月四日癸卯薨。"

裴垍墓：位于宜阳县韩城乡马村南。墓葬高10米，周长100米，为圆形土丘封土。裴垍（？—811），河东闻喜（今属山西）人。唐代大臣，累官翰林学士、中书舍人、中书侍郎、同中书门下平章事，后以兵部尚书卒。

裴度墓：位于新郑市龙湖镇林锦店村东，唐代墓葬。墓葬高8米，周长200米，原先有碑刻和神道石刻。裴度（765—839），字中立，河东闻喜（今属山西）人。唐宪宗时宰相。

裴度之母墓：位于新郑市龙湖镇张寨村北。墓冢高约2米，周长60余米。俗呼"奶母坟"，传系唐相裴度之母墓。

裴休墓：位于济源市五龙口镇裴村西北。县志记载，裴休墓在县城东北裴李西。现存大冢，圆顶封土，高5米，周长225米。裴休（791—864），字公美，唐河内济源（今河南济源市）人。大中时曾任兵部侍郎，进同中书门下平章事。

裴通墓：位于济源市梨林镇裴城村南。县志记载，裴通墓在今裴城。墓冢高7米，周长50余米，为圆形。裴通，唐代大将。

[祠堂寺庙]

裴公祠：位于商丘市睢阳区中书南一街。原有三进大院，是一座构建宏伟的宫殿式建筑，有山门、仪门、献殿、正殿。明嘉靖二年（1523）重修过。一部分建筑毁于1947年的战乱，1958年完全毁坏。

[碑碣刻石]

裴氏先茔碑：位于永城市裴桥镇裴老家村。碑文记载裴氏先祖于明洪武年间从山西洪洞县西南约12千米裴家大楼迁永城之事。

【人物名录】

唐朝有裴休（济源）。清朝有裴褒（新安）、裴希纯（偃师）。

140. 霍

【姓氏源流】

霍氏出自姬姓，以国为氏。周武王伐纣灭商之后，将其弟姬处分封于霍，建立霍国，称作霍叔。其时霍叔和蔡叔、管叔一起奉命监管殷商遗民，当时称他们为"三监"。后来，纣王之子武庚发动叛乱，霍叔也受到了牵连，最终被周成王废为庶人，而霍叔的始封地霍国依然存在，一直到春秋时期才被一度称霸的晋国所灭。霍国的后人为了不忘故国，从此就以国为氏而有霍氏。

先秦时期主要在发源地今山西繁衍，后不断向周边的河南、河北、山东等地迁徙，并在太原、河东形成望族。宋代以前迁徙到四川蜀郡的霍姓非常兴旺，发展为当地望族。宋朝以后，霍姓人氏迁徙到广东、海南、江苏和福建等地。在当今中国姓氏中，霍氏依人口数量排在第154位，分布广泛，其中以河北、河南、山西、山东等地为多。

【祖源遗存】

汤阴邶城遗址：位于汤阴县城东南16千米。乾隆《汤阴县志》载："邶城在县东三十里，此武王灭殷、分封诸侯，封纣子武庚于此。"邶城遗址中可辨遗存有：冢子，村东500米处，高出地面3.5米，面积约300平方米，相传为古观兵台；教场路，村东750米处，宽7.5米，长1100米，采集文物有三棱形铜箭头，传为古人习武处；城隍岭，村西30米处，1982年钻探发现，土质坚硬且纯，间有层次，似夯打痕迹，推测为商代邶城遗址。此城是霍叔为三监时的封邑。

【相关资源】

[墓葬陵园]

冠军村墓葬：位于邓州市张村镇冠军村西南。封冢高15米，周长100米。按《邓州志》等记载为西汉冠军侯霍去病衣冠冢。霍去病（前140—前117），西汉名将，河东平阳（今山西临汾市西南）人。官至骠骑将军，封冠军侯。

[碑碣刻石]

霍公祠碑：位于上蔡县城东门。碑高2.35米，宽0.85米，厚0.18米。清嘉庆十六年（1811）立。碑文记载明中叶刘六、刘七农民起义军破上蔡并处斩上蔡知县霍恩事。霍恩（？—1511），明代直隶易州（今河北易县）人。弘治十五年（1502）进士，正德年间任上蔡知县。正德六年（1511）被义军肢解而死。

【人物名录】

明朝有霍昂（杞县）。

141. 成

【姓氏源流】

成氏主要有三个来源：一出自姬姓，以国为氏。西周初年，周武王封其弟、文王第五子叔武于郕，建立郕国。其后代以国名郕为姓氏，后去邑为"成"氏。二出自姬姓，以邑为氏。周武王封另一个周王族成员季戴于成邑（今河南范县濮城一带），季戴的子孙后代以"成"为姓。三出自芈姓，以字为氏。春秋时楚国君主若敖子孙子玉，号成得臣，其后以"成"为氏。

得姓之后的成氏族人主要在今山东西北、河南北部及湖北境内繁衍，并不断向外发展。魏晋南北朝时期，在弘农和上谷形成大的聚居区，其不但族大人众，人丁兴旺，而且名人辈出，代有显达。这一时期的成氏族人不但分布于黄河中下游的广大省份，而且已有成氏族人进入甘肃，或南下江东。隋唐至五代十国时，在南方已播迁到了今江西、浙江、四川、湖南、广东等地。宋元之际，成氏族人可以说遍布祖国大江南北了。在当今中国姓氏中，成氏依人口数量排在第165位，在全国有一定分布，尤以江苏、湖南、广东、山西、湖北等地为多。

【相关资源】

[故里故居]

成慎故居：位于商丘市睢阳区四牌楼东二街。建于清道光年间，现有大门、过厅、前堂、后楼、厢房等建筑，组成三进院落。均为硬山灰瓦顶，保存尚好。成慎，字缄三，河南商丘人。民国初年河南陆军将领，民国10年（1921）死于吴佩孚之手。

[墓葬陵园]

成公绥墓：位于滑县八里营乡赵苑村西地。原墓高约3米，周长约240米，当地群众拉土已铲除大部。成公绥（231—273），西晋文学家。字子安，东郡白马（今河南滑县东）人。官中书郎。口吃而好音律。所作辞赋，颇为张华所推重，其学则糅合道家、儒家思想。原有文集，已散佚，明人辑有《成公子安集》。

成伯龙墓：位于长垣县樊相镇刘村西。墓前石坊已毁。1958年墓被盗，后封存。传出墓志依然封存墓内。成伯龙（约1563—约1633），字为苍，号生洲。直隶长垣（今属河南）人。明万历二十三年（1595）进士，历任曹县知县、南京吏部主事、户部郎中、山西苛岚按察司副使。著有《一笑斋集》。卒后祀乡贤祠。

成仲龙墓：位于长垣县樊相镇刘村西。墓区面积100平方米。墓冢高1.5米，直径3米。成仲龙，字为霖，号环洲。直隶长垣人。明崇祯四年（1631）进士，初授夏邑知县，累官兵科给事中、陕西右布政使。

[碑碣刻石]

成莲墓表：位于长垣县常村镇韦庄村。名曰"明孝廉成莲墓表"，高2.85米，宽0.85米，厚0.26米。螭首。王永光撰文，王洽书丹。碑文楷书，计18行，行70字，记载成莲家族、祖居及生平。

【人物名录】

东汉有成瑨（灵宝）。西晋有成绥公（滑县）。元朝有成遵（邓州）。清朝有成王臣、成文（均沁阳）。

142. 苗

【姓氏源流】

苗氏出自芈姓，以邑为氏。春秋时，楚国大夫伯棼之子为避乱逃奔晋国，食采于苗（今河南济源市西），其后以苗为氏。

先秦时期在河南、陕西、河北、山西、江苏、浙江等地活动，并在东阳郡形成望族。宋明以来，在河北、安徽、山东、甘肃、河南、北京、黑龙江等地均有分布。在当今中国姓氏中，苗氏依人口数量排在第157位，在全国有一定分布，尤以河南、山东、河北为多。

【祖源遗存】

苗国故地：位于今济源市西7.5千米。为商周时期的古国，苗国于周初灭亡，苗国的国都成为周的苗邑。春秋时期，苗邑属晋，其后成为楚人贲皇的采邑。

【相关资源】

[墓葬陵园]

苗训墓：位于长葛市石象乡苗庄村南。墓葬面积25平方米，墓葬周围原有十二生肖石刻。苗训，宋代河中（今山西永济市）人。善天文占候之术，显德末年随宋太祖北征，擢为翰林、检校工部尚书，卒后葬于此。

苗授墓：位于辉县市百泉村南。地面上原保留有石像生。1990年经发掘得知，该墓已被盗，为青石铺底、有斜坡墓道的大型砖室墓。发现有苗授夫妇的墓志2合。苗授（1030—1096），北宋潞州上党（今山西长治市）人。曾任殿前副都指挥使，多次参与对西夏的征战。

苗文锦墓：位于驻马店市驿城区刘阁办事处大苗庄南。墓葬基本夷平，曾立有碑刻1通，记载苗文锦始祖自明初由山西洪洞县迁至河南朗陵（今河南确山县）耕稼。因多年兵灾，家祀不详，故重序为记，碑上镌苗氏二十代谱系。

苗德芳墓：位于新蔡县古吕镇苗庄北。墓葬高2米，面积21平方米，有墓碑1通。

143. 谷

【姓氏源流】

谷氏主要有两个来源：一出自嬴姓，以地为氏。古代秦人的先祖非子被封于秦谷，其后有以"谷"为氏者。二为鲜卑族复姓所改。南北朝时，北魏鲜卑族谷会氏入中原后均改为谷氏。

先秦时期主要在甘肃、陕西、湖北一带生活，两汉之际，谷氏除播迁到北方的山西、河北、河南等省外，还迁徙到了长江南岸的湖南和江浙一带。魏晋南北朝时期，谷氏族人生活区域进一步扩大，辽宁、湖南等地也有了谷氏族人足迹，但其生活重心仍然在北方，并在上谷形成望族。唐宋以来，谷氏族人南迁者渐多，到明清时已遍布全国各地。在当今中国姓氏中，谷氏依人口数量排在第158

位，以河南、河北、山东、湖南等地为多。

【祖源遗存】

汉魏故地：见周姓下"汉魏故城"介绍。

144. 盛

【姓氏源流】

盛氏有两个来源：一出自姬姓，以国为氏。周穆王时有盛国，后为齐国所灭，子孙以国名为氏。二为奭氏所改。东汉北地太守盛苞，本姓奭，避元帝刘奭名讳改姓盛。

先秦时期活动在今河南、山东等地。汉唐时，尽管在江苏扬州、四川彭山等地已有盛氏族人足迹，但其生活重心仍然在北方，尤其是河南盛氏十分兴旺，形成了汝南郡望。宋代以来，在江苏、河南、陕西、广东、浙江、湖南、江西、辽宁等地，均有盛氏分布。在当今中国姓氏中，盛氏依人口数量排在第159位，在全国有一定分布，尤以安徽、浙江、江苏、山东等地为多。

【相关资源】

[祠堂寺庙]

二忠祠：位于南阳市八一路北。始建于明代，为纪念明建文二年（1400）山东参政铁铉、都督盛庸抗击燕王朱棣事迹而建，清康熙年间重修。坐北朝南，面积2500平方米，现存正房3间，均为硬山灰瓦顶，存碑刻3通。盛庸（？—1403），明初军事将领，曾在靖难之役中多次痛击朱棣。

【人物名录】

唐朝有盛彦师（虞城）。北宋有盛次仲（开封）、盛陶（郑州）。清朝有盛健一（宝丰）。

145. 冉

【姓氏源流】

冉氏有两个来源：一出自姬姓，以邑为氏。周文王的小儿子季载在"三监之乱"中平叛有功，被封于冉（一作"聃"），在今河南开封市祥符区，其后有冉氏。二以名为氏。春秋时期，楚国有大夫叔山冉，其后有以冉为氏者。

先秦活动在今河南、湖北境内，汉唐间已播迁到今湖南、山东等地，并在武陵、鲁郡形成望族。从史籍记载的冉氏名人里籍看，宋代以来，在今贵州、四川、山东、河南等地均有了冉氏族人居住。在当今中国姓氏中，冉氏依人口数量排在第162位，以重庆、贵州、四川为多。

【祖源遗存】

聃国故城：聃，西周姬姓国，在今开封市境内。河南开封有聃亭。聃国与郑国为邻，而且两国有姻亲关系，但在春秋初年却被郑国所灭。

【相关资源】

[墓葬陵园]

冉闵墓：位于内黄县高堤乡冉村南。占地面积1800平方米，现存墓冢和部分石像生。1958年该墓遭破坏，石牌坊和一些石像生被毁。冉闵（？—352），魏郡内黄（今属河南）人。十六国冉魏皇帝，传葬于此。

冉鼎墓：位于中牟县冯堂乡土墙村南冉家坟。墓冢高2米多，面积10多平方米，墓前立石碑、石马、石羊等。附近有其二子墓。冉鼎（1461—1541），祖籍山东，迁居河南中牟县。曾任山东长清县、陕西麟游县知县，诰封文林郎。

冉氏家族墓：位于尉氏县岗李乡冉家村北。面积3000平方米，所遗石刻颇多，如嘉靖年间所立冉鼎受封碑、冉鼎妻诰封碑、冉崇礼妻受封碑等。

[碑碣刻石]

重修冉子祠记碑：位于杞县裴村店乡伯牛岗。碑高1.54米，宽0.52米。清光绪二十年（1894）立。孙叔谦撰文，潘金章书丹，龚楚翘篆额。碑文记述杞县著名学士捐资修葺先贤冉子祠的缘由和经过。冉子（前522—前489），即冉有。名求，字子有。春秋末鲁国人。孔子弟子。

【人物名录】

清朝有冉觐祖（中牟）。

146. 蓝

【姓氏源流】

蓝氏主要有两个来源：一出自芈姓，以邑为氏。春秋后期，楚国有个大夫叫亹，因任蓝县尹，又称蓝尹亹。蓝尹亹的后代子孙以蓝为姓，就是蓝氏。二出自嬴姓，以邑为氏。梁惠王三年（前367），秦子向受命为蓝君，他的后代遂以地名为姓氏，就是蓝氏。

早期蓝氏族人主要在其发源地陕西、河南等地繁衍，并不断向周边地区迁徙，汉唐间在中山、东莞、汝南等地形成望族。宋代以来，播迁到广东、福建、江西、湖南、浙江、江苏、湖北、山东、河北、广西等地。在当今中国姓氏中，蓝氏依人口数量排在第164位，在全国有一定分布，尤以广东、广西为多。

【相关资源】

[墓葬陵园]

蓝天笃墓：位于叶县任店乡辉岭村东。墓封冢近平，尚存清同治十年（1871）立墓表1通。碑文述及蓝天笃家事，同时提及撰文书丹人许静母亲曾在蓝家为佣。许静为当时颇有名气的书画家，墓表文字对研究许静身世提供了宝贵资料。蓝天笃，生卒年不详。

【人物名录】

明朝有蓝茂（洛阳）、蓝台（光山）。

147. 路

【姓氏源流】

路氏主要有三个来源：一以国为氏。帝喾高辛氏之孙玄元因功被帝尧封于路中，为虞夏时期的诸侯，其后代以路为氏。二出自隗姓，以国为氏。黄帝封炎帝之裔于路，即春秋时赤狄潞子（今山西潞城一带），后灭于晋，子孙以国为氏。因"潞"与"路"通，故称路氏。三为北魏鲜卑族复姓所改。南北朝时，鲜卑族代北复姓没路真氏随孝文帝南迁洛阳，改汉姓为路。

先秦时期主要在今山西、河南等地繁衍，两汉时期已播迁到今河北、四川等地。魏晋南北朝时期，河南路氏非常兴盛，形成了陈留、河南、内黄、颍川等多个郡望。河北、宁夏、陕西路氏也是人丁兴旺，一直延续到隋唐两朝。此间，有一北方路氏族人南下到了江南，并在东阳形成望族。隋唐时，北方路氏依旧兴盛，并有路氏族人南下进入湖南。宋代以来，路氏不断外迁。在当今中国姓氏中，路氏依人口数量排在第165位，尤以河南、山东、河北、安徽、山西等地为多。

【祖源遗存】

内黄二帝陵：见童姓下"内黄二帝陵"介绍。

汉魏故城：见周姓下"汉魏故城"介绍。

【相关资源】

[碑碣刻石]

路氏家谱碑：位于开封市祥符区岗李乡路庄村西北。碑高1.52米，宽0.54米，厚0.16米，清道光十年（1830）立。碑文记路氏始祖自山西洪洞县迁居洧川西北路家村，迄今已十四世，合族立碑续谱之事。

【人物名录】

东汉有路粹（开封）。清朝有路永龄（修武）、路建翰（宁陵）。

148. 游

【姓氏源流】

游氏出自姬姓，以字为氏。春秋时郑穆公的儿子偃，字子游，其子孙以游为氏。

先秦时期在今河南境内活动，汉唐之间向今河北、陕西之间扩展，并在广平形成望族。宋代以后在今陕西、四川、山东、山西、湖南、福建、浙江、贵州、云南、广西、北京、湖北等地均有游氏族人居住。在当今中国姓氏中，游氏依人口数量排在第166位，以福建、台湾、四川、江西、广东等地为多。

【祖源遗存】

郑韩故城：见何姓下"郑韩故城"介绍。

【相关资源】

[墓葬陵园]

游氏始祖墓：位于扶沟县包屯乡孙岳村。墓冢近平，前存清同治十年（1871）所立石碑，正中刻有"明游氏始祖妣井太孺人之墓"。碑两侧文字记述了游氏宗亲分支迁居的经过。

【人物名录】

春秋有游吉（新郑）。

149. 辛

【姓氏源流】

辛氏出自姒姓，以国为氏。夏王启封庶子于莘，建立莘国，其后世子孙以国为氏，由于"莘"与"辛"音近，遂去"艹"为辛氏。

先秦时期在其发源地河南、陕西活动，并不断向周围地区迁徙。春秋战国时，已播迁到今山东、甘肃境内。两汉魏晋之际，陇西辛氏家族族大人众，枝繁叶茂，世代显贵，并因此形成辛氏的陇西郡望。另外，在雁门一带的辛氏家族也很兴旺，并形成辛氏的雁门郡望。隋唐时期，陇西仍是辛姓主要繁衍之地，而且势头不减。宋代以前，辛氏家族主要在北方的陕西、山西、河南、河北、山东等地发展，但也有少数辛氏族人播迁到了江苏、浙江、福建一带。明代以后，辛氏在全国分布广泛，尤以山东辛姓繁衍最盛。在当今

149. 辛

中国姓氏中，辛氏依人口数量排在第167位，以山东、河南、河北、黑龙江、辽宁、陕西、吉林等地为多。

【祖源遗存】

启母阙：见夏姓下"启母阙"介绍。

启母石：见夏姓下"启母石"介绍。

钧台：见夏姓下"钧台"介绍。

禹王台：见夏姓下"禹王台"介绍。

神禹导洛处：见夏姓下"神禹导洛处"介绍。

【相关资源】

[故里故居]

辛家宅：位于商丘市睢阳区城关四牌楼东一街。建于清道光年间。为四合院式建筑，十分完整。大门、正房、厢房等建筑均为硬山灰瓦顶，有屋脊装饰。院内回廊相通。

【人物名录】

三国有辛毗、辛宪英（均禹州）。北宋有辛有终、辛雕（均长葛）。金朝有辛愿（洛阳）。明朝有辛自修（襄城）。清朝有辛鼎甲（陕州）。

150. 靳

【姓氏源流】

靳氏出自芈姓,以邑为氏。春秋时,楚国大夫熊尚食采于靳,故称靳尚,其后以"靳"为氏。

靳氏虽然源于长江以南,但在唐代以前其繁衍重心却在长江以北的河南、山西、陕西、山东、河北等地,汉唐间在西河形成望族。宋代以来,北京、云南、江苏等地均有靳姓族人分布。在当今中国姓氏中,靳氏依人口数量排在第168位,主要分布于河南、河北、山西等地。

【相关资源】

[故里故居]

靳世红宅:位于内乡县庙岗乡靳楼村。始建于明朝,是当地靳姓先祖靳世红从山西洪洞县迁此后建造的,清代重修。硬山式二层小楼,面阔3间,进深2间,楼南有硬山灰瓦顶对厅3间。传说闯王李自成曾在此楼休息。

[墓葬陵园]

靳于中墓:位于新密市苟堂乡靳寨村西。冢高2米,现存墓志1合、墓碑1通。靳于中(1562—1644),字尔时,明末尉氏人。万历年间进士,官至南京工部尚书。

【人物名录】

明朝有靳义(淇县),靳滋昂、靳于中(均尉氏)。清朝有靳襄(尉氏)、靳金鼎(延津)。

151. 欧阳

【姓氏源流】

欧阳氏源自姒姓，以地为氏。夏王少康庶子封于会稽，后建立越国，战国时为楚所灭。越王无疆的儿子蹄，受封于乌程欧余山（今浙江湖州市境内）之阳，其后裔便以"欧阳"为氏。

先秦时期在浙江等地活动，汉唐之间已扩散到山东、河北、湖南、福建等地，在河北北部形成望族，并以渤海郡为郡望。宋代以后，在南方地区有较大发展，以"吉州欧阳"较为知名，江西的吉安、崇仁、婺源、永新、泰和、安福及湖南、湖北、福建均有分布。明代以来，又分布到了湖北、广东、江苏、浙江、河南等地。在当今中国姓氏中，欧阳氏依人口数量排在第169位，在全国有一定分布，尤以湖南、江西、广东等地为多。

【祖源遗存】

伦邑：见曾姓下"伦邑"介绍。

【相关资源】

[故里故居]

画舫斋：位于滑县旧城内东南隅，为欧阳修任滑州通判时所建的"燕私之居"。斋宽1间，深7间，入室如同入舟，故名。其后有楼房1座，据说为欧阳修夜读之处，《秋声赋》即成于此楼，故名"秋声楼"。画舫斋等建筑今俱废，但遗址可寻。欧阳修（1007—1072），字永叔，号醉翁。北宋中叶杰出的政治家、文学家、历史学家和金石学家，著名的"唐宋八大家"之一，在北宋乃至中国历史上都影响深远。著有《欧阳文忠公文集》。

[墓葬陵园]

欧阳修墓园：有两处。一处位于新郑市辛店镇欧阳寺村北。该园环境优美，北依岗阜，丘陵起伏，南临沟壑，溪流淙淙。陵园肃穆，碑石林立，古柏参天，一片郁郁葱葱，雨后初晴，阳光普照，雾气升腾，如烟似雨，景色壮观，故有"欧坟烟雨"美称，为清代新郑八景之一。该陵园安葬有欧阳修及其夫人薛氏和儿孙。欧阳修墓冢高约5米，周长15米，并排右侧有薛夫人墓。陵园坐北向南，在南北中轴线上建有外照壁、大门、内照壁、东西厢房、大殿，直通陵墓，四周有围墙。外照壁高5米，长6米。大门3间，门前左右有台阶，阶旁各有一衔环石狮。内照壁与围墙同高，将庭院分为前后两部分，左右各有便门。庭院中间修有南北甬道，直达大殿。甬道两侧立石猪、石羊雕塑，对称排列。甬道两侧各建厢房3间。大殿又称拜殿，共3间。内设暖阁1座，牌位1座，神幔1挂，供桌1张，锡香炉1个，锡烛台1对。殿前有祭台，祭台前左右各侍立1文官石雕像。陵园有宋、元、明、清石碑40多通，其中有苏轼撰"神道碑"。松柏参天挺拔，四季长青。2006年，被国务院公布为全国重点文物保护单位。另一处位于通许县练城乡欧阳岗村。原墓葬东西长80米，南北宽7米，墓碑基本完整，碑文有"六一居士"4字。

欧阳修衣冠冢：位于新密市大隗镇小侯庄村西北。现存封冢高8米，周长80米，传为北宋欧阳修衣冠冢。

[碑碣刻石]

王太师画像记碑：位于滑县白道口镇大刘营村东铁枪寺内。北宋庆历二年（1042）滑州通判欧阳修出巡时经此，为纪念五代勇将王彦章，欧阳修触景生情，亲自撰写了《王太师画像记》碑文，刻之于石，以讴歌王彦章一生功绩。原碑毁于明正德年间，现碑为明隆庆四年（1570）重刻。

欧阳修夫人薛氏墓志：现保存于新郑市博物馆。薛氏墓志石长0.74米，宽0.72米，厚0.22米。铭文为北宋著名文学家、翰林学士苏辙撰，全文楷书36行，每行37字，共约1300字。薛氏为欧阳修继配第三位夫人。

欧阳寺敬谒碑：位于新郑市辛店镇欧阳寺村。碑高1.6米，宽0.6米，厚0.14米。明嘉靖十年（1531）立。碑文系谒欧阳修墓有感而书。

重修欧阳寺碑记：位于新郑市辛店镇欧阳寺村。碑高2米，宽0.62米，厚0.18米，清乾隆四十一年（1776）立。白星撰文，白泰文书丹，赵松刻石。碑文记述寺在欧阳文公墓之坤隅，故以"欧阳寺"为名，并记述重修该寺经过。

152. 管

【姓氏源流】

管氏出自姬姓，以国为氏。周武王灭商之后，封其弟叔鲜于管（今河南郑州市管城区），建立管国，世称管叔。不久，商纣王之子武庚与管叔合谋叛乱，为周公旦所杀。管叔卒后，他的后代就以"管"为氏，是为管氏。

先秦时期在以郑州为中心的中原一带生息繁衍。汉代以后不断外迁，在今山东、山西形成聚居中心，并在平原、晋阳两地形成望族。宋代以来，南迁到浙江、安徽、江苏等地。在当今中国姓氏中，管氏依人口数量排在第170位，主要分布于山东、江苏、安徽等地。

【祖源遗存】

郑州管城：管国都邑一般认为在今郑州市内，即郑州商城遗址所在地。因管国存在时间太短的缘故，郑州市区内几乎没有商末周初的遗存，管国城邑是否在此令人生疑。《左传·僖公二十四年》杜预注曰："管国在荥阳京县东北。"郑州市文物考古研究院在郑州市西北郊多次发现周初文物,并清理了一座西周初年的贵族铜器墓及其他同期墓葬,使管国遗址在郑州西北部一带的可能性增加。

【相关资源】

[祠堂寺庙]

管氏祠堂:位于濮阳市胡村乡四家户村。清代乡绅管氏家祠。大门硬山灰瓦顶,左右廊房已改观。正房面阔3间,硬山灰瓦顶,有脊饰。

【人物名录】

元朝有管祎(光山)。

153. 柴

【姓氏源流】

柴氏出自姜姓,以名为氏。春秋时候,齐文公子高之孙名高傒,高傒的十世孙高柴是孔子的贤徒之一。高柴的孙子以祖父名作为姓氏,称为柴氏。

源自春秋时代齐国公族的柴氏,汉唐间在汝阳形成望族,因此柴氏有"姓启柴举,望出汝阳"之说。另外,平阳也是柴姓家族的郡望之一。宋代以来,河北、山西、山东、河南、浙江、江西、陕西、天津、吉林、辽宁等地均有柴姓族人分布。在当今中国姓氏中，柴氏依人口数量排在第171位，在全国有一定分布，尤以河南、山西、河北等地为多。

【相关资源】

[墓葬陵园]

柴荣墓：位于新郑市城北18千米处郭店镇陵上村西100米处，又称庆陵。现存冢高约15米，周长105米，保存尚好。陵前原有御制祭（祝）文碑44通，现存35通，多数下半截埋入土中，其中7通仅露碑首。柴荣（921—959），邢州龙冈（今河北邢台市）人。五代后周皇帝，即周世宗，954—959年在位。

柴宗训墓：位于新郑市城北18千米处郭店镇陵上村东北约300米处，又称顺陵。冢高4米，周长约40米。柴宗训（953—973），后周恭帝，959—960年在位，为五代后周最后一位皇帝。

[其他遗存]

卸花城：见华姓下"华阳故城"介绍。五代后周世宗柴荣卒后葬于华阳故城西，相传柴荣女儿来祭奠其父，均在此换装，故华阳故城又叫"卸花城"。

【人物名录】

五代有柴再用（汝南）。北宋有柴通玄（灵宝）。明朝有柴升（内乡）。

154. 鲍

【姓氏源流】

鲍氏有两个来源：一出自姒姓，以邑为氏。夏禹裔孙杞国公子敬叔任齐国大夫，食采于鲍，以"鲍"为氏。二为鲜卑族复姓所改。南北朝时，北魏有代北复姓俟力伐氏随孝文帝南迁洛阳后，定居中原，汉姓为鲍氏。

战国初，田氏代齐后，居于山东的鲍氏族人逃往今河北、河南、山东、江苏等地。秦汉之际，已分布于黄河中下游地区，并有一支进入安徽。魏晋南北朝时期，繁衍于山东、江苏间，在东海郡之地的鲍氏族人人丁兴旺，名人辈出，由此形成了鲍氏的东海郡望。而繁衍于上党、泰山、河南郡的鲍姓亦呈族大人众、名家辈出之态，昌盛为鲍姓上党、泰山、河南郡望。除上述地区外，此间鲍氏族人还播迁到了今浙江、湖北等地。唐末至五代，在今江西、湖南、四川等地也有了鲍氏族人的足迹。宋元时期，鲍氏分布到今广东、福建、广西等地。明清时期，鲍氏族人分布区域更加广泛。在当今中国姓氏中，鲍氏依人口数量排在第173位，在全国有一定分布，尤以安徽、浙江、江苏、山东、湖北等地为多。

【祖源遗存】

汉魏故城：见周姓下"汉魏故城"介绍。

155. 华

【姓氏源流】

华氏出自子姓，以邑为氏，源于河南。春秋时期，宋戴公子考父受封于华邑（故址在今河南新郑市北，一说在今陕西华阴市一带），他的子孙便以封地名为姓，世代相传为华氏。

先秦时期活动于江苏、河南、安徽一带，汉唐时在江苏、湖北、河北等地繁衍，形成武陵、平原、沛国三大郡望。自隋至清，无锡华氏代有名人，明清时期在安徽、江苏、浙江、山东、福建、东北等地均有分布。在当今中国姓氏中，华氏依人口数量排在第174位的姓氏，在全国有一定分布，尤以江苏、浙江、河南、安徽等地为多。

【祖源遗存】

华阳故城遗址：位于新郑市区北20千米的华阳寨村。原为华子国（简称华国）的都城。郑国东迁后，灭掉华国，此城遂成为郑国重要城邑之一。《史记·周本纪》载，周赧王"四十二年（前273），秦破华阳约"，指的就是这里。遗址平面呈南北方向的长方形，周长约3千米。城墙除西南、东南内部分破坏比较严重外，其余基本完整。城墙高4~8米，基宽15~30米，顶宽1~3米，城墙四角和四边的中部均筑有向外凸出的马面高台，用于守城和瞭望。华阳故城，后世曾多次加修，现在所看到的城墙，多已不是春秋战国时修筑。马面是汉唐以后随着砖石结构城墙而出现的，清代修建的南城门上青石门额刻有"古华邑"3个字。城内分布着许多台基、墓葬、灰坑、水井等古代文化遗存，城墙内外出土有陶器、铜镞、人骨等。

宋国故城：见宋姓下"宋国故城"介绍。

三陵台：见宋姓下"三陵台"介绍。

【相关资源】

[墓葬陵园]

华佗墓：有三处。一处位于许昌县苏桥镇石梁河西岸。墓呈椭圆形，高4米，占地360平方米。墓前有清乾隆十七年（1752）立石碑1通，楷书"汉神医华公墓"。墓地六角形，青砖花墙环绕，翠柏青松掩映。1985年中华全国中医学会河南分会在许昌召开"华佗学术研讨会"，镌立"东汉杰出医学家华佗之墓"石碑1通。1993年，华佗墓被许昌市人民政府公布为市级文物保护单位。一处位于沈丘县城西南隅，墓高5.6米，面积110平方米。据《沈丘县志》记载，此墓为三国名医华佗之墓，墓南原有华佗寺，今寺已废。传说华佗被曹操杀害后，适逢大水，从颍河上游漂来一口棺材，言装的是华佗尸首，被当地李太守厚葬于此。一处位于项城市郑郭镇东南华佗寺北500米处。据传东汉末年，项城市一带瘟疫流行。正巧华佗带领樊阿、吴普几个徒弟游乡行医经过这里，他们用土方治好了当地东小楼、西小楼村的病人，控制住了这一带的疫情。华佗被害后，人们准备将其遗体运回华佗故里谯郡安葬。当灵车行至今华佗寺村时，遇上阴雨天气，大雨滂沱，数日不住，灵车无法继续前行，在当地百姓的恳请下，华佗遂被安葬在此。华佗（？—208），字元化，沛国谯（今安徽亳州市）人。东汉杰出的医学家，被誉为神医，精通内、外、儿、妇、针灸等科，特别擅长外科，首创世界手术麻醉药"麻沸散"。曹操闻华佗名征召其来许，华佗不从，后被曹操所害。

[祠堂寺庙]

华佗寺遗址：位于项城市郑郭镇东南8千米处，是当地群众为纪念东汉神医华佗自发修建的寺庙。寺庙占地3.2万平方米，前后三院，早已不存。现在旧址上建庙房3间，占地200平方米，周围绿树成荫。平时前来烧香祭奠祈祷平安者络绎不绝。农历九月九日有庙会，更是香火鼎盛。

156. 祁

【人物名录】

春秋有华元（商丘）。五代有华温琪（夏邑）。

【姓氏源流】

祁氏有三个来源：一是黄帝有25子，得姓者14人为12姓，其中有祁姓。二以名为氏。周时司马祁父之后，以"祁"为氏。三出自姬姓，以邑为氏。春秋时晋献侯四世孙奚为晋大夫，食邑于祁，其后以"祁"为氏。

先秦时期在今山西、河北、河南等省繁衍，并不断向周围地区迁徙。魏晋南北朝时期，已播迁到长江以南的浙江，但其生活重心仍然在北方，并在太原、扶风形成望族。隋唐时期，祁姓在北方分布更广，今山东、甘肃都有祁姓人入居。两宋之际，尤其是南宋以后，南方之祁姓逐渐兴旺起来，今安徽、江苏、浙江、江西等地都有祁姓人定居，名载史册之南方籍祁姓人士也逐渐多了起来。明清两代，祁姓在全国分布更广。在当今中国姓氏中，祁氏依人口数量排在第176位，以江苏、甘肃、河南、河北等地为多。

【祖源遗存】

新郑黄帝故里：见熊姓下"新郑黄帝故里"介绍。
宋国故城：见宋姓下"宋国故城"介绍。

【人物名录】

北宋有祁廷训（洛阳）。明朝有祁伯裕（滑县）。

157. 房

【姓氏源流】

房氏有两个主要来源，均源于河南。一是出自陶唐氏，是尧的后代。尧有个儿子开始被封于丹水，人们称他为丹朱。因为他没有治理天下的能力，尧就把帝位让给舜了。舜又把丹朱封到房（今河南遂平县），建立房国，为房侯。丹朱的儿子陵，以父封地为姓，称房陵，其后遂为房姓。二为鲜卑族姓氏所改。南北朝时，北魏屋引氏随孝文帝迁都洛阳，改为房氏。

先秦时期主要在发源地及周边的山东、河北、山西一带发展繁衍，并于汉唐间在清河、济南等地形成望族，以后不断向外迁徙。在当今中国姓氏中，房氏依人口数量排在第178位，人口分布于全国各地，尤以山东、江苏、广东、河南、河北等地为多。

【祖源遗存】

丹朱墓：见朱姓下"丹朱墓"介绍。

房陵故城：也称吴房故城，位于遂平县城关，南临汝河。故城呈东西长方形，周长3774米，面积约87.9万平方米。据史料记载，其为楚房子国故地。故城原有东、西、南、北四门，明天启元年（1621），知县胡来进增筑小东门。城墙历经毁坏，东、南两面已全部夷为平地。西城墙残存长33米，高1～2米；北城墙残存3段，共长550米，高3～7米；城墙西北角保存相对较好。从城墙的断面看，城墙为夯筑，有修补痕迹。修补的夯土中央夹杂有汉代和明清时期的砖瓦片。

汉魏故城：见周姓下"汉魏故城"介绍。

【相关资源】

[墓葬陵园]

房宽墓：位于西华县叶埠口乡房坟村。现存大型砖券墓，墓前存后人立石碑2通。房宽为汉代地方名士，该村因此得名。

[祠堂寺庙]

房公祠：位于卢氏县东明镇祁村湾村北。现存清代建筑，正殿、献殿各3间，均为硬山灰瓦顶。1984年重加修复。房琯（697—763），字次律，河南（治今河南洛阳市）人。唐开元中，曾官卢氏令。官至吏部尚书、同中书门下平章事。任卢氏令时，灾年放粮赈济，当地百姓为之建生祠祭祀。

【人物名录】

隋朝有房恭懿（洛阳）。唐朝有房融、房琯、房孺复、房启、房式、房千里（均洛阳）。明朝有房宽（淮阳）、房安（汝南）。

158. 滕

【姓氏源流】

滕氏出自姬姓，以国为氏。武王克商后，文王第14子叔绣受封于滕，建立滕国，战国初被越国所灭。不久复国，后又被宋国所灭。亡国之后的滕国王族子孙以国名作为自己的姓氏，就是滕氏。后又有一部分滕氏因避难改为腾氏。

早期分布于河南、山东、江西等地。汉代以后不断向外迁徙，唐代以前在今浙江、安徽、江西等地已有了滕氏族人足迹，不过其生活重心仍在中原，并在开封、南阳形成望族。宋明以来主要分布在今江苏、浙江、山东、河南、湖南、湖北、辽宁、黑龙江、广西等地。在当今中国姓氏中，滕氏依人口数量排在第179位，在全国有一定分布，尤以山东、湖南、广西、江苏等地为多。

【人物名录】

北宋有滕宗谅（洛阳）、滕康（商丘）。元朝有滕斌（商丘）。明朝有滕昭（汝州）。

159. 屈

【姓氏源流】

屈氏有两个来源：一源自芈姓，以邑为氏。春秋时楚武王的儿子瑕任楚国莫敖，受封于屈，地点在今湖北秭归一带，其后代以"屈"为氏。二为鲜卑族复姓所改。南北朝时，北魏有代北复姓屈突氏随魏孝文帝南迁洛阳后，定居中原，汉姓为屈氏。

先秦时期，屈氏作为楚国公族在该国的政坛上发挥了重要作用，主要在今湖北境内繁衍。楚国灭亡之后，屈氏子孙四散，唐代以前已播迁到今浙江、湖南、河南、辽宁等地，并在河南、临海形成望族。宋代以来，已播迁到今陕西、山西、江西、江苏、湖北、重庆、山东、广东等地。在当今中国姓氏中，屈氏依人口数量排在第180位，在全国有一定分布，尤以陕西、湖南、河南等地为多。

【祖源遗存】

汉魏故城：见周姓下"汉魏故城"介绍。

【相关资源】

[其他遗存]

屈原岗：位于西峡县回车乡屈原岗村东，岗脊上建有屈夫子庙，有刻石两方：一方为神位碑，另一方记载兴建此殿之事。碑阴记述楚怀王途经此岗时，拒听屈原劝谏而战败悔恨之事。后人为纪念屈原而立碑于岗上，故得名"屈原岗"。屈原（约前340—约前278），战国时期楚国诗人，名平，字原。代表作《离骚》《九章》《九歌》《天问》。在楚国地方文艺基础上，创造骚体这一新的文学形式。出身楚国贵族，因深感无力挽救楚国危亡，又深感政治理想无法实现,投汨罗江而死。

【人物名录】

北宋有屈鼎(开封)。清朝有屈有信(汝州)、屈超乘(灵宝)。

160. 解

【姓氏源流】

解姓有三个来源:一源自嬴姓,以邑为氏。秦非子之后裔自裴迁解(故城在今河南洛阳市南),其后人以邑为氏。二源自姬姓,以邑为氏。周武王有一个儿子叫唐叔虞,虞之子食采于解,其后以"解"为氏。三为鲜卑族复姓所改。南北朝时,北魏代北复姓解批氏改汉姓为解。

早期主要在今山西、山东、河南境内繁衍。汉唐间在雁门、平阳、济南形成望族。宋元时期,在今江西、陕西、河北等地均有解氏族人的足迹。明清以来,生活区域进一步扩大。在当今中国姓氏中,解氏依人口数量排在第182位,在全国有一定分布,尤以山东、河北、安徽、江苏、山西、河南等地为多。

【祖源遗存】

汉魏故城: 见周姓下"汉魏故城"介绍。

161. 艾

【姓氏源流】

艾氏主要有三个来源：一以王父字为氏。夏朝少康时有大臣汝艾（一作女艾），其后人以祖字为姓，即艾氏。二以邑为氏。春秋时期，齐国有位大夫名孔，食采于艾山，人们就叫他孔艾。他的后代，便以艾作为自己的姓氏，就是艾氏。三为北魏鲜卑族复姓所改。北魏有代北复姓去斤氏，进入中原后汉化，改为单姓艾。

先秦时期活动于河南、山东一带，后不断向外迁徙，汉唐间在陇西、河南、天水等地形成望族。宋代以后，分布到了今江西、江苏、陕西、湖北、四川、上海和东北等地。在当今中国姓氏中，艾氏依人口数量排在第184位，在全国有一定分布，尤以湖北、江西、湖南、四川等地为多。

【祖源遗存】

伦邑：见曾姓下"伦邑"介绍。
汉魏故城：见周姓下"汉魏故城"介绍。

162. 尤

【姓氏源流】

尤氏源自沈姓。五代时期王审知在福建建立闽国，称闽王。闽国沈氏族人为避王审知名讳，去水改姓尤氏。

五代至两宋，尤氏除继续繁衍于福建外，已开始播迁于福建周边省份。宋末，元兵大举南侵，宋赵王朝丧失故地，节节败退。尤氏族人或仕宦，或逃难，迁入广东、江西、湖北、湖南等地。宋末至元，尤氏在北方繁衍兴旺。在当今中国姓氏中，尤氏依人口数量排在第185位，以江苏、福建、安徽、河南等地为多。

【人物名录】

明朝有尤时熙（洛阳）。

163. 阳

【姓氏源流】

阳氏主要有三个来源：一出自姬姓，以国为氏。周代有阳国，后被齐国灭亡，子孙以"阳"为氏。二出自姬姓，以邑为氏。周景王封少子于阳樊（今济源市东南），后裔避周乱奔燕，遂以"阳"为氏。三为鲜卑族复姓所改。南北朝时，北魏有代北复姓莫胡卢氏，随北魏孝文帝南迁洛阳后定居中原，汉姓为阳氏。

先秦时期在今河南、山东一带繁衍。汉魏间，已播迁到今天津、河北一带。南北朝时期，鲜卑族阳氏族人的加入，壮大了今河南、山西等地的阳氏队伍。唐代以前，主要在北方发展，并在玉田形成望族。自宋代开始，阳氏族人的生活重心明显南移。从载于史册的名人籍贯看，两宋时，阳氏已播迁到今江西、福建一带。明清以来，阳氏生活区域继续扩大，今湖南、湖北、浙江、广西等地也都有了阳氏族人的足迹。在当今中国姓氏中，阳氏依人口数量排在第186位，在全国有一定分布，尤以湖南、四川两省为多。

【祖源遗存】

阳樊故城：阳邑，在今河南济源市东南。晋文公四年，文公勤王有功，周襄王赐晋河内阳樊之地。这里是阳氏的重要发源地。

汉魏故城：见周姓下"汉魏故城"介绍。

164. 时

【姓氏源流】

时氏有两个来源：一出自子姓，以邑为氏。春秋时宋国大夫来受封于时邑，子孙以"时"为氏。二出自芈姓，以名为氏。春秋时楚国大夫申叔时的后人，以"时"为氏。

先秦时期在其发源地河南、湖北等地繁衍，并不断向周围地区迁徙，汉代以前已播迁到今河北、山东、浙江等地。魏晋南北朝，巨鹿、陈留、陇西等地时氏发展迅速，并昌盛为当地望族。隋唐时，时氏族人已开始南迁，定居安徽、江苏等地，到两宋时，江浙一带之时姓名人渐多,由北方迁居江南之地者也渐渐多起来。明清两代,时氏生活区域进一步扩大。在当今中国姓氏中,时氏依人口数量排在第187位,尤以河南、山东、江苏为多。

【祖源遗存】

宋国故城:见宋姓下"宋国故城"介绍。

【人物名录】

北宋有时彦(开封)。

165. 穆

【姓氏源流】

穆氏有两个来源:一出自子姓,以谥为氏。春秋时宋穆公的支庶子孙以其谥号作为自己的姓氏,就是穆氏。二为鲜卑族复姓所改。丘穆陵氏,随北魏孝文帝迁都洛阳定居中原以后,汉姓为穆氏。

汉代以前主要在今河南、山东等北方地区繁衍。魏晋南北朝时,从北朝当政的代郡穆崇家族看,当时已任职于江淮以北各州郡,但生活重心仍然在今河南境内,形成了河南、河内穆氏望族。唐宋以来,在山西、山东、河南、河北、甘肃、江苏、浙江、天津、上海及东北地区均有分布。在当今中国姓氏中,穆氏依人口数量排在第188位,在全国有一定分布,尤以贵州、山东、河北、河南、山西、陕西等地为多。

【祖源遗存】

微子墓：见宋姓下"微子墓"介绍。
汉魏故城：见周姓下"汉魏故城"介绍。

【相关资源】

[故里故居]

穆氏宅：位于商丘市睢阳区广场南二街。原有房舍80余间，现存四合院是中宅院和后楼院，共31间，是我国传统的院落式住宅。穆氏家族是当时归德府城内的"七大家""八大户"之一。

166. 司

【姓氏源流】

司氏有两个主要来源：一以人名为氏。春秋时，郑国有卿士司臣，其后以"司"为氏。二由复姓司寇、司空、司功、司徒、司城等简化而来。

先秦时期在今河南、山东、山西、陕西等地活动，汉唐间在顿丘郡形成望族。宋代以来，从载于史籍的司氏名人籍贯看，今山东、河南、山西、河北为司氏族人的重要生活区域。在当今中国姓氏中，司氏依人口数量排在第190位，在全国有一定分布，尤以河南、山东、安徽、河北、江苏等地为多。

【祖源遗存】

苏国故城：见苏姓下"苏国故城"介绍。
郑韩故城：见何姓下"郑韩故城"介绍。
卫国故城：见石姓下"卫国故城"介绍。

【相关资源】

[墓葬陵园]

司鼐墓：位于新郑市龙湖镇大司村北。现存墓碑1通，碑文记述司氏明初洪武七年（1374）自山西洪洞县断桥河迁至今郑州、新密、通许一带，从事讲学及修缮义举，后子孙繁衍等情况。

司文德墓：位于汤阴县城西2千米处的五里岗东坡。1952年4月5日，郑州铁路局等单位在司文德墓前竖碑碣，刻铭文，褒彰其献身精神。司文德（1896—1926），河南汤阴县人。工人运动领袖、烈士。

167. 古

【姓氏源流】

古氏有三个来源：一出自姬姓。周文王的祖父古公亶父，其后有以"古"为氏者。二以邑为氏。周代有大夫食采于苦城，其后以讹音"古"成为氏。三出自鲜卑族复姓。南北朝时，北魏有代北复姓吐奚氏，迁入中原后改为古氏。

先秦时期在今河南、陕西一带繁衍，并不断外迁，汉时便有古氏族人在今湖南境内生活。魏晋隋唐间，在新安、新平、河内等地形成望族。宋代以后，古氏族人生活重心南移，今广东境内生活的古氏族人增多。在当今中国姓氏中，古氏依人口数量排在第192位，在全国有一定分布，尤以广东、四川两省为多。

【祖源遗存】

古（苦）国故城：古，又作"苦"。商代有古方，周代有古国，汉代有苦县，在今河南鹿邑太清宫镇一带。老子为"苦县厉乡曲仁里"人，即此。

汉魏故城：见周姓下"汉魏故城"介绍。

【人物名录】

北齐有古道子（沁阳）。明朝有古朴（淮阳）。

168. 吉

【姓氏源流】

吉氏有两个来源，均源于河南。一源自姞姓。黄帝有个裔孙叫伯儵，受封于南燕（在今河南延津县境），赐姓姞。后世子孙省去"女"旁，为吉氏。二出自姬姓，以王父字为氏。周宣王时有大臣叫尹吉甫，能文能武，为周朝的中兴立下了显赫战功。他的家族很昌盛，子孙后代中有以他的字为氏者，称为吉氏。

唐代以前主要在今河南、陕西境内生息繁衍，并在冯翊、洛阳两地形成望族。宋代以来，吉姓迁徙到了广西、安徽、江苏等地。

在当今中国姓氏中，吉氏依人口数量排在第193位，主要分布在江苏、海南、山西、河南、河北、四川等地。

【祖源遗存】

南燕故城：在今延津县东约17千米处。南燕事迹只见于春秋前期，《左传·隐公五年》载：前718年四月，"郑人侵卫牧，以报东门之役，卫人以燕师伐郑"，"六月，郑二公子以制人败燕师于北制"。前649年郑文公有妾曰燕吉，生子曰兰。《史记·郑世家》《左传·宣公三年》也有相同内容。这时南燕国尚存，以后不见有南燕国的记载，其约在春秋中期被卫国吞并的可能性最大。

【相关资源】

[故里故居]

吉鸿昌烈士故居：位于扶沟县吕潭镇。1931年吉鸿昌学校校董会为吉鸿昌所建住宅，为传统四合院式，原有房屋22间，抗日战争期间被黄河淹没，仅存正房5间，东西厢房各6间，均为硬山民宅建筑。1985年按原貌重新修葺。吉鸿昌（1895—1934），河南扶沟县人。著名抗日英雄，1934年11月在北平就义。

[墓葬陵园]

吉澄墓：位于濮阳县柳屯乡吉家堂村东北。面积约900平方米，墓冢高3米，曾出土有墓志等。吉澄，明代开州（今河南濮阳市）人。明嘉靖年间巡抚。

吉鸿昌墓：位于郑州市烈士陵园内。吉鸿昌原葬于故里，后葬郑州。其墓用水泥砌成长方形，墓前立一石碑，碑首嵌有吉鸿昌烈士瓷像。距墓冢90米处建有纪念碑和纪念亭。纪念碑上镌刻"吉鸿昌烈士纪念碑"8个大字。墓冢四周松柏翠绿，庄严肃穆。

[碑碣刻石]

吉氏谱系碑：位于偃师市邙岭乡吉家沟。碑为八角形，中心安轴可转动。高1.16米，每面宽0.2米。清咸丰二年（1852）立。碑载明末"匪贼作乱"而家谱失传，遂又补之，记吉姓家族由山西迁天津，又由天津迁偃师之事。

吉鸿昌渡黄河纪念碑：原立于巩义市区西北7千米南河渡镇寺湾村的黄沙峪，现已断裂为两块，分别存于扶沟县吉鸿昌烈士纪念馆和巩县石窟寺。1927年，吉鸿昌任国民革命军第二集团军十九师师长时，率部响应北伐，由陕入豫，5月抵巩县，与奉军隔黄河对峙。7月3日，吉鸿昌以迅雷不及掩耳之势，从黄沙峪抢渡黄河，击溃汤玉麟部，乘胜追击，直达新乡、汲县。为此，特在黄沙峪亲书"天堑飞渡"碑立石纪念。

[其他遗存]

吉鸿昌将军纪念馆：位于扶沟县城南关。前身为扶沟县烈士陵园，筹建于1962年，1964年陵园建成，1979年筹建吉鸿昌烈士纪念馆，在其牺牲50周年即1984年之际，更名为吉鸿昌将军纪念馆。纪念馆占地6300平方米，由山门、广场和展厅组成。大门为仿古式门楼，上书"吉鸿昌将军纪念馆"。纪念馆广场正中央由花岗岩砌成的底座上，竖立着戎装的吉鸿昌将军半身铜像。纪念馆主展馆展厅面积为190平方米，展出实物10件，展出版面163幅，主要介绍吉鸿昌生平事迹。东侧为名人书画馆。

【人物名录】

唐朝有吉顼、吉温（均洛阳）。明朝有吉澄（濮阳）。

169. 缪

【姓氏源流】

缪氏出自嬴姓，以谥为氏。春秋时，秦国有秦穆公（秦缪公），为春秋五霸之一，他的支庶子孙就以他的谥号为姓，称缪氏。

先秦时期在今陕西、河南境内繁衍，并不断外迁。魏晋南北朝时，兰陵缪氏非常兴旺，并形成兰陵郡望。宋时，已播迁到今江西、福建、湖南、江苏、湖北等南方地区。明清时期，生活区域进一步扩大，贵州、云南等边远地区也有了缪氏族人的足迹。在当今中国姓氏中，缪氏依人口数量排在第194位，在全国有一定分布，尤以江苏、浙江、四川、江西、安徽等地为多。

【人物名录】

东汉有缪肜（鄢城）。

170. 车

【姓氏源流】

车氏主要有四个来源：一以名为氏。黄帝时，有个看星象的大臣名叫车区，是个受人尊重的巫卜，有很高的地位。他的子孙便以祖先名字为姓，世代相传姓车。二以事为氏。据《元和姓纂》所载，汉武帝时丞相田千秋年老，诏令其可乘小车出入省中（朝廷），时号"车丞相"。子孙因以为车氏。三来源复姓子车。春秋时，秦穆公有个出名的大夫叫子车奄息，其后代有的改为单姓车。四为北方少数民族改姓。南北朝时鲜卑族代北复姓车非氏、车裩氏进入中原后，皆改为单姓车氏。

先秦时期主要在河南、陕西、山东等地繁衍，魏晋隋唐间迁徙到湖南、安徽、福建等地，并在鲁国、南平、淮南、河南等地形成望族。在当今中国姓氏中，车氏依人口数量中排在第196位，在全国有一定分布，尤以山东、黑龙江、四川、辽宁、吉林、陕西等地为多。

【祖源遗存】

新郑黄帝故里：见熊姓下"新郑黄帝故里"介绍。
汉魏故城：见周姓下"汉魏故城"介绍。

【人物名录】

明朝有车明兴（许昌）。清朝有车文（太康）、车钺（开封）。

171. 项

【姓氏源流】

项氏出自姬姓，以国为氏。周代有项国，在今河南沈丘县与项城市一带，为姬姓子爵国，春秋时被齐国所灭，其后以项为氏。

先秦时期，主要在今河南境内繁衍，并向周围地区迁徙。秦汉时，在今江苏、安徽、湖北、江西及北方的河北、山西等地都有了项氏族人的足迹，尤其是西楚霸王项羽更是家喻户晓，妇孺皆知。魏晋南北朝至隋唐间，项氏较为沉寂，载于史籍的名人寥寥无几。姓氏书籍记载项氏郡望为辽西，说明当时在今河北、辽宁一带的项氏是比较兴旺的。两宋时期，项氏名人辈出，从其籍贯上看多为今浙江、湖南、安徽人。明清时期，项氏族人生活重心仍然在南方，并继续向南播迁。在当今中国姓氏中，项氏依人口数量排在第197位，在全国有一定分布，尤以浙江、安徽、湖北、江西、江苏等地为多。

【祖源遗存】

项国故城：《括地志》载，今陈州项城县城即古项子国。《太平寰宇记》载："项国城在今县北一里。"项国故城实际位于今沈丘县槐店镇西侧。地表城墙已经没有遗迹，但地下有5米厚的文化层，发现有大量的房基与灶及城门基址。

【相关资源】

[其他遗存]

楚河汉界遗址：见刘姓下"楚河汉界遗址"介绍。

霸王城：位于荥阳市东北的广武山上。这里两山对峙，上有两座古城。西城为刘邦所筑，称"汉王城"；东城为项羽所筑，称"霸王城"，后人习惯称为"汉霸二王城"。两座城北临黄河，西、南山峦起伏，地扼东西咽喉，形势险要，自古为兵家必争之地。汉王城东西长530米，南北残长190米。霸王城东西长400米，南北残长340米。城墙基本相同，宽10余米。城墙断壁，夯土层分明。附近常发现铜、铁箭镞。

【人物名录】

西汉有项生（商丘）。

172. 连

【姓氏源流】

连氏有三个来源：一出自姜姓，以名为氏。春秋时齐国有大夫连称，其后以"连"为氏。二出自芈姓，以官为氏。春秋时楚国公族有连敖、连尹之官，其后以"连"为氏。三为鲜卑族复姓所改。北魏时鲜卑族是连氏进入中原后改汉姓为连氏。

先秦时期主要在今山东、河南、湖北一带繁衍。汉唐间，不断向外迁徙，播迁到了今福建、山西等地，但生活重心仍在北方，并在上党形成望族。自宋代开始，生活重心明显南移，今福建、湖北、浙江等地的连氏族人异常兴旺，名人辈出。明清时期，生活区域进一步扩大，安徽、湖北、山东、福建、浙江、山西、河南、陕西、广东、四川等地均有了连氏族人的足迹，并有连氏族人漂洋过海移居台湾。在当今中国姓氏中，连氏依人口数量排在第198位，在全国有一定分布，尤以福建、河南、广东、河北等地为多。

【祖源遗存】

汉魏故城：见周姓下"汉魏故城"介绍。

173. 褚

【姓氏源流】

褚氏有两个来源，均源自河南。一出自子姓，以邑为氏。春秋时，宋恭公之子名段，字子石，食采于褚邑（今河南商丘市），其后代子孙遂以"褚"为氏。二以职官为氏。春秋时，宋、卫、郑等国都设有褚师之官，亦称作市令，主管集市贸易。其后代有人以官名为姓氏，为褚师氏，简为单姓褚氏。

先秦时期主要在今河南省境内繁衍。西汉前期已迁居到今山东、江苏境内。魏晋南北朝时期，褚氏尽管已播迁到了今浙江等地，但阳翟褚氏家族依旧枝繁叶茂，并因此形成褚氏的河南郡望。唐、宋两朝，褚氏族人生活重心南移，今浙江、江苏、四川褚氏族人渐多。明清时期，褚氏生活区域进一步扩大。在当今中国姓氏中，褚氏依人口数量排在第201位，在全国有一定分布，尤以山东、浙江、河北、江苏、河南等地为多。

【相关资源】

[碑碣刻石]

伊阙佛龛之碑：亦称"褚遂良碑"。篆额题"伊阙佛龛之碑"。贞观十五年（641）刻于洛阳龙门石窟壁宾阳洞内。这里因伊水东西两岸之香山和龙门山对峙如天然门阙，故古称"伊阙"，隋唐以后，习称"龙门"。"伊阙佛龛之碑"通高约5米、宽1.9米。由中书侍郎岑文本撰文，谏议大夫褚遂良书。字共32行，满行51字，计1600余字。碑文主要记述唐太宗第四子魏王李泰为其母文德皇后长孙氏卒后做功德而开凿，太宗末年李泰与太子李承乾争夺太子位，李泰借为母亲开窟造像做功德，实有获得太宗好感，为自己捞取政治资本的目的。这通碑原应为北魏所雕的宾阳中洞的造窟碑，到了唐代李泰为节省费用，竟就势磨去原有碑文，又重新雕刻成唐碑的。"伊阙佛龛之碑"是早期传世褚书的代表作。为目前国内所见褚遂良楷书之最大者，字体清秀端庄，宽博古质，是标准的初唐楷书。传世墨拓以明代何良俊清森阁旧藏明初拓本为最佳，拓工精致，字口如新，比《金石萃编》所载犹多50余字，曾经清代毕泷、沈志达、费念慈等递藏，现藏中国国家图书馆。有影印本行世。褚遂良（596—658或659），字登善，阳翟（今河南禹州市）人，一作钱塘（今浙江杭州市）人。唐大臣、书法家。唐太宗时，官至中书令。唐高宗即位，封河南郡公，也称"褚河南"。博涉文史，尤工书法。

【人物名录】

西汉有褚少孙（禹州）。东晋有褚裒（禹州）。南北朝有褚裕之、褚湛之、褚渊、褚炫、褚翔、褚该、褚玠（均禹州）。唐朝有褚亮、褚遂良、褚璆（均禹州）。

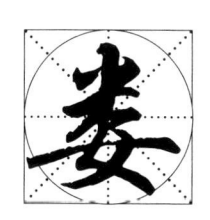

174. 娄

【姓氏源流】

娄氏有三个来源：一出自曹姓，以国为氏。春秋时有邾娄国，其后有以"娄"为氏者。二出自姒姓，以邑为氏。西周初，夏代少康后裔封于杞，被楚国所灭，子孙改食采于娄，其后以"娄"为氏。三为鲜卑族复姓所改。北魏鲜卑族复姓匹娄氏、伊娄氏、乙那娄氏入住中原后，均改汉姓为娄氏。

唐代以前主要分布在今山东、河南、安徽、山西、浙江，并在谯郡形成望族。宋元时，在今河南、浙江、江西、河北、江苏、湖南、湖北、山东等地均有分布。明清时期，已遍布全国。在当今中国姓氏中，娄氏依人口数量排在第202位，在全国有一定分布，尤以河南、贵州、山东、浙江等地为多。

【祖源遗存】

杞国故城：杞，商周姒姓国，为夏的后裔，商汤灭夏桀后，就把夏人的一支封于杞。杞国的地域在今杞县及开封市祥符区陈留镇一带。雍丘为杞国都城，秦置雍丘县，隋置杞州，唐以后改为杞县。

汉魏故城：见周姓下"汉魏故城"介绍。

【相关资源】

[墓葬陵园]

娄师德墓：位于原阳县师寨镇安庄村南。墓冢高2.5米，面积约145平方米。墓碑为清代所立，刻有"唐封阁老平章娄贞公之墓"。娄师德（630—699），唐郑州原武（今河南原阳县）人。武周长寿二年（693）官至龙凤阁鸾台平章事，执朝政。

娄志德墓：位于项城市李寨镇娄庄北。娄志德（1479—1546），明代项城人。明正德年间进士，官至山东巡抚，卒谥庄肃公。

【人物名录】

西汉有娄寿（南阳）。东汉有娄圭（南阳）。唐朝有娄师德（原阳）。明朝有娄良（通许）。清朝有娄阿巢（沁阳）。

175. 窦

【姓氏源流】

窦氏有两个来源,均源于河南。一出自姒姓,以事为氏。夏朝国君相被杀时,其妃有仍氏有孕在身,从窦(墙洞)中逃出,奔归娘家有仍,生下了遗腹子少康。少康次子留居有仍,以"窦"为氏。二为鲜卑族复姓所改。北魏时纥豆陵氏随孝文帝入居中原,改汉姓为窦氏。

先秦时期在河南、山东、山西一带活动,汉唐时迁徙到山东、山西、河北、陕西、辽宁等地,在扶风、观津、河南三地形成望族。宋明以来,开始南迁,则以江浙为活动中心。在当今中国姓氏中,窦氏依人口数量排在第203位,在全国有一定分布,尤以江苏为多。

【祖源遗存】

伦邑：见曾姓下"伦邑"介绍。

汉魏故城：见周姓下"汉魏故城"介绍。

【相关资源】

[墓葬陵园]

窦建德墓：有两处。一处位于荥阳市汜水镇廖峪村北地。冢高11米,周长97.5米。另一处位于新密市北6千米袁庄乡姜沟村。冢高9米,周长147米,原冢高大,现呈锥形,当地人称为"窦王冢"。窦建德(573—621),清河漳南(今河北故城县)人。隋末农民起义军领袖,大业十四年(618)称夏王。唐武德四年(621)在虎牢关被李世民所俘。

窦氏祖墓：位于沈丘县槐店回族镇西北隅。墓封堆已夷为平地。现仍存清康熙五十九年（1720）立石碑1通。碑高1.5米，宽0.7米，厚0.15米。碑阳刻古项窦氏始祖之墓，碑阴刻窦氏寄籍项城的缘由等。现已建碑楼保护。

[其他遗存]

虎牢关：位于荥阳市汜水镇，因西周穆王在此牢虎而得名。这里秦置关、汉置县，以后的封建王朝，无不在此设防。虎牢关南连嵩岳，北濒黄河，山岭交错，自成天险。大有"一夫当关，万夫莫开"之势，为历代兵家必争之地，"三英战吕布"更使其名声大震。初唐"武牢之战"时，李世民据此关险阻战窦建德。窦军于关前逼城而阵，因轻敌兵败，10万大军溃于一旦。

建德城：位于荥阳市秦王寨南2千米处。现仅存土寨，传为隋末农民起义军修筑，名建德城。呈长方形，面积约1.3万平方米，南北城墙断续可见，残高3米余。

【人物名录】

南北朝有窦瑾、窦遵（均浚县）。北宋有窦舜卿（安阳）。清朝有窦可权（沁阳），窦克勤、窦容邃、窦容恂、窦玉枢（均柘城）。

176. 岑

【姓氏源流】

岑氏出自姬姓，以国为氏。西周文王的异母弟弟耀的儿子渠被封为子爵，称为岑子，封地在古梁国岑亭，他的子孙后代就以封地名为姓。

岑氏虽然不源于河南，但汉魏隋唐间其活动的中心却在河南，并在南阳郡发展成为望族。宋代以后南迁到广东、广西、福建等地。在当今中国姓氏中，岑氏依人口数量排在第205位，主要分布在安徽、广东、广西等地。

【相关资源】

[墓葬陵园]

岑彭墓：有两处。一处位于尉氏县十八里镇锦背岗村西北隅。墓冢高5米，面积1470平方米。墓前立有石碑，阴刻"汉征南将军舞阴侯岑彭之墓"，立碑年代不详。另一处位于舞钢市八台乡冷岗村东。墓地面积1800平方米，现存墓冢高约1米，石像生和石牌坊毁于1958年。岑彭（？—35），字君然，东汉初南阳棘阳（今河南新野县）人。东汉光武帝刘秀的大将，以功封舞阴侯、征南大将军，后被公孙述派人刺杀。

【人物名录】

东汉有岑彭、岑熙（均新野），岑晊（南阳）。南北朝有岑之敬（新野）。唐朝有岑文本、岑长倩、岑义、岑参（均新野）。北宋有岑宗旦（开封）。

177. 戚

【姓氏源流】

戚氏源于姬姓，以邑为氏。春秋时期，卫国大夫孙林父，受封于戚邑（今河南濮阳市戚城），其子孙以封邑为姓，为戚氏。

先秦时期在今河南、山东一带活动。魏晋南北朝时已有戚氏族人迁徙到了江苏、浙江一带，但其生活重心仍在山东境内，并在东海形成望族。元代以后，逐渐南移，安徽、江西、浙江等地戚氏族人逐渐增多。在当今中国姓氏中，戚氏依人口数量排在第204位，在全国有一定分布，尤以山东、浙江、江苏为多。

【祖源遗存】

戚城：见孙姓下"戚城"介绍。

【人物名录】

清朝有戚名璋（陕州）。

178. 景

【姓氏源流】

景氏有两个来源，均以谥为氏：一出自芈姓。楚国公族之后有景氏。二出自姜姓。周敬王时，齐国君主杵臼去世，谥号为景，史称齐景公，其支庶子以"景"为氏。

先秦时期主要在湖北、山东、河南一带繁衍。汉代以后，景姓人迁徙到了陕西、山西境内，并在晋阳、平阳、冯翊等地形成望族。宋代以来，甘肃、江苏、浙江、四川、贵州等地均有景姓族人分布。在当今中国姓氏中，景氏依人口数量排在第206位，尤以江苏、甘肃、贵州等地为多。

【相关资源】

[故里故居]

景日昣故里：位于登封市东南大冶镇街中路东。现仅存景家祠堂3间，房顶龙兽传为乾隆皇帝所封。祠堂中还存清代碑数通。景日昣，字冬旸，登封大冶人。清康熙三十年（1691）进士，曾任高要县令，后任礼部侍郎，著有《说嵩》等著作。

[墓葬陵园]

景日昣墓：位于登封市唐庄镇陈村西。冢前原有横幅墓志铭一方。茔地前沿有墓阙，阙旁有"奉天敕命"碑1通，康熙四十二年（1703）立，碑面上部刻满文，下部刻汉文，文意为皇帝赞誉景氏美词。神道两旁，对称排列有2米高的石人，1米高的石马、石羊、石猴及4米高的华表等。此墓后遭破坏，现仅存部分石雕。

【人物名录】

五代有景延广（陕州）。清朝有景日昣（登封）。

179. 党

【姓氏源流】

党氏主要有两个来源：一出自姬姓，以邑为氏。春秋时期，晋国有大夫被封到上党，其后代以地名作为姓氏，称为党氏。二为党项族之后。党项，乃为古代少数民族羌人的一支，北宋时，建立西夏政权。其子孙自称为夏后氏的后代,以族名作为姓氏,就是党氏。

唐代以前,主要在山西、陕西、河南境内繁衍,并在冯翊形成望族。宋代以后,山东、江苏等地也有党姓族人分布。在当今中国姓氏中,党姓依人口数量排在第207位,其中陕西党姓人口最多。

【相关资源】

[墓葬陵园]

党公墓:位于驻马店市驿城区刘阁办事处党楼村东。封冢已平毁。存墓碑1通,清乾隆十七年(1752)立。碑首刻"昭兹来许"4字,碑阴楷书记载党公一生以孝敬为本。

180. 宫

【姓氏源流】

宫氏有三个来源:一以职官为氏。周代有负责管理宫门的官职,后代以"宫"命氏。二出自姬姓,以邑为氏。武王克商后,封虞仲于夏墟,又封其子于虞国上宫邑,其后遂以邑名"宫"为氏。三为东宫、南宫、西宫、北宫等复姓所简。

唐代以前宫姓在今河南、山西、山东等北方地区缓慢地繁衍,并在河东、太原形成望族。宋代以后不断迁徙,播迁到了安徽、江苏、浙江及东北等地。在当今中国姓氏中,宫氏依人口数量排在第208位,在全国有一定分布,尤以山东、吉林、辽宁、黑龙江、安徽等地为多。

【祖源遗存】

虞国故城： 位于今虞城县利民镇杨庄村西南，面积约4万平方米。虞国，夏为舜子商均受封之国，虞城县有商均墓。西周时，又为虞仲之封地。也有说，西周虞国地在今山西平陆一带。

【人物名录】

元朝有宫天挺（濮阳）。

181. 费

【姓氏源流】

费氏有四个来源：一出自嬴姓，以字为氏。伯益后裔大费之后以"费"为氏。二出自姒姓，以国为氏。大禹之后有费国，其后以"费"为氏。三出自姬姓，以邑为氏。春秋时，鲁国有大夫食采于费，其后以"费"为氏。四为鲜卑族复姓所改。南北朝时，鲜卑族费连氏、贾莫氏随北魏孝文帝南迁洛阳，改汉姓为费。

先秦时期主要在今河南、山东、湖北境内繁衍。两汉时期，已有费氏族人徙居今四川、贵州、江苏、浙江等地。魏晋南北朝时，江夏费氏家族兴旺，名人辈出，形成费氏的江夏郡望。唐末五代时期，已有费氏族人入迁今安徽、江苏、浙江、福建等地。宋元时期，费氏族人继续南迁，到达广东、广西等地。明清两代，费氏族人生活区域更广。在当今中国姓氏中，费氏依数量人口数量排在第209位，以河北、上海、江苏、安徽、浙江、湖北等地为多。

【祖源遗存】

伯益避启处：颛顼之裔有伯益,因与禹子启争锋而避居于箕山之阳,在今登封市告成镇境内,亦为最早的费国之所在,后又迁到偃师市境内。西周以后,又迁至山东费县一带。

汉魏故城：见周姓下"汉魏故城"介绍。

【人物名录】

东汉有费长房（平舆）。三国有费祎（罗山）。

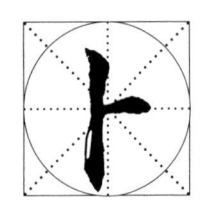

182. 卜

【姓氏源流】

卜氏以官为氏。占卜在古代是一种非常重要的职业,古人用占卜来决定大事,比如祭祀和战争,因此专门从事占卜事务的人是非常重要的人物,一般由氏族部落首领,或者首领的亲族,或者智者、长者担任。按照古代赐姓命氏的做法,长期担任卜巫官职者,其后人便以卜作为自己的姓氏,就是卜氏。由于不同朝代、不同方国都设有卜巫一职,因此,卜氏的源头不止一个,但后世卜人均称自己是卜商（卜子夏）后裔。由于卜商是河南温县人,且其大部分时间在今河南境内活动,因此,卜姓根在河南。

唐代以前卜商后裔迁徙到了今山西、山东等地,但仍以河南卜氏后裔最为兴盛,因此卜姓有"源自夏代,望居河南"之说。经过2000多年的迁徙繁衍,在当今中国姓氏中,卜姓依人口数量排在第

210位，其族人已经遍布河南、山东、山西、江苏、福建、广东、湖南等地，新加坡、印度尼西亚、马来西亚、澳大利亚、日本、美国、加拿大等国也有卜姓族人的足迹。

【祖源遗存】

卜子夏墓：有两处。一处位于温县林召乡卜杨门村。墓冢封土近平，直径9米。墓前立有清康熙三十八年（1699）三月所刻墓碑1通，记述卜子夏生平。另一处位于获嘉县史庄乡邵庄村西北。冢高近4米，面积约150平方米。墓前有清康熙五十五年（1716）卫辉府知府庄廷伟、知县戴承勋所立墓碑，题曰"先贤卜子夏之墓"。

【相关资源】

[墓葬陵园]

卜千秋墓：1976年6月发现于洛阳市面粉厂院内。1986年后迁建于洛阳市古墓博物馆。墓葬年代约为西汉中期稍后的昭帝、宣帝时期（前86—前49）。墓室结构为空心砖建主室，小砖建耳室。室内壁画均在主室。壁画主体部分画在屋脊处由20块特制的小型长方形空心砖并列拼成的狭长带状平面上，画面朝下，与墓的底面平行。壁画内容是男女墓主人分别乘龙持弓、乘三头凤鸟捧金乌，以持节仙翁为前导，在各种神兽的簇拥下，飘然升仙的情景。天界神灵有人首麟身的伏羲和女娲。有以金乌为标志的太阳和以桂树蟾蜍为标志的月亮，代表天地四方的青龙、白虎、朱雀和玄武四神。此外还有士"索室驱疫"的方相氏、人首鸟身的仙人等。

【人物名录】

春秋时有卜商（温县）。西汉有卜式（洛阳）。元朝有卜天璋（洛阳）。

183. 席

【姓氏源流】

席氏为"籍"氏所改。秦末楚汉战争时,为避项羽(名籍)的名讳,籍氏族人改为席氏。

唐代以前主要在今河南、陕西、山西、甘肃等北方地区发展繁衍,并在安定形成望族。唐宋时期,在今湖北、四川境内已有了席氏族人居住。明清时期,席氏分布区域进一步扩大,在今云南、广东、湖南等地都有了席氏族人的足迹。在当今中国姓氏中,席氏依人口数量排在第213位,在全国有一定分布,尤以陕西、河南为多。

【人物名录】

宋朝有席旦(洛阳)。

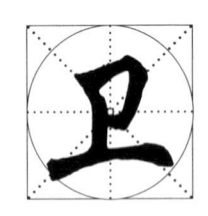

184. 卫

【姓氏源流】

卫氏出自姬姓,以国为氏。周文王第九个儿子被封在康地,称康叔,后来转封卫地,国都在殷商旧都朝歌,管理商朝的遗民。卫国被秦所灭后,卫国贵族子孙便以国名作为姓氏,就是卫氏。

先秦时期主要在河南,秦时迁至河北北部,汉晋时期在山西、山东、四川、湖北等地均有分布,后以河东郡为望族。唐代以后分布于河南、山西、浙江、江苏、上海、四川、陕西、东北等地。在当今中国姓氏中,卫氏依人口数量排在第214位,在全国有一定分布,尤以四川、陕西为多。

【祖源遗存】

卫国故城:见石姓下"卫国故城"介绍。

沁阳野王城:位于沁阳市区,周长5千米。周代始建,汉代增修。明洪武元年(1368),外施城砖,设马面城门,角楼4个,城墙高11米,宽6~8米,现存城墙300余米。

【相关资源】

[墓葬陵园]

辛村卫国墓地:位于鹤壁市南郊20千米鹿楼乡辛村,是西周贵族卫康叔后裔墓地,总面积15万平方米。郭宝钧等人先后4次发掘80余座墓葬,其中公侯墓8座,中型公侯墓和侍从墓6座,车马坑14座,墓葬都是长方形的土坑,出土了大批青铜器、玉器、石器等。

卫灵公墓:位于长垣县满村乡冯墙村。墓冢高2米,周长15米余,现存龟趺1方,其上有碑刻,据碑文记载该墓主人为卫灵公。

八里营墓葬:位于滑县八里营乡八里营村。墓地面积2400平方米,墓冢高6米,墓冢夯筑。传说为卫灵公墓。

庄丘寺墓葬:位于滑县牛屯乡后庄丘寺村。墓地面积4750平方米,墓冢高2米余。据说为卫庄公墓。

卫审符墓:位于焦作市郊安阳城乡西韩王村。墓冢近平,仅有神道碑以及石人、石羊等石刻保存。卫审符,唐代怀州修武(今属河南)人。官至怀州刺史。

[祠堂寺庙]

卫家祠:位于济源市轵城镇西轵城村。清代建筑。坐北朝南,现存大门、东西厢房、正房各1座,硬山灰瓦顶,屋脊装饰完好,院内有回廊相通，保存很好。

【人物名录】

东汉有卫飒（获嘉）、卫兹（睢县）。三国有卫臻（睢县）。隋朝有卫玄（洛阳）。北宋有卫绍钦（开封）。金朝有卫承庆（襄城）。明朝有卫平（濮阳）。清朝有卫诣、卫哲治、卫谋（均济源），卫荣光（新乡）。

185. 柏

【姓氏源流】

柏氏主要起源有三：一是古帝柏皇氏之后，柏亮为帝颛顼师，柏招为帝喾师。二以国为氏。周朝有柏国，也叫柏子国，故址在今河南西平柏亭一带。春秋时，柏国被楚国所灭，子孙以国名作为姓氏，就是柏氏。三以名为氏。伯益又作柏翳，其后有以"柏"为氏者。

先秦时期主要在今河南、山东一带繁衍。汉唐间以北方为主要生活地域，在济阴、魏郡、平原形成望族。唐代以后不断南迁，到明清时，生活重心已移至南方，今江苏、安徽、江西、广西、浙江等地均有柏氏族人居住。在当今中国姓氏中，柏氏依人口数量排在第216位，在全国有一定分布，尤以湖南、安徽、山东为多。

【祖源遗存】

柏皇氏墓园：位于西平县出山镇老龙湾，当地传说为柏皇氏的坟墓。在调查与研究的基础上，已重新修建了"柏皇氏墓园"，为海内外柏氏宗亲寻根提供了重要的场所。

柏国故地：《左传》杜注："柏，国名，汝南西平县有柏亭。"明清文献均记西平县西有"柏亭""柏亭桥"。在出山镇八张村西发现有平面略呈梯形的古城址，面积达3.65万平方米，地面城垣依稀可见，城内有大量陶片发现，有可能为柏国故城之所在。

186. 宗

【姓氏源流】

宗氏有两个来源：一以官为氏。周代有宗伯之官，世掌此官者，其后以"宗"为氏。二出自子姓。春秋时宋襄公的同母弟敖的孙子宗伯被三郤所害，其子州梨逃到楚国，后来州梨的小儿子连迁居南阳，以祖父的名字作为自己的姓氏，即宗氏。

先秦时期在今陕西、河南、安徽等地繁衍。南北朝至唐代，南阳宗氏人才辈出，不少人出仕为宦，担任要职，因此形成了宗氏的南阳郡望。另外，汉唐间，京兆、河东宗氏也很兴盛。宋代，宗氏族人已播迁到了今四川、浙江等南方地区。明清时，在今河南、浙江、江苏、四川、湖北、河北等地均有宗氏族人的足迹。在当今中国姓氏中，宗氏依人口数量排在第217位，在全国有一定分布，尤以安徽、江西、河北为多。

【祖源遗存】

宋国故城：见宋姓下"宋国故城"介绍。
南阳古宛城：位于南阳市老城区，现存东北角城垣，长1400米，高出地表5~7米，宽20米，护城河还有遗迹，城内留存有绳纹板瓦残片及冶铁作坊遗址。

【人物名录】

东汉有宗绀（商丘），宗资、宗慈（均镇平）。三国有宗预（镇平）。南北朝有宗彧之、宗炳、宗悫、宗测、宗夬（均邓州），宗越（叶县）。金朝有宗端修（汝州）。明朝有宗浩（上蔡）。

187. 桂

【姓氏源流】

桂氏有两个来源：一以国为氏。古桂国之后，以"桂"为氏。二为季氏所改。鲁国公族后裔季桢为秦时博士，秦始皇焚书坑儒时被杀，其弟季眭为免受株连，以自己名字"眭"的读音，将季桢的四个儿子分别改姓他姓，其中长子被改姓桂氏。

先秦时期在今河南、陕西境内繁衍，后向甘肃、河北、山西等地迁徙。汉唐间在天水、幽州、燕郡等地形成望族。宋代以来，已播迁到今浙江、四川、江西、湖南、安徽等地。在当今中国姓氏中，桂氏依人口数量排在第219位，在全国有一定分布，尤以湖南、安徽为多。

【人物名录】

清朝有桂奇（禹州）、桂泓（汝阳）。

188. 应

【姓氏源流】

应氏源自姬姓，以国为氏。周武王的第四个儿子封于应（今河南平顶山市新华区滍阳镇），建立应国，为应侯。应侯子孙以封国为姓，遂为应氏。

先秦时期活动于今河南一带，自东汉至两晋"汝南南顿"（今河南项城市）名人辈出，并因此形成应氏的汝南郡望。宋代以来播迁到江西、浙江、安徽、江苏、福建等南方地区。在当今中国姓氏中，应氏依人口数量排在第222位，在全国有一定分布，尤以浙江、安徽为多。

【祖源遗存】

应国墓地：位于平顶山市新华区滍阳镇滍阳岭上，是一处以西周时期应国墓和春秋时期的楚国墓为主的贵族墓地。墓地南北长2500米，东西宽100米，高出周围地面10米左右。出土大量青铜器和陶器，除侯伯级别大墓外，均无墓道，少见车马坑。墓区缺少春秋早中期墓葬，应国可能亡于此时。

【相关资源】

[故里故居]

应氏故里：位于项城市西2千米南顿镇。应氏为南顿望族，以文学享誉全国。南顿为春秋时期顿国的都会，秦以后为郡、县治所。

[墓葬陵园]

应氏墓：位于项城市高寺镇王冢子村，汾河南岸。原有墓葬3

座,其中2座早年被挖。墓室为砖砌多室墓,现存墓冢面积342平方米,高3米。相传为应顺墓,有的说是应化墓。县志中有相关记载。

应詹墓:位于项城市永丰镇,墓冢近平,多次被盗。应詹(279—331),晋代汝南南顿(今属河南项城市)人。因平王敦之乱有功,封颍阳侯。

【人物名录】

东汉有应顺、应奉、应劭、应场(均项城)。三国有应璩(项城)。西晋有应贞(项城)。东晋有应詹(项城)。

189. 臧

【姓氏源流】

臧氏源自姬姓。春秋时鲁孝公之子彄食采于臧,子孙以邑为氏,称臧氏。一说鲁孝公之子彄,字子臧,子孙以王父字为氏,是为臧氏。

先秦时期在今山东境内生息繁衍,其后不断外迁。汉唐间播迁到了今河南、甘肃、江苏等地,并在东海、颍川、东莞、天水等地形成望族。宋代以来,已分布到今山东、江苏、浙江、河北、安徽等地。在当今中国姓氏中,臧氏依人口数量排在第223位,在全国有一定分布,尤以浙江为多。

【人物名录】

东汉有臧宫(郏县)。

190. 闵

【姓氏源流】

闵氏源自姬姓,以谥为氏。周武王之弟周公旦受封于鲁,都今山东曲阜市。春秋时,鲁国有君卒后谥号为"闵",史称鲁闵公,其子孙以"闵"为氏。

先秦时期主要在今山东、山西、河南一带活动。唐代以前,已播迁到甘肃、江苏、江西等地,并在太原、陇西、鲁郡形成望族。明清以来闵氏生活重心向南方迁徙,浙江、安徽、福建、江西、湖北、四川、江苏成为闵氏主要生活区域。在当今中国姓氏中,闵氏依人口数量排在第224位,在全国有一定分布,尤以浙江、江苏、安徽、四川等地为多。

【相关资源】

[墓葬陵园]

闵子骞墓:位于范县张庄乡闵子墓村。《范县志》载,墓葬前原有祠堂、墙垣、享殿、牌坊及墓碑等。现存墓葬高1.5米,周长12米。闵子骞(前536—前487),名损,字子骞,春秋鲁国汶上(今山东济宁市兖州区)人。孔子弟子,以孝悌名,传葬于此。

191. 苟

【姓氏源流】

苟氏主要有四个来源：一黄帝之后有苟氏。黄帝之子得姓者14人，有苟氏。二以草名为氏。有草名苟，长此草处多丰饶之地，居者因以为氏。三为鲜卑族复姓所改。南北朝时，北魏鲜卑族若干氏入中原后改为苟氏。四为敬氏所改。五代时，为避后晋高祖石敬瑭名讳，敬氏改为苟氏和文氏。

先秦时期主要在今河南、陕西、山西、河北等地繁衍。魏晋南北朝时，已播迁到今四川、安徽等地，但生活重心仍然在今河南境内，尤其是鲜卑族苟氏的加入，使得河南境内的苟氏非常兴旺，并在河南、河内形成望族。山西境内的西河苟氏也是枝繁叶茂，形成了苟氏的西河郡望。宋代以来，苟氏生活重心南移，今江苏、四川、安徽成为苟氏重要生活地。明清时期，苟氏生活区域进一步扩大。在当今中国姓氏中，苟氏依人口数量排在第225位，在全国有一定分布，尤以四川、山东为多。

【祖源遗存】

汉魏故城：见周姓下"汉魏故城"介绍。

【人物名录】

西晋有苟晞（焦作）。元朝有苟宗道（孟州）。

192. 邬

【姓氏源流】

邬氏有两个来源：一以地为氏。陆终第四子求言受封于邬（今河南偃师市），其子孙以受封地名为姓，即邬氏。二出自姬姓，以邑为氏。晋大夫邬臧之后，食邑于邬，其后以邑为氏。

先秦时期在今河南、山西、山东一带活动。汉唐间已播迁到长江以南，在颍川、太原、南昌、抚州、崇仁等地形成望族。明清时期，分布到今江苏、浙江、江西、湖北、湖南、四川、广东、安徽、内蒙古等地。在当今中国姓氏中，邬氏依人口数量排在第226位，在全国有一定分布，尤以江西、安徽、内蒙古、四川、浙江为多。

193. 边

【姓氏源流】

边氏有两个来源：一以国为氏。商代有诸侯国边国，为伯爵，称边伯，其后以"边"为氏。二出自子姓，以字为氏。春秋时宋平公的儿子御戎，字子边，其后以其字作为姓氏，称为边氏。

早期主要在今河南境内繁衍，汉唐间在陈留形成望族。隋唐时期，金城边姓族人也很兴旺，是当地望族。宋代以来，内蒙古、甘肃、陕西、河南、山东、河北、湖北、浙江等地均有边姓族人。在当今中国姓氏中，边氏依人口数量排在第227位，尤以江西为多。

【祖源遗存】

宋国故城：见宋姓下"宋国故城"介绍。

【相关资源】

[墓葬陵园]

边氏家族墓地：位于封丘县城西南边庄村东南，是明代隆庆年间进士边有猷及其后代的坟墓。坐北朝南，东西宽约100米，南北长约200米。墓前有石人、石马各1对，墓碑数通。

【人物名录】

东汉有边韶、边让（均开封）。明朝有边宁（禹州）、边有猷（封丘）。

194. 姬

【姓氏源流】

姬氏以姓为氏。黄帝长于姬水，因以为姓，其后有以"姬"为氏者。

先秦时期主要在今河南、陕西等地繁衍。东汉中叶以后，在南阳一带形成望族，其人丁兴旺，子广孙多，后世散布全国各地之姬姓多由此郡分衍而出。两晋南北朝时期，姬姓渐散布于黄河中下游诸省,并有南徙于湖北、湖南、安徽、江苏等南方省份者。历唐末五代、宋元之乱后,姬姓在南部区域的分布进一步扩大。明清时期,姬氏族人分布之地愈广。在当今中国姓氏中,姬氏依人口数量排在第229位,在全国有一定分布,尤以河南、山东等地为多。

【相关资源】

[祠堂寺庙]

周公庙:见周姓下"周公庙"介绍。
武王庙:见周姓下"武王庙"介绍。

【人物名录】

金朝有姬汝作(商水)。清朝有姬圣脉(偃师)。

195. 师

【姓氏源流】

夏商周时期,以演奏技艺为主的艺人,或掌管音乐的乐官,都以"师"名之,他们的后人也就以职官或职业为氏,就是师氏。

早期活动在河南、山西、山东诸地。汉唐时,在山西形成名门大族,以太原郡为郡望,在山东、河南仍有分布。宋代以来,主要分布在北方地区,河北、天津、河南、山东、陕西有较多分布,四川、湖南也有分布。在当今中国姓氏中,师氏依人口数量排在第230位,在全国有一定分布,以陕西、山西、河南、河北、青海等地为多。

【祖源遗存】

古吹台：位于开封市东南郊，传为师旷奏乐之地。台呈龟形，高2米余，面积近3000平方米。台前矗立一座木牌坊，横额中书"古吹台"。登台而上，即见御书楼，重檐两层，原悬挂康熙亲书"功存河洛"匾额（现移他处）。御书楼后为禹王殿，面阔5间。东侧为纪念唐代诗人李白、杜甫、高适而建的三贤祠，西侧为水德祠。殿后为御碑亭，内有乾隆南巡到开封的赋诗碑刻。现为河南省重点文物保护单位。师旷，字子野，春秋时晋国乐师。目盲，善弹琴，通音律。晋平公铸大钟，众乐工皆称音律准确，独师旷不以为然。他的正确判断，后为师涓所证实。

【相关资源】

[故里故居]

师尚诏故里：位于柘城县远襄镇北。由于封建社会的株连制度，师尚诏、王邦用领导的农民起义失败后，师家庄被官军踏平，村民全部遇难。现仅存瓦砾一片。师尚诏（？—1553），河南柘城县远襄镇人。明朝后期河南农民起义首领。

[墓葬陵园]

师尚诏墓：位于柘城县远襄镇东街。墓冢为一高4米的土丘。

[碑碣刻石]

师氏茔原合族记碑：位于尉氏县岗李乡老庄。碑高1.94米，宽0.64米，厚0.2米。明嘉靖四十四年（1565）立。师引昌撰文，师九经刻石。楷书，共13行，满行39字。碑文颂扬师氏家族互相仁爱、周济、礼让之美德。

【人物名录】

西汉有师史（洛阳）。东汉有师宜官（南阳）。北宋有师顽（内黄）。

196. 和

【姓氏源流】

和氏有三个来源：一以官职为氏，是祝融氏重黎的后代。唐尧时，重黎的后裔羲和为掌管天地四时的官。其后人以祖上职官为荣，即以首任此官的祖先羲和的名字命姓，遂成和氏。二起源于卞氏，源自春秋时期的楚国。当时有人名卞和，是一个有名的玉工，他曾以在荆山得璞玉闻名，后来，卞的支庶子孙有的以祖先的名字命姓，成为和氏的一支。三为鲜卑族复姓所改。北魏鲜卑族的贵族素和氏随北魏孝文帝南下，定居洛阳，改汉姓为和氏。

和氏得姓后主要在河南境内生息繁衍，汉唐时在汝南形成望族。宋代以来，山东、山西、陕西、河北等地均有和氏族人居住。在当今中国姓氏中，和氏依人口数量排在第231位，山东、河南、河北、山西、云南五省多此姓。

【祖源遗存】

汉魏故城：见周姓下"汉魏故城"介绍。

【相关资源】

[墓葬陵园]

和洽墓：位于西平县出山镇铁房村西北。墓葬面积240平方米，现存墓冢高2米，曾发现墓门。和洽，字阳士，三国魏西平（今河南西平县西）人。为官清贫廉洁有操守，最后以售田宅自给，封西陵乡侯。

和峤墓：位于西平县出山镇铁房村西北。墓葬面积约270平方米，墓封冢已被夷平。和峤，字长舆，西晋西平（今河南西平县西）人。少年时就有盛名，太傅从事中郎庾颛见了他曾感叹："峤森森如千丈松，虽磈砢多节目，施之大厦，有栋梁之用。"武帝时，历官黄门侍郎、中书令。惠帝时，官至太子太傅加散骑常侍。

【人物名录】

三国有和洽（西平）。西晋有和峤（西平）。隋朝有和洪（汝南）。北宋有和岘、和㠓（均开封）。明朝有和维（荥阳）。

197. 仇

【姓氏源流】

仇氏出自子姓，以名为氏。春秋时宋国大夫仇牧，其支孙以他的名字作为姓氏，就是仇氏。

先秦时期在今河南、山东一带繁衍，并不断外迁，汉唐间在陈留、南阳等地形成望族。明代以前播迁到了广东、江苏、山东、浙江、安徽、山西、陕西、贵州等地。在当今中国姓氏中，仇氏依人口数量排在第232位，在全国有一定分布，尤以江苏、浙江、山东为多。

【祖源遗存】

宋国故城：见宋姓下"宋国故城"介绍。

【人物名录】

东汉有仇览（民权）。

198. 栾

【姓氏源流】

栾氏有两个来源：一出自姬姓，以邑为氏。春秋时晋靖侯的孙子宾食采于栾，其后以"栾"为氏。二出自姜姓，以字为氏。春秋时齐惠公的儿子坚，字子栾，其支孙以"栾"为氏。

先秦时期主要在今山东、山西等地繁衍。唐代以前，仍以北方的山东、河南、山西为生活中心，并在西河、魏郡等地形成望族。宋代以来，已播迁到山东、江苏、浙江、东北等地。在当今中国姓氏中，栾氏依人口数量排在第233位，在全国有一定分布，尤以黑龙江为多。

【相关资源】

[墓葬陵园]

栾德裕墓：位于扶沟县吕潭乡栾坡村内。其墓封冢已平。尚存清乾隆二十九年（1764）立石碑1通。碑正中为"明故三世祖栾公讳德裕之墓"字样。其他碑文因剥蚀不清难以辨识。栾德裕，生平不详。

[碑碣刻石]

栾静若墓碑：位于宝丰县周庄乡陆庄村。碑高1.95米，宽0.76米。清道光十四年（1834）立。碑文记述栾静若镇压白莲教起义事："嘉庆庚申（1800）夏楚匪窜入宝境，肆行焚掠，居民苦之，乃义勇争先募众，御贼于霞光山，贼退周围借以保全。"栾静若墓已不知其所，现碑置于村东大路旁。

【人物名录】

西汉有栾布（商丘）。东汉有栾巴（内黄）。北宋有栾崇吉（封丘）。

199. 刁

【姓氏源流】

刁氏主要有两个来源：一出自姜姓，以名为氏。春秋时期竖刁为齐桓公宠臣，曾与管仲一起辅佐齐桓公建立霸业。其后代子孙便以祖上名字作为姓氏，成为刁氏。二为貂姓所改。春秋时齐国有个叫貂勃的人，其后以"貂"为氏，后改为刁氏。

先秦时期刁氏在山东、河南一带活动。汉末三国魏晋时，在渤海郡和弘农郡繁衍得十分兴旺，成为这两郡的名门大族。晋末，渤海刁氏有随晋室南渡定居江南者。隋唐两代，刁氏繁衍重心仍在北方，但在江苏、浙江、安徽、湖北、四川、湖南、江西等省都有了刁氏族人入居。宋元两代，今福建、广东、广西、云南、贵州均有刁姓族人入迁。明清时期，刁氏族人足迹已遍布全国，主要分布于江苏、四川、安徽、广东、河北、山东等地。在当今中国姓氏中，刁氏依人口数量排在第236位，在全国有一定分布，尤以山东、广东、河南、四川为多。

【人物名录】

五代有刁彦能、刁衎（均上蔡）。

200. 沙

【姓氏源流】

沙氏主要有两个来源：一为神农氏时夙沙氏之后，为炎帝神农氏所灭，故地在山东胶东地区，后裔以沙为氏。二出自子姓，以邑为氏。沙随，西周古国。春秋时被宋国所灭，宋微子之后食采于沙邑（故城在今河南宁陵县西北），其后有沙氏。另外，南北朝时期朝鲜半岛百济国中的沙氏进入中原，北宋时期女真人中有沙姓。

先秦时期沙氏活动在河南、陕西、山东一带，汉唐间在汝南形成望族。宋代以来，生活重心南移，江苏、福建等地沙氏人丁兴旺，蔚为大族。在当今中国姓氏中，沙氏依人口数量排在第237位的姓氏，在全国有一定分布，尤以江苏、山东、安徽、辽宁等地为多。

【祖源遗存】

沙随故地：位于今宁陵县石桥乡冉路口村一带。《左传》杜注："沙随，宋地。梁国宁陵县北有沙随亭。"《太平寰宇记》：沙随，"在宁陵县西北七十里"。因河道泛滥，踪迹难寻。

【人物名录】

清朝有沙春元、沙肇修（均郑州）。

201. 寇

【姓氏源流】

寇氏主要有两个来源：寇姓是司寇简化而来的，而司寇氏源于周朝的官名。主要的寇氏起源者是周朝司寇苏忿生及司寇康叔。另有寇氏是从鲜卑族演化过来的，北魏孝文帝改革时鲜卑族中有口引氏，后汉化时取发音近似的"寇"字为姓。

早期寇姓族人主要在今河南、陕西、山西、山东、河北、北京等地繁衍，汉唐间在冯翊、河南、上谷形成望族。宋代以来，吉林、湖南、内蒙古、云南、湖北等地均有寇姓人分布。在当今中国姓氏中，寇氏依人口数量排在第240位，尤以河南、吉林为多。

【祖源遗存】

苏国故城：见苏姓下"苏国故城"介绍。

卫国故城：见石姓下"卫国故城"介绍。

【相关资源】

[墓葬陵园]

寇准墓：位于巩义市芝田镇寇家湾村东岭上。原墓冢高3米，"文化大革命"时墓冢被平。墓坐北向南，墓前石碑正中铭"宋寇准公墓"，墓道两旁尚存石虎1只和石羊2只。其中石虎高1.2米，长0.8米；石羊高1米，长0.78米。据传，此墓在寇家湾村口东西大道旁，墓冢高大，石刻成排，宋代以后，文武官员路过此地，文官下轿，武官下马，以示尊敬。清乾隆时，地方官厌其烦，借口寇准墓近洛水，有被淹之险，奏请清廷将墓迁葬于寇家湾东岭下，与包拯墓相对。寇准（961—1023），字平仲，华州下邽（今陕西渭南市东北）人。历任同知枢密院事、参知政事，宋真宗景德元年（1004）拜相。宋仁宗天圣元年（1023）病死于雷州，后奉诏陪葬于宋真宗陵侧。

寇恂墓：位于博爱县上庄乡乔村北。现存墓冢南北长19米，东西宽9米，墓前置清乾隆八年（1743）重建石碑1通，上刻"汉雍奴侯寇公讳恂字子翼之墓"。寇恂（？—36），字子翼，东汉上谷昌平（今属北京市）人。光武帝时拜河内太守，有政名，后人建祠纪念。

寇准墓葬：位于通许县大岗李乡寇村西。面积约1200平方米，冢高约3米，相传为北宋宰相寇准墓。

[祠堂寺庙]

寇公祠：位于沁阳市联盟街。始建年代不详，明成化年间沁水泛滥，祠废。天启六年（1626）重建。"为堂三楹，翼以棚厦，建坊为门。"现存正房3间，硬山灰瓦顶，有脊饰，檐下额、枋有花雕装饰。其余建筑已改观。寇公即寇恂。

中岳庙：位于登封市太室山东南麓黄盖峰下，在登封城东4千米处。四周群山环绕，风景秀丽。中岳庙原名"太室祠"，始建于秦。西汉武帝元封元年（前110），游嵩岳时令祠官加增扩建，以后历代均有扩建。北魏名道寇谦之曾在嵩山中岳庙修行多年，改革五斗米教，使天师道由民间走向官方。唐宋年间盛极一时。宋末至清初屡有废兴，清乾隆年间对中岳庙进行了一次大规模重修。现存庙制基本上保留着清代重修以后的规模。中岳庙的建筑制式和布局，是清高宗弘历依照北京紫禁城的形式设计重建的，现存殿、阁、宫、楼、亭、台等建筑400余间，石刻碑碣百余座，占地达37万平方米。中岳庙建筑雄伟，布局严谨，是我国著名的古代建筑群之一，全国重点文物保护单位，世界文化遗产"天地之中"历史建筑群的遗产点之一，世界道教主流全真道的圣地。寇谦之（365—448），上谷昌平（今属北京）人。北魏著名道士。

[碑碣刻石]

中岳嵩高灵庙碑：又名"寇君碑"，位于登封市嵩山中岳庙内。北魏太安二年（456）立，是颂扬嵩山道士寇谦之的碑刻。从现存的拓本残存文字及诸家释文中未见有关石碑年月及撰书者姓名。中岳嵩高灵庙碑碑阳23行，满行50字。碑阴7列，首列22行，次列16行，第三、四、五、六列各29行，第七列9行。此碑虽年代久远，风化剥落，但残存的魏体书法墨迹依稀可辨，不仅对了解中岳庙的变迁有参考价值，而且具有极高的书法艺术价值。此碑书法稚拙而古朴，可爱之处就在于它处于发展演变之中，有的地方还不"成熟"，因而具有许多后期"成熟"的碑刻所没有的拙朴。其字体介于隶楷之间，自隶经楷，尚无定法，隶正相杂，故而巧拙互生，藏巧于拙。加上结构错落有致，不拘大小，多得自然之趣。康有为十分欣赏此碑，将其碑阴列为"神品"，说《爨龙颜》与"灵庙碑阴"同体，"浑金璞玉，宝采难名"，又说："奇古莫如寇谦之。"

回銮碑：也叫"契丹出境碑"，位于濮阳市老城区新华街（原御井街）路西，是宋、辽澶州大战及"澶渊之盟"的历史见证。碑高2.6米，宽1.3米，厚0.36米。碑阳是《契丹出境》诗草书，为寇准墨迹，字体秀丽流畅，诗曰："我为忧民切，戎车暂省方。旌旗明夏日，利器莹秋霜。锐旅怀忠节，群凶窜北荒。坚冰消巨浪，轻吹集嘉祥。继好安边境，和同乐小康。上天垂助顺，回旆跃龙骧。"

[其他遗存]

澶州北城门楼遗址：位于濮阳县城内西粮所。亦称镇宁门，门楼两层歇山式建筑，雄伟壮观，日寇侵华，毁于兵火。现存北城门楼遗址。旧志云，宋真宗曾登此楼望契丹兵。景德元年（1004），辽军大举南侵，兵临澶州（今河南濮阳市）城下。以宋真宗为首的统治集团惊慌失措，纷纷议论弃汴南逃。同知枢密院事寇准反对南逃，坚决主张抵抗，并力促宋真宗御驾亲征。当宋真宗的銮驾登上澶州北城门楼时，宋军士气大振。在寇准的亲自布置和指挥下，将士们奋勇杀敌，很快击退辽军，宋军大获全胜，辽方遣使讲和，双方签订"澶渊之盟"。

【人物名录】

五代有寇彦卿（开封）。

202. 桑

【姓氏源流】

桑氏主要有四个来源：一出自己姓。黄帝裔孙少昊穷桑氏之后以"桑"为氏。二出自嬴姓，以字为氏。春秋时秦穆公大夫公孙枝，字子桑，其后以"桑"为氏。三出自承桑氏，神农娶承桑氏，承桑氏之后有桑氏。四出自古桑国，古桑国又称为桑田，故地约在今三门峡灵宝一带。秦昭襄王时期，桑君叛乱被杀，子孙以国名为氏。

先秦时桑氏活动在山东、陕西一带。汉唐时向河南扩展，并以黎阳郡为郡望。宋代以来，在山西、河南、安徽、江苏、浙江、山东、四川、黑龙江等地均有分布。在当今中国姓氏中，桑氏依人口数量排在第241位，在全国有一定分布，尤以山东、河南、江苏、四川、黑龙江为多。

【相关资源】

[墓葬陵园]

桑学夔墓：位于范县濮城镇董桑庄村南。面积约30平方米。现存墓冢高近1米。桑学夔（约1561—约1628），明代濮州（今河南范县）人。万历进士，官至光禄寺少卿。

桑绍良墓：位于范县濮城镇东南1千米小河旁。虽年久水淤，但其后裔每年仍为其祭祀。桑绍良（1504—1566），字子遂，又字季子，号会台，别号青郊，明代濮州人。明代戏曲作家。

【人物名录】

西汉有桑弘羊、桑钦（均洛阳）。五代有桑维翰（洛阳）、桑弘志（浚县）。北宋有桑怿（杞县）。

203. 甄

【姓氏源流】

甄氏主要有三个来源：一以技为氏。相传舜时有甄工，其后以"甄"为氏。二以人名为氏，相传舜时造律大臣皋陶次子叫仲甄，其后裔以字为氏。三为鲜卑族复姓所改。南北朝时，北魏有代北复姓郁都甄氏，随北魏孝文帝南迁洛阳后，定居中原，改汉姓为甄氏，后成为河南望族。

先秦时期甄氏主要在山东、河北等地居住。汉唐之际以中山郡为郡望并成为望族，主要分布在今河北正定、无极一带。宋代之后，在山东、河南、河北、广东、湖北等地有少量分布。在当今中国姓氏中，甄氏依人口数量排在第243位，在全国有一定分布，主要分布在河北、广东、山东，尤以河北为多。

【祖源遗存】

舜居雷泽：位于濮阳县西南2千米新习乡、城关镇、五星乡交界处。传说为虞舜捕鱼处，因其地近负夏，故又称雷夏泽。

汉魏故城：见周姓下"汉魏故城"介绍。

【相关资源】

[墓葬陵园]

甄皇后陵：位于许昌市魏都区。墓葬高2米，周长20余米。据方志与相关文献记载，甄皇后初为袁绍之子袁熙妻，继曹丕纳为夫人立为皇后，后因争宠被杀。

甄权墓：位于扶沟县包屯乡郝岗村。墓冢高约4米，面积54平方米。甄权（541—643），许州扶沟（今属河南）人。隋唐名医，著有《脉经》《明堂人形图》等著作，《新唐书》《旧唐书》皆有传。

甄立言墓：位于扶沟县包屯乡郝岗村。墓冢因长年淤积近平，唯显墓顶。甄立言，甄权之弟。隋唐名医，著有《本草音义》《本草药性》等传世。《旧唐书》中有传。

【人物名录】

唐朝有甄权、甄立言（均扶沟），甄济（卫辉）。

204. 丛

【姓氏源流】

丛氏主要有两个来源：一以人名为氏。唐尧时有丛枝，其后有丛氏。二以地名为氏。汉秺侯、匈奴休屠王之太子金日磾之后，迁丛家岘（今山东威海市文登区），遂以"丛"为氏，成为汉朝以后丛氏中最主要的一支。

丛氏早期在北方的山西、陕西等地繁衍。汉唐间在许昌形成望族。明清时期，山东文登丛氏家族枝繁叶茂，名人辈出。在当今中国姓氏中，丛氏依人口数量排在第244位。今北京，天津武清，河北黄骅，山东昌乐、东平、平度、平邑，辽宁清原，山西大同、阳泉，陕西韩城，湖南益阳，四川合江等地均有此姓。

205. 仲

【姓氏源流】

仲氏主要有四个来源：一以字为氏。高辛氏八位最有才德、最善于治事的人中有仲堪、仲熊，他们的后人便以"仲"为氏。二以名为氏。夏时车正奚仲之后，以"仲"为氏。三出自子姓，以字为氏。春秋时宋庄公之子公子之城，字仲子，他的后代以其字作为自己的姓氏，有仲氏。四以字为氏。春秋时期鲁桓公之子公子庆父，也称共仲，其后有仲氏。

先秦时期仲氏在河南、山东等地活动，汉唐时期在四川、陕西也发现了仲氏的踪迹，并在中山郡与乐安郡形成望族。宋代以来，在江苏、浙江、山东、安徽、辽宁等地均有分布。在当今中国姓氏中，仲氏依人口数量排在第245位，在全国有一定分布，尤以江苏、辽宁两省为多。

【祖源遗存】

宋国故城：见宋姓下"宋国故城"介绍。

【相关资源】

[墓葬陵园]

子路坟：位于濮阳市区南戚城村。现存墓冢高4米，墓前有明清碑刻和石羊、石马等石像生。据记载，子路战卒后，敌人将之烹而食之。所以，这座子路坟可能是纪念性的衣冠冢。

子路墓：有两处。一处位于南乐县固城乡后马厂村。墓冢高1米余，面积30平方米。墓前原有享殿碑亭。现存明嘉靖三十七年（1558）重修碑1通，碑文记述了重修子路墓的经过。另一处位于长垣县城东北岳庄村。墓冢面积30平方米，墓前有"河内公祠"。

仲家坟：位于平顶山汾陈乡仲庄村。墓区面积300平方米，有清乾隆八年（1743）所立家族墓碑1通，记载仲家庄首居者原籍与迁居经过。

[祠堂寺庙]

子路祠堂：位于濮阳市开发区胡村乡子路坟。现存享堂1座，面阔5间，硬山灰瓦顶，祠堂内有明清祭祀子路的碑碣18通。仲由，字子路，又名季路。春秋鲁国人，孔子四大弟子之一。卫灵公时为蒲宰（春秋时期长垣为蒲城），治蒲三年，孔子"三称其善"。蒲人为纪念他，建墓葬与祠堂。

206. 虞

【姓氏源流】

虞氏主要有两个来源：一出自姚姓，以国为氏。禹封舜的儿子商均于虞城为诸侯，故地在今河南虞城县北，为夏代诸侯，后世国绝，其后裔以虞为氏。二出自姬姓，以国为氏。西周初，封周太王之子仲雍的庶孙于虞城，春秋时被晋国所灭，其后以虞为氏。

先秦时期虞氏在中原一带活动，汉代以后在陈留、济阳形成望族。唐代以前，已播迁到今山东、陕西、湖南、浙江等地，并在会稽形成望族。宋代以后，四川、江苏、江西、福建、安徽等地均有了虞氏族人的足迹。在当今中国姓氏中，虞氏依人口数量排在第246位，在全国有一定分布，尤以浙江为多。

【祖源遗存】

虞国故城：位于虞城县北利民镇杨庄村西南部。面积4万平方米。夏代虞城的布局情况不详，依有关传说，贵族墓地应该在城址的西南部。

商均墓：位于虞城县北利民镇杨庄村西南部。现墓冢残高4米，直径35米，面积960平方米，墓前原有商均坛，现已毁坏。有碑刻2通，为清康熙四十一年（1702）知县程本节所立。另有说商均墓在登封市南山下。商均，传说为舜之子，舜妃女英所生，原名均。舜卒后，夏禹封均于虞，因此地属于商族旧地，故名商均。

【人物名录】

西汉有虞初（洛阳）。东汉有虞延、虞放（均兰考），虞诩（柘城）。三国有虞氏（武陟）。

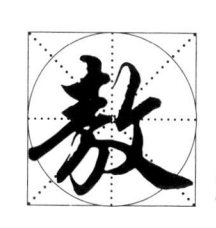

207. 敖

【姓氏源流】

敖氏主要有三个来源：一以名为氏。颛顼帝有位老师名叫太敖（一作大敖），他的后代有以"敖"为氏者。二出自芈姓。春秋时期的楚国国君尊称为敖，如若敖、杜敖等，自楚武王以后，凡是被废弑而没有得到谥号的，都被称为敖，这类国君的后代，也被称为敖氏。三以地为氏。古有敖地，亦作隞或嚣，在今荥阳市北敖山南，居者有以地名作为姓氏者，就是敖氏。

先秦时期敖氏在今河南、湖北等地繁衍，汉唐间虽已有敖氏族人播迁到了今江西境内，但其生活重心仍在中原地带，并在谯郡、鲁郡形成望族。宋代以后，敖氏生活重心南移，今福建、江西、贵州、四川成为敖氏族人的主要生活区域。在当今中国姓氏中，敖氏依人口数量排在第247位，在全国有一定分布，尤以贵州最多。

【祖源遗存】

郑州小双桥遗址：位于郑州市西北约20千米的小双桥村及其西南，索须河从遗址北部流过，东南20千米为商代前期都邑遗址——郑州商城，向北约8千米为邙山和黄河，是第六批全国重点文物保护单位。遗址平面呈南北纵长方形，面积达140万平方米以上。遗址东北部为宫殿区和宗庙祭祀区。该区域商代遗存极为丰富，发现的重要文化遗迹有：宫城墙基槽遗迹、高台型夯土祭坛、宫殿基址、居住址、祭祀坑群、奠基坑、壕沟、灰坑及与冶铸青铜器有关的遗迹。该遗址出土器物以陶器为主，同时也出土有青铜器、原始瓷器、玉器、石器、骨器、蚌器、牙器、金箔和卜骨等。器物类型十分丰富，除日常生活用具外，还发现有一定数量的陶质礼器和石质礼乐器。小双桥遗址文化内涵特征比较单纯，文化堆积前后延续时间较短，相当于商代中期的较早阶段。

208. 巩

【姓氏源流】

巩氏主要有三个来源：一出自姬姓，以邑为氏。周朝有卿士简公，原为甸内侯，后又封于巩邑（今河南巩义市），称为巩简公。其后以封邑"巩"为氏，称巩氏。二出自巩朔之后。西周时期，巩为京畿内姬姓小国，春秋时期被晋国所灭，晋卿巩朔封于巩，称为巩伯，其后裔有巩氏。三出自东汉的羌族和北魏的生羌族中的巩姓。

巩姓得姓后，首先在受姓地发展，后来又迁徙到其他一些地方，并在山阳等地形成望族。宋代以来，已播迁到今河北、安徽、陕西、江苏、北京、内蒙古等地。在当今中国姓氏中，巩氏依人口数量排在第248位，在全国有一定分布，尤以内蒙古、山西、河南为多。

【祖源遗存】

巩国故城：位于巩义市孝义镇西约3千米处的康店村一带，故称"巩王城"。《世本·氏姓篇》曰："巩氏，周王族大夫食采于巩为氏，有巩简公。"巩国北临黄河，西有洛水，东控虎牢关，南望嵩岳，地理位置十分重要。《左传·昭公二十六年》载，公元前516年"晋师克巩"。因巩地属周王畿之地，晋灭巩国后其地被转送给周王室。战国时周王室分裂，在楚、赵两国的操纵下，东周国利用巩王城旧址建都立国。东周国实为韩的附庸，后东周国被秦人灭掉，巩地划入三川郡。

【人物名录】

明朝有巩庸（淮阳）。

209. 苑

【姓氏源流】

苑氏主要源自子姓，以地为氏。商王武丁之子名文，封于苑，为侯爵，世称苑侯，其后以"苑"为姓。

周武王灭商后，苑国随之灭亡，部分苑人迁于宛丘，成为陈国的百姓，另一部分迁居今南阳市附近的宛城。汉唐间，不断外迁，并在范阳、永宁、马邑形成望族。明清时期，生活在今河南、安徽、山东、河北、山西、陕西、湖北、江西等省境内。在当今中国姓氏中，苑氏依人口数量排在第254位，在全国有一定分布，尤以河北、山东、吉林、辽宁、北京等地为多。

【祖源遗存】

古苑城：位于今新郑市龙王乡古城村东，城址呈长方形，周长约4千米，城墙高约10米，城内出土有铜器、铁器、陶器及布币、空心砖等，城墙下层叠压有周代夯土城墙，据文献记载为汉苑陵故城。

【人物名录】

五代有苑玫（汝南）。

210. 迟

【姓氏源流】

迟氏主要有三个来源：一为商代贤人迟任的后代，以"迟"为氏。二出自姬姓，以字为氏。樊须，春秋时鲁季氏家臣，为孔子弟子，字子迟，亦称为樊迟，其后裔以其字为氏。三为鲜卑族复姓所改。南北朝时，北魏尉迟氏入居中原后，改汉姓为迟氏。

先秦时期迟氏在中原一带繁衍，魏晋隋唐间在太原形成望族。从史籍记载的名人里籍看，明清时期的迟氏名人大多出自山东，可见山东是迟氏族人的主要居住地。清康乾年间及其以后，山东境内的迟氏族人闯关东进入东三省。在当今中国姓氏中，迟氏依人口数量排在第255位，在全国有一定分布，尤以山东、黑龙江为多。

【祖源遗存】

汉魏故城：见周姓下"汉魏故城"介绍。

211. 官

【姓氏源流】

官氏主要有三个来源：一以官为氏。周朝大夫刘定公为官师，其后以"官"为氏。二出自历代官族，周代对于有功于朝廷的官员，封邑长久保存，成为官族，遂形成官姓。三出自楚国庄王次子子兰公之后，上官氏简化而成。

官氏早期在华夏文明起源地的河南、山东、山西等地繁衍，后不断向外迁徙，汉唐间在东阳形成望族。宋明期间，平度州官氏异常兴旺，名人辈出，成为当地的大族。在当今中国姓氏中，官氏依人口数量第257位，以福建、广东、湖南、四川等地为多。

【祖源遗存】

刘子国故城遗址：见刘姓下"刘子国故城遗址"介绍。

【相关资源】

[墓葬陵园]

官睿墓：位于获嘉县城关镇小洛纣村东。现墓冢已夷平，尚存清道光十年（1830）立墓碑1通。碑高2.7米，宽0.7米，厚0.23米。张□山撰文，可肇修书丹。碑文记述官睿原籍关东辽阳，传两世至用公，生五子，弘治十四年（1501）奉旨，五子分改五姓为可、王、冯、石、张。官睿，生卒年不详，明洪武二十一年（1388）百户。

212. 封

【姓氏源流】

封氏主要有三个来源：一出自姜姓，以地名为氏。炎帝裔孙名钜，曾为黄帝之师。夏朝时，钜的后代以封父（今河南封丘县封父亭）为诸侯国，后人曾经称他为封父，实际上是以地名为人名。周代，封父之国灭亡，其后有以"封"为氏者。二源于姜姓，出自黄帝之臣封子，属于以先祖名字为氏。封子，是远古东夷民族的英雄。由于他居于宁地（今河南修武县），因此又称宁封子。三为鲜卑族汉化。北魏时，有复姓是贲氏改姓封，其后世子孙亦称封氏。

先秦时期封氏生活在今河南、山东、山西一带。东汉时，封岌任凉州刺史，居渤海蓨县，其后人丁兴旺，到晋朝以迄唐朝，出仕为宦者层出不穷，渤海郡因此成为封氏重要郡望。除渤海封氏外，汉唐间河南、河间、武陵的封氏家族也很兴旺。从宋代到明代，封氏又发展到了广西、云南、四川和江西等地。在当今中国姓氏中，封氏依人口数量排在第258位，在全国有一定分布，尤以山西、四川等地为多。

【祖源遗存】

封父亭：位于封丘县城内。封父旧亭，是封丘八景之一。为纪念封父国而建，故名"封父亭"。由于黄河水患，几经变迁。据县志记载，清乾隆三十七年（1772）重修过，清道光年间又建。1938年，日寇轰炸封丘县城时被炸毁，旧址犹存。

汉魏故城：见周姓下"汉魏故城"介绍。

【人物名录】

东汉有封观（项城）。

213. 谈

【姓氏源流】

谈氏主要有四个来源：一即郯氏，以国为氏。少昊之后，封于郯，故地在今山东郯城西南。春秋时郯子曾朝鲁。战国初年为越国所灭，子孙以郯为氏。"郯"与"谈"通，遂有谈氏。二为籍氏所改。周代大夫籍谈之后有籍氏，汉代为避项籍名讳，改为谈氏。三源自谭子国，谭子国故地在山东济南附近，鲁庄公十年（前684）灭于齐，其后分支有谈氏。四为宋微子之后，传三十六代至谈君，被楚国灭掉，其后子孙以谈为氏。

先秦时期谈氏主要在今河南、山东一带繁衍，并不断向外迁徙。魏晋隋唐间，今安徽、江苏、浙江等南方省份尽管已有谈氏族人移居，但北方的河南、河北仍是谈氏族人的主要生活区域，广平、弘农、梁国三地谈氏家族尤为兴旺，因此形成了谈氏的3个郡望。唐末五代十国期间，谈姓繁衍的中心由北方转移到了南方，今湖北、湖南、四川、江西等省份都有了谈氏族人的足迹。宋元时期，谈姓有入迁福建、广东、广西、云南之地者。明清两代，谈氏族人分布区域更广，东北、西北等地也都有了谈姓人家，并有谈氏族人徙居台湾者。在当今中国姓氏中，谈氏依人口数量排在第259位，在全国有一定分布，尤以江苏为多。

214. 匡

【姓氏源流】

匡氏主要有三个来源：一以邑为氏。春秋时期，鲁国大夫施孝权的家臣句须任匡邑（今河南长垣县西南）宰，其后以祖父居官地名命氏，遂为匡氏。二以邑为氏。春秋时期，楚国大夫食采于匡（今河南扶沟县），其后以邑为氏，即匡氏。三源于官位，出自商周时期官吏巫匡，属于以官职称谓为氏。商周时期专门治疗疑难杂症的巫师、巫匡、巫尪的后裔子孙中，皆有以先祖官职称谓或职业称谓为姓氏者，称巫匡氏、巫尪氏，后省文简化为单姓匡氏、尪氏、巫氏等。

先秦时期匡氏在今河南、山东一带繁衍。汉代，东海匡氏异常兴盛，匡衡拜相位，封为乐安侯，其子也都曾出任要职。汉唐间，晋阳匡氏人丁兴旺，并因此形成匡氏的晋阳郡望。宋元以来，匡氏已南迁到了福建、湖南、江西、江苏、贵州等地。在当今中国姓氏中，匡氏依人口数量排在第260位，在全国有一定分布，主要分布在湖南、湖北与江西，尤以湖南人口为多。

【祖源遗存】

古匡城：位于今长垣县城西南，司家坡一带。孔子周游列国时"适陈过匡"，《元和郡县志》云："故匡城在县西南一十里。"相关踪迹，有待进一步考察。

215. 鞠

【姓氏源流】

鞠氏主要有三个来源：一出自姬姓，以名为氏。周族首领后稷的一个孙子，生下来时手上的掌纹很像古文"鞠"字，因此起名为鞠陶，他的后代子孙就以他的名字作为姓氏，为鞠氏。二出自姬姓。春秋时期鲁伯禽之后有鞠氏。三源自芈姓。楚国公族之后有鞠氏。

先秦时期鞠氏在今陕西、河南、山东一带活动。汉唐间在汝南形成望族。宋代以后播迁到福建、四川、江苏等地。在当今中国姓氏中，鞠氏依人口数量排在第261位，主要分布在江苏、山东等地。

【人物名录】

北宋有鞠泳（开封）。

216. 荆

【姓氏源流】

荆氏主要有两个来源：一出自芈姓，以国为氏。西周初年，楚国先君熊绎被封在荆山一带建立荆国，春秋初改为楚国，楚文王以前的荆君有庶出子孙以国号为姓，称荆氏。战国末期，居于秦国的楚姓子孙，为避秦庄襄王嬴楚的名讳，改姓荆氏，壮大了荆氏队伍。二源自姜姓。齐桓公之子无亏生庆克，亦谓之庆父，其后以王父字为氏。战国时期齐国庆氏奔卫国者改姓为荆。

先秦时期荆氏主要在湖北境内繁衍，后来有的迁徙到了陕西、河南、江苏境内。汉魏时，在广陵形成望族。宋代以来，北方的山西、河南、河北荆姓异常活跃。在当今中国姓氏中，荆氏依人口数量排在第263位，在全国有一定分布，尤以山东、河南、山西为多。

【相关资源】

[故里故居]

荆轲故里：位于今鹤壁市淇县。《河南通志》《卫辉府志》《淇县志》均有记载。因年代久远，具体地点不详，但古朝歌为卫地，居此无疑。荆轲（？—前227），战国末刺客，卫国人。刺杀秦王不中被杀。

[墓葬陵园]

荆轲墓：位于今鹤壁市淇县城南关村约1千米的折胫河北岸。墓冢上尖下方，呈金字塔形，高7米，底面积约150平方米。据明《淇县志》记载为荆轲墓，墓冢在"文化大革命"期间遭到破坏。

荆浩墓：位于济源市五龙口镇谷堆头村东。墓冢呈圆形，高3米许，直径约13米，冢前矗立有1992年刻立的纪念碑。碑首雕盘龙，碑座两层，碑高3.1米，宽1米，厚0.3米，正中镌刻"中国水墨山水画大宗帅荆浩"。荆浩，字浩然，沁水（今属山西）人。五代后梁画家，隐居人行山洪谷，号洪谷子。

[祠堂寺庙]

洪谷寺：位于林州市西南15千米的林虑山中，系北齐文宣帝高洋为高僧僧达所建，后经历代增修，为林虑山名胜之一。这里崇山峻岭，怪石嶙峋，曲涧深幽，历来就有"太行秀峰数林虑，林虑名胜首洪谷"的美称。至今尚存北齐武平五年（574）所建的千佛洞，唐贞观二十二年（648）雕凿的大缘禅师摩崖塔，唐天宝初年（742）所建的洪谷寺塔等胜迹，以及唐、宋、明、清石刻20余通。

[其他遗存]

荆浩隐居处：位于林州市区西南17千米的洪谷沟里。这里南临洪谷河，北依崖壁。相传为荆浩结庐隐居处。金代由性圆重修，称嘉院，元代称太平寺，俗称小寺。现存残墙、石碾等遗迹。其东北有一处倒圮的石塔构件。

【人物名录】

战国有荆轲（濮阳）。五代有荆浩（沁阳）。

217. 乐

【姓氏源流】

乐氏主要有三个来源：一出自子姓，以王父字为氏，发源于河南商丘。宋戴公之子衎，字乐父。衎生子倾父泽，为公孙泽；公孙泽之子夷父须，以其祖父（王父）之字"乐"为氏，称为乐氏。二源于姬姓，出自春秋时期晋国大夫乐王鲋之后，属于以先祖名字为氏。三出自官名，西周、春秋各国均设有乐官，集乐与学于一身，为当时重臣，其后裔有乐氏。

先秦时期乐氏主要在河南、河北一带活动，后播迁到陕西、山西、湖北、江苏等地，汉唐间在南阳、河内形成望族。宋明以来，在今江西、安徽、浙江、内蒙古、湖南、四川、贵州、福建等地均有分布。在当今中国姓氏中，乐氏依人口数量排在第264位，在全国有一定分布，尤以江西、浙江为多。

【祖源遗存】

宋国故城：见宋姓下"宋国故城"介绍。
三陵台：见宋姓下"三陵台"介绍。

【人物名录】

西晋有乐广（南阳）。南北朝有乐蔼（南阳）。

218. 冀

【姓氏源流】

冀氏主要有两个来源：一出自姬姓，以邑为氏。西周有冀国，在今山西河津市一带。春秋时，冀国被晋国所灭，冀国子孙便以国为氏，称冀氏。二出自姬姓，以邑为氏。晋国大夫郤芮因迎立晋惠公有功，被封于冀，世称冀芮。他的子孙以封邑为氏，也为冀氏。另外北魏时期高句丽中有冀姓。

先秦时期冀氏主要在今山西境内繁衍，汉唐间不断向外迁徙，在渤海郡形成望族。宋代以来，今辽宁、山东、江苏、河南、湖南等地均有冀氏族人的足迹。在当今中国姓氏中，冀氏依人口数量排在第265位，在全国有一定分布，尤以河北、山西为多。

【人物名录】

明朝有冀国（辉县）。

219. 郁

【姓氏源流】

郁氏主要有三个来源：一以名为氏。春秋时，郁黄为鲁国相国，其后有郁氏。二以国为氏。古有郁国，春秋时为吴国大夫采邑，故地大约在今山东鱼台县，其后以"郁"为氏。三出自地名，扶风有郁夷县（汉置，故地在今陕西陇县西），胶东有郁秩县（汉置，故地在山东平度市），或有以地名为氏。

先秦时期，今山东、江苏、湖北、河南等地已有郁氏族人居住。魏晋隋唐间，今山东、河南郁氏非常兴旺，并形成黎阳、鲁郡两个郡望。唐宋以后，郁氏族人生活重心已转移至南方，尤以华东为中心，他们分布于今安徽、江苏、浙江等地。宋元以来已播迁至今福建、江西、湖北、湖南、四川等南方省份。明清时期，郁氏生活区域进一步扩大，今广东、广西、海南、台湾等地也有了郁氏族人。在当今中国姓氏中，郁氏依人口数量排在第266位，在全国有一定分布，尤以江苏、上海、浙江等地为多。

220. 南

【姓氏源流】

南氏主要有五个来源,其中三支源于河南。一是出自姬姓,以字为氏。春秋时卫灵公之子子郢,字子南,其后有南姓;卫献公之子公南楚,其后也有南氏;春秋时期鲁公族有南氏。二是出自子姓。商王盘庚生子南赤龙,其子孙为南姓。三是以地名为姓。晋朝有高士隐居于南乡,因此改为南氏。四出自夏禹之后,以国为氏,为有男氏。据《史记·夏本纪》:"太史公曰:禹为姒姓,其后分封,用国为姓,故有夏后氏、有扈氏、有男氏……"古时"男"作"南",即为南氏。五出自芈姓,春秋时期楚庄王之子追舒,字子南,其后有子南氏,后改为南氏。

早期南氏主要分布在中原地区,尤以陕西、山西为集中,后逐渐向东、向南迁徙。汉唐间在汝南形成望族。宋朝时期主要分布于陕甘地区。在当今中国姓氏中,南氏依人口数量排在第268位,主要分布在陕西、河南、甘肃三省,尤以陕西为多。

【祖源遗存】

卫灵公墓:位于长垣县满村乡冯墙村东南。冢高2米,周长15余米。墓前原有碑碣数通,现仅存1方龟趺。据碑文为春秋卫灵公墓。

殷墟:见殷姓下"殷墟"介绍。

【相关资源】

[墓葬陵园]

南霁云墓:位于清丰县纸房乡谢朱楼村南。南霁云(?—

757），顿丘（今河南清丰县）人。唐天宝名将，平息安史之乱中屡立战功，后守睢阳时城破被杀。

[祠堂寺庙]

南霁云祠：位于清丰县北门外。明嘉靖中建祠，以画像祀之。祠3间，硬山抱厦，雕梁画柱。今祠废，现存文、武画像及清代重修碑记。

六忠祠：见张姓下"六忠祠"介绍。

【人物名录】

唐朝有南霁云（清丰）。清朝有南大定（洛阳）。

221. 原

【姓氏源流】

原氏主要有两个来源：一源自姬姓，以国为氏。周文王第十六子封于原邑（今河南济源市庙街），为伯爵，也称为原伯，春秋时期灭于晋，子孙以国名为氏。二以邑名为氏，晋国封大夫先轸于原邑，因号原轸，其后亦以邑名为氏；晋卿赵衰曾为晋原邑大夫，故也称为原季，其后也有原氏。

原氏先秦时期主要在今河南境内繁衍，并不断向周围地区播迁，汉唐间在东平形成望族。明清时期，在今河南、河北、山东、陕西、山西、江苏、江西等地均有了原氏族人居住。在当今中国姓氏中，原氏依人口数量排在第271位，在全国有一定分布，尤以山西、河南为多。

【祖源遗存】

原城：位于济源市西北约2千米。《括地志》："故原城在怀州济源县城西北。"遗址高出地面3～5米，东西长1000余米，南北宽750米，总面积约80万平方米。原先有城墙，现今保存较少。

【人物名录】

清朝有原峻峰（温县）。

222. 燕

【姓氏源流】

燕氏主要有三个来源：一出自姞姓，以国为氏。黄帝的后代中有个叫伯儵的，商朝时被封于燕，故地在今河南延津县，史称南燕，春秋时亡于卫，子孙以国名为氏。二出自姬姓，以国为氏。西周初，召公奭封于北燕，故地在今北京大兴区一带，战国末被秦国所火，其后裔以"燕"为氏。三为古代北方鲜卑族有燕氏所改。

先秦时期燕氏主要在今河南、河北一带繁衍，汉唐间分布于今河北、山西、陕西等北方地区，并在范阳形成望族。宋代以来，在今河南、山东、内蒙古、江西、江苏等地均有分布。在当今中国姓氏中，燕氏依人口数量排在第273位，在全国主要分布于山东、安徽、河南、山西，尤以山东为多。

【祖源遗存】

南燕国故地：位于今延津、封丘一带。《左传》有"卫人以燕师伐郑"。此燕为位于卫地的南燕。《清一统志》："南燕故城在今卫辉府延津县北故胙城东。县志云，故址在县东三十五里，俗呼为城上。"今在县城东的南古墙村东发现有周长5600米的长方形城址，北部有宫殿基址。

【人物名录】

唐朝有燕钦融（偃师）。宋朝有燕达（开封）。

223. 楚

【姓氏源流】

楚氏主要有三个来源：一出自芈姓。相传帝颛顼有个后代叫鬻熊，博学多识，曾做过周文王的老师。周成王时，追封前代功臣的后代，封鬻熊的曾孙熊绎到荆山一带，建立了荆国，建都于丹阳。春秋时期，荆国迁都至郢，改国号为楚。春秋战国时，楚国为强国之一，后灭于秦。失国后的楚国子孙不少以国名为氏，即楚氏。二以祖父字为氏。春秋时鲁国有大夫林楚，其后代中就有以他的名字作为自己姓氏的，也为楚氏。三以地名为氏。古有楚丘（一为春秋卫邑，遗址在今河南滑县东；一为春秋时戎州己氏之邑，地址在今山东曹县东南），居于楚丘的人有以"楚"为氏者。

唐代以前，楚氏族人主要在今湖北、河南南部、四川东部生息繁衍，并于江陵形成望族。宋代以来，河南成为楚姓族人最为集中的地区，山东、浙江、河北、天津、陕西、山西等地也有分布。在当今中国姓氏中，楚氏依人口数量排在第274位，在全国有一定分布，尤以河南为多。

【祖源遗存】

楚都丹阳：见熊姓下"楚都丹阳"介绍。

陈国故城：见陈姓下"陈国故城"介绍。

滑县楚丘：位于滑县境内。滑县古称楚丘，春秋时期是卫国国都，是楚姓的重要起源地之一。卫人寄居曹邑两年后徙于楚丘，《春秋·僖公二年》载："王正月，城楚丘。"杜预注："楚丘，卫邑。不言城卫，卫未迁。"《左传·僖公二年》载，"诸侯城楚丘而封卫焉"，是楚丘城修筑后卫人迁此。时在卫文公二年（前658），而后至卫成公六年（前629）再徙濮阳，卫人都楚丘凡三十年。《括地志》云："楚丘，滑州卫南县。"楚丘城建于楚丘之侧，城内宫室布局方正，周围树之以桐、漆等树木。其后十年，又修筑外郭城。

【相关资源】

[墓葬陵园]

下寺楚墓：位于淅川县仓房镇陈庄村东沟。墓地面积10万平方米，发掘墓葬25座，车马坑5座。墓葬均为土坑竖穴。随葬品主要有青铜器、玉饰、玛瑙、料珠、石、骨、贝等7000多件。青铜器有礼器、乐器、兵器和生产工具800余件。部分器物上有铭文，最长的有105字。墓群中二号墓最大，长9.2米，随葬品达5000余件，其中青铜器150余件，有成套的鼎、钟、镈、磬等礼乐器。

马鞍冢：位于淮阳县大连乡瓦房庄西，因两个土堆相连，状如马鞍，故当地群众称之为"马鞍冢"。南冢为楚顷襄王墓。平面为"中"字形，东西长14.5米，南北宽13.48米，有5个台阶。冢西约50米有一个车马坑，南北长40米，东西宽3.7米，坑内陪葬车23辆，泥马20多匹，旌旗6面。北冢为其嫔妃之墓，平面为"甲"字形，东西长16.6米，南北宽15.3米，有7个台阶。冢西有一个陪葬的车马坑，南北长35米，东西宽4.2米，西部正中有两个斜坡通道，坑内随葬有车8辆，马24匹，狗2条。坑内西北角随葬品有鼎、敦、壶、钫、盒等，南部随葬品有肩舆和泥质器物等。马一律头朝西，多数放在车前，腿北脊南，排列有序。据此推测，马是杀后放在坑内的。两座车马坑是目前全国考古发掘中发现的形制最大，埋葬马、车辆最多的楚国车马坑。其中出土的错金、银龙首铜车辕头，造型庄重，形象逼真，为其他楚王墓中所不见。

长台关楚墓：位于信阳市长台关。1957—1958年发掘。共两座，为长方形竖穴木椁墓，东面有斜坡墓道。其中1号墓长14.5米，宽12.3米，椁室中央为主室，置木棺；周围为放置随葬品的边箱。两墓随葬品规格大体相同，有青铜礼乐器鼎、壶、编钟及漆木器案、俎、豆、耳杯等。所出镇墓兽作蹲踞式，口吐长舌，头上长鹿角，为楚文化所特有的木雕。还出土竹简148枚，据其内容可分为两组。其中第1组共119枚，出于前室东部，由于农民打井时的践踏，竹简已全部残损。该组竹简内容是一部竹书，写的是一篇歌颂死者生前事迹的短文。第2组共有竹简29枚，出土于墓葬的左后室。竹简保存比较完整，但简的两端折裂较多，文字也较模糊。该组竹简的内容是记载随葬物品的名称和数量的清单，即属遣策类。这两组竹简的内容十分丰富，前者对思孟学派思想的研究有所帮助，后者是探讨当时楚人日常用器及生活礼俗的有用资料。

[祠堂寺庙]

楚氏祠堂：位于禹州市鸠山镇黄庄村。现存大门、厢房和正房。均为硬山灰瓦顶，有脊饰。1944年，王树声领导豫西军民开展抗日斗争时，曾居住于此。

【人物名录】

北宋有楚芝兰（襄城）、楚衍（延津）。

224. 鄢

【姓氏源流】

鄢氏主要有两个来源：一出自妘姓，以国为氏。陆终之第四子求言，为妘姓，封于鄢（今河南鄢陵县西北），建立鄢国，春秋时被郑国所灭，其后裔以国名作为自己的姓氏，就是鄢氏。二源自芈姓。鄢，春秋时期楚地小国，故地在今湖北宜城东南，或有鄢姓，楚国大夫鄢将师之族为鄢氏。

鄢氏早期以今河南为繁衍中心，并不断向周围地区迁徙，汉唐间在太原形成望族。宋代以来，在今湖北、江西、重庆、福建等南方地区也都有了鄢氏族人的足迹。在当今中国姓氏中，鄢氏依人口数量排在第275位，在全国有一定分布，尤以湖北为多。

【祖源遗存】

古鄢国：位于今鄢陵县彭店乡古城村一带。为《左传》"郑伯克段于鄢"的鄢国故城之所在。城址平面呈长方形，分内外二城，外城南北长1916米，东西宽988米，内城为200米见方。陶片、瓦片随处可见，年代为东周至汉代。

225. 奚

【姓氏源流】

奚氏主要有三个来源：一出自任姓，以名为氏。黄帝后裔，夏代有车正奚仲，封于薛之奚地，其后以"奚"为氏。二源自嬴姓。奚，春秋时期古黄国邑名，故地在今河南潢川县之奚店，黄国后裔傒君叔单食采于奚，其后裔有奚氏。三为鲜卑族复姓所改。北魏时达奚氏、薄奚氏随孝文帝进入中原后，改汉姓为奚氏。

先秦时期奚氏主要在今河南、陕西、山西、山东一带繁衍。魏晋南北朝至隋唐间，安徽、山东两地奚氏家族非常兴旺，并在谯郡、北海两地形成望族。此间，鲜卑族奚氏的加入壮大了奚氏家族。宋元时，奚氏已播迁到了今安徽、浙江一带。明清时期，奚氏生活区域进一步扩大，今江苏、贵州、湖北、北京等地均有了奚氏族人的足迹。在当今中国姓氏中，奚氏依人口数量排在第278位，在全国有一定分布，尤以上海、江苏、甘肃、浙江等地为多。

【祖源遗存】

汉魏故城：见周姓下"汉魏故城"介绍。

【人物名录】

南北朝有奚康生（禹州）。

226. 蔺

【姓氏源流】

蔺氏主要出自姬姓，以邑为氏。春秋时，晋穆公少子成师封邑于韩。战国时，裔孙韩厥的玄孙康在赵国做官，食采于蔺，也称蔺阳邑，故地在今山西柳林县孟门。一说在大娄山西段北侧，即今陕西渭南市。子孙以蔺为氏。

先秦时期蔺氏在今山西、河北等北方地区居住，汉唐之间以中山郡、华阳郡为郡望，在今河北、四川形成两个蔺氏名门后裔分布区。明代以来，主要仍以河南、北京、山西、山东等北方地区为主要分布区。在当今中国姓氏中，蔺氏依人口数量排在第282位，在全国有一定分布，尤以河南为多。

【相关资源】

[墓葬陵园]

蔺相如墓：有两处。一处位于焦作市马村区待王镇苏蔺村东。南北长约20米，东西宽约10米，面积约200平方米。据传说，蔺相如墓冢非常高大，在其冢南不足百米处，有一民国时期所立石碑，在"文化大革命"中被毁，今蔺相如墓冢近平。另一处位于辉县市西平罗乡南平罗村东。俗称宰相坟，清道光《辉县志》记载为蔺相如墓。1970年群众平整土地时发现一墓，全用大块青石砌成，墓内出土墓志一方，上书"宋故公蔺公墓志铭"。蔺相如，战国时赵国上卿，著名的政治家、外交家。

蔺完植墓：位于偃师市山化镇蔺窑村北，明代墓葬。墓葬占地面积160平方米，墓冢高3米。墓葬前原有墓碑记述主人生平。蔺完植，明代偃师人，万历丁未年（1607）进士，官顺德府推官、衡州府知府。

蔺挺达墓：位于偃师市山化镇蔺窑村北。清代墓葬，墓葬呈圆形，占地面积210平方米，墓葬封土高3米。蔺挺达（1606—1681），清初偃师人。清顺治年间进士，官至吏科掌印都给事中，有清正之名。

[其他遗存]

秦赵会盟台：位于渑池县城西南1千米处。台呈梯形立体，四面各砌石阶，顶部竖一锥形碑塔，东面镌刻蒲城寇遐隶书"古秦赵会盟台"6个大字，其余三面镌刻的是章士钊的《唐多令·景蔺》词1首及卫立煌、郭昌锦各自撰写的《重修秦赵会盟台记》和《重建会盟台记》，可惜这些建筑均遭破坏。现存的会盟台是1985年渑池县人民政府在原存遗迹的基础上重新修建的。地平至亭顶高22米，其中台高14米。东西两面各砌台阶52级。台上亭高8米，系双层八角挑檐尖顶式仿古建筑。亭正中竖一四方碑碣，西面为《重修古秦赵台碑记》，东、南、北三面分别为中国著名书法家舒同、楚图南、肖劳的题词。《史记·廉颇蔺相如列传》记载：秦昭襄王时，三次发兵攻赵，赵不屈强秦。公元前279年，秦昭襄王与赵惠文王会盟于渑池。当时，赵国为秦国所辱，赵国大臣蔺相如以非凡的智谋维护了赵国的声誉。因和谈成功，双方士卒捧土掩埋兵器，以示偃旗息鼓。故此台名为"秦赵会盟台"。

227. 郜

【姓氏源流】

郜氏主要出自姬姓，以国为氏。商朝末年，周武王打败纣王，建立周朝，于是分封各路诸侯，其弟文王第十一子受封于郜，建立郜国，故地在山东成武东南，春秋时被宋国吞没，其后世子孙就以原来的国名为姓氏，就是郜氏。

先秦时期郜氏主要在今山东及其周边的河南、河北、陕西等地繁衍，汉唐间在京兆形成望族。宋代以后不断外迁至安徽、湖北、河北等地。在当今中国姓氏中，郜氏依人口数量排在第292位，在全国有一定分布，尤以湖北、河南两省为多。

【相关资源】

[墓葬陵园]

郜永春墓：位于长垣县位庄乡高店村东。墓冢现已近平，原神道两侧的碑刻、石像生均毁。郜永春（1532—1607），字子元。明代长垣人。嘉靖四十一年（1562）进士，曾官河南道御史、山西按察使等职。

[祠堂寺庙]

郜家祠堂：位于焦作市中站区朱村乡大家作村。现存门楼1座，东西厢房各3间，均为硬山灰瓦顶。正房1座，悬山灰筒瓦顶。

【人物名录】

明朝有郜永春（长垣）。清朝有郜邦屏（登封）。

228. 花

【姓氏源流】

与华氏同源。古无"花"字，通作"华"。后专用"花"为花草之"花"，故有华姓改为花姓者。春秋时期宋戴公之子正考父食采于华，故地在今河南商丘市一带。考父之子督，字华父，为宋太宰，杀其君殇公及大夫孔父嘉，自立"华"为氏。华氏其后发展繁衍出花氏，最早可能在南北朝时期。到金朝时期女真人孛术鲁氏集体改汉姓花。

早期花姓族人主要在山东、安徽、河南生息繁衍，并在东平形成望族。宋代以来，花姓族人迁徙到了福建、江西、云南、山西、辽宁、内蒙古等地。在当今中国姓氏中，花氏依人口数量排在第295位，以江苏、安徽、辽宁为多。

【祖源遗存】

华阳故城遗址：见华姓下"华阳故城遗址"介绍。
宋国故城：见宋姓下"宋国故城"介绍。
三陵台：见宋姓下"三陵台"介绍。

【相关资源】

[故里故居]

花氏故居：位于商城县城东南15千米的余子店。明都指挥佥事花炜12岁时回到此地开基立业，从此花氏聚族而居。至十二世，明副将花振时，因熊氏匪徒纠集匪众攻入花家，烧毁了祠堂、宗器、家谱，损失惨重。花振有五子，为了免遭灭门之灾，除三子花正山继续留住余子店外，长子花起山迁往隆门，36岁改名花芳，进北京居住，二子花本山迁往范棋，四子花志山迁打柴铺，五子花龙山迁西河狮子山。花正山住花氏故居又形成一支花姓，修有家祠，按方位称之为花氏东祠，目前花氏故居仍居住花氏族人数百人。

[墓葬陵园]

花氏陵墓：花炜与夫人武氏葬商城县九曲河上鱼口，名花坟；四世孙花龙，明建文三年（1401）为保驾将军，葬徐家上楼，名将军坟；六世孙花惠，明兵部中堂升授内阁大学士，葬金刚台里罗城，名阁老坟。另外还有八世孙花芳、十一世孙花秀锦等墓俱葬在商城。

[祠堂寺庙]

花氏祠堂：位于商城县城西南10千米处的吴河范棋。花氏十三世孙花本山于明嘉靖年间迁范棋，形成以范棋为中心的一支花氏族人，先在金莲寺建祠堂，后因地势险峻，加之金莲寺妨碍花氏祠堂的拓展，清嘉庆年间，由花能成等择现址建新祠堂。按方位称花氏中祠，堂号"深茂堂"。祠堂修有大门楼、拜殿、两边厢房，后边为寝堂。大门对联为"南昌世族，东郡家声"。偏殿对联为"勋著洪都仰前代英声事业彪彪炳炳，芳留明史启后昆余庆子孙继继绳绳"，寝堂对联为"陈俎豆以煌煌亿万年犹仰祖功宗德，集衣冠而济济百千世永期子孝孙贤"。新中国成立后，祠堂改为供销社仓库，现存部分遗址。

木兰祠：俗称孝儿祠。位于虞城县城南35千米营廓镇北1千米处。始建于唐代，金、元、清各代曾重修扩建，至民国初年，木兰祠占地万余平方米，有大门、大殿、献殿、后楼和配房等共百余间。花木兰，北魏孝文帝至宣武帝时人，是北方英勇女性的代表。花木兰隐瞒性别，替父从军，征战四方，保家卫国，立下赫赫战功，开创了"巾帼不让须眉"的传奇。关于她的姓氏，有人说是姓朱，有人说是复姓木兰，有人说是姓魏。明代徐渭在《四声猿传奇》中说她姓花，名木兰，父亲花弧是一个后备役军官，大姐花木莲，幼弟花雄，母亲姓袁，一家五口，这是至今仍为大家所接受的一种说法。

229. 盖

【姓氏源流】

盖氏主要有两个来源：一出自姜姓，以邑为氏。春秋时，齐国有公族大夫受封于盖邑，其后人以"盖"为氏。二少数民族姓氏所改。晋末高句丽有盖氏，为今朝鲜族先民；南北朝时，北魏鲜卑族有盖楼氏，入中原后改为盖氏。

盖氏早期居住在今山东、河南等地。汉唐间，在今河南、河北、甘肃、山东、陕西、北京、陕西等地均有盖氏族人的足迹，尤其是河南盖氏发展迅速，并在汝南、河南形成望族，渔阳盖氏也很兴旺，形成了盖氏的渔阳郡望。宋代以来，盖氏生活重心仍然在北方。在当今中国姓氏中，盖氏依人口数量排在第302位，尤以辽宁、山东等省为多。

【祖源遗存】

汉魏故城：见周姓下"汉魏故城"介绍。

230. 练

【姓氏源流】

练氏主要有两个来源：一系赐姓。唐代河内人练何，本姓东，跟从李勣伐高丽有功，以精练军戎有方，被赐姓练氏。二以地为氏。练氏先人在闽国做官，食邑练乡，遂以"练"为氏。

练氏族人多认练何为自己的祖先，自练何得姓之后，不断外迁，子孙播迁于福建、浙江、陕西、广东、四川、河南等地。练氏以河内、建安为郡望。在当今中国姓氏中，练氏依人口数量排在第303位，在部分地区有分布，尤以广东为多。

【人物名录】

明朝有练国事（永城）。清朝有练贞吉（永城）。

231. 廉

【姓氏源流】

廉氏主要有两个来源：一以字为氏。相传颛顼裔孙大廉的后裔有以"廉"为氏者。二以号为氏。伯益之后裔仲衍，号飞廉氏，为商末大臣，其后以号"廉"为氏。

先秦时期廉氏活动于今河南、山西、河北、陕西等地。魏晋南北朝至隋唐间在河东郡形成望族。元朝时，维吾尔族中有名叫布鲁海牙的人，与元朝政府友善，被太宗任命为燕南诸路廉访使的时候，正好他儿子降生，人们恭贺他官拜廉访使，他就给儿子取名叫廉希元，廉氏家族因此有了维吾尔族的成分。明清时期，廉氏族人生活区域进一步扩大，但仍以北方为主。在当今中国姓氏中，廉氏依人口数量排在第304位，在全国有一定分布，尤以河南为多。

【相关资源】

[墓葬陵园]

廉智墓：位于扶沟县包屯乡廉岗村内。封冢已平，尚存清嘉庆三年（1798）立石碑1通，上刻"皇清处士讳智廉公暨配张孺人之墓"。

232. 井

【姓氏源流】

井氏主要有两个来源：一出自姜姓，炎帝后裔。西周初年，姜太公受封于齐国，其后裔中有以"井"为名字者，子孙以其字为氏，就是井氏。二出自姬姓，以邑为氏。武王克商之后，封周太王之子虞仲孙于虞城。虞大夫奚食采于井，人称井伯。春秋时期，晋献公灭虞国，井奚奔秦国，秦封井奚于百里，又号百里氏。其子孙后裔以原先封邑为氏，为井氏。

早期井氏族人主要在今山西、陕西、河南境内繁衍，汉唐间在南阳、扶风形成望族。宋代以来，广东、河北、湖北等地有井姓人分布。在当今中国姓氏中，井氏依人口数量排在第306位，以辽宁、陕西、河南为多。

【祖源遗存】

姜太公墓：见姜姓下"姜太公墓"介绍。

【相关资源】

[故里故居]

井氏宅：位于商丘市睢阳区风池一街。有门楼、正房、厢房等建筑，均为硬山灰瓦顶，有脊饰。门楼前檐有砖雕装饰，正房前出廊，檐下有木雕装饰。

井其俊宅：位于商丘市睢阳区四牌楼东一街。建于清光绪年间，为四合院式建筑。大门已改建，正房和厢房保存较好，硬山灰瓦顶，有脊饰。院内回廊相通。

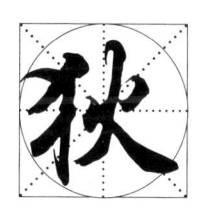

233. 狄

【姓氏源流】

狄氏主要有三个来源，有一支源于河南。一是出自姬姓，以国为氏。西周时期，周文王封少子于狄城（今山东博兴县西南高苑镇），或言周成王封其舅舅孝伯于狄城，建立狄国，其子孙以国为氏，是为狄姓。二是出自鲜卑族。鲜卑族库狄氏随北魏孝文帝南迁洛阳后，改汉姓为狄。三是出自高车氏。据《北史》记载，回鹘族高车氏有改狄姓者。

唐代以前狄姓族人主要在山东、山西、河南、甘肃、陕西一带繁衍，并在天水、太原两地形成望族。宋以后有迁往湖南、江苏等地者。在当今中国姓氏中，狄氏依人口数量排在第314位，尤以江苏为多。

【祖源遗存】

汉魏故城：见周姓下"汉魏故城"介绍。

【相关资源】

[故里故居]

狄仁杰故居：位于孟津县会盟镇西2千米的邙山脚下。始建于唐开元二十三年（735），相传是人们为纪念狄仁杰而修建的，长期由道人主持，奉祀香火。明末毁于兵燹，清初重新修葺。现仅余大殿5间、廊房2楹。狄仁杰（630—700），字怀英，唐太原（今山西太原市西南）人。曾任法曹参军、侍御史、刺史、宰相等职，为人正直无私，不畏权贵。

[墓葬陵园]

狄仁杰墓：位于洛阳市城东12千米白马寺镇白马寺山门外。为一圆形土丘，高5米，周长40米。墓前今存石碑2方，较大的石碑上书"有唐忠臣狄梁公墓"8字，重立于明代万历二十一年（1593）。较小的一方上下隔为三栏，镌刻凭吊诗数首及明人周鼎、河南知府虞廷玺所撰序文，立于明代天顺三年（1459）。

狄青墓：位于舞阳县辛安镇青冢集村。现存冢高7米，直径约70米，《舞阳县志》记为青冢，即狄襄公之墓。狄青（1008—1057），北宋大将，汾州西河（今山西汾阳市）人。嘉祐初，卒于陈州（今河南淮阳县）。

[碑碣刻石]

大唐故邓州刺史狄府君之碑：位于孟津县平乐乡翟泉村北。碑高3.65米，宽1.18米，厚0.35米。螭首，龟趺。立碑年代不详。传为武则天撰文，碑文记述狄府君为官清廉而有政绩。现碑已倾倒，风化严重，字迹模糊。

234. 晋

【姓氏源流】

晋氏主要出自姬姓，以国为氏。西周初年，周成王封其弟叔虞于唐，称为唐叔虞。其子燮父又将国都迁到晋水之滨，改国号为晋。春秋末年，晋国被赵、魏、韩三家瓜分，晋国国君的后代就以国名为姓，称为晋氏。

先秦时期晋氏在今山西、河南、陕西一带繁衍。魏晋南北朝时已播迁到了今湖北、江苏一带，但其生活重心仍在北方地区，并在平阳、虢郡形成望族。宋代以后播迁到今浙江、安徽、江西等地。在当今中国姓氏中，晋氏依人口数量排在第319位，在全国有一定分布，主要分布在河南、山西、四川，尤以河南为多。

【人物名录】

五代有晋晖（许昌）。

235. 来

【姓氏源流】

来氏主要有两个来源：一出自子姓，以国为氏。商王族支孙食采于郲，故地在今河南荥阳市东，一说在山东黄县东南，其后遂以封地为姓，后因避难去邑为来氏。二出自莱氏，因避难去"艹"改为来氏。

先秦时期来氏在今河南境内繁衍。东汉时南阳人来歙，因战功被封为征羌侯，为"云台二十八将"之一，家族世袭侯褚爵。魏晋以至隋唐间，来氏已播迁到长江以南，黄河以北，并在江都、平阳两地形成望族。宋代以来，来氏生活区域进一步扩大。在当今中国姓氏中，来氏依人口数量排在第326位，在全国有一定分布，尤以浙江、河南为多。

【祖源遗存】

郲国故地：郲为商朝子姓国，甲骨文有见来地，《左传》中称之为"时来"。杜预认为，来在荥阳县东有厘城，地点应在今郑州花园口附近。

【人物名录】

西汉有来汉（新野）。东汉有来歙、来历、来艳（均新野）。三国有来敏、来忠（均新野）。

236. 晁

【姓氏源流】

晁氏主要有两个来源，均出自姬姓，而且均与河南有关，都是以祖上的名字命名的姓氏。一出自周景王之子王子朝之后。王子朝争夺王位失败，逃到楚国，子孙后代以朝为姓，称为朝氏。"晁"

是"朝"的古字,因而"朝氏"又写作晁氏。二出自周代卫国大夫史晁之后。春秋时期,卫国有大夫史晁,他的子孙后代便以"晁"作为姓氏。

得姓于中原的晁姓族人,早期活动地域主要在河南境内,随后不断向周边的陕西、湖北、河北等地扩展繁衍,隋唐间形成京兆、南阳、颖川几个郡望。在当今中国姓氏中,晁姓依人口数量排在第328位,在全国有一定分布,尤以河南、山东、江苏为多。

【祖源遗存】

东周王城：见周姓下"东周王城"介绍。
卫国故城：见石姓下"卫国故城"介绍。
西鄂故城：位于今南阳市郊。《读史方舆纪要》提到南阳有西鄂城,为楚邑汉县。地点在南阳市卧龙区石桥镇西南,城平面呈正方形,边长300米,城内有房基、古井及砖片残片。应为子朝避居地,也为晁氏祖根地。

【相关资源】

[墓葬陵园]

晁错墓：有两处。一处位于禹州市城南13.5千米晁喜铺村西。有墓冢两座,南为晁错墓,北为其兄晁喜墓。墓冢高数丈,每座占地300多平方米,无陵园。原有墓碑,曰"汉御史大夫晁错墓",高7尺,毁于20世纪50年代。另一处位于许昌市东郊果园。冢高5米,面积30余平方米,墓前立有清乾隆三年(1738)碑刻1通,书"汉御史大夫晁公之墓"。据《许州志》记载,自宋至明,该墓多次修葺。晁错(前200—前154),西汉颖川(治今河南禹州市)人。著名政论家,文帝时为太子家令,景帝时为御史大夫。遗文31篇,现存8篇和一些已散佚的著作片段。

晁迥墓：位于清丰县阳邵乡阳邵村西。墓前原有石坊、石像生等,已无存。现仅有清乾隆年间立墓碑1通。晁迥(948—1031),字明远,北宋清丰(今属河南)人。太平兴国年间进士,真宗时累官工部尚书、集贤院学士。

晁宗悫墓：位于清丰县阳邵乡阳邵村西北。墓地原有70平方米，石坊、碑刻、石像生排列甚众，后因水患掩于地下。现存清嘉庆二年（1797）重立"宋参政宗悫公墓碑"1通。晁宗悫，迥子，累官资政殿学士、给事中。

【人物名录】

西汉有晁错（禹州）。北宋有晁迥、晁仲衍、晁宗悫、晁端彦、晁公寿（均清丰）。南宋有晁说之、晁公谔（均清丰）。明朝有晁东吴、晁瑮（均濮阳）。

237. 都

【姓氏源流】

都氏主要有两个来源：一出自姬姓，以字为氏。春秋初年，郑国公孙阏，字子都，其子孙就以他的字为姓氏，称为都氏。二出自公都姓。春秋时，楚国有公子田受封于都邑，所以称为公都氏，其后有以都为氏者。

先秦时期都氏生活在今湖北、河南一带，秦汉以后开始外迁，汉唐间在黎阳、吴兴形成望族。宋代以来已分布到山西、山东、江西、浙江、辽宁等地。在当今中国姓氏中，都氏依人口数量排在第330位，在全国有一定分布，尤以安徽、辽宁为多。

【祖源遗存】

郑韩故城：见何姓下"郑韩故城"介绍。

【人物名录】

明朝有都任（开封）。

238. 伏

【姓氏源流】

伏氏主要有两个来源，均源于河南。一出自风姓，为伏羲氏的后裔，以号为氏。伏羲氏苗裔有的用"伏"作为自己的姓氏，遂成伏姓。二为少数民族改姓。汉晋时期稽胡有伏氏，南北朝民族大融合时期，北魏鲜卑族俟伏斤氏随孝文帝南下定居洛阳后，改汉姓为"伏"。

先秦时期伏氏主要在河南、河北、山西、山东等地繁衍，汉唐时期在太原、高阳形成望族。唐末开始南迁，散居江西、湖南、福建等地。在当今中国姓氏中，伏氏依人口数量排在第335位，在全国有一定分布，尤以湖南为多。

【祖源遗存】

伏羲陵：见包姓下"伏羲陵"介绍。
汉魏故城：见周姓下"汉魏故城"介绍。

【相关资源】

[墓葬陵园]

伏文郁墓：位于民权县城关镇伏庄村东南。墓冢较小，墓前立有乾隆十九年（1754）石碑1通，碑高2.1米，宽0.67米，厚0.14米。碑阴阳刻正楷"皇清庠元显考伏公讳文郁字魁聚配显妣陈氏合葬墓"。据家谱记载，伏文郁为当地伏氏的十世祖。

239. 薄

【姓氏源流】

薄氏主要有四个来源：一出自姜姓，以国为氏。上古时有薄国，相传是炎帝后裔的封国，故地在今河南商丘到山东曹县一带，薄国的后代子孙以国名为姓，为薄氏。二出自子姓，以邑为氏。春秋时期，宋国有大夫被封于薄城（今河南商丘市北一带），他的后代子孙就以封邑名为姓，亦为薄氏。三为鲜卑族复姓所改。南北朝时，北魏鲜卑族有薄奚氏，入中原后改为薄氏。四出自薄姑氏，相传唐尧迁奄君于薄姑，故地在今山东博兴附近，后裔以"薄姑"为氏，后改为薄氏。

先秦时期薄氏在今河南、山东一带繁衍。两汉时期，薄氏已播迁到今浙江、江苏、安徽、山西等地。魏晋隋唐间在雁门、谯郡形成望族。宋元以来，薄氏生活区域进一步扩大，但生活重心仍在北方的河南、山东、山西等地。在当今中国姓氏中，薄氏依人口数量排在第337位，主要分布在山东。

【祖源遗存】

商丘南亳：位于商丘市睢阳区坞墙集附近。商汤都于此。西晋皇甫谧《帝王世纪》曰："梁国谷熟为南亳，即汤都也。"《括地志》亦云："宋州谷熟县西南三十五里南亳故城，即南亳，汤都也。"汉唐谷熟县治为谷熟镇，后撤销谷熟县属商丘县，考古工作者在此发掘出土有龙山晚期文化和殷商、春秋、战国时期陶器残片及商代卜骨等物。

汉魏故城：见周姓下"汉魏故城"介绍。

【相关资源】

[祠堂寺庙]

薄太后庙：位于登封市西南10千米的太后庙村北。薄太后为刘邦之妃、汉文帝之母。庙内塑薄太后像。因她在当地传采桑养蚕之法，当地人感其恩德，所以为她建庙，年年祭祀。

240. 元

【姓氏源流】

元氏主要有四个来源：一出自国名，夏商时期有诸侯国元都，子孙以国名为氏，后称为元氏。二出自姬姓，春秋时卫国大夫元咺，食采于元，后裔以邑为氏。三出自姬姓，魏武侯之子公子元，其后人都有可能为元氏。四出自鲜卑族。北魏拓跋氏汉化，均改为元氏，从而使元氏的历史无比辉煌。

早期的元氏主要活动在中原，当北魏宗室汉化改姓之后，在洛阳形成了元氏居住的中心区，从而形成了以河南郡为代表的元氏望族。宋朝以来，元氏在河南、陕西、河北、山西、天津、安徽、四川、浙江等地居住，其影响力明显减弱。在当今中国姓氏中，元氏依人口数量排在第384位，以河南为多。

【祖源遗存】

卫国故城：见石姓下"卫国故城"介绍。
魏都大梁：见魏姓下"魏都大梁"介绍。
汉魏故城：见周姓下"汉魏故城"介绍。

【相关资源】

[故里故居]

元结故里：位于鲁山县东南13千米的商余山下，遗迹无存。元结（719—772），唐代文学家。字次山，祖籍河南洛阳，后随父亲迁至鲁山（今属河南）。安史之乱时，组织义军抵抗史思明叛军，战功突出。有《元次山文集》。

[墓葬陵园]

景陵：即北魏宣武帝陵，位于洛阳市古代艺术博物馆（原古墓博物馆）西院。封土呈圆形，直径110米，高24米。地宫置于封丘之下，坐北面南，由墓道、前甬道、后甬道和墓室构成，全长56米余。墓室平面近方形，棺床置于墓室西部，由15块方形大青石板拼成，整体为长方形。景陵在宋金时代和民国年间曾多次遭盗掘，现已复原出青瓷盘口龙柄壶、陶砚、石帐座、残石灯等10余件文物。

定陵：北魏孝明帝陵，位于洛阳市东北郊西山岭头村，墓冢情况不清。孝明帝，名元诩，宣武帝子。

元太兴墓：位于巩义市夹津口乡墓坡村南嵩山卧龙峰上。现存墓冢呈圆形，周长约30米，北高10米，南高2米，周围残存大量古代砖瓦。元太兴，北魏拓跋氏后裔，任长安镇都大将等职，后捐出家产出家，卒后葬于此地。

元邵墓：位于洛阳市瀍河区瀍河乡盘龙冢村。该墓冢新中国成立前夕被盗，出土百余件文物及一方墓志，从墓志中可以看出墓主人是元邵，北魏人。

元怿墓：位于洛阳市瀍河区瀍河乡北窑村。墓冢直径30米，高15米，多次被盗，曾出土墓志一方，墓志记载魏故使持节侍中假黄钺太师宰相大将军都督中外诸军事录尚书事太尉公清河文献王"讳怿，字宣仁，河南洛阳人也"。墓壁两侧有壁画痕迹。

元义墓：位于孟津县朝阳乡向阳村。墓冢高10米，周长125米。出土有"魏使节侍中骠骑大将军仪同三司尚书令冀州刺史江阳王元义墓志铭"，墓室壁画已经毁坏。

元结墓：位于鲁山县梁洼镇泉上村。墓前有大书法家颜真卿书写的墓碑，元代兵变时移入学宫，明嘉靖年间知县夏文壁再为之立碑。

[祠堂寺庙]

永宁寺：位于北魏洛阳城内，北魏熙平元年（516）建造，由孝明帝母灵太后发起创建，是当时著名的皇室寺院。寺内木构楼阁式高塔于永熙三年（534）毁于火灾，后寺渐废。遗址在今洛阳市东。现存木塔塔基遗址，据《洛阳伽蓝记》记载，永宁寺四面都有围墙，形制同皇宫，四周有门，尤以南门高大。

[碑碣刻石]

元次山碑：位于鲁山县县城文庙内。碑高2米，宽1米，厚0.3米，右下角残缺，唐大历七年（772），颜真卿书文。碑文记述了元次山家世及一生功绩。原立于元次山墓前，元代兵变时移入学宫。

元好问题诗碑：位于新密市超化镇的超化寺内。超化寺建于隋开皇元年（581），曾经是全国著名寺院之一。该碑是寺内著名的诗碑，高0.38米，宽0.50米。

苏门山诗碑：镶嵌于辉县市百泉湖涌金亭西墙上，高0.45米，长1米余。当年元好问看到百泉的景色，留下此诗。

[其他遗存]

巩义石窟寺：位于巩义市南河渡镇寺湾村，距市区10千米，1982年被定为全国重点文物保护单位。巩义石窟是北魏皇室开凿的一座石窟，孝文帝创建了寺院，宣武帝时开始凿石为窟，刻佛千万像，后来的东魏、西魏、唐、宋也陆续在这里刻了一些小龛。由此证明，巩义石窟是继洛阳龙门石窟之后开凿的一个石窟。初建寺称"希玄寺"，唐初改称"净土寺"，宋代改称"石窟寺"。现有5个石窟，250个佛龛，7700多个雕像，3尊摩崖大像，题记200余品，其中以一、三窟最为珍贵。

龙门石窟宾阳洞：位于洛阳市南伊阙山上，是世界文化遗产龙门石窟的重要组成部分。宾阳洞包括南洞、中洞和北洞，是北魏宣武帝为其父母孝文帝和文昭皇太后做功德所建造的洞窟之一。其中仅中洞的开凿就花费了24年时间，其富丽堂皇的景象是龙门众多石窟之冠。主佛释迦牟尼端坐中央，面部修长清秀，面容和蔼慈祥，略带微笑。迦叶、阿难二弟子和文殊、普贤二菩萨侍立左右。迦叶形象老成持重，阿难形象活泼开朗，望之栩栩如生。佛像的衣饰都由北魏早期的袒露右肩和通肩式变为褒衣博带式，是孝文帝实行汉化政策在石刻艺术上的反映。洞顶雕有莲花宝盖，周围雕着飘逸脱俗的伎乐天人和供养天人。洞口内壁两侧原本刻有三层大型浮雕，下层是著名的"皇帝礼佛图"和"皇后礼佛图"，构图严谨，雕刻精美，是我国古代雕刻艺术的杰作。其中著名的"孝文帝礼佛图"等已经被盗。

嵩岳寺塔：位于登封市太室山中，是世界文化遗产"天地之中"历史建筑群的有机组成部分。嵩岳寺又名闲居寺，其前身是北魏孝明帝的离宫，寺塔为密檐式砖塔，平面为十二边形，是我国最古老的砖塔，高37米余，底径10米余，塔由基石、塔身、15层叠涩砖檐和宝刹组成。

琴台：位于鲁山县北关。台依故城残垣修建，坐北朝南，左面有台阶，台上原有亭，现已毁坏。

【人物名录】

南北朝有元定、元文遥、元伟（均洛阳）。隋朝有元景山、元晖、元孝矩、元亨、元岩、元谐、元褒、元善、元寿、元胄、元弘嗣（均洛阳）。唐朝有元希声、元澹、元德秀（均洛阳），元结（鲁山），元集虚（沁阳），元宗简、元淳、元稹、元融、元季方（均洛阳）。北宋有元勋（禹州）。

241. 阴

【姓氏源流】

阴氏主要有四个来源：一出自古帝阴康氏之后，以族名为氏。二以国为姓。虞夏时期有阴国，故地在今山西霍州附近，国灭后后裔以国为姓氏。三源自阴国，周时采邑，故地在今三门峡卢氏县东北，后裔以邑为氏。四是春秋时期齐国管仲之孙管修自齐奔楚，为阴邑大夫，其后以邑为氏。

两宋时期阴氏主要分布在江西、福建等地。在当今中国姓氏中，阴氏依人口数量排在第390位，分布在台湾，河南郑州、荥阳，山西汾阳，陕西渭南等地，以山西为多。

【人物名录】

东汉有阴兴、阴识、阴庆、阴丽华、阴皇后、阴长生（均新野）。明朝有阴秉旸（卫辉）。

242. 畅

【姓氏源流】

畅氏主要有两个来源：一源于姬姓，出自西周初期祭祀官吏畅月，属于以官职称谓为氏。二源自姜姓，为周代诸侯齐国公族之后，以姜太公为始祖。

先秦时期畅氏在今山东、河南、河北一代活动，并在河南、魏郡形成望族。两晋南北朝时，有畅氏族人避乱进入今安徽、江苏、浙江等南方省份。唐代以后，畅氏族人不断迁徙，到宋代已散居今湖北、湖南、江西、福建、四川等省。如今，畅氏在全国有一定分布，尤以山西、河南为多。

【人物名录】

唐朝有畅诸（汝州）。元朝有畅师文（南阳）。清朝有畅于熊（新乡）。

243. 卓

【姓氏源流】

卓氏主要出自芈姓，以名为氏。春秋时楚威王的儿子公子卓之后以其名为氏，即卓氏。

先秦时期卓氏在湖北、河南、河北一带活动，秦时赵国卓氏被迁往四川。据《史记·货殖列传》所载，蜀郡卓氏，原本赵人，秦时迁入蜀之临邛（今四川邛崃），以冶铁致富。汉唐间在西河、南阳等地形成望族，东汉时南阳卓姓家世显赫，风光无比，极大地壮大了卓姓南阳郡望的声名。明代以前，卓氏已播迁到了福建、浙江、江西等地。如今，卓氏在全国有一定分布，尤其以四川、福建、广东为多。

【人物名录】

东汉有卓茂（南阳）。

244. 荀

【姓氏源流】

荀氏主要有三个来源：一起源于远古时期，是轩辕氏部落首领黄帝的后代。相传，黄帝有25子，分姓12姓，荀就是12姓之一。二出自姬姓，以国名为氏，周文王的第17个儿子被封于古郇国，故地在今山西省临猗县，建立姬姓郇国，为伯爵，史称郇伯。春秋时被晋国武公所灭，其后代子孙遂以国名"郇"为氏，后去邑旁加草头为荀姓。三出自晋国大夫原氏黡。荀本为姬姓封国，晋武公灭荀后，将其赐封给大夫原氏黡，因称荀黡，其后以国为氏，是为晋国荀氏。

荀氏早期活动于山西、河南一带，在中原及周边地区有广泛的分布，以河内郡为望族。汉晋以后，在颍川郡颍阳县（治今许昌西南）形成荀氏大族，分布于江浙一带的荀氏，也以颍阳为籍。宋代以后，荀氏族人生活区域又有所扩大。如今，荀氏已经发展成为人口较多的姓氏之一,河北、重庆、陕西、贵州、山西等地荀姓人口较多。

【相关资源】

[墓葬陵园]

荀彩墓:位于许昌县邓庄乡彩女村。墓冢于"文化大革命"时期毁坏,现存墓志。荀彩,东汉末郎陵相荀淑之孙女,有文采,性刚烈,因反对父母包办婚姻自缢而亡,葬于此。人称"彩女冢"。

【人物名录】

西汉有荀巨伯(许昌)。东汉有荀淑、荀昱、荀爽、荀昙、荀衍、荀悦、荀彧、荀攸(均许昌)。三国有荀纬(武陟),荀粲、荀融(均许昌)。西晋有荀顗、荀勖、荀卓(均许昌)。东晋有荀崧(临颍)。南北朝有荀伯子、荀仲举、荀郎(均许昌)。

245. 山

【姓氏源流】

山氏主要有三个来源:一出自姜姓,炎帝之后有烈山氏,其后裔有以"山"为氏者。二出自以官为氏。周朝时有掌管山林的官职山师,其子孙以祖职官为氏。三出自以祖名为氏。春秋时期楚国有个高官叫叔山冉,他的后代以他名字中的"山"字为姓,世代相传。还有他族改为山氏者,为罕见姓氏。

历史上的山氏多分布在今河南、江苏、山东等地。早期在河南等地发展，以河内郡、河南郡为郡望。宋元时期从河南迁往山东、江苏等地。如今，山氏在全国有一定分布，尤其以山东、河南、四川为多。

【相关资源】

[墓葬陵园]

山涛墓：位于武陟县大虹桥乡小虹村。墓冢已被夷为平地。20世纪70年代，村内群众在改建祠堂大殿时，于墓室的南部发现其墓道。墓前原有神道碑，后移入祠内保护。山涛（205—283），西晋河内怀县（今河南武陟县西南）人。为"竹林七贤"之一，晋初任吏部尚书、尚书右仆射等职。

冤句令墓：位于武陟县大虹桥乡小虹村。冤句令，即山涛之父山曜，曾任冤句令。

山简、山遐墓：位于武陟县大虹桥乡小虹村。山简，字继伦，山涛之长子，累官尚书左仆射，领吏部。山遐，山涛之次子，字彦林，为余姚令，后为东阳太守。

[祠堂寺庙]

山涛祠：位于武陟县大虹桥乡小虹村。在山涛墓室南侧，坐北朝南，创建于何代已无可考。明清时期，均有修葺。原有山门、卷棚和大殿，现都已倒塌，原卷棚中保存的10余通碑刻，仍保存完好。其中明代武陟县事毛验刻立的"晋侍中吏部尚书山公墓"碑和清代同治十二年（1873）武陟县事骆文光所立的"晋侍中新沓伯山公之墓"神道碑最为重要。明清两代，当地群众以山涛祠为基础，在祠的东西两侧分别新建了药王庙、火神庙、隆寿寺、十大名医殿、清官亭等寺庙，使此地形成了一个较大的古建筑群，现仅存隆寿寺和药王庙两座大殿，均为清代建筑。

【人物名录】

晋朝有山涛、山简、山遐（均武陟）。

246. 仓

【姓氏源流】

仓氏主要有四个来源：一源于姬姓，出自黄帝史官仓颉，属于以先祖名字为氏。古代"仓"和"苍"通用，因有仓（苍）氏。二源于姬姓，出自上古颛顼帝的后裔仓舒，属于以先祖名字为氏。三源于姬姓，出自周王朝仓库官之后裔，属于以官职称谓为氏。四源于官位，出自汉朝时期官库管理官，属于以官职称谓为氏，秦汉时期在仓曹参军、仓曹史等的后裔子孙中，有以先祖的官职称谓为姓氏者。

汉代以前，苍（仓）姓族人主要在姓氏发源地的河南、陕西、山西一带生活，此后不断外迁。隋唐间在武陵形成望族。如今，在上海松江，云南河口、江川，山东昌乐，山西太原、临汾、长治，陕西韩城，甘肃酒泉，湖北老河口，河北辛集，辽宁盖县，内蒙古兴和等地有此姓氏。

【祖源遗存】

仓颉陵：见侯姓下"仓颉陵"介绍。
仓颉庙：见侯姓下"仓颉庙"介绍。
仓颉墓：见侯姓下"仓颉墓"介绍。

【人物名录】

清朝有仓景愉（中牟）。

247. 郅

【姓氏源流】

郅有"jí"与"zhì"两个音，两者源头不同。郅（"jí"）同"姞"，黄帝之后伯儵之姓，周封姞氏之裔伯儵于南燕，即今河南延津东。郅（"zhì"），殷商时期有郅侯国，故城或在郁郅县，即今甘肃省庆阳市境内。人数少，分布范围广。

【祖源遗存】

南燕故城：见吉姓下"南燕故城"介绍。

【相关资源】

[墓葬陵园]

郅恽墓：有两处。一处位于济源市轵城镇东天江村西南。冢封土呈圆形，系夯筑，高7.6米，面积约400平方米。另一处位于西平县柏城镇东大街东段。墓冢近平，面积164平方米。墓前仅存民国年间所立墓碑1通。郅恽，字君平，东汉西平（今属河南）人。历任洛阳上东门侯、长沙太守等职务。

郅公墓：位于巩义市站街镇老城村。封冢已被夷平，尚存清光绪三十一年（1905）立墓碑1通。碑高1.5米，宽0.58米，厚0.15米。郅连三撰文，毓垄书丹。碑文记述郅公为明光禄寺署政的生平及子孙后代追忆祖宗功德之意。

【人物名录】

东汉有郅恽、郅寿（均西平）。

248. 铁

【姓氏源流】

铁氏主要有两个来源：一出自子姓。本为商朝王公后裔，入周居于商丘，后有一支迁居戚城铁丘（今河南濮阳市境内），遂以居地为姓。二源于匈奴族，出自古匈奴族铁弗部，属于以部族称号汉化改姓为氏。匈奴族为游牧民族，对骏马的尊敬由来已久，秦、汉之际，有取色如黑铁的健马为部落称谓，因以为姓者，有铁弗、铁伐、铁骊（铁力）诸部，为匈奴中最为强悍的几个部落。

铁氏是一个多民族、多源流的古老姓氏群体。如今，甘肃、山西、黑龙江、吉林、河南、山东、云南、台湾等地均有铁氏族人分布。

【祖源遗存】

宋国故城：见宋姓下"宋国故城"介绍。

铁丘遗址：位于濮阳市开发区王助镇铁丘村，距濮阳县城西北约2.5千米。遗址面积约4200平方米，文化内涵丰富，为古代铁氏人在此活动的历史见证。

【相关资源】

[墓葬陵园]

铁铉墓：位于邓州市白落乡姚营东南。铁铉（1366—1402），明代河南邓州（今属河南）人。建文初任山东参政，进兵部尚书。后燕王朱棣举兵"靖难"，铁铉兵溃被执。朱棣即位后，不屈被杀。

[祠堂寺庙]

二忠祠：位于南阳市八一路北。始建于明代，为纪念明建文二年（1400）山东参政铁铉、都督盛庸抗击燕王朱棣事迹而建，清康熙年间重修。

【人物名录】

明朝有铁铉（邓州）。

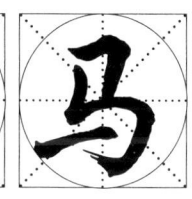

249. 司马

【姓氏源流】

司马氏主要有三个来源：一以官职为氏，西周时有官职司马，有说担任司马一职的家族，有的以官职名为氏。二也是以官职为氏。西周宣王时，重黎裔孙程伯休父，任职司马，屡立大功，周王赐以"司马"为氏。三为外姓改姓，历史上还有牛、许、郝改姓司马者。

先秦时期司马氏主要活动于中原，秦汉以后在陕西、四川、江苏、湖北均有司马氏家族居住，河南成为司马氏的核心居住区，以河内郡为郡望，在今河南温县诞生了司马懿家族。随着晋朝的建立，司马氏已遍布大江南北。由于战乱，司马氏家族又遭到大量的屠杀。唐代以前在东南沿海、江淮地区、中原地区均有零散的司马氏家族。宋代以后，在山西夏县崛起了司马光家族，在陕西、河北、湖南、江苏、浙江均有少量分布。在当今中国姓氏中，司马氏依人口数量排在第549位，在北京、天津、河北、山西、湖北、江西、福建、贵州的个别地区有分布。

【相关资源】

[故里故居]

水镜洞：位于禹州市颍河岸边，相传为司马徽所筑，为清静读书之所。司马徽（？—208），字德操，号水镜，东汉颍川阳翟（今河南禹州市）人。富才学，高德操，轻官而重教。曾向刘备推荐诸葛亮（卧龙）、庞统（凤雏）。后来刘备三顾茅庐请诸葛亮出山，与司马徽的推荐不无关系。

司马光故里：今光山县委招待所所在地，司马光诞生于此，为信阳市市级文物保护单位。北宋时为光山县官署，司马光之父司马池于天禧三年（1019）任光山县令，同年十月十八日司马光生于县衙官舍。为纪念司马光诞生于此，其父为其取名为"光"。司马光（1019—1086），北宋大臣、史学家。字君实，号迂叟，生于光山县，祖籍陕州夏县（今属山西）涑水乡人。所著《资治通鉴》，流传后世。卒谥"文正"，追封"温国公"。著有《司马文正公文集》《稽古录》《涑水纪闻》等。

独乐园：位于洛阳市老城南约5千米独园村。宋时为司马光别墅，今废。此园为司马光买地自建，园中有亭台花木，并建有读书堂，为其读书、著文处。《资治通鉴》即在此园中完成。

[墓葬陵园]

司马懿祖茔三陵：位于温县西23千米三陵村，为司马懿家族之祖茔。3座小山似的墓冢，呈"品"字形布局，大的高有六七米，直径30多米，小的高三四米，直径20米左右。司马懿（179—251），字仲达，三国河内温县（今河南温县西南）人。出身世家大族，曹魏重臣。后其孙司马炎代魏称帝，建立晋朝，并追尊司马懿为宣帝。

高原陵：位于今偃师市北邙首阳山，为司马懿陵墓。据《晋书·宣帝本纪》载："先是，预作终制，于首阳山为土藏……"由此可见，司马懿生前就在首阳山修造寿陵，他在临终时嘱咐家人，死后丧事从简，不起坟头、不立碑记、不设随葬品、不栽树木、不与遗孀合葬。

西晋皇陵：位于偃师市市区西北，西起峻阳陵，东至枕头山。西晋皇陵分东西两区，东区在偃师市城关镇潘屯、杜楼两村以北的枕头山下，西区在首阳山镇南蔡庄北的鏊子山下，两区相距数里。鏊子山两端分别向南伸出一道较为平缓的山梁，对墓地形成三面环抱之势，就如一把罗圈椅，可以安安稳稳地坐享太平，是修建帝王陵墓很理想的风水宝地。南蔡庄村北西晋墓地一号墓，位于最东端，规模最大。墓道长36米，宽10.5米，墓室长5.5米，宽3米，高2米，为晋武帝峻阳陵。

司马悦墓：位于孟州市城关乡斗鸡台村。墓冢原高10米，周围长100余米，当地人称"斗鸡台"。司马悦（462—508），北魏河内温县（今河南温县西南）人。官豫州刺史。

司马承祯墓：位于济源市紫微宫以西100米的林木深处，名松台。今墓已平，碑碣尚存。司马承祯（647或655—735），唐代道士。字子微，法号道隐，河内温县人。与王维、李白、贺知章、孟浩然、卢藏用、宋之问、陈子昂、华构和王适结为"仙宗十友"。深得唐玄宗器重。卒谥"贞一先生"。著有《修真秘旨》《坐忘论》等。

[祠堂寺庙]

阳台宫：位于济源市西北40千米的愚公村。唐开元十三年（725）司马承祯奉敕所建，五代后晋以后，毁于兵灾，金重修。现存为一较大建筑群，有三清殿、玉皇阁、左右廊房等。西有白云道院和司马承祯的炼丹炉遗址，东有传说中老愚公的愚公泉、愚公洞遗迹。院内现有千年以上的菩提树和桧柏。

紫微宫：位于济源市西北40千米的愚公村，阳台宫以北5千米，是司马承祯撰修道经的地方。现存山门、廊房十数间，金、宋、元、明、清的碑碣40余通。

崇福宫：位于登封市北太室山脚下。这里原为汉武帝登嵩山后兴建的万岁观。宋真宗时大兴土木，建楼、阁、亭、台，成为累朝帝后的避暑胜地。司马光曾在此完成《资治通鉴》第九卷至第二十一卷。王安石变法后，这里便成为反对变法者投闲置散的场所。崇福宫建筑今已不存。现存晚清建筑数十间，有玉皇殿、三元殿等。另有清代碑刻4通。

[其他遗存]

司马井：位于光山县委招待所院内，原名"琴井"。司马光幼年，其父母曾用此井水为其洗浴，后人因改名为"司马井"。井上多次建立碑亭，今存养粹亭和"重浚司马井缘起碑"。

涑水书院：位于光山县城内流庆山巅。元至治二年（1322）取司马光之号而创建，现仅存遗址。

司马亭：位于光山县西独山脚下。司马池为光山县令时，曾合家来此游览并与其子司马光在此读书、教习学问。后人建此亭纪念，现仅存遗址。

司马光砸缸遗址：位于光山县委招待所院内。司马光幼时和一群小孩在院子里玩，一个小孩掉进了盛满水的大缸中，其他小孩都吓得不知所措，四散奔逃，只有司马光沉着冷静，拿起石头砸破水缸，小孩得救了。由此可见司马光的超人胆识和智慧。

【人物名录】

春秋有司马耕（商丘）。东汉有司马直（武陟），司马防、司马俊、司马郎（均温县），司马徽（禹州）。三国有司马芝、司马岐、司马懿、司马师、司马昭（均温县）。西晋有司马孚、司马炎、司马亮、司马玮、司马伦、司马冏、司马乂、司马彪、司马衷、司马颙、司马颖、司马越、司马炽、司马邺（均温县）。东晋有司马睿、司马道子、司马元显、司马休之（均温县）。南北朝有司马裒、司马子如、司马裔、司马申、司马消难、司马昺、司马筠（均温县）。唐朝有道信（沁阳），司马承祯、司马锽（均温县）。五代有司马邺（温县）。

250. 长孙

【姓氏源流】

长孙氏主要有两个来源：一出自春秋时期齐公族长孙氏。二出自北魏时期鲜卑族人姓氏，其先祖与拓跋氏同源。北魏献帝以次兄为拓跋氏，后改为长孙氏。

北魏孝文帝在位时，向汉文化学习，将拓跋姓改为元姓，孝文帝的姓名叫元宏。而拓跋嵩的后代，就改姓为长孙，意思是王族长门的子孙，这个姓和王族大人的封号也相呼应。长孙姓望族为济阳，故地在今山东定陶西北，一说河南兰封（今河南兰考县）东北。如今，长孙氏分布在上海、辽宁沈阳、陕西等地。

【人物名录】

南北朝有长孙冀归、长孙俭、长孙绍远（均洛阳）。隋朝有长孙览、长孙平、长孙晟、长孙炽（均洛阳）。唐朝有长孙敞、长孙顺德、长孙皇后、长孙操、长孙无忌、长孙正隐（均洛阳）。

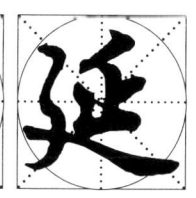

251. 呼延

【姓氏源流】

呼延氏主要有两个来源：一由汉代匈奴族四姓之一的呼衍转化

而来。匈奴四部之一的呼衍进入中原后以部落名作为姓氏，就为呼延氏。二源于改姓，属于帝王赐姓为氏。晋代，鲜卑人稽胡楚因有功被赐姓呼延，后代因此随之姓呼延。

呼延得姓后，主要在北方的山西、陕西、河南、河北、甘肃一带繁衍，并在太原形成望族。

【相关资源】

[墓葬陵园]

呼延氏家族墓：位于博爱县磨头镇北十字村东。墓地约9000平方米，多数墓冢封土已近平。现存碑记3通，但碑记的年代不清。碑文记述了呼延氏二世至八世家族的主要成员。

[碑碣刻石]

呼延氏家族神主墓碑：位于博爱县磨头镇北十字村。碑高1.53米，额书"始祖明封千侯武将"8字。上书家族呼延氏居济宁，仕宦北京，后随王驾至怀庆，世族有迁居北十字、赵后、齐庄等事。另有"二世祖进礼神主碑"1通，排列呼延进礼共八世的家谱。

附录一

姓氏名人资源一览表

序号	姓氏	起源地	郡望地	遗存(处)	豫籍名人(位)
1	王	卫辉、偃师	陈留、河南	59	225
2	李	鹿邑		105	209
3	张	濮阳	河内、南阳、汲郡、梁国	82	179
4	刘	偃师、鲁山	弘农、梁郡、南阳、顿丘、河南	87	153
5	陈	淮阳	颍川	18	79
6	杨	洛阳	弘农、河内	35	60
7	黄	潢川		14	17
8	吴		濮阳、陈留、汝南	15	42
9	赵			28	103
10	周	洛阳、汝州	汝南、陈留	21	54
11	徐		濮阳	16	16
12	孙	濮阳、固始、淮滨、淮阳	汲郡	27	33
13	马			23	34
14	朱	柘城	永城、太康、河南	37	44
15	胡	淮阳、郾城	新蔡	15	17
16	林	卫辉、淇县、洛阳		14	1
17	郭	三门峡		27	45
18	何	禹州、新郑		12	22
19	高	禹州		19	31
20	罗			2	1
21	郑	荥阳、新密、新郑	荥阳	9	72
22	梁	汝州	河南	8	18
23	谢	南阳、唐河	陈留、陈郡	6	37

续表

序号	姓氏	起源地	郡望地	遗存（处）	豫籍名人（位）
24	宋	商丘	河南、弘农	32	49
25	唐	新郑、鲁山			8
26	许	登封、许昌	汝南	31	37
27	邓	邓州	南阳、陈郡	9	18
28	冯	荥阳	颍川、弘农	15	15
29	韩	禹州、新郑、洛阳	颍川、南阳	31	68
30	曹	灵宝		25	18
31	曾	方城		3	6
32	彭			7	9
33	萧			8	6
34	蔡	上蔡、新蔡	陈留、济阳	22	23
35	潘	固始、洛阳	河南、荥阳	7	7
36	田	淮阳	河南	11	16
37	董	唐河		10	20
38	袁	太康	陈郡、陈留、汝南	13	66
39	于	沁阳	河南、河内	4	8
40	余			4	5
41	叶	叶县	南阳	16	4
42	蒋	淮滨		4	14
43	杜	鲁山、洛阳	南阳	14	45
44	苏	辉县、温县、洛阳	河内、河南	26	13
45	魏	开封		19	15
46	程	洛阳		17	18
47	吕	南阳、卫辉	阳翟、濮阳	18	24
48	丁	安阳、卫辉、商丘		7	12
49	沈	平舆、沈丘		7	9
50	任		陈留、南阳	6	17
51	姚	濮阳		10	13
52	卢	卢氏、洛阳、卫辉	河南	11	20
53	傅			6	20
54	钟	商丘	颍川	3	10
55	姜			6	2
56	崔	南阳		10	20

续表

序号	姓氏	起源地	郡望地	遗存（处）	豫籍名人（位）
57	廖	固始、唐河	汝南	2	2
58	范	范县	南阳	16	31
59	陆	嵩县、洛阳、淮阳	河南、河内、颖川	3	7
60	金			2	1
61	石	淇县、商丘、洛阳		6	10
62	戴	商丘、民权		6	10
63	贾			12	31
64	韦	滑县		5	6
65	夏	登封、禹州、淮阳		15	4
66	丘	淮阳、卫辉	河南	5	6
67	方	禹州、洛阳	河南	3	4
68	侯	南乐、偃师、洛阳		11	15
69	邹			4	2
70	熊	新郑		5	
71	孟	濮阳		5	12
72	秦	范县	河内	3	5
73	白	息县		15	7
74	江	正阳	济阳	7	24
75	阎		河南	4	15
76	薛		新蔡	5	8
77	尹	宜阳		5	11
78	段	荥阳、尉氏、辉县		5	8
79	雷	禹州、登封		3	3
80	黎	浚县、洛阳	宋城	3	1
81	史	南乐、洛阳	河南	3	13
82	龙	新郑、鲁山		2	1
83	贺	洛阳	河南	1	11
84	顾	范县		3	2
85	毛	宜阳	荥阳、河阳	10	12
86	郝			6	
87	龚	辉县、荥阳		2	1
88	邵			8	9
89	万	洛阳		3	7
90	钱			2	5

续表

序号	姓氏	起源地	郡望地	遗存(处)	豫籍名人(位)
91	严			3	
92	赖	息县	颍川、河南、河内	1	
93	洪	辉县、荥阳		4	
94	武	商丘、洛阳		11	12
95	莫	洛阳		1	1
96	孔	夏邑		8	11
97	汤	商丘		5	7
98	向	商丘	河内、河南	4	16
99	常	新郑	河内	2	8
100	温	温县		4	3
101	康	淇县		7	3
102	施				1
103	文	濮阳、许昌、洛阳		4	1
104	牛	商丘		6	6
105	樊	济源、淇县	南阳	7	18
106	葛	宁陵、长葛、洛阳	顿丘	8	2
107	邢	温县		3	8
108	安	洛阳	河内	3	6
109	齐		汝南	4	1
110	乔		梁郡		9
111	庞			1	1
112	颜			8	
113	庄	商丘		7	2
114	聂	清丰		6	5
115	鲁			2	1
116	岳			14	5
117	翟	濮阳	南阳	3	9
118	殷	安阳、淇县、许昌	汝南、陈郡	10	20
119	申	南阳、偃师		6	7
120	耿	温县		8	11
121	关	灵宝		10	1
122	焦	三门峡		3	6
123	左		济阳	3	4
124	柳	濮阳		1	2

续表

序号	姓氏	起源地	郡望地	遗存(处)	豫籍名人(位)
125	甘	洛阳		4	1
126	祝				5
127	包	淮阳、南阳		7	
128	宁	修武、获嘉		5	3
129	尚	南阳、卫辉		4	7
130	符		宛丘	1	10
131	舒			1	
132	阮		陈留	3	11
133	纪			4	
134	梅		汝南		3
135	童			1	1
136	凌	淇县		1	1
137	毕	洛阳	河内、河南	2	6
138	单	济源	河南	2	2
139	裴			8	3
140	霍			3	1
141	成	范县	弘农	5	5
142	苗	济源		5	
143	谷	洛阳		1	
144	盛	宜阳	汝南	1	4
145	冉	平舆		5	1
146	蓝		汝南	1	2
147	路	洛阳	陈留、河南、颍川、内黄	3	3
148	游	新郑、新密		2	1
149	辛			6	7
150	靳			2	5
151	欧阳			9	
152	管	郑州		2	1
153	柴		汝阳	3	3
154	鲍	洛阳、登封、淇县	河南	1	
155	华	新郑、商丘		7	2
156	祁			2	2
157	房	遂平、洛阳	河南	5	9
158	滕		开封、南阳		4

续表

序号	姓氏	起源地	郡望地	遗存(处)	豫籍名人(位)
159	屈			2	3
160	解	洛阳		1	
161	艾	登封、洛阳	河南	2	
162	尤	平舆			1
163	阳	济源、登封、洛阳		2	
164	时	商丘	陈留	1	1
165	穆	商丘、洛阳	汝南	3	
166	司	淇县、温县、新郑	顿丘	5	
167	古	鹿邑、洛阳	河内	2	2
168	吉	延津、卫辉	洛阳	7	3
169	缪				1
170	车	洛阳、新郑	河南	2	3
171	项	项城		3	1
172	连	洛阳		1	
173	褚	商丘、濮阳、新郑		1	12
174	娄	杞县、开封		4	5
175	窦	开封、洛阳	河南	7	8
176	岑		南阳	2	9
177	戚	濮阳		1	1
178	景			2	2
179	党	洛阳		1	
180	宫	淇县、商丘、新郑		1	1
181	费	偃师、洛阳		2	2
182	卜	温县	河南	3	3
183	席				1
184	卫	淇县、濮阳		8	11
185	柏	西平		2	
186	宗	商丘、南阳		2	12
187	桂				2
188	应	平顶山	汝南	4	7
189	臧		颍川		1
190	闵			1	
191	苟	新郑、沁阳、洛阳	河南、河内	1	2
192	邬	偃师	颍川		

续表

序号	姓氏	起源地	郡望地	遗存(处)	豫籍名人(位)
193	边	商丘	陈留	2	4
194	姬	新郑	南阳	2	2
195	师	舞阳、开封		4	3
196	和	新郑、洛阳	汝南	3	6
197	仇	商丘	南阳	1	1
198	栾			2	3
199	刁		弘农		2
200	沙	商丘、宁陵	汝南	1	2
201	寇	淇县、温县	河南	10	1
202	桑		黎阳	2	5
203	甄			5	3
204	丛		许昌		
205	仲	商丘		5	
206	虞	虞城	济阳、陈留	2	5
207	敖	郑州、濮阳		1	
208	巩	巩义		1	1
209	苑	新郑		1	1
210	迟	安阳、洛阳		1	
211	官	偃师		2	
212	封	封丘、洛阳		2	1
213	谈	商丘	梁郡		
214	匡	长垣、扶沟		1	
215	鞠	新郑	汝南		1
216	荆			5	2
217	乐	商丘	南阳	2	2
218	冀				1
219	郁		黎阳		
220	南	淅川、长垣、安阳	汝南	5	2
221	原	济源		1	1
222	燕	延津、洛阳		1	2
223	楚	滑县		7	2
224	鄢	鄢陵	陈留	1	
225	奚	洛阳		1	1
226	蔺			5	

续表

序号	姓氏	起源地	郡望地	遗存（处）	豫籍名人（位）
227	郜			2	2
228	花	新郑		7	
229	盖	洛阳、卫辉	汝南	1	
230	练	沁阳	河内		2
231	廉	内黄		1	
232	井	卫辉	南阳	3	
233	狄			5	
234	晋		虢郡		1
235	来	荥阳		1	6
236	晁	洛阳、南阳、濮阳	南阳、颍川	7	10
237	都	新郑	黎阳	1	1
238	伏	淮阳、洛阳		3	
239	薄	商丘、洛阳		3	
240	元	开封、淇县、洛阳	河南	19	25
241	阴	卢氏	南阳		7
242	畅				3
243	卓		南阳		1
244	荀		河内、颍川	1	19
245	山		河内、河南	4	3
246	苍	南乐		3	1
247	郏	延津		4	2
248	铁	商丘、濮阳		4	1
249	司马	洛阳	河内	15	40
250	长孙	洛阳	济阳		13
251	呼延	洛阳		2	

附录二

姓氏郡望地古今对照表

九真：西汉置郡，治所在胥浦县（今越南清化省清化市西北）。隋移治九真县（今越南清化省清化市）。唐初废。

下邳：东汉改临淮郡置国，治所在下邳（今江苏睢宁县西北）。南朝宋时改为郡。隋废。

上谷：秦置郡，治所在沮阳（今河北怀来县东南）。北魏废。隋唐时的上谷郡即易州。

上党：秦置郡，治所在长子（今山西长子县西南）。东汉移壶关（今山西壶关县北）。隋唐上党郡即潞州，治上党，即今山西长治市。

山阳：①汉置郡，治所在昌邑县（今山东金乡县西北）。西晋改为高平国。②东晋置郡，治所在山阳县（今江苏淮安县）。隋废。

千乘：西汉置郡，治所在千乘（今山东高青县高苑镇北）。东汉改为乐安国。

广平：汉分邯郸郡置郡，治所在广平（今河北鸡泽县东南）。东汉废入巨鹿郡，三国魏初复置郡。隋废。

广汉：汉置郡，治所在乘乡（今四川金堂县东）。东汉移治雒县（今四川广汉市北）。隋废。

广宗：东汉置县，治所在今河北威县东。北魏为广宗郡治。隋时改名宗城。

广陵：西汉改江都国置广陵国，东汉改为郡，治所在广陵（今江苏扬州市西北）。

义阳：三国魏置郡，治所在安昌县（今湖北枣阳市东南）。东晋改义阳国置郡，移治平阳县（今河南信阳市）。隋废。

马邑：唐开元五年（717）置，治今山西朔州市东北马邑。五代后唐改为寰清县。后屡有废置。1915年废。

开封：东魏置郡，治所在开封县（今河南开封市南）。北齐废。

天水：西汉置郡，治所在平襄县（今甘肃通渭县西北）。东汉一度改为汉阳郡，移治冀县（今甘肃甘谷县东南）。三国魏恢复天水原名。西晋移治上邽县（今甘肃天水市）。隋唐天水郡即秦州。

太原：战国时秦置郡，治所在晋阳（今山西太原市西南）。隋唐时的太原郡即并州。

太康：隋改阳夏县置，治所在今河南太康县。

巨鹿：秦置郡，治所在巨鹿县（今河北平乡县西南）。东汉移治瘿陶县（今河北宁晋县西南）。西晋改为国。北魏复为郡，后废。

中山：西汉置郡，治所在卢奴（今河北定州市），后改为国，十六国后燕以之为都城。隋废。

内黄：汉置，治所在今河南内黄县西北。

长乐：北魏改长乐国置郡，治所在信都县（今河北衡水市冀州区）。隋废。

长沙：秦置郡，治所在临湘县（今湖南长沙市）。隋废。

丹阳：汉置郡，治所在宛陵县（今安徽宣城市宣州区）。三国吴移治建业（今江苏南京市）。隋废。

巴西：西晋侨置郡，与梓潼郡同治涪县（今四川绵阳市东）。隋废。

巴郡：战国时秦以巴国地置郡，治所在江州县（今重庆市北嘉陵江北岸）。隋废。

玉田：唐改无终县置，治所在今河北玉田县。

平卢：唐、五代方镇。唐开元年间置，治所在营州（今辽宁朝阳市），后移治青州（今山东益都县）。宋废。

平安：西汉置县，治所在今江苏宝应县西南。三国时废。

平阳：三国魏置，治所在平阳县（今山西临汾市西南）。北魏移治白马城（今山西临汾市）。

平陆：南朝宋改东平陆县置，治所在今山东汶上县西北。

平昌：东魏置郡，治所在昌平县（今北京市昌平区西南）。隋废。

平原：西汉置郡，治所在平原县（今山东平原县西南）。北魏废。

平陵：西晋改东平陵县置，治所在今山东济南市章丘区西。北周废。

东平：南朝宋改东平国为郡，治所在今山东东平县西北。北齐废。

东阳：三国吴置郡，治所在长山县（今浙江金华市）。南朝陈改名金华郡。

东郡：秦置郡，治所在濮阳县（今河南濮阳县西南）。三国后屡有废置。

东莞：东汉置郡，治所在今山东沂水县东北。西晋移治莒县（今属山东）。北齐废。

东海：秦置郡，治所在郯县（今山东郯城县北）。楚汉之际为郯郡，后复为东海郡。南朝宋移治襄贲县（今山东兰陵县南）。北齐又移治连口（今江苏涟水县），后废。

东莱：西汉置郡，治所在掖县（今属山东莱州市）。东汉移治黄县（今山东龙口市东）。西晋改为国，还治掖县。南朝宋复为郡。隋唐时东莱郡即莱州。

北平：西晋改右北平郡置，治所在徐无县（今河北遵化市东）。北魏废。

北地：秦置郡，治所在义渠县（今甘肃庆阳市西南）。西汉移治马岭县（今甘肃庆阳市西北）。东汉移治富平县（今宁夏吴忠市利通区西南）。西魏改名通川郡。

北海：西汉置郡，治所在营陵县（今山东昌乐县东南）。东汉改为国，移治剧县（今山东昌乐县西）。魏、晋时或为国或为郡。北齐改为高阳郡。

代郡：战国赵武灵王始置。秦汉代郡治代县，在今河北蔚县西南。西晋末废。

乐安：东汉乐安国改为郡，后移治高苑县（今山东邹平市东北）。西晋初改为国，后复为郡。南朝宋移治千乘县（今山东广饶县北）。隋初废。

乐陵：西汉置，治所在今山东乐陵市东南。北魏移治今乐陵市东北。唐移治今乐陵市西北。

冯翊：三国魏以左冯翊改置，治所在临晋县（今陕西大荔县）。北魏移治高陆县（今陕西西安市高陵区），后废。

兰陵：①西晋置郡，治所在丞县（今山东枣庄市东南）。南朝宋移治昌虑县（今山东滕州市东南）。北魏废。②东晋侨置郡，治所在兰陵县（今江苏武进市西北）。南朝宋改名南兰陵。

汉寿：东汉改索县为汉寿县，治所在今湖南常德市东北。三国吴改为吴寿县。西晋复为汉寿县。隋废。

永宁：南朝宋以长宁郡改置，治长宁（今湖北荆门市西北）。

永城：三国吴分南城县置，治所在今江西黎川县北。隋废。

弘农：西汉置郡，治所在弘农县（今河南灵宝市东北）。东汉至北周一度改名恒农郡。十六国前秦移治陕县（今河南三门峡陕州区）。隋废。

辽东：战国燕置郡，治所在襄平（今辽宁辽阳市）。西晋改为国，后复为郡。十六国后燕末地入高句丽。北燕又侨置辽东郡于今辽宁西部。北齐废。

辽西：战国燕置郡，治所在阳乐（今辽宁义县西）。三国魏与阳乐县同移治今河北卢龙县东南。十六国前燕移治令支城（今河北迁安市西南），后燕移治肥如县（今河北迁安市东北）。北齐废。

西平：西晋置郡，治所在西平县（今广西西林县东南）。南朝梁废。

西河：西汉置郡，治所在平定县（今内蒙古鄂尔多斯市东胜区境）。东汉移治离石县（今山西吕梁市）。三国魏移治兹氏县（今山西汾阳县），后复还离石县。西晋改为西河国，后废。

延陵：西晋置郡，治所在今江苏丹阳市西南延陵镇。隋移治京口（今江苏镇江市）。后废。

任城：北魏置郡，治所在任城县（今山东济宁市南）。北齐改为高平郡。

华阳：南朝宋侨置，治华阳县（今陕西勉县西）。隋废。

华阴：西汉以宁秦邑改置，治所在今陕西华阴市东南。北魏移治今陕西大荔县，后还旧治。

会稽：秦置郡，治所在吴县（今江苏苏州市）。

安州：南朝梁置郡，治所在宋寿县（今广西钦州市东北）。隋改名钦州。

安陆：南朝宋置郡，治所在安陆县（今湖北安陆市）。隋废。

安定：西汉置郡，治所在高平县（今宁夏固原市）。东汉移治临泾县（今甘肃镇原县东南）。西晋移治安定县（今甘肃泾川县北）。隋废。

齐郡：西汉改临淄郡置，治所在临淄县（今山东淄博市东北），不久改为国，后复为郡。东汉改为国。十六国时复为郡。隋废。

江夏：①三国魏置郡，治所在上昶城（今湖北安陆市西南）。西晋移治安陆县（今湖北云梦县）。南朝宋废。②南朝宋置郡，治所在夏口（今湖北武汉市武昌区）。隋初废。

江都：隋以扬州改置，治所在江阳县（今江苏扬州市）。唐武德三年改为南兖州。

江陵：秦置县，治所在今湖北江陵县。

汝阳：东晋置郡，治所在汝阳县（今河南商水县西北）。北齐废。

汝南：西汉置郡，治所在上蔡县（今河南上蔡县西南）。东汉移治平舆（今河南平舆县北）。其后治所屡迁。东郡移治悬瓠城（今河南汝南县）。隋废。隋唐汝南郡即蔡州（曾名豫州）。

汲郡：西晋置郡，治所在汲县（今河南卫辉市）。后废。北魏复置，后移治枋头城（今河南淇县东南）。隋废。隋唐汲郡即卫州。

阳平：三国魏分魏郡置，治所在元城（今河北大名县东北）。十六国后赵移治馆陶县（今属河北）。隋废。

阳翟：东魏置郡，治所在阳翟县（今河南禹州市）。隋废。

观津：西汉置，治所在今河北武邑县东南。北魏改名灌津县。北齐废。

寿昌：西晋以新昌县改名，治所在今浙江建德市西南。隋、唐屡有废置。

寿春：秦置，治所在今安徽寿县。

杜陵：西汉以杜县改名，治所在今陕西西安市长安区东北。三国魏改名杜县。

扶风：三国魏以右扶风改置，治所在槐里县（今陕西兴平市东南）。西晋改为扶风国，移治池阳县（今陕西泾阳县西北）。十六国复为郡。隋废。

抚州：隋以临川郡改名，治所在临川县（今江西抚州市临川区西）。大业初改置临川郡。唐时或为抚州，或为临川郡。元升为抚州路。

邺郡：唐改魏郡置，治所在安阳县（今河南安阳市）。后改置相州。

吴兴：三国吴置郡，治所在乌程县（今浙江湖州市吴兴区南）。隋废。

吴郡：东汉分会稽郡置，治所在吴县（今江苏苏州市）。

余杭：隋以杭州改名，治所在钱塘县（今浙江杭州市）。唐复为杭州。

庐江：楚汉之际分九江郡置。汉代治所在舒（今安徽庐江县西南）。隋废。隋唐曾以庐州为庐江郡。

庐陵：东汉置郡，治所在庐陵县（今江西吉安市西南）。西晋移治石阳县（今江西吉水县东北）。隋改吉州。

沛国：东汉改沛郡置，治所在相县（今安徽濉溪县西北）。三国移治沛县（今属江苏）。西晋还旧治，后复为郡。

沛郡：西汉高帝改泗水郡置，治所在相县（今安徽濉溪县西北）。东汉改为沛国。三国移置沛县（今属江苏）。西晋复为郡。南朝宋移治萧县（今安徽萧县西北）。北齐废。

宋城：隋改睢阳县置，治所在今河南商丘市睢阳区南。

张掖：西汉置郡，治所在觻得县（今甘肃张掖市西北）。北魏、隋、唐屡有废置。

陇西：秦置郡，治所在狄道县（今甘肃临洮县南）。三国魏移治襄武（今甘肃陇西县南）。隋唐时的陇西郡即渭州。

陈郡：秦置，治所在陈县（今河南淮阳县）。西汉改为淮阳国。东汉改陈国，献帝时改陈郡。三国魏改为陈国，后复为郡。西晋初废，惠帝时复置。隋废。

陈留：西汉置郡，治所在陈留县（今属河南开封市）。西晋改为陈留国，移治小黄县（今河南开封市东）。南朝宋复为郡，治仓垣城（今河南开封市西北）。北魏移治浚仪县（今河南开封市西北）。隋废。

青州：西汉置，为"十三州刺史部"之一，治所在广县（今山东青州市西南），东汉治所在临淄县（今山东淄博市东北）。东晋移治东阳城（今山东青州市）。

武功：战国秦置，治所在今陕西眉县东。东汉移治废郿县（今陕西扶风县东南）。北魏废。北周别置武功县于中亭川（今陕西武功县西北）。

武邑：西晋置郡，治所在武邑县（今属河北）。北魏移治武强县（今河北武强县西南）。北齐废。

武昌：三国初孙权置郡，治所在武昌县（今湖北鄂州市）。后改为江夏郡。西晋复为武昌郡，隋废。

武城：南朝陈置郡，治所在豪静县（今广西昭平县南）。隋废。

武威：西汉置郡，治所在武威县（今甘肃民勤东北）。东汉移治姑臧（今甘肃武威市）。隋唐武威郡即凉州。

武陵：西汉置郡，治所在义陵县（今湖南溆浦县南）。东汉移治临沅县（今湖南常德市西）。隋唐武陵郡即朗州。

范阳：三国魏改涿郡置，治所在涿县（今河北涿州市）。西晋改为国。北魏复为郡。隋废。

松阳：东汉置，治所在今浙江遂昌县东南。

昌黎：三国魏置，治所在昌黎县（今辽宁义县）。北齐废。

郃阳：西汉置，治所在今陕西合阳县东南。

金城：西汉置郡，治所在允吾县（今甘肃永靖县西北）。三国魏移治榆中县（今甘肃榆中县西北）。十六国前凉移治金城县（今甘肃兰州市西北）。隋废。

京兆：三国魏置郡，治所在长安县（今陕西西安市西北）。北魏移治霸城县（今陕西西安市东北）。北周还治长安县。隋废。

河内：西汉置郡，治所在怀县（今河南武陟县西南）。西晋移治野王县（今河南沁阳市）。隋唐河内郡即怀州。

河东：秦置郡，治所在安邑县（今山西夏县西北）。北魏移治蒲坂（今山西永济市西南）。隋唐河东郡即蒲州。

河西：北魏置郡，治所在今山西临汾市境。北周废。

河阳：西汉置，治所在今河南孟州市西南，属河内郡。其后屡有废置，明洪武初废入孟州。

河间：西汉置郡，治所在乐城县（今河北献县东南）。后或为国，或为郡。隋废。

河南：西汉置郡，治所在雒阳县（今河南洛阳市东北）。

宜春：隋大业三年（607）以袁州改置郡，治所在宜春县（今江西宜春市东，后徙今宜春市）。唐武德四年（621）改为袁州，天宝年间复为宜春郡，乾元元年改为袁州。

房陵：东汉建安末年置郡，治所在房陵县（今湖北房县）。三国魏改为新城郡。隋大业初复置房陵郡。唐初改为迁州，天宝初年复为房陵郡，乾元初复改为房州。

建平：三国吴置郡，治所在巫县（今重庆巫山县北）。晋移今巫山县。隋废。

建安：三国吴置郡，治所在建安县（今福建建瓯市南）。隋废。

建康：东晋咸康元年（335），前凉置郡，治所在今甘肃高台县骆驼城。北凉后期废。北魏后期复郡。隋初裁撤。武周证圣元年（695），置建康军，天宝元年（742）后废。

陕郡：唐改陕州置，治所在陕县（今河南三门峡市西）。

姑臧：西汉置，治所在今甘肃武威市。

始平：西晋置郡，治所在槐里县（今陕西兴平县东南）。北魏废。

始兴：三国吴置郡，治所在曲江县（今广东韶关市东南）。南朝宋改为广兴郡。隋唐始兴郡即韶州。

城阳：西汉置郡，治所在莒县（今属山东）。三国魏移治东武县（今山东诸城市）。西晋废。

赵郡：东汉置郡，治所在邯郸县（今河北邯郸市西南）。三国魏改为国，移治房子县（今河北高邑县西南）。西晋复为郡。北魏移治平棘县（今河北赵县）。隋唐时赵郡即赵州。

荥阳：三国魏分河南郡置，治所在荥阳县（今河南荥阳市东北）。北齐改为成皋郡。

南平：西晋置郡，治所在江安县（今湖北公安县西北）。南朝齐移治屏陵县（今湖北公安县西）。陈废。

南安：①东汉置郡，治所在獂道县（今甘肃陇西县东南）。隋废。②南朝梁置郡，治所在晋安县（今福建南安市东）。隋废。

南阳：战国秦置郡，治所在宛（今河南南阳市）。西晋改为国。南朝宋复为郡。隋废。唐时曾改邓州为南阳郡。

南昌：西汉置县，治所即今江西南昌市。隋改名豫章县。唐复为南昌县。

南郡：战国秦置郡，治所在郢（今湖北江陵县西北）。不久迁治江陵县（今属湖北）。三国吴迁治公安（今湖北公安县西北）。西晋又迁治江陵。隋废。

南顿：西晋置郡，治所在南顿县（今河南项城市西南）。北齐废。

南海：秦置郡，治所在番禺县（今广东广州市）。西汉初为南越国，后复为郡。隋废。

南康：西晋置郡，治所在雩都县（今江西于都县东北）。东晋曾移治赣县（今江西赣州市西南）、葛姥城（今江西赣州市东北）。南朝宋改为南康国，齐复为郡。隋唐时南康郡即虔州。

括州：隋以处州改名，治所在括苍县（今浙江丽水市东南）。唐复名处州。

栎阳：唐初由广阳县改名而来，治所在今陕西西安市临潼区东北栎阳镇。元至元初年废。

临川：三国吴分豫章郡置，治所在临汝县（今江西抚州市临川区）。南朝齐徙治南城县（今江西南城县东南），陈仍徙治临汝县。隋唐时临川郡即抚州。

临安：西晋以临水县改名，治所在今浙江市临安区北。南朝梁、陈间废。唐时复置。

临海：三国吴置郡，治所在临海县（今浙江临海市）。后移治章安县（今浙江杭州市临安区东南）。隋唐时临海郡即台州。

临淄：秦置郡，治所在临淄县（今山东淄博市东北）。西汉改为齐郡。

幽州：西汉武帝置，为"十三州刺史部"之一。东汉时治所在蓟县（今北京市西南），辖境相当于今北京市、河北北部、辽宁大部、天津市海河以北及朝鲜大同江流域。

修武：北周分汲郡置，治所在南修武县（今河南获嘉县）。隋废。

信都：西汉置，治所在今河北衡水市冀州区。隋废。唐初复为信都县。

洹水：北周置，治所在今河北魏县西南旧魏县。北宋废。

洛阳：东魏改河南尹置，治所在洛阳县（今河南洛阳市东北）。隋废。

济阳：西晋分陈留郡置，治所在济阳（今河南兰考县东北）。晋南迁后废。

济阴：西汉改济阴国为郡，治所在定陶县（今山东菏泽市定陶区西北）。北魏移治左城（今山东曹县西北）。北齐废。隋唐时济阴郡即曹州。

济南：西汉分齐郡置，治所在山东平陵县（今山东济南市章丘区西北）。西晋移治历城县（今山东济南市）。隋废。

浔阳：唐以江州改名，治所在浔阳县（今江西九江市）。后复为江州。

宣城：晋置郡，治所在宛陵县（今安徽宣城市宣州区）。隋唐宣城郡即宣州。

绛郡：西魏以南绛郡改名，治所在绛县（今山西绛县南）。

泰山：楚汉之际刘邦改博阳郡置，治所在博县（今山东泰安市泰山区东南）。后移治奉高县（今山东泰安市泰山区东）。北魏移治博平县（今山东泰安县东南）。北齐废。

盐官：三国吴置，治所在今浙江海宁市西南盐官镇。

晋阳：秦置，治所在今山西太原市西南。

晋昌：①西晋置郡，治所在冥安县（今甘肃瓜州县东南）。北魏改名常乐郡。唐时曾改瓜州为晋昌郡。②东晋置郡，治所在王水口（今陕西石泉县西泾阳河口）。

晋陵：西晋以毗陵郡改名，治所在丹徒县（今江苏镇江市东南）。东晋移治京口（今江苏镇江市）。后移治晋陵县（今江苏常州市）。隋废。

顿丘：汉置顿丘县，在今河南清丰县西南。晋以此为顿丘郡治所。北齐废顿丘郡。唐五代曾以顿丘为澶州治所。

钱塘：东汉以泉亭县改名，治所在今浙江杭州市。

高平：西晋以山阳郡改名，治所在昌邑县（今山东巨野县南）。南朝宋移治高平县（今山东邹平县西南）。北齐移治任城县（今山东济南市南）。隋废。

高阳：东汉置郡，治所在高阳县（今河北高阳县东）。西晋置高阳国，治所在博陆县（今河北蠡县南）。北魏改为郡，仍治高阳。隋废。

高唐：西汉置，治所在今山东禹城市西南。西晋废。

高密：南朝宋改高密国为郡，治所在桑犊城（今山东潍坊市东）。北魏移治高密县（今山东高密市西南）。北齐移治东武县（今山东诸城市）。隋唐高密郡即密州。

朔方：西汉置郡，治所在朔方县（今内蒙古杭锦旗西北）。东汉移治临戎县（今内蒙古磴口县北）。后废。

琅邪：秦置郡，治所在琅邪县（今山东胶南市西南）。西汉移治东武县（今山东诸城市）。北魏移治即丘县（今山东临沂市东南）。隋唐琅邪郡即沂州。

梓潼：东汉置郡，治所在梓潼（今属四川）。隋废。

堂邑：西晋置郡，治所在堂邑县（今江苏南京市六合区北）。东晋改名秦郡。

崇仁县：隋开皇九年置，治所即今江西崇仁县。

章武：北魏改章武国置，治所在平舒县（今河北大城市）。隋废。

竟陵：西晋置郡，治所在石城（今湖北钟祥市）。北周改名石城郡。

清河：西汉置郡，治所在清阳县（今河北清河市东南）。东汉改为国，移治甘陵县（今山东临清市东北）。北齐移治武城县（今河北清河县西北）。隋废。

涿郡：汉置郡，治所在涿县（今河北涿州市）。三国魏改名范阳郡。

涿鹿：西汉置县，治所在今河北涿鹿县东南。北魏废。

淮阴：秦置，治所即今江苏淮阴市西南甘罗城。东晋废。

淮南：三国魏改淮南国为郡，治所在寿春县（今安徽寿县）。东晋改为南梁郡。

渔阳：战国燕置，秦、汉治所在渔阳县（今北京市密云区西南）。北魏移治雍奴县（今天津市武清区西北）。北齐废。

梁郡：西汉改秦之砀郡置梁国，治所在睢阳县（今河南商丘市南）。三国魏改置梁郡。晋改梁国。南朝宋改梁郡，移治下邑县（今安徽砀山县）。北魏复还故治。隋废。

彭城：西汉以楚国改置，治所在彭城县（今江苏徐州市）。东汉建彭城国。后或为郡，或为国，均治彭城。隋唐时彭城郡即徐州。

博平：西汉置县，治所在今山东茌平县博平西北。

博陵：北魏改博陵国置，治所在安平县（今属河北）。隋废。

朝歌：三国魏初置，治所在朝歌县（今河南淇县）。不久废。

雁门：战国赵置，秦、西汉治所在善无县（今山西右玉县东南）。东汉移治阴馆县（今山西朔县东南）。三国魏移治广武县（今山西代县西南）。隋唐时雁门郡即代州。

犍为：西汉置郡，治所在僰道（今四川宜宾市西南）。后移治武阳（今四川眉山市彭山区东）。南朝梁废。隋唐犍为郡即戎州。

鲁国：西汉改薛郡置，治所在鲁县（今山东曲阜市东）。西晋改为鲁郡。

鲁郡：西晋以鲁国改置，治所在鲁县（今山东曲阜市东）。北齐废。

颍川：秦置郡，治所在阳翟县（今河南禹州市）。晋移治许昌县（今河南许昌市东）。东魏迁治颍阴县（今河南许昌市）。隋唐颍川郡即许州。

颍阳：北魏置县，治所在今河南登封市西南颍阳镇。北周废。

敦煌：西汉置郡，治所在敦煌县（今甘肃敦煌市西）。隋唐时敦煌郡即沙州。

渤海：西汉置郡，治所在浮阳县（今河北沧州市东南）。东汉移治南皮县（今河北南皮县北）。东魏移治东光县（今河北东光县东）。隋废。

富水：唐以郢州改置，治所在长寿县（今湖北钟祥市）。后复改为郢州。

瑕丘：秦置，治所在今山东兖州市东北。西晋废。隋复置，移治今兖州市。

蓝田：北周置郡，治所在蓝田县（今陕西蓝田县西）。后废。

睢阳：秦置，治所在今河南商丘市南。

蜀郡：战国秦置，治所在成都县（今四川成都市）。

新丰：西汉以骊邑县改名，治所在今陕西西安市临潼区东北。

新平：东汉置郡，治所在漆县（今陕西彬县）。

新安：①西晋改新都郡置，治所在始新县（今浙江淳安县西北）。隋废。②隋歙州置，治所在休宁县（今属安徽），后移治歙县（今属安徽）。

新野：西晋改义阳郡置，治所在新野县（今属河南）。北周废。

新淦：西汉置，治所在今江西樟树市。隋徙治今新干县。

新蔡：西晋分汝阴郡置，治所在新蔡县（今属河南）。北齐改名广宁郡。

管城：隋置，治所在今河南郑州市。

鄱阳：东汉分豫章郡置，治所在鄱阳县（今江西鄱阳县东北）。隋唐时鄱阳郡即饶州。

谯郡：三国魏置谯国，治所在谯县（今安徽亳州市）。西晋改为谯郡。南朝宋移治蒙县（今河南商丘市东北）。隋唐时谯郡即亳州。

黎阳：东晋置郡，治所在黎阳县（今河南浚县东北）。隋废。

虢郡：隋置，治所在卢氏县（今属河南）。唐改虢州。

豫章：西汉分九江郡置，治所在南昌县（今江西南昌市）。隋唐时豫章郡即洪州。

薛郡：秦置，治所在鲁县（今山东曲阜市）。西汉改为鲁国。

燕郡：十六国后赵改燕国为郡，治所在蓟县（今北京市西南）。隋废。

赞皇：隋置，治所在今河北赞皇县。

魏郡：西汉置，治所在邺县（今河北临漳西南）。北周末移治安阳县（今河南安阳市）。唐改相州。

襄平：战国秦置，治所在今辽宁辽阳市。十六国时废。

襄阳：东汉置郡，治所在襄阳县（今湖北襄阳市）。隋唐襄阳郡即襄州。

襄城：西晋置郡，治所在襄城县（今属河南）。隋废。

濮阳：西晋改濮阳国置，治所在濮阳县（今河南濮阳市西南）。北魏移治鄄城县（今山东鄄城县北）。隋唐濮阳郡即濮州。

附录三

姓氏笔画索引

1-5画

丁……227
卜……452
刁……470
于……194
万……313
山……526
卫……454
马……96
王……1
井……510
元……519
韦……263
尤……430
车……438
仓……528
牛……339
毛……304
长孙……535
仇……468
文……337
方……270
尹……292
孔……324
邓……152

甘……378
艾……429
古……434
左……376
石……256
龙……301
卢……236
叶……197
申……366
田……185
史……300
冉……407
丘……269
白……282
丛……478
乐……492
包……381
冯……155
宁……383
司……433
司马……531
边……463

6画

匡……489
邢……345

吉……435
巩……482
成……402
毕……396
师……465
吕……223
朱……100
乔……349
伏……517
仲……479
任……232
华……421
向……329
邬……463
庄……354
刘……40
齐……348
关……370
江……287
汤……327
安……347
祁……423
许……145
阮……390
孙……90

阳……430	宋……137	庞……350
阴……523	迟……485	郑……129
纪……391	张……28	单……397
7画	陆……253	宗……457
花……506	陈……55	官……485
严……316	邵……309	房……424
苏……206	8画	屈……427
杜……202	武……319	孟……279
李……11	苗……404	练……508
杨……63	苟……462	9画
来……513	苑……484	封……486
连……441	范……249	项……439
时……431	林……110	赵……76
吴……73	郁……494	郝……307
岑……446	欧阳……415	荆……490
何……120	郅……529	荀……525
余……195	卓……524	胡……107
谷……405	尚……386	南……495
狄……511	畅……524	柏……456
邹……275	呼延……535	柳……377
应……459	罗……128	钟……241
辛……412	和……467	郜……504
闵……416	岳……359	段……294
沙……471	金……254	侯……272
沈……229	周……81	施……336

姜………243	钱………315	康………334
娄………443	铁………530	阎………289
洪………318	徐………87	盖………508
宫………450	殷………364	梁………132
祝………263	奚………502	寇………472
费………451	凌………395	12画
姚………233	栾………469	彭………173
贺………302	高………124	葛………343
10画	郭………114	董………188
秦………281	席………454	蒋………200
敖………481	唐………144	韩………159
袁………191	谈………488	景………448
都………516	姬………464	程………216
耿………368	桑………475	傅………238
聂………356	11画	焦………374
莫………323	黄………69	舒………389
晋………513	萧………175	鲁………358
桂………458	梅………393	童………394
贾………260	曹………165	曾………171
夏………265	戚………447	温………332
原………496	龚………308	游………411
顾………303	盛………406	谢………135
柴………418	常………331	13画
党………449	崔………244	鄂………501
晁………514	符………388	靳………414

蓝……409	**14画以上**	滕……426
楚……498	蔡……177	颜……351
赖……317	蔺……503	潘……183
甄……477	臧……460	燕……497
雷……297	裴……398	薛……291
虞……480	管……417	薄……518
路……410	廖……398	霍……400
鲍……420	翟……362	冀……493
解……428	熊……276	穆……432
廉……509	缪……438	戴……258
窦……445	樊……340	鞠……490
褚……442	黎……298	魏……212

河南省社会科学院哲学社会科学创新工程试点项目

河南省宣传文化系统"四个一批"人才资助项目

河南省哲学社会科学规划项目

主编　张新斌

寻根河南

[下]

中原出版传媒集团
中原传媒股份公司

大象出版社
·郑州·

寻根大战略

目 录

战略思路篇 /001

第一章 寻根文化资源的分析与评价 002
一、寻根文化：根于河南的姓氏名人资源 002
二、寻根文化：望于河南的姓氏名人资源 024
三、寻根文化：与河南相关的姓氏名人资源 030
四、寻根文化资源的总体评价与质量分级 034

第二章 寻根文化资源开发的战略意义 058
一、寻根文化资源开发的意义 058
二、寻根文化资源开发的目标与总体构想 063
三、文物战略：寻根文化资源开发的分类体系之一 068
四、外宣战略：寻根文化资源开发的分类体系之二 070
五、外联战略：寻根文化资源开发的分类体系之三 073
六、旅游战略：寻根文化资源开发的分类体系之四 074
七、区域战略：寻根文化资源开发的分类体系之五 077
八、为实施寻根战略应采取的措施 082

区域盘点篇 /085

第一章 豫北豫西的寻根文化亮点 086
一、黄河、黄帝：托起河南根文化的厚重 086

  二、淇濮之间：寻根文化的四大闪光点……092

  三、永远把牧野当作骄傲……096

  四、根系山河相拥的那片沃土……100

  五、朝圣之旅尽在河洛之间……103

  六、禹劈三门：豫西根文化四记……107

第二章　豫东豫南的寻根文化亮点……111

  一、珠玑小巷：粤港人魂牵梦绕的地方……111

  二、宋梁故地：寻找失落的根文化亮点……115

  三、淮水之阳：中华姓氏的滥觞之地……119

  四、颍川古郡：孕育魏晋中原著姓望族……123

  五、鹰城之域：龙师胜迹今犹在……127

  六、天下之中：奇山秀水间的根文化宝藏……129

  七、青山白水：孕育百姓之丰壤沃土……132

  八、淮水之畔：还有一棵"大槐树"……136

经验范例篇 /141

第一章　寻根文化开发亲历者感言……142

  一、赵国鼎：黄帝故里开发的四点感言……142

  二、刘文学：一封信与黄帝故里开发的新高潮……146

  三、宋国桢：郑氏文化开发过程中的酸甜苦辣……149

  四、郑自修：《郑氏族系大典》编纂的前前后后……154

  五、张广恩：濮阳打好"张氏祖地"与"帝舜故里"两张牌

    ……156

  六、王道生："根在箕山"的许氏文化情结……159

七、田宏波：方、雷、邝氏寻根文化开发经验谈..................164

　　八、谢少先：由中原的谢姓小村到全球谢氏的寻根圣地..........167

　　九、陈瑞松：由"颖川堂"起步的姓氏研究之路..................171

　　十、张宝云：一封信所引起的宁氏文化开发历程..................172

　　十一、谢纯灵："陈郡阳夏"与我的谢氏联谊历程................175

　　十二、姬长忠：温县由区域小县到姓氏大县......................177

　　十三、杨威：我所亲历的世界刘氏宗亲第四届寻根联谊大会

　　　　　　申办始末..179

第二章 寻根文化开发的经验与范例..................................183

　　一、丙戌年黄帝故里拜祖大典的主要程序..........................183

　　二、许氏祖地开发的关键：一次学术会议..........................188

　　三、比干文化的开发之路..190

　　四、微子封地与宋氏寻根..193

　　五、韩愈也能成为寻根品牌......................................195

　　六、周口市开展姓氏普查的做法..................................199

　　七、"国际禹州方山溯源恳亲大会"纪实...........................202

　　八、"甲申年世界刘氏第四届（寻根）联谊大会祭拜始祖

　　　　刘累公人典"工作方案..204

　　九、《郑氏族系大典》编要..211

　　十、2005年世界张氏总会第二届恳亲大会实施方案.................217

　　十一、长葛开展姓氏寻根活动的三起成功案例......................224

　　十二、我们邀世界著名科学家牛满江教授到河南来寻根............229

　　十三、"全球董杨童宗亲第十届恳亲大会"召开的前前后后

　　　　..233

大事编年篇 /237

第一章 寻根河南的起步期（1981—1991）..................238

第二章 寻根河南的发展期（1992—2001）..................243

第三章 寻根河南的繁荣期（2002—2010）..................271

第四章 寻根河南的鼎盛期（2011—2018）..................319

后 记 /367

战略思路篇

第一章 寻根文化资源的分析与评价

一、寻根文化：根于河南的姓氏名人资源

本节我们将对根于河南的姓氏名人资源进行专门研究，对河南姓氏的综合性寻根资源进行排队。每个姓氏资源分为姓氏源流、祖源遗存、相关资源、人物名录共四个部分，相关资源又分作故里故居、墓葬陵园、祠堂寺庙、碑碣刻石、其他遗存共五个小类，并依据资源的整体价值分为完整式和不完整式两个部分进行描述。另外，还要对寻根文化资源做总体评价。

（一）根于河南姓氏的综合性寻根资源

1. 中华始祖类寻根资源

伏羲：太昊伏羲氏，为中国传说时代的"三皇"之首，是中国历史上第一个具有综合性贡献的伟大人物，伏羲、女娲与西方的亚当、夏娃具有同等意义，是神话中人类的始祖。伏羲的贡献之一是"定姓氏"，应为万姓之祖。

⊙淮阳伏羲陵

伏羲遗存：淮阳有太昊陵、画卦台、宛丘，上蔡有伏羲庙与蓍台，商水有伏羲祠，巩义有伏羲画卦处，孟津有龙马负图寺。

与伏羲相关的姓氏有风、伏、宓、包等。

女娲：以揣土造人与炼石补天的传说而成为中国历史上的女祖神，极其富有传奇色彩。

女娲遗存：西华有女娲城、女娲墓，沁阳有女娲山、女娲祠。

与女娲相关的姓氏有呙、汝、任、宿、须等。

炎帝：为上古时期姜姓部落首领，因首创耒耜等工具、发明农业、创建原始天文历法而与黄帝并称为中华人文始祖。

炎帝遗存：淮阳为炎帝之都，有五谷台；柘城有朱襄陵。

炎帝后裔姓氏有齐、邱、尚、望、畅、骆、国、丁、崔、高、卢、柴、移、桓、庆、麻、孝、懿、栾、灵、景、晏、平、左、檀、闾、太公、将具、丁若、高堂、东宫、士强、仲孙、齐季、子襄、子尾、子夏、东郭、公纪、余邱、东门、南郭、卢胥、善弋等共70个。

黄帝：为中华人文始祖，他创文字、织丝帛、定历律、制舟车、造指南、撰《内经》，在中华文明的发展进程中具有重要的影响。

黄帝遗存：新郑有黄帝故里、黄帝大宗祠、始祖山，扶沟有重修轩辕庙碑，新密有黄帝宫，灵宝有荆山黄帝铸鼎原、黄帝陵与黄帝庙。

⊙灵宝黄帝铸鼎原

黄帝之后有昌意、颛顼与帝喾，形成了中华姓氏的主干。

仓颉：传说中黄帝的史官，他根据鸟兽爬行的痕迹，结束了结绳记事的历史而首创文字，被后人尊为"字圣"。

仓颉遗存：南乐有仓颉陵与仓颉庙，开封有仓王庙，虞城有仓颉墓，新郑、洛宁等地有仓颉造字台等。

与仓颉相关的姓氏有仓（苍）、史、侯等。

颛顼与帝喾：为中国传说时代的五帝之列。颛顼重视人事治理，实行人神分

○ 内黄颛顼帝喾二帝陵

职，在上古时期占有重要的地位。帝喾高辛氏能掌三辰以利民，取地之材而节用，推动了中华文明的进步。

颛顼与帝喾遗存：内黄有颛顼帝喾所都顿丘城、二帝陵，濮阳有颛顼高阳城、长乐亭、皇姑坟，偃师有帝喾之墟，商丘有帝喾陵。

颛顼与帝喾之后的主要姓氏有黄、林、叶、苏、董、楚、李、裴、彭、钱、秦、罗、童、季、颜、晏、路等，在中华百家大姓中占有重要地位。

舜：中国传说时代的五帝之一。帝舜之时，实行禅让选举制，且地域关系已经形成。史料所载，"舜耕历山，渔雷泽"，其中雷泽之地当在今河南濮阳一带。舜子商均墓在虞城县利民镇。

与舜相关的姓氏有姚、袁、陈、田、胡、虞、邹、苟、弋等，在海外均有联谊活动。

禹：传说时代的治水英雄，中国第一个奴隶制政权夏王朝的奠基人。

大禹遗存：登封有禹都阳城、启母阙，开封有禹王台，卢氏有神禹导洛处，洛阳有大禹凿山治水的龙门。

与禹相关的主要姓氏有夏、禹、邓、侯、辛、夏侯、娄、鲍、阳、计等。

2. 以古城古国为主的姓氏寻根资源

夏：除禹都阳城外，在河南的主要夏都及遗存有少康的伦邑，在登封市颍阳镇，汝阳有杜康村、酒泉、杜康祠、酒泉沟。夏启在禹州有钧台，登封有夏启之母墓。帝宁所都原城在济源市庙街遗址。陕县有夏后皋墓。偃师二里头遗址为太康、仲康及帝桀之都。

与夏相关的姓氏有杞、曾、扈、灌、观、费、稯、欧阳、韦、窦等。

商：商丘的阏伯台、阏伯祠，即商始祖契的遗迹。汤都在河南，商丘有南亳之说，郑州商城有郑亳之说，偃师商城有西亳之说。郑州商城与郑州小双桥遗址均有隞都之说，内黄有太戊中宗陵，祖乙迁邢都在温县，武丁之高宗陵和高宗庙

⊙安阳殷墟博物苑

在西华，盘庚迁殷之殷墟在安阳。殷纣王在淇县的古朝歌建有离宫别馆，至今保留有社稷坛、凉马台、鹿台、摘星楼、折胫河、纣王墓等。

与商相关的姓氏有契、商、殷、汤、乙、仲、丁、戊、庚、祖、武、稚、定、佚、屠、条、桐、衡、郝、来、沃、衣、甲、录、乙干、庚桑、申屠、信都、禄里、葵丘等共67个。

宋国：商丘有宋国都城、微子祠、三陵台，睢县有宋襄公墓，民权有葵丘会盟台，柘城有泓水古战场等。

与宋国相关的姓氏有宋、渔、向、仲、边、华、牛、石、铁、干、怀、沙、宗、时、世、谈、微、戴、萧、乐、衍、机、宣、合、亘、起、辽、僚、买、北、征、力、睢、完、皇甫、木门、阳里、三伉、老商、皇父、乐正、北殷、穆察等共227个。

卫国：为姬姓诸侯国，自卫康叔至卫君角共历39代，约858年。其都城有淇县的卫国故城，滑县的卫都曹邑、楚丘，濮阳帝丘故城，沁阳野王城。

与卫国相关的姓氏有凡、间、礼、石、孙、开、元、弘、晁、卫、樊、聂、司、富、左、世、开、凌、寇、弋、甄、监、端、汲、匡、宁、戚、共、楚、商、裘、卷、公孙、公孟、石伯、史朝、夏丁、公荆、将军、司徒、右宰、五鹿等共163个。

郑国：为姬姓诸侯国，自平王东迁以来入主中原，前后共历23君，430余年。东迁后初居荥阳京城。新密有郑武公、郑昭公墓，新郑有郑韩故城及望母台、郑庄公冢等。

与郑国相关的姓氏有司、籍、产、都、郑、游、冯、良、段、洪、龚、汜、京、索、颍、尉、郲、堵、西门、东里、褚师、徐吾、列御、伯昏、子师、子孔、子游等共145个。

陈国：西周初封虞舜之后于陈，今淮阳有陈国故城、陈胡公妫满之墓等。

与陈国相关的姓氏有陈、胡、田、夏、薛、文、姚、诸葛等。

韩国：韩、赵、魏三家分晋后，公元前403年正式册封建立韩国，以宜阳、禹州、新郑为都，并留下有城邑故址。

与韩国相关的姓氏有韩、何、蔺、侠、横、夹、平、公畴、韩厥、韩献、公族、韩言、韩婴等10余个。

蔡国：周文王第五子蔡叔度之国。在今上蔡有蔡国故城，有叔度墓与蔡仲墓。在新蔡有新蔡故城，以及相关的蔡侯大墓。

与蔡国相关的姓氏有蔡、朝、晁、声、贝、子履、归生、钟丘等10余个。

楚国：楚族起源于中原，最早在楚丘居住，后都丹阳（今河南淅川），后期又迁都于陈。今淮阳有陈楚故城，信阳长台关有楚王城，淮阳也有大量楚墓，其中马鞍冢可能为楚顷襄王墓。

与楚国相关的姓氏有楚、陆、季、连、熊、罗、荆、濮、尹、班、孙、苗、权、包、沈、叶、庄、潘、期、伍、白、阎、贺、来、若敖、斗文、子西、白公、鲁阳、上官、公都、郊尹、王孙、舒坚等208个。

东周：自平王东迁以来，共有13位国君都于河南。洛阳有周王城与成周城，巩义也有东周故址。

与东周相关的姓氏有周、晁、方、武、袭等，数以百计。

其他城邑：濮阳戚城为孙、文、戚等姓氏祖根地。辉县共国故城为共、洪、段、龚等姓氏祖根地。温县故温城为司、苏、温、寇等姓氏祖根地。温县邢丘故城为邢、耿等姓氏祖根地。偃师刘国故城为刘、官等姓氏祖根地。南阳申国故城为申、包等姓氏祖根地。

汉魏洛阳故城：自东汉到隋代以前，洛阳是中国的重要都会，尤其是北魏汉化，使得汉魏洛阳故城成为诸多姓氏的祖根地，也成为中华民族融合的历史见证。

北魏迁都洛阳后，汉化的姓氏有阎、元、庄、党、房、伏、谷、侯、胡、梁、柳、葛、于、陈、杜、韩、何、和、薛、毕、黎、卢、狄、薄、古、解、燕、鲍、车、费、盖、贺、嵇、楼、陆、党、苟、马、穆、潘、万、长孙等上百个。

⊙汉魏洛阳故城遗址

3.以名人为主的姓氏寻根资源

刘累：夏朝孔甲帝的御龙师。偃师有刘累旧址，鲁山有刘累故邑、刘累墓等。与刘、杜、龙、唐的姓氏起源有关。

伊尹：商汤的名相。虞城有伊尹墓，杞县有伊尹庙，虞城和洛阳均有伊尹祠。与伊、衡、卢、陆等姓氏起源有关。

○卫辉比干庙

○洛阳周公庙

○固始叶氏宗祠

比干：为商末王子。卫辉有比干庙（墓），淇县有摘心台、三仁祠等。与林、王、比等姓氏起源有关。

周武王：为文王之子，西周的建立者，成就大业在河南。汤阴有文王羑里城、文王庙，获嘉有同盟山武王庙，孟津有盟津、扣马村等。与姬、应、于、晋、韩、柳等姓氏起源有关。

周公：为武王之弟，西周杰出政治家。洛阳有洛邑古城、周公庙，登封有周公祠、周公测景台等。与衡、祭、茅等姓氏起源有关。

姜太公：又称吕望，字子牙，辅佐武王灭商而被尊为"尚父"。卫辉有姜太公故里、太公钓鱼处、姜尚墓、太公台、太公庙等。与姜、吕、卢、高、齐、申、桓、穆、邱、章、柴、丁、柯、檀、万、尚、贺、汲、崔、刁、畅、乐、望、易、路、骆、年、魏、查、井、彦、陆、余、左、右、明、景、许、谢、纪、平、连、封、东郭、东宫、长孙、子尾等数十个姓氏的起源有关。

叶公：为春秋时期楚庄王

的曾孙，任叶邑最高军政长官，史称"叶公"，实名沈诸梁。在叶县有玩龙台、叶邑旧城、叶公陵园等，为叶、沈等姓氏的起源地。

（二）根于河南的姓氏名人资源（完整式）

1. 樊：祖根地在济源、淇县，望于南阳。当今排名109位，遗存7处，豫籍名人18人。

2. 冯：祖根地在荥阳、新郑，望于颍川、弘农。当今排名15位，遗存15处，豫籍名人15人。

3. 葛：祖根地在宁陵、洛阳，望于陈郡、梁郡、顿丘。当今排名110位，遗存8处，豫籍名人2人。

4. 江：祖根地在正阳，望于淮阳、济阳。当今排名76位，遗存7处，豫籍名人24人。

5. 寇：祖根地在淇县、温县，望于河南。当今排名240位，遗存10处，豫籍名人1人。

6. 卫：祖根地在淇县、濮阳，望于陈留。当今排名214位，遗存8处，豫籍名人11人。

7. 许：祖根地在登封、许昌，望于汝南。当今排名26位，遗存31处，豫籍名人37人。

8. 叶：祖根地在叶县，望于南阳。当今排名41位，遗存16处，豫籍名人4人。

9. 元：祖根地在开封、淇县、洛阳，望于河南。当今排名384位，遗存19处，豫籍名人25人。

10. 袁：祖根地在太康，望于陈郡、陈留、汝南。当今排名38位，遗存13处，豫籍名人66人。

11. 白：祖根地在息县，望于南阳。当今排名75位，遗存15处，豫籍名人7人。

12. 陈：祖根地在淮阳、

⊙固始陈氏将军祠

洛阳，望于颍川。当今排名第5位，遗存18处，豫籍名人79人。

13.邓：祖根地在邓州，望于南阳、陈郡。当今排名27位，遗存9处，豫籍名人18人。

14.丁：祖根地在安阳、卫辉、商丘，望于济阳、济阴、陈郡。当今排名48位，遗存7处，豫籍名人12人。

15.窦：祖根地在登封、洛阳，望于开封。当今排名203位，遗存7处，豫籍名人8人。

16.杜：祖根地在鲁山、洛阳，望于南阳。当今排名43位，遗存14处，豫籍名人45人。

17.范：祖根地在范县，望于南阳。当今排名59位，遗存16处，豫籍名人31人。

18.韩：祖根地在禹州、新郑及洛阳，望于颍川、南阳。当今排名29位，遗存31处，豫籍名人68人。

19.何：祖根地在新郑、洛阳，望于陈郡。当今排名18位，遗存12处，豫籍名人22人。

◎修武范氏宗祠

20.侯：祖根地在南乐、偃师及洛阳，望于河南。当今排名70位，遗存11处，豫籍名人15人。

21.胡：祖根地在淮阳、郾城（今河南漯河郾城区），望于新蔡。当今排名15位，遗存15处，豫籍名人17人。

22.孔：祖根地在夏邑、商丘，望于南阳。当今排名100位，遗存8处，豫籍名人11人。

23.刘：祖根地在偃师、鲁山，望于弘农、梁郡、陈郡、南阳、顿丘、河南、尉氏。当今排名第4位，遗存87处，豫籍名人153人。

24.吕：祖根地在南阳、卫辉，望于阳翟、濮阳。当今排名47位，遗存18处，豫籍名人24人。

25.毛：祖根地在宜阳，望于荥阳、河阳。当今排名88位，遗存10处，豫籍名人12人。

26.潘：祖根地在固始、洛阳，望于河南、荥阳。当今排名35位，遗存7处，豫籍名人7人。

27.司马：祖根地在洛阳，望于河内。遗存15处，豫籍名人40人。

28.宋：祖根地在商丘，望于河南、弘农。当今排名24位，遗存32处，豫籍名人49人。

29.苏：祖根地为辉县、温县、洛阳，望于河内、河南。当今排名44位，遗存26处，豫籍名人13人。

30.孙：祖根地在濮阳、固始、淮阳、淮滨，望于汲郡。当今排名12位，遗存27处，豫籍名人33人。

31.谢：祖根地在南阳、唐河，望于陈留、陈郡。当今排名23位，遗存6处，豫籍名人37人。

32.张：祖根地在濮阳，望于洛阳、河内、汲郡、梁郡、南阳。当今排名第3位，遗存82处，豫籍名人179人。

33.郑：祖根地在荥阳、新密、新郑，望于荥阳。当今排名21位，遗存9处，豫籍名人72人。

⊙荥阳郑氏名人苑

34. 蔡：祖根地在上蔡、新蔡，望于陈留、济阳。当今排名34位，遗存22处，豫籍名人23人。

35. 董：祖根地在内黄、临颍，望于梁国、颍川、弘农。当今排名37位，遗存10处，豫籍名人20人。

36. 高：祖根地在禹州、卫辉、洛阳，望于河南。当今排名19位，遗存19处，豫籍名人31人。

37. 吉：祖根地在延津、卫辉，望于洛阳。当今排名193位，遗存7处，豫籍名人3人。

38. 李：祖根地在鹿邑，望于顿丘、梁国、南阳、襄城。当今排名第2位，遗存105处，豫籍名人209人。

39. 梁：祖根地在汝州、洛阳，望于河南。当今排名22位，遗存8处，豫籍名人18人。

40. 王：祖根地在卫辉、偃师，望于陈留、河南。当今排名第1位，遗存59处，豫籍名人225人。

⊙《赵城周氏支谱》

41. 周：祖根地在洛阳、汝州，望于汝南、陈留。当今排名第10位，遗存21处，豫籍名人54人。

42. 朱：祖根地在柘城、范县、商丘，望于永城、太康、河南。当今排名14位，遗存37处，豫籍名人44人。

43. 成：祖根地在范县，望于弘农。当今排名156位，遗存5处，豫籍名人5人。

44. 卢：祖根地在洛阳、卫辉，望于河南。当今排名52位，遗存11处，豫籍名人20人。

45. 彭：祖根地在濮阳、原阳，望于淮阳。当今排名32位，遗存7处，豫籍名人9人。

46. 吴：祖根地在宁陵、虞城，望于濮阳、陈留、汝南。当今排名第8位，遗存15处，豫籍名人42人。

47. 安：祖根地在洛阳，望于河内郡。当今排名109位，遗存3处，豫籍名人6

人。

48.边：祖根地在商丘，望于陈留。当今排名227位，遗存2处，豫籍名人4人。

49.卜：祖根地在温县，望于河南郡。当今排名210位，遗存3处，豫籍名人3人。

50.晁：祖根地在洛阳、濮阳，望于南阳、颍川郡。遗存7处，豫籍名人10人。

51.房：祖根地在遂平、洛阳，望于河南郡。当今排名178位，遗存5处，豫籍名人9人。

⊙2007年，首届中原吴氏文化节在原阳举行

52.尚：祖根地在南阳、卫辉，望于汲郡。当今排名141位，遗存4处，豫籍名人7人。

53.殷：祖根地在安阳、淇县、许昌，望于汝南、河南、陈郡。当今排名126位，遗存10处，豫籍名人20人。

54.应：祖根地在平顶山，望于汝南。当今排名222位，遗存4处，豫籍名人7人。

55.于：祖根地在沁阳，望于河南、河内郡。当今排名39位，遗存4处，豫籍名人8人。

56.方：祖根地在禹州、洛阳，望于河南郡。当今排名69位，遗存3处，豫籍名人4人。

57.和：祖根地在新郑、洛阳，望于汝南。当今排名231位，遗存3处，豫籍名人6人。

58.孟：祖根地在濮阳、长垣，望于洛阳。当今排名73位，遗存5处，豫籍名人12人。

59.南：祖根地在淅川、长垣、安阳，望于汝南。遗存5处，豫籍名人2人。

60.石：祖根地在淇县、林州、商丘、新郑、洛阳，望于河南。当今排名63位，遗存6处，豫籍名人10人。

61.薛：祖根地在新郑、洛阳，望于新蔡。当今排名78位，遗存5处，豫籍名人8人。

62.衡：祖根地在郑州、杞县、虞城，望于汝南。当今排名396位，遗存1处，豫籍名人1人。

63.穆：祖根地在商丘、洛阳，望于汝南郡。当今排名188位，遗存3处，豫籍名人6人。

64.索：祖根地在淇县、荥阳，望于汝南。当今排名317位，遗存1处，豫籍名人1人。

65.温：祖根地在温县，望于汲郡。当今排名104位，遗存4处，豫籍名人3人。

66.向：祖根地在济源、商丘，望于河内、河南郡。当今排名102位，遗存4处，豫籍名人16人。

67.毕：祖根地在洛阳，望于河内、河南郡。当今排名150位，遗存2处，豫籍名人6人。

68.黎：祖根地在浚县、洛阳，望于宋城。当今排名82位，遗存3处，豫籍名人1人。

69.秦：祖根地在内黄、范县，望于河内郡。当今排名74位，遗存3处，豫籍名人5人。

70.丘：祖根地在淮阳、卫辉，望于河南郡。当今排名207位，遗存5处，豫籍名人6人。

⊙2008年，世界丘氏宗亲代表团拜谒先祖姜太公仪式在卫辉举行

71.盛：祖根地在宜阳，望于汝南郡。当今排名159位，遗存1处，豫籍名人4人。

72.阎：祖根地在洛阳，望于河南郡。当今排名77位，遗存4处，豫籍名人15人。

73.翟：祖根地在商丘、濮阳，望于南阳郡。当今排名125位，遗存3处，豫籍名人9人。

74.褚：祖根地在商丘、濮阳、新郑，望于河南。当今排名201位，遗存1处，豫籍名人12人。

75.汲：祖根地在卫辉，望于濮阳。遗存2处，豫籍名人1人。

76.颍：祖根地在登封，望于陈留郡。遗存2处，豫籍名人1人。

77.郅：祖根地在延津，望于西平。遗存4处，豫籍名人2人。

78.嵇：祖根地在登封、洛阳，望于河南。当今排名366位，遗存2处，豫籍名人1人。

79.左：祖根地在淇县、商丘，望于济阳。当今排名135位，遗存3处，豫籍名人4人。

80.钟：祖根地在商丘，望于颍川。当今排名54位，遗存3处，豫籍名人10人。

81.邱：祖根地在卫辉、淮阳，望于河南。当今排名68位，遗存1处，豫籍名人2人。

82.常：源自新郑等地，以河内郡等为郡望地。当今排名103位，遗存2处，豫籍名人8人。

83.齐：祖根地在淇县等地，以汝南郡为郡望地。当今排名113位，遗存4处，豫籍名人1人。

84.荀：祖根地在新郑，以河内郡为郡望地，在颍川郡形成世家大族。遗存1处，豫籍名人19人。

⊙2006年周口姓氏家谱展中的《常氏家谱》

本部分讨论的祖根地在河南的姓氏，其资源包括了祖根地、郡望地、遗存与名人共有的完整性特点，在这些最具开发性的姓氏资源中，位于前100大姓中的姓氏有48个，101—200位的姓氏有17个，201—300位的姓氏有8个，其他姓氏有11个，反映了河南在大姓中的优势的特点。

（三）根于河南的姓氏名人资源（不完整式）

1. 郭：祖根地在三门峡。当今排名17位，遗存27处，豫籍名人45人。
2. 黄：祖根地在潢川。当今排名第7位，遗存14处，豫籍名人17人。
3. 姚：祖根地在濮阳。当今排名51位，遗存10处，豫籍名人13人。
4. 林：祖根地在卫辉、淇县、洛阳。当今排名16位，遗存14处，豫籍名人1人。
5. 聂：祖根地在清丰。当今排名126位，遗存6处，豫籍名人5人。
6. 冉：祖根地在平舆。当今排名162位，遗存5处，豫籍名人1人。

⊙信阳潢川黄国纪念堂

7. 关：祖根地在灵宝、长垣。当今排名131位，遗存10处，豫籍名人1人。
8. 康：祖根地在淇县。当今排名105位，遗存7处，豫籍名人3人。
9. 夏：祖根地为登封、禹州、淮阳。当今排名67位，遗存15处，豫籍名人4人。
10. 楚：祖根地在滑县、淅川。当今排名274位，遗存7处，豫籍名人2人。
11. 管：祖根地在郑州。当今排名170位，遗存2处，豫籍名人1人。
12. 华：祖根地在新郑、商丘。当今排名174位，遗存7处，豫籍名人2人。
13. 沭：祖根地在濮阳、浚县。遗存1处。
14. 铁：祖根地在商丘、濮阳。遗存4处，豫籍名人1人。
15. 游：祖根地在新郑、新密。当今排名166位，遗存2处，豫籍名人1人。
16. 苍：祖根地在新郑、南乐。遗存3处，豫籍名人1人。
17. 柳：祖根地在濮阳、洛阳。当今排名136位，遗存1处，豫籍名人2人。
18. 顾：祖根地在范县。当今排名87位，遗存3处，豫籍名人2人。
19. 娄：祖根地在杞县、开封。当今排名202位，遗存4处，豫籍名人5人。
20. 蓬：祖根地在获嘉、卫辉、濮阳、长垣，望于黎阳、汲郡。

21. 司：祖根地在淇县、温县、新郑，望于陈郡、顿丘。当今排名190位，遗存5处。

22. 雷：祖根地在禹州。当今排名81位，遗存3处，豫籍名人3人。

23. 师：祖根地在舞阳、开封。当今排名230位，遗存4处，豫籍名人5人。

24. 万：祖根地在洛阳。当今排名92位，遗存3处，豫籍名人7人。

25. 熊：祖根地在新郑。当今排名72位，遗存5处。

26. 弋：祖根地在淇县、濮阳。遗存1处。

27. 端木：祖根地在浚县。

28. 公孙：祖根地在新郑。遗存6处。

29. 诸葛：祖根地在宁陵。遗存2处。

30. 仲：祖根地在郑州、商丘。当今排名245位，遗存5处。

31. 渔：祖根地在商丘。遗存1处，豫籍名人1人。

32. 伊：祖根地在杞县、虞城，望于陈留郡。当今排名289位，遗存1处。

33. 严：祖根地在洛阳。当今排名94位，遗存3处。

34. 轩辕：祖根地在新郑。

35. 绮里：祖根地在济源。

36. 苗：祖根地在济源。当今排名157位，遗存5处。

⊙ 南阳武侯祠

37.列：祖根地在新郑、郑州，望于荥阳。

38.廉：祖根地在内黄。当今排名304位，遗存1处。

39.蒯：祖根地在洛阳。遗存1处。

40.亢：祖根地在淇县、濮阳。遗存1处。

41.洪：祖根地在辉县、荥阳。当今排名97位，遗存4处。

42.官：祖根地在偃师。当今排名257位，遗存2处。

43.堵：祖根地在方城、新郑，望于河南郡。遗存1处。

44.包：祖根地在淮阳、南阳。当今排名139位，遗存7处。

45.狄：祖根地在洛阳。当今排名314位，遗存4处。

46.伏：祖根地在淮阳、洛阳。当今排名335位，遗存3处。

47.百里：祖根地在南阳，望于新蔡，遗存2处。

48.仇：祖根地在商丘，望于南阳。当今排名232位，遗存1处，豫籍名人1人。

49.单：祖根地在济源，望于河南郡。当今排名151位，遗存2处，豫籍名人2人。

50.封：祖根地在封丘、洛阳。当今排名258位，遗存2处，豫籍名人1人。

51.巩：祖根地在巩义。当今排名248位，遗存1处，豫籍名人1人。

52.狐：祖根地在洛阳。遗存1处。

53.滑：祖根地在滑县、睢县、偃师。豫籍名人1人。

54.皇甫：祖根地在商丘。豫籍名人2人。

55.祭：祖根地在郑州，望于管城。豫籍名人2人。

56.匡：祖根地在长垣、扶沟。当今排名260位，遗存1处。

57.乐：祖根地在商丘，望于南阳、河内。当今排名264位，遗存2处，豫籍名人2人。

58.郦：祖根地在内乡，望于新蔡。豫籍名人4人。

59.戚：祖根地在濮阳。当今排名204位，遗存1处，豫籍名人1人。

60.洼：祖根地在南阳，望于南阳。豫籍名人1人。

61.奚：祖根地在洛阳。当今排名278位，遗存1处，豫籍名人1人。

62.息：祖根地在息县。遗存1处，豫籍名人2人。

63.鄢：祖根地在鄢陵，望于陈留郡。当今排名275位，遗存1处。

64.原：祖根地在济源。当今排名271位，遗存1处，豫籍名人1人。

65.苑：祖根地在新郑、淮阳、南阳。当今排名254位，遗存1处，豫籍名人1人。

66.枣：祖根地在延津，望于颍川。豫籍名人1人。

67.湛：祖根地在济源。当今排名369位，豫籍名人1人。

68.柏：祖根地在舞钢。当今排名216位，遗存2处。

69.薄：祖根地在商丘、洛阳。当今排名337位，遗存3处。

⊙息县息国故城

70.都：祖根地在新郑，望于黎阳。当今排名139位，遗存1处，豫籍名人1人。

71.干：祖根地在商丘，望于颍川、荥阳。当今排名379位，豫籍名人1人。

72.龚：祖根地在辉县、荥阳。当今排名90位，遗存2处，豫籍名人1人。

73.古：祖根地在鹿邑、洛阳，望于新安、河内。当今排名192位，遗存2处，豫籍名人2人。

74.花：祖根地在新郑。当今排名295位，遗存7处。

75.怀：祖根地在武陟、商丘，望于河内郡。豫籍名人1人。

76.解：祖根地在洛阳。当今排名182位，遗存1处。

77.廖：祖根地在固始、唐河，望于汝南。当今排名58位，遗存2处，豫籍名人2人。

78.龙：祖根地在新郑、鲁山。当今排名84位，遗存2处，豫籍名人1人。

79.汝：祖根地在汝州，望于颍川。豫籍名人1人。

⊙2016年，中华苑氏渊源研讨会在郑州召开

○2015年，共工氏与中华龚姓文化研讨会在辉县市召开

80.沙：祖根地在商丘、宁陵，望于汝南。当今排名237位，遗存1处，豫籍名人2人。

81.邵：祖根地在武陟。豫籍名人2人。

82.燕：祖根地在延津、洛阳。当今排名273位，遗存1处，豫籍名人2人。

83.挚：祖根地在汝南、平舆。豫籍名人1人。

84.祝：祖根地在新郑、登封、安阳。当今排名138位，豫籍名人5人。

85.宗：祖根地在商丘、南阳。当今排名217位，遗存2处，豫籍名人12人。

86.富：祖根地在新郑，望于陈留。当今排名397位，遗存1处，豫籍名人3人。

87.桓：祖根地在卫辉、商丘、洛阳。豫籍名人1人。

88.宁：祖根地在修武、焦作。当今排名140位，遗存5处，豫籍名人3人。

89.艾：祖根地在登封、洛阳，望于河南郡。当今排名184位，遗存2处。

90.敖：祖根地在郑州、濮阳。当今排名247位，遗存1处。

91.鲍：祖根地在洛阳、登封、杞县，望于河南郡。当今排名173位，遗存1处。

92.长孙：祖根地在洛阳，望于济阳郡。豫籍名人13人。

93.车：祖根地在洛阳、新郑，望于河南郡。当今排名196位，遗存2处，豫籍名人3人。

94.迟：祖根地在安阳、洛阳。当今排名255位，遗存1处。

95.费：祖根地在偃师、洛阳。当今排名209位，遗存2处，豫籍名人2人。

96.盖：祖根地在洛阳、卫辉，望于汝南。当今排名302位，遗存1处，豫籍名人2人。

97.归：祖根地在商丘。豫籍名人1人。

98.贺：祖根地在洛阳、卫辉，望于河南郡。当今排名86位，遗存1处，豫籍名人11人。

99.来：祖根地在荥阳。当今排名326位，遗存1处，豫籍名人6人。

100.陆：祖根地在修武、嵩县、洛阳，望于河南、河内、颍川。当今排名61位，遗存3处，豫籍名人3人。

101.雒：祖根地在洛阳，望于河南。豫籍名人1人。

102.莫：祖根地在洛阳，望于河南。当今排名99位，遗存1处，豫籍名人1人。

103.楼：祖根地在杞县、洛阳。当今排名283位，豫籍名人2人。

104.皮：祖根地在济源、新郑。当今排名279位，豫籍名人1人。

105.上官：祖根地在滑县。豫籍名人3人。

106.时：祖根地在商丘，望于陈留郡。当今排名187位，遗存1处，豫籍名人1人。

107.史：祖根地在南乐、洛阳，望于河南郡。当今排名83位，遗存3处，豫籍名人13人。

108.唐：祖根地在新郑、鲁山。当今排名25位，豫籍名人8人。

109.阳：祖根地在济源、延津、登封。当今排名186位，遗存2处。

110.阴：祖根地在卢氏，望于南阳。当今排名390位，豫籍名人7人。

111.虞：祖根地在虞城，望于济阳、陈留。当今排名246位，遗存2处，豫籍名人5人。

112.詹：祖根地在新郑。当今排名127位，豫籍名人1人。

113.党：祖根地在洛阳。当今排名207位，遗存1处。

114.豆：祖根地在洛阳。豫籍名人1人。

115.世：祖根地在商丘、新郑、淇县。豫籍名人1人。

116.邬：祖根地在偃师，望于颍川。当今排名226位。

117.郗：祖根地在沁阳，望于济阴。遗存1处。

118.项：祖根地在项城。当今排名197位，遗存3处，豫籍名人1人。

119.胥：祖根地在郑州、新密。当今排名267位。

120.衣：祖根地在安阳，望于河南。当今排名387位。

121.弓：祖根地在濮阳。豫籍名人2人。

122.服：祖根地在淮阳，望于西平。豫籍名人1人。

123.繁：祖根地在淇县，望于陈留、颍川。豫籍名人1人。

124.苟：祖根地在新郑、沁阳、洛阳，望于河南、河内郡。当今排名225位，遗存1处，豫籍名人2人。

125.芊：祖根地在偃师。豫籍名人1人。

126.宫：祖根地在淇县、商丘、新郑。当今排名208位，遗存1处，豫籍名人1人。

127.开：祖根地在濮阳。豫籍名人1人。

128.凌：祖根地在淇县。当今排名149位，遗存1处，豫籍名人1人。

129.微：祖根地在商丘。

130.喻：祖根地在新郑。当今排名175位。

131.祖：祖根地在郑州、安阳。当今排名307位，豫籍名人4人。

132.蒋：祖根地在尉氏、淮滨，望于乐安。当今排名42位，遗存4处，豫籍名人14人。

⊙2012年，首届海峡两岸蒋氏文化论坛暨第五届中华蒋氏淮滨寻根文化节在信阳淮滨举行

133.文：祖根地在濮阳、许昌、淮阳。当今排名107位，遗存4处，豫籍名人1人。

134.赖：祖根地在鹿邑、息县，望于颍川、河南、河内。当今排名95位，遗存1处。

135.姬：祖根地在新郑、洛阳，以南阳为郡望地。当今排名229位，遗存2处，豫籍名人2人。

136.平：祖根地在开封，以河内为郡望地。当今排名315位，豫籍名人1人。

137.俞：祖根地在新郑。当今排名134位。

138.冀：祖根地在商丘。当今排名265位，豫籍名人1人。

139.鲁：祖根地在山东曲阜，新蔡为郡望地。当今排名123位，遗存2处，豫籍名人1人。

140.屈：祖根地在淇县。当今排名180位，遗存2处，豫籍名人3人。

⊙信阳息县赖国故城叔颖公之墓

141.沈：祖根地在平舆、沈丘。当今排名49位，遗存7处，豫籍名人9人。

142.魏：祖根地在开封。当今排名45位，遗存19处，豫籍名人15人。

143.耿：祖根地在温县。当今排名130位，遗存8处，豫籍名人11人。

144.武：祖根地在商丘、洛阳。当今排名98位，遗存11处，豫籍名人12人。

145.曹：祖根地在灵宝、滑县。当今排名30位，遗存25处，豫籍名人18人。

146.程：祖根地在洛阳。当今排名46位，遗存17处，豫籍名人18人。

147.戴：祖根地在商丘、民权。当今排名64位，遗存6处，豫籍名人10人。

148.甘：祖根地在洛阳、西华。当今排名137位，遗存4处，豫籍名人1人。

149.牛：祖根地在商丘。当今排名108位，遗存6处，豫籍名人6人。

150.申：祖根地在偃师、南阳。当今排名128位，遗存6处，豫籍名人7人。

151.段：祖根地在荥阳、尉氏、辉县。当今排名80位，遗存5处，豫籍名人8人。

⊙牛氏历史文化研究会2008年工作会议在济源召开

152.汤：祖根地在商丘、郑州、偃师。当今排名101位，遗存5处，豫籍名人7人。

153.尹：祖根地在宜阳。当今排名79位，遗存5处，豫籍名人11人。

154.曾：祖根地在方城、登封。当今排名38位，遗存3处，豫籍名人6人。

155.韦：祖根地在滑县、登封。当今排名66位，遗存5处，豫籍名人6人。

156.邢：祖根地在温县。当今排名111位，遗存3处，豫籍名人8人。

本部分讨论的根在河南的姓氏，其资源在四个层面上有不同的缺陷，表现为资源的不完整性。分布情况为前100大姓中有30个姓氏，101～200位姓氏中有35个，201～300位姓氏中有38个，其他姓氏有53个。可以看出，姓氏人口越少、排名靠后，则数量越多，所占比例越大。

二、寻根文化：望于河南的姓氏名人资源

汉唐之间，在姓氏的演变过程中，形成了在郡县内较有影响的家族，成为成功家族的符号，如太原王氏、陇西李氏、荥阳郑氏、西河林氏等。由郡望与以郡望为堂号形成的寻根活动越来越多，越来越受到重视。

（一）历史时期河南重要的姓氏郡望地

1.陈郡及其姓氏

秦置，曾称淮南国、陈国，隋废。以今淮阳为郡治，仍存有古城遗存。

历史上葛、丁、何、刘、司、袁、殷、邓、谢等姓氏以陈郡为郡望地。另外，朱氏以太康为郡望地，江氏、彭氏以淮阳为郡望地。符氏以宛丘为郡望地。

2.陈留郡及其姓氏

西汉置，曾称陈留国，唐废。曾先后以陈留、小黄、仓垣为郡治，均在今开封

⊙淮阳陈氏始祖陈胡公墓

市区周围，并保留有遗迹。

历史上袁、谢、任、王、周、吴、伊、颍、富、时、虞、典、茅、阮、鄢、繁、路、卫、智、边、蔡等姓氏以陈留郡为郡望地。另外，刘氏以尉氏为郡望地，滕氏、窦氏以开封为郡望地。

3. 济阳郡及其姓氏

晋时置，西晋末废。治济阳（今河南兰考东北堌镇）。

历史上蔡、丁、长孙、虞、左、江等姓氏以济阳郡为郡望地。郏氏、丁氏以济阴为郡望地。

4. 梁郡及其姓氏

西汉置，曾称砀郡、梁国、宋州等，唐初废。先后以睢阳（今河南商丘市区）、下邑（今安徽砀山）为郡治。

历史上葛、刘、乔、张、董、李、谈等姓氏以梁郡（国）为郡望地。另外，灌氏以睢阳、朱氏以永城、黎氏以宋城为郡望地。

⊙ 中国汉文化专家'07 芒砀研讨会在永城召开

5. 顿丘郡及其姓氏

西晋置，北齐废，以顿丘（今河南浚县北）为郡治，有遗存。

历史上葛、刘、李、司等姓氏以顿丘为郡望地。另外，吕、吴、汲、爰等姓氏以濮阳为郡望地。

6. 黎阳郡及其姓氏

东晋置，隋废，以黎阳县（今河南浚县东）为郡治。

历史上郁、桑、蘧、都等姓氏以黎阳为郡望地。路氏以内黄为郡望地。

7. 汲郡及其姓氏

西晋置，治所在汲县（今河南卫辉市西南）。后废，北魏复置，后移治枋头城（今河南浚县东南）。隋废，有遗存。

历史上孙、张、尚、温、蘧等姓氏以汲郡为郡望地，郡治在今卫辉。

8.河内郡及其姓氏

西汉置,曾称怀州,唐废。先后以怀县(今河南武陟西南)、野王(今河南沁阳)为郡治,有遗存。

历史上杨、安、于、向、毕、常、秦、荀、乐、古、张、赖、怀、陆、药、苟、练、平、庆、山、苏、司马等姓氏以河内为郡望地。另外,毛氏以河阳(今河南孟州市)为郡望地。

9.荥阳郡及其姓氏

三国置,北齐改称成皋郡,先后以今古荥镇与今荥阳市为郡治,有遗存。

历史上郑、毛、潘、列、干等姓氏以荥阳为郡望地。另外,祭氏以管城为郡望地。

10.河南郡及其姓氏

汉置,曾称豫州,唐废。以雒阳(今河南洛阳东北)为郡治,有遗存。

历史上刘、宋、毕、卢、田、堵、单、鲍、车、贺、稽、陆、雒、史、莫、赖、路、甄、种、药、苟、山、侯、高、石、褚、友、征、衣、卜、房、延、寇、殷、元、窦、于、方、潘、梁、王、向、朱、毕、丘、邱、阎、艾、苏、宇文等姓氏以河南为郡望地。另外,张、贾、孟、吉等姓氏以洛阳为郡望地,古、余等姓氏以新安为郡望地,柴氏以汝阳为郡望地。

11.弘农郡及其姓氏

西汉置,曾称右扶风、桓农、恒农,唐废。以弘农(今河南灵宝市豫灵镇)、陕县为郡治,有遗存。

历史上杨、冯、刘、宋、谈、成、董、刁、蕲等姓氏以弘农为郡望地。另外,晋氏以虢州为郡望地。

12.颍川郡及其姓氏

秦置,曾称临颍、许州,唐废。以阳翟(今河南禹州市)、许昌(今河南许昌市东)、颍阳(今河南许昌)为郡治,有遗存。

历史上冯、董、荀、陈、韩、干、钟、陆、晁、枣、汝、臧、繁、邬、赖、智、赵、路、戏等姓氏以颍川为郡望地。另外,丛氏以许昌为郡望地,吕氏以阳翟为郡望地,路氏、李氏以襄城为郡望地。

13.汝南郡及其姓氏

西汉置,唐废。以上蔡、平舆、瓠城(今河南汝南)等为郡治,有遗存。

历史上许、索、殷、应、袁、和、南、衡、穆、周、齐、盛、吴、廖、沙、

⊙ 淮滨期思遗址

盖、梅、鞠、蓝、轩等姓氏以汝南为郡望地。另外，服、郫、马等姓氏以西平为郡望地，蒋氏以乐安（今河南光山）为郡望地。

14. 新蔡郡及其姓氏

西晋置，北齐改称广宁郡，以新蔡为郡治，有遗存。

历史上胡、鲁、薛、郦、百里等姓氏以新蔡为郡望地。

15. 南阳郡及其姓氏

战国置，曾称南阳国、邓州，唐废。以宛县（今河南南阳市）、穰县（今河南邓州市）为郡治，有遗存。

历史上叶、邓、杜、范、韩、刘、张、任、翟、洼、仇、乐、阴、延、赵、白、孔、李、晁、樊、岑、姬、井、滕、卓等姓氏以南阳为郡望地。

（二）望于河南的姓氏名人资源

1. 药：源自淮阳，望于河南、河内。豫籍名人1人。

2. 马：源自鹤壁等地，以西平为郡望地。当今排名13位，遗存23处，豫籍名人34人。

3. 田：源自淮阳等地，以河南郡为郡望地。当今排名36位，遗存11处，豫籍名人16人。

4. 任：源自新郑、淮阳等地，以陈留郡、南阳郡为郡望地。当今排名50位，遗存6处，豫籍名人17人。

5.乔：祖根地在陕西黄陵，以梁国等为郡望地。当今排名115位，豫籍名人9人。

6.岑：祖根地在陕西韩城，以南阳郡为郡望地。当今排名205位，遗存2处，豫籍名人9人。

7.柴：源自卫辉等地，以汝阳为郡望地。当今排名171位，遗存3处，豫籍名人3人。

8.丛：祖根地在山东文登，以许昌为郡望地。当今排名244位。

9.典：源自淮阳，以陈留郡为郡望地。豫籍名人1人。

10.刁：源自卫辉，以弘农郡为郡望地。当今排名236位，豫籍名人2人。

11.灌：祖根地在山东寿光，以睢阳为郡望地。豫籍名人2人。

12.井：源自卫辉，以南阳郡为郡望地。当今排名306位，遗存3处。

13.鞠：源自新郑，以汝南为郡望地。当今排名261位，豫籍名人1人。

14.蓝：祖根地在陕西蓝田，以汝南为郡望地。当今排名164位，遗存1处，豫籍名人2人。

⊙2007年，丁亥年龙头节恭祭华胥氏大典在陕西蓝田举行

15.练：祖根地在福建，以河内为郡望地。当今排名303位，豫籍名人2人。

16.茅：祖根地在山东金乡，以陈留为郡望地。当今排名373位，豫籍名人1人。

17.梅：源自淇县，以汝南郡为郡望地。当今排名147位，豫籍名人3人。

18.蕲：祖根地在安徽宿县，以弘农郡为郡望地。豫籍名人1人。

19.庆：源自卫辉，以河内郡为郡望地。豫籍名人1人。

20.阮：祖根地在甘肃泾川，以陈留为郡望地。当今排名144位，遗存3处，豫籍名人11人。

21.山：祖根地在陕西宝鸡，以河内、河南二郡为郡望地。遗存4处，豫籍名人3人。

22.谈：源自商丘，以梁国、弘农为郡望地。当今排名259位，豫籍名人4人。

23.轩：源自新郑，以汝南为郡望地。豫籍名人1人。

24.滕：祖根地在山东滕县（今山东滕州市），以开封、南阳为郡望地。当今排名179位，豫籍名人4人。

25.杨：祖根地在山西洪洞，以弘农、河内为郡望地。当今排名第6位，遗存35处，豫籍名人60人。

26.友：祖根地在山东曲阜，以河南为郡望地。

27.宇文：原为匈奴姓，以河南为郡望地。豫籍名人3人。

28.郁：祖根地在山东曲阜，以黎阳为郡望地。当今排名266位。

29.爱：源自淮阳，以濮阳为郡望地。豫籍名人1人。

30.臧：祖根地在山东栖霞，以颍川为郡望地。当今排名223位，豫籍名人1人。

31.征：以征伯桥为祖，以河南为郡望地。豫籍名人1人。

32.智：祖根地在山西，以陈留、颍川为郡望地。豫籍名人1人。

33.卓：祖根地在湖北，以南阳为郡望地。当今排名256位，豫籍名人1人。

34.桑：祖根地在山东、陕西，以黎阳为郡望地。当今排名241位，遗存2处，豫籍名人5人。

35.戏：祖根地在陕西临潼，以颍川为郡望地。豫籍名人1人。

36.延：祖根地在江苏武进，以河南、南阳为郡望地。豫籍名人2人。

37.符：祖根地在山东、陕西，以宛丘（今河南淮阳）为郡望地。当今排名142位，遗存1处，豫籍名人10人。

⊙山西晋祠

38.晋：祖根地在山西太原，以虢郡为郡望地。当今排名319位，豫籍名人1人。

39.贾：源自新郑，祖根地在山西襄汾，望于洛阳等地。当今排名65位，遗存12处，豫籍名人31人。

40.赵：源自鹤壁，祖根地在山西洪洞，望于南阳、颍川。当今排名第9位，遗存28处，豫籍名人103人。

41.路：源自内黄，祖根地在山西潞城，望于河南、颍川、陈留、襄城、内黄等。当今排名165位，遗存3处，豫籍名人3人。

42.甄：祖根地在山东甄城，以河南为郡望地。当今排名243位，遗存5处，豫籍名人3人。

43.种：以战国齐威王臣田种首为祖，以河南为郡望地。豫籍名人9人。

44.余：源自夏禹，以秦国上卿由余为祖，望于新安。当今排名40位，遗存4处，豫籍名人5人。

总之，在对相关姓氏研究后可知，在前100大姓中有63个姓氏的郡望地在河南，在101—200位姓氏中有34个姓氏的郡望地在河南，在201—300位姓氏中有37个姓氏的郡望地在河南，也就是说，在300大姓中，共有134个姓氏的郡望地与部分郡望地在河南。另有46个姓氏的郡望地也在河南，那么，在我们所研究的341个姓氏中，郡望地在河南者达180个。

三、寻根文化：与河南相关的姓氏名人资源

有些姓氏，虽然祖根地不在河南，郡望地不在河南，但是在姓氏的起源过程中与河南有着密切的关系，还有一些姓氏不是起源于河南，但有豫籍名人。上述两类情况分别记录如下：

（一）起源过程与河南关系密切的姓氏名人资源

1. 谷：源自登封。当今排名158位，遗存1处。

2. 崔：源自卫辉，祖根地在山东章丘。当今排名56位，遗存10处，豫籍名人20人。

3. 傅：源自安阳，祖根地在山西平陆。当今排名53位，遗存6处，豫籍名人20人。

4. 霍：源自汤阴，祖根地在山西霍县。当今排名154位，遗存3处，豫籍名人1人。

5. 姜：源自淮阳、柘城与卫辉，祖根地在陕西岐山。当今排名55位，遗存6处，豫籍名人2人。

⊙2015年8月8日，首届中华姜姓源流暨太公文化学术研讨会的专家学者在姜太公墓前合影

6. 裴：源自内黄，祖根地在山西解县。当今排名153位，遗存8处，豫籍名人3人。

7. 钱：源自内黄，祖根地在陕西宝鸡。当今排名93位，遗存2处，豫籍名人5人。

8. 邵：源自宜阳，祖根地在陕西岐山。当今排名91位，遗存8处，豫籍名人9人。

9. 萧：源自商丘，祖根地在安徽萧县。当今排名33位，遗存8处，豫籍名人6人。

10. 辛：源自登封，祖根地在山东莘县。当今排名167位，遗存6处，豫籍名人7人。

11. 邹：源自濮阳，祖根地在山东邹县（今山东邹城市）。当今排名71位，遗存4处，豫籍名人2人。

12. 夏侯：源自登封、杞县，祖根地在山东曲阜。遗存1处。

13. 欧阳：源自登封，祖根地在浙江会稽。当今排名169位，遗存9处。

14. 罗：源自内黄、新密，祖根地在湖南湘阴。当今排名20位，遗存2处，豫籍名人1人。

15. 施：源自淇县，祖根地在湖北恩施。当今排名106位，豫籍名人1人。

16. 童：源自内黄、淮阳。当今排名122位，遗存1处，豫籍名人1人。

⊙安阳汤阴岳飞庙

17. 岳：源自濮阳。当今排名124位，遗存14处，豫籍名人5人。

18. 郝：源自安阳，祖根地在山西太原。当今排名89位，遗存6处。

19. 计：源自登封，祖根地在山东胶县。当今排名316位，豫籍名人1人。

20. 荆：源自滑县、淅川，祖根地在湖北荆山。当今排名263位，遗存5处，豫籍名人2人。

21. 季：源自内黄，祖根地在山东曲阜。当今排名152位。

22. 金：源自新郑，祖根地在山东曲阜。当今排名62位，遗存2处，豫籍名人1人。

23. 景：源自卫辉，祖根地在山东淄博。当今排名206位，遗存2处，豫籍名人2人。

24. 连：源自内黄、濮阳、卫辉。当今排名198位，遗存1处。

25. 颜：源自内黄、濮阳，祖根地在山东滕县（今山东滕州市）。当今排名118位，遗存8处。

26. 晏：源自内黄、卫辉，祖根地在山东淄博。当今排名212位。

27.畅：源自卫辉，祖根地在山东淄博。当今排名216位，豫籍名人3人。

28.庞：源自内黄、濮阳。当今排名117位，遗存1处，豫籍名人1人。

29.尤：源自平舆。当今排名185位，豫籍名人1人。

上述姓氏祖根地虽不在河南，但在起源过程中与河南关系密切。这类姓氏在前100大姓中占17个，101—200位的姓氏中占15个，201—300位的姓氏中占9个，其他姓氏中占7个。这也反映出姓氏排位越靠前所占比例越大的特点。

（二）非源于河南姓氏的豫籍名人资源

1.班：祖根地在湖北荆州。遗存1处，豫籍名人2人。

2.茨：以草为氏。豫籍名人1人。

3.底：以汉母底为祖。遗存1处，豫籍名人1人。

4.郜：祖根地在山东成武。当今排名292位，遗存2处，豫籍名人2人。

5.公：祖根地在山东曲阜。当今排名367位，豫籍名人1人。

6.桂：祖根地在陕西咸阳。当今排名219位，豫籍名人2人。

7.呼延：源于汉匈奴姓氏呼衍，有遗存2处。

8.纪：祖根地在山东寿光。当今排名146位，遗存4处。

9.靳：祖根地在湖南宁乡。当今排名168位，遗存2处，豫籍名人5人。

10.牢：源自古牢子国。豫籍名人1人。

11.蔺：祖根地在山西。当今排名282位，遗存5处。

12.逯：祖根地在陕西。当今排名356位，遗存2处，豫籍名人1人。

13.栾：祖根地在河北元氏。当今排名233位，遗存2处，豫籍名人3人。

14.枚：祖根地在陕西。豫籍名人1人。

15.闵：祖根地在山东曲阜。当今排名224位，遗存1处。

16.缪：祖根地在陕西咸阳。当今排名194位，豫籍名人1人。

17.祁：祖根地在山西祁县。当今排名176位，遗存2处，豫籍名人2人。

18.芮：祖根地在山西芮城。当今排名329位，豫籍名人1人。

19.舒：祖根地在安徽庐江。当今排名143位，遗存1处。

20.审：祖根地在湖北荆州。豫籍名人1人。

21.唐兀：元代色目姓氏。遗存2处。

22.同（仝）：祖根地在陕西大荔。豫籍名人1人。

23.尉迟：祖根地在山西大同。豫籍名人1人。

24.席：祖根地在山西。当今排名169位，豫籍名人1人。

25.徐：祖根地在江苏徐州附近，望于濮阳。当今排名11位，遗存16处，豫籍名人16人。

26.运：祖根地在山东郓城，遗存1处。

27.掌：祖根地在山东，豫籍名人1人。

28.支：以尧舜时支父为始祖，豫籍名人1人。

从以上情况并结合相关姓氏的名人分布情况可知，在341个姓氏中，河南名人资源的分布情况为：前100大姓中有名人资源者达94个；在101—200位姓氏中，有名人资源者达60个；在201—300位姓氏中，有名人资源者达50个；300大姓以外的姓氏有名人资源者达71个，没有名人资源的姓氏共66个。

四、寻根文化资源的总体评价与质量分级

（一）姓氏起源地的质量分级与评析

1. 姓氏祖根地的定级标准

在本课题研究的341个姓氏中，起源地或部分源头在河南者238个，在起源过程中与河南关系密切者有49个，祖根地与起源过程中与河南关系不大，但有河南名人者54个。本节重点对这三类进行研究，总体评价共分5级，其基本标准为：

A级：姓氏的全部源头在河南或姓氏的大部分源头在河南。

B级：姓氏的主支源头在河南。

C级：姓氏的部分源头在河南。起源过程中与河南关系十分密切者亦归入此类。

D级：在起源过程中与河南有关者。

E级：起源地不在河南及在起源过程中与河南没有太大关系者。

2. A级姓氏资源

（1）归入A级资源的姓氏：安、白、包、边、卜、晁、陈、龙、戴、邓、丁、窦、堵、杜、段、樊、范、方、房、冯、伏、甘、葛、关、管、郭、韩、何、和、洪、侯、胡、华、黄、江、蒋、康、孔、寇、蒯、林、刘、柳、吕、毛、孟、苗、沐、南、聂、牛、潘、冉、尚、申、沈、石、司马、宋、苏、孙、汤、铁、文、夏、卫、魏、谢、许、薛、廖、姚、叶、殷、尹、应、游、于、

⊙济源市聂政冢

渔、元、袁、曾、张、郑、熊、端木、褚、单、封、巩、轩辕、滑、汲、祭、匡、原、湛、薄、汝、郐、挚、敖、郦、戚、颍、雒、楼、世、项、苌、来、赖、凌、俞、郄等共115个姓氏。

（2）A级资源分析：我们在最初制订标准时，将全部源头在河南与大部分源头在河南的姓氏分为A、B两级，但后来感到全部源头在河南的姓氏一般多为小姓，尽管起源地没有太大争议，但寻根价值并不高，而大姓一般都有多重源头，如果大部分源头在河南，亦具有较为重要的价值。在列入A级的姓氏中，如陈、郑、张、刘、叶、宋、林、江、黄等，均为在河南开展寻根较好的姓氏。而在300大姓以外的小姓，如端木、郄、元、沐等是稀有姓氏，并不见得有更大的开发价值。前100大姓中，最具有开发潜力者是那些数量不少但不是太大的姓氏，就寻根意识与凝聚力而言更具有重要意义。

3. B级姓氏资源

（1）归入B级资源的姓氏：蔡、楚、董、高、耿、顾、官、衡、吉、李、梁、娄、穆、秦、司、索、王、温、武、龚、史、向、韦、伊、仲、周、朱、诸葛、蓬、丘、列、仇、皇甫、苑、柏、都、干、花、怀、解、沙、燕、宗、富、桓、宁、郅、艾、鲍、乐、洼、息、鄢、皮、时、阳、阴、虞、邬、弓、繁、苟、归、姬、平、微、喻、祖、常、弋、邢等共71个姓氏。

（2）B级资源分析：在该类资源中有特大姓氏，如王、李在前100大姓中排名第一、二名，二者人数众多，但源头纷杂。王姓多为王子王孙之后，以比干为祖的子姓之王、以王子晋为祖的姬姓之王等均为王姓主根，因此有较大的开发潜力。李姓中皋陶之后，为大理之官，有理利贞改姓为"李"的说法，因避祸而居今鹿邑，成为李氏的主支源头，并已得到李氏宗亲的认可。蔡、温等姓氏在河南寻根已收到较为明显的效果，邢、耿、楚、朱等姓氏在祖根地的确定方面可能会有一定的争议，而弋等小姓不具备开发能力。

4.C级姓氏资源

（1）归入C级资源的姓氏：百里、毕、曹、程、成、党、狄、亢、雷、黎、绮、里、邱、师、盛、万、吴、严、阎、翟、左、冀、屈、卢、彭、麻、古、祝、狐、宫、服、衣、胥、豆、詹、稽、陆、唐、莫、奚、车、迟、费、盖、开、长孙、上官、公孙、贺、钟、庞、尤、齐等共53个姓氏。

（2）C级资源分析：该类资源中，起源于河南的，要么是小姓，要么是起源中仅有一支与河南有关，尤其是北魏孝文帝的洛阳改姓，从开发的角度看仍有一定的难度。但在与河南关系密切的姓氏中，我们将前200大姓以内的姓氏列入此类，尽管其直接起源地不在河南，但在起源的过程中有些名人在河南有活动遗

⊙辉县市百泉彭了凡墓

迹，因此具有一定的开发前景。

5. D级姓氏资源

主要有刁、畅、马、田、任、苟、柴、灌、滕、崔、傅、霍、贾、姜、裴、钱、邵、萧、辛、梅、赵、邹、路、罗、施、童、岳、郝、季、金、景、戏、延、余、颜、欧阳、药、谈、连、晏、计、井、鞠、荆、典、庆、轩、爰、夏侯等共49个姓氏，为起源过程中与河南有关系，因人口数量过少，不具备单独开发价值，但从联宗开发而言，亦有一定的潜力。

6. E级姓氏资源

主要有徐、乔、鲁、丛、公、祁、舒、纪、靳、甄、席、阮、桂、杨、闵、晋、臧、缪、符、郜、栾、郁、卓、蓝、练、桑、岑、蔺、公、茅、蕲、山、友、宇文、征、智、戏、延、班、茨、底、呼延、牢、逯、枚、芮、审、唐兀、仝、尉迟、运、掌、支、种等共54个姓氏。该类资源，虽然在姓氏起源方面与河南关系不大，但从名人、郡望地等方面也可以开发，有的小姓可以从文化寻根的角度发挥作用。

（二）姓氏郡望地的质量分级与评析

1. 姓氏郡望地的定级标准

在本课题研究的341个姓氏中，望于河南者有180个。本节重点对这一类姓氏进行研究，总体评价分为5级，其基本标准为：

A级：全部郡望地在河南者，或大部分郡望地在河南者。

B级：重要郡望地在河南者。

C级：个别郡望地在河南者，或者有重要的名人家族在河南者。

D级：有名人家族聚居区在河南的姓氏。

E级：无郡望地也无名人集聚在河南的姓氏。

2. A级姓氏资源

（1）归入A级资源的姓氏：边、蔡、岑、丁、方、葛、穆、董、蓬、列、仇、褚、乐、甄、洼、枣、干、怀、雒、药、种、阴、衣、服、繁、苟、盖、丛、典、姬、鞠、梅、平、庆、轩、滕、赖、路、友、爰、戏、延、南、山、司马、向、荀、殷、元、毕、卜、晁、陈、邓、司、江、韩、胡、阮、桑、井、谢、叶、伊、毛、杨、应、于、袁、郑、左等共71个姓氏。

（2）A级资源分析：郡望地与起源地有相似处，即全部郡望地都具备者，往

○漯河临颍陈星聚纪念馆

往是小的姓氏，如岑、边、元、荀等。大部分郡望地在河南者，如陈、叶、谢、袁、郑、于等姓氏都在百家大姓之中，已具备较好的开发前景。河南以郡望地开发最成功的是"荥阳郑氏"，但荥阳实际上打的仍是郑氏祖根地的牌子。另外郑、袁、元、于、叶、殷、应、谢、向、江、司马、胡、司、南、穆、毛、韩、葛、方、蔡、丁、边等，在郡望地与起源地上均占有优势，可列为优先开发的对象。阮、桑等姓氏填补了祖根地不足的空白。

3. B级姓氏资源

（1）归入B级资源的姓氏：安、百里、常、成、窦、堵、樊、范、钟、房、冯、和、衡、李、刘、吕、廖、潘、彭、秦、邱、任、盛、宋、孙、田、吉、卫、白、索、丘、汲、祭、郦、颍、柏、都、古、汝、沙、邰、祝、郅、艾、鲍、莫、时、虞、郏、长孙、嵇、刁、灌、练、茅、蕲、郁、征、卓、畅、鲁、寇、吴、许、薛、阎、张、赵、周、朱等共70个姓氏。

（2）B级资源分析：该级资源涉及有些特大姓氏，如刘姓有6个郡望地与河南有关，但其郡望地则多达20余个，尽管其最有代表性的郡望地"彭城刘氏"不在河南，但仍具有开发意义。窦、堵、和、衡、冯、李、刘、吕、潘、宋、任、秦、吉、寇、薛、许、张、周、朱等姓氏可与祖根地连带开发，常等姓氏在郡望地开发上也具有意

○孟津光武帝陵

义。

4. C级姓氏资源

（1）归入C级资源的姓氏：石、黎、尚、苗、邬、车、陆、齐、柴、谈、符、晋、臧、智、庞、余、杜、高、何、侯、孟、史、梁、卢、马、王、贾、蒋、蓝、贺、孔、来、桥、乔、苏、温、宇文、宗、翟等共39个姓氏。

（2）C级资源分析：该级资源中具有一定的开发价值，但要结合姓氏祖根地开发。列入的名人聚居区属唐代及以前，因而从名人寻根的角度也具有一定的潜力。

5. D级姓氏资源

（1）归入D级资源的姓氏：邵、沈、万、曾、徐、郭、申、师、牛、邢、祖等共11个姓氏。

（2）D级资源分析：该类资源属于唐代以后的名人家族，有的也具有感召力，具有一定的开发价值。

6. E级姓氏资源

这一类在341个姓氏中数量较大，有林、唐、萧、夏、姜、邹、项、楼、皮、上官、弓、胥、詹、党、豆、世、苌、宫、迟、费、归、开、凌、微、喻、崔、傅、霍、欧阳、裴、辛、夏侯、罗、童、岳、郝、计、荆、季、景、桂、呼延、纪、冀、靳、牢、蔺、逯、栾、枚、闵、缪、祁、屈、连、颜、晏、俞、班、茨、郜、公、芮、舒、审、同、尉迟、席、运、掌、支、康、金、黄、聂、冉、关、姚、楚、耿、武、曹、程、戴、甘、管、华、沐、魏、游、苍、段、柳、汤、尹、娄、韦、雷、铁、诸葛、仲、严、轩辕、绮里、麻、蒯、亢、洪、官、谷、包、狄、伏、单、封、巩、狐、滑、皇甫、匡、熊、弋、端木、公孙、戚、息、奚、鄢、原、苑、湛、薄、阳、花、解、燕、挚、富、桓、宁、敖、钱、龙、顾、尤、施、龚、文等共148个姓氏，其主要情况是没有祖根地在河南，或者河南籍名人数量少，但从祖根地及相关资源来看，仍可以进行一定程度的开发。

（三）姓氏相关遗存的质量分级与评析

1. 姓氏相关遗存的定级标准

在341个姓氏中，有相关遗存者涉及178个姓氏共1098处遗存。这些姓氏中的名人有的属于河南籍，有的是非河南籍但在河南活动或死后葬在河南，从寻根的角度看，二者基本上没有差异。根据相关遗存的质量与数量，我们可分为5级，其基本标准是：

A级：相关遗存数量多、级别高。

B级：相关遗存中有较高级别的名人资源。

C级：相关遗存数量一般、级别稍高。

D级：相关遗存数量少、级别不高。

E级：无相关遗存。

2. A级相关遗存的姓氏资源

（1）归入A级相关遗存的姓氏：蔡、曹、孙、韩、王、杨、张、李、刘、赵、朱、郭、马、宋、许、苏等共16个姓氏。

（2）A级资源分析：以上所列姓氏均为大姓，位列50大姓以内，尤其是特大姓由于人口的绝对数量大，李姓遗存达110处，刘姓遗存达88处，张姓遗存达82处，王姓遗存达62处，其余姓氏的相关遗存均不少于20处，因此，就遗存总量而言并不算少，其中也不乏重量级人物。

3. B级相关遗存的姓氏资源

（1）归入B级相关遗存的姓氏：黄、周、吴、徐、胡、高、陈、何、冯、程、袁、吕、卢、贾、魏、叶、岳、杜、范、白、元、司马等22个姓氏。

（2）B级资源分析：数量不多，除元、司马外，其余均在80大姓以内，因此具有较高的寻根价值，其单个姓氏遗存数量不少于10处而不多于20处，其开发的潜力，实际上与祖根地和郡望地成正比。

4. C级相关遗存的姓氏资源

（1）归入C级相关遗存的姓氏：林、梁、郑、谢、董、萧、邓、沈、彭、丁、阎、余、潘、夏、田、姜、任、姚、郝、孔、崔、康、毛、江、侯、邵、武、樊、颜、聂、耿、关、纪、楚、仲、苗、公孙、成、裴、卫、屈、包、欧阳、冉、吉、窦、荆、蔺、葛、寇、狄等51个姓氏。

（2）C级资源分析：该级资源所涉及姓氏的数量明显增多，其中100大姓内有27个，101—300位大姓中占20个，而300大姓外仅有4个。该级别中每个姓氏的遗存在4—9处之间，有的属重要祖根地，有的为重要郡望地，因此就寻根线路的配置而言，也具有一定的意义。

5. D级相关遗存的姓氏资源

（1）归入D级相关遗存的姓氏：罗、于、曾、蒋、戴、傅、薛、方、石、

⊙2011年，中华邱氏河南堂文化园奠基仪式在偃师举行

邹、熊、金、邱、秦、顾、孟、万、段、雷、钱、汤、尹、黎、常、文、庞、殷、洪、翟、安、严、牛、温、鲁、韦、申、毕、向、柳、邢、齐、尚、辛、钟、司、麻、管、左、谷、卜、路、靳、盛、甄、游、霍、甘、景、阮、闵、柴、华、房、边、丘、褚、娄、符、穆、党、鄢、栾、花、蓝、嵇、井、官、应、伏、和、晁、沐、铁、南、衡、索、师、弋、诸葛、渔、伊、蒯、亢、堵、百里、狐、汲、息、颍、郅、郜、富、荀、岑、符、舒、运、山、夏侯、班、底、逯、唐兀等113个姓氏。

（2）D级资源分析：该级别遗存在100大姓内的有26个，在101—300位大姓中占55个，300大姓外占32个。可以看出，尽管每个姓氏的遗存在1—3处之间，但有的属于重量级资源，因而在姓氏与文化寻根中也具有意义。

6.E级相关遗存的姓氏资源

在前100大姓中有唐、廖、陆、史、乔、龙、赖、贺、龚等9个，在101—300位大姓中有施、尤、梅、莫、祝、仇、祁、时、凌、童、项、席、鲍、单、柏、解、桂、车、刁、戚、费、封、巩、匡、乐、奚、鄢、阳、虞、詹、迟、连、谈、薄、鞠、喻、盖、原、苑、湛、都、古、邬、胥、练、姬、丛、来、沙、燕、宗、宁、艾、敖、衣、苟、宫、郁、臧、卓、桑、缪、计、季、晏、俞、畅、冀、滕、晋等70个。列入E级的还有苍、蓬、端木、轩辕、绮里、列、滑、皇甫、祭、郦、洼、怀、郤、汝、桓、长孙、归、干、雏、楼、皮、上官、药、阴、豆、世、弓、服、繁、衾、枣、挚、开、微、祖、典、灌、茅、平、蕲、庆、轩、友、宇文、爰、征、智、延、戏、茨、公、牢、枚、芮、审、同（仝）、尉迟、掌、支、种、呼延等61个。但因为这些姓氏还有其他方面诸如祖根地、郡望地以及豫籍名人的优势，仍具有开发价值。

（四）豫籍名人资源的质量分级与评析

1. 豫籍名人资源的定级标准

在341个姓氏中，涉及相关姓氏292个，共列出豫籍名人达2947个。根据姓氏中的名人数量和质量基本确定各姓氏的豫籍名人的级别，可分为5个档次，基本尺度为：

A级：名人数量多，基本各个朝代都有名人，有较高级别的名人。名人数量在21个以上。

B级：名人数量较多，主要朝代都有名人，有一定高级别的名人。名人数量在11—20个。

C级：名人数量不多，但有较高级别的名人。名人数量在4—10个。

D级：有名人但数量较少，名人数量在1—3个，级别一般。

E级：没有名人。

2. A级豫籍名人资源

（1）归入A级豫籍名人资源的姓氏：陈、杜、范、郭、高、韩、贾、江、李、刘、张、王、杨、赵、周、吴、孙、朱、何、马、宋、郑、谢、袁、许、吕、蔡、元、司马等29个姓氏。

（2）A级豫籍名人资源分析：该级资源较A级遗存资源的范围要大，其特点为前10大姓中只有2个未列其中，元、司马等300大姓以外的姓氏名列其中，反映了古今姓氏的演变；前100大姓中除范、江二姓外，均位于前50大姓。该级资源与祖根地、郡望地、相关遗存基本呈正比，反映其所具备的开发潜力。

3. B级豫籍名人资源

（1）归入B级豫籍名人资源的姓氏：黄、徐、胡、梁、冯、董、程、曹、邓、傅、卫、武、耿、孟、褚、荀、阮、苏、卢、蒋、丁、魏、阎、田、任、姚、孔、崔、毛、史、侯、尹、贺、樊、殷、向、褚、宗、长孙等39个姓氏。

（2）B级豫籍名人资源分析：以前100大姓内的姓氏为主，101—300位大姓

⊙潢川县黄国文化园

中的姓氏占有一定比例，300大姓外仅有长孙氏，总体来说，与B级相关遗存相比有变化，可以互为补充。

4. C级豫籍名人资源

（1）归入C级豫籍名人资源的姓氏：唐、萧、沈、曾、彭、薛、叶、于、余、潘、戴、夏、钟、方、石、陆、白、秦、邵、万、段、钱、汤、常、乔、翟、安、牛、韦、申、毕、聂、郦、岳、尚、辛、祝、左、靳、盛、成、房、边、丘、滕、来、姜、符、穆、谈、窦、虞、应、桑、岑、和、晁、师、邢、种、阴等61个姓氏。

（2）C级豫籍名人资源分析：前100大姓中的大姓均位于20大姓之外，以101—300位之间的大姓为主体，300大姓以外的姓氏数量略有增加。与C级相关遗存的姓氏互为补充，范围明显扩大。

5. D级豫籍名人资源

（1）归入D级豫籍名人资源的姓氏：林、罗、姜、廖、邹、金、康、邱、顾、龙、雷、黎、龚、文、庞、施、温、鲁、尤、柳、齐、梅、莫、管、祁、时、卜、路、詹、关、凌、费、童、甄、项、游、裴、席、屈、霍、甘、景、单、宁、桂、柴、华、车、冉、吉、刁、戚、古、晋、苑、臧、畅、宫、缪、苟、盖、奚、燕、冀、姬、郗、栾、计、卓、花、仇、蓝、都、巩、嵇、练、乐、封、原、楚、鞠、荆、湛、沙、葛、寇、铁、苍、南、衡、索、渔、滑、皇甫、汲、祭、洼、息、颍、郜、祖、枣、干、怀、汝、挚、富、桓、郅、归、雏、楼、皮、上官、药、豆、世、弓、服、繁、衾、开、典、灌、茅、平、蕲、庆、山、轩、宇文、爱、征、智、戏、延、班、茨、底、公、牢、逯、枚、芮、审、仝、尉迟、掌、支等149个姓氏。

（2）D级豫籍名人资源分析：数量增多，范围扩大，其中前100大姓中的姓氏已不占主导地位，但有林、罗等20大姓中的姓氏位列其中；101—300位大姓与300以外的姓氏双雄并峙，涵盖面比较宽泛，非河南起源的姓氏在D级占有一定比例。从林姓的开发来看，名人数量减少并不影响总体开发。

6.E级豫籍名人资源

归入E级豫籍名人资源的姓氏共66个，有以下情况需要关注：一是前100大姓中有熊、赖、郝等姓氏为E级资源。二是300姓氏中洪、严、谷、苗、纪、包、欧阳、上官、司、仲、麻、官、匡、党、井、颜、蔺、闵、舒、伏等姓氏有遗存，但无豫籍名人；季、俞、敖、鄢、解、艾、鲍、迟、阳、邬、胥、衣、喻、丛、郁、连、晏、柏、匡、薄等姓氏属于无遗存也无名人。三是300大姓外有沐、蓬、弋、端木、公孙、诸葛、轩辕、绮里、伊、列、蒯、亢、堵、狄、百里、狐、郏、微、友、夏侯、呼延、唐兀、运等姓氏属于E级资源。从起源的角度看，仍具有姓氏寻根和文化寻根的开发价值。

（五）寻根文化资源的综合评价与初步结论

我们将341个姓氏寻根文化资源的综合评价列表于后。从每个姓氏与河南关系的密切程度，可以按其所拥有的A级数量进行初步的确定，这也是我们对于河南姓氏寻根资源等级研究的基本结论。

4A级姓氏资源：韩，共1个。

3A级姓氏资源：张、刘、陈、杨、孙、郭、郑、谢、宋、许、蔡、袁、江、元、司马，共15个。

2A级姓氏资源：王、李、赵、马、朱、胡、何、邓、于、叶、杜、苏、吕、丁、范、方、毛、赖、葛、殷、褚、卜、应、边、南、晁、雏、枣，共28个。

以上44个姓氏，寻根文化资源保存得最为完整，因此这些姓氏中应该保留了最具有开发价值的姓氏，是我省寻根文化的最为重要的资源。当然，姓氏的开发是一个地方与海外互动的过程，因此，姓氏资源的开发与资源关系密切，是关键性因素，但并不是决定性因素，决定因素是资源优势，加上海外华人的寻根主动性，以及地方的重视程度。

在1A级姓氏资源中，虽然从资源来看并不占绝对优势，但从其单项的绝对优势以及姓氏的大小、地方的开发力度也可以看出，林、冯、黄、侯、潘、沈、魏、夏、周、戴、汤、石、段、薛、荀等姓氏资源也具有较大的开发潜力。

河南省姓氏寻根资源统计评价表

姓氏	1987年序号①	2007年序号②	2013年序号③	祖根地	郡望地	相关遗存		豫籍名人	
						级别	数量	级别	数量
韩	25	27	29	A	A	A	31	A	68
张	3	3	3	A	B	A	82	A	179
刘	4	4	4	A	B	A	87	A	153
陈	5	5	5	A	A	B	18	A	79
杨	6	6	6	E	A	A	35	A	60
孙	12	12	12	A	B	A	27	A	33
郭	18	16	17	A	D	A	27	A	45
郑	23	21	21	A	A	C	9	A	72
谢	24	24	23	A	A	C	6	A	37
宋	22	24	24	A	B	A	32	A	49
许	35	26	26	A	A	A	31	A	37
蔡	44	34	34	B	A	A	22	A	23

---

①中国科学院遗传研究所袁义达和杜若甫根据国家统计局提供的1987年大陆人口的随机抽样资料，以及台湾的姓氏统计资料综合处理获得的结果。载袁义达、杜若甫编著：《中华姓氏大辞典》，教育科学出版社1996年版。

②根据公安部治安管理局对全国户籍人口的统计结果，载《北京青年报》2007年4月25日。

③2013年4月，中华伏羲文化研究会华夏姓氏源流研究中心主任袁义达基于"全中国13.3亿人口的姓氏数据库（2008—2010）"所获得的统计结果。载袁义达、邱家儒主编：《中国四百大姓》，江西人民出版社2013年版。

续表

姓氏	1987年序号	2007年序号	2013年序号	祖根地	郡望地	相关遗存		豫籍名人	
						级别	数量	级别	数量
袁	33	36	38	A	A	B	13	A	66
江	79	74	76	A	A	C	7	A	24
元			384	A	A	B	19	A	25
司马				A	A	B	15	A	40
王	2	2	1	B	C	A	59	A	225
李	1	1	2	B	B	A	103	A	209
赵	7	8	8	D	B	A	28	A	103
马	19	13	13	D	C	A	23	A	34
朱	14	13	14	B	B	A	37	A	44
胡	13	15	15	A	A	B	15	B	17
何	17	17	18	A	C	B	12	A	22
邓	34	29	27	A	A	C	9	B	18
于	28	38	39	A	A	D	4	C	8
叶	49	43	41	A	A	B	16	C	4
杜	53	42	43	A	C	B	14	A	45
苏	41	45	44	A	C	A	26	B	13
吕	40	47	47	A	B	B	18	A	24
丁	46	48	48	A	A	C	7	B	12
范	61	59	59	A	B	B	16	A	31
方	62	67	69	A	A	D	3	C	4
毛	76	87	88	A	A	C	10	B	12
赖	98	90	95	A	A	E	1	E	
葛	120		110	A	A	C	8	D	2
殷	104		126	A	A	D	10	B	20
褚	222		201	A	A	D	1	B	12
卜	150		210	A	A	D	3	D	3
应	281		222	A	A	D	4	C	7
边	200		227	A	A	D	2	C	4

续表

姓氏	1987年序号	2007年序号	2013年序号	祖根地	郡望地	相关遗存 级别	相关遗存 数量	豫籍名人 级别	豫籍名人 数量
南			268	A	A	D	5	D	2
晁			328	A	A	D	7	C	10
雒				A	A	E		D	1
枣				A	A	E		D	1
黄	8	7	7	A	E	B	14	B	17
林	16	19	16	A	E	C	14	D	1
冯	27	28	28	A	B	B	15	B	15
曾	38	32	31	A	D	D	3	C	6
潘	52	37	35	A	B	C	7	C	7
蒋	43	45	42	A	C	D	4	B	14
魏	47	46	45	A	E	B	19	B	15
沈	37	50	49	A	D	C	7	C	9
姚	64	62	51	A	E	C	10	B	13
廖	66	62	58	A	B	E	2	D	2
石	63	61	63	A	C	D	6	C	10
戴	54	57	64	A	E	D	6	C	10
夏	55	66	67	A	E	C	15	C	4
侯	82	80	70	A	C	C	11	B	15
熊	68	71	72	A	E	D	5	E	
孟	84	70	73	A	C	D	5	B	12
白	73	68	75	A	B	B	15	C	7
薛	48	76	78	A	B	D	5	C	8
尹	91		79	A	E	D	5	B	11
段	87	78	80	A	E	D	5	C	8
龙	85	81	84	A	E	E	2	D	1
洪	107	99	97	A	E	D	4	E	
孔	72	98	100	A	C	C	8	B	11
汤	90	100	101	A	E	D	5	C	7

续表

姓氏	1987年序号	2007年序号	2013年序号	祖根地	郡望地	相关遗存		豫籍名人	
						级别	数量	级别	数量
康	75		105	A	E	C	7	D	3
文	100		107	A	E	D	4	D	1
牛	113	98	108	A	D	D	6	C	6
樊	102		109	A	B	C	7	B	18
安	109		112	A	B	D	3	C	6
聂	126		121	A	E	C	6	C	5
申	123		128	A	D	D	6	C	7
关	153		131	A	E	C	10	D	1
俞	117		134	A	E	E		E	
柳	130		136	A	E	D	1	D	2
甘	180		137	A	E	D	4	D	1
包	184		139	A	E	C	7	E	
尚	135		141	A	C	D	4	C	7
凌	155		149	A	E	E	1	D	1
单	183		151	A	E	E	2	D	2
苗	154		157	A	C	C	5	E	
冉	198		162	A	E	C	5	D	1
游	166		166	A	E	D	2	D	1
管	140		170	A	E	D	2	D	1
华	196		174	A	E	D	7	D	2
房	199		178	A	B	D	5	C	9
项	163		197	A	E	E	3	D	1
窦	249		203	A	B	C	7	C	8
戚	206		204	A	E	E	1	D	1
卫	170		214	A	B	C	8	B	11
和	299		231	A	B	D	3	C	6
寇			240	A	B	C	10	D	1
敖	252		247	A	E	E	1	E	

续表

姓氏	1987年序号	2007年序号	2013年序号	祖根地	郡望地	相关遗存 级别	相关遗存 数量	豫籍名人 级别	豫籍名人 数量
巩	262		248	A	E	E	1	D	1
封	270		258	A	E	E	2	D	1
匡	279		260	A	E	E	1	E	
原	273		271	A	E	E	1	D	1
来	218		326	A	C	E	1	C	6
伏	294		335	A	E	D	3	E	
薄	293		337	A	E	E	3	E	
湛	288		369	A	E	E		D	1
堵				A	B	D	1	E	
汲				A	B	D	2	D	1
郐				A	B	D	1	E	
颍				A	B	D	2	D	1
祭				A	B	E		D	2
郦				A	B	E		C	4
汝				A	B	E		D	1
郤				A	B	E		D	2
渔				A	?	D	1	D	1
蒯				A	E	D	1	E	
沐				A	E	D	1	E	
铁				A	E	D	4	D	1
茌				A	E	E		D	1
端木				A	E	E		E	
滑				A	E	E		D	1
楼				A	E	E		D	2
世				A	E	E		D	1
轩辕				A	E	E		E	
挚				A	E	E		D	1
周	9	9	10	B	B	B	21	A	54

续表

姓氏	1987年序号	2007年序号	2013年序号	祖根地	郡望地	相关遗存		豫籍名人	
						级别	数量	级别	数量
高	15	19	19	B	C	B	19	A	31
梁	21	20	22	B	C	C	8	B	18
董	29	37	37	B	A	C	10	B	20
韦	122	65	66	B	E	D	5	C	6
秦	78	72	74	B	B	D	3	C	5
史	80	85	83	B	C	E	3	B	13
顾	81	86	87	B	E	D	3	D	2
龚	99	89	90	B	E	E	2	D	1
武	95	91	98	B	E	C	11	B	12
向	129	99	102	B	A	D	4	B	16
常	94	87	103	B	B	D	2	C	8
温	114		104	B	C	D	4	D	3
邢	131		111	B	D	D	3	C	8
耿	148		130	B	E	C	8	B	11
宁	187		140	B	E	E	5	D	3
鲍	173		173	B	B	E	1	E	
喻	247		175	B	E	E		E	
解	193		182	B	E	E		E	
艾	259		184	B	B	E	2	E	
阳	167		186	B	E	E		E	
时	146		187	B	B	E	1	D	1
穆	230		188	B	A	D	3	C	
司	185		190	B	A	D	5	E	
吉	202		193	B	B	C	7	D	3
娄	225		202	B	E	D	4	C	5
柏	186		216	B	B	E	2	E	
宗	280		217	B	C	E	2	B	12
荀	220		225	B	A	E	1	D	2

续表

姓氏	1987年序号	2007年序号	2013年序号	祖根地	郡望地	相关遗存 级别	相关遗存 数量	豫籍名人 级别	豫籍名人 数量
邬	214		226	B	C	E		E	
姬	237		229	B	A	E	2	D	2
仇	258		232	B	A	E	1	D	1
沙	292		237	B	B	E	1	D	2
仲	266		245	B	E	C	5	E	
虞	268		246	B	B	E	2	C	5
苑	213		254	B	E	E	1	D	1
官	274		257	B	E	D	2	E	
乐	267		264	B	A	E	2	D	2
燕	232		273	B	E	E		D	2
楚	276		274	B	E	C	7	D	2
鄢	254		275	B	E	E	1	E	
皮			279	B	E	E		D	1
伊			289	B	A	D	1	E	
花	257		295	B	E	D	7	D	1
祖			307	B	D	E		D	4
平			315	B	A	E		D	1
索			317	B	B	D	1	D	1
都	261		330	B	E	E		D	1
干			379	B	A	E		D	1
阴			390	B	A	E		C	7
衡			396	B	B	D	1	D	1
富			397	B	E	D	1	D	3
繁				B	A	E		D	1
怀				B	A	E		D	1
列				B	A	E		E	
蓬				B	A	E		E	
洼				B	A	E		D	1

续表

姓氏	1987年序号	2007年序号	2013年序号	祖根地	郡望地	相关遗存		豫籍名人	
						级别	数量	级别	数量
丘	207			B	B	D	5	C	6
郐				B	B	D	4	D	2
息				B	E	D	1	D	2
弋				B	E	D	1	E	
诸葛				B	E	D	2	E	
弓				B	E	E		D	2
归				B	E	E		D	1
桓				B	E	E		D	1
皇甫				B	E	E		D	2
微				B	E	E		E	
吴	10	10	9	C	B	B	15	A	42
唐	26	25	25	C	E	E		C	8
曹	32	27	30	C	E	A	25	B	18
彭	39	35	32	C	B	C	7	C	9
程	31	33	46	C	E	B	17	B	18
卢	42	55	52	C	C	B	11	B	20
钟	56	54	54	C	B	D	3	C	10
陆	70	57	61	C	C	E	3	C	7
邱	77	65	68	C	B	D	1	D	2
阎	50	77	77	C	B	C	4	B	15
雷	88	79	81	C	E	D	3	D	3
黎	92	84	82	C	C	D	3	D	1
贺	97	85	86	C	C	E	1	B	11
万	86	91	92	C	D	D	3	C	7
严	112	94	94	C	E	D	3	E	
莫	137		99	C	B	E	1	D	1
齐	134		113	C	C	D	4	D	1
庞	101		117	C	C	D	1	D	1

续表

姓氏	1987年序号	2007年序号	2013年序号	祖根地	郡望地	相关遗存 级别	相关遗存 数量	豫籍名人 级别	豫籍名人 数量
翟	108		125	C	C	D	3	C	9
詹	152		127	C	E	E		D	1
左	142		135	C	A	D	3	C	4
祝	141		138	C	B	E		C	5
毕	125		150	C	A	D	2	C	6
成	165		156	C	B	C	5	C	5
盛	159		159	C	B	D	1	C	4
屈	172		180	C	E	C	2	D	3
尤	124		185	C	E	E		D	1
古	208		192	C	B	E	2	D	2
车	197		196	C	C	E	2	D	3
党	231		207	C	E	D	1	E	
宫	217		208	C	E	E		D	1
费	156		209	C	E	E	2	D	2
师			230	C	D	D	4	C	3
麻	233		253	C	E	D	1	E	
迟	250		255	C	E	E	1	E	
冀	235		265	C	E	E		D	1
胥	297		267	C	E	E		E	
奚	228		278	C	E	E		D	1
豆			300	C	E	E		D	1
盖	226		302	C	A	E	1	D	
狄			314	C	E	C	5	E	
亢			365	C	E	D	1	E	
嵇	263		366	C	B	D	2	D	1
衣	275		387	C	A	E		E	
服				C	A	E		D	1
百里				C	B	D	2	E	

续表

姓氏	1987年序号	2007年序号	2013年序号	祖根地	郡望地	相关遗存		豫籍名人	
						级别	数量	级别	数量
长孙				C	B	E		B	13
公孙				C	E	C	6	E	
狐				C	E	D	1	E	
苍				C	E	E	3	D	1
开				C	E	E		D	1
绮里				C	E	E		E	
上官				C	E	E		D	3
罗	20	22	20	D	E	D	2	D	1
萧	30	30	33	D	E	C	8	C	6
田	58	34	36	D	B	C	11	B	16
余	51	40	40	D	C	C	4	C	5
任	59	49	50	D	B	C	6	B	17
傅	36	53	53	D	E	D	6	B	20
姜	60	50	55	D	E	C	6	D	2
崔	74	58	56	D	E	C	10	B	20
金	69	64	62	D	E	D	2	D	1
贾	45	69	65	D	C	B	12	A	31
邹	67	70	71	D	E	D	4	D	2
郝	71	82	89	D	E	C	6	E	
邵	83	84	91	D	D	C	8	C	9
钱	89	96	93	D	E	D	2	C	5
施	105		106	D	E	E		D	1
颜	110		118	D	E	C	8	E	
岳	133		124	D	E	B	14	C	5
梅	136		147	D	A	E		D	3
童	160		148	D	E	E	1	D	1
季	116		152	D	E	E		E	
裴	168		153	D	E	C	8	D	3

续表

姓氏	1987年序号	2007年序号	2013年序号	祖根地	郡望地	相关遗存		豫籍名人	
						级别	数量	级别	数量
霍	176		154	D	E	D	3	D	1
谷	144		158	D	E	D	1	E	
路	151		165	D	A	D	3	D	3
辛	139		167	D	E	D	6	C	7
欧阳	192		169	D	E	C	9	E	
柴	195		171	D	C	D	3	D	3
滕	211		179	D	A	E		C	4
连	239		198	D	E	E	1	E	
景	181		206	D	E	D	2	D	2
晏	241		212	D	E	E		E	
刁	204		236	D	B	E		D	2
谈	236		259	D	C	E		C	4
鞠	284		261	D	A	E		D	1
荆	287		263	D	E	C	5	D	2
井	264		306	D	A	D	3	E	
计	246		316	D	E	E		D	1
荀				D	A	D	1	B	19
典				D	A	E		D	1
庆				D	A	E		D	1
戏				D	A	E		D	1
轩				D	A	E		D	1
延				D	A	E		D	2
药				D	A	E		D	1
爰				D	A	E		D	1
畅	216			D	B	E		D	3
灌				D	B	E		D	2
夏侯				D	E	D	1	E	
徐	11	11	11	E	D	B	16	B	16

续表

姓氏	1987年序号	2007年序号	2013年序号	祖根地	郡望地	相关遗存		豫籍名人	
						级别	数量	级别	数量
乔	96		115	E	C	E		C	9
鲁	119		123	E	B	D	2	D	1
符	227		142	E	C	D	1	C	10
舒	147		143	E	E	D	1	E	
阮	189		144	E	A	D	3	B	11
纪	157		146	E	E	C	4	E	
蓝	260		164	E	C	D	1	D	2
靳	158		168	E	E	D	2	C	5
祁	145		176	E	E	E		D	2
缪	219		194	E	E	E		D	1
岑	295		205	E	A	D	2	C	9
席	169		213	E	E	E		D	1
桂	190		219	E	E	E		D	2
臧	215		223	E	C	E		D	1
闵	191		224	E	E	D	1	E	
栾	242		233	E	E	D	2	D	3
桑	286		241	E	A	E	2	C	5
甄	162		243	E	A	D	5	D	3
丛	127		244	E	A	E		E	
郁	243		266	E	B	E		E	
班			269	E	E	D	1	D	2
蔺	300		282	E	E	C	5	E	
鄢	240		292	E	E	D	2	D	2
练	265		303	E	B	E		D	2
支			311	E	E	E		D	1
晋	212		319	E	C	E		D	1
芮			329	E	E	E		D	1
逯			356	E	E	D	2	D	1

续表

姓氏	1987年序号	2007年序号	2013年序号	祖根地	郡望地	相关遗存		豫籍名人	
						级别	数量	级别	数量
公			367	E	E	E		D	1
茅			373	E	B	E		D	1
智			392	E	C	E		D	1
底				E	?	D	1	D	1
唐兀				E	?	D	2	E	
山				E	A	D	4	D	3
友				E	A	E		E	
种				E	A	E		C	9
蕲				E	B	E		D	1
征				E	B	E		D	1
卓	256			E	B	E		D	1
宇文				E	C	E		D	3
呼延				E	E	D	2	E	
运				E	E	D	1	E	
茨				E	E	E		D	1
牢				E	E	E		D	1
枚				E	E	E		D	1
审				E	E	E		D	1
同				E	E	E		D	1
尉迟				E	E	E		D	1
掌				E	E	E		D	1

第二章　寻根文化资源开发的战略意义

一、寻根文化资源开发的意义

（一）寻根文化资源开发的必要性

1. 寻根文化是维系海内外华人的主要纽带

增强中华民族的文化凝聚力和实现祖国的统一大业是新时代我们所面临的重要任务。钱其琛在《增强中华民族的文化凝聚力》中指出，中华文化的"纽带"性质和作用，首先是指中华文化具有使中华各族儿女和海内外华人认同的内核与本质。中华文化最基本的主干是中原文化，换句话说，中原文化具有正统性、主干性，中原文化的本质是根文化，通过对中原文化的根文化的揭示，尤其是利用姓氏文化吸引海内外华人到中国寻根，到中原祖地寻根，并以此维系海内外华人的团结，进一步增强海内外华人的认同感与凝聚力，在此基础上实现祖国的最终统一。以中原文化为代表的根文化，是实现上述目的的最有效途径，也是时代赋予古老中原的最重要的具有使命感的任务。

2. 开发寻根文化是实现中原崛起、加大我省对外开放的需要

实现中原崛起不仅是河南全面建设小康社会的重要途径，也是河南由传统社会走向现代化的关键所在。作为内陆地区，河南对外开放的关键是发展外向型经济，怎样有效地吸引外资，提高河南的对外开放水平是中原崛起极为关注的重要议题。河南有华侨50万人，分布在全球57个国家和地区，现有23000余家外资企业，其中华侨华人所开办的企业占70%左右，而河南所拥有的姓氏资源可以吸纳海外的80%以上华人到河南寻根，从而扩大河南对外开放和招商引资的影响，可以说，这是河南发展外向型经济的最为有力的基础和条件以及优势所在。

3. 开发寻根文化是实现中原崛起、提高我省整体素质和优化环境的需要

中原崛起的关键要素是河南全省的环境优化与净化。其一是利用中原文化的资源开发，加大对我省历史文化资源的整合力度，形成具有显著特色的地域文化与城市文化，从而铸造出具有鲜明个性的区域文化品牌。其二是利用中原文化资源的开发，促进我省以"文化旅游"为特色的文化产业的形成，吸纳城乡富余劳动力向第三产业的转移。其三是在深入挖掘中原历史文化资源的基础上，进一步培育符合时代要求，在继承创新基础上形成的当代优秀的中原文化，为实现中原崛起提供强大的精神动力。

（二）寻根文化资源开发的可行性

1. 海外华人及港台同胞有着强烈的寻根意识，有为祖地发展作贡献的内在动力

（1）海外华人在全球有广泛的分布与建设祖地的积极性。自明清以来，尤其是清代后期东南沿海地区的居民大量移居海外，在东南亚地区以及欧美地区逐步居住达三四代人以上，在当地集聚了较为雄厚的财力，他们在当地主要依靠宗亲组织与乡土组织进行联谊，并扎下根来。自20世纪80年代以来，他们开始到祖国寻根，尤其是以姓氏为纽带的宗亲组织在东南沿海地区寻根的基础上向姓氏祖根地和郡望地寻根，并与祖地建立了密切的联系。

（2）海外华人及港台同胞寻根情况。1982年香港中国银行副行长方润华开始了海外方氏寻根活动，后在禹州找到方氏祖根地。1985年世界谢氏宗亲会开始了对唐河、南阳的寻根活动。1989年马来西亚邓威廉开始了海外邓氏的寻根活动。1990年以来海内外郑氏对荥阳、新密等地进行了持续不断的寻根活动。还有1991年全欧客属总会张醒雄会长组团的客家人大型寻根活动，1991年台湾钟氏宗亲对长葛的寻根活动，1991年韩国南氏对汝南的寻根活动。1993年世界林氏宗亲在卫辉形成寻根高峰后，持续不断地来河南寻根的有：1993年香港尹氏对宜阳的寻根，1994年台湾蔡氏宗亲开始对上蔡的寻根。此后，海内外叶氏对叶县的寻根，陈氏对长葛、淮阳、新郑的寻根，张氏对濮阳的寻根，杨氏对灵宝、开封的寻根，许氏对登封、许昌的寻根，禹氏对汝南、登封的寻根，温氏对温县的寻根，殷氏对淇县、安阳的寻根，丁氏对唐河、武陟的寻根，刘氏对鲁山的寻根，姜氏对卫辉的寻根，尤其是2003年世界客属第十八届恳亲大会在河南的隆重召开，使海外华人及港台同胞的寻根活动在河南达到了高峰。

（3）海外华人及港台同胞寻根活动的典型事例。1993年海内外林氏宗亲500余人在参加卫辉举行的纪念比干诞辰3085周年的活动中，当场捐资了500万元，这些年来投资维修比干庙的资金累计达到了3000万元。1998年海外郑氏在郑州举办首届郑源国际经济贸易洽谈会，签约总额达14.2亿元人民币。1999年在长葛举行的世界舜裔联谊会第十三届国际大会上签约上亿元。2000年世界叶氏宗亲在叶

⊙2015年，第七届东南亚华人+中国各姓氏宗亲联谊大会在泰国召开

县联谊寻根时也有多项合作项目。在个人方面，香港方润华先生自1982年以来，多次来河南捐资办学、整修文物，累计总数在上千万元。2001年香港许智明先生来河南寻根并向河南希望工程捐资100万元。自1998年以来印度尼西亚宋良浩先生先后投资600万元建设微子祠，并累计向商丘捐资建学达8000余万元。

2. 河南具有丰富的寻根资源，在姓氏文化的研究方面处于全国领先地位

（1）各地相继成立了研究机构并加大了对地方历史文化的研究力度。除全省有河南省姓氏文化研究会、河南省炎黄文化研究会、黄河文化研究会、河南省圣贤文化研究会外，各地还有信阳市根亲文化研究会、周口市姓氏历史文化研究会、安阳市殷商文化研究会、周易文化研究会、汤阴县岳飞研究会、濮阳张氏文化研究会、卫辉市比干纪念会、南阳姓氏文化研究会、卫辉市太公古文化研究会、温县姓氏历史文化研究会、温县卜商故里联谊会、沁阳市李商隐研究会、沁阳曹谨故里联谊会、孟州韩氏研究会、焦作市许衡研究会、宜阳李贺研究会、汝阳炎黄文化研究会、洛阳苏秦研究会、新郑黄帝文化研究会、荥阳郑氏历史文化研究会、新密市郑氏历史文化研究会、新密市黄帝文化研究会、新郑市陈氏三宰相研究会、登封许由与许氏文化研究会、淮阳伏羲文化研究会、虞城花木兰文化研究会、周口市姓氏历史文化研究会、济源市姓氏文化研究会、西平县炎黄文化研究会、洛阳姓氏文化研究会、获嘉县宁邑古文化研究会、平顶山刘累与龙文化研究会、郏县三苏研究会、鹿邑老子研究会、灵宝市老子研究会、新乡市牧野文化研究会、南阳市诸葛亮研究会、荥阳市姓氏文化研究会、郾城许慎研究会、固始县（信合）文史研究院等机构，对凝聚力量起到了重要的作用。

（2）出版了大量的研究地方历史文化和姓氏文化的图书。如《商丘史话》

⊙牛氏历史文化研究会2008年工作会议在济源召开

《黄河故里志》《黄帝故里通鉴》《根在箕山》《历代名人咏箕山》，以及《黄帝故里故都在新郑》、《黄帝故里故都历代文献汇典》、《厚重天中》、《许氏源流》、"周口姓氏文化丛书"、《偃师姓氏源流》、《获嘉姓氏志》、《禹州姓氏志》、《刘累族氏与鲁山历史文化》、《钟姓通谱》、《叶县历史文化撷英》、《三门峡史迹》、《帝舜故里》、《长垣古今名人》、《颍川始祖陈太丘轶事》、《陈姓源流》、《许衡轶闻故事集》、《姜太公的传说》、《蔡国蔡氏溯源》、《平顶山古今名人传》、《墨子鲁阳人考论》、《苏东坡与郏县》、《罗贯中新探》、《比干与林氏》、《郑成功与祖国统一》、"荥阳郑氏研究丛书"、《始祖山》、《郑氏族系大典》、《比干学术研讨论文集》等。

（3）直接参与全国高层次的姓氏文化丛书的写作及研究工作。1995年成立了河南省中原姓氏历史文化研究会（后更名为河南省姓氏文化研究会），2001年正式成立了河南省社会科学院姓氏文化研究中心。我省专职研究姓氏的人员中以河南省社会科学院人员最为集中，河南省地方志、郑州大学、河南大学以及河南博物院等有关学者也从事姓氏文化的研究。目前，国内外出版的姓氏丛书，如列入中国史学会重点项目、由李学勤主编的《中华姓氏谱》，艾叶主编的《百家姓书库》，郑秀桂、谢钧祥主编的《百家姓书系》，东方出版社的《中华姓氏通史》，三环出版社的《中华姓氏通书》、"中原姓氏寻根丛书"，以及《中国大姓寻根与起名》等。国内各出版社推出的系列姓氏丛书中，都有河南学者加盟，他们出版的《中原寻根：源于河南千家姓》《新编百家姓》《根在河南》《河图洛书探秘》《百家姓》《百姓堂联》《伏羲与中华姓氏文化》《中原移民简史》《根在河洛》《河洛文化与汉民族散论》《河洛文化》《中华姓氏河南寻根》《中国姓氏文化》《黄帝与中华姓氏文化》《河洛文化与姓氏文化》等书均代表了河南寻根文化研究的水平。

⊙姓氏寻根与中原经济区建设高层论坛暨河南省姓氏文化研究会2012年年会在周口淮阳举行

⊙2013年，中国大众文化学会中国赵姓发迹地专家评审会在济源召开

（4）姓氏与名人研究、联谊活动层出不穷。如客家与中原文化国际学术研讨会（2003年）、河洛文化与台湾学术研讨会（2002年）、首届豫闽台姓氏学术研讨会（1996年）、许由许国与许氏文化国际学术研讨会（1999年）、李商隐与中晚唐文学国际学术研讨会（2001年）、东方文化与中原寻根学术研讨会（1999年）、中国·鹤壁赵都与赵文化学术研讨会（2000年）、炎黄文化与河洛文化学术研讨会（1994年）、叶公文化研讨会（2000年）、首届太公文化节暨太公文化研讨会（2002年）、比干国际学术研讨会（1997年）、全国首届鬼谷子学术研讨会（1994年），以及2004年举办的中国·商丘与商业起源研讨会（商丘）、伏羲与中华姓氏文化研讨会（周口）、首届中华刘氏与龙文化学术论坛（平顶山）、颛顼帝喾与华夏文明研讨会（2008年）、固始与闽台历史渊源关系研讨会（2008年、2009年、2010年、2011年、2012年）、周武王与牧野大战学术研讨会（2011年）、葛天氏与上古文明学术研讨会（2012年）、黄帝与中华姓氏学术研讨会（2013年）、卢氏历史文化研讨会（2013年）、柏皇氏与中华柏姓文化研讨会

（2015年）、共工氏与中华龚姓文化研讨会（2015年）、柔然与中华茹姓文化研讨会（2016年）等都有大的影响。

2004年举办的中华姓氏文化节使伏羲故里淮阳作为中华姓氏的起源地的影响力更为扩大。世界刘氏第四届（寻根）联谊大会是中华单个姓氏的世界大会首次在中国河南举行。2005年的世界杨氏恳亲大会、世界张氏恳亲大会等也都在河南举行。

（三）河南省委、省政府高度重视

1.河南省委、省政府将打造"全球华人根亲文化圣地"作为华夏历史文明传承创新区建设的工作重点，以"郑汴洛"为核心的具有国际影响力的旅游隆起带已初步形成。为规范全省的寻根谒祖活动，河南省政府办公厅下发了《关于加强华侨华人港澳同胞来我省开展寻根谒祖活动管理的通知》，使全省的寻根活动有规可循。

2.河南省委统战工作提出"寻根、扎根、育根"指导思想并以此扩大河南在国际国内的吸引力和影响力。根据中央统战部的安排，河南省委统战部开展了以"根在中原"为主题的凝聚力工程，并与河南省社会科学院组织撰写了根在中原80个姓氏的《中华姓氏河南寻根》一书，用于寻根联谊，收到了较好的效果。

3.在河南省第八次党代会上，正式提出了河南由文化资源大省向文化强省跨越的目标；在河南省第九次党代会上，提出了文化强省建设的战略目标；在河南省第十次党代会上，提出了打造全国重要影响文化高地的战略目标。2006年以来举办了十多次新郑黄帝故里拜祖大典，已引起较大轰动，尤其是徐光春书记2007年年初在香港纵论博大精深的中原文化，在海内外引起了较大反响。

二、寻根文化资源开发的目标与总体构想

（一）寻根文化资源开发的基本目标

1.建立完善的寻根文化资源开发性的研究体系。目前的中原文化及寻根文化研究要加大力度。一是由分散研究向集中研究转变。分散就形成不了合力，形成不了整体的效果，只有集中优势力量进行攻关，才能使寻根文化研究尽快出成果，尽快出大成果。二是由被动研究向主动研究转变。要在深入挖掘的基础上，

主动出击，改变和扭转研究的被动性，乃至工作的被动性。三是由原发性研究向对策性研究的方向转变。针对海外富商，针对主要的历史名人进行专门研究。四是要从研究投资不足向以雄厚财力支持转变。只有多层次、多渠道地筹集资金，以雄厚的财力作支撑，才能保证上述几个转变的实现。

  要明确研究的目标，近期目标是加大对寻根文化资源开发与寻根战略的研究力度，召开寻根文化与寻根战略的研讨会，尽快推出"河南姓氏寻根丛书"，并逐步推出"河南文化寻根丛书""河南历史名人研究丛书""河南古城古国研究丛书""河南姓氏郡望研究丛书"。要对全省寻根资源的分布与配置情况进行深入的研究，推出全省寻根战略的详细规划，并在充分研讨论证的基础上将其纳入到全面建设小康社会的规划纲要之中。要多渠道、多层次募集资金，并设立寻根文化研究基金，建立寻根文化高层论坛，从更高层次及理论层面上，提高对寻根文化的认识，要有针对性地把对海外富商与重要历史名人祖根地研究作为重要目标，拿出有分量、有影响的成果。

  2.建立系统的寻根文化资源的保护体系。寻根文物是寻根文化的物证，是实施寻根战略的基础和核心。要实现由一般性保护向重点性保护的转变，由宏观意义上的保护向寻根这种特定的文物保护的转变，由为了保护而保护到为了发展而保护的转变，从而实现文物潜在价值的升值，使其真正达到保为所用的目的。其具体目标为：尽快摸清家底，真正搞清楚我们所保护的文物的寻根价值；围绕河

⊙2012年，海峡两岸台北知府陈星聚研讨会在漯河召开

南寻根战略的实施，形成具体的文物保护的战略构想；尽快完成全省寻根文物资源的信息化建设，为保护性开发奠定较好的基础；在考古发掘中，将重要的具有寻根价值的遗存进行及时有效的保护，并形成寻根文化产业布局中的亮点。

3.建立特点鲜明的寻根文化对外宣传体系。河南对外宣传要实现历史河南与经济河南的结合，人文河南与现代化河南的结合，一般宣传与重点外宣的结合。其目标为：结合寻根战略的实施，尽快拿出河南对外宣传的战略报告；在"中原文化全国行"的外宣战略行动中，制定出对各地宣传的具体方略，对重点外宣地区进行集约式的宣传；要明确"大外宣"方略，将域外宣传纳入到外宣系列，将内宣与外宣有机地结合，使外宣更具有坚实的基础；要加大深入挖掘河南亮点的力度，有计划地推出河南的亮点，采取走出去、请进来的方式，使外宣工作更具有活力。

4.建立全面系统的网络性的海内外华商联谊体系。海内外联谊是实施寻根战略的有效途径，我们要搞清楚哪些人能来寻根，哪些人具备寻根的条件，以及具有寻根的愿望，我们用什么方法使他们关注祖地，关注河南，并与中原结缘。基本目标为：尽快建立海内外联谊的资源库；广泛收集海内外华商、海内外宗亲社团组织的有关信息；广泛收集国内民企的相关情况，建立一种经常的固定的联系；要向海内外华人集聚的重点地区派出祖地亲善巡回大使，并将这种联谊形成一种制度；要将河南寻根文化以文化亲缘和祖地发展为背景的信息通过刊物、网络等载体及时传递给海内外华人宗亲组织，以保证联系与沟通的畅通。

5.建立紧密配套的寻根文化资源开发的产业体系。以寻根文化为特色的文化产业，要以文化旅游为龙头，在文化旅游主动实施的同时，带动相关的文化产业发展。基本目标是：明确中原寻根文化的主打理念，并形成对外推介的形象性口号，规划河南的寻根文化资源，形成寻根文化的开发性总体格局，完善并形成相关姓氏和专题的寻根路线；在研究和讨论的

⊙2016海峡两岸关公文化论坛在洛阳举行

基础上形成具有中国正宗文化特色和浓郁中原风情的文化产品,从而形成特色性的旅游业、会展业、卡通及动画影视制作业等,并形成相关的产业园区和基地。

(二) 寻根史化资源开发的总体构想

1.实施寻根战略的基本原则。在河南现有经济发展的基础上,立足于河南农业大省、人口大省、文化大省的基本省情,在全国经济社会发展的大格局中形成具有中原特色的产业链条,要从可持续发展的角度使文化要做大、环境要做优、城市要做美、人口要转移,从而以文化资源的开发带动"三产"的发展以吸纳农村剩余劳动力,以文化资源的挖掘提升人口的整体素质和档次,以文化积淀来丰富和打造出具有鲜明个性的区域文化品牌和城市形象。

2.以中华文化圣地和中华文化圣城来铸造和实施寻根战略。河南历史积淀十分丰厚,要从寻根战略的高度整合河南的历史文化资源,必须以大文化的角度去审视河南的文化优势,要将河南是中华文化圣地作为实施寻根战略的总目标,以此带动整个文化资源的开发。洛阳是中华大古都,无论是民族之根还是文化之源都体现了中华文化的经典性、原创性和正统性,要对洛阳文化资源进行梳理和整合,将洛阳建成以中华文化圣城为特色的文化之都,并以此形成河南寻根战略中的亮点。嵩山人文荟萃,三教合一,可称为中华文化圣山;河洛相交,"河洛郎"南迁,这里的黄河为中华文化圣河;洛阳的"河南堂"见证了中华民族的融合与发展,是当之无愧的中华文化圣堂。

⊙2016年,第十四届河洛文化研讨会在洛阳召开

3.以"一像""一园""一圣塔"作为河南寻根文化的标志性建筑。在黄河边即母亲河畔建设由伏羲、炎帝与黄帝所组成的中华人文始祖圣像,形成河南最有特色的大型寻根文化景观。在郑州或条件适宜的地方,建设中华寻根文化园,形成河南寻根文化的龙头产品。在郑东新区建成具有阴阳理念为标志性符号的文

化圣塔，形成具有中华文化与河南特色的标志性建筑，从而形成中原寻根文化的大型景观。

4.以新郑黄帝故里拜祖大典以及固始中原根亲文化节、内黄二帝拜祖节作为河南主打的寻根文化节庆，形成年度的集约式的文化引爆点，形成在中国最有影响的以寻根为主题的文化节会。

⊙河南固始唐人寻根楼

5.以"四大寻根基地"统揽和整合我省的寻根文化资源。一是民族寻根基地，以淮阳的伏羲文化、新郑的黄帝文化、内黄的颛顼帝喾文化为基础形成中华民族寻根的大型基地。二是文化寻根基地，以安阳的殷商文化与甲骨文、登封少林寺禅武文化、温县的太极拳与太极文化、鹿邑的老子故里以及灵宝的函谷关与道家文化形成中国文化的寻根基地。三是客家寻根基地，要围绕河洛文化将偃师与巩义建成以河洛文化为代表的客家寻根基地。四是姓氏寻根基地，围绕重点的姓氏集散地，将商丘、淇县、新郑、洛阳、濮阳、固始、沁阳、开封、汝南、南

⊙许昌市关宅

阳建成具有特定寻根对象的姓氏寻根基地。

6.以文化铸造城市的个性，形成相关的文化产业园区。以城市的文化背景与文化积淀打造城市的特色，并形成城市的文化品牌。例如：安阳市城市框架中，城区的北部形成以殷墟遗址为重点、以洹河为纽带的历史文化风光休闲旅游区；许昌要围绕三国文化在城市个性塑造中突出城市的三国曹魏文化特色；南阳要利用东汉帝乡的特点，形成以汉文化为风格的城市风貌；开封要利用北宋都城的优势，将宋文化做大做实，形成开封宋都文化的特色。此外，在文化产业的各个要素中，无论是纸质传媒业、影音传媒业、网络传媒业，还是广告产业、旅游产业、教育产业、体育产业、艺术产业都要突出寻根文化的特点，并逐步形成相对集聚的特色文化产业园区，使河南的文化产业在对历史文化资源深入挖掘的基础上形成特色，形成优势，从而以文化带开发，以文化树形象，以文化促发展。

三、文物战略：寻根文化资源开发的分类体系之一

（一）河南省文物保护工作的现状

河南是文物大省，现已查明的各类文物资源有6万处。其中，龙门石窟、殷墟、"天地之中"历史建筑群、大运河、丝绸之路已正式列入世界文化遗产。此外，已列入全国重点文物保护单位358处，省级文物保护单位1575处，市县级文物保护单位4000余处。河南现有国家级历史文化名城8个，省级历史文化名城（镇）21个，馆藏文物300余万件。河南地下文物在全国数第一，地上文物数量居全国第二，馆藏文物数量占全国的八分之一。在地下考古发现中，裴李岗文化、仰韶文化、二里头文化、二里岗文化、殷墟文化均以河南为命名地。自1990年至2017年间的年度"全国十大考古新发现"的评选中，河南入选达45项；在"中国20世纪100项考古大发现"的评选活动中，河南入选17项，居全国第一。

（二）河南文物保护工作面临的问题

重视不够：尽管《中华人民共和国文物保护法》进行了修订，各级政府及社会各界关注的力度不断加大，但就总体而言，文物保护工作仍有待加强，文物保护意识仍有待提高。

投入不足：文物保护经费的投入有待进一步提高，社会力量投资保护工作的渠道有待疏通，投入的力度要进一步加大，尤其是对基层的支持要进一步加强。

实力不强：文物部门人员少，尤其是基层单位受财力的困扰，为工作人员的工资及基本保护费而犯愁，其总体实力有限，在社会上地位有待提高。

观念不新：文物部门行业小，工作烦琐具体，在总体发展与创新方面受各种框框的约束较多，改革与创新的意识不强，在发展的问题上有待进一步解放思想。

（三）寻根文化资源开发中文物保护的构想

1.在深入调查的基础上建立以寻根文物为主的"河南寻根文物资源信息库"，目前正在建设中的"河南省博物馆信息化数据库"是该库建设的基础。以寻根文化资源分类为标准，集馆藏、地上、地下文物于一体的"河南寻根文物资源信息库"的建立，对于寻根文物的开发具有重要的意义。

2.根据全省寻根文化资源开发的总体格局，着手制订文物整体展示的战略构想。这一构想的制订要关注"三点一线"的文化旅游格局，也要顾及寻根基地的组团布局，其中，尤其要选择高级别、具有重大影响的文物进行公开展示，形成寻根文化的亮点。

⊙商丘商祖文化苑

3.要将重要的考古发掘现场进行保护和展示，形成真实的中原历史景观。中原地区地下文物丰实，许多重要发现没有及时进行现场保护，在寻根战略实施的过程中，对重要考古发掘现场要有意识地予以保留和展示，形成寻根文化中最具轰动性的节点。

4.要在对寻根文物整合的基础上提出河南申报世界文化遗产的预备性名单。利用龙门石窟、安阳殷墟、"天地之中"历史文化建筑群等申报成功所得到的经验，对河南现有的遗产进行战略排队，要在扩展与捆绑项目上下功夫，以期在较短的时间内收得明显效果。

5.要以历史文化名城为重点建立集约型的文物展示基地。历史名城为集历史文化、民俗风情于一体的文物重点区。要集中精力将商丘、开封做成具有浓郁特色的名城展示区，形成文化寻根、文化旅游的热点城市。

6.要在大遗址保护与开发的过程中形成都市特色文化区和休闲观光带。大遗址尤其是在都市内的大遗址，如郑州商城、安阳殷墟、濮阳戚城、焦作府城等，有的已建成或正在建成具有浓郁文化特色的展示休闲区，要加大力度进行规划并建设成为城市最具特色的区域。

7.形成以河南文物精品为组合的河南对外展示产业。要对全省各个文物单位收藏的文物进行分类编排，根据国际市场和寻根战略的需要向海外推出具有中原特色的文物精品展，要在友好展示的同时加大商业展示的力度，使文物成为河南连接海内外的形象大使，并以此激活馆藏文物资源，逐步形成中原文物展示产业。

8.开发以复仿制文物精品为主体的旅游纪念品。河南的青铜器、唐三彩、钧瓷等具有世界级影响，要加大市场整顿力度，推出与文物精品名气相当的复仿制品，并以此形成河南文物复仿制品的知名品牌。

四、外宣战略：寻根文化资源开发的分类体系之二

（一）外宣工作的现状

取得的成绩：以"树立河南形象，促进经济发展"为着力点，以"新世纪、新河南""开放的河南走向世界"为主题，以展示前进中的河南为内容，以组织重大宣传活动为载体，围绕经济建设这一中心，服务全省工作大局，取得了一定的成绩。如制定了《河南省对外宣传事业发展规划》，策划组织了"中原大黄河

之旅"全国电视风光大赛,以及"中原文化沿海行""网上看河南""前进中的河南""纵横中国·河南篇"等大型外宣活动,各地市围绕城市文化品牌建设进行了积极的探索,取得了一定的成效。

存在的不足:外宣工作有待加强,机构人员有待充实,外宣意识有待提高,外宣的重大举措有待策划,外宣资源有待整合,外宣手段有待改善。

(二)构筑塑造河南形象的"大外宣"格局

1.以外宣部门为主导的相关涉外部门的"大外宣"构想。外宣工作涉及社会的各个方面,尤其是外侨、旅游、外贸、文化、教育、体育、新闻、出版等部门对外交流工作更多一些,要对涉外部门及地方的外宣资源进行有效的整合,将对外文化交流、经贸洽谈、旅游推介等活动有机地结合在一起,构建由省委、省政府主要领导参与,以外宣部门为龙头的各个相关部门参与的"大外宣"格局,使外宣工作形成合力。

⊙2007年,海内外客家人莅偃寻根祭祖座谈会在偃师召开

2.以向海外宣传为主,包括向域外宣传的"大外宣"构想。向海外宣传前进中的河南,展示河南新形象,是外宣工作的重要任务,但是对于地方而言,向域外的宣传在外宣工作中占有较大的比重,也为地方外宣工作提供了较大的活动空间,因此,要将海外宣传与域外宣传有机地结合,延伸外宣工作的工作链条。

3.内外宣相互渗透,全社会共同参与的"大外宣"构想。海内外交流的日趋频繁,使得每个部门都会涉及外宣,每个人都会涉及外宣,因此从某种意义上讲内宣与外宣并没有明显的界限，只有从提高全社会的整体素质、改善整个环境入手，外宣工作才有可能做得更好。

（三）寻根战略中的对外宣传的基本构想

1.中原文化海内外纵横。"中原文化行"是河南外宣工作的创举，也是河南"走出去"的重要举措。"中原文化行"内容丰富，在已进行的多次行动中，应该说有不少收获。今后应从几个方面予以充实、完善、提高：一是重点要突出，针对性要强，找准二者的结合点，如针对广东，要打汉越牌、佛道牌（葛洪、禅宗）、名士牌（韩愈、苏东坡）、伟人牌（叶剑英、孙中山）、移民牌（珠玑巷—祥符）；针对福建，要打河洛与固始牌；针对江苏，要打一剧（《桃花扇》）、一家（谢氏）、一文化（晋文化）牌；针对天津，要打一河（卫河）、二公（袁世凯、徐世昌）、朱仙镇与杨柳青牌；针对山东，要打山（岳文化）、水（河济）、圣（孔祖）、公（太公）牌；针对浙江，要打宋文化牌；针对台湾，要打二公（曹谨、陈星聚）、一文化（姓氏）牌；针对海南，要打汉越之链、东坡之线、庆龄之根牌；针对广西，要打宁氏之源、商隐之吟、客家之根、天国之魂牌。要将这种文化上的联系，当作战略任务进行构思，并针对性地安排相关的活动。二是综合性要强，要利用时机，抓住机遇，结合各种会展、推介活动等，声势要大，力争雷声大雨点大，争取给行动之地留下较为深刻的印象。三是要将"沿海行"向其他省区乃至海外扩展，形成河南外宣的品牌。

2.全球文明相互交融。人类社会的进步实际上是各种文明交融的结果，但目前文明的碰撞产生了战争等副产品。河南作为中华文明的主要发祥地，要在中华民族复兴的同时，承载弘扬中华文明的重任，利用中原这个文化优势举办"全球文明论坛"，为各种文明的交流、展示提供一个平台，充分发挥河南作为"中华民族之根、中华文化之源"的优势，使河南真正走向世界。

3.多层次、多渠道地宣传与推介河南。要加强境外媒体对河南的深度报道，举办各种境外电视媒体来河南采风以及境外纪录片的河南纪实、域外网络看河南

⊙河南·沁阳2013海峡两岸曹谨学术研讨会开幕式暨怀朴园落成典礼在河南沁阳举行

等活动，邀请重点媒体对河南进行集中报道。除了这种邀请，关键是要在主动有所作为上下功夫。除前述的"全球文明论坛"外，还可申请世界性或联合国组织的有关活动在河南举行，甚至邀请海外组织将郑州作为常驻地。而对华商大会以及类似的世界华人盛会可以从不同的角度予以申请，获得举办权。在频频亮相的同时，引起重点媒体的关注，是最好的外宣机会。此外，要对寻根文化资源进行整合与配置，不断推出视角新颖的文化大餐，使人们常看常新，真正体现出文化经久不衰的永恒魅力。

五、外联战略：寻根文化资源开发的分类体系之三

（一）海外联谊的对象与重点

海外联谊工作是统战工作的主要内容，也是实施寻根战略的重要性工作，必须从战略的高度审视外联工作。因此，外联工作要在下述内容上下功夫：

1.海外华人宗亲社团的数量、名称、分布及相关的组织与人员构成情况；
2.海外华人宗亲社团的主要领导人的家族背景及相关的谱牒资料；
3.海外华商中主要人物的投资情况，对祖国的认知、捐赠，对公益事业的热心与参与情况；
4.海外华人在当地从政的重要人物以及与之有关的家族背景、谱系情况；
5.对中原文化热爱且有影响的海外各界名流；
6.东亚欧美地区对中原文化热爱的相关人士。

（二）海外联谊的主要目的

1.搞清海外联谊的对象，建立海外联谊的网络；
2.扩大河南的海外交流面，使河南的海外联谊由河南籍扩大到河南根，这样联系的范围将从50万人扩展到500万人，甚至是5000万人，以至更多；
3.在扩展的基础上吸引海外华人来中原寻根，吸引海外客人来河南体验正宗的中华文化，体验原汁原味的中原文化；
4.在与海外广泛交流的基础上，奠定良好的与海外合作的基础，并力争吸引更多的海外企业或项目扎根中原。

（三）强力实施寻根战略中的外联战略

1.扎扎实实的外联。扎扎实实地建立起与寻根战略相适应的海外联谊团体与个人的相关信息库，是实施寻根战略的最基础的工作。要组织有关的研究人员及专职人员通过网上查询、内部收集、购买书刊、外出走访以至公开征集等手段，广泛收集有关的信息，在此基础上建立可供长期利用的外联电子信息库，以长期储备实施寻根战略所需的一切资料，这项工作只有扎扎实实地进行才能真正达到预期的效果。

2.亲情感化式的外联。外联工作是一个感情的交流，要密切海外华人与祖地的关系，必须加大感情的投入。要派出专门的祖地巡回大使，与海外华人保持长期的固定的沟通，在有关宗亲组织的节庆活动时及时送上一声祝福，以亲情感化远在他乡的游子，从而密切他们与祖地的关系。

3.主动出击式的外联。在调研的基础上，要对重点的外联对象进行专门的工作，主动出击寻找机会，吸引有关宗亲来河南寻根与观光。

4.节庆聚会式的外联。要利用各种会展或节庆活动邀请他们来祖地寻根观光与投资，尤其是以寻根为主题的文化节，以文化为纽带拉近他们与河南的距离，以项目为吸引进而密切他们与祖地的联系。

实际上外联与外宣是密不可分的，外联的过程中不可能不进行外宣，外宣的过程就是以达到文化会友为目的。外联与旅游推介也有一定的关系，外联与文物外展也有一定的关系，而所有的对外交流最重要的目的就是建立广泛的联系渠道。

六、旅游战略：寻根文化资源开发的分类体系之四

（一）河南旅游业的整体状况

近年来，省委、省政府将河南旅游业作为河南的新兴支柱产业进行培育，在"十五"规划纲要中明确提出"尽快把我省建成文化旅游大省，把旅游业培育成新的支柱产业"的目标，而在"十二五"期间，旅游业的发展势头更猛。以2015年为例，全省接待海内外游客量和旅游总收入实现了双"破五"，分别达到5.18亿人次和5035亿元，同比分别增长13.12%、15.32%，比2010年分别增长100.7%、119.4%，"十二五"期间年均分别增长14.9%、17%。全省共有A级旅游景区364家，其中5A级景区11家，4A级景区124家。到2015年年底，全省共有星级酒店570

家，其中5星级酒店18家；旅行社1156家，比"十一五"末增加432家。全省开展了首次旅游资源普查，完成单体调查表204卷，调查资料文字达2000余万字，拍摄照片近4万幅，共普查出旅游资源单体达39802个，其中文化旅游资源单体25323个。至2015年年底，全省有全国生态旅游示范区5个，国家级旅游度假区1个，全国休闲农业与乡村旅游示范县11个、示范点21个，中国乡村旅游模范村37个、模范户40个、金牌农家乐400个。云台山、嵩山、伏牛山、王屋山、黛眉山已被列为世界地质公园，内乡宝天曼被列入联合国人与生物圈保护区名录。此外，以"河南风"为代表的旅游促销活动风靡海内外，与"焦作山水"等均已成为中国旅游知名品牌。尤其是近年来以"老家河南"为品牌，对河南人文山水产品进行整合，已形成河南为海内外华人共同认知的精神文化家园的认识。

（二）我省旅游发展中需要解决的几个问题

1.以文化旅游为主题的河南旅游，在产品内涵的挖掘及利用上还有许多欠缺，大部分的文物只是一种空洞无味的展示，相关的利用十分有限，或者说还没有进行。

2.旅游资源的开发，尽管已提到议事日程，但从全局的把握上，缺少战略上的思考，在资源的配置上，存在利用率不高及重复建设等缺陷。

3.市场促销手段单一，尤其是对特定的入境游市场的开发力度不够，对海外华人较为集中的东南亚市场，没有进行强有力的开发，入境游人数没有明显的提升。

4.在旅游的"六要素"上不配套，尤其是"购"与"娱"上，没有特定的节目，无法使人们从动感的角度了解深厚的河南文化。

5.旅游的产业化程度较低，民营资本介入度不高，整体优势及联动效应没有很好地发挥出来。

（三）文化旅游开发战略的总体构想

1.陈中有新。将一个景点内没有新的看点提升为常看常新。如少林寺在外部环境整治的基础上，增加少林寺武僧操练、少林法会、少林问禅等多个看点，形成以少林文化为主导的少林产业。

2.推陈出新。在旅游城市中，要在改造老景点的基础上不断推出新景点，使游客常看常新。如开封市坚持抓实文化旅游产业项目，不断打造开封旅游业发展新亮点，以御河、书店街、鼓楼街、《大宋·东京梦华》、《千回大宋》、"银

○开封《大宋·东京梦华》实景演出现场

基0秀"为代表的"一河两街三秀"已经建成，新实施的开封西湖、七盛角、珠玑巷等重点文化旅游项目也风生水起，对河南文化旅游的发展有诸多启示作用。

3.异军突起。就全省的区域开发而言，要在"三点一线"之外，推出新景点。如：商丘的归德府城可以成为"古都街道"的重点项目，淮阳的太昊伏羲陵也可以成为"寻根朝敬"之旅中的重要旅游产品，固始寻根也可以作为闽台市场开发中的王牌向外推介。

4.互为表里。在抓牢河南文化旅游的同时，也要针对当代的旅游时尚，将生态游作为主抓对象，要开发自三门峡到开封尤其是郑洛之间的黄河风光游，以黄河风光带动两岸的文化旅游产品，使"黄河游"转化为要"游黄河"。

5.文化山水。河南的山水资源十分丰富，在山水资源的开发过程中，充分发挥河南文化的优势，以文化提升山水知名度。如在云台山要打竹林文化牌，在尧山要打墨子与刘累文化牌，在嵩山要打嵩岳文化牌，使中原文化成为河南山水的灵魂。

6.龙头带动。要在将郑州作为河南旅游的集散地建设的基础上，以新郑黄帝故里拜祖大典与炎黄巨塑落成为突破口，以郑州列入国家中心城市为契机，加快华夏历史文明传承创新区的论证与建设，要围绕姓氏文化资源的开发，将拜祖大典与固始根

○郑州炎黄二帝巨塑

亲文化节作为河南主打节会，形成品牌，形成优势。

7.线路整合。要对河南寻根文化进行深层次研究与挖掘，推出新的富有创意的线路，充实完善各类姓氏寻根线路。如针对日韩市场的"王朝街道"就很有创意，其他如夏商古都游、武王伐纣寻踪游、东汉帝乡游、三国胜迹游、历代战争故迹游、唐代诗人故里游、宋代瓷窑探访游、冶金遗址寻迹游等，均可以进行专门的创意，并以新颖的名称、丰实的内涵来吸引海内外高层次的客源市场。

七、区域战略：寻根文化资源开发的分类体系之五

（一）区域品牌与城市文化建设的意义

1.区域与城市的财政积累达到一定程度时，城市的文化建设是城市或区域的重要任务，只有在城市的文化建设上打出有创意与个性的品牌，才能使城市更加具有魅力。

2.城市在建设中也存在个性的塑造问题，而这一问题的提出是与城市的经济密切相关的，城市经济为城市的个性塑造奠定了物质基础，城市要"绿、亮、净、美、畅"，但城市的关键还是城市建设中的个性建设，这种个性的建设是与城市的文化积淀密不可分的。

3.城市人群的总体素质的提高，除经济原因外，也要主动地关注城市人群文化素养的提高，这是城市档次提高的两个方面中的一个最为重要的也是最不容易提高的一个方面。

4.开放型的社会使城市的对外交流成为城市发展的主流模式，它要求城市的人文环境的改善，要求城市作为交流的主体特色的张扬，这也是城市文化建设热度不减的内在动力。

5.实现全面小康社会建设的标志是中原崛起，以及县域经济或者说区域经济的壮大，这不仅仅是一个经济指标的问题，还有一个以什么样的标准去建设城市，以什么样的品牌去叫响区域的问题，而这些都是区域战略中必须思考与构筑的重要问题。

6.区域的文化资源和城市的文化财力整合构筑成最有创意的最具潜力的文化产业，也是区域文化建设的一个层面。

（二）区域与城市文化战略的基本构想

1.郑州市：主要文化资源有裴李岗遗址、大河村遗址、黄帝故里、西山古城、"禹都阳城"王城岗遗址、郑州商城、郑韩故城、中岳嵩山、少林寺、嵩阳书院、观星台、嵩岳寺塔、荥阳郑氏、鸿沟与汉霸二王城、黄河中下游分界线桃花峪、河洛交汇、巩义宋陵、官渡之战、康百万庄园等。基本思路是要在郑州大古都建设的基础上，以黄河文化、黄帝文化、嵩岳文化、都城文化、郑韩文化、武术文化为主线，对全市的文化资源进行整合梳理，从而形成郑州地区的寻根战略和文化资源的开发格局以及相应的文化产业。

2.开封市：主要文化资源有七朝古都、龙亭、铁塔、包公祠、开封府、清明上河园、山陕甘会馆、朱仙镇、蔡邕及文姬故里、阮籍墓及啸台、魏徵墓及魏徵庙等。基本思路是要打宋代文化品牌，围绕开封古城，形成国内外知名的宋文化展示基地，要深入挖掘开封的民间文化，做大民间小吃、民间工艺，形成豫系民间文化的代表，要将陈留、济阳两个郡城故址进行开发，形成姓氏寻根的重要基地。

3.洛阳市：主要文化资源有龙门石窟、河洛之源、十三朝古都、北邙陵墓群、白马寺、关林、洛阳牡丹、玄奘故里、李贺故里、二程故里、王铎故里等。

⊙洛阳龙门石窟

基本思路为将洛阳打造成中华文化与东方文化的圣城，除对现有景点进行整治外，尤其要注重地下遗存的发掘并保存展示，以拓展更多的可观赏性资源，要围绕客家之根、民族之根以及河洛之源、礼仪之源、文艺之源、佛释之源、道家之源、儒理之源、科技之源等构造东方文化圣城的展示体系，将其开辟成具有中华主体文化特色的文化之都，从而与北线黄河、南线伏牛山水资源进行对接。

4.平顶山市：主要文化资源有刘姓祖庭、墨子故里、三苏墓园、叶公故里、宝丰马街书会、汝瓷起源地等。基本思路是围绕墨学文化、姓氏文化、名人文化、民间文化、瓷器文化做文章，建成以各相关资源为基础的知名文化景点以及寻根基地。

⊙2012年，墨子与华夏历史文明传承创新区建设——第四届国际墨子学术研讨会在平顶山鲁山县召开

5.安阳市：主要文化资源有殷商文化、周易文化、岳飞故里、二帝陵、甲骨文、红旗渠精神等。基本思路是主打殷商文化，做大文字之都，并形成周易文化、二祖文化、岳飞故里、红旗渠等文化展示基地。

6.濮阳市：主要文化资源有中华第一龙、颛顼帝都、舜墟、卫都、张氏之根、戚城、仓颉故里、杂技之乡等。基本思路是以中华龙文化为主打品牌，形成先帝文化、都城文化、姓氏文化、杂技文化等文化链，在此基础上形成相关的产业基地和寻根基地。

7.鹤壁市：主要文化资源有商都、卫都、赵都、淇水、云梦山、大伾山及浚县庙会、鹤壁集瓷窑等。基本

⊙鹤壁浚县大伾山

思路是在对淇河文化、都城文化、鬼谷子文化、大伾山文化、民瓷文化等资源进行梳理的基础上形成文化资源的综合开发格局。

8.新乡市：主要文化资源有牧野大战、比干庙、武王庙、太公故里、百泉、汉唐名人、潞简王墓以及新乡先进群体等。基本思路是以牧野文化整合新乡地方文化，形成以太公故里、比干庙、同盟山武王庙为代表的三大姓氏寻根基地，并构筑沿太行山的宗教隐士文化带，沿黄河的历史名人文化带产品的开发。

9.焦作市：主要文化资源有焦作府城遗址、司马懿故里、太极拳起源地陈家沟、竹林七贤、李商隐、韩愈、许衡、朱载堉、曹瑾、慈圣寺、月山寺、嘉应观等。基本思路是以太极文化为主线，整合名人文化、黄河文化、宗教文化、姓氏文化、汉宋民间文化，要做大"焦作山水"，要以名人推介山水，以佛道点缀山水，并形成以河内郡为代表的姓氏寻根基地，以温县为代表的重点寻根地区，以汉代及宋金文物复制相关的民间工艺产品。

10.三门峡市：主要文化资源有黄帝铸鼎原、虢国墓地、仰韶村遗址、函谷关、弘农郡、宝轮寺塔等。基本思路是以黄帝铸鼎原、仰韶文化、虢国文化与弘农姓氏为龙头，形成四大寻根基地，并对相关景点进行开发。

11.商丘市：主要文化资源有燧皇陵、阏伯台、微子祠、孔子还乡祠、庄子故里、汉代梁园及梁王墓群、三陵台、张巡祠、商丘古城、壮悔堂、应天书院等。基本思路是以先商及商先公历史与文化的深入挖掘，提炼出商族、商人、商业之祖，主打商业文化品牌，并整合名人文化、商宋文化、汉梁文化，以商丘古城为基地，形成豫东地区集名城、名人、名典与名吃于一体的文化旅游龙头产品。

⊙商丘张巡祠

12.周口市：主要文化资源有太昊伏羲陵、鹿邑太清宫、西华女娲城、淮阳平粮台、周口关帝庙、扶沟大程书院、项城袁世凯故居等。基本思路是以伏羲文化为契机，打造人祖圣地，以及中华姓氏之根的品牌，整合姓氏文化、道家文化、爱情文化、陈楚文化、名人文化等，围绕陈国、陈郡打造姓氏寻根基地，重点对陈国姓氏资源与陈姓郡望资源进行开发，将中华姓氏文化节作为周口的主打节庆。

13.许昌市：主要文化资源有许国故城、春秋楼、灞陵桥、华佗墓、晁错墓、钟会与钟繇故里、陈寔墓、颍川郡、襄城文庙、禹州钧瓷等。基本思路是以三国文化为主线，整合汉魏文化资源，将许国故城、颍川郡城整合为两大姓氏寻根基地，对禹州钧瓷进行整合与开发，形成最具中原特色的瓷艺文化产业，将禹州神垕打造成中原瓷都。

14.漯河市：主要文化资源有舞阳贾湖遗址、召陵之战、许慎与《说文解字》、杨再兴与小商桥、临颍南街村。基本思路是对贾湖遗址进行深入挖掘，形成中国音乐之祖，在对许慎与《说文解字》深入挖掘的基础上形成中国文字之城，将音乐和文字两条文化主线打造成城市文化品牌与城市个性。

15.驻马店市：主要文化资源有天中山、嫘祖故里、盘古圣地、棠溪宝剑、梁祝传说、竹沟革命旧址等。基本思路是做好一个以汝南郡为主的寻根基地，并以此整合古国文化、爱情文化、冶铸文化、佛教文化、红色文化，形成山水与文化交融的开发格局。

⊙丁酉年中华母亲节嫘祖故里拜祖大典在驻马店西平县召开

16.南阳市：主要文化资源有南召猿人、淅川楚墓、南阳汉画像石、刘秀、张仲景、张衡、诸葛亮与三顾茅庐、内乡县衙、社旗山陕会馆、南阳府衙、荆紫关镇、南阳玉器、恐龙蛋等。基本思路是在文化资源整合的基础上形成以汉文化为骨干的楚文化、玉文化、三国文化、民俗文化等文化寻根网络，形成以南阳郡为基地的古国姓氏、名人姓氏与郡望姓氏等姓氏寻根网络，并将南阳山水与南阳文化进行有机的整合，开发玉器、烙画等民间工艺品，形成有鲜明特色的在河南有代表性的旅游纪念品。

17.信阳市：主要文化资源有信阳楚墓、期思故城与孙叔敖墓、光山净居寺、罗山灵山寺、司马井、黄国故城与黄歇、固始番国故城、陈氏将军祠、新县鄂豫皖首府等。基本思路是依据自身的文化特点，形成以固始寻根基地为龙头，以茶文化、食文化及古国文化、名人文化、佛教文化、红色文化为线索的文化发展战略的新格局。

18.济源市：主要文化资源有济水、济渎庙、奉仙观、大明寺、阳台宫、五龙口、王屋山、愚公移山、盘谷寺、轵国故城等。基本思路是以济水为文化品牌，以愚公移山为精神理念，以王屋山道教文化为基地，形成济源山水与济源文化相结合的开发格局。

⊙济源市轵国故城

八、为实施寻根战略应采取的措施

（一）寻根战略实施的主要思路

1.摸清家底。通过实施寻根战略，基本摸清河南文化资源的家底，以便形成初步的研究成果及开发的基本框架。摸清家底是我们文化资源大省的基础，也是实施文化强省的前提。

2.形成网络。在摸清家底的基础上形成开发的基本框架，并在确定开发重点之后，形成河南寻根战略的实施网络，以及开发的初步规模。

3.产业发展。以旅游为龙头，形成旅游与"三产"的良好发展态势，形成旅游与文化产业的共同发展态势。文化产业的发展，也是寻根战略实施的关键所在。

4.扩大开放。实施寻根战略的目的是扩大我省的对外开放度。对外开放程度主要体现在两个方面：其一是河南旅游市场份额，到底有无变化，有多大变化；其二是河南对外招商引资的程度，海外对河南投资的份额到底有多大。只有这两个方面有了明显的变化，才能说明实施寻根战略达到了预期的目的。

5.提高素质。实施文化发展战略，就内部而言是与全面建设小康社会中人的素质提高密切相连的。通过寻根战略的实施，极大地普及中原文化的知识，深入挖掘民族文化中的精华，并为当代社会所传承，尤其是传统道德理念对于"以德治国"具有极为重要的积极意义。

（二）为实现寻根战略要关注的若干问题

1.提高认识。要提高各级党委和政府对实施寻根战略意义的认识，使他们搞清楚寻根战略与经济发展的关系，搞清楚寻根战略与宗族行为的原则区别，真正放开手脚来实施寻根战略，而不是缩手缩脚，瞻前顾后，以致贻误发展机遇。

2.理清思路。理清思路的前提是摸清家底，要加大对寻根资源研究的力度，在研究的基础上形成区域行业的发展思路，在科学论证的基础上，一张图纸绘到底，坚持数年必见成效。

3.加大投入。加大投入是开发成功的前提，要加大对研究的投入，加大对规划的投入，加大对外联和外宣的投入，加大对基础设施的投入，并以此招商引资，真正达到实施寻根战略的目的。

4.狠抓落实。要抓好工作的落实，其核心是抓好政策的落实、人员的落实、经费的落实、任务的落实。要真正扑下身来，认真落实各项措施，就一定能达到最终的目的与预期的效果。

区域盘点篇

第一章 豫北豫西的寻根文化亮点

一、黄河、黄帝：托起河南根文化的厚重

郑州，位于河南北中部黄河南岸。中国的母亲河黄河滋润着这片神奇的土地，中华人文始祖黄帝在这里创造辉煌。这里是中原文明与黄河文明的核心区域，是支撑河南厚重根文化的脊梁。没有黄河与黄帝，河南乃至中国的文明根本无从谈起。

1. 黄帝的丰碑

古文献记载有三皇五帝，黄帝是三皇之一，又是五帝之首。5000年前，在中原的新郑一带居住着一个以熊为图腾的部落，称为有熊氏，其国君为少典。而黄帝则是少典之子，姓公孙，因出生并长期居住和活动于有熊国的轩辕之丘（今河南新郑市区北关），故得轩辕氏之号；又因成长于有熊国的姬水流域，故又姓姬。黄帝打败了炎帝、蚩尤，成为天下共主。因黄帝族与炎帝族联合，故中华儿女都称为"炎黄子孙"。黄帝在位时间很久，国势强盛，政治安定，创造了丰富灿烂的中华文化。我国古史时期的衣、食、住、行、农、工、矿、商、货币、文字、图画、弓箭、音乐、医药、婚姻、丧葬、历数、阴阳五行、伞、镜的创造发明，均始于黄帝时代，所以黄帝又被称为"中华人文始祖"。

司马迁的《史记》以《五帝本纪》开篇，五帝中的其他四帝都被归为黄帝的直系子孙。黄帝有25个儿子，其中有12个儿子被他赐姓，有2个儿子姓了他的姓，有9个儿子被各封一国。黄帝的孙子颛顼继承帝位，号高阳氏；曾孙帝喾也得了天下，号高辛氏。尧帝是黄帝的玄孙，舜帝是黄帝的9代孙，夏禹为黄帝的11代孙，商汤为黄帝的17代孙，而周文王姬发为黄帝的19代孙，黄帝后裔子孙相承1500多年。黄帝东曾到过海边，登过泰山，西曾到过今甘肃东部，南曾到过长江以南的湖南一带，北曾到过今天的内蒙古南部一带，足迹踏遍今天的大半个中国，但始终以中原地区为其活动的中心地带，河南的新郑市、新密市、灵宝市等地都留下了黄帝活动的遗址及大量的民间传说。

新郑市区轩辕路有黄帝故里，现已辟为黄帝故里景区，占地100余亩。黄帝

⊙ 2016年，甘肃天水市清水县举办（丙申）轩辕黄帝祭祀大典

故里祠始建于汉，清朝康熙年间，立有轩辕故里碑。扩建后的黄帝故里景区共分五个区域：广场区、故里祠区、鼎坛区、艺术苑区、轩辕丘区，有中华第一祠、中华第一碑、中华第一桥、中华第一鼎、中华第一古枣树等景观。故里祠正殿中央供奉轩辕黄帝中年坐像，祠后建有黄帝宝鼎坛，竖九鼎。黄帝宝鼎置于中宫，高6.99米，直径4.7米，重24吨，为天下第一鼎。在鼎坛的北面是轩辕丘旧址，高大的丘内建有地穴覆土式建筑——轩辕黄帝纪念馆。新郑市西南与新密交界处的

⊙ 新郑黄帝故里景区

始祖山（古称具茨山），有黄帝祠、轩辕庙、黄帝拜将台、黄帝练兵处等遗址。寻根到中原，到黄帝故里，已经成为海内外华人的共识。郑州黄河风景名胜区在黄河岸边，依山塑有炎黄二帝巨像。

2. 万姓归宗到炎黄

中华民族称为炎黄子孙或黄帝子孙，是名副其实的。从血缘关系来看，中华百家姓氏绝大多数属黄帝族、炎帝族和东夷族三族后裔。新百家姓中，属于黄帝族的有70姓：王、张、刘、陈、杨、周、吴、孙、朱、胡、郭、林、何、郑、罗、宋、唐、韩、曹、邓、萧、冯、曾、程、蔡、彭、潘、袁、于、董、余、苏、叶、魏、蒋、田、杜、范、傅、钟、汪、戴、陆、姚、夏、韦、贾、邹、石、熊、孟、阎、薛、侯、龙、段、孔、邵、史、毛、常、万、顾、赖、武、康、严、钱、施、牛。兼属黄帝族和炎帝族的有10姓：高、谢、吕、丁、卢、方、邱、贺、洪、龚。兼属黄帝族和东夷族的有8姓：梁、沈、任、廖、金、秦、白、尹。属于炎帝族的只有许、姜、崔、雷4姓。属于东夷族的只有李、黄、赵、徐、马、江、谭、郝等8姓。直接由黄帝而得的姓氏有姬、熊、轩辕等。黄帝的文臣武将们也得有龙、方等姓。

姬氏，黄帝居于姬水而得姬姓，是中国产生最早的几个姓氏之一，当今排名229位。

熊氏，黄帝国于有熊（今河南新郑），称有熊氏，其后有熊姓，当今排名72位。

龙氏，黄帝臣有龙行，是中国最早的龙姓，当今排名84位。

方氏，炎帝后裔方雷氏之后。方雷氏因助黄帝灭蚩尤有功，被封于方山，其后以方为姓。史上所称方山有多处，最早的即今嵩山，西起洛阳龙门，东达新密东部；登封、巩义、荥阳、新密四市交界处的浮戏山，史上也曾单称为方山。方姓当今排名69位。

3. 许由与大禹们

在中国姓氏产生与发展数千年的历史上，出现了许多承上启下的历史名人，许由与大禹无疑是其中的佼佼者。

据《庄子·逍遥游》、皇甫谧《高士传》等古籍记载，许由字武仲。尧闻其贤，致天下而让之，许由退而隐于中岳颍水之阳，箕山之下。尧又召为九州长，许由不欲闻之，洗耳于颍水之滨。时有巢父牵犊欲饮之，见许由洗耳，问其故。许由曰："尧欲召我为九州长，恶闻其声，是故洗耳。"

箕山，因其形似簸箕而得名，整个山坡平坦如枕，当地百姓俗称为"枕头山"；又因上古高士许由卒葬于此，又称"许由山"。今箕山半山腰有槐里村，传为许由当年隐居之地。槐里村边有一棵古槐，树干粗需三人合抱，树冠葱郁繁茂，相传为许由手植槐的第二代。传说汉武帝时因建中岳庙，原树被伐做建材，此树为许由手植槐根部分蘖而来，自汉武帝至今已有两千余年历史。箕山上有数通石碑，其中一座尤其高大，上刻"祖乃许由根在箕山"八个大字。山上还有许由寨，用山石垒起，高3米，宽2米，周长数千米。山顶东北端有许由冢，呈圆状，山石堆砌，高约6米，周长60多米。《史记·伯夷列传》云："太史公曰：余登箕山，其上盖有许由冢云。"箕山西北600米的山坡台地上有许由庙，现有正殿三间，东西配厢房三间，内供奉着高约2米的许由像。槐里村不远处，有许由洗耳泉，一年四季井水甘甜。山上还有许由箕阴避暑处等与许由相关的遗迹。

许氏，许由之后以许为姓，当今排名26位。另，许由后裔文叔在西周时在许昌建有许国。

大禹是一个妇孺皆知的人物，大禹治水的故事名传天下。世界上许多民族都有关于洪水的传说，中国有"洪水猛兽"的成语，可能就是因为中华大地上的洪水为患特别严重。大禹治水患，凿龙门，改堵为疏，离家十三年，三过家门而不入，让大家安居乐业，得到了许多部落的共同拥戴，成为部落联盟的新领袖。按照原始社会的禅让制度，禹应该让助手伯益做继承人，但是，禹死以后，禹所在的夏部落的贵族却拥戴禹的儿子启做了部落首领。从此公天下变为家天下，出现了我国历史上第一个奴隶制王朝——夏朝。

与禹相关的古迹分布于郑州、商丘、禹州、卢氏、开封等地。郑州风景名胜区的大禹塑像，位于五龙峰景区骆驼峰顶，高10米，重50吨，其形象为大禹头戴斗笠，身着短衣，指挥治水状。登封王城岗遗址是禹都阳城故址，位于告成镇西，由东西并列的两座小城组成。西城保存较好，略呈正方形，面积近1万平方米。近年在王城岗遗址又发现一个面积近30万平方米的龙山时期的城址。与启相关的遗迹有登封启母石、启母阙与禹州钧台。启母石、启母阙均位于嵩山南麓万岁峰下，两者相距近200米。启母石为一高约10米、周长43.1米的开裂巨石，传为禹妻涂山氏所化，石中裂处为启诞生之处。启母阙为中岳汉三阙之一，由东、西两阙组成，分别高3.17米、6.80米。

由大禹及其后裔而得的姓氏有禹、启、夏等。

禹氏，禹的后裔有以禹为姓者。史载有"禹都阳城"，而阳城在今登封告成镇。

启氏，启建立夏朝，史称夏后启，其后裔有以祖名为姓者。

夏氏，禹、启所建之夏王朝大约从公元前21世纪至公元前16世纪，传14代，17王，统治近500年。夏朝灭亡后，夏王朝后裔有以国号为氏，成夏姓。夏姓当今排名67位。

4. 郑国的辉煌

郑州位处中原腹地，古国众多，其中可以郑国为代表。

郑国是西周宣王时封于陕西华县的小国。郑桓公姬友于公元前769年东迁新郑，到公元前375年为韩国所灭，前后立国432年，共13世，是春秋初年的大国。韩灭郑后，继续以新郑为都，后灭于秦。

郑韩故城在新郑市区附近双洎河（古称洧水）与黄水交汇处。春秋战国时为郑国和韩国的都城所在地，因而称郑韩故城。公元前230年韩被秦灭。郑、韩在此建都长达539年。新中国成立后在此进行大面积的考古勘查，初步查清了故城概貌。故城平面极不规则，东西长约5000米，南北宽约4500米。中部有隔墙，将故城分为东、西两城。大部分城墙尚存，最高处达18米。西城中部有一座小城，应当是当时的宫城。宫城出土的"无字碑"，呈圭形，全长3.25米，宽0.45米，厚0.25米，被称为"中华第一碑"。

在郑国连续400多年历史中，产生了140多个姓氏，其中的大姓有郑、冯、段、洪、侯等。由韩国产生的姓氏有韩、何等。

郑氏，亡国后的郑人奔于陈、宋间，为纪念故国以郑名氏，得郑姓。荥阳郑王庄有郑氏祖茔，盘龙山有郑氏名人苑。郑姓当今排名21位。

冯氏，出自郑国大夫冯简子，系其后代以他的名字为氏，祖根地在郑韩

⊙2016年，第七届大禹文化之乡艺术节暨祭祀禹王大典在登封召开

故城。还有一支冯姓出自荥阳。魏国大臣有名长卿者,食采邑于冯城(今荥阳西),其后人以邑为氏,姓冯。冯姓当今排名28位。

段氏,郑武公之弟共叔段反叛失败后逃往外地,其留居原地的子孙有的以祖名为姓,即段姓。段姓当今排名80位。

侯氏,共叔段死后,郑庄公赐他的儿子共仲姓侯。侯姓当今排名70位。

韩氏,韩国灭亡后,国人以韩为氏。韩姓当今排名29位。

何氏,与韩姓同源。韩国灭亡后,南逃的韩姓人为避难而改姓何。何姓当今排名18位。

除郑国和韩国外,夏、商、周三代还有许多古国在郑州属地分布,如虢、管(今河南郑州)、巩、邻等,后形成郭、管、巩等姓氏。

郭氏,周初,虢叔被封于东虢,其地在今河南荥阳东北,至春秋时期,为郑所灭,子民以国为氏,就是虢氏。古代"虢""郭"音同通用,后来虢氏便转而为郭氏。郭姓当今排名17位。

5. 荥阳郡与荥阳堂

荥阳郡,三国魏正始年间分河南郡设置,治所在荥阳,今河南省荥阳市东北部,北魏移今治。相当于今河南黄河以南,东至朱仙镇,西至荥阳,南至新密洧川,以及黄河以北的原阳县。荥阳故城位于郑州市北的古荥镇,始建于春秋战国时期,城垣不规则,周长7.5公里,已发现四个城门。

以荥阳为郡望的大姓有郑、冯、潘、毛等,其中郑、冯二姓的起源地和郡望地都在荥阳,具有更大的开发价值。荥阳是郑姓最为著名的郡望地,自古有"天下郑姓出荥阳"或"荥阳郑氏遍天下"之说。荥阳也是冯姓和潘姓最为著名的郡望地。毛姓虽以荥阳为郡望地,但毛姓望族在历史上居于今原阳一带。

牛姓"十八打锅牛"的故事发生在荥阳。相传,元末明初,有牛姓堂兄弟18人从山西洪洞迁至荥阳汜水十里堡村,因时局所迫又要分离,于是将一口铁锅打破,每人拿一锅片,以做日后相认的凭证,后人代代相传。2002年,美籍华人牛满江教授曾到祖地寻根。"打锅牛"打锅的遗址,位于十里堡小学校园一角,仅剩几间残破的瓦房,旁边是一块巨大的青石碑,上刻"牛氏十八祖打锅台遗址纪念碑"。

以荥阳为郡望地的各姓族人,许多以荥阳为堂号,表示他们的祖根在荥阳。海外郑、冯等姓侨胞成立的宗亲会有时也以荥阳堂命名,如新加坡郑姓成立的宗亲会即名荥阳堂,后更名为荥阳堂郑氏公会。

6. 打造强势根文化品牌，刻不容缓

郑州是中国的第一古都，具有中、通、丰、古、商等地缘优势。郑州的姓氏文化资源得天独厚，而且还有其他地区乃至其他省区所缺少的黄河、黄帝等优势根亲文化资源。因此，利用资源优势，打造闻名全国的优势根亲文化品牌是我们的义务，也是我们的责任。

新郑的黄帝系列文化资源开发与黄河文化资源开发都在进行之中，社会各界应该共同努力，加大力度。新郑黄帝故里拜祖大典上升为"国典"的呼声日益高涨，新的黄河博物馆已经建成开放。新郑与郑州黄河风景名胜区应加大合作力度，在农历三月和九月各举行一次公祭黄帝或公祭炎黄大典。其他各市，如荥阳、新郑、新密的郑姓文化开发也要加强合作，共同做大根文化这块蛋糕。

（陈建魁）

二、淇濮之间：寻根文化的四大闪光点

太行东侧，有淇水，也有濮水，二水为文化之河，常见于《诗经》《左传》等早期作品之中，它们所滋润的那片土地，便是今日的安阳、鹤壁与濮阳。商文化、卫文化交织在这块土地之上，并形成你中有我、我中有你的根文化的四大闪光点。

1. 围绕祖根扩大三帝大影响

三皇五帝为中华人文始祖，五帝中的颛顼、帝喾、帝舜都与这块土地有关。

颛顼与黄帝关系密切。《史记·五帝本纪》云："帝颛顼高阳者，黄帝之孙而昌意之子也。"颛顼即是这个部族的首领，也是这个时代与这个族群的代称。他"载时以象天""治气以教化"，依靠天象历法指导农业生产，理四时之气以教化万民，尤以颛顼历为代表。他还进行宗教改革，使礼制更加规范，使社会的精神层面更加进步。帝喾与颛顼同属黄帝族团，《史记·五帝本纪》云："颛顼崩，而玄嚣之孙高辛立，是为帝喾。帝喾高辛者，黄帝之曾孙也。"在文献中，帝喾更多的则是颛顼的助手，他能遵循颛顼之道，节用修财，能治序三辰以治历明时，教民稼穑以因民。帝舜则在五帝中居于末位，他在天象历法与治水方面取得了较大的成就，政权组织建设更加严密，分工也更为具体，被世人奉为"圣明之君"。

三帝之遗存多在淇、濮之间。《左传》云："卫，颛顼之墟也，故为帝

丘。"帝喾因传颛顼，因而颛顼之墟亦为帝喾之墟。依《清一统志》及方志文献及考古发现，颛顼帝喾之墟有可能在今濮阳市的高城一带。颛顼帝喾陵，在今濮阳老城西北不远；今属安阳市的内黄县梁庄乡有"二帝陵"，至今仍保留有元代以来的碑刻60余通；在商丘有帝喾陵，也离此不远。至于舜之故里，虽有河北涿鹿、陕西安康、浙江余姚、山东定陶、山西永济诸说，而据《史记·五帝本纪》所谓"舜，冀州之人也"以及他与东夷方面的联系，尤以濮阳最具备条件。据专家考证，舜一生中生姚墟、渔雷泽、耕历山等经历，证明舜之故里在濮阳县，姚墟之地在今濮阳县徐镇。

⊙淇河

三帝后裔是个十分庞大的族群。颛顼之后，据《路史·国名纪》记载高阳之后有125个小国，其中92个小国可确证其地。这些小国后衍生出李、赵、黄、胡、朱、罗、梁、董、程、沈、苏、夏、田、姚、廖、陆、白、秦、江、顾、孟、庄、温、连、韦、端木、敖、曹、季、濮、晏、终等50余个姓氏。帝喾之后，亦见于《路史·国名纪》，共55个国名，衍生出的姓氏分属于姬姓与子姓等多支族系，古今姓氏可达1116个，在100大姓中占居多数，尤以林、王、吴、刘、蔡、杨六大姓氏为代表。至于帝舜的后裔，有姚、陈、胡、潘、卫、袁、王、苟、文等数十个姓氏。

2.深入打造殷都名城大品牌

殷商王朝，为中国早期最重要的王朝，也是青铜文化鼎盛时期的代表。商族是一个历史悠久的部族,其始祖为契,子姓,为帝喾之子。契之后,汤正式建立商王朝,自公元前1600年至公元前1046年,商王朝共历32王、500余年。商王朝后期,有"盘庚迁殷"的记载,而殷都之墟,当在今河南安阳。自20世纪20年代开始,考古工作者在安阳进行了大规模的发掘,不但发现了"申"字形、"中"字形大型墓葬和大型祭祀坑为代表的王陵区,甲、乙、丙等数组建筑基址等为代表的宫殿区,还发现了手工业作坊、壕沟及大量的青铜器,尤以重达875千克的司母戊大方鼎为商代青铜器的代表作,而发掘出土的10余万片甲骨,尤其是数量众多的带字甲骨卜辞为殷商历史的研究提供了直接的文字依据。值得注意的是,在盘庚迁殷后的273年中,商王朝并未迁都,不过《史记》等文献记载,殷朝末代君王帝辛则以朝歌为都,或称为离宫别馆。朝歌为今淇县,属鹤壁市,这里有折胫河、摘心台、纣王墓、三仁祠、纣王殿、鹿台、酒池等相关遗存,以及大量的有关殷纣王及相关名人的传说。淇县还保留有朝歌城、朝歌寨,传与殷纣王关系密切。

◎安阳殷墟

商为子姓,由子姓衍生出的姓氏有徐、王、孙、朱、林、何、宋、萧、邓、丁、戴、钟、郝、孔、汤、武、殷、商、华、牛、索、怀、庄、元、穆、施等60余个。

3.抓住重点深挖卫国大资源

卫国是西周初年分封的同姓诸侯国。西周王朝建立之后,周公平定以武庚为代表的殷顽势力及三监之乱,周成王将这块商畿内之地分封给自己的叔父、周武王之弟康叔,并以朝歌(今河南淇县)为都。康叔地位显赫,还担任周王朝的司寇。康叔的八世孙卫武公,修康叔之政,采百众之谏,并佐周平王伐戎,立下大功,自此卫国君王由叔、伯而称公。卫桓公时,其弟州吁自立为君,不被人民爱戴,老臣石碏为民除害,立桓公弟邢为宣公。卫懿公时,爱鹤如命,不理朝政,举国上下,民怨沸腾。北方的狄人攻打卫国,国人执戈不前。于是,卫国被迫放弃将近400年的国都朝歌,先后迁都曹、楚丘(均在今河南滑县境内)。在短暂的流亡与迁徙之后，卫成公六年（前629）正式定都帝丘（今河南濮阳）。自此卫国18代、22个君王在此立国，长达388年。以帝丘为都的卫国，也是卫国历史上最重要的时期，卫国活跃在当时的各个层面，以特殊的地位会盟于天下诸侯，不过在战国时期，由于七雄称霸，卫国也就沦为弱小邑国，由公而降为侯、君，元君之后又远徙野王（今河南沁阳），其子君角仍保留卫国祀号，直到秦二世时正式灭国。

⊙获嘉宁氏祖陵季亹墓

卫国也是姬姓之后的重要姓氏来源地，由卫国衍生的姓氏有卫、宁、孙、戚、孔、石、康、世、凌、聂、列、鄄、常、濮、璩、元等110个。

4. 构建网络展示名人大潜力

淇、濮之间，是许多名人的诞生地与活动地，并因此形成了相关的姓氏祖根地。

仓颉与史氏：仓颉为黄帝时的史官，也是文字的发明者，有关仓颉的遗迹在河南、陕西等地有多处。而南乐有国内保存最为完整的仓颉庙，占地面积达2700平方米。南乐县的吴村为仓颉故里，当地有古棘树，传为仓颉出生地。其附近有造书台，还有仓颉陵。仓颉为仓、颉、史姓的得姓始祖。史氏当今排名83位。

挥公与张氏：《元和姓纂》载："黄帝第五子青阳生挥，为弓正，观弧星，始制弓矢，主祀弧星，因姓张氏。"挥与颛顼同时，挥为弓正，也应居住在颛顼之都帝丘（今河南濮阳），经专家研究论证后，已得到海内外张氏族裔的公认。张氏在新百家大姓中排名第3位。

豕韦与韦氏：《通志·氏族略》云："韦氏，亦曰豕韦氏，风姓。杜预云彭商之伯国，今滑州韦城即其地，能豢龙。故韦城古城内有豢龙井尚存。"豕韦氏为夏的同盟国，其活动地在今河南滑县，即韦氏祖根地。韦氏当今排名66位。

顾伯与顾氏：夏朝有诸侯国名顾国，其封地在今河南范县，其首领叫顾伯，后被商汤所灭。国人以国为氏，故顾氏祖根地在今河南范县。顾氏当今排名86位。

⊙修武范氏宗祠

伯禽与秦氏：秦氏除源自嬴姓的秦国之外，还有一支源自姬姓。《古今姓氏书辨证》记载："周文公世子伯禽父受封为鲁侯，裔孙以公族为鲁大夫者，食邑于秦，以邑为氏。"秦邑地在今河南范县，秦氏当今排名74位。

范武子与范氏：《新唐书·宰相世系》载："范氏出自祁姓，帝尧裔孙刘累之后。在周为唐杜氏，周宣王灭杜，杜伯之子隰叔奔晋为士师，曾孙士会，食采于范，其地濮州范县也，子孙遂为范氏。"士会，即范武子，为晋国大夫、中军元帅，辅佐晋文公等晋国君王，他的封邑在今河南范县。范氏当今排名59位。

石碏与石氏：卫国石氏以石碏最为著名。石碏为卫国老臣，卫桓公弟州吁收聚亡命之徒袭杀桓公而自立为君，石碏为民除害，他与陈侯杀州吁于濮水之上，同时处决了勾结州吁祸害百姓的亲子石厚，由此产生了"大义灭亲"的典故。石氏封邑石城，在今林州市境内。石氏当今排名63位。

韩琦与韩氏：韩氏祖根地在新郑。韩氏族裔中有韩琦，为北宋宰相，他与范仲淹共同抵御西夏，并与范仲淹、富弼同朝为政，为世人敬仰。在他的家乡相州（今河南安阳市）仍保存有他的故居昼锦堂，以及以韩琦墓为代表的韩氏墓地，还有为纪念他而修建的韩忠献公庙。韩琦的后裔，在南方有广泛分布，因此近年来形成了韩氏寻根热点。

淇、濮之间为河、淇故地，文化发达。寻根资源，有四大闪光点，要依托单姓搞开发，围绕亮点建基地，要打破行政界限，整合资源，强势开发，未来一定会成为河南根文化开发的重要一极。

（张新斌）

三、永远把牧野当作骄傲

新乡，东南有黄河的沧桑，西北有太行的峥嵘；从不为都，只为牧野而自豪。

在这里，历史上曾经有过大忠臣、大谋略、大事件与大群体，文化的亮点与当代的人群有机地结合在一起，这便是姓氏寻根所依托的文化积淀。

1. 比干庙与大忠臣：开发林姓、王姓与财神文化

比干与关龙逢为中国历史上最早的大忠臣。比干，为殷纣王的叔父。比干的忠，之所以敢称大，是因为他不畏强权，为国为民，敢于冒死直谏，杀身成仁。比干的赤胆忠心，为后人所称道，为后人所仿效。

严格来说，史料上并没有比干到过新乡的记载。那个时候交通不便，他长期还是生活在都城，也就是朝歌（今河南淇县），在殷纣王身边时常说些纣王不喜欢听的话。据说，他被剖心之后，为了安心而出都城来到牧野旷原，在这里形成了至今谁也说不清的比干墓和天葬比干的传说。

比干庙在今卫辉市北顿坊店乡的比干庙村，北魏时初建，现在占地面积4.4万平方米，有牌坊、照壁、山门、二门、木坊、拜殿与正殿，最后为比干墓，墓前有传说的孔子刻书"殷比干墓"的石碑。比干庙最神奇的是平冠柏与无心菜，这些都与比干有着密切的联系。

⊙卫辉比干庙

比干为当今排名第16位的林姓尊认的始祖，其在海内外的影响力吸引了大批的林氏族裔来寻根。比干还是当今排名第1位的王姓的始祖，王姓中有一支为子姓干氏，比干为王子，他的后裔有的便以王为氏，而他的夫人逃难时避身于长林石室，所以他的后代中更以林氏为多。比干还是中国历史上公认的文财神，与作为武财神的关公有着同样的影响力。这种似乎有点庸俗但一般人都不能脱俗的财神文化，也有着无限的开发潜力。比干庙也因此而成为全国重点文物保护单位。

2. 武王庙与大事件：你能做多大寻根潜力就有多大

武王庙位于获嘉县东照镜乡桑庄村南，一个高5—6米的土堆拔地而起，号称"同盟山"，是商周遗址，其上保留着一组明代建筑，计有山门、拜殿、大殿、后殿，以及配殿与厢房等30余间建筑，院中还有一棵显示其时代久远的古槐。

⊙ 获嘉同盟山武王庙

武王庙是纪念影响中国历史进程的大事件——牧野大战的地标式景点。武王并不是新乡人，但他率领一干人马在新乡周围走了一遭，这就是武王伐纣，灭商兴周。而最能代表他成就的就是牧野大战，武王庙正是在大战前夕举行誓师大会的地点。获嘉不但有保存完好的武王庙，还有文王冢，这两位在中国姓氏中具有关键意义的人物的遗存，集中在一个小县，这在全国是唯一的。

周王朝是中国姓氏大量衍生与定型的关键时段。武王庙与文王冢这样的遗存，可以吸引到与姬姓周朝同姓的诸侯国如晋、冀、贾、应、邢、韩、毕、魏、鲁、赵、郑、卫、蔡、沈、凡、蒋、邢、茅、燕、吴、虢等50余个方国有关的数以百计有开发价值的姓氏，而且与周姬直接相关的姓氏就有周、姬、单、古、甘、暴、詹、党、卜、侯、翟、狄、职、史、支、师、帅、文等150个姓氏。因此，武王庙与文王冢开发潜力巨大，可以说你有多大能力，能做多大，它的开发前景就有多大。

3. "大谋略"的姜太公：60余个姓氏与钓鱼文化的根脉所在

姜太公为周武王的重要谋臣，《封神演义》将其神化为无所不能的"封神之神"。不过，文献中有《六韬》，从中可以看出，姜太公为有"大谋略"的智慧之人，被学术界冠以"谋圣"之誉，应是当之无愧的。《史记》上有姜太公为"东海上人"的记载，齐国旧都的淄博大做姜太公文章，似是无可非议，但姜太公在河南不但有文献所记，有文物可证，还有踪迹可寻，亦为研究者公认。

卫辉市至今仍有太公泉镇与太公泉村，村内有姜太公祠，至今还保留有大殿三间。其附近的吕村有太公墓，太公庙在县城及附近有5处，数量之多为他处所不见。东汉汲令崔瑗的"太公庙碑"、晋汲令卢无忌的"齐太公吕望表碑"、东魏汲郡太守穆子容的"修太公望祠碑"等早期石刻，以及《水经注》等文献记载，都可以确认姜太公故里在卫辉。

尊姜太公为祖的姓氏有姜、吕、卢、丘、高、申、穆、柴、丁、尚、章、贺、易、左等60余个，日本等国的钓鱼组织也是尊姜太公为祖师，其注册会员数以万计，姜太公的文物价值与寻根价值之大可想而知。

4. 古共城与大洪水：洪、龚、段姓祖根地

中国上古时代有大洪水，古代文献中对发生在尧、舜、禹时代的洪水有过较多的记载，而与洪水治理关系最为密切的是共工氏，共工甚至成为当时治水的专用职官名称。共工氏之所以与辉县连在一起，是因为历史上辉县长期为共城县，当然也是早期的共地、共国与共邑。洪氏当今排名97位。《元和姓纂》载："洪，共工氏之后，本姓共氏，因避仇，改洪氏。"龚氏当今排名90位。《古今姓氏书辨证》亦称："其先共氏，避难加龙为龚。"这都反映了此二姓与共工氏故地的关系极为密切。

辉县至今还保留有古共城遗址，位于辉县市区，呈方形，周长约5000米，现仍保存有北墙、东墙及南墙的部分段落，在城内发现有夯土基址、手工作坊遗址。共城为共工与共国的旧地，其相关的著名人物是共伯和。从文献看，一说共伯和为共国的国君，也是"共和行政"的关键人物。另一说则是卫僖侯之子，封邑在共，后为卫武公。卫武公则是卫国的重要国君，也是诸多姓氏公认的始祖。而在共邑，还有《左传·隐公元年》所记的"郑伯克段于鄢"，共叔由京城奔逃于共邑，因称"共叔段"。《新唐书·宰相世系》云："段氏出自姬姓。郑武公子共叔段，其孙以王父字为氏。"段氏当今排名80位。

5. 原阳名人"大群体"：寻根开发有潜力

原阳历史上出过12位宰相，有的有影响，有的无影响，有的为忠臣，有的为奸相。无论是为刘邦六出奇计并在危难中拯救大汉江山的陈平，在汉初手握兵权的周勃、周亚夫父子，还是在汉初以黄老之术治国使民休养生息，并删改《九章算术》的张苍等，都强烈地反映了在汉代及其以前原阳名人群体的实力。在唐代几乎同朝为相的韦思谦、娄师德，都是今河南原阳人。在原阳保留有这些名人的遗迹，如陈平祠、张苍墓与张大夫寨、周勃墓与周亚夫墓、张良博浪沙及毛遂故

里等,都具有潜在的寻根价值。

与毛遂故里相关的荥阳阳武毛氏的优势,引发了毛泽东祖根在原阳的研究与讨论。实际上在我省由名人引发的寻根已成趋势,原阳的这些名人在相关姓氏的家谱中,均为宗支之祖,他们的伟业也让同宗引以为豪。原阳的名人大群体,具有较大的潜力,应该深入挖掘。

新乡从来不为"大古都",但它的"大京郊"情结、"大乡镇"气势,创造了许多奇迹。在姓氏寻根方面,林氏在卫辉的寻根活动也早早地走在了全省的前列,具备很好的基础。

在寻根文化资源的开发上,这些年新乡在徘徊,似乎说得多做得少,议得多干得少,而要围绕大忠臣、大事件、大谋略、大洪水、大群体做文章,抓大放小,使寻根文化成为产业,成为龙头与亮点。

新乡的上古最为辉煌,而承托这种辉煌的是牧野,新乡也就是牧野,新乡永远把牧野当作骄傲。

(张新斌)

四、根系山河相拥的那片沃土

以黄河为方位,古人有河东、河南、河外、河内之称。河内便是指黄河以北、太行山以南的那个区域,其核心地区也就是今天的焦作与济源。

商代甲骨文反映,这里是所谓的"沁阳田猎区",周代则是城邑众多的经济发达区。良好的条件使得这里长期为富庶之地,历史名人的大量活动促使这里形成了独特的根文化资源。

1.古城古国密度大:姓氏众多

城邑众多,区划精小,实际上是经济发达的体现。早在夏代,这里有帝宁所居之原都(今河南济源),商代则有祖乙所迁邢都(今河南温县)。商周时期的古国与城邑,有邢、苏、卫、温、苗、向、原、单、轵、郗、邢、侯、依、阳樊、雍、宁、野王、州、怀、河阳、溴梁等数十个。《史记·穰侯列传》记有"拔魏之河内,取城大小六十余",反映这里城邑的密集程度。东周时期的温(今河南温县西)、轵(今河南济源东南)更成为当时富冠海内的天下名都。

以邑以国为氏,是衍生姓氏的重要来源,在该地区与此相关的姓氏有近30个。主要有以下一些:

于：《新唐书·宰相世系》："于氏出自姬姓。周武王第二子邘叔，子孙以国为氏，其后去'邑'为于氏。"邘国故城在今沁阳市西万镇的邘邰村，城址呈方形，分东城与西城，城内西北角有高9米的"钓鱼台"，应为宫殿区。这里为于氏祖根地之所在。当今排名39位。

苏：《世本》："祝融之后，陆终生昆吾，封苏，因氏。"苏族的早期活动地，在辉县苏门山。但苏氏大量衍生在苏国灭亡之后，苏国故城在今温县招贤与上苑一带，因此这里为苏氏祖根地无疑。当今排名44位。

樊：源自姬姓。文王之子虞仲之后有仲山甫，封于樊，因以为氏。其地在今济源市承留乡曲阳村，至今仍保留有曲阳故城。当今排名109位。

温：源自姬姓。成王之弟唐叔虞之后，有以温为封邑，其后因以为氏。温邑为苏国之都，同为一地，在今温县西。当今排名104位。

向：宋有向地，而河内之向为商周姜姓国。《水经注》记载轵南有向城，即济源市左山村。当今排名102位。

邢：源自姬姓。周公第四子封于邢，温县东有平皋村，为邢邱故地，并保留有邢邱故城，应为邢氏祖根地。当今排名111位。

单：源自姬姓。成王封小儿子姬臻为单伯，其后以邑为氏。单邑之地在今济源与孟州交界处。当今排名151位。

宁：源自姬姓。卫武公之子食邑于宁，其后子孙以邑为氏。宁地宁邑在今获嘉修武，相关遗存在两地均有保存，获嘉在最近还发现了宁氏祖茔。当今排名140位。

原：源自姬姓。文王之子封于原，称原伯，其后以邑为氏。原城遗址，在今济源市区庙街。当今排名271位。

2.河内富庶甲天下：名人荟萃

河内地区，气候温和，土地肥沃。《左传》有"取温之麦"，三国魏国卢毓在《冀州论》中有"河内好稻"，均反映出这里农业的发达与殷富。因而在汉唐时，每有权势者多到河内就职。

自汉初设立河内郡，治所先设在怀县

⊙获嘉宁氏祖陵季亹墓

（今河南武陟西南），西晋时移治野王（今河南沁阳市）。在汉唐之间，河内郡也形成了诸多的名门大族，并成为杨、安、于、向、毕、常、秦、荀、乐、古、怀、陆、药、苟、练、平、庆、山、苏、司马等姓氏的郡望地。毛氏也有以河阳（今河南孟州）为郡望地者。

河内地区在历史上曾形成四大名人组群：以汉献帝刘协、魏大将军与西晋王朝的奠基者司马懿，以及被尊为文帝的司马昭、晋武帝司马炎为代表的汉晋帝王组群，相关遗存保留在修武、温县等地；以山涛、向秀等"竹林七贤"为代表的魏晋名士组群，相关遗存保留在武陟、修武、沁阳等地；以韩愈、李商隐、韩湘子、裴休、卢仝、荆浩等为代表的唐宋文人组群，相关遗存在孟州、沁阳、博爱、济源、温县等地；以许衡、朱载堉、何瑭、张玺、曹谨等为代表的元明清名人组群，相关遗存在焦作、沁阳、武陟等地。目前围绕名人进行的姓氏寻根活动已经开始，而且还有较为广阔的发展前景。

与名人相关的姓氏开发，仍有潜力可挖。主要有：

石：汉代万石君石奋家族望于温县，石奋家族在西汉为官者有十余人，其中石奋及其诸子均位列二千石，共称为"万石君"。石奋家族为石氏所引以为荣，温县不但有诸多石奋家族之后裔，而且还有相关遗迹，可以吸引海内外石氏来温县寻根。当今排名63位。

⊙孟州韩文公祠

卜：相关谱书多以卜氏由职业而来，但卜氏尊卜子夏为祖，子夏故里在温县的卜杨门村，因此温县为卜氏祖根地。卜子夏墓等相关建筑已修复。当今排名210位。

司、冠：均因苏国开国君王苏忿生曾担任西周时的司冠，由职官改姓而来。温县有苏国故城，因此为司、冠的祖根地无疑。当今排名190位。

焦作与济源，均为河内腹地，文化同根，文脉相通。焦作市的温县根文化资源最为丰富，可以称之为"焦作文化之魂，河济文明之光"。要提高认识、抓住重点,加大开发力度,在姓氏祖根地开发的同时,围绕名人做根文化的文章,相信也能走出新路。

山河相拥的这片沃土将张开双臂,欢迎游子们的归来。

(张新斌)

五、朝圣之旅尽在河洛之间

河洛之间有洛阳。洛阳是中华大古都,洛阳的历史与文化厚重而博大,无法用一个专门的时空来固定,如果我们需要用一个特定的文字来概括的话,那便是"圣"。犹如伊斯兰文明、犹太文明的圣地与圣城一样,中华文明的圣地是河南,中华文明的圣城便是洛阳。

1.洛阳大古都:传承中华文明的圣城

在洛水与黄河交汇的这片丰沃平原周围,有山河相阻,从而形成了极为独特的地理环境。《史记·周本纪》引用了周公对这个地方的评价:"此天下之中,四方入贡,道里均。"以至何尊的铭文称这里为"中国"。在东西仅长50公里的河洛平原上保留着五大古都遗址,其中,第一个兴起的都城遗址为二里头遗址。该遗址位于偃师市的西偏南方向,总面积达375万平方米,发现有宫殿基址、宗庙基址、手工业作坊及大型墓葬等遗存,为夏代国王桀都斟鄩之所在。第二个兴起的都城遗址为偃师尸乡沟商城。该城址位于偃师市区以西的地方,洛水之阳,城址平面呈南北长方形,南北长度为1700余米,东西宽度在740—1215米之间,城内发现有与宫殿有关的小城,还发现有城门及大道,该城有可能为商代第一个王汤所居之诸亳之一。第三个兴起的都城遗址为东周王城。该城址位于今洛阳市涧河以东的王城公园一带,平面近方形,南北长3700米,东西宽2890米,城内西南部为宫殿区,北部则为手工业作坊区。在王城的基础上形成西汉的河南县城。第四个兴起的都城遗址是汉魏洛阳故城,为东汉、曹魏、西晋与北魏的都城所在。该城址位于洛阳以东的洛水北岸,为南北向长方形,城墙总长约14公里,城内西北角有始筑于曹魏的金镛城,城内中部偏北有宫城,已发现有中央衙署集中的铜驼街、汉魏时的清暑殿、北魏洛阳名寺永宁寺,以及汉晋时的灵台与明堂遗址。第五个兴起的都城遗址是隋唐东都遗址。该城址位于今洛阳市区及城郊,外郭城周长约27.5公里,城内面积约47.3平方公里,郭城内街道纵横相交构成里坊,并设有用于交易的三市,郭城西北隅为皇城。皇城的北部则为宫城,在东城外还发现有含嘉仓遗址等。洛阳除夏、商、东周、东汉、曹魏、西晋、北魏、隋、魏（李密）、郑（王世充）、唐、后梁、后唐、后晋为都之外，新莽、北齐、北周、后周、宋、金、中华民国则为陪都或行都，建都历史长达1400余年，在中国八大古都中首屈一指。

洛阳历史文化博大精深。中华文化之根的"河图洛书"诞生于此。周公在这里制定礼乐，形成"三代"最具代表性的周礼。老子在这里研究典籍文献，并以此为基础完成《道德经》。《诗经》首篇《周南》收集的便是洛阳当地的民歌。西周初年迁洛的"殷顽民"形成了中国最早的职业商人，东周时在这里诞生了商圣白圭。东汉时的太学是中国历史上最早的公立大学，在学人数最多时达3万余人，校舍1850间，并形成了较为完整的招录与教学管理办法。王充在这里完成了《论衡》，许慎在这里完成了《说文解字》，班固在这里撰写了《汉书》，陈寿在这里撰写了《三国志》，司马彪在这里撰写了《续后汉书》，司马光在这里完成了史学巨著《资治通鉴》，张衡在这里研制了浑天仪与地动仪，蔡伦在这里发明了造纸术，华佗在这里研究中医外科而知名。此外，《两都赋》《两京赋》《洛神赋》等文学名篇都与洛阳有关，中国古代乐舞尤以洛阳百戏最为精华。真、草、隶、篆等书体的成熟也与洛阳有关，吴道子的《五圣图》完成于洛阳，中国最大的艺术宝库龙门石窟亦在洛阳。从以上挂一漏万的记述中均可以看到洛阳文化的厚重。而就学术层面而言，道学肇始于洛，儒学渊源于洛，经学兴盛于洛，佛学首传于洛，玄学形成于洛，理学寻源于洛。因此，洛阳是中华文化的圣城。

在历史上，与洛阳关系最为密切者当属今西安市，二者同为中华大古都，但洛阳在多个层面上要优于西安。一是洛阳建都史可早到夏、商，而西安只是从西周时才为王都。二是在西周时，周公受命营建洛邑，并以此作为统治东方的政治中心。西汉初建时，刘邦也曾以洛阳为都城数月后，才正式定都长安。也就是说，大王朝即使不是首选洛阳，也要以洛阳作为陪都，以便更利于统治。三是当王朝的政治中心东移后，西安的中心地位不但受到削弱，有时更没有了陪都的地位。四是洛阳与西安作为汉唐大都，有着不同的风格，如长安城更为规范与严谨，洛阳则较之随意，威严中不失亲和力，在城市的布局上表现得最为明显。五是当政治中心东移到开封之后，宋、金也仍以洛阳为陪都，北宋时的洛阳称为"西京"，更以文化繁荣为特征。六是就目前的城市地标而言，洛阳保留有龙门石窟、白马寺、关林、周公庙等，较之西安城市本身的名胜更具有震撼力。因此，在作为中华文化圣城的竞争优势上而言，洛阳要优于西安，退一步说，至少不亚于西安。

洛阳对东西地区的影响是显而易见的，日本的京都便是模仿洛阳城修建的，日本人直到现在仍把进京称为"上洛"。

"若问古今兴废事，请君只看洛阳城。"洛阳是中华文化博大厚重的集中体现，洛阳是永远的中华文化圣城。

2. 河洛大影响：客家人心中永远的圣地

河洛本是一个区域名字，但在背井离乡的南迁士民的心中，它是一个正统的象征，也是他们心中的圣地。

中原士民大规模南迁主要有三次：第一次是晋怀帝永嘉五年（311）至西晋灭亡，因内乱与外患引发的大规模迁徙，以苏、浙、湘、鄂等地为主要目的地，其中洛阳南迁的士民达200万人。第二次是唐朝末年黄巢起义引发的迁徙活动已遍及全国，尤其是原已南迁客居他乡者继续向浙、赣、闽的山区迁移。第三次是金元南下与南宋灭亡，由原士民再次向东南与岭南迁移。这些南迁的中原人不忘故土，不但将中原的地名带到新的居住地，而且还保留了中原的习俗、语言及传统，南迁的士民聚族而居，为与当地人有所区别，有的便被冠以"客家人"之名，从而形成了有亿万之众的汉民族中最大的民系。

从客家谱系中也可以看出客家人与中原的密切联系，如：

李：为唐昭宣帝之幼子李熙照，由洛阳避难迁逃于福建邵武开基，其后世因避金兵之扰又迁于宁化石壁。

张：自唐末由固始南迁宁化七都桂林场。

刘：开基祖刘祥与其子刘天锡，因避唐末之乱而由洛阳迁居宁化石壁洞。

孙：开基祖孙俐原居河南陈留，因唐末平乱有功而封东平侯，遂居虔州（江西宁都）。

叶：世居河南府（今河南洛阳）东门兴福坊，赐进士出身，授江西临江府粮军厅，后迁居宁化新村里叶坊。

温：开基祖温尚简由洛阳迁居江西石城，其曾孙南皋由石城迁居宁化石壁。

丘：丘穆世居卫辉府封丘县，自光州固始迁居江西抚州藤桥，其后丘品清因唐末避乱而自洪州移居建州，为入闽始祖。

总之，在有关客家姓氏的研究中，南迁的77姓中有李、王、张、刘、陈、黄、胡、林、吴、沈、何、叶、杨、谢、魏、邓、钟、范、郑、宋、江、袁、冯、高、唐、韩、刁、蓝、丁、卜、庄、文、池、练、温、赖、廖、曾、汤、洪、侯、戴共42姓。刘、练等姓氏以"河南堂"为堂号，邓、叶等姓氏以"南阳堂"为堂号，范、蓝、廖等姓氏以"汝南堂"为堂号，赖、冯、陈、钟、韩等姓氏以"颍川堂"为堂号，均反映了客家姓氏与中原的亲缘关系。因此，河洛永远是客家人的根。

3. 河南大郡望：见证中华民族融合的圣堂

我们是河南人，但是很长一段时间河南就是洛阳。

"在河之南"，实际最早指的是今洛阳及其周边地区。《尔雅·释地》所云"河南曰豫州"，则是广义的河南。而从行政区划而言，河南则与洛阳关系更为密切。如河南县，自西汉至西晋置设，北周、唐代也曾设河南县，在今洛阳西郊的涧水东岸。河南国，项羽封申阳而置，辖境在今以洛阳为中心的周边地区。河南郡，刘邦废河南国而改设郡，至隋初方废，治所洛阳县在今洛阳市东北。河南府，唐代改洛州而置，元代改称河南路，明代所置河南府，至1913年方废。因此，从以上的地理沿革中，我们不难看出河南的根在洛阳。

"河南堂"作为诸多姓氏的堂号，实际上是见证中华民族融合与发展的圣堂。早在北魏时期，原居于北部大漠地区的鲜卑族入主中原，统一中国北部，原以平城（今山西大同）为都。在与汉文化的长期交流中，北魏孝文帝从自身统治的需要出发，下令进行大刀阔斧的改革，包括：创颁"均田令"，推行百官俸给制；迁都洛阳，加强对中原的控制；禁止鲜卑族人着胡服，说胡语，改鲜卑族姓为汉姓，鼓励鲜卑族人与汉人通婚；进一步完备北魏的封建国家政权。在这一系列的改革中，尤以改汉姓最为引人注目。

据统计，孝文帝下令所改姓氏中，由少数民族改为汉族姓氏者有张、高、于、吕、郭、韩、董、阎、乔、李、庄、党、元、房、伏、谷、侯、胡、梁、柳、葛、陈、杜、何、薛、和、毕、黎、卢、狄、薄、古、解、燕、鲍、车、费、盖、贺、嵇、楼、陆、荀、马、穆、潘、万、长孙等144个，有的认为更多，而在当今120大姓中，占25个。在这次改姓中，皇族拓跋氏改为元氏，拔拔氏改为长孙氏，纥奚氏改为嵇氏，贺赖氏改为贺氏，驾楼氏改为楼氏，独孤氏改为刘氏，丘穆陵氏改为丘氏，步六孤氏改为陆氏，胡古口氏改为侯氏，真羽氏改为高氏，直勒氏改为谢氏，纥骨氏改为胡氏，可赖氏改为王氏等。

而以"河南"为郡望与堂号的姓氏，有刘、宋、毕、卢、田、堵、单、鲍、车、贺、嵇、陆、史、药、苟、山、友、征、延、衣、卜、房、寇、殷、元、窦、于、方、潘、王、向、朱、丘、阎、艾、苏等。这些姓氏在洛阳得到很大发展，同时也成为中华民族融合与发展的历史见证。

近年来，我们围绕中原文化研究时，深感要用大气的称谓概括河南的文化资源。我们提出黄河为中华文化的圣河，而河洛正是圣河之中的珍珠；河南是中华文化圣地，则河洛地区正是圣地的核心；洛阳为中华文化圣城，嵩山为中华文化的圣山，而见证中华民族融合的"河南堂"，无疑可以称之为见证民族发展的圣堂。圣文化系列，是中原文化的最高称谓与最贴切的概括。

（张新斌）

六、禹劈三门：豫西根文化四记

三门峡市位于河南省西部。相传大禹治水时用神斧把高山劈成人门、神门、鬼门三道峡谷，泄黄河水东流，三门峡由此得名。女娲补天、夸父追日、黄帝铸鼎、中流砥柱等典故都发生在这里，这里是中华民族人定胜天、英勇坚毅、自强不息等民族精神基因的渊薮。三门峡还是黄帝时代文化仰韶文化的发现地和中心区域，郭、虢、焦、陕等姓氏的起源地，著名郡望弘农郡的所在地。

1. 仰韶记源

三门峡存留着很多有关黄帝、大禹和老子这些中华文化源发性人物的遗存和

⊙灵宝黄帝铸鼎原

传说，是中华文明发祥地之一。

铸鼎原与黄帝陵：铸鼎原位于灵宝市区西20公里的阳平镇。这里是《史记·封禅书》所载的黄帝铸鼎升仙之处。相传黄帝升仙之时，百姓苦苦挽留，拖拽下了他的靴子和龙须，人们把黄帝的靴子埋在他铸鼎之地，是为黄帝陵，成为后人瞻仰拜谒之地。在铸鼎原周围8平方公里的范围内，迄今已发现20余处仰韶文化遗址，说明文献记载和传说并非空穴来风。

仰韶文化遗址：1921年瑞典人安特生在三门峡渑池县仰韶村发现了一处新石器时代遗址，后来在黄河流域的广大地区陆续发现同类型的文化遗址1000余处，这就是闻名中外的仰韶文化。仰韶文化以内容丰富的彩陶为其主要特点，被认为是黄帝时代创造的文化。该文化陶器上的鸟、鱼、蛙及人首虫身等彩陶图像与图腾有关，可能就是最原始的"姓"的标志。

三门六峰：文献记载大禹治水"凿龙门，劈砥柱"。大禹治水，劈山疏流，不仅留下了三门峡这个地名，还形成了六峰奇观，其中最有名的就是"中流砥柱"。唐贞观十二年（638）唐太宗到此巡游，在砥柱石上题诗云："仰临砥石，北望龙门，茫茫禹迹，浩浩长存。"

⊙三门峡卢氏县神禹导洛处

函谷关与《道德经》：函谷关位于灵宝市区北15公里。据《史记》记载，老子见周室衰亡，就打算隐居关中，西行至函谷关，被关令尹喜强留著书，老子于是作《道德经》五千言而去。

2. 虢国记根

三门峡还是郭、虢、焦、陕等姓的祖根起源地。其中郭姓当今排名17位。

虢国是西周初年的姬姓封国。其辖境大致同今天三门峡市所辖范围相当，都邑在上阳，即今三门峡市区东南李家窑遗址。位于都邑城北的虢国墓地，是保存完整的虢国国君及贵族墓地。据《左传》记载：公元前658年，晋献公采纳大臣荀息的建议，派使臣送国宝"千里马"和"白玉璧"给虞公，要借道以征伐虢国。虞国大臣宫子奇进谏，认为虞、虢两国唇齿相依，不能借道。但虞公因贪图晋国财货，假道于晋。晋国通过虞国的捷径，一举消灭了虢国，并在回师途中，又轻而易举地灭掉了虞国。这就是历史上著名的"假虞灭虢"和"唇亡齿寒"典故的由来。虢国灭亡之后，国人以国名为氏，是为虢氏。后因音转而成郭氏，并成为郭姓的主要来源。郭、虢二姓都以虢国故地为祖根地。

焦氏：据《世本·氏姓篇》记载"焦氏，周武王封神农之后于焦，后以国为氏"，可知焦国始封于西周初年。据《汉书·地理志》记载："弘农陕县有焦城，故焦国也。""弘农"二字指的就是发扬光大神农氏之功绩，来源于焦国之封。焦国都邑的具体方位在今三门峡市陕州区西七里铺一带，是焦姓的祖根地。焦姓当今排名133位。

陕氏：据《姓氏考略》记载，陕姓出自地名。战国时有陕邑（今河南三门峡陕州区），居者以地名为姓。

3. 弘农记盛

弘农郡，西汉武帝元鼎四年（前112）时置郡，治所在弘农（今河南灵宝北）。辖境相当于今黄河以南，宜阳以西的洛、伊、淅川等流域和陕西洛水、社川河上游、丹江流域。

历史上杨、冯、刘、宋、成、刁、蒯、谭、覃、牧等姓氏均以弘农为郡望，其中尤以弘农杨氏最为著名。

弘农杨氏以东汉杨震为开基始祖，杨震生于弘农华阴。相传杨氏先祖藏书于弘农郡湖县董社原，即今灵宝县豫灵镇杨家村，杨震为读书，迁居此地，建"校书堂"。他出仕前教学20年，课徒3000余众，人称"关西夫子"。在东汉中后期近80年中，杨震、杨秉、杨赐、杨彪祖孙四代皆为宰相，人称"四世三公"，弘农杨氏因此成为当时首屈一指的名门望族，杨家村就成为弘农杨氏的祖根地。弘农杨氏到隋代再度辉煌，共出了开国皇帝杨坚等3位皇帝、28位王爷、6位公侯。到了唐代，其后裔中有杨恭仁等11人先后任宰相。北宋时以杨继业为首的杨家将更是满门忠烈、功高盖世，千百年来为世人敬仰。此外，唐代诗人杨炯、南宋诗人杨万里等文化名人也均出自弘农杨氏。可以说，在姓氏郡望中，弘农杨氏极度繁盛，一枝独秀。

4. 开发记望

三门峡市的根文化资源相当丰厚，值得全盘考虑，系统开发。盘点三门峡市的历史文化资源，可以形成以下四大寻根基地：以铸鼎原和仰韶遗址为中心的黄帝文化寻根基地；以大禹治水遗迹三门山、砥柱石和黄河第一坝为中心的水文化寻根基地；以虢国故城和焦国故城为中心的姓氏文化寻根基地；以灵宝弘农郡为中心的姓氏郡望地寻根基地。

近年来，海内外杨氏、郭氏宗亲纷纷来三门峡寻根祭祖，活动频繁，三门峡市也主动引导配合这些寻根活动，推动对外交流和招商引资，取得了可喜的成绩。三门峡的根文化资源开发值得期待。

（李立新）

第二章 豫东豫南的寻根文化亮点

一、珠玑小巷：粤港人魂牵梦绕的地方

在广东、香港人心中，南雄珠玑巷是一块神圣的地方，因为在很多人的家谱中都记载说自己的祖先是从那里迁来的。

追根溯源，南雄珠玑巷由北宋都城开封府的一条巷名移植而来。北宋末年，宋室南渡，南迁臣民落足南雄之后，为表达对故都的怀念，遂以故都的一条巷名称自己的聚居之地。

北宋都城开封府即今开封市，它位于豫东平原、黄河之滨，是中国八大古都之一。战国属魏，魏惠王九年（前361）迁都于此，称大梁。自战国时代的魏国起，经五代的后梁、后晋、后汉、后周、北宋及金朝后期都曾建都于此，属"七朝古都"。

1. 魏都大梁见证魏姓诞生

春秋末年，韩、赵、魏三家分晋，魏文侯任用李悝为相进行变法，使魏国很快成为战国七雄之一。魏武侯时，继续拓展文侯的事业向南发展，取得了郑、宋、楚三国的大片土地，并占据了大梁，从此魏国在黄河以南占有了广大的土地，使魏国初具霸主规模。为了巩固霸业，加强同中原诸国联系，魏惠王九年（前361），魏国将国都从今山西西南部的安邑迁至今河南中部的大梁（今河南开封），这也是开封有史可考的第一次建都。当时的大梁城东西长达10里，人口30万，是与秦都咸阳、楚都郢城、齐都临淄、赵都邯郸齐名的大都城，著名的中原"方家之都"。魏惠王二十七年（前344），逢泽（今河南开封市东北）会盟，魏国盛极一时。魏惠王自恃国力强大，不断向外用兵，也使魏国逐渐走向了衰落。桂陵之战、马陵之战魏军大败后，魏国从此一蹶不振。虽然一度有魏公子信陵君联合诸侯抗秦之举，但也挽救不了魏国覆亡的命运。魏王假三年（前225），秦将王贲引黄河、鸿沟水灌大梁城，虏魏王假，魏国灭亡。亡国之后的魏国王族以国名为氏，就是魏氏。魏国从立国到灭亡，经历八位君主、220年的时间，其中有六位君主定都大梁，大梁作为魏国国都存在了将近140年时间，因

此，今河南开封应为魏姓的得姓之地。

而在魏国建都大梁之前，曾有大禹后裔被分封在今天开封这块土地上。商汤灭夏之后，封大禹之后于杞，故址在今杞县及开封县陈留镇一带，此后杞国"时封时绝"。武王克商之后，再封禹后东楼公于杞国故地。《史记·陈杞世家》载："周武王克殷纣，求禹之后，得东楼公，封之于杞。"裴骃《集解》引宋忠说："杞，今陈留雍丘县也。"雍丘为杞国都城，秦置雍丘县，治所在今河南杞县。春秋时期，夹在宋国、郑国两国之间的"小微"杞国，屡屡遭到强国的欺凌，民无宁日，国祚几绝，无奈之下，杞国只好从世代居住的雍丘向东迁徙到山东境内。公元前445年杞国被楚所灭，子孙分以杞、楼、娄为氏，其中娄氏为当今人口较多的姓氏之一。

2.陈留置郡孕育蔡阮望族

秦始皇统一六国之后，废分封，置郡县，设立了陈留县，治所在今开封市东南约20公里处的陈留镇。汉武帝元狩元年（前122）置陈留郡，治所在陈留。若以今天的行政区划而论，相当于今河南东至民权、宁陵，西至开封、尉氏，北至延津、长垣，南至杞县、睢县之间的地区。其后，郡治屡有变更，但均未出今开封市境。隋初废。

汉魏六朝以至隋唐间，先后有卫、仇、王、边、任、伊、阮、吴、时、典、周、茅、袁、屠、富、智、缑、谢、颍、虞、路等多个姓氏在陈留形成望族，其中以阮氏、蔡氏家族最为显赫。

蔡氏家族最有代表性的人物，当推东汉末年的大学者蔡邕。他博学多才，通晓经史、天文、音律，擅长辞赋，官至左中郎将，封高阳乡侯。蔡邕之女名琰，字文姬，以《胡笳十八拍》和《悲愤诗》蜚声于世，是汉代著名文学家，女诗人，其才华得到曹操的赏识。由陈留蔡氏分衍出来的济阳蔡氏在魏晋南北朝时期发展成为地位仅次于王、谢、元、萧四大门阀的世族。

阮氏家族的肇兴始祖阮瑀，少年时随蔡邕学习，曹操素闻其名，召为司空军谋祭酒，管记室。他长于书记，曹操书檄多出自他手，为"建安七子"之一。阮瑀长子阮籍官至步兵校尉，封关内侯。他崇奉老庄之学，政治上则采取谨慎避祸的态度，与嵇康、刘伶等七人为友，常集于竹林之下肆意酣畅，世称"竹林七贤"。阮籍之侄阮咸，亦为"竹林七贤"之一，与阮籍并称为"大小阮"，精通音律，善弹琵琶，有一种古代琵琶即以"阮咸"为名。

3.靖康之难引发北人南迁

北宋靖康元年（1126），金兵大举南侵，战祸几乎遍及整个黄河中下游地区。金兵攻占开封后，"百姓军人夺万胜门奔逃者达四万余人"，金兵掳走徽、钦二帝，史称"靖康之难"。次年七月，隆祐太后率六宫及卫士、家属赴南方避难。冬，高宗赵构经汴河退至扬州，后定都临安（今浙江杭州）。宋朝南迁后，"民从之者如归市"，由此引发了中原族人的又一次大规模南迁。

清代徐旭曾《丰湖杂志》描述当时中原人南迁的情形说："自徽钦北狩，高宗南渡，故家世胄，先后由中州山左，越淮渡江而从之，寄居各地。"移居地包括今浙江、江苏、安徽、湖北、湖南、福建、广东等地，其中多数北宋将相臣僚追随高宗移居临安，原居北宋都城开封的不少下层百姓也定居临安。据《都城纪胜》《梦粱录》等书记载，临安的王家绒线铺、荣六郎印刷铺、陆太丞儒医、宋五嫂鱼羹、李七儿羊肉、李婆婆杂菜羹、太平兴国传法寺、开宝仁王寺等商店、药铺、寺庙，均系开封人南迁临安后开设或建造，大多沿用开封旧名，目的自然是用以招徕来自开封的老顾客。由于居民多来自开封，就连南宋以后杭州的语言中也带有明显的北音。明代郎瑛《七修类稿》说："（杭州）城中语言好于他处，盖初皆汴人，扈宋南渡，遂家焉，故至今与汴音颇相似。"

南宋末年，元军大举入侵，临安陷落，南迁江南的中原族人又不得不再次南迁，拥进广东、福建等地。

4.珠玑古巷牵动粤港人心

珠玑巷位于南雄市北9公里的沙水村，原名敬宗巷，它位于梅关古驿道上，是唐宋时期中原和江南通往岭南的交通要道。

建炎三年（1129），隆祐太后率部分官吏士民进入江西，曾在岭北的虔州停留一年。隆祐太后返回临安时，跟随她逃亡的那批官员既不能同去临安，又不能回到已被金兵占领的中原地方去，只好越过大庾岭寻找安身之地。岭南是金兵铁蹄未曾到过的地区，但是前路茫茫，他们又不敢贸然深入"南蛮烟瘴之地"，故而从梅关下来之后，就在南雄境内古驿道旁的沙水村暂住下来。这些人因战乱被迫离乡背井，对中原故土眷恋不忘，有人就把老家开封府祥符县珠玑巷的名称用来称呼目前的居留地，于是便有了南雄珠玑巷。明末屈大均《广东新语》卷二"珠玑巷"载："吾广故家望族，其先多从南雄珠玑巷而来。盖祥符有珠玑巷，宋南渡时，诸朝臣从驾入岭，至止南雄，不忘枌榆所自，亦号其地为珠玑巷。如汉之新丰，以志故乡之思也。"

南宋时，定居珠玑巷的中原人又有多次南迁。相传度宗胡妃因为奸臣贾似道陷害被逐出宫，流落江湖，走到钱塘江畔恰遇珠玑巷商人黄贮万，两人定下终身之事，回到珠玑巷生活，事隔多年家仆对黄贮万不满，到官府告发。朝廷诏令血洗珠玑巷，捉拿胡妃问罪，众乡邻为逃胡妃之祸，大批南迁。珠玑巷最大规模的一次移民发生在南宋末年。德祐二年（1276），元军挥戈南下，元将吕师夔攻陷南雄、韶州，宋守将曾逢龙、熊飞先后战死。为避兵燹，那些于北宋末年及以后移居南雄地区的北方士民，又于宋末元初继续顺北江南迁珠江三角洲。

不知经过多少次"中原—珠玑巷—珠三角"的反复，中原人通过珠玑巷源源不断地移居到珠江三角洲一带。嘉靖《广东省志》引《南雄府图经》说："岭上古有珠玑巷……今南海衣冠多其子孙。"乾隆《南雄府志》说："广州故家巨族，多由此迁居。"明清纂修的广州府各家谱，记其祖先宋代辗转来自珠玑巷的，比比皆是。曾昭璇、鲁宪珊对家谱、方志等有关资料的统计和实地调查结果显示，珠玑巷移民家族有797支之多。

⊙广东南雄珠玑古巷

珠玑巷在粤人心目中的地位，就如同福建宁化石壁在客家人心目中的地位。近年来每年到珠玑巷寻根问祖、旅游观光的游客达10万之众，且呈逐年增多趋势。海外的珠玑巷后裔们，对珠玑巷也是一往情深，他们络绎不绝地归来寻根问祖，把珠玑巷作为祖国的象征，作为内心深沉情感的寄托。

5. 大宋故都蕴藏巨大商机

开封市在旅游资源开发方面紧紧围绕宋文化做文章，在原有龙亭、铁塔、大相国寺、包公祠等名胜遗迹的基础上，先后兴建、复建了宋都御街、矾楼、清明上河园、天波杨府、中国翰园碑林等一批仿宋景观，取得了不错的经济效益。

南雄珠玑巷根在宋都祥符，因此今天的开封市对珠玑巷后裔有着巨大的吸引力。开封市如能用好"珠玑巷"这块牌子，把珠玑巷寻根作为宋文化的一部分，加以重点培植，定会吸引包括海外华人在内的珠玑巷后裔前来寻根，从而带来可观的社会效益和经济效益。

（李乔）

二、宋梁故地：寻找失落的根文化亮点

商丘位于河南省东部，是西周至春秋战国时的宋国及汉代梁国故地。

商丘是火的发祥地，火的故乡，这里长眠着中华火祖燧人氏和管理火种的火神阏伯。商丘是商业、商人、商文化的起源地，商丘还是中华姓氏的重要发源地。

1. 夏时小国的亡国之痛

远在夏朝初年，在今天

⊙商丘阏伯台

商丘这块土地上就分布着包括虞、商、葛等古国。虞国为舜后封国。大禹在承继舜的地位并建立奴隶制国家之后，封舜的儿子商均于虞，建立虞国。商均封地在今天的虞城县一带。《史记正义》引谯周说："以虞封舜子，今宋州虞城县。"《括地志》云："虞国，舜后所封邑也。或云封舜子均于商，故号商均也。"商均去世后，葬于今虞城县北12.5公里的利民乡杨庄村西南，其墓至今尚存。虞国作为夏朝的附庸国，一直与夏保持着密切关系，曾在夏朝中兴发挥过巨大作用，直到商汤将其灭亡。虞国灭亡之后，怀着亡国之痛的虞国王族子孙，以"虞"作为自己的姓氏，成为中华姓氏大家庭中的一员。虞氏为当今人口较多的姓氏之一，主要分布在浙江、上海等地。

葛国为嬴姓伯子国，地在今宁陵县境内。《后汉书·郡国志》梁国宁陵县条记载："宁陵故属陈留，有葛乡，故葛伯国。"《水经注》也说："汳水又东径葛城北，故葛伯之国也……其地葛乡，即是城也，在宁陵县东四十里。"葛国是夏的与国，与商为邻。夏朝末年，葛伯因为不祭祀祖先，而遭到商汤讨伐，并因此失国，由此拉开了商汤灭夏的序幕。葛国灭亡之后，子孙亦以国名为氏，即葛氏。葛氏为当今人口较多的姓氏之一，主要分布在浙江、江苏等地。

2.微子之后的宋国姓氏

商族是黄河下游的一个古老部落。传说商的祖先契帮助大禹治水有功,被封于商(今河南商丘东南)。夏末,商部落强大起来,商汤在伊尹、仲虺的辅佐下,最后消灭夏国,代夏桀为王,自称武王,正式建立了商王朝。商朝从成汤建国传17世、31王到商纣时,被周武王所灭。周武王为了安抚商朝的残余势力,就把纣王的儿子武庚封在邶(殷都朝歌以北地区),供奉商汤之祀,并管理殷商遗民。周武王死后,年轻的成王嗣位,武庚认为有机可乘,就起兵反叛。周公旦奉周成王之命平定了这场叛乱,重新把商纣王的庶长兄微子封于先商故地——宋,建立宋国,继续祭祀商之先祖,以便安抚商朝遗民。

⊙商丘古城侯方域故居壮悔堂

宋国都城就在今商丘市睢阳区。《春秋释地》云:"宋、商、商丘三名一地,梁国睢阳县是也。"《汉书·地理志下》记载:"周封微子于宋,今之睢阳是也,本陶唐氏火正阏伯之墟也。"故城遗址的平面近似平行四边形,城墙西北角和东南角成钝角,西南角和东北角为锐角,西城墙长3010米,东城墙长2900米,南城墙长3550米,北城墙长3250米,周长12710米,占地面积约10平方公里,是迄今为止发现的中原地区最大的古代都市。

微子即位后多行仁政,深受百姓爱戴,被孔子称为殷末三仁之一,死后被葬在商丘古城西南25里处,就是今天的睢阳区路河乡青岗寺村。墓地原建有庙宇,后废。2000年重建为微子祠。微子祠占地24000平方米,由墓区、大殿、古式四合院组成,气势恢宏,古色古香。

宋国自微子开国至康王偃,历经七百多年,到战国后期,即公元前286年,被齐、楚、魏三国瓜分。亡国之后的宋国遗民便以国名为姓,称为宋氏。最新统计显示,宋氏当今排名第24位。

除宋氏外,由宋国直接分衍出来的姓氏就有包括萧、戴、孔、牛等在内的近

⊙商丘微子祠

200个姓氏，数量之多是其他任何诸侯国都无法相比的。

萧氏：以邑为氏，始祖大心。宋闵公时南宫长万叛乱，微子后裔大心因平乱有功，被封在今安徽萧县、江苏沛县、河南永城县一带，建立萧国，称为萧叔。大心的后世子孙遂以封地命姓，称萧氏。萧氏当今排名第33位。

戴氏：以谥为氏，始祖戴公。宋国的第十一位国君，因爱护百姓，治理国家有方，制度礼仪没有过错，很受百姓爱戴。因此，在其去世后，周王朝赐其谥号为"戴"，史称宋戴公。《逸周书·谥法解》说："爱民好治曰'戴'，典礼不愆曰'戴'。"在宋戴公不继承王位的后裔中，有的便以戴公的谥号为氏，戴氏当今排名第64位。

孔氏：以字为氏，始祖孔父嘉。嘉，字孔父，宋闵公后裔，殇公时为大司马，其后以其字作为自己的姓氏，就是孔氏。孔氏当今排名第100位。孔父嘉六传至春秋末期大思想家孔子。东周时期，孔子为宣扬他的儒家思想，周游列国，途经宋国时仍要祭祀其祖先，故在商丘附近保存有不少与孔子有关的遗迹，如商丘县的文雅台，永城芒山镇夫子山南麓的孔夫子避雨处、晒书台、夫子庙，夏邑县北核桃园村的孔子还乡祠，睢县孔子游匡的承匡城遗址等。

武氏：以谥为氏，始祖武公。戴公之后，其子司空即位。司空在位期间，北方少数民族长狄侵犯宋国，宋军在长丘将其击溃。司空去世后，赐谥号为武，史称宋武公。武公之后，有的便以武作为自己的姓氏，就是武氏。武氏当今排名第

98位。

牛氏：以字为氏，始祖牛父。宋国传到第十二位国君宋武公时，北方游牧民族长狄进攻宋国，宋武公就派司徒皇父、司寇牛父等率军抵御，俘获了长狄首领缘斯，但司徒皇父、司寇牛父等不幸战死，牛父子孙便以牛父字为氏，称为牛氏。牛氏当今排名第108位。

除上述遗迹外，商丘市内的三陵台也是包括宋氏、戴氏、武氏等在内族人凭吊先人的圣地。三陵台在梁园区王楼乡宋大庄西北古宋河南岸，是宋国戴公、武公、宣公的三座陵墓，故称三陵台。三陵台占地770余亩，神道两侧白杨、古柏参天，碑楼林立，庄严而肃穆。陵前有宋氏宗祠、戴氏宗祠，谕祭谕葬碑、牌坊等，还有石人、石马、石羊等栩栩如生的石像生。近年来有不少三公后人前来拜谒。

3. 系于郡望的姓氏寻根

秦时，商丘属于砀郡。西汉高祖五年（前202），改置梁国，治所在睢阳县（今河南商丘市南）。三国魏文帝黄初元年（220），改名梁郡。此后或为国，或为郡，直到隋初。汉魏六朝时，桥（乔）、谈、葛、张、刘、李、盛、墨等姓氏在此形成望族，"梁郡"也因此成为上述姓氏的郡望。其中以桥玄为首的桥氏家族最为显赫。桥玄位至三公，他慧眼识才，收留任用曹操，留下了"斗酒只鸡"的美谈；他的长女嫁孙策，次女嫁周瑜，被人誉为"二乔"，更被传为佳话。

济阳郡，也跟商丘有关。西晋惠帝时，将陈留郡一部分划出设置济阳国，后改为郡，治所在济阳（今河南兰考县东北），领济阳、考城（今河南民权县东北）诸县，辖区相当于今河南兰考、民权一带。济阳郡的郡治虽然不在商丘境内，但魏晋南北朝间的江氏、蔡氏等望族，祖籍却在今天的民权。"江郎才尽"成语典故妇孺皆知，故事中的主人公江郎江淹的籍贯，史籍记载

⊙商丘中华商祖文化苑

均为济阳考城。实际上，江淹的先祖早在西晋末年时便随晋室南渡，离开了祖地济阳，定居江南，到江淹之时，已过去了一个多世纪，然而江淹依然称自己为济阳考城人，表达出深深的不忘故土的情怀。而且南渡之后的济阳江氏人才辈出，在南朝的政治、文化舞台上发挥着重要作用，并因此形成江氏济阳郡望。南北朝时，济阳考城蔡氏也是"蝉冕交映，台衮相袭"，并因此形成蔡氏济阳郡望。

4. 根文化开发潜力很大

近些年来，商丘市非常重视文化资源的开发工作，尤其是在火文化、商文化的研究开发工作投入了较大的精力，也取得了不错的社会效果。而在姓氏资源开发方面，尽管也有宋氏、戴氏、牛氏宗亲到商丘寻根，并且已经取得了一些成果，但从总体上说开发力度还不够大，效果也不够好。如果商丘能够像开发火文化、商文化那样来开发姓氏文化，必将给当地带来可观的经济效益和社会效益。

（李乔）

三、淮水之阳：中华姓氏的滥觞之地

中华姓氏这个关乎国人祖脉血缘的文化符号，其滥觞者并非众所周知的母亲河黄河，而是同为四渎之一的淮水，具体起源地在河南东南部属于淮河流域的周口地区。历史上，周口一直以淮阳县为中心，淮阳古名宛丘，其地曾为古部族陈丰氏所居，故又称陈，周封陈国，秦置陈郡，古人称水北为阳，西汉因陈郡在淮水之北，而改陈郡为淮阳郡。中华姓氏正是在这淮水之阳孕育而生的。

周口不仅是中华姓氏的起源地，也是河南省姓氏资源最为丰厚的地区之一。据统计，起源于周口及历史郡望地在周口的姓氏多达130余个，其中一些姓氏为中华著姓，如李、王、陈、胡、田、孙、姚、夏、陆、袁、谢、薛等姓，均列入当今中国人口最多的100大姓之中，人口总数有4亿左右。

1. 大始祖：从伏羲、女娲到炎帝

我国古史上著名的"三皇五帝"所指有多种说法，汉应劭《风俗通·皇霸》和唐司马贞《补史记·三皇纪》都称三皇为伏羲、女娲、神农。而这三皇均主要活动于今周口地区。

伏羲氏是我国上古时代著名的部落首领，不仅被列为三皇之首，《易·系辞上》还把他列在五帝之首。史载伏羲生于成纪（今甘肃天水），建都于陈，死后亦葬于陈。淮阳自古就称为"太昊之墟"，今淮阳县城北存太昊伏羲陵，历史悠

⊙淮阳伏羲陵

久,规模宏大,是目前全国最大的伏羲陵。位于淮阳县城北门外,还有画卦台和白龟池,传说是伏羲氏"始作八卦"留下的遗迹。伏羲的创制很多,如作八卦、造书契、作甲历、造干戈、结网罟等,但他最重要的贡献是"正姓氏,通媒妁,制嫁娶"。在原始社会之初,人们群居而杂婚,难以避免近亲婚育的弊端,伏羲认识到这种危害,制定了一套同姓不婚的嫁娶礼仪制度,从而避免了血亲通婚,实现优生繁衍。姓作为"远禽兽,别婚姻"的符号,是中华民族文明进步的重要标记,经过数千年的繁衍发展,至今中国历史上使用过的姓氏已多达22000多种,这些姓氏代代相传,延绵不断,成为中华民族生生不息的血缘纽带。可以说中华万姓同根,根是伏羲,而羲皇故都淮阳,正是中华姓氏最初的发源之地。

　　同西方上帝造人的故事相似,中国也有女娲抟土造人的传说。又传说女娲与伏羲是兄妹结婚,繁衍出人类,汉画像石中就有众多伏羲、女娲交尾图。也有传说是女娲创立了男女婚配制度,所以女娲又有"神媒""高媒"之称。女娲还炼石补天,发明了笙簧乐器,在我国神话中被视为人类始母。据说伏羲去世后,女娲继任为部族首领,她死后葬在今周口西华县境,在今西华县城北的思都岗村,有女娲城。《读史方舆纪要》载:"娲城在西华县西,女娲之都也。"

　　中华民族称炎黄子孙,炎帝神农氏虽生于烈山,育于姜水,但"初都于陈"。在淮阳县城北5公里处现存"五谷台",高丈余,广十亩,相传是炎帝神农氏教民稼穑、播种五谷的地方,附近还有神农井。1980年,考古工作者在淮阳县东南发现了属于龙山文化的平粮台古城,被认为是太昊之墟、神农之都的古宛丘城址。周口作为中华人文始祖炎帝神农氏的故都所在，更增添其中华万姓之根的厚重。

2004年周口举办了规模宏大的"首届中华姓氏文化节"，研究和宣传伏羲和中华姓氏文化，取得了巨大的成功，成为周口向外推介自己的闪亮名片。但文化节单一强调伏羲，对同为华夏人文始祖而且与周口同样有深厚渊源的女娲和炎帝研究宣传不够。全国各地有不少关于伏羲、女娲的传说和遗迹，而集伏羲、女娲于一地，周口是独一无二的，伏羲、女娲兄妹结婚，繁衍人类，化育万物的传说反映了中华先民对生命起源之谜的求索和思考，可与西方亚当、夏娃的传说相媲美，伏羲和女娲就是东方的亚当、夏娃。如果把周口的伏羲和女娲放在一起开发，相信会收到更为显著的成效。作为伏羲故里，甘肃省天水市的伏羲文化研究和开发一直走在前边，现在，甘肃省与"华夏文化纽带工程"密切合作，在天水筹建以伏羲为主体的"中华始祖文化园"，计划建成中华各民族的祭祖基地。周口"中华姓氏文化节"作为一种节会，属于软件工程，文化节期间盛况空前，文化节过后人去楼空。文化节应该留下一个可供人们经常参观的永久性的大型姓氏文化旅游景点，天水的做法可资借鉴。

2. 大名人：老子李耳与中华第一大姓渊源

中国哲学之父和世界辩证法鼻祖老子是今周口鹿邑县太清宫镇人。生活于2500多年前的老子，不仅是中国的文化圣人，道家学派、道家文化的创始人，也是世界最伟大的哲学家、思想家之一。老子所著的《道德经》是发行量仅次于《圣经》的文化经典。老子的思想博大精深、魅力独特、享誉海内外，不仅是建构中华文化的基石、东方文化的代表，也深深地融入了人类历史的进程。可以说老子是和孔子比肩而立的中国文化大名人。

老子还被道教奉为鼻祖，而且被奉为中华第一大姓李姓的始祖。《风俗通·姓氏篇》云："李氏，李伯阳之后。"伯阳是老子李耳的字。《姓解》说："周之前未见有李氏。"李姓最早见诸文献的是汉司马迁《史记·老子韩非列传》，老子李耳是正史立传的李姓第一人。

近年来，鹿邑县实施"文化兴县"战略，倾力建设文化旅游名城。发挥老子文化、道家文化、李氏文化等资源优势，强力打造老子故里、道家之源、道教祖庭、李氏之根等文化品牌，大投入、大力气、大手笔开发以老子文化为核心的文化产业，进展神速，已初见成效。通过老子文化开发，鹿邑县正发生着日新月异的变化，建设文化旅游名城的目标值得期待。

3. 大封国：陈国

西周初年，舜子商均的后裔有妫满，又称胡公满，是周武王的女婿，因助周灭商有功，受封于宛丘，建立了陈国，是西周首封的十大诸侯国之一。陈国的地望主要在今天以淮阳为中心的周口地区。公元前479年，陈国灭于楚。陈国灭国后，其公族为纪念故国，以国名为氏，就是陈姓。现在陈姓已发展成中国第五大姓，是我国南方地区影响巨大的第一大姓。今淮阳县是陈国故城的所在地，也是天下陈姓的发源地。历史上由陈国衍生出来的姓氏特别多，除了由陈国开国君主妫满直接传承下来的妫、胡、满、陈四姓，又有夏、田、孔、敬、庆、原、袁、爰、辕、滚、榱、援、盇、仪、招、针、箴、恩、石、子石、献、子献、雒、来、宗、懿、舀、沮、子沮、子舆、子瘖、鞅、子鞅、枋、子枋、穆、子穆、芒、子芒、禽、子禽、子梧、子尚、廪丘、颛孙、原仲、公良、斗门、偃师、司城、司徒、子仲、子宋、子夏、少西、胡非、沈陈，共计61姓。此外，春秋时，陈厉公之子陈完为避难出奔齐国，改称田氏，其后裔在战国时取代姜齐建立了田齐政权，并成为战国七雄之一。田齐王族后来又分衍出王、孙、薛、陆等38姓。这38姓虽然得姓地不在周口，但究其根源，可由陈公子完追溯到陈胡公妫满，归根结底也起源于周口地区。

海外多有数姓连宗的组织，这些连宗的姓氏往往有共同的渊源。由陈国分衍出来的61姓和由陈完之后田齐分衍出来的38姓，也有共同的祖源，有没有可能把这些姓氏统一起来，搞一个大连宗，予以集体开发呢？

4. 大郡望：陈郡

郡望也是重要的姓氏文化符号。周口地区古时主要为陈郡所在地，历史上这里形成了许多著名望族。比如葛、刘、司、袁、邓等姓氏均以陈郡为郡望。此外，谢氏以阳夏（太康）、殷氏以长平（西华）、符氏以宛丘（淮阳）、朱氏以太康、江和彭以淮阳为郡望，上述这些郡望均可纳入陈郡之下。这些姓氏虽然不直接发源于周口地区，但因为历史上其家族世代聚居于此，形成豪门望族，并曾在中国历史上发挥过重要影响，周口也因此成为这些姓氏后裔的寻根谒祖之地。

陈郡作为多个著名姓氏的共同郡望地，是否可以联合开发，建立多姓共同的寻根谒祖基地，值得思考。

（李立新）

四、颖川古郡：孕育魏晋中原著姓望族

对于不少陈姓、钟姓、荀姓、庾姓族人来说，颖川是个神圣的地方，因为他们的祖先曾在那里书写过辉煌。因此，在他们的族谱或堂联上都有"颖川"字样。

颖川为一古郡名，秦始皇十七年（前230）置，以境内有颖水而得名，治所在阳翟（今河南禹州市）。今许昌市及所辖的长葛、禹州、许昌、鄢陵、襄城，漯河市及所辖的郾城、临颖、舞阳均为颖川旧地。

1. 禹州方山：方氏之根

相传炎帝神农氏的八世孙榆罔的长子方雷氏，因协助黄帝讨伐蚩尤有功，被封于方山，其族称方雷氏。黄帝娶方雷氏之女嫘祖为妻，炎黄两个氏族部落联姻，并逐渐融合成为华夏民族的主体。方雷氏之后以封地为氏，有方氏、雷氏。新百家大姓中方氏与雷氏分列第63、78位。

方雷氏所封之方山，即今禹州方山，因其形状为方形而得名。方山紧邻上古轩辕黄帝活动中心具茨山（现称始祖山）。黄帝之臣风后被封于具茨山，并改名风后岭；力牧被封于风后岭山下，名为力牧台；大鸿被封于禹州城西大鸿山，禹州城北具茨山也有大鸿山和大鸿寨，是大鸿屯兵的地方。方山与上述黄帝之臣的封地都只有几十公里的距离，方雷氏封于禹州方山是可信的。

禹州方山作为方姓祖地已为方姓族人认可。近些年来，不少方氏族人回到祖地寻根谒祖。

2. 许由许国：许氏之源

传说上古时期，尧赞赏许由的德行，想把君位让给他，但许由不愿意，就躲起来。尧又请许由做九州长，许由认为这玷污了他的耳朵，于是跑到颖水去洗耳。后许由隐于颖水之阳、箕山之下，以耕作为生。在今鄢陵县陈化店乡有许由岗、许由寨、许由冢等遗迹。

西周初年，许由裔孙文叔被封于许地，建立许国。古许国都城位于许昌县东南。《括地志》云："许故城，在许州许昌县南三十里，本汉许县，故许国也。"《元和郡县志》卷八许州许昌县记载："故许昌城，县南四十里，即许国故城。"唐宋时期的许昌县城，即今许昌县的张潘镇古城村。

开国之初，许国与周朝保持着密切的关系，主要负责监视和控制商的遗族宋国，防止其叛乱。西周末年，许国还是强国，曾经参与操纵周朝的政治，扶立平王，建立东周王朝。春秋以后，许国为郑、楚等国所逼，先后迁于叶、城父、白

羽、容城等地。公元前481年，许国被楚国所灭，子孙分散，以国为氏，就是今天排名第26位的许姓。

除许国外，商周时期在今许昌、漯河境内还分布着包括鄢、胡、康在内的封国，其后皆以国名为氏。

鄢国，商周妘姓国。在今鄢陵县一带。春秋时鄢国被郑国所灭，鄢国后人就以国为氏，为鄢氏。鄢氏为当今人口较多的姓氏之一。

胡国，西周姬姓国。在今郾城、舞阳一带。春秋初期，计谋多端的郑武公，先以其女嫁与胡君为妻，乘胡国不备，一举将其灭掉。亡国之后的胡国子民，为表达不忘故国的感情，纷纷改以国名为氏，就是当今排名第15位的胡姓。

康国，西周姬姓国。西周初年，周武王封同母弟姬封于康，在今禹州市境，史称康叔封，建立康国。武庚叛乱被平后，改封康叔于卫，康叔之后有以康为氏者，就是当今排名第105位的康姓。

3. 颍川陈氏：郡中大姓

春秋时，陈厉公之子陈完为避难出奔齐国，改称田氏，其后裔在战国时取代姜氏成为齐国国君，史称"田氏代齐"。公元前221年，齐国被秦国所灭。齐王建的第三子田轸，在齐国尚未灭亡时便投奔楚国，后当上宰相，被封在颍川，并改回陈姓，成为颍川陈氏始祖。此后，颍川陈氏瓜瓞连绵，生齿甚众，成为颍川名门大族，"颍川"也因此成为陈氏重要郡望。

陈轸十世孙陈寔初为县吏，曾入太学就读，后任太丘长。党锢之祸起被株连，其他人都逃避求免，他却自请囚禁。遇赦出狱后，大将军何进、司徒袁隗曾多次请他出山为官，都被他拒绝了，在士大夫中享有盛誉。陈寔生有六子，长子陈纪、四子陈谌皆有高名，与父合称"三君"。作为封建道德的典范，当时许多百姓家中都挂有他们父子三人的图像。陈纪之子陈群，原为刘备别驾，后归曹操，任司空掾。曹丕称帝（220）后，陈群历任尚书、镇军大将军、录尚书事等职。他创立的九品中正制，将地方士人按才能分定九等，上报政府，按等选用，后逐渐演变为士族垄断政权的工具。陈群之子陈泰，初为散骑侍郎，屡迁至奋威将军，并州刺史。他主张对匈奴实行怀柔政策，效果显著，并数次击败蜀将姜维攻伐，官至尚书左仆射。入晋之后，颍川陈氏虽仍有子孙出仕为宦，但整体上明显呈衰落趋势。

4. 长社钟氏：颍川名门

长社（今河南长葛市）钟氏是魏晋时期颇有影响的世家大族。早在东汉时

⊙长葛钟繇文化广场

期,钟皓以诗律教授门徒千余人,朝中多次征召他做官,他都拒绝了。钟皓因德行高尚、学识渊博,与陈寔、荀淑、韩韶并称为"颍川四长",为当时士大夫所倾慕。钟皓的两个儿子钟迪、钟敷因桓灵之世的"党锢之祸"而终身不仕。到了他的孙子钟繇,终于重振家风,使钟氏成为曹魏时期举足轻重的世家大族。

钟繇东汉末为黄门侍郎,遭逢李傕、郭汜之乱,奉献帝归曹操。后为侍中守司隶校尉,持节督关中诸军,为曹操经营关中,召集流散,使生产逐渐得到恢复。曹丕代汉,任为廷尉,曾建议以肉刑代替死刑,未被采纳。明帝即位,进封定陵侯,迁太傅,世称"钟太傅"。钟繇工书法,尤善隶、楷,与王羲之并称"钟王"。今长葛市老城镇小南门里有钟繇洗砚池。池东西长60米,南北宽30米,水深3—4米,常年不涸,相传为楷书之祖钟繇练字洗砚的地方。池边有高台,为钟繇台。清乾隆十二年《长葛县志》载:"钟繇台在县治前,繇尝学书其上,洗砚于池,池水尽黑。"

钟繇的两个弟弟钟演、钟进和两个儿子钟毓、钟会都被封侯。其中小儿子钟会为魏大将军司马昭的重要谋士。在伐蜀之役中,钟会以镇西将军之职,假节都督关中诸军事。以平蜀有功,进位司徒。西晋时,颍川钟氏有多人出仕。晋室南渡后,虽然钟雅官至御史中丞,但离开故土的颍川钟氏已是强弩之末了。

5. 颍阴荀氏:颍川著姓

整个魏晋时期,中原世族最有影响力的,要数颍阴(今河南许昌)荀氏。东汉时期的荀淑品行高洁,学识渊博,乡里称其为"智人",曾征拜郎中,再迁升当涂长，当时名士李固、李膺都曾拜他为师，后出为朗陵侯相。荀淑办事明理，人称为"神君"。他的八个儿子，并有才名，人称"荀氏八龙"，其第六子荀爽最为知名，官至司空。

荀淑的孙子荀彧、荀谌、荀衍、荀悦，从曾孙荀攸等人，都是汉魏之际的风云人物和曹魏集团的重要谋士。荀彧，汉末先依附袁绍，发现袁绍不能成大事，便投奔曹操。为曹操出过不少主意，最有远见的是迎献帝到许。不久任尚书令，参与军国大事，成为曹魏集团中重要的谋士，曹操把他比作张良。曹操迎天子都许，召荀攸为尚书，不久又任为军师。荀攸随曹操南征北战，屡献奇策，在曹操统一北方中发挥了重要作用。

荀彧长子荀恽官至虎贲中郎将，娶曹操之女为妻，三子荀俣曾任御史中丞，五子荀诜曾任大将军从事中郎，六子荀顗，历任司空、司徒、太尉等职。

与荀顗同时，荀爽的曾孙荀勖在司马氏篡夺曹魏政权过程中，追随司马昭左右，帮助出谋划策。西晋建立后，累官光禄大夫、仪同三司。

荀勖有10个儿子，其中荀辑、荀藩、荀组较为有名。荀辑官至卫尉，荀藩累迁尚书令、司空，荀组官至司空、太尉。荀藩之子荀邃、荀阖，荀组之子荀奕，亦是两晋之际显名一时的人物。晋室南渡后，荀氏逐渐衰微。

6.鄢陵庾氏：颍川望族

生活于颍川鄢陵的庾氏是魏晋时期的世族大姓，有许多知名人物。庾乘为汉末名士，隐居不出，不应征辟。其子庾道有父风，亦隐居不仕。庾道长子庾峻，晋武帝时拜侍中，加谏议大夫。庾峻的弟弟庾纯，历任黄门侍郎、中书令，官至少府。

庾峻长子庾珉，历任散骑常侍、侍中。庾珉弟弟庾敳，任诞放达，崇尚老庄，是西晋时期颇有影响的人物。庾纯有子旉，曾任博士，因上表不称晋武帝之意而被罢官，后起为散骑侍郎、国子祭酒。

与其他颍川望族进入东晋之后呈衰落趋势相反，颍川庾氏却步入了历史上最为辉煌的时期。把庾氏带入辉煌的关键人物就是庾亮。庾亮喜谈老庄，是东晋玄言派的代表人物。司马睿为镇东将军时，闻庾亮高名，聘为西曹掾，颇受器重。后以亮妹为皇太子（晋明帝）妃。庾亮曾参与讨平王敦之乱，为明帝所亲信。明帝去世，受遗诏与王导共辅成帝，任中书令，执掌朝政。后历任平西将军、豫州刺史、江荆豫三州刺史等职，握重兵。石勒死后，他上疏议请北伐，为郗鉴所阻，未能实行。庾亮之弟庾怿、庾冰、庾条、庾翼，皆是东晋赫赫有名的人物。

然而好景不长，由于卷入东晋王朝内部的政治斗争，不少人被无辜杀害，颍川庾氏因此中道衰落。

（李乔）

五、鹰城之域：龙师胜迹今犹在

平顶山位处河南中南部的沙河、汝河流域。这里的应国故城、楚长城遗址、北宋汝官窑遗址，这里的风穴寺、香山寺、三苏园，这里的刘累祠、叶公陵园，等等，文化底蕴都十分深厚，昭示着这里曾经有过的辉煌。

1. 应国：鹰城得名之源

平顶山，春秋时为应国，应国以鹰为图腾，古汉语中"应""鹰"通假，平顶山因此又有鹰城之称。

应国原为商代方国，其地在今山西应县。古文献及甲骨卜辞有商王步于应、应侯朝商等记载。后来古应国的子民迁至今河南平顶山地区定居。西周初期，武王之子、成王之弟应叔被封为应侯，因封地属应国故地，国名仍为应国。应侯在两周有较为显赫的地位，在西周早期为监国，故有应监、应公之称，而后才成为诸侯。应国灭亡时代不详，推测大概在东周早期的楚武王或楚文王时亡于楚国。应国灭后，子民以国为氏，得应姓。

应国故城位于平顶山市西郊薛庄镇。应国城址1964年已没入白龟山水库西北隅。这里分布着应山、应水、应都故城、应国墓地和星罗棋布的鱼塘，山清水秀如画，一派田园风光。位于北滍村一带的古墓群，长2125米，宽100米。20世纪80年代以来共挖掘出自西周到汉代的古墓300多座，其中有数十座应国贵族青铜器墓，每一件青铜器都蕴含着耐人寻味的故事。其中出土的一只玉鹰，还保留着上古图腾的印记。平顶山得名鹰城，即源于此。

2. 汝州：周姓起源之地

汝州是两支周姓主源的祖地。周姓为姬姓后裔，而姬姓的始祖则是帝喾之子后稷。后稷的裔孙姬发（即周文王）攻灭商朝，建立了西周。西周传13王，至周平王时，于公元前770年迁都洛邑（今河南洛阳）。周平王有个儿子叫姬烈，被另封于汝坟，被当地人称为周家，后来演化为周氏。汝坟其地，一般说在叶县东北或西北，也有说在汝州的。《诗经·周南》中有"汝坟"篇，"汝坟"为汝河大堤之意。查汝水所经之地，叶县并不在内，故汝坟其地当在汝州境内。后世称盛千余年的汝南周氏，即为姬烈之后。

汝州起源的另一支周姓得姓于战国晚期。公元前256年，周朝为秦所灭，周赧王被废为庶人，迁到惮狐（今河南汝州西北）。当地人称其为周家，他们遂以周作为自己的姓氏。后世周姓郡望中的沛国周氏即周赧王之后。

周姓当今排名第10位，产生了三国名将周瑜、北宋哲学家周敦颐、文学家鲁迅（原名周树人）、国家总理周恩来等名垂史册的人物。

3.鲁山：龙师隐居之所

鲁山是刘姓的祖地，始祖是龙师刘累。刘累是祁姓帝尧的后裔。唐人林宝《元和姓纂》载："帝尧陶唐之后受封于刘，裔孙刘累。事夏后孔甲，在夏为御龙氏，在商为豕韦氏，在周为唐杜氏。"《新唐书·宰相世系》则说："刘氏出自祁姓。帝尧陶唐氏子孙生子有文在手曰'刘累'，因以为名。"颇有一点神话色彩。据《竹书纪年》等书记载，刘累生于夏朝后期，曾学过驯化"龙"的本领，并为夏王孔甲驯养两雄两雌四条"龙"，因而被孔甲赐姓为御龙氏，住在今河南偃师市南。后来死了一条雌龙，刘累怕孔甲怪罪，就偷偷地带着全家老小到鲁阳（今河南鲁山）躲了起来，一生居住并葬于此。刘累的子孙以刘累名字中的"刘"为姓，这就是中国最早的刘姓。刘姓当今排名第4位。

汉高祖刘邦建立汉朝，汉朝成为中国古代历史上辉煌的朝代。刘姓称帝者有66位之多。原鲁山昭平湖畔有刘累墓、刘累祠和刘累铜像。近年规划的刘累陵园占地6万平方米，包括墓区及墓前广场、始祖殿、纪念馆、刘氏会馆、1万平方米的广场、钟楼、鼓楼、牌楼、碑林等。始祖殿已于2004年10月竣工，大殿高16.1米，宽23米，殿深16米，建筑面积650平方米。建筑形式为垂檐歇山式仿古建筑，风格质朴，端庄大方。刘累铜像也已移入始祖殿内。2004年5月，世界刘氏第四届寻根大会在鲁山召开，标志着刘姓文化的开发进入了一个新阶段。

4.叶县：叶公好龙之典

提到叶县，人们自然会联想到"叶公好龙"的典故。其实，历史上的叶公是一位勤政爱民、匡扶社稷的政治家。中国的叶姓就源于这位叶公。

叶公姓沈，名诸梁，字子高，被楚昭王封为叶邑（今河南叶县南）尹，史称叶公。他主持兴建了东西二陂水利工程，当时修筑的东西二陂至今尚存。孔子周游列国，曾拜访叶公，叶公也曾问政于孔子。公元前481年，楚国发生了白公胜之乱，时沈诸梁正屯兵北边，闻讯后连夜带兵赶回京城平叛，最终平定了叛乱，使楚国转危为安。叶公身老于叶，葬在叶邑北澧河南岸。后人建叶公祠、叶公问政处碑坊等以志纪念。由于叶公功勋卓著，其后代得以世代袭封叶公爵位，并以封邑之名"叶"作为姓氏。叶姓当今排名第41位。

叶公陵园位于叶县旧县城北1.5公里。现叶公陵园占地面积23100平方米，主要建筑包括大门、问政殿、飨堂、碑廊、墓丘、祭台、东西厢房等。飨堂面阔20.1米，进深13.7米，檐高4.8米，内供叶公像。叶公陵园依山傍水，风光秀丽，墓冢高大，翠柏簇拥，建筑典雅，布局严整，是海内外叶公后裔寻根问祖和人民群众瞻仰谒拜的胜地。

⊙叶县叶公陵园

近年来，叶县利用根文化的深厚积淀，把境内叶公陵园、霸王城、昆阳古战场、孔子游叶遗迹、明代古县衙、金代文庙等文物景点进行整合，提出了"打造历史文化名城"的口号，并绘制出了"一街、一衙、一庙、一园、一山、一水、一河"的文化旅游蓝图。

（陈建魁）

六、天下之中：奇山秀水间的根文化宝藏

这里有盘古山、嵖岈山、白云山，这里有薄山湖、宿鸭湖、铜山湖，这里有白芝麻、二黄鸡、二白驴，这里有蔡国故城、棠溪宝剑、梁祝故里，这里是蔡、江、周等姓寻根祭祖的圣地，这里是天下之中，位处河南中南部的驻马店。

1.天中山：中国最小之名山

汝南县有天中山，其实是用人工堆制的一丈多高的上土下石的小山堆。《读史方舆纪要》载："土圭测影，此地为天下之中。"《重修汝南县志》详载："禹分天下为九州，豫州为天下之中，汝南又为豫州之中，故聚土垒石以标天下，名为天中山。"唐代，李希烈据蔡州叛乱，皇帝派颜真卿至蔡州劝降，其间颜真卿书"天中山"三字于汝南龙兴寺。在天中山，至今保存有颜真卿所书的

"天中山"横、竖二碑。"天中"是中国早期科学实践的产物,天中山也因此成为中国最小的名山。

"天中"之名,在当时享有极高的知名度,明代确山学者陈耀文曾撰200余万言的《天中记》,清代学问家纪昀在《四库全书总目提要》中评价说:"是编乃类事之书,以所居近天中故题曰《天中记》。"此外,明清时在汝南开有"天中书院"。当今在驻马店地区以"天中"为名者更多,反映了当地对"天中"的认同。

天中山在古代位处汝南郡,此郡在隋唐时与今驻马店地区相当。天中处于南北文化的交接地带,天中文化也因而具有南北融合的地域特色。

2."古蔡国":周代河南之封国

周武王得天下后,把蔡地(今河南新蔡)封给其同母弟蔡叔度。据传,人类始祖伏羲氏(太昊)因蓍草生于蔡地而画卦于蔡河之滨,遂名其地为蔡。尚存的伏羲画卦亭,距今已有1800多年的历史。蔡叔度卒后,周武王复封叔度之子胡于蔡,称蔡仲,为蔡国始祖,其时大约在公元前11世纪中期。古蔡国历25代500余年,后为楚所灭。蔡氏祖根源于上蔡。

蔡姓:黄帝后裔,姬姓。古蔡国为楚所灭后,国人以国名为氏,得蔡姓。蔡姓当今排名第34位。蔡国故城位于上蔡县城关蔡都镇芦岗乡一带,城址平面略呈长方形,东、南、西、北城墙的长度分别为2490米、2700米、3187米、2113米,周长10490米,存高4~11米,宽15~60米。城内有宫殿区,面积达100余万平方米。城外西北1公里许有9座古冢,传为蔡侯墓。公元前530年,楚国让已灭的蔡国复国,封蔡平侯为君,迁都新蔡,历三代君王。新蔡故城周长3215米,位于新蔡县城西北。故城北有蔡侯墓,周围有72冢。芦岗上,有蔡侯望河楼,高踞蔡国故城之上。登上楼台远眺,西面嵖岈翠峰插云,东面洪河蜿蜒若带,周围数十里秀丽风光,尽收眼底。

⊙蔡国故城

东汉时开始的九九重阳登高习俗，便源于上蔡。

驻马店市辖区内，古代时还封有江（今河南正阳）、沈（今河南平舆北）、道、挚、房（今河南遂平西南）、柏（今河南西平柏亭）、祁等国，后得江、沈、房、柏、祁等姓。

江姓：伯益后裔，嬴姓。公元前623年，西周武王时所封的江国为楚所灭，国人以江为姓。江姓当今排名第76位。江国故城位于正阳县南35公里的大林乡涂店村东北角，四面环水，地势险要，城址平面略呈长方形，东西长500米，南北宽350米。城内西北部为宫殿区所在。

沈姓：姬姓封国。周文王之子季载分封于沈，建沈国，为子爵。公元前506年，沈国被蔡国所灭，子孙以国名为氏，形成后世沈姓的主支。沈姓当今排名第49位。沈国故城位于平舆县城北20公里的射桥乡古城村。

房姓：帝尧死后，有虞氏帝舜封尧子丹朱于房（今河南遂平西南20公里的吴房故城），为房侯。丹朱嗣子陵，袭封后以封地为姓，史称房陵，为房氏开姓始祖，其后代遂为房姓。房姓当今排名第178位。

3. "汝南郡"：姓氏郡望之宝地

汝南郡初设于西汉高祖时，治所在上蔡（今河南上蔡西南），辖境除包括今驻马店市辖境外，还有漯河、临颍、项城、周口、信阳、息县、淮滨、郸城、西华、沈丘等地，甚至包括安徽的部分地区。后来郡治先后迁至平舆和汝南，同时郡属区域逐渐减缩，到隋唐时与今驻马店市辖境大体相当。

汝南郡是姓氏郡望的汇聚之地，宋代所编的《百家姓》中，就有周、袁、殷、应、和、穆、齐、盛、廖、沙、盖、梅、鞠、蓝、昌、危、仰、咸、商、糜、麹等21个姓氏以汝南郡作为最具代表性的郡望。同时，汝南也是许多姓氏的郡望之一，其中包括陈、许、吴、沈、邵等大姓。驻马店在历史上还存在蔡郡、新蔡郡，为不同朝代分汝南郡而设，也有不少姓氏以蔡郡和新蔡为郡望，如百里、漆雕等姓的第一郡望为蔡郡，郦姓等姓的第一郡望为新蔡，另外，薛、胡等大姓以新蔡为郡望之一。

可以汝南周氏为代表简述一下汝南郡在周姓人心目中的地位。汉代，周仁复封为汝坟侯，从此迁籍安城，此地在今汝南县的王岗镇。从这时起，周姓作为汝南望族，经汉、魏、晋、隋、唐，历时千载，英才辈出，青史不绝。据《元和姓纂》所载，周姓的18个郡望中，除沛国周氏、长安周氏为周赧王的后代，河南（今河南洛阳）周氏为鲜卑族改姓外，太山周氏、永安周氏、陈留周氏、浔阳周氏、临川周氏、庐江周氏、淮南周氏、文安周氏、汾阴周氏等各支周姓的宗谱上，均称为"周仁之后"。故有天下望族，必称汝南周氏之说。

4. "汝半朝"：汝南名人之盛况

汝南郡面积大，人口多，而且自古经济发达，名人不胜枚举。以东汉时期为例，由于汝南力倡教育，致使汝南籍官吏大幅度增加。整个东汉时期，仅《后汉书》和《风俗通义》中留有传记和姓名的汝南籍高官、名士就有百人之多，因此《晋书》有"汝颍多奇士"的说法，名士荟萃，有"汝半朝"之称。东汉汝南臧否人物之风甚盛，尤以许劭与其从兄许靖为代表。他们二人在当时都有很高名声，评论乡党人物，每月都更变品题，被民间称为"月旦评"。后因称品评人物为月旦评，或省作月旦。今有月旦亭，位于平舆县城关南，即为当时名士许劭、许靖兄弟品评天下人物的场所。

天中历代名人，有秦相、大书法家李斯，西汉名相翟方进，东汉初年水利专家许扬，东汉政治家、太学生领袖陈蕃，东晋史学家、文学家干宝，南朝无神论哲学家范缜，等等。位于上蔡的李斯墓至今保存完好。

5. "组合拳"：寻根开发之优势

驻马店地处"豫州之腹地，天下之最中"，历史悠久，文化灿烂，名胜古迹众多。现保存完好的蔡国故城、白圭庙、伏羲画卦亭、蔡侯望河楼、孔子厄台与白果树、晒书台、子路问津处及李斯墓、蔡侯墓等古迹，使人流连忘返，浮想联翩。这些浓厚的文化积淀可分为以蔡国、江国为代表的古国文化，以车圣奚仲为代表的交通文化，以南海寺、北泉寺为代表的宗教文化，以盘古圣地、梁祝故里、重阳节起源地为代表的民俗文化，以棠溪宝剑为代表的冶铸文化，以小延安竹沟为代表的红色文化等六大系列，同时，驻马店还有旖旎的自然山水风光，有许多闻名全国的土特产品，因此，打造天中文化品牌，必须打好各种文化资源系列规划开发的组合拳，同时以这一地区颇具优势的奇山秀水为依托，如"天然盆景"嵖岈山、"人造洞庭"宿鸭湖、国家级森林公园薄山湖风景区、铜山及铜山湖风景区、金顶山风景区、棠溪源风景区等，共同构建天中大文化。

（陈建魁）

七、青山白水：孕育百姓之丰壤沃土

"青山横北郭，白水绕东城"，这是李白的名诗《送友人》的前两句，描绘的是南阳的风景，青山指的是南阳城北的伏牛山，白水所指就是今天环绕市区的白河。白河注入汉水，汉水汇入长江，所以以水系区分，南阳属于长江流域，而在地域上又属于中原地区，"割周楚之丰壤，跨荆豫而为疆"，地当南北交通要冲，自古以来是我国南北文化交融的区域，融合南北文化之优长，在我国历史上长时期繁荣发达。白河古称淯水，淯和育相通，它不仅直接形成了以水名为氏的育姓，还孕育出谢、邓、吕、申、苑、甫等中华姓氏，并形成了著名的郡望南阳郡。据统计，源于或望出南阳，加上与南阳有关的姓氏约有100多个。

1. 商周邓国：一代伟人的祖根所系

邓姓当今排名第27位。

邓国的历史十分悠久，最早可追溯到夏代初期，《路史·国名纪四》载："邓，仲康子国，楚之北境。史云阻之于邓林者，今之南阳。"今邓州市西南30公里的林扒镇，古称"邓林镇"，另有村名邓岗、邓营等，应该与古邓国有关。到了商代，商王武丁把他的叔父封到邓地，建立了邓国。周代邓国与周王室的关系十分密切，春秋时郑庄公和楚武王的夫人都是邓女，并积极参与国家政事。公元前705年，邓侯吾离到鲁国访问，这次重要的外交活动载于《左传·桓公七年》："邓侯吾离来朝。"吾离成为见诸史册的第一位有名的邓侯。公元前688年，楚文王率军借道邓国北上攻打申、吕二国，作为楚文王舅舅的邓侯不听群臣的劝谏，不仅借道，还款待了这位实力强大的外甥，结果楚军在伐申返回之时，毫不留情地攻灭了邓国，这简直是假途灭虢故事的翻版。邓国灭国之后，国人为纪念故国，以国名为姓，是为邓氏。

邓国都城在今天的邓州市，这一点得到天下邓姓宗亲的认可。邓州市东南郊吾离冢村有邓侯吾离陵，是邓姓的谒祖圣地。

2. 炎黄后裔：天下谢氏出谢邑

谢姓当今排名第23位。

谢姓来源分为两支：其一，《世本·氏姓篇》云："谢，任姓，黄帝之后。"任姓为黄帝之后12姓之一，任姓后来又分出十个小分支，列在第一位的就是谢国。任姓谢国在夏商时期比较弱小，一直默默无闻。西周末期，周宣王为了加强对南方的统治，派召伯虎等大臣灭掉谢国，把他的舅父申伯改封在谢地，在谢国的旧土上营建谢邑，作为申国的新都。任姓谢国灭亡之后，国人为纪念故国以国为氏，形成谢氏。这一支谢氏为黄帝后裔。其二，公元前688年，楚文王攻灭申国，居于申国都城谢邑之人以邑为氏，也姓谢。《元和姓纂》就持这一观点，因申伯为姜姓炎帝之后，所以这一支谢氏属于炎帝后裔。

任姓谢国的都城谢邑和申伯所都的谢邑是否为一地？谢邑的具体方位在哪里？由于早期文献没有明确记载，致使众说纷纭，主要有三说，均在南阳境内：一说在今南阳市北20里处；一说在宛城区金华乡东谢营；一说在唐河县苍台乡。

3. 股肱心膂：受誉立国的中华著姓

吕姓当今排名第47位。

吕氏出自我国古老的姓氏姜姓，因尧、舜、禹时代炎帝裔孙伯夷而得姓。伯夷是上古时期非常显赫的一位大人物，他曾做过尧舜掌管四时方岳的四岳、舜的礼官秩宗、掌管刑律的理官，他还是禹倚重的大臣，辅佐禹治水有功，被封为侯伯之国，封于吕地，并赐姜姓、吕氏。"吕"者膂也，其本义就是脊椎骨，象脊椎骨上下叠压之形，引申为重要之义。因伯夷为禹的股肱重臣而被赐氏为吕，所以伯夷是天下吕姓的得姓始祖。吕国在夏、商、周三代均为诸侯国，直到春秋初年为楚国所灭。

伯夷所封的吕侯之国在何地？《水经注》《元和姓纂》和《路史》都说在宛西（即今河南南阳西），《元统志》称："今南阳县西有董吕村，即古吕城。"董吕村现名董营村，因董姓居此故名，在南阳市区西9公里的沐后河左岸，属王村乡所辖。

4. 南都帝乡：光武帝和他的二十八宿

先秦时期，南阳曾发生两次人口大迁徙。第一次发生在春秋楚平王时，楚国实施了"申人迁出"和"楚人迁入"计划，即把被楚国灭掉的申国贵族迁于荆沙地区（今湖北江汉平原一带），而把荆沙地区的楚人迁入南阳。第二次发生在秦统一中国之后，"迁不轨之民于南阳"。这两次大移民，不仅奠定了南阳的人口构成和姓氏结构，也使南阳在不同文化的交融之中得到快速发展，后来，刘秀又起兵于此，最终达成东汉时期南阳经济文化的冠绝一时。

刘秀是南阳郡春陵（今湖北枣阳）人，他早年曾"卖谷于宛"，在宛城经商时，将两个夫人迁到新野邓奉家中居住。刘秀做了皇帝后，即称南阳为其"故里"。他的两个夫人先封贵人，后为皇后，故又称南阳为"贵人乡"。南阳市南瓦店镇刘营八里铺村至今还保存着明代"汉光皇故里""汉帝光武故里"和"贵人乡"的石碑。更始三年（25），刘秀在洛阳建立东汉政权，把宛作为陪都。由于刘秀起帝业于南阳，他的云台28将、365功臣多出于南阳，他们在东汉初年被封官加爵，把持朝政，故南阳皇亲国戚、高官显贵云集，有"南都""帝乡"之称。当时的南阳市,王侯将相宅第相望,世家豪族所在皆是。东汉南阳世家豪族势力的极度膨胀,为中华姓氏著名郡望"南阳郡"的形成奠定了基础。

5. 南阳故郡:大姓豪族众"望"所归

在宋人编纂的《百家姓》所列的106个郡望中,大约有10个郡望是许多姓氏所共有的,习惯上称它们为十大郡望,南阳郡便为其中之一。南阳郡置郡于战国秦昭王三十年(前272),治所在宛县(今河南南阳市)。

以南阳郡为郡望的姓氏很多,据初步统计有邓、

⊙内乡县商圣苑

范、韩、白、叶、张、赵、岑、王、杜、刘、卓、扁、姬、疏、束、帅、滕、阴、翟、庾、乐、员、资、樊、终、厉、隆等。

郡望的形成多因名人而起。比如南阳张氏就出了科圣张衡、医圣张仲景。淅川顺阳范氏,出了商圣范蠡、史学家范晔、哲学家范缜。再比如邓姓,今天四川的邓姓最有名,但历史上,邓姓不仅起源地在南阳的邓州市,其郡望地也在南阳。西汉中叶,一位名叫邓况的人从楚地迁居于南阳新野县,逐渐发展为当地大族。东汉时,他们因帮助刘秀复兴汉室有功,一跃成为南阳显族著姓,代表人物主要是邓晨和邓禹。邓晨早年娶刘秀的姐姐为妻,后被封为房子侯、西华侯。邓晨死后,其后子孙五代世袭侯爵,历时近百年,长盛不衰。邓禹则是东汉开国功臣,名列云台32大功臣首位。邓禹后代子孙众多,

⊙南阳卧龙岗

繁盛兴旺，史称"凡侯者二十九人，大将军以下十三人，中二千石十四人，列校三十二人，州郡守四十八人，其余侍中、将、大夫、郎、谒者不胜数"，南阳郡由此成为邓姓的著名郡望。

6. 前鉴不远：姓氏开发待来者

众所周知，南阳和湖北襄樊的诸葛亮躬耕地之争由来已久，早在清代就有人撰联曰："心在朝廷，原无论先主后主；名高天下，何必辩襄阳南阳"。近年来围绕诸葛亮躬耕地，南阳和襄樊都做了不少工作，但无论是软件宣传，还是硬件建设，南阳都逊色于襄樊，以致在竞争中明显处于下风。海内外谢姓和邓姓到南阳寻根的活动开展得也很早，但由于缺乏有关部门的正确引导，成效不大，现在几乎归于沉寂。以范蠡、范晔、范缜三位杰出人物为代表的淅川顺阳范氏家族，是一个响当当的文化品牌，完全可以做大文章，有待研究开发。"浮云游子意，落日故人情"，海内外游子期盼回南阳寻根的心情之殷切，宛如李白笔下的浮云悠悠；南阳父老盼望游子归乡之热情，恰似唐代纯净天空的落日红霞。在河南省努力建设文化强省的今天，比起周口、郑州等兄弟地市，南阳的姓氏开发虽然迟缓了一点，但终于起步了，2005年11月23日，南阳姓氏历史文化研究会正式成立，要发掘和弘扬南阳姓氏文化，为打造"人文南阳"、建设"文化名市"作出贡献，就让我们拭目以待吧。

（李立新）

八、淮水之畔：还有一棵"大槐树"

信阳，位于河南的东南部，江淮之间。

信阳文化中的兼容、动态与自在，对北方而言"新"，对南方而言"亲"。没有信阳的中原文化是有缺陷的，缺少了灵性。

信阳有水牛、茶园、水杉，以及极富特色的菜肴，还有厚重的姓氏文化，以及闽台人心中割不断的中原情，一棵闽台人眼中的"大槐树"——固始。

1. 淮水之畔的小国和姓氏

古代的四渎之一淮水，发源于桐柏，流淌于信阳大地。商周时期，这里也建了若干个诸侯小国及城邑，并由此衍生出了以下中华大姓氏。

黄：商周时期的嬴姓国。《世本》《古今姓氏书辨证》均称，黄为嬴姓，少昊金天氏之裔。由甲骨文可知，商时已有黄国，周朝的黄国偶见于《左传》《管子》等文献，在当时楚国的胁迫下，艰难生存，于公元前648年被楚国所灭，其子孙以国为氏，便形成了当今排名第7的中华大姓。

黄国故城在今潢川县城西6公里的淮河南岸，为淮河与小潢河夹汇之处。城址平面呈长方形，东西城垣长1550—1650米，南北城垣长1720—1800米，城墙夯窝明显。墙内东北部还有"黄君台"，为黄国故城内的宫殿区。在光山宝相寺、罗山高店等地发掘出土了黄君孟夫妇墓及贵族墓地，在潢川磨盘山也收集到春秋时期黄国青铜器，说明信阳为黄氏祖根地。

⊙信阳潢川黄国纪念堂

潘：出自己姓。西周末由黄河岸边南迁到淮河上游，并建立番国。春秋时沦为楚国的附庸，《史记》《左传》上偶有"潘子"的记载，公元前504年吴楚争霸而被吴国所灭。其子孙以国为氏，因番国近淮水而称潘氏，当今排名第35位。

番国故城在今固始县城及北郊一带，分内城与外城。外城周长13.5公里，内城位于外城东北部，周长6.5公里。番国故城原在信阳附近，后迁固始。在信阳长台关杨河等地出土的东周墓中出有番国铜器。在固始侯古堆1号大墓中出土有带"鄱子成周"铭文的青铜器，为番国夫人墓，反映了信阳为中华潘氏祖根地。

蒋：为姬姓之国。《新唐书·宰相世系》在谈及蒋国时称，"周公第三子伯龄封于蒋"。依照专家研究，蒋国地点最早也在黄河流域，西周宣王时为征伐淮夷诸国，而将蒋国迁到淮滨县。《汉书·地理志》："汝南期思县蒋乡，古蒋国，楚灭为期思。"《读史方舆纪要》也记载了蒋国与期思的关系，"期思城，县西北七十里，古蒋国。"在今淮滨县有期思集，还保留有平面呈长方形的蒋国故城，东西长约1700米，南北宽400~500米，在这里还发现有西周时的铜器与陶器。蒋国后为楚国所灭，灭亡后其子孙以国为氏，并衍生出当今排名第42位的中华大姓。

廖：古代蓼国有东、西之分。西蓼在南阳唐河，东蓼则在信阳固始。《世本》记载，蓼为姬姓之国。古代蓼、鄝、廖通用，东蓼与番国故城实为一地，所谓固始县的番国故城前身为"东蓼",固始有"古蓼湾""蓼东平原"之称,均与东蓼有关,而东蓼也是廖姓的一个源头。廖氏当今排名第58位,在南方有广泛分布。

赖:为姬姓国。《世本》载,"赖氏,国名,以国为氏"。《左传》等文献中有少量的"赖子"的记载,说明赖国为子爵,公元前538年为楚所灭。赖国故城在今息县包信镇的闾河南岸,现存城垣有的高达2米,方形城垣有100余米见方。在其附近的玉带河滨,有高约2.5米见方的土冢,传为"赖子墓",其不远处有8座古冢,为赖国贵族墓地。因此,息县为赖氏祖根地。赖氏当今排名第95位,在台湾与东南亚等地有赖氏工商界名人。

白:为嬴姓之国。春秋时为楚平王所灭,后设置楚国白邑。《路史》有载,"白,蔡之褒信西南白亭是。楚平王灭,以封子建之子胜,曰白公"。白公胜在当时手握兵权,为报杀父之仇多次欲发兵伐郑国,后发动政变而杀入郢都,囚禁惠王,后来叶公攻杀白公胜。白公胜的子孙便以先祖的封邑为氏。白邑的地点应在今息县的夏庄境内。而白公胜之后,为白姓的源头之一,白居易亦称为白公胜之后。白姓当今排名第75位。

2.中国最早的水利专家与孙氏之根

春秋时期的孙叔敖,成为楚庄王时的令尹(宰相),他不仅治国有方,品行高洁,敢于直谏,而且在水利治理方面做出了大的成就。当时信阳及相邻的安徽地区地势低下,他带领民众不但以渠系水利系统代替沟洫系统完成了期思陂工程,而且还规划开凿芍陂,蓄水灌田,发展农业生产。

孙叔敖为孙氏诸多源头中芈姓孙氏之祖,如今在淮滨不但有期思陂故道,在该县期思村还有占地500平方米的孙叔敖墓,其附近还有孙公祠。孙叔敖的传说也在民间广为流传。

3.固始人主导下的两次中原大移民

1981年,厦门大学语言学教授黄典诚来到河南固始做专题考察,并首次点明了固始与闽台在语言等多方面

⊙固始县华夏根亲文化园广场

的关系。自此以后，在谈到闽台开发时，人们便想到了固始，或者说人们不能不说固始。

在唐代初兴与灭亡的两个时段里，有关固始人南迁的情况在正史中并无更多的记载，但在民间却有非常大的影响力。对于东南的民众而言，固始是根之所在，是文化与血脉的源头。唐高宗时期，当地发生了少数民族的叛乱，时任岭南行军总管的固始人陈政奉命到此平叛，局势平定之后，他与同去的3600名官兵并没有返回故乡，而是就地屯垦，陈政之子陈元光也因初设漳州并任刺史而被后世尊为"开漳圣王"。如今在福建与台湾都有敬奉陈元光的开漳圣王庙。唐朝末年，固始人王潮、王审邽、王审知兄弟参加黄巢起义，入福建后王潮任泉州刺史、威武节度使，后由其弟王审知在闽地建立闽国，并由后梁封为闽王。王审知在闽地发展经济，与民休养，使福建地区的文化有了较大的发展，随同王氏兄弟入闽的27姓5000人全部在当地定居。

据有关方志所载，陈氏入闽迁入的中原姓氏64个，王氏入闽迁入的中原姓氏27个。根据我们从闽台姓氏家谱中所找出的自称为固始籍的姓氏有王、陈、杨、郭、叶、廖、何、萧、罗、高、詹、魏、孙、曹、傅、蒋、姚、石、汤、欧、邹、丁、韩、钱、柳、刘、黄、李、郑、周、许、方、曾、吴、谢、尤、沈、施、颜、吕、龚、柯、蔡、彭、宋、潘、康、涂、苏、赖、卢、董、洪、戴、庄、张、侯、林等。

固始的陈集乡，为陈元光的故里，在陈集、河山等村庄还有许多与陈元光有亲缘关系的陈氏族裔。陈集村保留的陈将军祠是一个带有南方特色的宗祠建筑，有前庭、正堂、厢房等建筑，正堂内有陈将军彩塑。在陈将军祠东南不远处有陈元光祖父陈其耕等陈氏先祖，在将军祠正南的安阳山主峰浮光

⊙固始陈氏将军祠

顶有新近复建的纪念陈元光祖母魏夫人的大山奶奶庙。在固始县东南的分水亭乡有王家寨，这里有王家老祠堂、王家老井及许多残垣断石，据考证这个具有水乡

特色的老村为王审知故里之所在。

4.闽台人眼中的"大槐树",信阳可以做大文章

信阳不但有因古国名人分布衍生的中华7大姓氏祖根地,而且仅仅因为"固始"这样两个字,让许多人苦思冥想了多少代。

——福建人只要一听说"固始"就激动。在20世纪80年代中期,当固始第一次派人去福建元霄时,当地人敲锣打鼓迎接着老家人的到来。

——几乎每个福建人的家谱都可以将自固始入闽的始祖以来的族系全部记载详尽,而此前的世系,只是一个概念性的支离破碎的东西。

——世界苏氏宗亲总会的会歌中,专门有一句歌词:"固始县,寻根源。"

……

固始,是永远的根,是闽台人心中永远的"大槐树"。

这些年来,黄姓、赖姓等海外宗亲到信阳祖地寻根,固始县也迎来了远道的客人。但是,信阳总体的姓氏文化资源还没有开发。

信阳要加大对寻根资源的开发力度,在进行单姓祖地开发的同时,叫响"固始"这个大品牌,要将固始做成河南的寻根基地,吸引闽台及客家人来信阳寻根。

要理顺关系,健全组织,深入研究,强力开发,要做大、做实、做细,将"固始寻根文化节"打造成在国内外有影响的寻根品牌。

山西有中原人的"大槐树",中原的信阳有闽台人的"大槐树",这就是信阳根文化的龙头所在。

(张新斌)

经验范例篇

第一章　寻根文化开发亲历者感言

一、赵国鼎：黄帝故里开发的四点感言

赵国鼎（1930—2018），河南新郑人，曾任中华炎黄文化研究会理事、河南省炎黄文化研究会常务理事、新郑市炎黄文化研究会执行会长。经过长期的研究、考证，赵国鼎首次提出了黄帝一生有11处重要活动遗址，其中6处在河南新郑的观点，并创立了《黄帝甲子纪年录》，精确计算出黄帝元年即帝位立都有熊（今河南新郑市），至今已5000余年。由于在炎黄文化研究领域作出杰出贡献，2005年被授予第十七届联合国国际科学与和平周荣誉奖，2012年荣获"全球根亲（客家）文化传承创新杰出贡献奖"。

目前新郑市黄帝故里及具茨山黄帝文化景区初步形成规模。从1992年3月开始至2008年，已迎来16届炎黄文化拜祖节，其中最大规模的有6次。1995年3月3日，迎来10多个国家和地区的华人华侨代表参加。原国家领导人李德生参加了开

⊙壬辰年黄帝故里拜祖大典在新郑举行

幕式。2002年3月3日，中国侨联颁发首批爱国主义教育基地，始祖山是河南唯一的一家。这次节庆中，中共中央委员、中国侨联主席林兆枢，河南省委副书记王全书等领导参加了庆祝活动。2003年10月，世界第18届客属恳亲大会在河南郑州举行，有30多个国家和地区的3000多位来宾参加了拜祖大典。全国政协副主席罗豪才、河南省委副书记王全书参加了大会。这次大会投资7000万元，将黄帝故里扩大到100亩。2006年的黄帝拜祖大典，全国人大常委会副委员长何鲁丽，全国政协副主席张思卿、罗豪才，河南省四大班子的主要领导及海外华人华侨、社会各界近万人参加了庆典，中央电视台对大典做了现场直播。2007年与2008年的拜祖大典也达到了相当大的规模。

这些成功的节会活动，是各级领导重视，全民努力奋斗而得来的。往事回想起来，深知这种局面来之不易。

最早是在改革开放之初，1983年我赴海南岛考察，遇上三亚市河南村的老乡，到黄帝故里寻根拜祖，我受到了启发。后来又听到，世界同源会三次来中原，寻找黄帝故里，我接洽了世界同源会的台胞后，更使我感到，修复黄帝故里意义重大，但困难也很多。黄帝出生在"寿丘"，这一谜团已千年之久。新郑人已不说黄帝故里，明代改为祖师庙，由道人管理。要想解决这个问题，首先得解开历史谜团，靠什么呢？一靠历史文献，二靠文化遗址，三靠历史民俗与传说。没有这三条，是不能说服人的。

我认为黄帝文化是中华民族文化之根，是吸引港、澳、台同胞的根文化，凝聚着世界炎黄子孙的感情。向远处看，向深处看，向人生价值观上想，此时我已进入人生的后半生，能为祖国、为民族办一件有益的事，就心满意足了。决心一下，再苦再难也就不可怕了。

（一）立志史学著作，纠正历史"误"说

1983年，我引来海南岛黄帝子孙拜祖，受到启发，同时也遇到三个疑问：一是新郑黄帝故里的许多文物不存在；二是《史记》注译的黄帝生于山东寿丘；三是新郑人只承认北关有祖师庙，不承认黄帝故里。要想修复黄帝故里，必须解决这三个疑问，不然是说服不了人们的。经过几年的努力，查找文献资料，聆听专家教授讲授，争取上级领导支持，召开学术会议论证，得出了黄帝故里在新郑的结论。我写了《中华文明始祖黄帝》和《黄炎二帝考略》两本书，出版社写的评语是："这本书，填补了我国历史上一个空白。"送到中华炎黄文化研究会会长

萧克处，他说这是他第一次见到"对黄炎二帝的考证之作"。后来这本书被黄河文化研究会评选为优秀著作。这两本书也成了几次专家研讨、论证的参考资料，是修复黄帝故里的宣传资料，成为说服人心的文献资料，同时，它是解决黄帝故里修复的第一证说，纠正了历史"误"说。

（二）举办炎黄文化节，凝聚中华民族思想感情

黄帝故里祠殿修复工程结束了，但仍冷冷清清。借鉴祭奠黄帝陵的经验，人家可以举办清明节，以祭祖凝聚中华民族感情。黄帝故里怎么办？我查看《左传》，有一处"郑子产任相时，兴国君拜祖登山"的文献，由此兴起的三月三登山拜祖，沿之当今，为纪念黄帝统一中华，登基开国之日。然后我查了不少资料，其中记有炎帝榆罔八代。《黄帝纪年》《帝王世纪》云，炎帝520年，有八代，一代姜轨，二代临魁，三代姜丞，四代姜明，五代姜值，六代姜厘，七代姜哀，八代姜榆罔。这就和《国语》中的记载"黄帝炎帝有熊国君，少典之子"相吻合了。后又查了不少八代炎帝榆罔的资料，证明黄帝、炎帝都是出自有熊国（今河南新郑），二帝都是国君少典的儿子。1991年，我参加上海海峡两岸经济洽谈会，回来后，产生了"举办炎黄文化节"的思路。

这个思路并没有引起当地的重视，于是我就越级反映。在李宝光的指导下，采取了先汇报，后聆教，再写报告的程序。给时任省长的李长春同志写了建议举办炎黄文化节的报告，在省长支持下就这样开始举办炎黄文化节了，到2008年已举办过16届，并且越办规格越高，越办规模越大，节日越办越灵顺。

（三）著《黄帝甲子纪年录》，让中华文明史不断代

当我写过四本专家论证资料书之后，本应该休息，但还没有解答"中华文明5000年"的问题，因此著《黄帝甲子纪年录》一书，大胆研究、分析五帝时代"政情、社情、人情、军情、民情以及古人名言"等，正确、可信、逻辑性较强，贴在黄帝故里和始祖山中天阁内。经过几年的社会观察，虽然大家没有提出疑问，但也没有推广到社会，没有得到公认和共识。

后来看到报纸公布国家建立夏商周断代工程课题组，以李铁映、宋健为组长，就想把《黄帝甲子纪年录》给他们寄去，也许能起到参考作用。我很有信心地把《黄帝甲子纪年录》寄送给国务委员兼国家科委主任宋健同志。

不长时间，宋健同志会同李铁映同志批转夏商周断代工程专家组组长李学

勤，组织专家讨论。1998年夏，我受邀请参加在北师大举办的"探源工程高级研讨班"。我就《黄帝甲子纪年录》发言后，得到与会专家的热烈掌声。由于当年只有4995年，就有人说，到2003年再出版，正好5000年，有纪念意义。

2002年，我从省侨联主席林雪梅那里获悉，在印尼召开第17届客属恳亲大会。我想这是个好机会，借助大会宣传2003年是中华开国5000年整，有纪念意义，一定要参加这个会议。当我得知代表团上午乘机离郑，我就单独自费乘机赶过去，到下午才与河南代表团会合。到印尼后，我首先给第17届客属恳亲大会执行主席吴能彬一本《黄帝甲子纪年录》稿本，取得了他的支持，晚上由百红战宣布今年是黄帝甲子纪年4999年，明年是5000年整。最后决定2003年，提前一年到河南开会，赶上中华5000年纪念活动。

⊙新郑黄帝故里

当第18届客属恳亲大会代表到新郑黄帝故里拜祖时，听到河南省副省长贾连朝宣布今年是黄帝甲子纪年5000年整，在这里举行拜祖活动是非常有纪念意义时，我长出一口气，写《黄帝甲子纪年录》，第一次向世人宣布中华纪年达5000年了。

（四）登山十年不知苦，终获全国侨联颁授爱国主义教育基地

1991年黄帝故里修复后，我已退休，千户寨乡党委书记乔建红真心实意邀请我上山，后来我就同意登山。建设具茨山，确实遇到不少困难，首先是无资金。我曾找省旅游局局长蔡流海，在他的帮助下，初步解了燃眉之急。蔡局长调出旅游局，我又找省侨联，通过侨联向海外宣传。我曾到过不少国家广交朋友，终于

找到韩国林允华和新加坡的朋友，再加上社会的捐助，就这样建成了以中天阁为中心的主峰景观。但是山高人少，不成气候。听说中宣部选定爱国主义教育基地100个，全国侨联首批选择爱国主义教育基地20个，我便积极努力，争取河南省侨联重视，在省侨联主席林雪梅和秘书长林坚的主动支持下，报请全国侨联考察批准，黄帝故里成为河南第一家全国侨联首批爱国主义教育基地。这样一个品牌，把黄帝发迹之地推向了世界，增加了黄帝文化景点的生命力。

上述四项所得经验，来之不易，使我永远难忘。为此，河南省和新郑市委、市政府多次颁发荣誉证书、特别贡献奖证书给我。2005年11月，我更是获得了联合国科学与和平周荣誉奖牌和个人荣誉证书，成为联合国中国组委会荣誉委员。

二、刘文学：一封信与黄帝故里开发的新高潮

刘文学（1938—　），河南新郑人，原新郑市地方志办公室总编辑，副编审。曾任政协新郑市第三至六届常委，第十届郑州市人大代表，中国古都学会常务理事，中华炎黄文化研究会会员，新郑市历史文化研究会副会长。1983年开始研究黄帝文化。主编的《新郑县志》获全国方志优秀成果一等奖，先后编辑出版有关研究黄帝文化方面的书籍有《黄帝故里文献录》《黄帝故里文化》《黄帝传说故事》《华夏源》《中华根脉》《黄帝故里故都历代文献汇典》《黄帝故里通鉴》《黄帝故里志》，其中多部书获河南省和郑州市社科或史志优秀成果二等奖。

30多年来，我一方面从事地方史尤其是黄帝故里文化的研究，一方面为开发黄帝故里文化资源奔走呼吁。我利用政协常委、人大代表等身份，每年都向新郑（县）市和省市人大、政协等写出提案或建议，要求将黄帝故里的开发建设列入省市旅游产业重点工程项目，我的奔走呼吁得到新郑市领导和省市领导的关注和支持。新郑市历届领导，一方面举办炎黄文化节对外进行宣传，一方面致力于对黄帝故里的开发建设，成就非常显著。省市领导曾在"九五"规划中将新郑的黄帝故里开发建设列入河南省三大旅游重点工程之一。这三大工程是一山一水一祖根——一山是尧山，一水是小浪底，一祖根是新郑具茨山黄帝大宗祠，并且"一祖根"是首项工程。为此，省市先后拨出七八百万元在新郑具茨山风后岭建设"黄帝大宗祠"，后因省主抓此项工程的领导易人，项目停滞。

我多次提出建议，新郑的炎黄文化节和黄帝故里开发建设应该由省市来主办，因为黄帝故里工程是一项中华民族凝聚力工程，是中华民族工程，由新郑一个县级市来承担，无论如何是承担不起的。由于历年来的呼吁，2005年炎黄文化节由郑州市政府正式承办。这当然是一大进步，但是新郑黄帝故里的开发建设和对外宣传力度，与陕西、湖北、湖南的黄帝陵、神农故里、炎帝陵等由省级来主办，还有距离。黄帝是中华民族人文始祖，绝非一般历史名人可比，在这个问题上，司马迁要比古今许多史学家高明得多。新郑黄帝故里故都在中华民族历史上具有十分重要的地位。黄帝文化不只是一般的文化资源，更重要的是一项取之不尽、用之不竭的政治资源。黄帝文化的精髓是人文精神，它的民族大融合思想，国家大一统思想，人与自然、人与社会的大和谐思想和时代开拓创新思想等，对于凝聚中华民族，提升国家综合实力，建设有中国特色的社会主义，都具有重大的现实意义和深远的战略意义。如果忽视了这一重大政治资源的开发利用，将是中华民族的重大损失。

2005年7月15日，我看到《河南日报》刊登出中共河南省委、河南省人民政府召开文化体制改革和发展文化产业会议的消息。会议提出河南省要由文化资源大省转变为文化产业强省，尤其是徐光春书记的一段讲话，使我激动不已，反复吟读。他说："河南是文化资源大省，可不少文化资源依然躺在那里无人问津。陕西的黄帝陵只埋葬着黄帝的帽子，但每天前来观光的人还是非常多，看看我们黄帝故里，却不如人家红火。"这段话与我的思想产生了强烈的共鸣。河南省委、省政府开始重视发展文化产业，将文化资源大省变为文化产业大省，尤其是

⊙新郑黄帝故里

省委领导如此关注黄帝故里的开发建设，确是一种战略眼光，是战略性的举措。

我按捺不住内心的激动，就给徐光春书记写了一封题名为《黄帝故里——一项发人深思的民族凝聚力工程》的信，其内容大致是：近些年来，省市一些领导已开始重视新郑的黄帝故里文化，但是与陕西省相比，相差甚远；黄帝文化是中华民族的根文化，其他历史文化是脉文化，河南开发文化产业，应以根文化统领全国的脉文化；河南应重点打造"根在中原"的品牌形象，以带动河南的旅游业和相关文化产业发展，为促进中部崛起做出贡献，呼吁省市领导高度关注黄帝故里的宣传和开发建设，炎黄文化节和黄帝故里开发建设应由河南省或郑州市承办。我在发信时想，只给徐书记还不够，应该让省市领导都关注黄帝故里的开发建设，于是我给省市四大班子领导共86人，每人都发了这一封信。

我当时发这些信，只想让领导了解、关注一下新郑黄帝故里的开发建设，根据以往的经验，没有抱多大希望。但是，出乎我的预料，省市领导徐光春书记、王全书副书记、省委宣传部部长孔玉芳、郑州市委书记李克、省委统战部部长曹维新、省政协副主席陈义初等都做出重要批示。有位领导批示说："黄帝故里确实应高度重视，应大手笔做好这个景区。应请国内一流专家讨论、策划，拿出可操作的意见、方案供讨论。"这对于新郑人民来说，确实是一个巨大的鼓舞。之后，徐书记和其他省市领导亲临新郑黄帝故里考察，要求新郑尽快制订开发建设方案。9月14日，徐书记在黄帝故里考察时提出黄帝故里要进行扩建。2006年，"丙戌年黄帝故里拜祖大典"由河南省政协来主办。

2006年的新郑黄帝拜祖大典在省市领导的高度重视和支持下，由河南省政协主办，郑州市人民政府、新郑市人民政府承办。这次拜祖大典邀请30多个国家和港澳台地区的贵宾达3000余人，参加拜祖活动的各界人士逾万人，参与此次活动的

⊙丁亥年黄帝故里拜祖大典在新郑举行

达3万人，其规模之大、规格之高、内容之丰富、特色之鲜明、气氛之热烈前所未有，尤其是晴天出彩虹，可谓千古奇观，对全国人民、对海外华人产生巨大震撼和诱惑，许多新闻媒体称这次拜祖大典为"中华第一圣典"。在拜祖大典期间举行的经贸洽谈会上，仅新郑市签约项目就有36个，总投资额73.2亿元。黄帝故里开发建设工程"黄帝文化苑"规划基本结束。

从2006年至今，我们每年都举办高规格的黄帝故里拜祖大典，但2006年无疑是转折点。

三、宋国桢：郑氏文化开发过程中的酸甜苦辣

宋国桢（1934— ），河南荥阳人，历任中共荥阳县委组织部秘书、县委办公室副主任，《河南日报》编辑，"531工程"总部高中党支部书记，中共荥阳县委常委、宣传部长、统战部长、政协副主席。现任荥阳郑氏研究会永远会长、《郑氏族系大典》主审、河南商宋文化研究会会长。主编出版《中华望族——荥阳郑氏》、《荥阳郑氏研究（丛书）》（5本）、《郑成功与祖国统一》等作品。

自从20世纪80年代初期开始研究郑文化以来，至今已30余年，其中苦辣酸甜咸，五味俱全，现概括几条于后，既是对以往工作的感悟，亦是对未来的期望。

（一）历史责任，舍我其谁

许多朋友问我："你不姓郑，怎么想起研究郑氏？"我的答复是："因为我是荥阳人，又处在改革开放的时代，是历史责任感的驱使，是为满足郑氏朋友的需要。"20世纪80年代初，我任中共荥阳县委常委、宣传部长，抓县志编纂工作。看到乾隆年间的《荥阳县志》上，有大量郑氏名人的记载。如唐代六状元、八驸马、二十进士、三十二朝官，就是在这本县志上查出来的。还有"天下郑氏出荥阳，荥阳郑氏遍天下"的谚语流传。后来，我又当了统战部长、政协副主席，接触了一些海外郑氏朋友和他们的一些资料。当看到《世界郑氏宗亲总会会讯》和《泰国郑氏宗亲总会会讯》上"荥水润九垓，阳光照万代""硕彦盈堂欣卓秀，荥阳子弟耀亚东""荥阳堂""荥阳衍派"，以及日本平户市"郑成功庙"匾额上的"荥阳之光"等文字时，作为荥阳人，感到无比的兴奋和亲切。后

来又收到沿海和海外一些郑氏朋友来信，要求介绍郑氏先祖的遗迹。无巧不成书，也就在此时，海峡之声电台《台胞祖地》节目来荥阳约我写"郑氏祖地"。我就自告奋勇，承担了此任务。写了《荥阳与郑氏》，在海峡之声电台连播一周。后又在有关刊物转载，开启了研究郑氏文化的序幕。此后又联合一批热心郑文化研究的志同道合者，冲破种种阻力，克服种种困难，成立了组织，并自筹资金购买了一部"四通打字机"，先是编印油印资料，后是编印铅印资料，进行交流，继而正式编辑出版了《中华望族——荥阳郑氏》《荥阳郑氏研究（丛书）》《郑成功与祖国统一》等书。征得国务院原副总理杨静仁题词，全国人大常委会副委员长何鲁丽题写书名，中共中央政治局常委李长春以"弘扬郑文化，振兴我中华"作序。为了使郑氏文化研究能结出更为壮观的硕果，发起对郑氏祖茔、宗祠、京城等遗址的保护管理工作，并撰写《荥阳郑氏名人苑论》，发起筹建"荥阳郑氏名人苑"工程，还亲赴湖北武穴市聘请党校高级讲师、《荆楚诗词大观》主编郑自修来荥阳编辑"汇集古、今、中、外郑文化精华"的《郑氏族系大典》。所有这一切，都来源于一种历史责任感。用我的话叫该办的事，都努力去办。谋事在人，成事在天。

（二）胸怀全局，志存高远

胸怀全局，就是要认真贯彻中共中央政治局常委李长春提出的"弘扬郑文化，振兴我中华"的指示精神，从弘扬中华民族优秀传统文化的高度来思考问题。充分发扬郑文化"忠君报国、尊儒重教、崇祖报德"和郑成功抗荷复台的爱国主义精神，高举郑成功爱国主义旗帜，加强与"世界郑氏宗亲总会"（设在台湾）、福建泉州郑成功故里、日本平户郑成功家族后裔和福建厦门"郑成功纪念馆"、浙江温州"郑成功研究会"以及反"台独"、促统一的爱国者的联系，推动开展弘扬郑成功爱国主义精神的各种有意义的活动。研究会成立初期的1989年，我们就举行了"纪念民族英雄郑成功诞辰366周年"的报告会，并以《功在中华，名垂千秋》为题，发表了对郑成功研究成果的纪念文章。1992年又应邀组团参加福建南安举办的"纪念郑成功逝世330周年"的活动，并在会上发表《继承英雄遗志，和平统一祖国》的文章。1995年春节，江泽民主席发表了和平统一祖国的八点意见，我们即在《中原统战》发表了《继承民族英雄遗志，完成祖国统一大业——学习江泽民主席讲话感言》。1997年，郑成功收复台湾335周年时，又编著出版《郑成功与祖国统一》一书，何鲁丽副委员长题写了书名，书中推出的在祖地修建"锦绣台湾"（即台湾风光苑）旅游项目建议书，受到中央统战部的肯定。2002年，我们举办了"纪念郑成功收复台湾340周年"的活动，推动温州郑氏宗亲斥资在"荥阳郑氏名人苑"建成巍峨雄壮的"郑成功纪念馆"（后被定为郑州市爱国主义教育基地）。台湾工党主席郑昭明在四百多名海内外郑氏宗亲参加的纪念大会上，宣读了反"台独"、促统一的《荥阳宣言》，并发起以凝聚海内外郑氏族人的爱国之心，促进祖国早日统一为要旨的《郑氏族系大典》编纂工程。我们设想，若能在2007年举办郑成功收复台湾345周年活动，推动"锦绣台湾"（台湾风光苑）旅游项目，在郑成功纪念馆前的丁店水库立项招商，落地生根，定能为弘扬郑文化增加新亮点，为"祖国宝岛台湾永在我心中"的活动建立新的教育基地，为祖地旅游增加新去处，使郑文化研究成果达到新的高度。

胸怀全局还要胸怀中原崛起、大郑州建设、郑氏宗亲的兴旺发达等大局，并积极为之招商引资，为他们搭建起宣传自己、展示自己的平台，充分显示"荥阳服务天下郑氏"的宽广胸怀。

（三）资源共享，优势互补

历史在赐给我们智慧和力量的同时，也给我们设下了不少的门槛和困惑。我们在立足荥阳，开展郑氏文化研究时，充满着对古郑京城的辉煌和郑氏祖茔、广武原、郑王庄、武公岭、武德、武陟及坛山岭、郑家庄、老郑坟、元和洞等地的热爱和怀念。因为这些地名犹如镶嵌在荥阳大地的活化石一样昭示着人们对历史的思念。但是，人们的认识总有局限，这就必须以历史唯物主义的观点，以开阔的胸怀，实事求是地对待郑氏先祖、先贤所创下的一切文化遗产。我们所说的郑氏祖地荥阳，是指过去荥阳郡管辖的广大地区。对郑州而言，可以说，过去是荥阳管郑州，现在是郑州管荥阳，荥阳即郑州，郑州即荥阳，荥阳既是郑氏的品牌，也是郑州的品牌。"郑氏牌"既是荥阳的，也是郑州的。所以在80年代我们与新华社河南分社拍摄《话说郑文化（祖地篇）》时，就不仅拍摄荥阳的，也到新郑、新密拍摄。1989年，福建泉州市委统战部长郑炳山先生与华侨大学校长郑山玉先生来访，郑炳山部长坚持宋代史学家郑樵说的"我祖出荥阳，固始者谬矣"的观点。郑山玉校长研究"海上丝绸之路"，见到《鹏翔郑氏族谱》与宗祠祖碑上都写"我祖来自固始"，问我该如何解释。面对此问题，我认为应该不唯上，不唯书，要唯实，过去没有的，只要有根据，亦可以立，过去已有的定论要否定，必须有充分的根据和理由，便说："固始之说不要轻易否定，可以再追溯固始郑氏从何而来。"从而得出"固始为郑氏南迁的二祖地"的共识。后来，我们应邀赴浙江临海参加"郑虔纪念馆"落成典礼。福建莆田、南安，广东恩平，香港和泰国、马来西亚等地积极参加郑氏宗亲活动，联络亲情族谊，成效显著。由此我们设想以"资源共享，优势互补"的精神，由荥阳领军联系海内外郑氏文化的遗迹、遗址单位，建立"郑文化发展旅游线"，以促进"祖地振兴，宗亲兴旺，祖国统一，中华民族伟大复兴"为己任，进一步打造文化产业，促进社会的发展和进步。

（四）珍惜过去，面对现实

要珍惜海内外老一辈热心郑文化研究的仁人志士的研究成果。对以世界郑氏宗亲总会德高望重的老一辈领导人郑彦芬、郑为元、郑午楼、郑龙溪及郑周敏、郑玉丽、郑义燕、郑鸿善、郑胜元、郑彦文、郑万枝、郑清池、郑万进等的爱国、爱家、尊祖敬宗之情，对祖地老一辈热心郑文化研究的仁人志士的研究成果和当前海内外郑氏族人参与《郑氏族系大典》编修工程的热情，以及关心"郑氏祖茔""文博院""郑氏宗祠""荥阳郑氏名人苑""始祖殿""郑成功纪念馆""郑氏三公像"建设以及为古郑京城、大海寺（由清定上师郑全山将军倡修）、大里村郑氏宗祠、郑元和故居遗址等的保护管理作出贡献的所有仁人志士的功绩，都应该肯定。其中有些同志虽因错综复杂的情况而说过错话、办过错事，只要能认识与改正，从而继续愿意为这一伟大事业作贡献的，我们都应该欢迎。毕竟上述种种弘扬郑文化的事业，不仅大大提高了荥阳的文化品位，也为郑氏宗亲寻根谒祖创造了良好条件。这些既成事实，应当受到尊重与保护，并应以此为基础进一步发扬光大。决不能因噎废食，在泼脏水的时候，把孩子也泼掉。我们认为保护遗迹遗址是尊重历史、保护历史。而经过几次世界性郑氏宗亲大会发起与通过的"荥阳郑氏名人苑"和《郑氏族系大典》，是汇集当代郑氏族人的智慧和力量而创造的具有时代意义和历史价值的文化事业和彰扬郑氏先祖、先贤功德业绩的形象工程，是创造时代辉煌的新篇章，在某种意义上，也是创造历史。我们应以包容的心态、宽容的态度，珍惜友谊与团结，化消极因素为积极因素，调动政府和民间两方面的积极性，从而把郑氏文化产业这块蛋糕做得更大、更好。

（五）抓住机遇，开展活动

"抓住机遇，开展活动"是20年来郑氏文化开发工作的主线。我们对外面提供的机遇，都认真对待，充分利用。1990年世界郑氏宗亲总会组织以郑丁贵先生为首的"台湾郑氏宗亲敦亲睦族访问团"23人来荥阳寻根谒祖。1992年以香港郑氏宗亲总会为主发起世界郑氏宗亲"'92荥阳祭祖大会"及1994年"纪念郑桓公受封立国2800周年"等活动，都是以海外郑氏宗亲为主发起的。我们都认真对待，积极配合，关键时候，省、市、县领导都亲自出面，认真接待。所以成绩显著，效果良好，比较成功。1994年后，我们成立了以郑氏为主的"世联中心"，进入以自己为主开展活动的阶段。

⊙世界郑氏联谊中心2011年联络处工作会议在荥阳召开

1998年的"郑源国际经贸洽谈会"，2002年的"纪念郑成功收复台湾340周年暨郑成功纪念馆落成典礼"大会和2004年的"中国·荥阳首届郑氏文化节"，这三次都是我们自己发起的活动。1998年、2002年的两次活动是民办为主，政府支持。后一次是政府主导，包打天下。相比之下，当然是文化节的声势大、影响大，可是人力、物力投入也大。现在，我们应该探讨如何发挥政府、民间两方面的积极性，充分调动外部、内部的力量。以"文化事业市场运作"的模式和"荥阳服务天下郑氏"的胸怀，给他们以展示自己的机会和平台。有人说海外郑氏族人的财富占海外华人财富的49%，我们应该在中原崛起建设大郑州的大潮中，吸引他们"立足荥阳（郑州），面向全国，辐射全球"，给他们制造商机，让他们到祖地发展。这就要把所有热心郑文化的人的积极性进一步调动起来，认真策划"中国·荥阳郑氏文化节"，真正把"郑氏品牌"用好，把"郑氏文化节"办好。

四、郑自修：《郑氏族系大典》编纂的前前后后

郑自修（1943—2011），湖北武穴人，谱名秀铧，字晓司，曾用名泓轲、荆山楚子等。退休前，任湖北武穴市委党校古典文学、中国文学、法律、历史高级讲师（副教授）。曾任湖北省"荆楚诗词大观"系列丛书主编、鄂东《荥阳堂郑氏宗谱》总编、河南荥阳郑氏研究会常务副会长兼秘书长、《郑氏族系大典》编纂委员会常务副主任兼总编纂、《宋氏族系大典》执行总编纂。

自1985年春出任鄂东《荥阳堂郑氏宗谱》总编后，我开始研究郑氏谱牒。自1996年以来，在荥阳郑氏研究会宋国桢会长的领导下，一直支持参与郑氏文化研究和郑氏族人在海内外举行的各类大型活动，热爱祖地，热心为乡亲服务。在研究郑氏谱牒中，以忠于郑氏、忠于历史、爱国爱家为宗旨，不遗余力已十年有余。1998年，开始自费对国内郑氏主要村庄进行调研，调研郑氏族人对郑文化发展之需求。2000年春，提前退休，开始策划发起并主持实施《郑氏族系大典》编纂出版工作。2002年4月30日，《郑氏族系大典》编纂出版科研项目工程在郑州市社会科学优秀成果评奖委员会、郑州市社会科学界联合会正式立项。2002年12月，中共郑州市委、郑州市人民政府的机关刊物《中州纵横》杂志第12期为《郑氏族系大典》编纂出版大纲出专辑对外宣传，《郑氏族系大典》编纂出版大纲在国内外正式颁行。《郑氏族系大典》得到了河南省委、省政府，郑州市委、市政府，荥阳市委、市政府相关领导及河南省、郑州市有关专家、学者和姓氏研究者的大力支持。

《郑氏族系大典》即《世界郑氏通天总谱》，共八大部、十九卷、三十九章、1600万字，全书刊发画像、图片、彩照等各类图谱10000余帧，2010年完成出版，具有收藏价值、历史价值和文学价值。连同前期调研，共历时10余年。

我认真研究并遵奉郑振铎大师的主张，反复强调人民是历史的主人，要治史首应开启"真实的人民历史之门"。这同鲁迅先生要为农人、樵夫立传的主张是一致的。《郑氏族系大典》之编纂，就是以此为指导思想，不仅重视显赫郑氏家族、著名郑氏人物，而且更要重视普通的郑氏群体，普通的郑氏房族始祖及德行操守高洁的平民先祖在历史上的作用，以忠于祖国、忠于民族、忠于人民、忠于历史为根基，弘扬伟大的中华民族文化，采取彩绘图鉴版本，使用图片和简易题标说明与史记文字对应，使读者从中小学到大学文化程度，一直到教授、学者、

专家都能读，都有所读。《郑氏族系大典》之编纂出版，还吸收了宋代苏轼、欧阳修创"苏欧谱式"之精华。人类社会历史是通过人群的社会活动来体现的，坚持以人为本，形成一条纵向主轴经线，以人文为辅形成横向纬线，纵横交错，图文相间，编织出一幅绚丽多彩的郑氏历史画卷。无论从时间跨度，还是收录范围，也无论是谱牒体例，还是学科涉猎，均大大地发展了"苏欧谱式"。9年来相继举行了10次《郑氏族系大典》万里采风活动，海外所到4个国家及港澳地区，国内所到15个省、3个直辖市、800多个县（市）、2000多个村庄、600多座宗庙，行程10万余公里，历时275天。收集新、老族谱2000余套（本），各种人文资料已过万件。

《郑氏族系大典》始终以郑氏的各房族那些平民始祖为主体，挖掘整理其人物传记、简介和他们的故事。烈日下的耕耘，冻河内的捕捞，苦涩而难咽的糠菜，风雨飘摇的江湖流浪，割股至孝事母，结茅庵于悬崖下以观星象，盘巢穴于深林中以读五经，披蓑戴笠携囊藏文房四宝，播雨耕云请命于宦海人家……诸此种种虽不是大事中之大事，也可称小事中之大事也，更有那平民之屋、平民之餐、平民之衣、平民之争、平民之乐，无不是他们创造出来的文明，这才是我们历史中最具人性化的部分，真实，有血有肉。人民是创造历史之动力。

《郑氏族系大典》以人文史料为主体，挖掘、抢救、整理郑氏历史文化遗产和收集有关社会、政治、经济、文化等方面的古代、近代和现代人文资料，整理海内外各房族始迁祖上世系垂丝图，体现教化，寻根归源。《郑氏族系大典》更注重文化内涵，具有更广泛的包容性，把与郑字、郑国、郑氏有关的其他的百姓文化包容进来。

整理郑氏源流史，理顺各支族传承脉络，统一昭穆范字（世次字辈）即新编派诗110字，使之认识自己的世系代次。尽量将其上下衔接贯通，使其世界各地郑氏的各房系始祖及始祖以下的诸祖归源归宗。研究聚落人口现状，生存背景，民风民俗，人文地理，宗族制度的演变，居住地的交通、物产、旅游资源，地名沿革，郑人居住地分布（自然村），总结古代、近代、现代郑氏族人对社会、对人类的贡献。树立先进楷模，发扬民族精神，弘扬民族文化。剔其糟粕，取其精华。教育后代，启迪来人。

通过总结古代的、近代的、现代的海内外郑氏骄子、企业家、各界名人的业绩与辉煌，将其载入《郑氏族系大典》这一史册，留给后人的是一笔无价的精神遗产和无形的万代财富。《郑氏族系大典》是桥梁，是纽带，是一种资源。这种资源，其中重要的是包括精神文化遗产和血缘亲情纽带，以实现凝聚郑氏后裔爱国、爱家之情，团结奋斗之心，启迪后人自尊、自信、自强之志，为中华民族的伟大复兴作出自己的贡献！这是一种民族自身所必须拥有的精神内涵，一种代代传承并使之生生不息的民族自觉性和创造性，它既是智慧和勇气的结晶，又是一种民族情结的内在升华和高度提炼。《郑氏族系大典》编纂出版工程已经成为全世界1300万郑氏族人的一项极为关注的民心工程。故以此为平台联络海内外企业家来祖地荥阳和郑州市暨郑州周边市县投资，起到了不可替代的作用。

由荥水阳光哺育成长起来的光辉灿烂的郑氏家族，具有强烈的爱国主义精神和崇祖报德、热爱祖地的优良传统。更有那坚韧不拔的刻苦精神和高瞻远瞩的开拓精神，谦虚不矜的适应精神，一往无前的进取精神，善于取人之长、补己之短的开明豁达精神，以及善良、忍让、温顺、和睦、团结和精明强干的性格，具有中华民族的一切优良品质。郑氏族人不但为华夏文明作出了巨大贡献，而且将这种文明传到海外，成为工业、金融、新闻、科学等各个领域的名家，为人类作出了卓越贡献。郑氏族人在发扬优良传统、教育后人、服务社会、报效国家等方面是值得骄傲的。

五、张广恩：濮阳打好"张氏祖地"与"帝舜故里"两张牌

张广恩（1946—2010），河南濮阳人，河南省濮阳县政协原主席，世界张氏总会副会长，濮阳张姓研究会会长。

国家历史文化名城濮阳县是中华民族的发祥地之一，文化底蕴深厚，人文资源丰富。上古时期，濮阳称帝丘，三皇五帝中曾有4人或生长于此，或活动于此，或建都在此。1987年5月，在县城西水坡发掘出土了距今6000多年的仰韶文化遗址，出土了用蚌壳摆塑的龙虎图案，被誉为"中华第一龙"，为此，濮阳称为"中华龙乡"，享誉海内外。同时，濮阳又是我国重要的姓氏起源地之一。据史书记载，与濮阳有关的姓氏有320多个，常见的100个大姓中源于濮阳的就有7个，即张、范、姚、秦、顾、孟、骆，其中最具影响力的是张姓，海内外张姓人口约1亿。濮阳还是中华人文始祖之一帝舜的故里，其后裔达60余姓，其中前10姓是陈、胡、袁、田、姚、虞、王、孙、车、陆，总人口数以亿计。这一深厚的姓氏文化资源是濮阳人民一份宝贵的无形资产。

⊙濮阳市中华第一龙

近年来，濮阳县为了发掘深厚的历史文化遗产，先后开展了"张姓文化"和"舜裔文化"研究，并专门成立了以县政协主席张广恩为会长的"濮阳张姓研究会"和以县政协副主席袁星晨为会长的"濮阳县帝舜历史文化研究会"。研究人员分赴北京、郑州、开封、洛阳等地，走访专家学者，查阅古籍资料，实地考察了古黄河、古清河故道和姚墟、负夏、雷泽、历山等古遗址，掌握了大量史料。在此基础上，又邀请省内外著名专家学者，举行了多次学术研讨会，撰写了多篇学术论文，出版发行了《龙乡寻根》《帝舜故里》等专著，并印发了大量宣传材料。

（一）以研究姓氏文化为先导，开展海外统战工作

"参天之树，必有其根；怀山之水，必有其源。"姓氏文化浓缩了中华传统美德和民族传统心态，全球华人都有一个共同点，即都有溯源情结：自己的姓氏究竟源自何时何地，得姓始祖到底是谁，因何而得姓，家族经历了怎样的繁衍和播迁，有多少值得传承的风范美德等。特别是海外侨胞，更是将姓氏与家谱视为自己的根。近几年来，海外华人纷纷归国寻根谒祖，兴起了寻根热潮。濮阳县热情接待了来自马来西亚、泰国、菲律宾、美国等国外宗亲组织及国内姓氏文化研究组织近百个团队一万余人。同时，还以"张氏祖根""帝舜故里"为桥梁和纽带，走出国门，向海外侨胞宣传我国的改革开放政策和濮阳发展取得的成就，广泛接触各地宗亲组织和各界人士，积极开展海外统战工作。2003年11月10日和11月25日，经濮阳市委、市政府批准，我县组成两个代表团，应邀分别参加了在泰国召开的世界舜裔宗亲联谊会第17届国际大会和在马来西亚砂拉越诗巫市召开的

世界张氏恳亲大会及世界张氏总会成立大会。其中，34个国家和地区1200多人出席了世界舜裔宗亲国际大会，32个国家和地区1200多人出席了世界张氏恳亲大会及总会成立大会。经过代表团的辛勤努力和广泛宣传，取得了2005年世界张氏总会第二届恳亲大会和2006年世界舜裔宗亲联谊会第19届国际大会的主办权。濮阳县政协主席张广恩当选为世界张氏总会副会长，这为广泛参与、积极开展海外统战工作奠定了基础。

（二）以开展姓氏文化为载体，拓展经济资源

为把濮阳县的姓氏文化资源转化为经济资源，使其为濮阳的对外开放和经济社会发展服务，濮阳县先后举办了"中华张姓文化寻根联谊大会""中华张姓始祖挥公受封得姓纪念大会""中华张姓始祖挥公清明公祭大会"等大型寻根联谊活动，中外张姓宗亲数千人分别参加了大会，在国内外引起了强烈反响。2004年4月8日，美籍华人、联泰国际集团董事长、世界舜裔联谊总会主席陈守仁博士率世界舜裔联谊总会常委及宗亲一行35人，在濮阳市、濮阳县有关领导陪同下来濮阳参观考察，并亲莅帝舜故里，举行了帝舜故里碑揭碑仪式和公祭帝舜大典。

特别值得一提的是，2005年4月27—30日在濮阳举行的世界张氏总会第二届恳亲大会暨第二届中华张姓始祖挥公受封得姓纪念大会，以"同根共源，爱我中华，精诚团结，合作发展"为主题，来自马来西亚、新加坡、泰国及中国台湾、香港、澳门等19个国家和地区的40个海内外张氏宗亲代表团1600余人参加了大会。参加大会的海外华人华侨，相当一部分是经济上有实力、政治上有影响、社会上有地位的侨胞领袖、商界精英。大会期间，举行的濮阳名优产品展览会和市情说明及项目推介会，取得了显著成效。在签约项目中，总投资1亿元以上的项目有3个，为濮阳县乃至濮阳市的招商引资提供了难得的机遇，也为濮阳的经济振兴增添了活力。本次大会成果丰硕，可谓

⊙2016世界张氏总会第六届七次理事会暨丙申年张氏拜祖大典

"交了友、扬了名、招了商、促了城、认了根、练了兵",实现了经济效益和社会效益的双丰收。

(三)以弘扬姓氏历史文化为依托,发展特色旅游

濮阳是国家级旅游城市,优美的城市风光,宜人的生态环境,构造了濮阳独特的旅游风景。目前,一种以"寻根"为特色的文化旅游业在濮阳从悄然兴起到蓬勃发展,并迅速成为主流,而数以亿计的张姓后裔和帝舜后裔,全国至少有2亿人可以来濮阳寻根。如果把这些资源加以整合并充分利用,必将为濮阳的旅游插上腾飞的翅膀,使旅游成为濮阳的支柱产业之一。所以要把姓氏文化研究和发展具有寻根特色的文化旅游结合起来,着力打造"张姓祖根""帝舜故里"这两张姓氏文化品牌,实现姓氏文化资源向经济资源的转化,形成以寻根为特色的文化旅游格局。这样,五千年的姓氏文化积淀一经激发,濮阳将会受惠无穷,进而能带动相关产业健康发展。

(四)以姓氏文化为特色,开挖文化产业

在知识经济时代,文化产业越来越成为重要的支柱产业。我们要深刻认识到发展文化产业,不仅是一个文化问题,而且是一个经济问题,要打破传统的观念和做法,让文化既搭台也唱戏,而且要唱主角、唱大戏。濮阳有着得天独厚的姓氏文化优势,并以此为切入点,努力探索一条独具特色的文化产业之路,使其真正成为新的经济增长点。比如开发、研制、生产以寻根为主题的旅游产品,这是一个非常具有潜力的消费市场,前景广阔。而这种文化产业在濮阳尚属空白。各企业应当抓住机遇,把姓氏文化和自己的企业结合起来,把姓氏文化这个难能可贵的独特资源有效开发利用好,形成文化产品,发展壮大自己。

六、王道生:"根在箕山"的许氏文化情结

王道生(1953—),河南登封人,曾任登封市技术监督局局长等职,河南省姓氏文化研究会许由与许氏委员会会长、河南许由与许氏文化研究会会长等。1995年5月发起成立河南省许由与许氏文化研究会(2003年更名为河南许由与许氏文化研究会),并被推举为常务副会长兼秘书长,1998年到2018年任会长。20年来,在他的带领下,研究会取得了一系列丰硕成果,受到了社会各界的广泛好

评，他也因此在2006年初由《大河报》、省文化厅等单位联合主办的"2006年新百家姓商都大团圆"活动中被评为"河南省十大家谱收藏者暨姓氏研究者"。虽然他刚刚将会长一职交给年轻人，但他为许由文化献身的情怀，将保持到生命的终结。

这些年来，河南许由与许氏文化研究会在组织开展许由与许氏文化研究工作的过程中，主要做了以下四个方面的工作：

（一）抓学术研讨，奠定理论基础

组织开展有效的学术研讨活动，是开展姓氏历史文化研究、吸引海内外许氏来河南寻根问祖的关键一环，也是最重要的基础工作。为此，我们紧紧抓住学术研讨工作不放松，先后组织举行了六次许由与许氏文化学术研讨活动，其中，1999年9月与河南省社会科学院考古研究所联合在登封召开的"许由、许国与许氏文化国际学术研讨会"最为成功。正是这次研讨会的召开为许由与许氏文化研究事业后来的健康发展奠定了坚实基础。此后，我们又以召开"中国许氏书画名家首届箕山笔会""新世纪箕山诗歌笔会""许由精神与许氏文化座谈研讨会"的形式，对许由与许氏文化进行了更形象、更深入的研究和探讨。

在河南省社科院考古研究所马世之、萧鲁阳、张新斌三任所长及许顺湛、谢钧祥、刘翔南、李立新等省内外一批专家、教授、学者和一批有识许氏宗亲的积极参与支持下，通过学术研讨活动，弄清了上古高士许由其人、其事、其精神及其对许氏家族家风的深远影响；弄清了炎帝、许由、文叔三位重要历史人物之间的历史渊源，确立了许由在许氏家族中的开姓始祖地位，得出了"许氏祖乃许由，根在箕山"的科学结论，使得许氏家族历史因此向前推进了1100多年；基本理清了许氏家族从今登封箕山到今许昌鄢陵、漯河、叶县及国内和世界各地四千多年来的迁徙发展脉络及当今海内外许氏的分布状况。

（二）抓宣传，扩大许由影响

宣传工作是取得成功的关键。尤其是开展姓氏历史文化研究，发挥数千年前的历史名人效应，唤起当代人们的寻根意识，就更离不开宣传。我们紧紧抓住距今四千多年的上古高士许由及其故里登封箕山大做文章，通过采取三项切实可行的措施，坚持数年如一日地不断宣传，从而取得了比较好的效果。

一是创办《许氏文化》报，开通"许氏文化网"，出版有关许氏著作。自研究会成立之初，我们便克服人员、经费不足的困难，创办了一份4开4版的《许氏文化》报，每月一期，邮寄发送到国内32个省、直辖市、自治区，海外14个国家和地区的数万名许氏宗亲手中。截至2005年年底，共出版84期，发行30余万份。1998年，我们又开通了全国第一个许氏网站——许氏文化网（www.xushi.org）。在坚持不懈地通过《许氏文化》报和许氏文化网这两种形式宣传的同时，会长王道生，副会长李立新、郭振峰还主编出版了三辑"许由与许氏文化文集"（即《根在箕山》《历代名人咏箕山许由诗集》《许氏源流》），《许氏名人录》（1~3卷），《河南省许由与许氏文化研究会五周年纪念特刊》，《河南许由与许氏文化研究会十周年纪念特刊》等多部书刊，共计250多万字。

二是积极利用社会媒体进行宣传。我们先后协助中央电视台国际频道《天涯共此时》栏目、《中国百家姓》电视剧组、郑州电视台摄制完成了《许由、许国与许氏》《许氏之源》《许由与箕山》三部电视片，分别在中央、省、市电视台播放。与此同时，《人民日报》（海外版）、《中国环境报》、深圳《游遍天下》杂志、《河南日报》、《大河报》、《河南画报》、《郑州日报》及马来西亚《南洋商报》，以及马来西亚和泰国等国家和地区出版的《许氏宗亲恳亲特刊》等报刊或报道研究会活动信息，或刊发有关研究文章。

三是利用一切可以利用的机会进行宣传。我们不失时机地紧紧抓住每一次机会进行广泛宣传，无论是在泰国等国家和中国台湾、香港地区举行的世界许氏宗亲第十届、十二届恳亲大会，世界昭伦（谈、谭、许、谢）宗亲第十一届恳亲大会，世界烈山五姓（吕、卢、高、许、纪）宗亲第八、九届恳亲大会，亚洲烈山五姓宗亲第十五、十六届恳亲大会上，还是在新加坡、马来西亚、泰国等国家和中国香港、台湾地区的许氏宗亲会或国内有关的学术年会上，我们都积极地进行宣传演讲、广泛交流，赠送有关书报资料。

⊙许由墓

（三）抓联络联谊，广交四海许姓朋友

联络联谊、广交四海许姓朋友，是开展许由与许氏文化研究工作的重要一环。我们始终把联络联谊工作放在十分重要的位置，常抓不懈。主要采取了三种方式：

一是走出去。1995年以来，研究会先后6次组团56人次赴泰国、马来西亚和中国香港、台湾等地参加世界许氏宗亲第十届、十二届，世界昭伦宗亲第十一届，世界烈山五姓宗亲第八届、九届，亚洲烈山五姓宗亲第十五、十六届恳亲大会。到新加坡、马来西亚等国家和中国香港、台湾地区的许氏宗亲会进行访问，与此同时，我们还先后10余次到广东、深圳、福建、浙江、江西、北京、陕西等12个省（直辖市）的40多个县（市）许氏宗亲中走访调研、联络联谊。

二是请进来。许由是许氏始祖，但根据文献记载，此前的数千年间从未有过许姓人到箕山祭祖。1995年9月，我们邀请了马来西亚吉隆坡雪隆许氏公会来箕山寻根祭祖，开了许氏族人祭拜许由始祖的先河。此后，我们又先后于1998年、1999年、2000年、2001年、2003年五次组织举办"世界许氏宗亲登封箕山寻根祭祖联谊大会"，共有新加坡、泰国、马来西亚、加拿大、韩国、日本等国家和中国香港、台湾地区及广东、福建、浙江等20余个省、直辖市的许氏宗亲会及许氏宗亲代表1000余人参加。正是海内外许氏族人来箕山寻根祭祖人数的不断增加，许由和箕山的知名度才越来越高。

三是通信联络。充分利用便利的现代化通信手段，扩大联络联谊的范围，是我们采用最多的一种联络交友方式。几年来，我们通过信函、网络、电话、传真等形式与海内外50多个许氏宗亲组织、数千名知名许氏宗亲建立了联系。这些人中既有各地军政要员，也有工商界的富翁，更有热心许氏宗亲事业的普通百姓。通过广泛的联络联谊而结交的海内外许姓朋友，为许由与许氏文化研究事业的持续健康发展打下了坚实基础。

（四）抓招商引资，促经济发展

通过许由与许氏文化研究，扩大河南的对外开放，吸引海内外许氏来祖地寻根祭祖、观光游览、考察经贸、投资建设，是研究会工作的出发点和落脚点。因此，几年来我们始终都把招商引资作为工作重点。

一是发现并抓住机遇，积极主动地开展招商引资工作。2001年6月，在研究会的联络下，全国政协委员、中国十大扶贫状元、香港国际投资总商会会长许智

明博士应河南省政府之邀，率领考察团一行18人来我省参观考察，签订了投资郑少高速公路及嵩山旅游开发项目的意向，投资额达24亿元人民币（后因故未能落实），同时向登封及许昌等地捐资100万元建设五所光彩希望学校。2004年，我们又主动向郑州市有关部门介绍许智明博士的情况，郑州市人民政府副市长王富成前往香港拜访，7月，郑州市政府聘请其为高级招商顾问。在抓好对外招商引资工作的同时，我们还十分重视对当地政府、企业的宣传，现已有当地一家企业投资300多万元建设了通往箕山的8公里水泥公路和由公湖等游览设施项目。

二是积极协调，促进相关市、县（区）文化经济发展。几年来，我们在努力做好自身各项工作的同时，还积极主动地配合其他相关市、县做好许氏文化研究及对外开放工作。如，2003年10月，许昌市召开"许昌国际许氏文化研讨会暨许昌经贸洽谈会"，我们无条件地积极参与配合其邀请专家、学者、许氏宗亲参会，为大会的成功召开作出了贡献。2004年11月，焦作市中站区举行"中国首届许衡学术研讨会"，我们主动配合，积极参加，并在《许氏文化》报上广泛宣传了这次会议。2005年11月，漯河市举行"首届许慎文化国际研讨会"，我们又积极参与配合其邀请海外许氏名人参会，受到了大会组委会的好评。2006年5月4日，马来西亚苏许连颜谭巫宗祠寻根代表团一行28人来河南寻根谒祖，我们主动与温县姓氏文化研究会联系，精心安排该代表团先到许氏祖源登封箕山，再到苏氏祖地温县寻根谒祖的路线，使此次活动取得了圆满成功，受到了代表团一行及温县县委、县政府的高度赞扬。

三是认真处理好登封与许昌同为许氏祖地的关系，积极维护河南对外开放的良好形象，为招商引资工作奠定基础。我们一是坚持在学术研究和对外宣传中实事求是，不否定、不排斥；二是在实际工作中，不搞信息封锁。几年来，凡到登封箕山寻根祭祖的许氏，我们都不忘介绍许昌鄢陵等地的情况，促其到那里也走一走。同时，凡到许昌去的许氏，他们也能主动介绍其到登封箕山来看一看。最近我们出版的《河南许由与许氏文化研究会十周年纪念特刊》，更是专门制作了一幅《许氏、昭伦（谈、谭、许、谢）、烈山（吕、卢、高、许、纪）宗亲河南寻根之旅示意图》。图中醒目地标明了许氏和各姓氏在河南各地的历史文物遗迹景点，从而为海内外许氏等姓氏来河南寻根游览、考察投资提供了比较全面的信息。

这些年来，我们的工作之所以能够取得一些成绩，主要是得益于我们始终遵循一个宗旨，发扬了三种精神。

所谓"遵循一个宗旨",就是严格遵守国家的法律、法规和政策,以马列主义、毛泽东思想、邓小平理论和"三个代表"重要思想为指导,以历史唯物主义的观点方法和对历史高度负责的态度,科学、客观、全面地研究许由与许氏历史文化,正确处理好登封箕山与许昌鄢陵在许氏祖地上的历史渊源关系,为海内外许氏来河南寻根问祖、观光游览、考察经贸和河南的对外开放与发展服务。

我们始终坚持的三种精神,一是无私奉献精神。我们以一种强烈的使命感和责任感以及个人的兴趣与爱好,始终把这项工作视为一项有意义的事业,不惜时间,不计报酬,不讲得失,全身心地投入其中。二是坚持不懈的精神。我们在工作中也遇到过很多困难和挫折,也曾有过多次放弃的念头和想法,但社会生活中无数由于有一种"坚持精神"而使一项事业最终成功的事例,启迪和鞭策着我们坚持走到了今天,并将继续坚持下去。三是不断创新和拼搏开拓的精神。组织开展学术研究和宗亲寻根联谊活动,无论从组织运作方式,还是撰写论文、主办报刊、主编书刊等方面,对于像我这样长期从事基层行政领导的工作者来说,都是一个新课题。因此,面对这一新课题、新事物,我们始终都是以不断创新和拼搏开拓的精神在工作着。

尽管我们克服各种困难,用心一处,取得了一点成绩,但我们的工作还存在着一些问题和不足。不过,我们将依然坚持不畏困难、勇往直前的精神,把许由与许氏文化事业继续推向前进。我们有决心和信心在各级领导、专家和一批有识许氏宗亲及社会贤达的支持下,许由与许氏文化事业的明天会更好。

七、田宏波:方、雷、邝氏寻根文化开发经验谈

田宏波(1965—),河南禹州人,曾任禹州市侨办主任、侨联主席,禹州市姓氏文化研究会会长,是研究会的发起者和创始人,是禹州市发展姓氏文化产业的倡导者和践行者。

禹州市方氏文化研究肇始于1985年,方氏文化20年来的研究开发历程,主要有以下几方面的心得:

(一)重视方氏文化的学术研究,挖掘雷公精神和雷方邝文化

由于年代久远,在20世纪80年代以前,禹州方山是雷公封邑之地尚没有进

行科学考证和权威结论。在方润华先生的推动下，自1982年至1992年，由我市侨务、文化等部门牵头，邀请省级专家学者参与的方山研究考察小组，在禹州方氏民间研究组织的协助下，历经艰难，通过考古发掘、查找历史文献、征集方氏谱牒、考察遗址遗迹等多种形式研讨考证，掌握了雷公封地在禹州的大量资料。我市一方面向省侨务部门报告研究成果，请求考察认证，另一方面向全国各地的方氏研究组织通报结论，探讨研究成果，得到了河南、湖北、吉林、辽宁、广东、浙江等地方氏的认同，方山作为方氏发源地的结论日渐明朗。在考证阶段，海外方氏根据家谱记载开始陆续来禹寻根，成为方氏发源地的有力佐证，影响较大的一次是韩国方氏寻根。1997年4月，香港方润华先生第二次致信省委书记李长春查找方山所在，使方氏文化研究有了质的飞跃，省侨务部门根据批示，再次组织专家对全省方山考察论证，时任省侨办主任、侨联主席的林雪梅女士还亲率调查组到我市方山考察，最终确认上古时期黄帝活动的中心区域，禹州市境内的方山就是方雷氏封地，是方姓的发源地。至此，经过12年的考察论证和激烈争论，方氏祖地的认证终于画上了圆满的句号。与此同时，禹州市于1997年成立方氏文化研究会，聘请了一批海内外方氏名人为顾问，集方氏文化研究与联谊为一体，与海内外方氏研究组织联络和交往，推动寻根活动的开展；对研究成果归纳整理，重点理清了方山、方岗与方氏的关系，即方山是雷的封地，方岗是方氏先祖徙居地；先后出版了《方姓祖根》和《方氏家谱五千年》两本专著，寄赠海内外方氏人士，引起了积极反响，不少人士纷纷来信表达对祖地的向往。

随着方氏文化研究的深入和海外联谊范围的扩大，我们不断扩大方氏文化的外延，挖掘整理出了方姓的孪生兄弟雷姓、衍生姓氏邝姓，使方氏寻根文化扩大为雷方邝寻根文化；通过挖掘方氏文化的内涵和魅力，研究发掘了雷公精神。几千年来，雷公正直无私、谦逊仁爱、光明磊落、普济众生的精神一直为人民所敬仰，并被神话为专司风雨雷电之职的雷神，雷公成为光明的使者、仁爱的化身，雷公精神也激励着千百万雷、方、邝后人。目前，方姓和雷姓均位居我国大姓前100位，雷方邝华侨华人有100多万，三姓海外宗亲组织的宗亲会、溯源堂遍布全球，影响巨大，这些都是禹州寻根文化的不竭资源。我们根据新的研究成果，编写了雷方邝寻根文化理论著作《方山溯源》，现已定稿。

（二）扩大海外联谊面，提升交往层次，逐步建立全球联谊网络

一是抓住双方交流的结合点，提高联络质量。方山被确证为方氏发源地之

后，我们及时函告香港方润华先生，方先生终于圆了多年的寻根梦，当即表示为祖地捐资建校，促进教育事业发展，自1997年至今，他先后投资300余万元，在方山和方岗捐建了4所小学、1所中学、1所幼儿园，设置了一部服务山区中小学生的"流动图书车"，设立了"方树泉奖学金"；建立了方山溯源牌坊、溯源亭、励志亭等祭祖设施，修复了方岗方氏宗祠，使方氏寻根基础设施基本完善。2001年4月，方润华先生应邀率团访禹，受到市委、市政府的隆重接待，访问团先后到方山方岗祭祖，考察捐建项目，受到两地万余群众的热烈欢迎，盛况空前。回港后，方润华先生多次在《大公报》《香港商报》上撰文介绍禹州，帮助我们宣传方山，同时还介绍我们与一大批海外方姓知名人士建立了友好联系。2004年，我们了解到韩国温阳方氏中央宗亲会现任会长正致力推行让后代子孙认识和了解自己祖根的崇祖教育，就主动发函介绍祖地情况，使中断近10年的联系得到延续，该会副会长三次访禹协商到祖地立碑和恳亲事宜，促成了2005年的国际恳亲活动。

二是"走出去，请进来"开展联谊活动，加强双方交流。通过参加参与"世界客属第十八届恳亲大会"和世界"六桂堂"恳亲会等国际性恳亲活动、市领导走出国门访问方氏社团等形式，加强海外交往，取得了显著效果。2003年11月，邀请香港溯源堂雷方邝宗亲会访问禹州，恳亲祭祖；2004年5月，我市应该宗亲会邀请，组团赴港参加该会成立四十六周年和换届庆典，促成该会对我市捐建教学楼和建立雷方邝文化纪念馆2个项目，捐款40万元，并结交了美国溯源总堂的雷方邝领袖人物。

三是深交老朋友，广交新朋友。与结交的方氏社团和知名人士保持经常性联系，并在重大节日、社团庆典、个人生日及结婚纪念日通过电话、贺信、贺卡等方式送去祝福，加深友谊。借助方氏友人的帮助和召开"国际禹州方山溯源恳亲大会"的机遇，与新加坡、马来西亚、印度尼西亚"六桂堂"，美国、加拿大溯源堂，泰国方氏宗亲总会等方氏社团及领袖建立了联系，联谊层面大幅度提高，初步形成遍及全球的寻根联谊网络。

（三）全面挖掘寻根文化资源，发展姓氏文化产业

方雷邝寻根文化的蓬勃发展，带动了我市姓氏资源的全面开发，2004年，禹州市委、市政府制定了《禹州市姓氏文化研究开发规划纲要》，批准成立由侨务部门牵头的禹州市姓氏文化研究会，由禹州市文化界专家组成，聘请省级姓氏

专家为顾问，历时三载，归纳整理出禹州市炎黄文化、夏文化、周韩文化、颍川郡文化、历史名人文化等五大寻根系列，包含21个发源姓氏，60个衍生姓氏，19个郡望姓氏，并邀请省外侨办、省社科院、河南博物院、郑大、省中原姓氏历史文化研究会的专家学者召开研讨会，对我市寻根资源进行研讨论证，得到了与会专家的肯定，据此编写了禹州市寻根文化的奠基之作《禹州姓氏》，计划近年出版。庞大的寻根文化资源蕴藏着巨大的发展潜力，将为禹州寻根旅游、海外联谊、经济建设带来难得机遇。

在寻根文化资源中，方雷邝文化已得到全球方雷邝人士的认可，寻根基础设施基本完善，海外联谊网络遍及全球，禹州方山的知名度和号召力达到一定的高度，已具备召开大型国际恳亲活动的人脉基础，姓氏寻根产业化运作的条件基本成熟。2006年，禹州市委、市政府将发展文化产业写入了国民经济"十一五"发展规划，方雷邝文化将是发展寻根文化产业的突破口和主打品牌。目前，禹州市已对方雷邝文化纪念品开发进行了策划和设计，借助方润华先生提议塑造方雷公铜像的机遇，向全球方氏宗亲社团发出了号召，酝酿召开"雷公文化研讨会"，商讨设定雷公诞辰纪念日、举办雷公文化节等事项，已得到广泛响应。此次研讨会的成功召开，将使寻根活动经常化、规模化，逐步推动方雷邝文化走向产业化发展道路。

八、谢少先：由中原的谢姓小村到全球谢氏的寻根圣地

谢少先，河南南阳人。曾为副乡级干部兼南阳市宛城区金华乡东谢营村党支部书记，宛城区政协委员，连续多年被评为"标兵党支部书记"。从事谢氏文化研究20余年，在国内外报刊多次发表相关文章。

谢姓自西周以来，已有着2800余年的悠久历史。统计资料表明，当今全球谢姓总人口已逾千万，位列新百家大姓人口第24位。史籍记载，早在黄帝时期，中原南阳盆地之中就繁衍生息着一支善射的氏族部落，到了西周宣王时，中原大地已形成封国林立、诸侯割据之势。今湖北北部一带的古楚国在日益强大之后，屡犯周室封地。为抵御强楚北侵，公元前821年，周宣王将其王舅申伯侯（炎帝之后、姜姓）自申国加封到谢邑，筑谢城，立谢国，并赐谢邑众生以国为氏，开创了谢姓的历史纪元。

申伯侯受姓之后，古谢国在经历了130余年后，终被强楚所灭，而谢氏子孙也开始了四方流浪迁徙，至晋代以名相谢安为代表的谢氏家族成员方成为国之栋梁，铸就了东晋王朝的辉煌。据《晋书》载，晋孝武帝一次到谢安府第探视，谢安焚香恭迎，孝武帝见谢府堂前瑞柏枝叶繁茂，称赞说"真乃宝树也"，并亲书谢安堂为"宝树堂"。从此谢氏宗族便以"宝树"为荣，而今分布在海外20余个国家和中国各地的谢姓人，无论身居何地何方都以宝树堂为荣，咸尊申伯为谢姓始祖，共以南阳为发源故土。

改革开放以来，海外广大谢氏宗亲在世界谢氏宗亲总会的领导下，掀起了回归大陆寻根谒祖的热潮。为了配合国内外谢姓人的寻根活动，宛城区"谢氏宗亲联谊会""谢姓历史文化研究会"配合国内史学界和地方政府，积极参与对古谢国、谢城、谢邑今址的考察论证。经历了长达10余年的反复论证，中国科学院地理研究所、河南省社会科学院历史与考古研究所、河南省中原姓氏历史文化研究会、南阳市地名办公室和国内从事文史研究的谢姓专家学者均确认中华谢氏发源于今河南省南阳市宛城区金华之东、西谢营村一带。

自20世纪90年代以来，海内外谢氏人纷纷回故里寻根谒祖，观光旅游，并先后帮助祖地建起了学校、宗祠、谢氏文化研究中心及文化广场等多项公益项目。为了弘扬和传承悠久的谢姓历史文化，2004年8月，宛城区谢氏宗亲联谊会采用"民间主办，政府参与，以会养会"的模式配合全球谢氏宗亲联谊总会在南阳市成功地举办了第二届恳亲大会。大会以"寻根谒祖，观光旅游，经贸交流"为宗旨，邀请到来自海内外8个国家和地区700余名谢氏各界精英代表参加了盛会，会议历时3天，开得热烈隆重，富有成效，特别是8月16日晚举办的"根在南阳——宝树之声"专场文艺晚会和8月17日上午举行的万人大祭祖活动，把2800年来谢姓历史文化展现得淋漓尽致，风光无限，圆了申伯裔孙数千年来梦寐以求的寻根之梦，给每位参会者留下了终生难忘的印象，从而把全球谢氏宗亲联谊活动推向了新的高潮。

回顾20年来我们组织和参与的谢氏根祖文化研究和谢氏宗亲联谊活动，我们体会深刻、感触良多。

（一）研究姓氏文化，既需要一批境界高尚、乐于奉献的宗亲参与，更离不开一支可信赖的高素质的专家队伍

姓氏文化是一种独特文化，它有着地域性、血缘性、群体性的显著特点，更有着强大的活力和生命力。因此，有学者称姓氏文化是中华文化的精髓，可谓不无道理。如何发掘整理，深研细究，进一步发扬光大，需要一批综合素质高，思想境界高，不为名利，不怕吃亏，乐于奉献，持之以恒的民间人士从众多的言传口授、出土文物、民间族谱等基础资料中去吸取精华，通过整理形成民俗文化，在民俗文化的基础上，进一步通过求教于专家学者去粗取精、去伪存真，深入研讨，最终形成姓氏文化的精华。整个研究过程犹如工厂化生产，需要多项工艺，最终形成产品。多年来，我们开展的谢氏文化研究项目，正是通过一批热心的谢氏"泥腿子"学者持之以恒，在发掘整理的基础上，通过一批批专家学者的参与和支持，丰富了文化内涵，最终形成了系统的经得起历史验证的谢氏文化研究成果。

（二）开展姓氏文化研究和联谊活动离不开各级政府的支持

实践证明，近年来各地民间成立的各类文化研究团体和各姓氏间开展的联谊活动，能够长期坚持，成绩突出者，都是在各级政府支持下，健全组织，完善制度，重大活动报经政府有关单位批准后进行的，这对于社会稳定、国家安全至关重要，而根据联谊工作需要组织的大型寻根联谊活动，更是离不开各级政府在资金、场地、宣传等各方面全方位的大力支持。

自1987年我们成立民间"谢氏文化研究会"之后，就紧紧依靠地方乡村组织，稳步开展前期工作，待工作有基础之后，于1990年前后经南阳市民政局批准，分别成立了市、区两级"谢姓历史文化研究会""谢氏宗亲联谊会"，一个组织两块牌子，有分散有集中、有领导有分工地展开了深层次工作。我们利用收取会员固定会费和接受海内外捐助，区、乡、村资助等形式筹措经费，多次组织了省内外从事历史、地理、考古方面的专家学者举办学术研讨会。通过研讨，整理出版发行《谢氏故里研究》《谢氏故里古今谈》各3000余册，同时制作"谢氏故里溯源"光盘2000余张。接待海内外谢氏寻根团队万余人次，特别是2004年宛城区谢氏联谊会有幸被全球谢氏联谊总会授权承办第二届恳亲大会后，我们认真筹备，精心组织，夜以继日，历时3天，使会议开得热烈隆重，圆满成功。会议之后，通过河南电视台及报纸等媒体的宣传，加之我们刻制的大会光盘和编印的大会纪念专刊的传播，在海内外谢氏宗亲中产生了巨大而深远的影响，同时为今后民间主办此类活动积累了经验。

(三) 开展姓氏联谊活动要注重海内外互动

多年来，我们在组织谢氏文化研究、谢氏宗亲联谊活动中，为繁荣地方经济发展作贡献，深刻体会到海内外广大谢氏宗亲，无论居住何地，虽文化水平、从事职业、生活习惯各异，但他们都具有一个共同的特点：爱我中华，关注祖地。在同根共源的旗帜下，海外谢氏宗亲更是崇宗敬祖，热爱中华儒家文化，体现在交往中，大家虽语言难通，但彼此间心灵相通，虽未曾谋面，却一见如故，这一切皆缘于一脉传承的血缘关系。

20世纪80年代后期，海外谢姓团体便多次组织谢氏宗亲纷纷踏上回乡寻根之路，那种宗亲相见，令人心灵震撼的感人场面，使人终生难忘。也正是透过这种血缘情怀，各级政府看到了促成海外各姓氏间华人回归寻根谒祖，对于凝聚中华民族，促进祖国统一大业，发展区域经济的意义和希望。经史学界考证，今南阳市宛城区金华乡东、西谢营村一带为西周时期的谢国谢城遗址，全球谢姓人发源圣地后，世界谢氏宗亲总会于1993年在祖地捐资人民币30余万元，新建了一所宝树学校。1995年台湾学者谢致民宗长在祖地设立了奖助学基金，同时捐资人民币5万元，恢复了原谢氏宗祠。台湾谢仁馨教授及其他来自国内各地宗亲不断对祖地的宗祠进行捐助。2004年10月，香港实业家谢俊明先生捐资人民币5万元在祖地建成文化娱乐广场。2006年6月，以谢俊明、谢仁馨和美国谢坤铨及浙江谢招修等宗长联合倡议筹资1500万元人民币在祖地新建一座集先祖祭拜、文化展示、联宗联谊为一体的"中华谢源大宗祠"项目，获得了全球谢氏联谊总会的批准，目前，该项目正在全力推进之中。

多年来，我们在谢氏祖地，配合市区各级组织先后多次举办学术研讨会，接待海内外大批寻根谒祖团队的同时，又先后走出国门，参加在菲律宾、马来西亚等地举办的世界性谢氏大会，而国内各地谢氏联谊组织召开的各类会议我们均派员参加。通过广泛的联谊在谢氏宗亲间联出了感情，联出了成果，联出了祖地建设的美好未来。

因此，我们由衷地说，开展姓氏文化研究和联谊是一项传承文明，凝聚人心，利国利民的大好事，今后在各级政府正确引导下，我们将一如既往，进一步开发利用谢姓文化资源，为建设美好家园，构建和谐社会，努力工作，力争取得更大成绩。

九、陈瑞松：由"颍川堂"起步的姓氏研究之路

陈瑞松，河南长葛人，长期在长葛从事教学工作，曾担任高中教师、教导主任、校长。从1980年起做侨务工作，先后担任过河南省侨联华侨历史研究组副组长，长葛政协副主席，《长葛文史资料》主编，长葛市侨联主席、侨办主任、党组书记等职。曾任中国侨联委员、省侨联常委、颍川陈氏研究会会长、河南省姓氏文化研究会陈姓委员会会长等。

长葛市开展海内外寻根联谊活动，是以颍川陈氏、颍川钟氏郡望地历史遗迹的保护、开发和直接做由长葛到海外人员的工作为基础，以历史文献、族谱资料的搜集整理、宣传为前提，以广交、深交朋友为关键开展起来的。经过20多年艰苦细致工作，已经取得了可喜的成绩。截至2006年6月，共接待海内外来长葛市寻根谒祖的团队165个，3150多人，签订投资项目12个，总金额16.8亿元，直接捐资教育1200多万元。作为长期致力于长葛市姓氏寻根联谊活动的工作人员，我的体会有以下几点：

（一）进行姓氏文化研究要有坚实的资料基础

我从事姓氏寻根工作已24年。从1982年开始，我利用在政协、侨务部门工作的有利条件，先后访问过河南省境内70多个县市及浙江、福建、广东、广西、四川、湖南、湖北、山东、山西、陕西、河北、北京、上海、香港、澳门等地，也曾数度访问马来西亚、泰国、新加坡等东南亚国家。每到一处，先办公事。公事一完成，就找人座谈，跑古书摊，参观古庙、宗祠，搜集文史资料，交了不少朋友，拍了不少照片，搜集到一大批各地珍贵的姓氏族谱资料，为姓氏文化研究工作奠定了坚实的基础。

（二）联络海内外华人、华侨要有合法的组织平台

为了做好姓氏文化研究工作，在我及其他同志的建议下，经请示领导批准，建立了长葛颍川陈氏研究会和长葛颍川钟氏研究会，报请民政部门注册登记，取得社团法人资格，使长葛有了开展海外华侨、华人及港澳台同胞寻根联谊活动的名正言顺的平台，运作起来，得心应手。

（三）掀起寻根热潮要注重宣传工作的开展

一项新工作的开展，宣传工作应走在前面。为了帮助海内外颍川陈氏、钟氏寻根问祖，开展联谊活动，我在充分占有资料的基础上，本着以正史为纲、野史为补、宗谱为轴、碑刻为助的原则，撰写各类姓氏溯源文章，被省以上和海外报刊采用的有200多篇，其中散文《千枝一本话林氏》获1984年全国（含海外侨胞）"月是故乡明"征文奖，论文《豫籍"三胞"是一支不可忽视的爱国力量》获1988年河南省优秀论文奖。还撰写出版了一些姓氏历史文化专著——《百家姓溯源》（1990年华侨出版社）、《中华望族——颍川陈氏》（1992年中州古籍出版社）、《颍川始祖陈太丘轶事》（1998年黄河水利出版社）、《陈姓源流》（2002年黄河水利出版社）、《钟姓通谱——世系纪事》（2003年中国文联出版社）、30集电视剧本《四令公传奇》（2004年中国戏剧出版社），受到海内外有关人士的好评，也为陈氏、钟氏祖根地带来了不少的经贸投资商机。

十、张宝云：一封信所引起的宁氏文化开发历程

张宝云（1940— ），河南获嘉人，字白慈，斋号双剑画室。曾任中共获嘉县委宣传部办公室主任、统战部副部长兼对台办主任，获嘉县人大农工委主任，获嘉县政协办公室主任，获嘉县老区建设促进会副秘书长，获嘉县美协副主席兼秘书长，新乡市美协会员，文化部中国书画艺术委员会会员，中国国画家协会会员，东方艺术研究院艺术顾问，神州书画研究院名誉院长等职。

获嘉县宁氏历史文化资源丰富，历史文物价值高。历史文化是以商周文化为主线，研究开发工作是以武王伐纣文化为重点，以宁氏寻根文化为先导。

获嘉县宁氏历史文化研究工作始于1994年7月，直到2005年12月"中国·获嘉宁氏文化研讨会"在县城召开，历时11年此项研究工作方告一段落。我作为主要研究人员之一，谈谈我县研究实践的体会。

10多年来，我县参与宁氏文化研究活动的人员近百名。查阅古代典籍300余部（次）。查阅本县户籍档案33万余份，涉及姓氏220个。外出调查10余次，县域内调查40余次。书信及外出联络200余次，接待来获嘉寻根的宁氏人百余人次。省内外专家应邀来获嘉考察40余人次，召开座谈会3次。对外散发宣传资料1000余份。对外发表研究成果12篇，其中省级刊物发表6篇。

获嘉县宁氏历史文化研究阶段基本结束，宣传联谊阶段正在进行，开发阶段刚起步。具体体会有以下三点。

（一）领导重视是关键

宁氏历史文化研究工作以开发为目的，涉及方方面面的许多问题。这些问题必须在领导重视的前提下才能开展活动。1994年研究开始，就得到县委书记刘廷和、县长王炜东、政协主席冯镇端等领导的支持。在他们的关心指导下，由政协办公室出面组织县志办、档案局、文化局等单位人员开始研究和调查。政协主席还亲自带队外出调查，打开了良好局面。之后，由于县领导的几次变动，使研究工作一度陷入低谷。直到近几年，领导再度重视此事：县委书记陈长路，县长郜建军、张金战，政协主席王建国、李素平，政协党组书记杨国奇等亲自安排部署此项工作，成立了由县委书记为组长、四大班子主要领导为副组长的"获嘉县历史文化研究开发领导小组"，下设"获嘉县宁邑历史文化研究会"，研究会设在政协，由政协具体承办，政协副主席刘兴儒担任研究会会长，宁氏研究开发工作步入了规范轨道。

（二）研究队伍是基础

获嘉县有一支热心宁氏历史文化研究的队伍。成员中有在职的，有退下来的老同志，还有农村干部。他们始终如一地关注此事，永不停步地推进此事：他们在县领导重视时期，积极工作；在研究工作进入低谷时期，自发成立组织，与外地宁氏族裔联系，并主动向县领导汇报有关情况，争取支持。这就保证了宁氏文化研究工作的持续性。在这一波三折的10多年里，坚持研究，并使之逐步深入化；坚持与外界联系，主动复信和做接待工作；坚持创新，写文章发表，县志办几位研究会成员编辑出版了《获嘉姓氏志》，做了许多实实在在的事情。

（三）方法步骤要对头

研究开发历史文物要遵循研究、宣传、联谊、开发四段式的方法，当然，四个阶段存在着内在联系。对历史文物的开发，人们往往打算一步到位，即跳过前三段直接开发，不下功夫研究该文物的历史厚重性就开发，必然导致历史氛围单薄，降低其文物价值，甚至会把历史文物搞得非古非今，不伦不类；不做大量的

⊙获嘉宁姓得姓始祖季亹墓

宣传工作就开发，就产生不了应有的社会效应；不做好必要的联谊工作就开发，必然影响开发效果。

专家指导和参与是宁氏文化研究取得成效的保证。1995年我们就前往省侨办聆听专家指导意见，初步研究成果得到了专家肯定。1996年第1期《中原侨声》发表了我撰写的《宁氏祖源为获嘉考》这篇文章。同年，又在《中州统战》杂志1996年第10期发表了《宁氏祖源获嘉考》。两篇文章发表之后，我们认为论据可靠，便编写宣传材料，通过宁氏人散发于海内外。2005年4月，河南大学教授李玉洁、袁俊杰，省社科院专家张新斌、马世之、李立新一行5人来获嘉考察宁氏文化。2005年12月，中国科学院、中国社会科学院、中国青年政治学院、湖南省社会科学院、河南大学、河南省社会科学院等单位专家35人莅临获嘉，研讨宁氏历史文化，并形成了《中国·获嘉宁氏文化研讨会纪要》，认定获嘉县是宁氏家族的祖根地，同盟山武王庙具有很高的文物价值，要在适当时机召开海内外宁氏宗亲寻根联谊大会，邀请宁氏宗亲到获嘉寻根与创业。专家题词"根在获嘉，祖乃季亹"，还对全县文物开发提出了许多学术性很强的建议，全面指导了获嘉宁氏文化研究工作。专家们的建议，将起到长期的指导作用。由于我们的长期坚持与努力，终于开出了丰硕之果。"中国·获嘉第二届宁氏文化研讨会暨首届全球宁氏寻根祭祖大典活动"于2008年3月底在获嘉县召开，国内30多个省、直辖市、自治区和香港、澳门、台湾地区以及英国、加

⊙2008年与宁氏宗亲代表考察获嘉齐州故城遗址

拿大、美国等国家的宁氏宗亲代表300余人到获嘉寻根，并与当地签订了上亿元的投资意向。宁氏文化的开发进入了一个新的阶段。

十一、谢纯灵："陈郡阳夏"与我的谢氏联谊历程

谢纯灵（1941—2016），河南太康人。多年从事谢氏文化研究和宗亲联谊工作，曾任太康县谢氏历史文化研究会副理事长、周口市谢氏联谊会会长、全球谢氏联谊总会副会长。2016年4月病逝。

河南省太康县古称阳夏，秦王嬴政二十三年（前224）始建阳夏县，隋文帝开皇七年（587）更名为太康县。这里是魏晋南朝时期的谢氏家族的故里，养育了东晋名相谢安，以少胜多的淝水之战中大败苻坚的名将谢石、谢玄，被誉为"山水诗祖"的南朝诗人谢灵运等谢氏名人。太康的《谢氏族谱》把谢缵定为一世祖。谢缵就是大名鼎鼎的谢安的曾祖父，任过三国时期魏国的典农中郎将。如今太康县有谢姓4万余人，分布在老冢、符草楼、王集、朱口、转楼等10余个乡镇。改革开放以来，寻根谒祖活动持续升温，我在退休之前，就从事此项工作，退休后仍乐此不疲。这里面有成功的喜悦，也有碰壁和受挫折的苦恼。下面，谈谈我二十几年来做姓氏工作的几点感受。

（一）我的寻根工作经历

我参与的谢姓寻根活动是从1992年开始的，当年世界谢氏宗亲总会会长谢汉儒先生率团来河南。次年即1993年9月20日，世界谢氏宗亲总会于北京举办了"谢太傅安石与淝水之战学术研讨会"（简称"谢安研讨会"），成为两岸文化交流的重要里程碑。因为以宗亲会名义而能在北京得到"海协会"的鼎力协助以及中国社科院历史研究所与中国魏晋南北朝史学会的支持，才能顺利而又圆满地完成本次谢安研讨会。中国社科院是全国最高的人文学术研究机构，这次研讨会该院所属的历史研究所给了很大的帮助。

在开幕式进行过程当中，总会长也代表世界谢氏宗亲总会与河南南阳县教育局签订了创建宝树学校协议书，并将第一期建筑款1万元美金捐给该局作为兴建校舍之建筑费。北京的"谢安研讨会"结束后，一部分海外宗亲前往河南省太康县参加当地举办的"国际谢氏联谊会"。荣誉会长谢严泽夫妇以及谢天朗夫妇，

本次大会秘书长谢正一等人，代表台湾地区的宗亲前往太康。同时，马来西亚、泰国等宗亲约30余人，也参加了这次太康的盛会。

会议期间，全体海内外宗亲在槐丘寺村参观"谢安宗祠"，并前往谢家堂村祭拜谢安公曾祖父谢缵，仪式隆重简朴。总会完成了一次两岸的创举，世界谢氏宗亲总会是中国第一个在北京顺利举行有关姓氏宗亲研讨会的宗亲团体。

世界谢氏宗亲总会第二届第五次代表大会1994年在菲律宾马尼拉举行。1999年10月，全球海内外各地区谢氏宗亲代表应江西省弋阳县邀请，前来参加"叠山书院"重修竣工典礼暨先贤枋得公殉难710周年纪念大会，大会通过了《弋阳宣言》。2003年10月17日至20日，浙江上虞东山文化国际研讨会举行，来自台湾、香港、河南、福建、山东、湖北、安徽、湖南、浙江、广东、广西、新疆、四川、北京等地的150名谢氏宗亲及专家学者出席会议，就谢安家世、东山文化、谢姓在中国历史上的辉煌贡献作了论述。会议选举台湾的谢正一先生为世界谢氏文化研究联谊总会会长。

（二）几点体会

第一，姓氏文化是一门科学，研究姓氏文化要实事求是，不能有私心。以前我对姓氏文化研究认识不深，1992年成立谢氏研究会时，只想到"文化搭台，经贸唱戏"而已。经过研究工作的深入，我已认识到姓氏文化是一门科学，它具有深远的历史意义和重要的现实意义。我越研究越有兴趣，同时也感到难度很大，要出成果，必须下苦功夫，要有打破砂锅问到底的钻劲和恒心。一个姓氏涉及诸多学科，存在着许多有待进一步探讨的问题。比如：谢氏是黄帝还是炎帝后裔？申伯是不是谢氏鼻祖？再如：第一个姓谢的是谁或第一支姓谢的人是谁？有人会说，就是申伯呀！其实并没那么简单，首先申伯不姓谢而姓姜，至今也没有研究出他的哪一代嫡孙改了谢姓。其次申伯是被周宣王封到了谢邑，此前那里早有谢姓人，申伯与谢邑的谢民是君民关系，没有血缘关系。谢氏族谱大都承认申伯为始祖，可也有人认为，认申伯为始祖就是认贼作父。再如宋人苏老泉《赠谢氏族谱序》所说："迄晋，吏部尚书讳衰，字桓彝……厥后繁衍各省……皆出于衰公之一脉也。"世界谢氏总会谢正一秘书长在谢家堂祭拜谢安曾祖父墓园时说："谢家堂村及其附近，据说在东晋之际，正值中原混乱，民不聊生，谢氏家族大量往南方迁移。今天河南、福建、广东、台湾等地及东南亚的谢氏家族都是从这里繁衍而来，现在看法也不尽然，等等难题都需要有识之士和专家学者去研究，去突破。"

第二，研究起步，联谊开路，为政治经济服务。首先要认真学习、研究姓氏文化。我们首先研究挖掘谢安祖籍地下地上谢氏文物，请专家考察认定，请有关部门申报审批为文物保护单位。要做好联谊工作，广交朋友，在此基础上再吸引海外华侨来大陆寻根谒祖、投资兴业，振兴地方经济。如世界谢氏宗亲总会原会长谢汉儒在《弋阳宣言》中说："我谢氏宗亲更应坚决支持早日实现两岸和平统一，使中国的统一大业绽放光彩。"他还在《共建中华谢氏陵园》中说："在谢氏故里共建中华谢氏陵园，是台湾尚未回归之前，我们谢氏宗亲先统一、先回归的实际举措。"明代宫廷御医24代传人、台湾郑福山先生已在谢家堂将15亩地的院墙拉了起来，准备创办骨伤医院，并将其全部利润投资谢安殿建设。

第三，要有奉献精神，才能服务于社会，服务于宗族。我决心将自己的有生之年奉献给姓氏文化研究工作和宗族联谊事业。

十二、姬长忠：温县由区域小县到姓氏大县

姬长忠，河南温县人，曾任温县人大常委会党组副书记、副主任，温县姓氏文化工作领导小组副组长，温县姓氏历史文化研究会会长。组织实施了多项姓氏文化活动，亲历了温县姓氏文化从起步到跨越的全过程。

几年来，河南温县在组织开展姓氏研究和寻根活动的过程中，主要做了以下几个方面的工作：

（一）深入研究，确立温县姓氏大县的地位

温县的姓氏资源十分丰富，据研究，发源和发祥于温县的姓氏有20多个。为了给发源于温县的姓氏定根，确立温县姓氏大县的地位，我们多次到北京、天津、山西、郑州等地，拜访全国著名的姓氏研究专家，请他们到温县实地考察，撰写论文、题词，将有关录音录像制成光盘，在社会上广为宣传，营造温县强力开展姓氏资源的浓厚氛围。经过一年多的筹备，2005年3月，我们召开了"中国温县姓氏文化学术研讨会"，来自中华姓氏研究中心、中国家谱资料研究中心、河南省中原姓氏历史文化研究会等全国最高姓氏研究的权威机构的袁义达、孟世凯、王大良、马世之、张新斌、刘翔南等6个省、直辖市29位姓氏研究的权威

专家们，经过实地考察古温城、古苏国、古邢丘等遗址，确定了发源于我县的姓氏有温、苏、邢、耿、覃、卜、寇、州等8个，发祥于我县的姓氏有司马、石、常、蔡、傅等5个，为我县的姓氏文化定了位。

（二）突出重点，科学规划姓氏文化活动

发源于温县的姓氏众多，全面研究与开发成本高，难度大。为此，我们制定了"重抓温姓，关注苏姓，启动石姓"的工作思路。为了少走弯路，减少失误，在对姓氏文化的硬件建设上，我们按照"高起点规划，分步骤实施"的原则，聘请全国百名优秀青年设计师之一的胥昌群先生精心设计了"河济文化名胜区"，按照国家AAAA级标准设计，项目建成后将是温县文化的又一精品，目前已按旅游项目通过了焦作市发改委的审批，拿到了正式批文。占地60多亩的温氏文化博览园雏形初显，始祖墓、始祖碑、根亭等部分建筑已经建成。这些高标准的祭拜场所等硬件建设，是祭祀活动、文化交流活动成功的关键。

（三）强势宣传，广泛联谊

我们首先从最具优势的温姓入手，制定了"全面研究，温姓突破"的工作思路。为了促进海内外的温氏后裔认祖归根，我们一方面编辑出版了《温县姓氏文化》温氏专集杂志，制作了《温根》光盘，开通了寻根网网站，另一方面分赴天津、福建、广州、太原、深圳、温州、苍南、平阳等地拜访当地温氏后裔，通过赠送书籍，播放光盘，学术演讲，把"温姓满天下，祖地在温县"的认识向其他温氏团体和族人渗透、扩展。抓住了让祖地后裔到温县认根这一重点，就抓住了他们的心，就抓住了姓氏文化活动的灵魂。

（四）成立文化实体，实现以会养会

文化事业是一项财政支撑的事业，没有财政的支持就举步维艰。姓氏文化的研究与开发，资金运作也是个难题。为了把姓氏文化做成产业，我们在民政部门注册成立了"河济文化科技发展中心"，尝试以市场运作的方式办好姓氏活动，力争走出一条以会养会的路子。

（五）邀请权威部门和专家参与

我们聘请中华姓氏研究中心、中国家谱资料研究中心、中原姓氏历史文化研究会、河南省社会科学院等单位的著名专家为顾问，我们的每一项工作、每一次活动，都邀请他们策划，恳请他们参与，接受他们指导，使我们的工作在前人的经验中更上一层楼。

（六）以情招商，建设祖地，实现双赢

我们制作了《温县招商指南》，在各种场合广为宣传，还在广州、温州举行了招商发布会，在"世温会"上安排了经济发展报告会和项目洽谈、签约仪式。截至目前，共签订15个项目的合作协议，总投资7.48亿元。著名经济学家温元凯发起的国际工商管理高级研修班项目已开班授课，温州工业园项目和职业教育基地项目正在洽谈。

十三、杨威：我所亲历的世界刘氏宗亲第四届寻根联谊大会申办始末

杨威，河南平顶山人，曾担任平顶山市昭平台水库管理局灌溉管理处副主任、主任，昭平台水库管理局党委委员、纪检委书记、副局长、局长，刘氏始祖刘累与龙文化研究会副会长等职。

冯德顶，河南叶县人，曾担任平顶山市昭平台水库管理局党政办公室秘书，昭平湖风景区管理处副主任、主任兼支部书记，刘氏始祖刘累与龙文化研究会常务副秘书长。

刘姓为中国当今第四大姓，人口8000余万。据文献记载及考古发现，刘姓源于帝尧，根始于夏朝刘累，刘姓始祖刘累故邑邱公城、刘累墓等刘氏祖庭圣迹均位于今河南鲁山（昭平湖风景区）。

"有花没有叶，有叶没有筋，有筋没有根。"这种流离的日子困惑着海外赤子。中国自改革开放以来，国运日昌，国民振奋，阔步发展，国际地位蒸蒸日上，海外华人华侨扬眉吐气，充分显示了大中华在国际舞台上的重要地位。旅居海外的华人华侨爱国爱祖之情日益高涨，血浓于水、崇祖报德之心日趋浓烈，联谊交流、共谋发展日益活跃、日趋紧密，回归祖根地寻根谒祖的浪潮风起云涌，势不可挡。全国各姓氏祖源地也都以不同形式借此优势发展当地经济。昭平湖开

展刘氏文化研究及开发，吸引海内外刘氏后裔前来寻根祭祖，认祖归宗，以刘氏一脉相传的血缘之情为纽带，加强海内外刘氏同祖居地的广泛联系，促进相互交流与合作，促进祖居地及昭平湖景区的发展，这是景区对外开放的重要举措，同时也借此推动河南的对外开放。

世界刘氏宗亲联谊大会始于1997年12月，马来西亚柔佛州刘氏公会新厦落成暨御龙堂开光大典举行，来自世界各国的宗亲们，在丹斯里拿督刘南辉主持下，一致认同召开世界刘氏宗亲联谊大会（第一届大会）。此会开刘氏联谊史之创举，使海内外逾八千万刘氏子孙有了交流联谊、畅叙亲情、互动发展的平台。1999年徐州第二届大会，拉开了海外赤子回祖源国寻根的序幕。2001年第三届大会在泰国曼谷召开，宗亲精诚团结，交流联谊活动已建立了坚实基础。综观国内，刘氏宗亲联谊活动开展得轰轰烈烈。江苏徐州已成功举办了世界刘氏第二届联谊大会，沛县每年举办刘邦文化节，投资近亿元建设了汉邦公园、汉街、歌风台、刘邦原庙等大型主体建筑，招商引资、发展经济取得了可喜成就。

为使昭平湖景区刘氏文化资源——刘姓始祖刘累这一尘封近四千载的历史文化名人重焕夺目光彩，使昭平湖成为世界刘氏后裔的祖源地和心中向往的圣地，我们在政策允许的前提下争得政府支持，与河南省社会科学院考古研究所强强联合，萧鲁阳、张新斌、李立新、谢钧祥等文物、考古、历史、姓氏、文献、旅游规划等方面专家学者多次对区内的刘氏祖庭进行考察，向国内学术界广泛征集论文、题词，并专程到北京拜访著名专家学者。2000年年初在《黄河文化》上刊出刘氏与龙文化论文专集。

2000年3月，我们举行了由省、市、县及有关部门专家、学者、领导参加的刘累祠（中华刘姓始祖苑）开工奠基典礼，拉开了正式复建刘姓始祖刘累陵园的序幕。5月，江苏沛县举办刘邦文化节，机遇难得，我们积极筹划与姓氏专家一起参会，大打"祖地文化、根文化、始祖文化"这张牌，向组委会赠送了"千古龙飞地，根源御龙人"的匾额，并向正在召开的刘氏宗亲乡情报告会赠送了《黄河文化》（刘氏与龙文化论文专集）300本，大量的实物及图片，大量的专家考古论证文字，引起了海内外刘氏后裔的强烈反响，来昭平湖寻根谒祖已悄然成为海内外刘氏后裔的夙愿。

世界刘氏后裔每年都采取不同形式祭拜始祖刘累公，但不知祖在何方。我们积极加大刘氏文化研究，2001年10月成立了"刘姓始祖刘累与刘氏暨龙文化研究会"，并筹划参加2001年11月在泰国曼谷召开的世界刘氏宗亲第三届联谊大会。

一是广泛联谊海内外刘氏宗亲，二是策划出版了大型画册《昭平胜景 刘氏祖庭》及《刘氏集邮册》，三是争取平顶山市委、市政府支持，组成了由市委统战部、市侨联、昭平台水库管理局、刘氏宗亲等参加的平顶山刘姓始祖刘累与龙文化研究会代表团奔赴泰国曼谷，广泛联谊，广交朋友，广发资料，积极申办世界刘氏宗亲第四届大会。大量的典籍记载、遗存佐证、考古论证，犹如石破天惊，解决了刘氏后裔多年来年年寻根问祖，不知根在何处、祖在何方之谜团。在曼谷眉特国际会展中心召开的世界刘氏宗亲第三届联谊大会代表团长会议上，经过5个地区的申办演说，一举成功夺得世界刘氏宗亲第四届寻根联谊大会在祖地平顶山召开的申办权，并在世界刘氏宗亲第三届联谊大会闭幕式上接过世界刘氏宗亲联谊会会旗。

⊙中华刘姓始祖苑

　　为使2004年5月世界刘氏第四届寻根联谊大会在祖地胜利召开，由平顶山市主要领导带队对海内外刘氏聚集的东南亚诸国及国内各省进行拜访联谊。在中央电视台国际频道、《香港商报》宣传，建立"世界刘氏"网站，自办《刘氏文化》报，印制大型宣传画册及光盘等在海内外发行。先后拜访了中央军委原副主席刘华清，中华人民共和国原主席刘少奇之子刘源将军等，刘源将军还亲笔为始祖累公墓题写了碑文。另外还积极筹措资金加大昭平湖中华刘姓始祖苑的规划建设，投入土地10万平方米，垫资680余万元搞建设，建成了1万平方米的御龙广场、始祖殿、碑林、墓区、牌楼、甬道等，为世界刘氏寻根联谊大会成功举办奠定了基础。会议规模达1000余人，涉及16个国家和地区。恢宏的设计、庄严的建筑、实在的投入感动了海内外刘氏宗亲的参与，达到了政府搭台、刘氏唱戏，成果可喜。会后又两次到东南亚及国内各省进行回访拜谢，情感的交融、贵宾的礼遇、周到的接待服务、祖地政府的支持，使刘氏宾朋十分感动，纷纷表示为祖地的经济建设贡献力量。马来西亚丹斯里拿督刘南辉先生一次捐资325万元建设世界刘氏纪念馆，目前完成投资额已达1500余万元。

学术研究成果要服务于社会，服务于大众。在2004年5月26日世界刘氏第四届寻根联谊大会期间，我们同河南省社科院考古研究所联合举办了"首届中华刘氏与龙文化学术论坛"，国内著名的历史、考古、姓氏、文献方面专家学者40余人及泰国、新加坡、马来西亚、加拿大和国内刘氏宗亲约300人参会，专家面对面地解答了刘氏宗亲们所提出的100多个问题，会议取得了"刘氏源于祁姓，为尧帝之后。刘累为刘姓始祖，是一位为夏王孔甲驯养神龙的传奇式人物。历史上确有此人。刘累自夏都潜迁于鲁山县，并终老于此。死后葬于今河南省鲁山县昭平湖景区的招兵台山上，有实物遗迹为证"的论断。来此寻根的一位马来西亚宗亲无比激动地说："我们年年寻祖、寻根，只知道始祖是刘累公，迁到鲁县，但不知鲁县在鲁山。今天终于寻到了祖，找到了根，我要在有生之年多回来看看，并教育子孙后代传承崇祖报德的优良传统，为祖源国的经济建设多作贡献。"

经过艰苦的历程，卓绝的努力，如今的昭平湖中华刘姓始祖苑群山环抱、绿水环绕，已建成的1万平方米花岗岩铺设的御龙广场、始祖大殿、世界刘氏纪念馆、刘氏会馆、碑林（功德碑林）、墓区及广场、牌楼、甬道等建筑群体雄浑壮观，来此寻根谒祖的海内外刘氏后裔和来参观旅游的游客络绎不绝，昭平湖中华刘姓始祖苑已逐渐成为海内外刘氏后裔的共同祖园和心中向往的圣地，也必将成为中原文化寻根旅游的一颗璀璨明珠。

第二章 寻根文化开发的经验与范例

一、丙戌年黄帝故里拜祖大典的主要程序

为了在推进河南郑州的跨越式发展中，充分发挥黄帝文化的优势作用，2006年，河南省、郑州市领导决定将郑州新郑市连续多年举办的黄帝文化节提升规格，明确由政协河南省委员会主办，郑州市人民政府、新郑市人民政府承办，并定名为"丙戌年黄帝故里拜祖大典"。

（一）举办丙戌年黄帝故里拜祖大典的意义

轩辕黄帝是5000年中华文明的缔造者，是华夏炎黄子孙的共同祖先，黄帝文化是我们中华民族的主体文化、根脉文化、源头文化。举办黄帝故里拜祖大典，就是要把我们祖先创造的华夏文明发扬光大。

一是进一步弘扬黄帝文化。5000年的中华文明，是炎黄子孙对黄帝文化的代代传承。有大量的历史文献记载和文物佐证，河南郑州新郑市是轩辕黄帝的出生、创业、建都之地。在原始社会末期，他访贤问道，起兵于乱世，一统华夏，奠定了中华民族的根基，开启了华夏文明的曙光。正是黄帝故里的文明起源，才使我们中华民族得以延续和发展，屹立于世界民族之林。今天我们构建社会主义和谐社会，大力倡导以"八荣八耻"为主要内容的社会公德教育，更加需要发扬光大黄帝文化和中华民族的传统美德，我们举办黄帝故里拜祖大典，就是要使我们炎黄子孙了解祖根，认同祖德，弘扬黄帝文化，加快和谐社会建设。

二是进一步增强中华民族的凝聚力。中国人对待祖先是非常敬重的。中国人把炎帝、黄帝作为远祖，称自己是炎黄子孙，这不是任何行政力量所能达到的，而是世代相传，自觉自愿的。从1992年新郑市每年农历三月三举办黄帝文化节以来，吸引了大批来自美国、日本、韩国、加拿大等国家的华侨华人和港澳台地区的炎黄子孙前来寻根谒祖，祭祖拜祖，使拜祖活动成为凝聚炎黄子孙的一个重要载体。2006年之所以提升规格，扩大规模，举办拜祖大典活动，就是要把拜祖这个载体办得更好、更规范，使之成为拜祖的典范，成为我们实施凝聚力工程的精品。

三是进一步打造黄帝品牌。综观各个先进地区的经济社会发展，文化产业占有相当的比重。郑州作为国家命名的国家历史文化名城，文化资源十分丰富，整合历史文化资源，打响黄帝文化这一金字招牌，把黄帝故里和黄帝文化做大做强，打造成为叫响全国、走向世界的强势品牌十分必要。陕西黄陵等地打文化牌的成功经验启示我们，发展文化产业就是发展生产力，作为历史文化资源大省的河南，理应加快步伐，整合河南历史文化资源，高起点规划，高品位设计，高规格建设，精心培育文化经济优势，使我们的黄帝拜祖与陕西的黄帝祭祖活动遥相呼应、交相辉映，吸引全球炎黄子孙关注郑州，了解郑州，来祖地郑州寻求商机，投资置业，发展事业，为实现中原崛起，为家乡的发展贡献力量。

（二）丙戌年黄帝故里拜祖大典活动安排

丙戌年黄帝故里拜祖大典活动于3月30日拉开帷幕，至4月2日结束，历时3天。整个活动日程安排如下：

3月30日，为来宾报到时间。主要活动有：1.拜祖大典直播预演。2.拜祖大典书画展。3.新闻发布会。4.欢迎宴会。5.观看大型原创舞剧《风中少林》。

3月31日，主要活动有：1.上午举行丙戌年黄帝故里拜祖大典仪式。2.下午在郑州国际会展中心多功能厅举行经贸洽谈会。3.参观河南博物院。4.游览黄河游览区。5.观看地方戏曲——豫剧《程婴救孤》。

4月1日，主要活动有：1.参观郑东新区。2.参观游览少林寺、中岳庙。

此外，大典期间，我们还安排有省市领导会见宴请高层知名嘉宾活动。

4月2日，早餐后，丙戌年黄帝故里拜祖大典各项活动结束。

⊙新郑黄帝故里

（三）丙戌年黄帝故里拜祖大典主体活动

丙戌年黄帝故里拜祖大典于3月31日上午在黄帝故里举行，所有参加拜祖大典的来宾，分3组车队从郑州出发，第二、三组车队直达黄帝故里，9时20分前进入拜祖大典现场，沿途将会看到巨龙起舞、盛世锣鼓等表演和热情欢迎的新郑市人民。第一组车队9时行至第一牌楼"迎亲楼"时，举行"盛世迎亲"仪式。仪式共三项：一是新郑市委书记赵武安致欢迎词，二是新郑市市长吴忠华向全国人大常委会副委员长何鲁丽赠送黄帝故里新郑市的城门钥匙，三是由30名青少年学生向参加仪式的领导献花。行至第二牌楼"祈福楼"时，观看百家姓棋阵、太极表演、少林弟子表演。行至第三牌楼"昌运楼"时，全体人员下车接受敬酒，领导沐浴更衣，礼仪小姐为所有领导及嘉宾佩戴黄色丝巾，郑州市市长赵建才向领导报告大典程序准备完毕，而后各位领导在武警礼兵的引领下，进入黄帝故里。9时30分在主会场举行欢迎仪式，仪式由司仪主持，议程两项：一是介绍参加大典的领导及来宾；二是请河南省政协主席王全书主持拜祖大典。

拜祖大典仪式于9时50分开始，寓意黄帝"九五至尊"，仪式共九项：

第一项，中共郑州市委书记王文超致欢迎词。

第二项，肃立鸣炮。鸣礼炮34响（代表34个省、自治区、直辖市和特别行政区）。

第三项，敬献花篮。党和国家领导人、省市领导分三组向黄帝像敬献9个花篮（请全国人大常委会副委员长何鲁丽、全国政协副主席张思卿、全国政协副主席罗豪才敬献花篮；请中共河南省委书记、省人大常委会主任徐光春，河南省省长李成玉，中共郑州市委书记王文超敬献花篮；请郑州市市长赵建才、郑州市政协主席杨惠琴、中共新郑市委书记赵武安敬献花篮）。

第四项，点火上香。

由奥运会冠军、河南姑娘陈中点燃圣火。

（由省部级领导、港澳台来宾和华侨华人代表分三组向黄帝像上香）

第五项，行施拜礼。

（由国家领导人带领全体来宾向轩辕黄帝像三鞠躬）

第六项，中共河南省委书记、省人大常委会主任徐光春恭读《拜祖文》。

第七项，吟唱颂歌。

（全体人员跟随1000名大学生和100名少年儿童合唱《黄帝颂》）

第八项，乐舞敬拜。

（在音乐声中，由黄河流经省份的代表和海外华侨代表9人向巨型龙头注入黄河水，二龙吐珠形成龙的传人互动仪式）

第九项，大典告成。

（四）丙戌年黄帝故里拜祖大典的主要特点

为了成功地举办好丙戌年黄帝故里拜祖大典，充分展示中原儿女的崭新风貌和家乡人民热情好客的情怀，主办方以把这次大典办成全球亿万华人瞩目的拜祖大典、56个民族团聚中原的兴邦盛典、盛世中国寻根访祖的和谐国典为理念，对整个大典的活动作了精心的设计和规划。主要有以下几个特点：

1.规格较高，规模较大。主要表现在三个方面：一是主办规格高，由政协河南省委员会举办，郑州市人民政府、新郑市人民政府承办。二是邀请的领导规格高。届时，全国人大常委会副委员长何鲁丽，全国政协副主席张思卿、罗豪才等三位国家级领导人出席拜祖大典仪式，还有100多位省部级领导和100多位全国政协委员参加大典活动。三是有包括3000名海内外嘉宾在内的万余人现场参加拜祖大典。

2.亮点较多。主要表现为：在拜祖大典中设计了多个迎亲点，一路上有以展示中原文化、黄河文化、少林文化等为标志的新颖别致的文艺表演活动。另外，还举办有黄帝故里拜祖大典书画展、经贸洽谈会、旅游推介会、捐赠活动等。

3.主题鲜明。整个拜祖活动突出"盛世中国，和谐社会"的主题。

4.媒体关注。中央电视台全程直播大典盛况，新华网、新浪网、中国郑州网等网络媒体进行网上直播，有近60家境内外新闻媒体参与拜祖大典的报道工作。

附：《黄帝颂》歌词

（童）天地玄黄

东方曙光

文明始祖

中华炎黄

（童）薪火相传

盛世未央

华夏各族

中原家乡

（合）和平天下

国运兴昌

和睦百姓

社稷安康

（合）新郑拜祖
弥之高仰
同根同源
龙族荣光

（合）大风起兮云飞扬
吾土吾心吾欢畅
四海之内皆和谐
吾思吾梦吾向往

（合）大风起兮云飞扬
吾土吾心吾欢畅
四海之内皆和谐
吾思吾梦吾向往

（童）祈福九州
祥和无疆
风调雨顺
百业兴旺

（合）护佑中华
盛世运畅
护佑子孙
永续辉煌

（童、合）大风起兮云飞扬
吾土吾心吾欢畅
四海之内皆和谐
吾思吾梦吾向往

（童、合）大风起兮云飞扬
吾土吾心吾欢畅
四海之内皆和谐
吾思吾梦吾向往

二、许氏祖地开发的关键：一次学术会议

1999年9月，我们与河南省社会科学院考古研究所成功组织召开"许由、许国与许氏文化国际学术研讨会"。回顾总结这次研讨会成功召开的经验，我们认为主要是得益于一条清晰的工作思路和脚踏实地的工作作风。这条思路可归纳概括为四句话："学术研究找靠山，筹措资金找来源，各项工作早准备，合作双方讲诚信。"

（一）学术研究找靠山

河南省许由与许氏文化研究会成立于1995年5月，在这次研讨会召开之前，我们也曾自行组织召开过两次许由与许氏文化学术研讨会，但规模不大，参加学术研讨的专家影响也较小，研讨内容也不够深入、广泛和系统，如果仅把这一点学术成果作为许由与许氏文化研究事业长期发展的基石，我们认为还不够牢固。为此，我们决定寻找在历史、考古、姓氏研究方面最具权威的单位作为研究会学术研究的靠山，再由他们出面组织全国有关方面的专家举行一次有规模、有层次、有深度、有系统的许由与许氏文化研讨活动。我们的想法首先得到了河南博物馆原馆长、著名考古专家、研究员许顺湛和著名姓氏研究专家谢钧祥等专家、教授的肯定和支持。经过他们的指导和帮助，研究会最终选择了河南省人文社会科学最高学术研究机构——河南省社会科学院考古研究所作为学术支撑。之后，考古研究所为此次会议的召开做了大量的工作，他们收集了大量与许由有关的文献资料与考古资料，详细论证了许由的生平事迹，科学拟定了研讨会的主题，联系邀请全国以及海外专家学者，编辑出版了《黄河文化》许由专辑，参与主持了研讨会。从此以后，考古研究所便成了我们最坚实的学术研究靠山，最可信赖的合作伙伴和朋友。

（二）筹措资金找来源

研究会是一个非营利性的社会学术团体，没有政府的资金支持，也没有固定的经费来源，在此情况下，要组织一次国际性的学术研讨活动，资金困难是不言而喻的。面对困难我们没有退却，而是主动想办法找来源，化解资金困难。我们认为许由与许氏文化研究既是一项传承和弘扬中华民族优秀传统文化的有益社会活动，更是一次促进许氏家族文化发展的良好机遇。因此，我们就决定把广大许氏宗亲作为这次活动的重要劝募筹资对象，想方设法动员一批有识许氏宗亲伸出援手，来解决此次研讨会的资金困难。在许氏宗亲的支持下，会议资金得以顺利解决，为会议的顺利召开创造了条件。

（三）各项工作早准备

研究会这样一个民间组织，要成功组织召开一次国际性的学术研讨会议，如不提前准备，临时抱佛脚肯定是不行的。为此，我们从三个方面提前开始了各项筹备工作。一是成立组织。研究会与考古研究所1998年11月（提前10个多月）就开始酝酿，12月份召开筹备会议，成立了以河南省社科院副院长张锐、河南博物馆原馆长许顺湛等领导、专家为顾问，王道生会长为组长、考古研究所副所长张新斌等为副组长的研讨会筹备工作组。二是制订方案。筹备组成立后，及时研究确定了拟邀请参会人员的名单、会议议程、经费预算等10多个方面的具体工作方案。三是细化分工。根据活动方案，合作双方进行了明确分工，及时有序地展开了预定的各项筹备工作。

（四）合作双方讲诚信

研讨会建立筹备组织、制订工作方案、落实分工以后，研究会与考古研究所双方都抱着一种互相信赖、互相配合的工作态度和脚踏实地的工作作风展开各项工作。

首先是考古研究所发挥优势，行动迅速。筹备会议一结束，即很快研究确定了研讨会拟研讨的20余个主题，迅速向全国历史、考古、姓氏研究学界的专家学者发出了邀请。各地的专家学者回应积极，纷纷寄来研讨论文稿件。与此同时，考古研究所副所长张新斌与该所先秦室主任李立新也来到登封，深入到东金店箕山、告成地区龙山文化遗址等地进行实地考古调研，采集了一批许由时代的文物标本。为了保证研讨会的成功召开，他们又对来自全国各地的专家学者的论文稿件进行系统整理，并以内部资料《黄河文化》专辑的形式，把这批论文打印出版，作为研讨会上的重要文本发到每位与会者手中。

其次是研究会也集中全力展开了积极的筹备工作。一是积极组织动员广大许氏参会。为了使研讨会的成果及时得到宣传、弘扬，并同时也能烘托起会议隆重热烈的气氛，当然也为了便于筹资，实现以会养会的目的，研究会即决定在研讨会召开的同时，组织举行"世界许氏宗亲登封箕山寻根祭祖联谊会"。二是制定会议程序，精心策划学术研讨会与宗亲联谊会同时召开的方法、步骤。三是制定捐助研讨会的办法及应享受的荣誉回报。四是大力宣传，通过《许氏文化》报和研究会的互联网站，在海内外许氏宗亲中进行广泛的宣传动员，与此同时有针对性地与海外许氏宗亲组织、国内的一些许氏名人进行联络，推动其组团参会。五是在会议期间开展积极的劝募工作。经过不懈努力，共筹集到了近20万元人民币，从而保证了学术研讨会和"世界许氏宗亲登封箕山寻根祭祖联谊会"的成功举行。会后，研究会即按照双方约定，及时将研讨会论文结集，名为《根在箕山》，由大众文艺出版社出版。

三、比干文化的开发之路

中国人有"归根"的情结，海外华人都希望有生之年能往"根"处走一趟。根是一个中国人的相聚之本，因此中华文化得以源远流长，古今中外闻名。中原尤其是河南与客家人有着密切的血缘关系，世界客家人与河南人民可谓同根同脉。卫辉是林姓的发祥地，结合当地实际，积极打造寻根文化品牌，开展"根在卫辉"的寻根祭祖系列活动，积累了丰富的经验。

（一）打造林姓寻根品牌

卫辉是商朝少师林氏太始祖比干的茔葬地，同时还是林姓始祖林坚的诞生地，是林姓的发祥地。商朝末年，商纣荒淫无道，残害忠良，使国家处在危难之中。商纣的叔父比干十分贤德，他冒死多次给纣王进谏，纣王恼怒之至，下令将比干剖心处死。比干的妻子陈氏怀着身孕，避难逃奔到牧野（今河南淇县西南、卫辉西北），后来在石洞中生下一男孩。周武王伐纣成功后，就赐比干的儿子姓林，名坚，称林坚，这就是林氏的由来。林姓在新的百家姓排名第17位，在全球有7000多万人。

（二）强化组织领导，确保寻根活动圆满成功

为弘扬中华民族优秀传统文化，发扬与传承比干精神，加强与世界各地比干后裔、林氏团体联系，增强中华民族凝聚力，加快比干庙的建设，促进卫辉经济的发展，1992年，经卫辉市委、市政府研究决定，成立了中国·卫辉比干纪念会，以群团组织的身份作为对外联络的工作机构。卫辉市委书记担任名誉会长，市长任常务会长，并聘任各地林氏宗亲会会长、林姓名人任名誉会长或副会长，卫辉市四大班子有关领导为副会长。纪念会始终坚持以"寻根联谊、文化交流、加强协调、热情服务"的工作方针开展活动，并连续举办了十四届比干诞辰纪念活动。历届纪念活动都由纪念会牵头，成立筹委会，下设办公室、联络接待组、祭祀活动组、宣传组、经贸洽谈组、市容整治组、安全保卫组等具体办事机构，分工明确。会前多次召开市直部门参与的协调会，研究具体方案和细则，确保每一个细节无漏洞，圆满成功，在海外侨界中引起了极大反响，取得了良好的效果。

比干诞辰纪念活动是一个以寻根、联谊、文化为主题的全球林氏交流大会，已成为国内具有影响的寻根盛会之一，并且规模也呈现出扩大之势，形成了"林氏寻根"的品牌。目前中国·卫辉比干纪念会联络海内外林氏社团已发展到120多个，1500余名知名人士同比干纪念会保持着经常性联系。

（三）加强硬件建设，营造优美环境

2003年新一届市委、市政府班子为加快景区开发和管理，成立了符合市场运行机制的比干林园开发建设有限公司，强化管理，进一步加大了比干庙建设的投入力度，筹资450余万元，完成了丹心大道一期工程和比干纪念馆主体工程的建设，对庙内外部分建筑重新进行了彩绘、修缮，搬迁了比干庙附近部分居民，修建了比干庙广场围墙，周边环境得到改善。同时编制了比干林园总体规划，并且已经河南省发改委批复。目前比干庙是全国重点文物保护单位，国家AAAA级旅游景区。

（四）敢于创新，市场化运作

随着比干庙林氏寻根活动在海内外知名度的提高和举办规模的扩大，为进一步提高接待水准，展示文明形象，卫辉市委、市政府多方寻求纪念活动新的操作

机制。自2004年比干诞辰3096周年纪念活动尝试和中国新闻社北京分社市场化运作圆满成功后，中国·卫辉比干纪念会交由比干林园公司负责，完全采用市场化运作，活动突出政府主导，市场化运作，全市动员。比干诞辰3097—3098周年纪念活动，取得了良好的社会效益，树立了良好对外形象，国内外多家媒体作了采访报道，引起了巨大反响。

（五）促进文化交流，增强感情维系

海内外比干后裔多次齐聚一堂，共同研讨比干文化、姓氏文化等传统文化，促进了中华传统文化的研究交流，也深化了对中华传统文化的认同，使传统文化维系华夏儿女、炎黄子孙的纽带作用更加紧密。如比干提倡仁德思想，这将使海外华人不忘根基，心系中华，心系故里，使传统继续发扬光大。为此，我们深入挖掘出了比干的谏诤文化、文曲星文化、裘皮行业始祖文化、财神文化。2006年在以比干庙财神文化遗存为核心的基础上，卫辉市成功申报了中国财神文化之乡。4月30日，被中国民间艺术家协会命名为中国财神文化之乡。卫辉圆满举办了比干诞辰3098周年纪念活动暨首届中国卫辉财文化节，国内民俗专家、财文化研究泰斗云集卫辉，比干财文化得到了充分肯定。活动期间举办的中华林氏族谱展馆首展仪式，展出收集的族谱100余册，范围遍及全世界，使林氏儿女在精神与血脉上建立起世系代代相传的脉络，对家族的团结影响很大，也使人不忘本。

为进一步宣传比干，挖掘比干寻根文化，我们积极整理了比干与王姓、萧姓、沈姓、尤姓、叶姓、钟姓六兰同宗等姓氏关系。2005年出版了以比干事迹内容为主的《牧野的故事》《比干书法作品集》，并策划出版大型系列丛书"世界林氏精英风采录"等，激励当代比干后裔奋进，丰富寻根文化。

（六）增强海内外联络，企盼祖国统一

我们为加强与海外各地宗亲会的联络，积极走出去、请进来。多年来我会领导对外交往频繁，也多次走出国门，出席了在世界各地举办的数届世界林氏大会，广交朋友，增进友谊。历年的传统节日，我们寄贺卡、月饼，发短信，以各种方式增进亲情友情。我们多次到福建、浙江、广东等地，参加了妈祖文化旅游节、林则徐诞辰纪念活动等，在对外交往中，使林氏宗亲感受到了大陆和海外中华儿女企盼祖国早日统一的强烈愿望。

同时我们注重加强与各地宗亲会青年团的联系，邀请其来祖地参观，让海外华裔青少年增进对中国传统文化的认识，接受中华文化的熏陶，了解祖国的历史与现状，保持华裔青少年的民族性，增强民族自信心和自豪感。

（七）扩大对外开放，服务招商引资

文化寻根搭台，经贸招商唱戏。多年来，中国·卫辉比干纪念会组队出访东南亚地区，与当地林氏宗亲社团座谈联谊，宣传推介卫辉，洽谈项目合作。2007年5月，世界林氏宗亲总会来祭祖时，又商定要动员海外林氏宗亲来卫辉投资筹建"世林会馆"。为进一步加大招商力度，卫辉市专门划出了林氏工业园区，制定了优惠政策。联谊是桥梁，寻根是主题，合作是主线，经济发展才是目标。

（八）未来发展与展望

我们的寻根活动坚持了多年，同时也出现了一些问题，经验告诉我们：第一，在开发"寻根"活动中，如果找到合适的对接点，就能起到事半功倍的效果。第二，我们除了享受会客迎宾亲之欢，更要学会让归根意识极强的经济洪流与当地经济血脉融会贯通。同时希望活动能引起省市级的重视，增加活动的重要性和分量。第三，寻根活动是涉外的大型活动，地方经费较紧张，需要有关方面给予一定的财力、物力支持。第四，人才的缺乏，寻根问祖姓氏研究是一项新课题，要有素质相对较高的研究人才，才能更好地挖掘姓氏文化，使寻根活动内涵更丰富，更具吸引力。第五，由省级机构组织各地姓氏研究机构走出去，加大宣传力度。

四、微子封地与宋氏寻根

商丘历史悠久，文化灿烂，是中华民族姓氏发祥地之一，其中起源或郡望在商丘的就有宋氏、庄氏、戴氏、牛氏等姓氏。在工作中，我们了解到这些姓氏宗亲广泛分布在东南亚和中国香港、澳门、台湾地区，有相当一部分海外宗亲已在国外苦心经营多年，积累了丰厚的资金，在当地具有一定的影响力。我们认为，通过宣传商丘的历史文化和姓氏资源，必定会吸引众多海外华侨华人知名人士来商丘寻根拜祖、观光旅游和参观考察。就此，我们谈一下心得。

抓住姓氏宗亲这一工作线索，以此作为工作突破口，商丘市政协积极走出去、请进来，广泛开展与海外知名姓氏宗亲的联谊活动。

1994年，我们首先在《华声报》（海外版）上发表了《天下宋氏源于商》的文章，在海外宋氏宗亲中产生了强烈反响。1994年10月，中国宋氏研究会成立大会在我市隆重举行，来自印度尼西亚、马来西亚、泰国等国家和中国台湾、香港地区的147名宋氏宗亲，以及有关专家、学者前来参加了成立大会，场面热烈，气氛感人。这次大会，与会的宋氏宗亲们对他们的祖根地商丘有了更多的了解，给他们留下了深刻的印象，也使我们与宋氏宗亲们结下了深厚的友谊。而这次大会使我们收获最大的是，宋氏宗亲对祖根地的感情这么深厚，认同感这么强烈，这些为我们下一步开展工作奠定了牢固的基础。

⊙商丘商祖文化苑

在这次大会的交流中，我们结识了台胞宋玉水先生。宋先生告诉我们，福建闽侯县是有名的侨乡，漂洋在海外有实力的宋氏侨胞特别多，印度尼西亚著名纺织大王宋良浩先生就是其中的一位，宋良浩先生为印度尼西亚家和纺织有限公司董事长，是印度尼西亚著名华人、慈善家。他还说，要找宋良浩先生就必须先做好闽侯县的宋信铨先生的工作。我们按照这一线索，满怀一腔执着和真诚，10余次南下福建，一次次地登门拜访宋信铨先生。精诚所至，金石为开，我们的真诚终于打动了宋信铨先生，同时，也深深地感动了身在国外的宋良浩先生。2000年10月，宋良浩先生在宋信铨先生的陪同下终于踏上了商丘的土地，从此，开始了他在其祖根地商丘无偿捐资助学的善举。

对于宋良浩先生及宋氏宗亲们每一次的到来，我们都给予了家人般的热情接待，活动安排周密，场面气氛热烈，使商丘这块土地不断地吸引着宋先生，使他对祖根地的感情随着他的一次次来访而逐渐加深，他在祖根地捐资助学的信念与日俱增。2000年至今，宋良浩先生在我市的睢阳区、梁园区、柘城县等累计捐款近8000万元人民币用于公益事业，建设了1所高中、8所初中、40所小学，修建了文物景点"微子祠"。宋先生每年三四次光临商丘，视察由他捐资和正在建设中的中小学，并考察新的捐资助学对象，不断地继续捐资，同时，也一次次地把他的情和爱留在了祖根地商丘。

多年来，宋良浩先生在各县、区捐建的每个中小学的建设当中，我们都严格要求学校辖区单位外侨办一定要把捐款管好、用好，以热心、诚心和良心高质量、高标准地建好学校，让宋良浩先生及家人满意。在河南省外侨办的关怀和支持下，通过我们积极上报和努力争取，2003年宋良浩先生荣获了由河南省政府授予的河南省华侨华人的最高荣誉奖——"黄河友谊奖"，这进一步激发了宋良浩先生爱国爱乡的热情，宋先生表示，他将继续慷慨解囊促进商丘市公益事业的建设和发展。

五、韩愈也能成为寻根品牌

随着韩园知名度的提高和韩愈研究、韩学研究的不断深入，韩愈故里的品牌也在日渐叫响，海内外韩愈后裔和韩姓人士自发组织到韩园拜谒先祖的人数逐年上升，规模逐步扩大。这种现象使我们深受启发，认为通过韩姓寻根拜祖，打造孟州韩姓祖源地的条件已基本具备。于是2004年6月，我们便着手对国内外韩姓资源进行了调研和考察。我们一方面对孟州周边韩愈后裔进行调查，邀请河南省社科院和河南省姓氏文化研究所等单位的专家对韩姓的起源与发展进行论证，另一方面广泛同潮汕地区、番禺、东莞、河北、江浙地区、海南、香港、澳门、台湾及东南亚地区的韩氏宗亲会进行联系，基本上掌握了世界韩姓的分布情况。

世界韩姓现有人数6000多万，涉及政界、企业、商业、社会团体等各个方面，而且他们之间联系密切、活动频繁，对在孟州举办拜祖寻根大会表现出极大兴趣。为此，我们决定以"拜祖、寻根、联谊、发展"为主题，以"亲情、乡情"为纽带，以"韩愈文化"为主线，承办世界韩氏寻根拜祖大会。孟州市委、市政府对首次举办此类活动非常重视，在征得河南省外侨办和焦作市委、市政府同意后，决定此次活动由焦作市人民政府主办、孟州市人民政府承办，提升大会规格，成立领导机构，严格分工、各负其责，决心将此次活动办成规格高、质量高、特色明显、隆重热烈的盛会。我们的主要做法是：

⊙孟州韩愈故里

（一）领导重视，确保大会圆满成功

对于在韩愈故里举办世界韩氏拜祖寻根大会，河南省领导和焦作市、孟州市的领导都非常重视，省委统战部、省外侨办的领导担任筹委会名誉主任，焦作市委、市政府、市委统战部、市外侨办的领导担任筹委会主任或副主任，孟州市的主要领导担任筹委会执行主任。筹委会下设六组一室，负责各项具体筹备工作，并且每个组室的领导都由市四大班子领导担任，实行严格的工作目标制，由市委、市政府两办负责督查，从组织上保证了各项工作任务的落实。筹备期间，筹委会的领导多次听取汇报，亲自到现场指导。焦作市政府又在财力上给予了大力的支持，保证了软硬件设施的如期到位。

（二）积极筹备，保障大会如期举行

筹备工作是关系到整个活动能否如期举行的关键，关系到大会的效果和对外形象。我们坚持以抓软硬件建设为重点，确保人、财、物及时到位。一是硬件建设。主要是投资120万元修建了1400余平方米的祭祀台和10000余平方米的祭祀广场，投资45万元修建了韩园仿唐大门和迎宾广场，投资50万元修建了韩园300米围墙，投资50万元雕塑了唐宋八大家汉白玉雕像，投资40万元对周边环境进行了整治。二是软件建设。举办拜祖寻根大会对我们来说，是一种尝试和探索，没有固定的模式可搬，特别是在拜祖活动的形式和内容上，如何体现时代特征，既隆重热烈又符合礼仪，既要照顾到各地韩氏宗亲的拜祖风俗（包括祭祖文的撰写、服装、礼仪、祭品、文艺演出、欢迎式、迎宾式、开幕式等）又要预防各地韩姓在支脉上的分歧，统一韩姓祖源地。为此，我们一方面先后两次到李白故里江油市学习公祭李白的做法，到广州番禺了解韩氏大宗祠家祭的仪式，到新郑、黄陵、鲁山等地学习他们的经验，到四川大学、河南省社会科学院请专家教授给予指导等，并在此基础上进行创新，把公祭与家祭结合起来进行。这样，不但韩氏宗亲能够满意，而且与会的各级领导和各界人士也能积极参与。另一方面，在大会期间专设"韩姓起源与发展研讨会"，邀请姓氏研究专家，用科学研究成果统一大家的思想，并邀请江油市文化旅游局领导进行现场指导。为了体现拜祖寻根大会的隆重气氛，我们还特意请洛阳唐朝武皇十万宫廷乐舞团现场表演武皇祭天，把祭祀仪式办得有声有色，庄严隆重，受到国内外韩氏宗亲和与会嘉宾的高度赞扬。

（三）内请外联，保证招商引资效果

为了保证大会效果，我们除在网站上发布消息、邮寄邀请函外，还专门组织了由市委、市政府领导带队，旅游、外事、企业、孟州韩氏宗亲会组成的代表团赴台湾、香港、澳门地区和东南亚诸国拜访各地韩氏宗亲会，同他们进行交流。代表团每到一地，都受到了国内外韩氏宗亲的热情接待，表示一定组织宗亲团到韩愈故里拜谒先祖，并要组织韩姓企业、商界人士一起前往，通过拜祖寻根，寻找发展良机。

通过内请外联，我们共向海内外寄发邀请函1200余封，收到回执1000余封。香港、广东东莞和番禺韩氏宗亲会都组织了100余人的庞大队伍，包机前往孟州寻根拜祖。香港韩氏宗亲会首席会长、著名企业家韩阳光先生，香港明宝钢铁国际贸易有限公司董事长韩大光先生，香港斌记工程有限公司董事长韩成斌先生，香港健步鞋厂董事经理韩世雄先生等商界、企业界老总亲自赴孟州参加拜祖寻根和项目洽谈活动。大会期间，共收到国内外韩氏宗亲捐款20余万元，签订合作意向8个，涉及项目资金8.92亿元。

（四）古今结合，把拜祖大会办成品牌

拜祖大会期间，除经贸活动、参观活动、韩姓起源与发展研讨会外，拜祖典礼仪式举办得非常隆重、非常新颖。

1.欢迎式。参加拜祖大会的所有嘉宾1000余人，统一乘车到韩园牌楼前下车，在导游小姐的引领下，列队通过800米长的韩园神道，两侧安排了2000多人参加的具有地方特色的民间艺术表演，有龙舞、狮舞、虎舞，有民间锣鼓、盘鼓、腰鼓，有秧歌、民间杂耍等，以此展现乡土风俗文化，嘉宾边走边看、边交流，反映出韩愈故里人民的亲情和热情，使他们走进祖地显得神采飞扬、兴高采烈。

2.开幕式。在韩园大门前迎宾广场举行，嘉宾列队站立在会场中央，省领导和孟州市的领导分别讲话致辞，来自香港的韩氏宗亲会首席会长、广东番禺的韩氏后裔分别代表海内外的宗亲在开幕式上讲话，高规格的开幕式使韩姓宗亲对韩愈故里充满了向往。

3.拜祖仪式。我们采用唐朝古典的祭祀形式，邀请洛阳唐朝武皇十万宫廷乐舞团为祭祀活动助兴。所有参加祭祀活动的人员均着新唐装，主持人、礼仪则着唐朝古装。当宣布吉时已到，祠门开启的一刻，召君号开路，宫廷玉女手持灯笼、彩旗，在朝天歌音乐的伴奏下，缓缓步入门外迎接宗亲。所有参加祭祀仪式的人看到这种情景，一下子变得安静肃穆起来，被眼前的阵势所吸引，现场观众近3万人也肃然起敬。祭祀台上按照唐朝礼仪陈设祭品、燃烧高香，5米高的"历代韩氏宗亲之位"牌位屹立在祭台正中。10余位韩姓历史名人画像分立两边，祭台四周彩旗迎风招展，孟州韩氏宗亲会会长吟读祭祀文。韩氏宗亲感动得热泪盈眶，群情激动，热血沸腾，在导游小姐的引领下，他们依次登台上香行礼，到墓前凭吊韩愈。整个祭祀活动历时3个多小时，参会嘉宾和群众达3万余人。

通过举办中国孟州2005世界韩氏拜祖寻根大会，取得了社会效益和经济效益的双丰收。2005年9月24日，潮汕地区专门组织了"活力广东·韩愈故里行"600人旅游专列到孟州参观韩园，拜谒韩愈，并作为一项固定性的旅游活动，潮州、

汕头、揭阳三市同孟州签订了《旅游区域合作与交流协议书》，这在孟州历史上还是第一次。这项活动的开展，一是带动社会进一步开放，对外交往与交流进一步紧密，招商引资的渠道进一步拓宽；二是韩愈故里品牌得到了提升，寻根文化资源将成为新的特色旅游产品；三是坚定了我市开发寻根文化资源，着力打造世界韩姓祖源地的信心。

六、周口市开展姓氏普查的做法

2002年年底，周口市姓氏历史文化研究会成立以后，如何准确迅速地摸清周口的姓氏人口就摆在了我们面前。特别是2004年周口市委、市政府做出重大决策，于10月份在淮阳县举办首届中华姓氏文化节，首先要弄清的一个问题就是周口有多少人、多少姓氏，每个姓氏有多少人、分布如何。为了完成这项任务，我们市、县（市、区）两级研究会联动，开展了全市人口的大普查。

（一）具体做法

为了找到解决问题的方法，2004年4—5月份，市研究会会长皇甫有风多次召开会长办公会议进行研究，经反复讨论拟出三个方案：一是利用统计局人口普查资料进行统计；二是利用公安户籍资料统计；三是借助各级政府的力量，市、县、乡、村四级动员，逐级统计汇总。按照上述方案，我们先到市统计局。市统计局局长对我们说："咱市人口普查资料有几汽车，如果组织100人进行统计，也需要3个月时间，而且需要一定的场地和20万元费用。"考虑到时间要求急迫，又苦于没有经费，只好放弃了这一方案。我们又到市公安局求助。市公安局领导非常热情地接待了我们，当我们说明来意请求帮助时，局长说："举办中华姓氏文化节是全市的人事，统计这组数字很重要。但是现在治安任务很重，靠现有警力进行统计起码需要半年时间。利用电脑进行录入统计可以节省人力，但需要400万元投入。"后来，我们找市政府办公室领导汇报，他们讲，让几级政府动员全民进行姓氏人口普查，一是影响中心工作，二则过于扰民，三则资金难筹，不现实，还是想其他办法办好。

三路皆未通，怎么办？皇甫会长带领研究会几位负责人，一边找市领导汇报，一边召集专题会议，找寻解决办法。当时有人提出："实在不行就估计一下算了。"皇甫会长态度明确，不赞成估计的办法，他说："估计的办法是不负责任的办法，我们不能干不负责任的事。按照我几十年的工作经验，还是按毛主席说的去办，有困难去基层，找群众。依靠群众解决困难。"经过分析，我们决定到条件较好的西华县李大庄乡进行调研，寻求解决问题的办法。结果发现，乡计划生育台账详细记载了各种人员的情况，而且"村不漏户，户不漏人"。回到市里，我们立即与市计生委联系，得到谢康学主任的大力支持。谢主任带病利用星期天召开各县市区计生委副主任及统计股长会议，对普查工作做了认真细致的部署。皇甫有风会长、王超凡、窦全安副会长等非常重视，亲自下乡蹲点调查，协调计划生育等部门共同参与。对数据采取层层把关：乡把村，县把乡，市把县、乡、村。对搞得好的县市区给予表扬，不合要求的发回重新核实。历经两个多月，顺利完成任务，得到市委、市政府领导、专家学者及社会各界的充分肯定和赞扬。市委董光峰书记给研究会写了封热情洋溢的信，他首先问候了参加《普查报告》调查及起草工作的各位同志，接着写道："看了《普查报告》，感到老同志们做了一件很有意义的事，为文化节作了贡献，特代表市委、市政府及文化节组委会，致以深深的谢意。"据了解，市一级搞这样的普查，在全国我们尚属首例。

我们的普查结果在文化节上备受青睐。所有的专家都说我们做了件了不起的事，要我们报社科奖。但我们自己清楚，这次普查还存在一些问题。一是有些统计人员不够认真，没有按我们的要求去办，漏登了一些姓氏。二是计生台账不准确。建台账的人或随意性大，误写了姓氏，或文化程度不高，用自己会写的同音字代替原姓用字。三是使用不该简化的简化字。如"虢"字，应读作jué，但我们统计时有的写作了"决"，有的写成了"猇"。又如"窦"写成了"豆"，"傅"写成了"付"，"樊"写成了"凡"，"柴"写成了"才"，"戴"写成了"代"，"萧"写成了"肖"，"夏"写成了"下"，等等。有的是在统计时把写得潦草的这个字误当作另一个字作了姓，如"莱"姓写成了"菜"姓，"江"姓写成了"红"姓，"白"姓写成了"日"姓，"路"姓写成了"络"姓，等等。也有的把繁体字当作一个姓与简化字并列，异体字与本体字并列，如"鞋"与"庄"，"阎"与"闫"，"塗"与"涂"，等等。鉴于此，我们于2006年上半年再次组织了对全市人口普查结果的复核工作。要求各县市区：一是要把当地大姓的情况搞清楚，比如，族源与支系、迁入与迁出、名人与业绩等，从中找出其与外地（尤其海外）联系的桥梁和纽带。二是要把一些稀有姓氏的来源及有关情况搞清楚。三是要核实简写、错写、误写的姓氏。四是要搞清楚小姓和单人姓氏的出处及有关问题。五是有些乡、村普查不够认真、细致，要有重点地组织核实。2006年，我们要举办第二届中华姓氏文化节，把这些数字搞准确意义重大。经会长办公会研究，及时召开了工作会。会上各县市区研究会会长积极发言，就人口普查工作交流经验，共同商讨办法。会长们表示要像项城那样，以计生台账为基础资料，对本县姓氏进行一次再统计；在新统计的基础上，对有疑问的、容易弄错的姓氏进行专题调查。方法是看家谱，询问本人，一定要搞清楚，不留任何疑点。会议确定5月份为"复核月"，要求各县市区明确分工，成立工作班子，进入5月份以后每周一报告一次工作进度。总之，务必在6月底以前完成任务，各县市区发布复核结果，年底要进行专题总结、表彰。在姓氏人口普查复核中，西华县的做法得到了市领导的肯定。他们组成临时审核小组，由乡镇统战委员任组长，乡教办室主任任副组长，延聘2—3名老教师作为小组成员。抽专人连续奋战5天审查原始登记表，并印制《西华县需核查姓氏一览表》，标注某乡村、某姓氏、复查原因、正确姓氏等填项，如唐宋岗，需核查的姓氏是"芳"，说明栏里写着"是芳？是方？"，这样就使查出的问题具体明了，复核人员也易于操作。

（二）几点体会

1.完善组织，强化基础。一个较为系统的组织机构和一支初具规模的队伍是研究会开展工作的基础。截至目前，各县市区已建立健全了研究会组织。我们重点吸收了宣传、教育、史志、文化、侨务、旅游等部门的业务骨干入会，这些人士对姓氏文化研究有热情、有资料、有文字功底，有的是重点姓氏的代表；我们还积极吸纳那些政治素质好、热心、有一定研究能力的同志壮大我们的队伍。可以说，姓氏人口普查工作的顺利完成是与完善的组织机构和高素质的队伍分不开的。

2.尊重事实，实事求是。开展姓氏历史文化研究，必须坚持以马列主义、毛泽东思想、邓小平理论和"三个代表"重要思想为指导，尊重事实，实事求是。研究就是做学问，做学问就要求实，不能主观臆断想当然，不能胡编乱造说假话。对姓氏人口普查结果进行复核，也是为了进一步核实数据，做到实事求是。

3.倡导奉献，不断进取。姓氏研究工作既清贫又辛苦，会员没有工资，没有奖金，有时还要加班加点，甚至夜以继日工作。本会建立伊始，便向入会成员倡导乐于奉献、吃苦耐劳的精神，做任何事情都要付出努力，都要花费心血，天上掉馅饼的事是不存在的，我们相信：一分劳动必然会得到一分收获。王天和老师年逾古稀，笔耕10年，编纂《中华姓氏通典》，收集了20000多个姓氏，现在还在收集编写中，他有信心出版一部国内收姓最多的姓氏工具书。在普查工作中，市和各县市区姓氏研究会都涌现出一批典型的人和事，全体会员在模范事迹的感染下，团结一致，表现出勤劳无私的工作态度和任劳任怨的高尚情操。

4.部门配合，群众参与。我们搞姓氏人口普查是在市委、市政府的正确领导和各级统战、宣传、侨联、史志等部门的支持配合下，在人民群众的热情参与下进行的，普查的结果是大家共同努力的成果，是许许多多人心血和汗水的结晶。

七、"国际禹州方山溯源恳亲大会"纪实

2005年6月15—20日，禹州市召开"国际禹州方山溯源恳亲大会"，来自韩国、泰国等国家和台湾、北京、广东、湖北等地的60多位方姓、雷姓人士参加了恳亲大会。这是禹州方山被确证为方、雷、邝发源地以来规模最大、规格最高的一次恳亲会，美国、新加坡、马来西亚、柬埔寨和香港等地溯源堂和方氏社团发来贺信贺电。禹州市四大班子领导全体参加欢迎仪式，亲切会见恳亲团代表。韩国方氏中央宗亲会会长、泰国方氏宗亲总会理事长率团参会，代表两地60余万方氏宗亲拜谒始祖方雷。会议期间召开禹州经济发展和溯源文化座谈会，参观了部分企业和景点，就围绕增强方山凝聚力和号召力，推动大型恳亲活动在禹举办和来禹投资发展共同进步达成共识。《河南日报》、《香港商报》、《许昌日报》、中广网、新华网等近20家新闻媒体和多家国家级网站对会议情况进行了宣传报道，会议达到了预期效果，取得了圆满成功。

此次恳亲大会的成功之处有四点：

（一）抓住时机，扩大规模，把韩国方氏恳亲祭祖扩大为国际性的恳亲盛会

韩国温阳方氏中央宗亲会自2004年10月至2005年4月，先后3次派副会长方基奉先生来禹州考察，协商在方山建立归根纪念碑和组团祭祖以及动员全球方氏共同关注祖地发展等事宜，并初步定于2005年6月组团30人来禹祭祖及进行经贸洽谈。我们认为韩国方氏有报答祖地的强烈愿望和热情，建立纪念碑对海外方氏社团具有示范作用，借此机会邀请其他国家方氏社团参会，可以更好推动世界方

氏对禹州方山的认同，促进方氏寻根活动经常化。我们抓住这一机遇，面向海内外方氏研究机构、溯源堂、六桂堂、方氏宗亲会广泛发送邀请函，先后得到美国、泰国、马来西亚、新加坡、柬埔寨和中国香港、台湾、广东、湖北、北京等地雷、方、邝氏人的积极响应，泰国方氏还明确表示届时率方姓工商业人士考察合作事项。我们根据湖北孝感方氏两会提议，将会议名称修改为"国际禹州方山溯源恳亲大会"，蕴含雷、方、邝根在方山之意。至此，国际恳亲大会已初具雏形。

（二）广泛联络，精心筹划，做好会务各项准备工作

在筹备阶段，我们广泛联络海外雷方邝社团及其知名人士，结识了一批在世界华人圈和国家侨务部门有影响的雷方邝华人华侨。与美国溯源总堂顾问、保险业巨子方创杰先生，美国西雅图溯源堂主席、中美经济文化交流会副会长方伟侠先生，新加坡"六桂堂"顾问、原主席方水金先生，柬埔寨加沙银行总经理、《华商时报》董事长方侨生先生等知名侨界领袖建立了联系，他们对祖地召开恳亲会深感兴趣，对公务缠身不能亲临大会感到遗憾，纷纷发来贺信贺电预祝会议成功，方创杰先生还号召美国溯源总堂17位方姓宗亲联名发来贺电，海外联谊工作的范围和层次大大拓展。

为确保会议圆满成功，禹州市成立了"国际禹州方山溯源恳亲大会"领导小组，由市长任组长，市委一名副书记任常务副组长，市委常委、统战部长和一名副市长任副组长，下设综合组、宣传组、经济文化交流组、交通安全保卫卫生组、接待旅游组，两办、侨务、宣传、统战、财政、广电、旅游、文化、商务、公安、交通、城建、环卫、卫生等15个部门及方山、方岗两个乡镇分工协作密切配合，把筹备工作做好做实。在筹备阶段，制作了《走进禹州》和《方山溯源》两部专题片，印制了介绍禹州文化、经济的宣传材料，筛选了能吸引来宾投资的特色项目，设计了展示禹州文化和中原文化特色的旅游线路，对会议氛围设计、会场布置、来宾客房甚至菜谱等细节都做了安排。筹备期间，大会领导组先后召开了2次协调会、5次筹备情况通报会，使会前准备工作一切就绪，万事俱备。

（三）恳亲与招商并重，把恳亲会办成空前的盛会

6月15日，"国际禹州方山溯源恳亲大会"拉开帷幕，全市各大街道彩旗飘飘，张灯结彩，"欢迎游子回家""四海雷方邝同根"等欢迎标语交相辉映，营

造出浓郁的节日气氛，恳亲团一踏入禹州，就被这种热情亲切的氛围感动得热泪盈眶。欢迎仪式规格空前，市四大班子领导全部出席。随后举行隆重的祭祖仪式。在随后的几天中，我市重点安排了两项活动：一是通过召开溯源文化座谈会和经济发展座谈会，参观考察我市特色企业，吸引来宾到禹州投资兴业共同发展。二是组织恳亲团旅游观光，游览了我市部分景点，还到武术圣地少林寺和七朝古都开封、九朝古都洛阳旅游观光，感受中原文化的深厚底蕴和秀丽的自然风光，摸索出了一条方山祭祖与中原文化旅游紧密结合的寻根旅游线路，增加了寻根活动的魅力和文化内涵。整个会议行程紧凑充实，文化与经济同台唱戏，收到良好效果。

（四）做好会议后续工作，扩大会议成果

此次大会有近20家新闻媒体和多家国家级网站及时登载了恳亲活动情况，起到良好的对外宣传作用，禹州恳亲活动成为网络信息的热点。会议之后，我市积极与海外方氏社团联系，将活动盛况及时通报给未参加会议的海内外方、雷、邝人士，赠送新闻剪报和大会制作的《走进禹州》《方山溯源》专题片，美国、马来西亚、新加坡和中国香港宗亲分别来信来电话祝贺会议成功，泰国、韩国方氏宗亲回国后再次致信感谢，对祖地人民热情好客感到高兴和感激，表达了在适当的时机推动大型恳亲会议在禹州召开的愿望，马来西亚"六桂堂"还表示近期到禹州观光旅游，考察经贸合作事项。

八、"甲申年世界刘氏第四届（寻根）联谊大会祭拜始祖刘累公大典"工作方案

（一）总体安排

1. 活动时间

2004年5月27日上午7：30—12：00

2. 活动线路及时间安排

迎接：平顶山各代表团驻地出发（7：00）→建设路→鲁平路→鲁山南环路（8：00）→鲁石路→昭平湖景区大门→拦河坝→刘累陵园（8：30）

返程：线路与迎接线路相反

3. 活动内容

为刘累铜像揭幕、开光；祭拜大典；自由上香，签名、捐款、留念、题词等阶段。

第一阶段：（9：20开始，约15分钟）

始祖刘累公铜像揭幕、开光仪式

（1）主持人宣布仪式开始

（2）请刘氏研究会会长代表昭平台水库管理局、昭平湖景区管理处、陵园管理处致辞

（3）请海外刘氏宗亲致辞

⊙世界刘氏第四届（寻根）联谊大会祭拜始祖刘累公大典

（4）全体肃立。（背景音乐）请（10位）为刘累公铜像揭幕

（5）请×先生为刘累公铜像开光（点睛）（全体跪拜、放鞭炮）

（一叩首，再叩首，三叩首，平身）

第二阶段：（9：35开始，约45分钟）

祭拜始祖刘累公大典

（1）主持人宣布祭拜大典开始（背景音乐）（击鼓三通、鸣号三声、放铳三响）

（2）奏乐唢呐锣鼓（3分钟）

（3）焚香告祖，进刚鬣柔毛、敬献供（祭）品（15分钟）

A.总主祭人、主祭人就位。上香（一上香，再上香，三上香）。

B.进刚鬣柔毛，献祭品、献酒（一奠酒，再奠酒，三奠酒）。

（4）恭诵祭拜文（15分钟）

A.读祝者就位，先跪。总主祭人、主祭人及全体刘氏皆跪。

B.跪诵祭拜文。

C.祭拜。

读祝……兴（起身）；

拜……兴（四次）平身。

（5）奉馔，献花篮，献财帛，焚祭文，化财（20分钟）

A.奉馔（总主祭人执行）。

B.献花篮（总主祭人由礼仪小姐协助献花篮，主祭人皆亲自献花篮）。

C.献财帛，焚祭文，化财。

（6）大典告成（鸣炮）

第三阶段：（约40分钟）

向始祖刘累公陵园建设献功德（捐款）（背景音乐）

第四阶段：

累公墓前祭拜，签名题词，参观陵园，自由上香

（二）组织领导

指挥长：

副指挥长：

成员（责任人）：

（三）任务分工

1.迎宾

牵头领导：　　　　责任人：

（1）准备

A.负责从有关单位抽调50名高素质青年干部进行礼仪培训，作为联络员，为来宾提供联络服务。责任人：

B.负责将装有《世界刘氏　根在鲁山》光碟、全面介绍鲁山的综合性光碟、鲁山县招商投资指南、纪念品等手提袋计1500份交负责迎接的牵头责任人。责任人：

C.负责将专用手提袋及1500份拜祖活动须知分发给50名联络员，督促其在迎接来宾途中分发到位。责任人：

D.负责组织50名联络员、50名导游员统一着装，并于27日早5点在鲁山县委集合，前往平顶山各来宾驻地。在途中为到刘陵园拜祖的来宾讲解拜祖活动须知，介绍祖地风土人情。进入鲁山南环路及昭平湖要以实景进行讲解等服务。责任人：

E.负责把《世界刘氏 根在鲁山》的光碟发给各车联络员,并由联络员督促司机在往返途中分别播放。责任人:

F.负责敬献花篮、上香、揭幕、开光,恭读祭拜文及总主祭人、主祭人名单确定后,督促随车联络员及导游员,在上下车及到拜祖区的实行人跟人服务,并负责提醒引导到拜祖团前列,同时引导各代表团到广场指定地点。责任人:

G.负责安排中巴车供县领导及筹委会领导使用,并提前通知准时到达参加活动。责任人:

H.负责安排足够位次的大巴车,接送工作人员和导游员到平顶山及刘陵园。大巴车并作为拜祖车队的备用车,以备临时使用。责任人:

I.负责联络工作,做好前导车与拜祖车队、后卫车的通信联络,及时向指挥长汇报车队行程情况,并做好指挥、协调。责任人:

(2)鲁山县城南环路至八里仓路口

牵头责任人:

A.负责在南环路至八里仓路口悬挂横幅15条,内容为"御龙故里人民欢迎您""欢迎您到刘姓始祖地鲁山投资兴业,共建始祖圣地"等。责任人:

B.负责安排1000名群众分布在南环路两侧,每米2人,双手持花环欢迎、欢送来宾。责任人:

C.负责安排600名群众分布在八里仓至水库路口两侧,每米2人,双手持花环欢迎、欢送来宾。责任人:

D.负责在大坝上安排气球条幅10个,彩旗、龙旗300面。责任人:

(3)八里仓至昭平湖景区

牵头领导:

A.负责安排1000名群众(库区乡婆婆村口至昭平湖景区大门口)分布在道路两旁,每米2人,双手持花环欢迎、欢送来宾。责任人:

B.负责在库区婆婆村口至刘陵园悬挂横幅15条,在鲁石路至景区下路口设立彩虹门一个。责任人:

C.分别在昭平湖景区大门口两侧大坝南头两侧组织安排一支舞狮、舞龙表演队,迎送来宾。责任人:

(4)刘陵园

牵头领导:

A.负责在刘陵园广场及墓区周围布置12个气球标语。责任人:

B.负责在大坝北端回车场处,组织安排舞龙、舞狮表演队2支,军乐队1支,迎送来宾。责任人:

C.负责组织安排100名刘姓妇女及老人在大坝北端手持提篮,提篮盛熟鸡蛋、花生、大枣、黄瓜、西红柿、水果等,请来自远方的亲人品尝。责任人:

D.负责组织10名工作人员,在刘祖广场台阶口两侧布置60个脸盆,并配备脸盆、盆架、香皂、纸巾、纸篓、水桶、水勺子等作为净手区,立净手区牌子;在流动厕所等处配备10套脸盆,安排2名工作人员为来宾提供净手服务。责任人:

E.负责制作1500套精美的故乡土、故乡水纪念品分送给来宾。责任人:

F.负责在刘祖广场入口两侧,各准备铺有白布的桌子20张,并准备印有"刘氏后裔情系始祖地刘陵园签名活动"黄布50米两条,安排签字笔(号笔)80支,供来宾签名留念,并安排工作人员10名搞好服务。责任人:

G.安排10名工作人员(刘祖广场入口台阶4名,牌坊台阶2名,甬道4名)负责扶老携幼,搞好服务引导。责任人:

H.负责安排4个酒坛(刘祖广场入口中间平台,广场口台阶上部中间),用黄绸包裹,内装御龙贡酒,准备足够的经过消毒的仿古木制水舀和酒杯,供拜祖来宾饮"洗尘酒",同时组织12名身着古装的礼仪小姐做好服务。责任人:

I.负责陵区及大典区的鲜花摆放,并负责花篮、鲜切花按时间要求到位。责任人:

J.负责在刘祖广场中心线、离牌坊台阶2米处搭建刘累铜像基座(2米×2米×1米),上铺红地毯,用红布包四周,并负责将刘累铜像安放在基座上。负责制作2.5米×4.5米×0.8米、1.5米×3米×0.7米供桌各1张,1.2米×0.6米×0.7米供桌2张(放猪羊用,上铺白布);负责制作1米×0.6米×0.4米带玻璃、锁的功德箱4个。责任人:

K.负责墓区、大典区、甬道、台阶等红地毯的铺设,并在甬道中心设立临时隔离带(用黄绸带)。责任人:

L.负责制作5米×6米×4米铁制广告牌4个,分别绘制刘陵园规划、各项投资额捐款褒奖办法等。制作0.5米×0.3米×1.3米单立式导示牌50个,并负责按指定地方安装好。责任人:

M.负责制作并悬挂会标1个、横幅6个、龙旗500面,合理分布。横幅内容:"热烈欢迎世界刘氏第四届(寻根)联谊大会代表寻根拜祖"。会标内容:"甲申年世界刘氏第四届(寻根)联谊大会祭拜始祖刘累公大典",两边对联为

"四千年艰辛四海五洲创伟业，八千万子孙绕膝团聚祭累公"。一律为红底黄字。会标需搭架、悬挂（宽18米、高4米），架子杆用红布遍盖。责任人：

N.负责在牌坊两侧各安排5张桌子，配备16名工作人员，为来宾提供签名题字、捐款投资洽谈等服务，并负责安排一定数量文房四宝及签字册、功德册。责任人：

⊙甲申年世界刘氏第四届（寻根）联谊大会祭拜始祖刘累公大典

O.负责组织安排2支舞龙、舞狮表演队在刘祖广场东西两侧表演。责任人：

P.负责在大典区安装高质量的音响一套，设立式话筒2个供主持人及仪式使用，并安排2名工作人员专人负责播放迎亲曲及背景音乐。责任人：

Q.在广场及刘累墓区设立4个请香点，安排12名工作人员服务。责任人：

R.负责制作2.5米×1.5米×1米两边带台阶的平台，上铺红地毯，安排2个精制铜盆、2支大号毛笔供点睛用。责任人：

2.拜祖

地点：御龙广场刘累铜像前

牵头领导：　　　　责任人：

（1）精心设计大典会场，绘制位置图。责任人：

（2）负责制作1.1米×1米铁鼎香炉1个，焊制1.4米×0.5米×0.9米双层蜡台4个。责任人：

（3）负责供桌、供品、香炉、蜡台、鲜花的摆放，地面红地毯的铺设，供品的制作，以及蜡烛、龙香、纸表、金银、蜡烛、钱帛、鞭炮等的办理，并负责购置高质量防风火机10个。责任人：

（4）负责制作黄背心、红佩带各50条，黄背心后边印"血浓于水，一脉同根"，佩带印总主祭人（1个），主祭人（49个）。制作15厘米厚优质海绵0.45厘米×0.5厘米上黄下黑带拉链的跪垫1500个。责任人：

（5）负责组织指挥、锣鼓队、唢呐队、礼炮队、放鞭炮人员按指定位置就位，按仪程演奏。责任人：

（6）负责安排4名男礼仪工作人员，协助来宾点燃龙香，并交给祭拜人。负责安排4名礼仪小姐协助总主祭人敬献花篮，搞好服务。责任人：

3.捐款及题词、上香、参观

牵头领导：

（1）负责捐款人的名字、地址、款额的登记与收取，填写功德证、开发票交给来宾。责任人：

（2）负责题词签名留念来宾文房四宝、签字册的服务工作。责任人：

（3）负责请香点的秩序，准备足量的各式香火供来宾自主上香祭拜，并提供优质服务。责任人：

（4）负责自主上香、自由活动时来宾的引导工作。责任人：

（四）车辆的停放

牵头领导：

来宾到后一律在大坝北端下车，人下车后，车辆指挥停放在刘祖广场东端停车场10部。其余车辆等来宾全部上刘祖广场后再指挥协调停放，按原路返回。责任人：

（五）要求

外事工作无小事，涉及国际影响，且这次活动规格高、意义大，为确保大典万无一失，达到最佳效果，强调以下几点：

1.分工负责。各牵头责任人负责所担负工作的整体组织与协调，对工作的进度、质量负全面责任。所有单位和工作人员要以讲政治、讲党性、讲大局的高度提高认识。对分管的工作不讲条件、不讲理由，服从领导，听从指挥，严格按活动分工，全力以赴、扎扎实实地搞好各项工作。

2.加强协作。工作人员要加强联系，相互协作，及时沟通，确保各个环节紧密衔接，工作出现问题，要及时向牵头领导和筹委会有关领导反映、汇报，共同研究补救措施。严格责任追究，把一切事故、问题消灭在萌芽之中。

3.严明纪律。要从大局出发，管住嘴，不能信口开河，乱讲乱说；管住腿，严守岗位，严禁脱岗，严禁来宾没走队伍撤离。对圆满完成任务的单位、个人予以表彰；对敷衍应付，工作不负责任，工作出现失误，造成不良影响的，要严肃追究责任。

4.突出亲情。所有工作人员要礼貌待客，热情服务，解答问题适宜，尽量满足来宾的需求。在适当的情况下，提醒来宾离开。严禁在大部分来宾兴致正浓时催促离去，更不允许有抱怨语言出现。

5.强化演练。各组牵头责任人，于20日前进行自主演练，掌握每个环节所需时间，保证环节紧凑衔接。22日筹委会彩排。23日市四大班子领导观看督导演练全过程。

九、《郑氏族系大典》编要

《郑氏族系大典》（《世界郑氏通天总谱》）全书共1600万字，8大部、19卷、39章，全书刊发画像、图片、彩照等各类图谱10000余帧，重20余公斤，绝版精彩印刷，具有收藏价值、历史价值和文学价值。

《郑氏族系大典》是一部整理郑氏家族灿烂纷呈且杂芜并现的2810年之传承历史，汇集古今中外郑文化精华之大成，使之成为郑氏家族的一部较为翔实的"正史"。为此，借鉴了南宋初期著名思想家、史学家、一代学宗郑樵编纂《通志》之治史宗旨，把历史学之研究范围扩大到《六书》《七音》《氏族》《金石》等原已被史界忽略的范围，还借鉴了我国现代文化巨匠、著名作家和学者、新中国文化、文物事业的奠基人与开拓者郑振铎大师所开创的"图谱典籍"治史治学形象法。郑振铎大师在《〈中国历史参考图谱〉跋》一文中指出："……图与文也是如鸟之双翼，互相辅助的……而历史书却正是需要插图最为迫切，从自然环境、历史人物、历史现象，到建筑、艺术、日常用品、衣冠制度，都是非图不明。……"更重要的一点还有，他反复强调人民是历史的主人，要治史首应开启"真实的人民历史之门"。这同鲁迅先生要为农人、樵夫立传的主张是一致的。《郑氏族系大典》之编纂，就是以此为指导思想，不仅重视显赫郑氏家族、著名郑氏人物，而且更要重视普通的郑氏群体、普通的郑氏房族始祖及德行操守高洁的平民先祖在历史上的作用，以忠于祖国、忠于民族、忠于人民、忠于历史为根基，弘扬伟大的中华民族文化，采取彩绘图鉴版本，使用图片和简易题标说明与史记文字对应，使读者对象从中小学到大学文化程度，一直到教授、学者、专家都能读、都有所读。《郑氏族系大典》之编纂出版，还吸收了宋代苏轼、欧阳修创"苏欧谱式"之精华。我们知道，人类社会历史是通过人群的社会活动来体现的，所以，我们坚持以人为本，形成一条纵向主轴经线，以人文为辅形成横向纬线，纵横交错，图文相间，编织出一幅绚丽多彩的郑氏历史画卷。无论从时间跨度还是收录范围，也无论是谱牒体例还是学科涉猎，均大大地发展了"苏欧谱式"。

（一）编纂凡例

1.编纂指导思想。广泛发掘、收集、筛选、整合郑氏人文资料，坚持辩证唯物史观，坚持人民创造历史史观，剔其糟粕，取其精华，体现存史、教化、育人功用。

2.编纂原则。去粗取精，去伪存真，古今并重，古为今用。追溯源流，求同存异。远则文化认同，近则脉支辨合。男女平等。

3.编纂时限。上起远古，下迄桓公受封立国2810周年，即公元2004年。

4.编纂内容。按《中州纵横》所载"出版大纲"，视情略作调整，以现行总目录为准，多学科涉猎，广采博撷，集郑氏历代人文之大成。

5.编纂体例。借鉴"欧苏谱式"，融会郑樵、郑振铎治史经验，或以历史年代为序，或以地域为秩，坚持以人为本，形成纵向主轴经线，以人文为横向纬线，纵横交织，经纬分明，彩绘图鉴，古今文字相间。

6.文字横排。古姓氏、古地名、古人名、古时冷僻字词等特殊情况采用简化、繁体并用，应简则简，应繁则繁。一般不加注音。干支纪年、公元纪年交叉并用，公元前某某年及公元某某年均省去"公元"二字。

7.世系编排。依据国史，参考族谱，颂世系大框架（主干国世系）。宗支自世系均录入目前低限八世以上世系图，低限以上不足八世，则只录族址。各支派国世能统则统，不能统者，应反推代次，各分支自行合理切入国世系。不能统者，则存史之。

8.始祖确定。根据族谱提供资料，对于清末以前的先人具备"生卒葬（寿、誉、事迹）葬籍（包括迁）配衍（传人代次）"等要素的宗支肇始者均可立为本宗支之始迁祖或始祖，一个宗支一般可立1—2人，同祖合并，像标文字显示族址及人物概略。

9.先贤始祖画像。根据其所居朝代、所具身份及年龄等资料进行创作，除有官衔外，一般均取乡贤仪容。

10.资料排序。选录族谱资料除河南列首外,其余省市按标准地图册省市序列,各宗支入典资料分类编排,国外资料序后。

(二) 编辑说明

1.依据《郑氏族系大典》第一部"编纂凡例"不变。

2.古今人文按其活动年代分为3个时期:

(1)以清末光绪三十四年(1908)为底限,凡上溯历朝之人文,列入"古代人文"。

(2)自清末光绪三十四年(1908)起至民国三十七年(1948)之人文,列入"近代人文"。

(3)自中华人民共和国成立(1949)起至今,列入"现代人文"。

3.古代人文暨近代人文资料,均以文言记叙,每借典阐文、假义传事、语句诘深、字词生僻,又无标点句读,费读费解,为了借古砺今,彰善瘅恶,知往鉴来,让读者了然成读,受到启迪,特对其原文进行断句、标点、校勘。凡文中缺字,以"□"代之。力保原作原貌,一般不加注释。

4.凡贞妇、贞女之类的人文,均是在封建礼教统治下的桎梏女性、残害人权的旧社会血泪历史之写照,但颂扬其节烈、忠孝、仁义、勤劳、节俭、顽强拼搏、舍生取义等诸贤之人品,为存史育人,不无借鉴之用,故有选载。

5.古代、近代人文中,有"匪""贼""寇"之类,诸如"亳匪""粤匪""闽贼""捻贼""发寇"等,尽属诋谤之词,且文重出,于此指明,不再一一加注。

6.在原文中的历史纪年后加"( )",并注明相对应的公元纪年。

7.限于篇幅,碍难将采集之全部人文一一刊出。未录之人文,包括人物传记均留待《世界郑氏通史》选登。

8.为了充分发挥人文的教育意义,对郑氏之传奇、故事、掌故等配以主题图鉴,以增强其可读性。凡传奇、故事、掌故之题目,均由编纂者拟加。对古典文言作品,注明出处。白话作品大部分是根据史籍文字改写而成,也有部分白话作品由郑氏族人提供再改写而成。排列顺序未按文体分类。

9.因历史原因,一部分在新中国成立前纂修的郑氏族谱被毁,其族系、房系先祖的人文资料,未能录入。待其后裔挖掘整理后再拟入"续集"。

10.凡未赠寄族谱暨相关资料的郑村族系、房系的先祖人文资料,未能入录,亦待其后裔日后寄来，再拟入"续集"。

11.附录载有《二十四孝》《孝经》《古文孝经》《劝孝歌》《劝报亲恩篇》《道德经》《重订增广贤文》《三字经》《千字文》《弟子规》等中华文化通俗经典。除对《二十四孝》《孝经》进行浅议、对《道德经》进行解述、对《增广贤文》进行重订外，并对《二十四孝》绘图示义，以彰显古为今用和郑文化之博大精深。

12.由于人力、物力、财力之不足，编纂水平之有限，时间之仓促，定有不少差错与疏漏，祈望诸位方家巨匠、宗彦贤达、海内外读者及郑氏后裔明达鉴谅匡正，不胜感激。

（三）总目录

第一部（豪华彩绘彩插图鉴本）

［卷首］绪论篇

第一章　中国历史大事简述

附录

第二章　中国姓氏简述

附录

第三章　郑国国史简述

附录

第四章　中国郑氏通史简述

［卷二］始祖篇

第五章　郑氏族系始祖先贤彩绘图鉴（上）

附录

第二部（豪华彩绘彩插图鉴本）

［卷三］始祖篇

第六章　郑氏族系始祖先贤彩绘图鉴（下）

第七章　郑氏族系先贤人物简传精选

［卷四］传奇篇

第八章　郑氏传奇、故事、掌故（附彩绘主题图鉴）

附录

第三部（精装彩插本）

［卷五］祭祀报德篇

第九章　祖茔、宗祠、纪念馆（附彩照图鉴）

［卷六］述记篇

第十章　郑氏族系先贤述记篇（碑记、墓志、祭文、简传）

［卷七］迁徙述丛

第十一章　房族迁徙

［卷八］族谱序跋篇

第十二章　族（家）谱序跋精选

附录

第四部（精装彩插本）

［卷九］历代文库精华

第十三章　历代郑氏书画选萃（附彩插图鉴）

第十四章　诗、词、联、赋、文选萃

［卷十］座右铭篇（包括族规、家训、训导）

第十五章　劝学爱国篇

第十六章　为人为官篇

第十七章　农商沉浮篇

第十八章　成功教训篇

第十九章　书函劝教篇

第二十章　名言警句篇

第二十一章　炼狱警世篇

第二十二章　养心保健篇

附录

第五部（精装彩插本）

［卷十一］村史精华

第二十三章　郑氏自然村村史

第二十四章　郑氏行政村村史

［卷十二］家史精华

第二十五章　三代家史（附家庭世系谱图彩照）

第二十六章　五代家史（附家庭世系谱图彩照）

［卷十三］业绩史精华

第二十七章　三代创业史（附家庭世系谱图彩照）

第二十八章　五代创业史（附家庭世系谱图彩照）

第二十九章　家族业绩史（附家庭世系谱图彩照）

第三十章　个人业绩史（成功史）（附彩照）

附录

第六部（豪华彩印彩插本）

［卷十四］现代人物精英

第三十一章　人物通讯、专访、散记

［卷十五］现代人物俊英

第三十二章　人物简介

第三十三章　功德芳名录

1.《郑氏族系大典》编纂委员会成员一览（附彩照）

2.捐资功德榜一览（附彩照）

附录

第七部（精装本）

［卷十六］族系

第三十四章　郑氏族系大框架

第三十五章　房族世系垂丝图

附录

第八部（精装本）

［卷十七］族系

第三十六章　房族世系垂丝图

第三十七章　房族世系垂丝图

［卷十八］郑文化研究

第三十八章　研究机构概略（包括各地宗亲会）

［卷十九］百花苑

第三十九章　学术争鸣篇

附录：大事记要

后记

十、2005年世界张氏总会第二届恳亲大会实施方案

为办好2005年世界张氏总会第二届恳亲大会，充分展示濮阳县良好形象，促进经贸合作，扩大对外开放，配合濮阳市世界张氏总会第二届恳亲大会筹备委员会开展工作，结合我县实际，特制订本实施方案。

（一）指导思想

以邓小平理论和"三个代表"重要思想为指导，全面实施对外开放带动主战略，以宗亲联谊搭台，经贸唱戏，招商引资，积极开展对外经济合作，充分展示我县改革开放的巨大成就和昂扬向上的精神风貌，进一步提高濮阳在国内外的知名度和影响力，促进濮阳经济社会快速发展。

（二）主题、规模、时间及主要活动

1.主题：同根共源，爱我中华，精诚团结，合作发展。
2.规模：邀请客人控制在1000人左右，其中海外来宾800人左右。
3.时间：2005年4月27日至30日。
4.主要活动：主席团会议；欢迎宴会；开幕式及"世张之夜"大型文艺晚会；中华张姓始祖挥公受封得姓纪念大会；祭祖仪式；"恳亲暨纪念大会"午宴；世界张氏总会第二届恳亲大会；杂技专场演出；中华张氏英杰圆桌会议；市、县情说明会及经贸项目推介会；观光考察；惜别宴会。

（三）组织机构

1.成立濮阳县筹备委员会（以下简称"县筹委会"），配合市筹委会做好各项筹备工作。

名誉主任：张建国（县委书记）
主任：董跃进（县委副书记、县长）
常务副主任：张广恩（县政协主席）
副主任：张玉民（县委常委、统战部长）
　　　　张永伟（县委常委、政法委书记）
　　　　邱国让（县委常委、宣传部长）

　　　　刘运苍（县人大常委会副主任）

　　　　吕庆科（副县长）

　　　　翟伟（副县长）

　　　　孙士杰（副县长）

　　　　袁星晨（县政协副主席）

　　成员：刘希乾（县委办公室副主任）

　　　　周鸿（县政府办公室主任）

　　　　王瑞国（县政府办公室副主任、外侨办主任）

　　　　薛长征（县政府办公室副主任）

　　　　杨庆旭（县委宣传部副部长）

　　　　张朝斌（县委统战部常务副部长）

　　　　张志彪（县发改委主任）

　　　　韩广勇（县建委主任）

　　　　王艳华（县财政局局长）

　　　　冯殿卿（县交通局局长）

　　　　王文章（县商务局局长）

　　　　田志跃（县卫生局局长）

　　　　张玉顺（县公安局政委）

　　　　潘美兰（县广电局局长）

　　　　郭克光（县文化旅游局局长）

　　　　李建国（县市政局局长）

　　　　王志超（县水务局局长）

　　　　刘世奎（县林业局局长）

　　　　王彦立（城关镇党委书记）

　　　　张焕书（张姓研究会常务副会长）

　　　　张春喜（张姓研究会副会长）

　　　　张常伟（县政协文史委主任、张姓研究会秘书长）

　　县筹委会下设办公室、联络接待礼仪组、联谊和祭祀活动组、宣传组、经贸合作洽谈组、基建组、环境整治组、安全保卫组。办公室主任王瑞国（兼），办公地点设在县政府办公室。

　　2.各办事机构主要职责

（1）办公室：负责处理县筹委会日常工作和有关协调工作。配合市筹委会审核大会整体形象设计方案和有关刊物；制订大会实施方案，分解任务，督导落实；组织协调动员会、宴会、恳亲大会等大型活动；在濮阳县举行大型活动的会场布置；负责领导讲话等文字材料的起草和各种证件的印制；审核各项经费预算，向县筹委会提出经费安排建议；负责大会期间水电正常供应；完成市、县筹委会交办的其他工作。

责任领导：董跃进、张广恩、翟伟

主任：王瑞国（县政府办公室副主任、侨办主任）

副主任：周鸿（县政府办公室主任）、王艳华（县财政局局长）

参加单位：县政府办公室、县外侨办、县财政局、县电业局、张姓研究会等相关单位

办公地点：县政府办公室

（2）联络接待礼仪组：配合市筹委会搞好大会对外的联络、邀请和接待工作；提出邀请国内有关领导及国内外团组、重要人士建议名单；印制、寄发大会邀请函；负责代表的报到、接待及大会期间的联络工作；负责活动期间所需车辆、接送及饮食卫生、医疗保健等工作；负责安排来宾参观濮阳县的有关游览活动，包括线路编排、导游讲解及各景点设施检查等工作；对参会服务人员进行外事纪律教育、外事礼仪培训；联系安排知名人士的会见活动；完成市、县筹委会交办的其他工作。

责任领导：张玉民、翟伟、袁星晨

组长：薛长征（县政府办公室副主任）

副组长：张朝斌（县委统战部常务副部长）、郭克光（县文化旅游局局长）、冯殿卿（县交通局局长）、田志跃（县卫生局局长）

参加单位：县政府办公室、县委统战部、县外侨办、县交通局、县财政局、县卫生局、县文化旅游局、濮阳张姓研究会等相关单位

办公地点：县政府办公室

（3）联谊和祭祀活动组：负责纪念大会、恳亲大会、祭祀等活动的组织安排工作；在濮阳县组织海内外宗亲团体首领参加大会主席团会议；动员组织海内外社团、企业及个人对大会的捐赠活动；根据对大会的赞助情况，推荐大会荣誉、名誉主席和邀请在开幕式上发言的宗亲代表；设计制作礼品、纪念品、祭祀用品；完成市、县筹委会交办的其他工作。

责任领导：张广恩、翟伟

组长：张常伟（县政协文史委主任、张姓研究会秘书长）

副组长：张焕书（张姓研究会常务副会长）、张春喜（张姓研究会副会长）、郑世群（统战部副部长）

参加单位：县委统战部、县文化旅游局、县政协办公室、张姓研究会等相关单位

办公地点：县政协

（4）宣传组：配合市筹委会做好宣传工作，制订宣传计划，编印宣传品；负责境内外相关记者的邀请和接待工作；组织召开新闻发布会，组织新闻报道；负责由濮阳县组织的文艺演出；完成市、县筹委会交办的其他工作。

责任领导：邱国让

组长：杨庆旭（县委宣传部副部长）

副组长：潘美兰（县广电局局长）

参加单位：县委宣传部、县广电局、县文化旅游局、县电视台等相关单位

办公地点：县委宣传部

（5）经贸合作洽谈组：负责濮阳县项目推介、信息发布、洽谈与对接及项目签约仪式等；组织县情说明会，完成市、县筹委会交办的其他工作。

责任领导：吕庆科

组长：张志彪（县发改委主任）

副组长：王文章（县商务局局长）

参加单位：县发改委、县商务局、县文化旅游局、县政府办公室等相关单位

办公地点：县发改委

（6）基建组：负责挥公大殿和濮阳张姓研究会会馆的建设，确保按期完工投入使用，确保召开国际大会的基本条件，完成市、县筹委会交办的其他工作。

责任领导：孙士杰

组长：韩广勇（县建委主任）

参加单位：县建委、城关镇政府、县政府办公室、张姓研究会等相关单位

办公地点：县建委

（7）环境整治组：负责大会前期县城市容市貌、入市口、车站的环境整治、美化亮化；主要街道标语、彩灯的统一悬挂等；重要活动场所的环境治理和美化；完成市、县筹委会交办的其他工作

责任领导：孙士杰

组长：李建国（县市政局局长）

副组长：韩广勇（县建委主任）、王彦立（城关镇党委书记）、刘世奎（县林业局局长）、王志超（县水务局局长）

参加单位：县市政局、县政府办公室、县林业局、县水务局、城关镇政府、县建委等相关单位

办公地点：县市政局

（8）安全保卫组：负责在濮阳县各项活动的安全保卫工作；大型活动车辆编队、道路交通指挥；大型活动及重要来宾的安全警卫和秩序维持工作；完成市、县筹委会交办的其他工作

责任领导：张永伟、刘运苍

组长：张玉顺（县公安局政委）

副组长：刘希乾（县委办公室副主任）

参加单位：县公安局、县委办公室等相关单位

办公地点：县公安局

（四）工作重点

1.邀请接待。邀请和接待是大会的关键环节。在客人邀请上，要根据各有关部门的职能进行分工，确保海外来宾和国家、省、其他地市的客人均有专人负责邀请，总的邀请人数控制在1000人左右。客人邀请要侧重于海外，特别是要把那些政治上有影响、经济上有实力、社会上有地位的华侨领袖、大企业家、大财团负责人作为邀请的重点对象，力争使其多组团、组大团参会，人数要达到800人左右。要切实做好接待工作，及早摸清参会人数、人员身份，根据参会人员情况制订周密的接待方案。接待工作要特别注意车辆安排、饮食习惯、宾馆档次等细节问题，确保不出纰漏。

2.经贸合作活动。经贸活动是举办大会的根本目的。县发改委等有关部门配合市筹委会根据与会客人所从事的行业特点，有针对性地搞好项目筛选和编制工作，做到有的放矢，提高签约率。要切实搞好项目推介工作。会前要组织经贸合作材料的编发；大会期间要组织好项目信息发布、投资环境宣传、签约仪式等活动。要把重点工作放在那些有实力、有影响的重点人物身上，用真情服务，给适当礼遇。各有关部门、各企业要利用这次机会，主动出击，积极寻求与海外社团

领袖、大企业家、大财团负责人联系，争取合作机会，尽可能吸引海外资金。

3.宣传工作。搞好宣传可以有效提高濮阳的知名度和影响力，对我县经济社会发展将产生长远的促进作用。一是要配合市筹委会搞好对外宣传，利用世界张氏总会会长所办马来西亚《星洲日报》、香港《明报》等华文报纸，邀请他们派记者报道大会盛况，让海外华人、华侨都了解张姓祖根在濮阳，以及濮阳所取得的巨大成就。二是要配合市筹委会搞好国内宣传报道。要尽可能地多邀请在全国有影响的报纸、电视台记者来濮阳采访，争取多发稿件，发大稿件，提高大会影响力，力争做到家喻户晓，人人皆知。要做好转播大会盛况工作。三是县电视台要全力以赴，分阶段进行报道，大造声势，形成浓厚的舆论氛围。同时，要搞好全县发动工作，动员广大城镇居民为成功举办这一国际性盛会尽心尽力。

4.安全工作。这次世界恳亲大会规模大、规格高、影响广，安全保卫工作是重中之重。一是要配合市筹委会搞好重点客人的安全保卫，特别是对高级领导和重要海外华侨的安全，要做到专人负责、全程监控，确保不出问题。二是要维护好交通秩序，确保大会车辆顺利通行。三是要搞好大型活动安全工作。维持好在濮阳县举行活动的秩序，及早制订安全防范预案，科学部署力量，加强监督检查，发现问题及时解决，确保万无一失。

5.环境整治。要把环境整治作为展示濮阳县形象的重点工作。重点解决入市口、各大市场卫生死角问题。同时要对机动车辆、自行车乱停乱放及摊点占道经营、乱搭乱建等问题进行集中整治，特别要搞好重要活动场所的环境治理和张挥公园美化工作，确保环境优美，秩序井然。

（五）有关要求

1.提高认识，加强领导。世界张氏总会第二届恳亲大会是县委、县政府实施开放带动战略、发展外向型经济的重大举措，各级各部门要站在全局的高度，充分认识这次大会给我县带来的机遇，以高度的责任心和使命感，切实加强组织领导。特别是成员单位的一把手，要把该项工作摆上重要议事日程，亲自布置，亲自检查，督导落实，动员一切力量，全力以赴做好大会的筹备工作。其他单位也要积极参与这项工作，建言献策，为大会的成功举办作出应有的贡献。

2.精心组织，周密安排。本届恳亲大会规模较大，参会人员较多，筹备工作时间紧、任务重。各有关方面要抓紧筹划、安排会议期间的各项活动，注意搞好有关活动的衔接。这次大会大型活动较多，组织工作要细致、严密，考虑周全，特别是会场、驻地、道路交通等重点部门的安全工作要慎之又慎，细而又细，确保不出任何问题。

3.强化责任，狠抓落实。各有关方面要按照方案的职责分工，各司其职、各负其责，通力协作，密切配合，共同做好筹备工作。筹委会各成员单位都要明确分管领导，明确具体人员，明确工作职责，明确工作进度，并确保落实到位。筹委会办事机构要细化工作方案，每一项工作、每一个环节都要落实到责任单位和具体负责人员，并及时沟通信息。要全方位搞好筹备工作，加强硬件建设和环境整治工作力度，提高接待水平和服务质量。县直各有关部门要按照组委会的工作部署，大力支持、积极配合，齐心协力做好各项筹备工作。筹委会办公室要及时掌握各工作组的工作进展情况，做好协调督导工作。要建立健全考评机制，确保大会圆满成功。

（六）阶段工作安排

大会各项工作分为筹备阶段、检查验收阶段、实施阶段、总结评比阶段。

1.筹备阶段（2005年4月1日前）

（1）2004年7月31日前：制订筹备工作方案，安排部署工作；审定筹委会各办事机构工作方案；召开全县动员大会，搞好宣传发动，营造活动氛围。同时做好寄发邀请函等时间性强的具体工作。

（2）2004年8月1日—10月31日：听取办事机构工作汇报，并检查工作开展情况；组织各种刊物稿件，制作大会宣传广告片，开展宣传活动；完成各代表证、纪念品的设计；筛选好经贸合作项目并印制好相关材料。

（3）2004年11月30日前：掀起宣传高潮；做好经贸合作的联络、安排工作。

（4）2004年12月1日—12月31日：听取办事机构工作汇报；审定各种刊物；全面检查基础设施建设及筹备工作情况。

（5）2005年1月1日—春节：总结2004年筹备工作，理出下一步任务。

（6）2005年2月15日—4月1日：配合市筹委会审定参会人员名单；确定各代表团下榻宾馆，明确接待单位；分发各类会议证件、文件，对会场、场地等硬件建设和筹备工作进行第二次全面检查；对入市口、主干道、重要活动场所进行美化绿化；召开服务行业大会，培训服务人员；落实大型活动车辆准备工作；掀起宣传新高潮。

2.检查验收阶段（2005年4月2日至4月15日）

听取各办事机构工作汇报，组织人员对整个筹备工作进行全面检查验收，进一步完善提高。各有关方面工作实行倒计时，进入临战状态。

3.实施阶段（2005年4月16日至4月30日）

参与大会筹备人员全部到位，各活动组及有关部门和单位要全力以赴，密切配合，确保各项活动圆满成功。

4.总结评比阶段（2005年5月1日至5月10日）

整理资料，清点物品，审查财务收支情况，总结大会成果，各办事机构写出总结报告，进行总结表彰。跟踪项目，狠抓合同落实。

十一、长葛开展姓氏寻根活动的三起成功案例

据不完全统计，1984年至2006年，长葛共接待来自有关国家和中国港澳台地区的寻根问祖团队165个，计3150余人。其中不少社团组织都和我们建立了较深厚的友谊，如马来西亚陈氏宗亲总会及其下属27个分会、加拿大颍川总堂及其下属组织、泰国陈氏宗亲总会及其下属分会、美国陈氏宗亲总会及其下属分会、世界舜裔宗亲联谊会及其下属组织、澳门陈族联谊会、台湾陈氏宗亲总会及其下属组织、印尼陈氏宗亲会及其下属组织等，广交了朋友，增进了友谊。为了巩固这些友谊，每年中秋节、春节，我们都提前寄赠礼品，如印制有河南名胜古迹、山水风光的挂历、河南地方戏录音磁带等，钱由财政预算支出，形成制度，从不间断。回忆在20多年的接待联谊过程中，我们感到比较成功的有三起：承办世界舜裔联谊会第十三届国际大会，大会期间签订合作项目10个，总投资额达到15.3亿元；承办第十二届世界钟姓联谊大会，大会期间签订合作项目6个，总投资额达到1.5亿元；接待杨景尧先生，促成他16年为家乡捐资助学1200万元。现将这三起成功案例的接待联谊情况分述如下。

（一）走出去，请进来，促成世界舜裔联谊会第十三届国际大会在河南召开

为了把海外华侨、华人寻根问祖联谊活动做大做强，我们于1996年9月，应马来西亚颍川陈氏总会的邀请，组团参加马来西亚颍川堂成立100周年庆典活动。经请示领导批准，我们组织了一个高规格的代表团，时任许昌市副市长李敏

同志、长葛市委副书记王桂梅同志以及文化、财政、工商等方面的负责人都参加了。在这个会议上，我们结识了70多个国家和地区的宗亲社团，使他们知道了颍川陈氏及其始祖故里都在今河南省长葛市。他们纷纷要求到河南省长葛市寻根问祖。在团长会议上，我们及时提出承办世界舜裔联谊会第十三届国际大会的申请，立即得到多数代表团团长的支持，以压倒性的票数通过了我们的申请。

世界舜裔联谊会前十二次会议都是在海外举办的，在国内举办世界性的大会这还是第一次，所以承办起来非常困难。大会同意我们承办后，却迟迟不下文，告诉具体举办时间。深入了解后，得知原因出在世界舜裔联谊会领导层对大陆的治安和接待条件不放心，所以一直往后延长举办时间。在我方多次催促下，他们才于1998年4月份，由联合会正、副主席带队，全体常委参加的9人考察组来河南进行考察。在协商过程中，考察组提出在郑州举办，理由是郑州市治安和接待条件好，长葛的宾馆（当时）达不到三星级以上。许昌市委同志说："陈寔是颍川郡人，故里在长葛。我们是举办单位，在郑州市举办不合适。长葛的宾馆达不到三星级以上，许昌距离长葛市20公里，三星级以上的宾馆较多，完全可以满足会议需要。"经过反复协商，终于达成各方都能接受的方案：第一天住郑州市；第二天上午去长葛市举行开幕式和参观，晚上住许昌市，举行经贸合作洽谈会；第三天由许昌市出发，直接到长葛市古桥乡陈寔墓园举行祭祖仪式和捐资奠基；晚上住郑州市国际饭店，举行闭幕式，把会旗交给下一届举办单位。协议达成后，考察组当即决定：1999年4月21—23日，在郑州市、长葛市、许昌市三地举办世界舜裔宗亲联谊会第十三届国际大会。

为了办好这次会议，在会议时间确定之后，我们立即成立了世界舜裔宗亲联谊会第十三届国际大会筹备领导组，时任市委书记的王申亭同志担任组长，副书记兼市长仟副组长，各部门领导任成员，办公室设在市侨联。大会筹备领导组下设秘书、会务、基建、宣传四个部门，本着"外事无小事"、既分工又合作的原则，紧锣密鼓、紧张有序地开始了筹备工作。

按照海外华侨、华人寻根联谊活动的审批权限，我们逐级请示，最后经国务院侨务办公室下文批准我们举办这次会议。市委拨专款12万元，征用陈寔墓园周围12亩土地，由基建组负责建围墙，用青石包砌墓冢，绿化墓园，修建拜台，刻立捐资石碑。秘书组着手起草会议文件，编印会刊。会务组印寄请柬，根据会议规模和日程，在郑州、许昌、长葛安排食宿，布置会场及预订接待用车等具体事务。宣传组联系中央、省、市新闻媒体，编印宣传资料。全部筹备工作基本就绪后，由秘书组将筹备情况汇总，报送省政府侨务办公室审议。这次会议受到省市领导的重视，经省侨办请示，省政府研究决定，由时任副省长的张以祥同志出席开幕仪式，并致欢迎词，省政协杨副主席出席闭幕仪式，致闭幕词，省侨办余恒主任、省侨联林雪梅主席及许昌市、长葛市党政领导都出席了会议。来自美国、日本、新加坡、菲律宾、马来西亚、泰国等国家和中国香港、澳门、台湾地区的代表团24个，贵宾407人参加会议，会议取得圆满成功。

这次会议的主要收获如下：

1.招商引资工作成绩显著。1999许昌国际经贸合作洽谈会作为大会的一个重要组成部分，取得了圆满成功，大会期间共签订合作项目10个，投资额达15.3亿元人民币，外方投资额为4.295亿元，仅新加坡姚志腾先生在许昌魏都区旧城改造一项就落实了1.5亿元。

2.接收了一部分捐资。根据陈寔墓园建设规划，世界舜裔联谊会常委会主席陈守仁先生捐资1.2万美元，建牌坊一座，新加坡保赤宫陈氏代表团捐款3000美元修建亭子两座。世界舜裔联谊会常委会在长葛兴建一所希望学校，总投资66万元人民币。学校内设一处纪念陈寔的设施，成为教育子孙、培育英才的场所。

3.提高了许昌市、长葛市在国际上的知名度。香港《大公报》、《人民日报》（海外版）、中央电视台、河南电视台、《河南日报》等10多家新闻单位对本次大会盛况进行了报道，从而把许昌和长葛推向了世界。不仅如此，几天的耳闻目睹，祖根地的建设风貌给海内外嘉宾留下了深刻的印象，通过他们，许昌和长葛被介绍到更多海外炎黄子孙那里，以至于这之后来我市寻根的舜裔子孙络绎不绝，持续不断的寻根谒祖、宗亲联谊活动，为许昌和长葛的发展带来了更多的机遇。

4.初步探索出了一条内陆地区拓展侨务工作的新路子。内陆地区侨务工作对象与沿海地区相比较，数量相对而言较少。这次大会使我们认识到，要从大侨务的观念出发，充分利用姓氏文化资源优势，全面开展对外联络工作，结交了一大批海外新老朋友。

（二）带着我们的研究成果《钟姓通谱：世系纪事》，出访马来西亚，促成第十二届世界钟姓联谊大会在长葛召开

2003年10月，我们组团参加在马来西亚召开的第十一届世界钟姓联谊大会。在会议上，送上我们的研究成果《钟姓通谱：世系纪事》，向大会介绍：该书作者从浩瀚的文献资料中找依据，于座谈访问中觅线索，在实地考察中寻印证，终于揭开了钟烈、钟接避难改姓两大悬案的谜底，起到了正本清源、梳理脉络的作用，为海内外钟姓寻根问祖找到了正源，考证出始祖的隐居地和埋葬地。《钟姓通谱：世系纪事》一书，史料丰富，叙述详尽，以世系为主线，将人物介绍、历史事件、迁徙脉络、繁衍状况、昭穆字派、宗族文化等统统编排在具体的世系中，彻底改变了传统谱牒干巴巴地罗列世系、人名的写法，让人读起来津津有味，具有一定的艺术性和趣味性，增强了该书的可读性和收藏价值。

此后，我们提出第十二届世界钟姓联谊大会在长葛召开的申请，得到大会一致通过。

1. 大会概况

本届国际大会从2003年10月申办成功后开始着手筹备，共发出请柬300余份，辐射20个国家和地区、40多个华侨华人社团。会议期间实际到会20个代表团、254人，分别来自马来西亚、台湾、广东、江西等地。根据大会日程安排，第十二届世界钟姓联谊大会2005年9月24日至26日在长葛市举行。除旅游观光活动在许昌进行以外，其他活动均在长葛市进行。全部活动共分12项，分别是欢迎宴会、团长预备会、大会开幕式、大会、谒祖仪式、午宴、参观长葛知名企业、举行长葛国际经贸洽谈会、市领导会见与会嘉宾代表、联欢晚宴、旅游观光、惜别午宴。

2. 大会主要收获

（1）招商引资工作成效显著。会议期间的长葛国际经贸洽谈会作为大会的一个重要组成部分取得了圆满成功。经贸会上，共组织参展企业50多家，布置展板100多块。会议期间共签订合作项目6个，总投资1.5亿元人民币。

（2）提高了长葛在国际上的知名度。河南电视台、《河南日报》、《河南商报》、《大河报》、许昌中视台、《许昌日报》、长葛电视台、长葛政府网站等10多家新闻单位对大会盛况进行了报道，很自然地把长葛推向了世界。大会编印的纪念特刊以宣传长葛、介绍长葛为主要内容，全部发放到每位与会嘉宾手中。254名海内外同胞通过3天的活动，耳闻目睹祖根地的风土人情，给他们留下了深刻的印象。他们也一定会把在长葛的所见所闻、长葛的风土人情、投资环境介绍到海外，必定会吸引更多的钟姓后裔今后到我市寻根谒祖、旅游观光，带来合作机会。

（3）进一步探索出了一条内陆地区拓展侨务工作为经济建设服务的新路

子。通过这次大会，我们充分利用钟氏文化资源优势，全面开展对外联络工作，又结交了一大批海外新朋友。只要我们加强联系，正确引导，就一定能够加深了解，共谋发展。

（三）接待杨景尧先生，促成他16年为家乡捐资助学1200万元

在接待杨景尧先生的过程中，我们体会到只有树立"交挚友，竭诚服务，排干扰，坚持始终"的信念，才能真正感动对方，促成大事。杨景尧先生具有侨、台双重身份，是长葛市后河镇人。新中国成立前，他随国民党部队去到台湾，然后又由台湾辗转到美国洛杉矶，仍保留台胞的身份。他离家40多年，其思乡念亲之情可想而知。通过下乡查访，我们了解到，他离家前爱听、爱唱曲子戏，我们就从节日邮寄曲剧磁带和印制有河南名胜古迹、山水风光的挂历做起，和他建立通信关系。杨先生接到我们寄的曲剧磁带后，百听不厌，试着给我们回信，就这样取得了联系。在8年多的通信过程中，我们为他办了四件事：（1）从侧面告诉他家中的变化。他离家时20多岁，父母健在，女儿刚会走路，妻子还怀有身孕，是他妻子孔淑君独立支撑家门，上孝敬公婆，为他们养老送终，下抚养儿女，教他们成家立业。（2）为他儿子杨宗振赴美国探亲提供全程服务。（3）以组织的名义，优先安排其外孙女中专毕业后到县医院工作。（4）推荐他的夫人和儿媳出席地、县两级侨代会。杨景尧先生深受感动，他决心变卖在台湾的家产，于1990年在家乡后河镇捐资140多万元人民币建了一所中学，以他妻子的名字命名为"淑君中学"，以此弘扬传统文化，彰显东方女性的美德。

就在"淑君中学"建设高潮中，要以县政府名义为杨先生立碑，兑现领导诺言时，出现了"左"的干扰。"淑君中学落成碑记"是由我撰文，省书法协会主席张海书丹。当时有人从部门利益出发，提出杨景尧先生的历史问题，说："杨景尧先生现在捐资值得称赞，谁能担保他历史上没有问题？"此问题处理不好，会使整个工程半途而废，前功尽弃。为此，我们逐级请示到省里，虽然多数领导口头上支持，个别人反对，终因意见不一，把问题返还给县委常委解决。就在这时间不能再往后拖的情况下，我们走访后河干群，他们说："杨景尧先生是俺村人，俺了解他，碑就用全体村民的名义立。"支部书记张群旺说："出了问题我愿坐牢！"最终使问题得到顺利解决。1990年12月5日，时任河南省省长的李长春同志在国际饭店接见了杨景尧先生。他听了有关杨景尧先生捐建"淑君中学"的事迹介绍，当场指示省委统战部和省侨联领导说："要给杨景尧先生立通碑，

好好地表彰一下。"至此，立碑风波烟消云散，"淑君中学纪念碑"也成为远近闻名、大家争先瞻仰的名碑。杨景尧先生及其家人对此事感到非常满意。

接着杨景尧先生在淑君中学高中部成立了实验班，免费招收家庭困难的初中毕业生，每人每月发50元生活补贴，每年发两套衣服。1992年，杨先生放弃移民加拿大的机会，回到自己的家乡定居。1995年，他又联络朋友杨清钦共同出资50万元人民币，设立"杨景尧文教基金会"。2006年3月更名为"长葛市杨景尧文教促进会"，注册资金563万元。其业务范围有五个方面：为品学兼优的贫困学子提供助学金和奖学金；褒奖优秀教师和有重大贡献的文化教育工作者；赞助发展文化事业；褒奖道德高尚者，弘扬社会文明；参与支持、赞助其他弘扬文明道德的公益事业。此外他还捐资100万元为"淑君中学"建教学楼，捐资40万元为长葛市大学生联谊会建办公楼，目前已接近竣工。同时，他还准备为家乡文教事业再捐资300万元。

十二、我们邀世界著名科学家牛满江教授到河南来寻根

河南是牛姓的起源地，河南牛氏历史文化研究会自2002年成立之初，就充分运用这一优势，积极号召海内外牛氏子孙开展寻根联谊活动，并积极邀请美籍华人、当代世界著名生物科学家牛满江教授来祖地寻根并进行科技合作。

4年来的辛苦努力，不仅赢得了世界牛氏后裔的关注、创办了《牛氏文化》内部交流杂志，还成功地将牛满江教授价值30亿元人民币的专利项目吸引过来。

（一）精心运筹　大胆创意

牛满江教授，河北省博野县人，1947年获博士学位，后长期在美国费城坦普尔大学任生物系教授。他根据自己半个多世纪在生命科学领域的研究经验，创立了"牛氏学说"，即外基因学说，受到全世界科学界的广泛重视和关注。牛满江教授退休30年来每年都要回国工作，为我国和世界生命科学事业作出了卓越贡献。周恩来、邓小平、江泽民、胡锦涛等党和国家领导人曾多次接见过他。他是炎黄子孙的楷模，更是牛氏家族的光荣和骄傲。

与牛满江教授建立联系还要从2001年谈起。2001年夏季，相关人员从有关资料上了解到2002年10月31日是牛满江教授90华诞，于是就有了邀请牛满江教授来河南寻根谒祖并欢度90华诞的想法。随后，"中原姓氏寻根"丛书"牛"姓一书

⊙商丘三陵台

作者、牛氏文化研究会秘书长牛思涌与省中原姓氏历史文化研究会副会长杨静琦反复商量,决定将这一想法付诸实施。具体方案出炉后,牛思涌便立刻与牛满江教授亲属及其本人取得联系,后来在《当代企业通讯》主编牛五生的大力支持下,牛思涌连同记者又亲自进京拜访牛满江教授,商定来河南的具体事宜。

2002年10月30日清晨,牛满江教授及家属和工作人员一行6人抵达郑州,中原姓氏历史文化研究会及牛氏研究会的负责同志多人到火车站迎接。

即日上午,寻根团驱车220多公里赴商丘市寻根。此行受到了商丘市人民的热烈欢迎,一路上锣鼓喧天,鞭炮齐鸣。在宋氏祖先的墓地三陵台,还专门举行了谒祖仪式,向先祖致敬、默哀、致祭文、合影留念。牛满江教授当场挥笔题词"牛氏家族根在商丘"。中午,商丘市委、市政府领导设宴招待。

10月30日下午5点,河南省省长李克强在省政府会客厅会见牛满江教授一行,双方进行了热情友好的交谈,牛教授提出的加强生物基础学科研究的建议,受到了李克强省长的重视。当天晚上,河南省政协主席林英海设宴欢迎牛满江教授一行。

10月31日,牛满江教授一行驱车到郑州近郊荥阳汜水镇十里堡瞻仰牛氏十八祖打锅台、对锅台遗址。此后赴河南东升生物公司参观并举行座谈。会后,为牛满江教授举行了90大寿庆典和宴会。参加庆典活动的有牛满江教授和夫人张葆英教授、女儿牛曼菁、来自河北博野老家的侄女和侄女婿以及秘书顾文勇先生等,还有来自山西、河北、安徽、河南各地牛氏代表50多人。当日牛满江教授捐资1万元，用于纪念碑和寻根谒祖活动。5天后，纪念碑拔地而起，上刻牛教授所题碑文：

  黄河滔滔，华岳巍巍，中原祖地，盛世繁荣。
  我于二〇〇二年十月，应邀参加牛氏中原寻根暨科技考察之旅活动，并在祖地欢度九秩。报本追远，敬祖归宗，特立此碑，以资纪念。
  牛氏十八祖打锅台遗址纪念碑
          牛满江携夫人张葆英　女儿牛曼菁敬立
             公元二〇〇二年十月三十一日

与此同时，在十里堡举行的欢迎仪式、揭碑仪式、祭祖仪式也隆重举行。牛满江教授心情激动，执铲培土，亲手栽下了一棵常青树。

（二）科技之光　撒播理想

  牛满江教授是中外公认的大名鼎鼎的生物科学巨人。他根据几十年的科研经验和河南省是农业大省的特点，正在酝酿开发一个新的生物工程——把极为宝贵的可以让人延年益寿的灵芝草与河南产量极大的玉米结合起来，使两者的遗传基因结合再生。这样将会带来极为可观的社会效益和经济效益。试想，要把河南省7000多万亩玉米都变成灵芝玉米，那岂不就是点石成金、点粮成金了吗？牛满江在此次寻根谒祖活动中多次提到这一科学设想，使有关同志受到很大启示。

  此后，杨静琦会同牛氏文化研究会相关同志又多次到北京拜访牛满江教授，商讨牛教授的科研成果如何能在河南生根开花，造福河南人民。牛教授多次表示：我已知道我的祖地在河南，我对祖地留下深刻的印象，祖地人民和省市领导对我的厚爱，我铭记在心，我一定要把我的研究成果献给祖地人民。牛教授的话掷地有声，两年多来，在牛氏历史文化研究会的配合下，他多次派人到内黄、滑县、安阳、郑州、驻马店等地考察，终于在2005年10月11日与河南许昌元化生物科技有限公司签订了技术合作协议，把他培植的大豆蛋白玉米和人造蛋白玉米两项专利授权给了许昌元化生物科技公司。这两项专利经中国科学院评估，价值达30亿元人民币。

  2005年1月14日，牛教授要来河南许昌元化公司考察，牛姓历史文化研究会一方面和许昌元化公司商议，一方面向省外办领导进行汇报，在省外办的精心安排下，李成玉省长、贾连朝副省长当天在郑州接见了牛满江教授，李成玉省长希望牛满江教授能在生物科技研究开发方面加强同河南的合作，河南省政府将尽力为双方的合作创造良好的条件，包括在财力上提供支持，共同推动有关生物技术尽快在河南转化为生产力，为全面建设小康社会、奋力实现中原崛起作出贡献。

（三）总结经验　再谱新篇

杨静琦同志在总结牛氏中原寻根活动时，高度概括其实现了"四重视四满意"：一是河南省政府、省政协等部门领导重视和满意。省长亲自接见、政协主席设宴宴请，新闻媒体宣传，造成了广泛社会影响。二是牛满江教授及家人重视和满意。牛满江教授多次表示："我90岁生日能在牛姓祖根地河南度过，并且瞻仰商丘三陵台、荥阳十里堡牛姓先祖活动之地，心里非常高兴。这次我把女儿带来，就是为了今后代代不能忘祖根，代代要来祭祖。"三是商丘、荥阳牛氏祖地领导重视和满意。牛满江教授一行的寻根祭祖活动，受到了两地领导的热烈欢迎，并组织警车开路，学生和群众列队欢迎，使当地广大干部群众受到很大鼓舞。四是牛姓中原寻根的各省代表及社会其他人士的重视和满意。郑州东升生物公司领导曾说："这次牛氏寻根活动为生物公司搭了科技平台，使得当今世界上第一流的生物科学家牛满江教授一行来我公司参观题字，我们公司名声大震，如虎添翼。名人效应将会转化为巨大的经济效益。"

通过这次活动，牛氏历史文化研究会工作人员有以下四点体会：

1.河南省姓氏文化底蕴十分丰富，姓氏历史文化研究工作，不但要研究，更需要开发。我们要充分发挥血浓于水的寻根亲情，弘扬中华民族优秀的传统文化，增进民族团结，更要发挥各姓氏中的名人效应。名人对社会贡献大，在国内国外社会地位高，影响大。有了名人参与寻根谒祖活动，就会带动各个方面、各个行业、各个地区同姓宗亲的广泛参与。再者，社会名人都有其特有的地位、特有的专长，可以发挥其自身优势，造福社会。

2.姓氏研究要主动取得上级领导的关心和支持。这次活动及早主动地向上级领导汇报，一直受到省领导以及省外事办、省侨联、省地方史志办公室、商丘市史志办、商丘市侨联、荥阳市史志办等各级领导的关心和支持。

3.要培养和造就一支热爱姓氏研究的骨干队伍、骨干力量。这次寻根之旅所以能取得如此理想的效果，就是因为有一批热心的研究人员，如牛思涌、牛金水、牛振山、牛五生、牛守贤等尽心竭力做好组织寻根活动的各项工作。

4.姓氏文化研究要主动与企业、科研实体相联系，要做到优势互补，携手共进。姓氏文化研究其中一项主要工作是寻根文化，要使它成功开展并转化为生产力，取得企业、科研单位的支持和参与至关重要。在这方面，我们有切身的体会，牛满江教授首次来河南，受到郑州东升生物公司的大力资助，牛满江教授再次来河南是为实现与许昌元化生物工程公司的合作。这两个单位在两次活动中都是主角，我们体会到：只有这样做，寻根文化才能发挥出它应有的作用，才能为中部崛起、为中华民族的振兴作出重大贡献。

十三、"全球董杨童宗亲第十届恳亲大会"召开的前前后后

2005年9月，全球董杨童宗亲第十届恳亲大会在河南灵宝召开，是历次恳亲大会最成功、最有声势的一次盛会，而其成功得益于一条清晰的工作思路和脚踏实地的工作作风，即开展了工作，取得了成绩，积累了经验。

（一）通力合作，取得恳亲大会举办权

全球董杨童宗亲恳亲大会自1994年在台湾举办第一届活动以来，每年轮流在世界各地举行。2002年，河南省中原姓氏历史文化研究会杨氏工作委员会（简称"河南杨氏工委"）在与灵宝市等省内外有关部门协商的基础上，在印度尼西亚雅加达举行的全球董杨童宗亲第八届恳亲大会上，杨静琦副会长代表弘农杨氏向大会提出议案：鉴于弘农郡是中华杨氏的发祥地，提议第十届恳亲大会在弘农郡治所所在地——河南灵宝召开。议案作为预备方案，获得大会通过。2004年5月，河南省政协原副主席、河南杨氏工委名誉会长杨光喜，会长杨洪绶，副秘书长杨暍等前往灵宝，与灵宝市委、市政府的领导同志进行了首次研究和协商，并初步勾勒了联合举办大会的蓝图框架和设想，杨光喜同志还对一些重要的工作提出了具体的意见和要求。2004年9月，河南杨氏工委及灵宝等代表在福建泉州举行的全球董杨童宗亲第九届恳亲大会上介绍了河南的准备情况。高峰会议对上届会议的决议进行再次审议，并正式作出决议，同意第十届恳亲大会在河南灵宝举行。

（二）抓好总体方案的制订，打牢确保会议成功的基础

第十届恳亲大会，既是全球董杨童宗亲敦族睦宗的一次寻根联谊活动，也是一次对外展示河南改革开放成果与新貌的机会，更是弘扬中华优秀传统文化、

加强世界华人华侨团结的大会，因此，认真做好各项准备工作，对确保大会圆满成功具有重要意义。灵宝市委、市政府对此高度重视，主要领导同志几次召开会议听取汇报，分析情况，确定思路，制定措施，在征求本市有关部门及河南杨氏工委意见的基础上制订了工作方案。方案包括如下内容：一是指导思想。大会确定，以弘扬民族精神和增强民族凝聚力为宗旨，以杨氏乡情亲情为纽带，以联谊寻根、合作发展为目的，为进一步弘扬民族文化，宣传河南，展示灵宝，进一步增强杨氏的向心力，提升灵宝品位，提高灵宝知名度，促进灵宝经济社会全面协调发展。大会的主题是：联谊、寻根、合作、发展。二是确定了会议的时间及主要活动。三是确定了会议的主办单位和承办单位。四是成立了以灵宝市市长为主任的大会组委会。五是工作分工与协作。对一些具体工作，如杨公祠的整修、道路硬化、停车场硬化、客人邀请、食宿参观、安全保卫、晚会宴会、会刊资料、日程安排等，确定负责单位和协助单位。六是提出工作质量和工作效率要求。

（三）认真抓好方案的落实，确保各项工作万无一失

第十届恳亲大会，除少数承担有组织任务或群团组织的负责人外，大多数人是第一次来河南。客人们的主要目的有的就是看看祖根地，看看祖国的大好山河，祭拜自己的先祖。也许还有有的客人年事渐高，路途遥远，经济拮据，以后不可能再来的情况，因此，给客人们留下一个美好的印象至关重要，这关系着国家的形象、地方的形象和人民的形象。因此，为使总体方案得到全面落实，大会组委会要求承担各项工作的单位和同志高度重视，要以临战的姿态，对承担的工作进行分解，不仅具体落实到人，而且定出了倒计时的进度。同时还要充分考虑各种不利因素并提出解决的措施，如路面和停车场的硬化，除考虑到雨天影响进度外，还要克服其他一些不利的制约因素，如资金、质量、安全等。在各种建设经费紧张的情况下，由于灵宝市委、市政府领导的重视，通过多种渠道，先后投入经费100多万元，从而保证了各项准备工作顺利进行。

（四）突出重点，显示亮点，办出特色

灵宝是杨氏的发祥地，杨氏历史遗存较多，其中最有代表意义的是杨震祠，又称杨公祠，即历史上有名的"三鳣书堂"，第十届恳亲大会的主会场就设在祠前的广场上。本着"恳亲、联谊"的会议宗旨，组委会认真分析了前几届恳亲大会的情况、灵宝的特点与优势之后，确定本次大会的建设重点是杨公祠，在组织

工作方面，重点突出祭祀大典和惜别晚会。与此同时，从310国道至杨公祠的2公里道路、祠前广场、停车场全部用水泥沙石进行了硬化，不仅保证了众人聚会有足够大的场地，也保证即使阴雨天气，道路也能畅通。考虑到当天大会的实际需要，还在广场东北角处新建公厕一座。此举虽属小节小事，但海外人士尤其关注，故不可掉以轻心。

祭祀大典是大会的核心活动，大典在灵宝市豫灵镇杨家村杨公祠前广场举行，广场临时搭建祭台一座，台上除布置杨震巨幅画像外，还绘制了列祖列宗黄帝等10人的巨幅画像，祭台横额为"全球董杨童宗亲第十届恳亲大会祭祖大典"，两侧有纵向巨幅联语，此外还用巨型气球张悬数幅体现杨氏文化精神的标语口号于空中，使会场显得隆重、热烈、大气。代表们到达时，除受到夹道欢迎外，在欢快的迎宾曲中，礼仪小姐还向他们献上了印有恳亲字样的喜庆绶带。祭祀仪式由灵宝市弘农杨氏宗亲联谊会常务副会长兼秘书长主持，由会长领祭。灵宝市弘农杨氏宗亲联谊会诸宗长首先向先祖敬献牺牲、蔬果等供礼，接着，由河南杨氏工委创会会长宣读祭文，之后，各代表团团长分组依次进香，全体与会人员行礼。整个仪式简洁明快，不落窠臼，受到海外宗亲的好评，代表们不仅纷纷在展示的祭文前留影，还向主持人索要仪程文字材料，以作珍藏留念。9月25日晚的"董杨童之夜"惜别晚会，隆重、热烈而精彩，使整个恳亲活动达到了高潮，堪称经典。晚会节目几经筛选，内容既与活动贴切，又雅而不俗；表演采取少量专业人员与广大业余人员相结合的方式，形式新鲜活泼，具有浓郁的乡情；舞台美术设计既现代化又高格调；灯光、音响、烟火等相互配合，复杂多变，五彩缤纷。整台晚会精彩纷呈，使与会的海内外客人真切地感受到了祖根地的血脉亲情与家乡的温暖，也充分反映了杨氏故里的时代风貌、精神气质和文化水平。

（五）充分发挥主动性，做好各种协调工作

河南杨氏工委为开好第十届恳亲大会，从创会会长到会长，从副会长、正副秘书长到有关理事，都全力以赴。从3月份起，先后5次去灵宝，3次到开封，与灵宝和开封的同志进行协商和沟通，从总体安排到具体细节，反复研究。7月1日和8月21日，还分别召开了两次专题办公会议，讨论如何把工作做深、做细、做扎实，对会议的各项工作提出了预案。开封市人大常委会、市委宣传部、市政府、市侨联的领导同志对恳亲活动在开封的安排多次研究、多方协调，有关部门全力配合，要求时间、内容、安全等万无一失。开封祭典及灵宝宣读祭文也别开

生面，效果很好。高峰会议由于人员多，且互不了解，容易出现分歧。为了保证会议开好，我们在高峰会议前增加了一次预备会议，起到了通气和协商作用，从而使第二天的高峰会议顺利进行，各地代表既充分发言，又秩序井然。会议召开前夕，在《大河报》等多家媒体上进行新闻发布，不仅使很多热心杨氏文化的同志及时得到了信息，同时加强了全省性的联络，扩大了影响。

（六）弘扬民族精神，丰厚文化底蕴

举办宗亲恳亲大会，邀请港澳台及海外人士到河南寻根认祖，有利于他们对祖国的认同、对中华民族的认同、对中华传统文化的认同。这种认同，不同于一般的宣传工作，而是通过血缘、地缘关系所形成的亲情发挥潜移默化的作用。因此，深入研究杨氏文化精神，不仅是提高恳亲活动内质的需要，也是增强世界杨氏宗亲凝聚力的重要环节。杨氏在中国历史上涌现出了许多的名人，在不同的历史阶段、不同的领域中为中华民族的繁荣进步作出了杰出的贡献。最能代表杨氏文化精神的杰出人物是汉代的杨震、隋代的杨坚和宋代的杨业。他们身上所体现的为政清廉、清白家风，坚持统一、反对分裂，抗击侵略、忠心报国等崇高品质在今天仍放射着夺目的光芒。世界各地的杨氏后人对此感到骄傲和自豪。杨氏的发祥地在弘农，杨氏的根在河南。恳亲大会在杨氏的祖根地召开，身为东道主的河南杨氏后人，理应在搞好接待的同时，也在弘扬杨氏文化精神、增加恳亲大会的文化氛围和理论底蕴方面作出应有的贡献。为此，河南杨氏工委专门编辑出版了《历史文化研究》第3期（专辑）和大会会刊，发表了《杨氏是中华姓氏族系中的优秀一支》《杨氏源流与文化》《隋文帝杨坚》《天下杨氏出华阴》《杨家将与杨家将文化论纲》《杨家将的祖籍麟州》《开封天波杨府》《弘农展新颜》等文章。灵宝市也向代表们赠送了有关弘农杨氏的文献资料。

大事编年篇

第一章 寻根河南的起步期（1981—1991）

1981年

4月22日，《河南日报》刊载了著名语言学家、厦门大学教授黄典诚撰写的《寻根母语到中原》的文章，提出"河洛中原是故山，永嘉之乱入闽南"，台湾同胞"寻根的起点是闽南，终点无疑是河南"的观点，对中原寻根具有里程碑意义，所谓"中原寻根，寻根中原"也正是从此时算起。

1982年

3月，香港中国旅行社总经理、香港中国银行副行长方润华先生致函河南省省长戴苏理，希望帮助查找河南方姓同胞的祖籍聚居地。

4月2日，台湾同胞祖根问题研究会在信阳成立。

5月，台湾国民党检察委员陈翰珍老先生派陈延厚先生送《台湾陈氏大族谱》至长葛，联系寻根联谊事项。

1983年

5月，澳门陈族联谊会陈年顺先生一行46人来长葛寻根问祖，受到县领导热情招待。

8月，方润华致函河南省副省长岳肖峡，希望帮助查找河南方姓同胞的祖籍聚居地，并随信寄来《方姓浙谱序》。

10月，海南岛三亚市河南村黄姓10余人来新郑黄帝故里寻根拜祖。

信阳文管会欧潭生在《中州今古》1983年第5期发表《台闽豫祖根渊源初探》，这是我省研究者发表的姓氏寻根的第一篇文章。

1984年

9月，陈瑞松撰写的散文《千枝一本话林氏》（原载《华声报》1984年7月1日第4版，后载入1985年10月海峡文艺出版社《月是故乡明——征文获奖作品选》一书）获全国（含海外侨胞）"月是故乡明"征文奖。

10月，河南省旅游局宋振华处长将美国荥阳郑氏宗亲会郑瑞强先生的来信转交给时任荥阳县委统战部长的宋国桢先生，信中郑先生表达了对祖地的无限怀念之情。

1985年
5月9日，全国人大常委会副委员长叶飞视察长葛侨务工作。

是年，世界谢氏宗亲总会副理事长、泰国合艾市宗亲会会长谢其昌到唐河县寻根。

1986年
2月7—11日上午，瑞典籍华人陈瑞淮先生在省侨办秘书姚龙陪同下到长葛探亲，受到县四大班子领导的热情招待。

7月，荥阳县统战部长宋国桢撰写的《荥阳与郑氏》在"海峡之声"电台连播。

11月，荥阳郑氏研究会筹备小组成立，宋国桢任组长，牛振山、司振华任副组长。

1987年
10月19日，团长谢声盛，副团长谢汝浩、谢振成，总务谢绵声等率泰国谢氏宗亲总会组织的中原故乡寻根探亲团到唐河县苍台乡谢家庄（实名老鹳窝谢庄）寻根。

11月12日，郑州市社会科学联合会接收荥阳郑氏研究会为团体会员。

11月14日，荥阳郑氏研究会召开成立大会。宋国桢任会长，牛振山、司振华等任副会长。出版《中华望族——荥阳郑氏》一书。后又编辑多期《郑氏文史研究》资料。

12月，唐河县成立谢氏宗亲会、谢氏文化研究会。谢麟台先生任会长，谢增寅、谢少先任副会长。

1988年
2月，谢增寅撰写的《古谢邑今址考》引起了河南省社会科学院历史研究所、考古研究所专家的重视，郑杰祥、任崇岳、艾延丁到南阳东谢营考察。在谢水回侧水、东西谢营周围发现了大量的秦汉、西周乃至仰韶文化时期的陶片文物。

5月，河南省社会科学院专家组写成《谢邑考》，认为谢氏故里在南阳市宛城区金华乡东谢营一带。这是省级社科研究机构首次对姓氏祖地进行的权威研究和认定。

古谢国遗址碑在南阳宛城区建立。

8月27日，荥阳举行"纪念民族英雄郑成功诞辰366周年大会"。宋国桢会长在会上作了《功在中华，名垂千秋——纪念郑成功诞辰366周年》的报告。

10月18日，来自祖国四面八方的90余位岳飞研究专家荟萃英雄故乡汤阴，就岳飞的思想、活动、遭遇及与同时代人的关系等课题进行广泛深入的学术交流。

12月18日，荥阳县编委正式下文将荥阳郑氏研究会列编。

12月，东谢营谢氏文化研究会通过中国驻泰国大使陈先生把《谢邑考》《古谢邑今址考》等材料递交给合艾市谢氏宗亲会谢其昌会长，同时将信件寄达香港谢氏宗亲会及世界谢氏宗亲总会。

1989年

2月24日，马来西亚华裔邓威廉回邓州寻根，并将其父邓国华留下的当今世界所见时间跨度最长的谱牒《邓氏族谱》捐赠给该县档案馆。

3月，荥阳郑氏研究会收到美国荥阳郑氏宗亲会董事长郑耀荣组团回祖地寻根谒祖的来信。

5月，世界许氏宗亲总会秘书长、台北市许氏宗亲会会长许江富先生率领许氏祭祖团一行21人到许昌祭祖。

台北市詹氏宗亲会詹锡富先生一行10人到固始寻根祭祖。

9月，由洛阳市历史学会、洛阳市海外联谊会主办的第一届河洛文化研讨会在洛阳市召开，开启了河洛文化研究的序幕。

10月8日，宋国桢会长率荥阳郑氏研究会代表团应邀赴浙江省临海市参加郑广文纪念馆落成典礼。

1990年

4月，香港南阳堂叶氏宗亲会祭祖团到河南叶县寻根谒祖，并捐资修建叶公陵园。

以理事长叶云特为团长的台湾叶氏宗亲祭祖团一行103人和侨港叶南阳堂宗亲会一行6人到叶县祭祖。

5月15日，《华声报》专版刊载文章宣传长葛县侨务政策，包括县长赵晓广的《敞开城门迎嘉宾》、陈瑞松的《颍川陈氏根在长葛》、胡兆水的《长葛县侨务部门竭诚为"三胞"服务》等7篇文章。

5月，陈瑞松撰写的专著《百家姓溯源》由中国华侨出版社出版。

世界同源宗亲会会长赵金海率领7个国家的代表24人到新郑，登具茨山寻根拜祖。

7月，台湾叶华镛先生率团到河南叶县寻根谒祖。

8月，唐河谢氏宗亲会谢麟台会长积劳成疾，与世长辞。东谢营谢氏宗亲会举行改选，谢少先当选会长。

9月22日，陈瑞松应邀赴南京会见来访的世界陈氏宗亲总会副秘书长陈延厚先生，双方交流了陈氏研究资料，就海外组团来长葛寻根等事宜达成共识。

10月21日，世界谢氏宗亲总会副理事长谢国华先生率领世界各地的54位宗亲组成寻根谒祖代表团莅临南阳谢氏祖地东谢营，并义捐人民币3万元。

10月，由洛阳市历史学会、洛阳市海外联谊会主办的第二届河洛文化研讨会在洛阳市召开。

泰籍华人谢其昌联络美国、菲律宾等10个国家的谢氏后裔120余人到唐河县，捐资50万元筹建客家谢氏活动中心。

1991年

1月25日，鹿邑老子学会在鹿邑县成立。

4月10日，世界同源会宗亲会一行18人赴新郑拜谒始祖黄帝。该会拟定在新郑打造以黄帝大宗祠为主体建筑的寻根圣地。

4月，台湾著名叶姓族史研究专家叶经华先生到叶县考察。

5月4日，台湾钟氏宗亲会会长钟维炫与台北、新竹、苗栗、台中、高雄等地钟氏后裔50余人到长葛寻根谒祖，并为钟繇墓、钟会墓镌刻了高大的汉白玉墓碑。

5月19日，台湾资生有限公司董事长郑丁贵先生率领郑氏宗亲会一行23人到荥阳寻根祭祖。

5月，台湾荥阳郑氏敦睦访问团访问祖地荥阳，受到热烈欢迎。泰国侨领郑午楼先生为广武原郑氏祖茔地题写"郑氏祖茔地"纪念碑。

6月，河南省文化发展理论研讨会在郑州举行，张新斌、李慧萍在会上发表了《开展以姓氏文化为主体的寻根旅游——关于中原文物开发利用的思考》，首次对全省寻根旅游的总体架构进行了设计。

7月，香港叶氏宗亲会一行4人到叶县祭祖。

台湾台北县叶正森率团到叶县寻根谒祖。

9月12日，中华炎黄文化研究会在郑州举行炎黄二帝巨塑奠基仪式。

9月16日，中华炎黄文化研究会执行会长萧克将军视察新郑轩辕故里、郑韩故城及华阳故城等。

9月16—20日，中国民间文艺家协会和新郑县人民政府在新郑举行轩辕故里文化学术研讨会，来自中华炎黄文化研究会、中国民间文艺家协会、中国社会科学院历史研究所、北京大学、北京师范大学、兰州大学、河南大学、中央民族学院的70余名专家学者以及《人民日报》《文汇报》等新闻媒体参加了研讨会。

9月，由洛阳市历史学会、洛阳市海外联谊会主办的第三届河洛文化研讨会在洛阳市召开。

10月13—15日，英国、法国、荷兰、比利时、卢森堡、德国、爱尔兰、意大利等8个国家，张、傅、邓、钟、曾、李、天、彭、叶、蔡、刘、谢、陈、邱、魏、黄、荷、万等18姓245名客家人组成的全欧客属崇正总会寻根祭祖暨商业考察团到郑州、洛阳祭祖、访问。

10月26日—11月6日，应福建晋江县的邀请，长葛常务副县长邢明超，政协副主席郭幸时、陈瑞松，侨联干部苏东亮一行4人前往福建晋江，与晋江县政府领导、当地陈氏宗亲组织及海外人士进行了广泛接触，增进了友谊。

10月，中国首届谢氏源流学术研讨会在南阳召开，来自8个省市的20余位专家学者参加了研讨会，会议收到论文10余篇。

11月，台湾资生有限公司董事长郑丁贵先生率领郑氏宗亲会一行23人到荥阳寻根祭祖。

12月，王万邦主编的《姓氏词典》由河南人民出版社出版，这是我省第一部公开发行的与姓氏文化有关的词典。

第二章 寻根河南的发展期（1992—2001）

1992年

3月12日，寻根拜祖月（炎黄文化节的前身）开幕式在新郑电影院举行。河南省人大常委会副主任侯志英、郑州市副市长张世诚参加开幕式，全国各地4万炎黄子孙到新郑轩辕黄帝故里参加盛大拜祖活动。

3月18日，台湾圣道龙华会祭祖朝圣团一行56人为纪念老子诞生2563年，在灵宝市函谷关的太初宫前举行法会仪式。

3月31日，河南第一个研究中原地方族史和姓氏起源、发展演变历史的群众性学术团体河南省地方史志协会中原族史学术委员会在郑州宣告成立。

4月，太康县谢氏历史文化研究会成立。

台湾范氏宗亲会一行2人到伊川寻根。

5月5日，中国河南省卫辉市比干纪念会筹备委员会成立，卫辉市委书记何东成任名誉主任，卫辉市长全振江任主任。

5月，香港郑氏宗亲会一行30人到荥阳寻根。

反映郑氏先祖遗迹和台湾郑氏敦睦访问团寻根谒祖盛况的纪录片《郑氏祖地荥阳》摄制完成。

世界陈氏宗亲会总会秘书长陈延厚先生到长葛市寻根谒祖。

居住在香港的缅甸华侨苏明堂，到新乡考察苏氏祖根地情况，并向新乡市图书馆捐资2万元人民币。

6月，河南省社会科学院与巩义市联合组建河南省社会科学院河洛文化研究所，这是国内第一家河洛文化的专门研究机构。

荥阳郑氏研究会一行6人到福建省南安县参加纪念郑成功逝世330周年大会。宋国桢会长在大会上作题为《继承英雄遗志，和平统一祖国》的发言。

7月1日，泰国林氏宗亲总会会长林炎炮先生、常务理事林欣杰等在河南省侨联主席林雪梅的陪同下，到卫辉市比干庙考察。

8月27日，郑州大学孙英民、河南省社会科学院考古研究所艾延丁先生由周口地区统战部长程继先等陪同到太康县考察谢安故里。

8月，新加坡邱（丘）氏公会一行24人到商丘寻根。

9月7日，泰国林氏宗亲总会永远会长林炳煌、会长林炎炮、理事长林文辉率泰国林氏宗亲总会访问团68人到卫辉市比干庙祭祖。

9月9日，世界客属总会理事长陈子钦率6个国家和地区的150余名客家人到新郑黄帝故里拜祖。

9月，陈瑞松撰写的《中华望族——颍川陈氏》由中州古籍出版社出版。

9月，香港尹氏宗亲团一行10人到商丘寻根。

9月，《平原大学学报》第3期刊发张新斌、李慧萍的《姓氏文化与寻根旅游》，这是我省社科工作者首次专门论述寻根旅游的文章。

10月6—10日，中华炎黄文化研究会、河南省炎黄文化研究会、新郑县炎黄文化研究会与新郑县人民政府在新郑县举行"炎黄文化与中原文明"学术讨论会，来自北京、湖南、湖北、陕西、河南和台湾的142名专家学者对黄帝文化进行研讨。

10月，由世界谢氏总会理事谢致民先生设立的"云枣奖助学金"首届颁发仪式暨世界谢氏宗亲总会寻根谒祖周年纪念大会在南阳东谢营学校举行。

世界谢氏宗亲总会组团到谢安故里——河南太康县谒祖。

10月，来自台湾轩辕教、中华伦理教育学会客家分会等的华裔举行了登新郑具茨山拜谒始祖黄帝活动。

11月6—9日，第四届世界林氏恳亲大会在新加坡世界贸易中心举行，中国卫辉比干纪念会顾问林雪梅、会长何东成率团参加盛会。

11月26日，阳夏谢家堂谢氏宗亲会在太康县谢家堂村成立，来自7个县的300余名宗亲莅会。会议选举谢辛卯、谢纯灵、谢世启为名誉会长，谢长钦任理事长。

11月，世界郑氏宗亲92荥阳祭祖大会筹备会在深圳举行，中国香港、台湾和马来西亚、加拿大等地的郑氏宗亲出席了会议，荥阳县县长常振义、政协主席牛西岭及宋国桢会长参加了会议。

12月初，由泰国郑午楼博士题写的"郑氏祖茔纪念碑"正式落成。

12月7—9日，世界郑氏宗亲'92荥阳祭祖大会在荥阳隆重举行，来自美国、菲律宾、马来西亚和中国等国家和地区的宗亲代表以及国内北京、福建、浙江、广东、香港、澳门和台湾等地的数百名宗亲出席了大会。

12月20日，《中州今古》1992年增刊（"中原寻根"专辑）正式编辑出版。

1993年

1月，郑氏文化研究会编制了反映"'92荥阳祭祖大会"盛况的《祭祖广武原》录像带。

台湾柯蔡宗亲会一行10人到上蔡祭祖。

3月23日，第二届炎黄文化节开幕式在新郑轩辕故里广场举行，省市相关领导和社会各界人士5000余人参加了拜祖活动。

3月，为筹备纪念郑桓公受封立国2800周年大会，应香港郑建平先生的邀请，荥阳县委副书记张水旺和副县长李清廉，郑州市政协副主席李连湛和宋国桢、牛振山等11人赴新加坡、马来西亚、泰国和中国香港访问。

3月，太康县领导韩洪然、周治善与谢氏宗亲代表谢锐成、谢纯灵等赴京向世界谢氏总会会长和秘书长展示了谢缵墓、碑和谢斌墓、碑的拓片，以及大唐广明元年《谢氏族谱》等有关资料后，谢汉儒总会长、谢正一秘书长当场认定谢家堂是谢安故里。

5月2日，台湾轩辕教组团24人到新郑黄帝故里拜祖。

5月23—25日，比干诞辰3085周年庆典在卫辉隆重举行，来自泰国、新加坡、印度尼西亚、美国、加拿大等44个国家和地区的林氏宗亲代表团527人参加了盛会，中顾委原常委李德生、河南省政协主席林英海等领导出席了盛会。同期召开的比干国际学术研讨会收到论文30余篇，60余位专家学者对比干和林姓文化进行了专题研讨。

9月20日，世界谢氏总会、中国社会科学院共同在北京主办谢太康傅安石与淝水之战学术研讨会，会上专家一致认定太康县老冢镇谢家堂村系谢安故里，并在会议结束后前往拜谒谢安故里。

9月23日，台湾世界谢氏宗亲会一行40人到太康县祭祖。

10月30日，中国河南省卫辉市比干纪念会筹备委员会更名为中国卫辉比干纪念会。

10月，由中华炎黄文化研究会、河南省炎黄文化研究会、巩义市人民政府联合举办的炎黄文化与河洛文明国际学术研讨会在巩义市隆重举行，这是第一次以河洛文化研究为主题的全国性大型学术研讨会，吸引了全国各地及美国、日本等国的专家学者174人到会。

东谢营村谢氏文化研究会派名誉会长谢增寅、理事长谢朝发到榕城参加了福建谢氏宗亲联谊会。

台湾严敕建礁溪协天庙朝圣谒祖团一行218人到洛阳关林祭关公。

11月，台湾钟氏宗亲会一行31人到长葛县增福庙乡孟庄村钟繇墓前拜谒祖先。

南阳地方政府匹配的11万元人民币资金到位，南阳市东谢营村宝树学校动土兴建。

是年，由东谢营村谢氏文化研究会副总会长谢严泽带海外39人参加太康县谢氏国际联谊会，会议期间，到谢家堂拜祭谢缵墓园。

濮阳张姓研究会和河南冬阳影视公司合拍电视片《中国百家姓系列片·张氏源流》，先后在河南电视台、中央电视台等多家电视台播放。

河南省社会科学院历史研究所王大良撰写的《中华姓氏通书·王姓》由海南出版社正式出版。

1994年

1月，荥阳郑氏研究会编印会报《荥阳之光》第1期。

2月3日，泰国林氏宗亲总会会长林炳南捐资4.2万美元兴建比干庙丹心牌坊。

2月14日，比干纪念会常务会长孔德盈一行5人前往晋江参加比干学术研究会成立庆典。

3月31日—4月4日，台湾《桃园观光》杂志社社长宋安业一行7人到新郑黄帝故里拜祖。

4月10日，印度尼西亚林国华夫妇、香港黄洪光父子、台湾大学教授林国雄等来比干庙祭祖。

4月12—13日，第三届炎黄文化节开幕式在新郑轩辕故里广场举行。河南省人大常委会副主任范廉、河南省政协副主席胡树俭、河南省旅游局副局长赵国成以及新郑县四大班子领导出席了开幕式和拜祖活动，海内外嘉宾和社会各界万余人参加了活动。

4月16日，泰国林氏后裔16人以及泰林总会副理事长林欣杰一行来比干庙祭祖。

4月，世界谢氏宗亲总会理事谢致民先生捐赠5000美元，资助唐河谢氏祖地重新修复谢氏宗祠。

5月13—15日，比干诞辰3086周年纪念活动在卫辉举行，来自广西宾阳、合浦林氏家庙及广东潮州等地的林氏代表100余人参加活动。

5月，台湾钟氏宗亲会会长钟维炫再次率团到河南长葛谒祖。

6月22日，新乡市文化局举办"苏氏源于苏门山"学术座谈会，许顺湛、马世之、谢钧祥、孙英民等专家到会论证，论文作者新乡市文管办主任张新斌的研究成果也引起了新闻界的关注，省内外10余家媒体对这一观点进行了报道。

6月28—29日，韩国南（金）氏家族寻根团一行17人到汝南寻根。

6月，泰国中华总商会主席郑明如先生回荥阳寻根谒祖，宋国桢会长陪同并合影留念。

7月16日，香港中华西河堂林振辉先生来卫辉祭祀比干。

7月27日—8月10日，河南省政协主席林英海、河南省侨联主席林雪梅等一行8人赴泰国林氏宗亲总会访问。

7月，李长春书记以《弘扬郑文化，振兴我中华》为题，为宋国桢先生主编的"荥阳郑氏研究丛书"作序。

8月15日，南阳市东谢营村召开了宝树学校落成典礼，同时接受了南阳县张清波县长及县政府各部门工作人员义捐宝树学校的25000元人民币。

8月22—29日，台湾全球董杨氏宗亲总会一行70余人在开封、灵宝举行了纪念关西夫子、东汉太尉杨震逝世1870周年暨弘农杨氏故郡寻根访祖活动。

8月24—26日，第五届苏颂学术研讨会在长春举行，张新斌在会上宣读了《关于苏姓起源问题的探索》的论文，引起了与会海内外苏氏宗亲与学术界的关注。

8月，时任获嘉县政协办公室主任的张宝云收到广东省吴川市历届委员联谊会名誉主席宁超盛的来信。信中表达了宁氏华侨、港澳台宁氏同胞想了解宁氏发源地获嘉县情况的迫切心情，并就获嘉现有宁姓人口情况进行咨询。

河南杨氏工委接待印度尼西亚、新加坡等22位海外杨氏宗亲以及福建、湖南、贵州、山西、上海、陕西、台湾宗亲代表150人来河南寻根谒祖，先后参观了开封天波杨府和灵宝三鳝书堂遗址。

淮阳编印陈氏研究资料第二集。

9月7—9日，来自美国、泰国、加拿大、菲律宾、马来西亚、新加坡、印度尼西亚等国家和中国内地及香港、澳门、台湾的郑氏宗亲1100多人在祖地荥阳隆重举行纪念郑桓公受封立国2800周年活动。

9月，广州电视台华人公司总编葛云生先生率领《百家姓》摄制组到东谢营摄制谢氏发祥地近况。

"荥阳郑氏研究丛书"由中州古籍出版社正式出版，丛书包括《天下郑氏出荥阳》《郑国二十三君评传》《历代郑氏名人传略》《郑氏宗族史》《郑氏诗词笺注》等。

10月4—6日，中国卫辉比干纪念会会长张社魁一行5人赴菲律宾马尼拉参加世界第五届林氏恳亲大会。

10月，濮阳县召开第一次张姓起源学术研讨会，发表了一大批有较高学术价值的论文。

中国宋氏文史研究会在宋氏发源地——河南商丘市召开，国内（包括香港、澳门）和新加坡、菲律宾、泰国、马来西亚等地的专家学者共100余人参加了会议。

11月，濮阳县成立张姓起源研究小组，县委宣传部长张新芝任组长，成员有王德英、焦进文、张焕书等人。

11月底，应海内外谢氏宗亲的要求，由世界谢氏宗亲总会理事长谢汉儒先生题词、海内外谢氏宗亲义捐的谢氏宗祠在旧址上破土动工。

初冬，南阳地区谢氏宗亲联谊会成立，同时接受了世界谢氏宗亲总会颁发的第一届希望工程奖学金与谢致民先生第三届云枣奖助学金。

12月，谢钧祥主编，汇集河南省专家有关姓氏研究的奠基之作《中原寻根——源于河南千家姓》，由河南人民出版社出版。

是年，周口地区行署将谢安故里谢家堂列入1994—2000年旅游景点建设规划。

周口地区谢氏宗亲会成立，谢辛卯任名誉会长，谢纯灵、谢世亲任会长，谢长河任秘书长。

中央电视台著名主持人赵忠祥到新郑黄帝故里拜祖。

经周口地委王明义书记批准，由谢辛卯、谢纯灵代表周口谢氏宗亲会参加菲律宾谢氏大会。

河南省社会科学院专家艾延丁、谢超会长来谢家堂考察，认定谢缵墓碑很有保护价值，谢斌墓碑为明代谢氏谱系碑。

河南省民权县谢康视宗长、山东谢迎江及西华、扶沟、商水等谢氏宗亲来谢家堂拜谒谢缵公墓园并捐资为缵公立碑。

中央电视台、新华社在谢家堂村拍了《百家姓·谢》，宣传谢安故里。

海外华人有17个国家组团360人先后在新郑具茨山、黄帝故里拜祖。

泰国、菲律宾、马来西亚多个许氏宗亲寻根团到河南寻根谒祖。

海外谢氏到南阳市宛城区金华乡东谢营村寻根，捐资30万元兴建宝树学校。

广西人民出版社出版"华夏姓氏丛书"，王大良的《谢姓》《杨姓》出版。

由河南教育出版社（大象出版社前身）编辑出版的《寻根》杂志正式创刊。1994年共出版两期。

1995年

2月，濮阳县召开第二次张姓起源学术研讨会，与会代表达成共识，一致认为张姓起源于濮阳，确认挥公为张姓始祖。之后，海外张姓华人到河南省寻根者增多。

是月，《寻根》杂志发表了张新斌的文章《世界苏氏宗亲总会》，首次在国内期刊上介绍全球苏氏联谊情况。

3月13日，中央军委原副主席、中顾委常委李德生到黄帝故里、新郑市博物馆、具茨山参观考察，并题写"巍巍具茨山，文明八千年"。

3月31日，由河南省旅游局、郑州市旅游局和新郑市人民政府、河南省炎黄事业发展有限公司联合主办的河南省'95民俗风情首游式暨第四届炎黄文化节在新郑体育场举行，来自美国、日本等国家和中国台湾、香港、澳门地区的300余名嘉宾和社会各界人士万余人参加了拜祖活动。

3月，应陈氏宗亲组织邀请，长葛市委副书记耿乾带领长葛颍川陈氏研究会负责人赴福建晋江、惠安等地参加世界陈氏宗亲总会永远会长陈炎水先生捐建的图书馆落成典礼及陈炎水九十华诞庆典活动。

清明时节，三省八县市的宗亲代表回南阳东谢营参加了谢氏宗祠开光与祭祖大会。

4月6—9日，卫辉比干纪念会会长吴启章一行5人参加新加坡星州长林公会成立五十周年庆典。

4月10日，荥阳豫龙镇郝砦村举办郑州画像砖博物馆及郑文化论证会，宋国桢会长在会上作了题为《郑桓公寄孥遗址考证兼论郑氏祖地与郑文化》的学术报告，得到与会专家的赞许。

4月20日，泰国林炳南先生捐资兴建的比干庙丹心牌坊、林欣杰捐修的比干陵墓竣工。

4月25日，菲律宾江夏黄氏宗亲团一行34人到潢川县寻根祭祖。

4月，河南省冬阳影视传播公司《百家姓》摄制组导演张人元先生一行来东谢营联系拍摄《谢氏春秋》。

4月，获嘉县政协张宝云在县志办和县政协的帮助下，肯定了获嘉为宁氏族人祖根地的说法，并将其利用业余时间整理出来的资料寄与宁超盛。

4月、10月，台北市陈氏宗亲会、香港陈氏宗亲总会、马来西亚柔佛颍川陈氏公会、菲律宾陈氏宗亲总会等海内外陈氏宗亲73人到长葛市寻根谒祖并成功举办海内外颍川陈氏联谊会。

潢川中华黄姓研究会在潢川县成立。

5月2—5日，比干诞辰3087周年纪念活动在卫辉市隆重举行，世林总会、台中林氏宗庙和泰国、韩国及福建等地8个团130余人参加了盛会。

5月12日，河南省许由与许氏文化研究会筹备组在许由故里登封市箕山召开首次许由与许氏文化学术研讨会，著名姓氏研究专家谢钧祥、著名考古专家许顺湛等10余人参加。

5月，宁超盛回信，表达了组团来获嘉县寻根问祖的想法。收到此信，张宝云即动手写成《宁氏祖源为获嘉考》一文，发表在县政协办公室办的《委员通讯》第11期。此事也引起了获嘉县委书记刘廷和与县长王炜东的高度重视。

6月4—18日，河南省许由与许氏文化研究会常务副会长兼秘书长王道生、副秘书长许永汉随河南省《中国百家姓》电视采访团访问新加坡许氏总会，马来西亚吉隆坡雪隆许氏公会、槟城许氏高阳堂。

6月14日，马来西亚林氏公会主席林楫艾捐资人民币14万元兴建比干庙"祖德流长"十二柱双重纪念亭。

6月，河南省杨氏工委召开杨氏源流研讨会，与会杨氏宗亲150人。河南省社会科学院副研究员王大良、郑州市卫校杨长江女士提交了有关杨氏源流与发展方面的论文。

7月7日，韩国温阳方氏中央花树会（现为温阳方氏中央宗亲会）寻根团一行17人在会长方昊风的率领下，赴禹州方山认祖归宗，在方岗方氏家族纪念馆举行了隆重的祭祖仪式。

7月8日，河南省许由与许氏文化研究会在许由故里登封市箕山隆重召开成立大会，河南省旅游局副局长赵国成、河南省民政厅社团处处长许明成、郑州市委宣传部常务副部长尚有勇、登封市委副书记李银锁等领导、专家40余人和登封市各单位及许氏祖地群众1000余人参加了成立大会。会议推选于孟江为会长，王道生为常务副会长（兼）秘书长。下午，研究会在登封市委招待所召开第二次许由与许氏文化学术研讨会，参加研讨会的专家、教授、学者有著名姓氏研究专家谢钧祥，著名考古专家许顺湛、安金槐、王天兴等30余人。

8月6日，泰国林木庚先生捐资32万人民币，维修比干庙山门。

8月20日，《许氏源流报》创刊，出版第1期。

8月24日，河南省中原姓氏历史文化研究会在郑州正式成立，政协第七届、第八届河南省委员会主席林英海任会长，省委宣传部原常务副部长葛纪谦等13人任副会长。

8月26日，河南省许由与许氏文化研究会在登封市中岳大街13号正式挂牌办公。

8月，宁超盛致信言其要将《宁氏祖源为获嘉考》寄给海外宁氏族人，为世界宁氏认祖归宗和振兴中华作出贡献，并表示要在是年冬或第二年春组团来获嘉。

郑自修与全国政协原副秘书长、中华诗词学会会长孙轶青先生，广东著名诗人李汝伦先生，煤炭部文联主席梁东先生等参加在南安举行的"郑成功杯"赛诗活动。

新加坡南阳黄氏联谊总会寻根恳亲代表团一行33人到河南潢川县寻根，在该县举行了隆重的祭祖活动。

9月3日，河南省许由与许氏文化研究会在登封箕山召开"九五世界许氏宗亲箕山朝祖大会"，来自马来西亚吉隆坡雪隆许氏宗亲会代表团以及山西、山东等地许氏宗亲代表百余人参加。其间倡议成立世界许氏宗亲联谊中心筹委会，马来西亚雪隆许氏公会主席许雄元和研究会秘书长王道生先生共同为世界许氏宗亲联谊中心筹委会挂牌。

9月18日，泰林总会会长林炳南先生捐资港币19万元，兴建比干塑像。

10月12日，庄周集团实业发展总公司副总裁牛辉一行3人来比干庙洽谈比干庙开发具体事宜。

10月16—18日，20余名台湾同胞到商丘县参加中国宋氏研究会并祭祖。

10月23—25日，新加坡"六桂堂"寻根团一行10人到禹州方山寻根，在方岗举行了隆重的祭祖仪式。

10月24日，新加坡"六桂堂"一行10人到河南省许由与许氏文化研究会参观，秘书长王道生向"六桂堂"主席江启逢先生赠送纪念品。

10月，新加坡、美国、马来西亚、菲律宾等国家和台湾等地区陈氏宗亲334人到河南省淮阳县参加了陈胡公诞辰3145周年纪念活动。

11月28日，河南省委宣传部常务副部长、河南省对外交流协会副会长葛纪谦到河南省许由与许氏文化研究会参观指导工作，并为研究会题词。

11月，南阳市宛城区谢氏宗亲联谊会谢少先会长随市联谊会谢献忠会长带领的宗亲代表团到菲律宾参加了世界谢氏宗亲总会第八届恳亲和会员大会。

潢川中华黄姓研究会一行6人首次外出联谊，组团参加在香港召开的世界黄氏宗亲总会第六届第一次会员代表大会。

12月，荥阳郑氏研究会同新华社河南分社联合摄制《话说郑文化》（祖地篇）专题片。

获嘉县张巨乡李村发现两张清代宁氏人买宅基地和耕地的文契。该文契现存县档案馆。

淮阳编印出版陈氏研究资料第三集，并由美国总统亚洲事务顾问陈香梅题词"陈氏宗亲会刊——慎终追远"。

初冬，由南阳地区谢氏宗亲联谊会谢献忠会长亲自到宝树学校颁发了世界谢氏宗亲总会第二届希望工程奖助学金和第四届云枣奖助学金。

是年，世界谢氏总会谢汉儒会长寄来大陆子弟奖助金10000元人民币。按要求办理如数发放给民权、淮阳、大康、西华、扶沟等县谢氏子弟，并将发放情况报世界谢氏总会，主办人谢辛卯、谢纯灵、谢世启。

广西、湖南、湖北等地谢氏宗亲到太康谢家堂拜祭谢缵墓。

有42个国家和地区的400余位海外华人先后在具茨山、黄帝故里拜祖。

1996年

2月6日，河南省许由与许氏文化研究会召开第二次全体理事会议。因工作单位变化，王道生辞去常务副会长兼秘书长职务，改任副会长，选举新任东金店乡党委书记于孟凡担任常务副会长兼秘书长职务，同时增选东金店乡人民政府乡长王建平、许铮寿为副会长。

2月14日，郑州市常务副市长陈义初到新郑考察黄帝大宗祠项目。

2月22日，国务委员、国家科委主任宋健在中国社会科学院历史研究所所长李学勤、河南省委书记李长春等陪同下，先后到黄帝故里、具茨山、郑韩故城、博物馆等景点参观考察。他建议将黄帝编进教材，让世世代代永记始祖功德，建议新郑编写一本关于黄帝的文献资料书，扩大对外宣传。

3月，以"宣传卜商文化，联络卜商后裔"为宗旨的卜商故里联谊会在卜商祖地温县成立。

4月3—8日，新加坡蔡氏公会代表团一行31人到上蔡访问。

4月9日，马来西亚光华日报社董事经理温子开先生、老作家任雨农先生和温辉父子事业有限公司董事主席温添贵一行3人到新郑轩辕黄帝故里、郑韩故城、博物馆、具茨山、机场采访、参观并祭祖。

4月14—18日，泰国、日本和中国福建68位客家乡亲组成的世界客家文化寻根团到郑州、洛阳、开封、新郑、登封举行"'96海外客属社团中原文化寻根活动"。

4月17日，泰国、印度尼西亚等世界客属社团的客家乡亲60余人在省侨办主任林雪梅的陪同下来新郑黄帝故里寻根拜祖。

4月18—24日，新加坡南洋黄氏联谊总会寻根恳亲代表团一行33人到潢川举行寻根祭祖活动。

4月19—21日，中国卫辉比干纪念会常务会长孔德盈等一行5人应邀赴马来西亚参加砂捞越西河林氏公会成立四十周年庆典，并对新加坡、泰国林氏宗亲会进行友好访问。

4月19—23日，泰国陈氏宗亲会一行52人到淮阳县陈胡公祠寻根谒祖。

4月，加拿大温哥华陈氏颍川总堂一行13人到长葛市寻根谒祖。

史学家黄书汉、黄贺卿率菲律宾黄姓寻根代表团34人到潢川黄国故城举办祭祖仪式。

5月1日，投资2000万元的郑文友中医肿瘤医院在荥阳科技园区落成。河南省政协副主席、省委统战部部长胡树俭，全国政协常委、人民日报社原社长高迪共同剪彩。

5月3日，韩国著名佛教大师、牛眼山大圣寺住持佛心道文（俗名林允华，轩辕黄帝第158世孙）一行19人到黄帝故里拜祖。

5月4日，南阳东谢营村谢氏文化研究会会长谢增寅与谢少先、谢朝发、谢东斗等在南阳宾馆参加了南阳市谢氏宗亲联谊会以及谢献忠、谢文普会长主持的"五四"宗亲联谊座谈会。

5月5日，息县赖氏文化研究会举行了纪念叔颖公受封立国（赖国赖姓所在地）3118周年大会。

5月6日，比干庙"十二柱纪念亭"竣工。

5月11—13日，马来西亚温辉父子有限公司董事经理温添贵到温县寻根。

5月16日，比干庙"比干塑像"竣工。

5月20日，韩国、新加坡、泰国等林氏代表一行51人到卫辉市比干庙（墓）祭祖。

5月21日，比干诞辰3088周年纪念活动在卫辉市隆重举行，"十二柱纪念亭""比干塑像"揭幕、剪彩仪式同时进行，来自泰国、马来西亚、韩国、新加坡等国家与地区的林氏宗亲代表135人参加了庆典。

5月24日，宋国桢、王子官赴武汉市武昌红楼辛亥革命纪念馆会访《荆楚诗词大观》主编郑自修先生，并聘请郑自修先生任荥阳郑氏研究会副会长。

5月27—31日，以萧光麟为团长的马来西亚中国客家文化寻根访问团一行162人到新郑轩辕黄帝故里和郑州黄河游览区分别举行祭拜黄帝和黄河的活动。

6月9—12日，香港林氏南山宗亲会永远会长林耿明先生、林浩华先生来卫辉祭祖，并洽谈商贸合作项目。

6月，辉县市副市长张玲、新乡市文管会办公室主任张新斌随苏颂研究会考察团到东南亚访问，并拜会了新加坡苏氏公会会长苏日里、泰国苏氏宗亲会会长苏岳章等苏氏宗亲，邀请他们到河南寻根。

7月24日，郑自修受命于牛西岭书记，第二次来荥阳；开始为撰写《关于荥阳郑文化研究与开发之思辨》一文进行全面调研，历时12天，受到时任荥阳市四大班子领导的热情接待。

7月，安徽省肥东县仪表厂宁健来信索求有关宁邑的资料。

8月8—15日，海南大学图书馆馆员林巨兴、林诗良来比干庙考察，协同编辑《殷太师比干庙总览》。

8月，韩国汉城（今首尔）乔聚东先生一行到河南考察访问。

9月7日，全国人大常委会副委员长布赫由河南省人大常委会副主任侯志英等陪同，先到新郑黄帝故里拜谒黄帝，后到新郑博物馆参观。

9月16日，郑自修第三次来荥阳调研，历时10天，完成《三上荥阳·巡礼报告——关于荥阳郑文化研究与开发之思辨》一文，在《荥阳之光》和有关报刊上发表，受到郑州市、荥阳市诸多领导的重视。

9月18—20日，首届闽粤台姓氏源流国际讨论会在郑州举行。河南省政协主席林英海，河南省委副书记范钦臣，河南省委常委、宣传部长林炎志，河南省副省长张世英、李志斌等到会。会后韩国、菲律宾、泰国和国内代表一行80余人，到新郑市考察炎黄文化，祭祀黄帝。这次活动得到韩国佛教林允华大师的大力支持。

9月20日，韩国佛心道文林允华大师一行12人访问卫辉。

9月26日，中日友好浦和市市民会议会长、日本琦玉县国际友好事业协同组合理事长神多嘉子应新郑市市长岳文海邀请，到升达大学、黄帝故里、龙湖度假村、机场考察。

10月3—8日，中国卫辉比干纪念会常务副会长范崇梅、副会长刘光林等一行5人应邀赴马来西亚槟城参加第六届世界林氏恳亲大会。

10月10日，台湾省台中县易道学会副会长张秋龙和王工文等14人到新郑市黄帝故里谒拜黄帝。

10月24日，泰国中华商会主席郑明如率商团到新郑考察投资环境。同日，张可夫、陈荣林等澳门地产商会考察团7人来新郑考察投资环境，祭拜始祖黄帝。

10月26日，台湾胜大庄有限公司董事长李志仁到新郑黄帝故里拜祖。

国家经贸委主任俞晓松到新郑黄帝故里祭拜始祖黄帝。

10月，张姓起源论文集《龙乡寻根》由河南教育出版社出版，该书受到社会各界和东南亚部分国家和地区张姓宗亲会的好评。

香港关秉诚先生一行到河南考察访问。

匈牙利华人联合会副会长文明远先生一行到河南考察访问。

马来西亚周桂荣先生一行到河南参观访问。

英国孔庆成先生一行到河南参观访问。

印度尼西亚龚丽雯一行到河南祖地考察访问。

谢钧祥所著《中华百家大姓源流》由中州古籍出版社出版。

11月2—8日，中国卫辉比干纪念会会长吴启章、常务副会长王俊富率团赴马来西亚、新加坡、泰国举办"'96中国·卫辉经贸洽谈会"。

11月6—8日，河南省侨办、侨联，上蔡蔡氏文化研究会等联合举办了首届蔡氏文化研讨会，来自省内外的专家学者130余人与会，对上蔡作为蔡氏祖根地给予充分的肯定。

11月14—15日，台湾省桃园县一行20余人到新郑黄帝故里拜祖。

11月26日，荥阳郑氏研究会一行9人应邀赴香港参加世界郑氏宗亲总会第十四次恳亲大会。副会长郑自修代表荥阳郑氏研究会在大会上发表演讲。

12月6日，马来西亚林明亮先生率团33人到卫辉比干庙祭祀比干。

是年，收到世界谢氏宗亲总会奖助学金2000元，经谢辛卯、谢纯灵、谢世启、谢长河等按照要求由各县宗长发给相关学生，并把发放情况报告总会，在《世界谢氏通讯》上刊登。

香港嘉华集团主席吕志和先生一行到河南祖地参观访问。

香港南源永芳集团公司董事长姚美良先生到河南寻根、考察。

1997年

1月8日，河南省政协主席林英海、河南省侨联主席林雪梅一行4人来卫辉参加比干庙规划会议。

2月，马来西亚潮丰控股有限公司陈志强、陈开松到长葛市考察，并同政府签订合作筹建马来西亚工业村协议书。

3月30日—4月1日，香港林玉香女士来卫辉洽谈印度尼西亚林联兴捐资人民币200万元兴建比干纪念馆的有关事宜。

4月8日，新郑市政府在具茨山举办第五届炎黄文化旅游节开幕式。郑州市旅游局和新郑市领导参加开幕式。

4月8—9日，大韩佛教、佛诞本地开发委员会顾问林允华大师率领由韩国水原白氏、林氏宗亲会组成的佛教界、医药界、艺术界和商界代表47人，来新郑市黄帝故里寻根拜祖。之后，拜祖团又到辛店镇白居易纪念馆祭祖。

4月14日，台湾桃园县林氏宗亲会一行28人来比干庙祭祖。

4月20—27日，中国香港、澳门、台湾和马来西亚、新加坡等地赖族宗亲会一行66人来信阳息县参加纪念赖氏始祖叔颖公受封立国3119周年暨赖罗付谒祖大典，并到郑州、开封、洛阳及新郑轩辕黄帝故里观光朝拜。

4月26—30日，由泰国林氏宗亲总会林胜隆先生率领的林氏宗亲谒祖团一行47人到郑州、新乡及卫辉比干墓祭祀林姓始祖比干。

4月，马来西亚潮丰集团主席（国王王子）塞拉其兰和陈志强、陈开松率工程技术人员一行9人到长葛市实地考察建立马来西亚工业村项目。

马来西亚柔佛颍川陈氏公会一行11人在团长陈开松的带领下到长葛市寻根谒祖。

马来西亚温氏宗亲会会长温添贵到温县，由温县有关领导陪同前往古温国都城遗址处凭吊了先祖。

5月5日，泰国林木庚先生与中国卫辉比干纪念会领导具体洽谈林炳南先生捐资人民币42万元修建比干神道的有关事宜。

5月6日，香港苗圃行动"行路上北京97"活动一行20余人冒雨到黄帝故里拜祖。

5月8日，韩国佛心道文林允华大师率韩国罗州市原副市长林洞洛先生、诗人林宣光先生等一行13人再次来新郑市寻根拜祖。

5月8—10日，比干诞辰3089周年纪念活动在卫辉市隆重举行，泰国林氏宗亲总会、韩国林氏宗亲会、台湾省台中市林氏宗庙和河北、广东、安徽等地林氏代表团180余人参加。

5月18日，全国政协经济委员会副主任范康率全国政协离退休干部28人来新郑市考察，并祭拜始祖黄帝。

5月，省侨务部门根据专家多次考证结果，正式确认禹州方山为方雷公封地、方姓的发源地，并向海外侨胞公布。

6月6日，毛里求斯林启超先生一行4人来比干庙祭祀先祖。

6月，世界舜裔联谊会一行16人到长葛市寻根谒祖。

7月19日，全国人大常委会副委员长、著名经济学家、社会学家费孝通来新郑市黄帝故里视察，并题词"弘扬民族优秀文化，建设中华始祖圣地"和"发挥空港优势，扩大对外开放"。

8月，世界舜裔联谊会常委会主席陈守仁一行8人就长葛颍川陈氏研究会主办第十三届国际大会事宜到长葛进行实地考察。

9月22日，新加坡林氏宗亲会一行17人来比干庙祭祀先祖。

9月，濮阳县姓氏历史文化研究会（筹）会长张广恩，应邀赴马来西亚参加了由槟州华人大会堂举办的全马第十四届华人文化节，并访问了新加坡、泰国和中国香港等地的张姓宗亲组织，与对方互赠了礼品。

长葛市组团参加马来西亚雪隆陈氏书院宗亲会创办100周年庆典活动。

10月1日，韩国佛心道文林允华大师率团到新郑黄帝故里，参加始祖山中天阁开工典礼。

10月，世界谢氏宗亲总会会长谢汉儒先生在北京饭店贵宾楼接见了河南的任崇岳教授以及祖地宗亲代表谢纯灵、谢世其先生，并将其亲题的"谢氏陵"和2万元人民币交给谢纯灵作为建陵费用。

中央统战部转来全国政协副主席何鲁丽为宋国桢主编的《郑成功与祖国统

一》一书题写的书名。

河南省中原姓氏历史文化研究会编辑的论文集《豫闽台姓氏源流》正式在内部发行。

河南省中原姓氏历史文化研究会副会长李振华，副秘书长刘翔南、张人元等5人组成的河南省百家姓访问团到东南亚访问，受到热烈欢迎。

11月22日，韩国林氏代表团一行36人来比干庙祭祀先祖。

11月，长葛组团赴香港参加世界舜裔联谊会第十二届国际大会。

12月18日，濮阳县姓氏历史文化研究会暨中国濮阳张姓研究会正式成立，选举产生了会长张广恩，秘书长宋记功，副秘书长张新芝、张焕书，及理事张洪运、张春喜、翟伟等38人组成领导机构。

12月，宋国桢主编的《郑成功与祖国统一》一书出版。

是年，河南省社会科学院任崇岳教授经调查研究后，在《周口师专学报》发表了文章《谢安曾祖谢缵墓碑的发现及其意义》，不久又收入《中国社会主义精神文明建设宝典》，并由新华出版社出版了《谢安评传》。

1998年

1月12—14日，香港林玉香女士受印度尼西亚林联兴先生所托，来卫辉具体洽谈比干纪念馆工程进度以及工程款项等有关事宜。

1月30日，新加坡周明忆率团23人抵达新郑市寻根拜祖。

2月，民众捐资并由政府组织实施，濮阳县重修了挥公陵墓，并把挥公陵园扩建为张挥公园。

4月8日，香港必发集团控股有限公司董事主席叶嘉星率领由印度尼西亚、马来西亚、新加坡和加拿大等世界著名华裔领袖和知名人士组成的世界华人中华圣地寻根拜祖团80余人，来新郑市始祖山寻根拜祖。

4月23—25日，河南省许由与许氏文化研究会名誉会长、登封市委常委、宣传部长郑友军，研究会常务副会长兼秘书长于孟凡，副会长许铮寿一行访问泰国、新加坡、马来西亚许氏宗亲会。

4月27—30日，卫辉市举办比干诞辰3089周年纪念庆典，接待来自泰国、马来西亚、新加坡、美国和中国香港、台湾、福建、海南、广西、广东、贵州等地18个代表团230余人。国家、省、市领导以及中央、省、市级新闻记者100余人出席了会议。

4月，团长陈开松率马来西亚柔佛颍川陈氏公会一行11人到长葛市寻根谒祖。

5月13日，世界林氏宗亲总会高级顾问林洋港先生一行22人来比干庙祭祀先祖。

5月31日，世界华商大会英国委员会主席何荣佳到黄帝故里、韩王陵拜祖，投资10万元资助修缮王行庄小学，2万元维修郑国葬马坑。

6月，世界舜裔联谊会一行16人到长葛市寻根谒祖。

7月20—24日，河南省社会科学院等在灵宝市主办了河南省老子思想学术研讨会，对老子里籍与《道德经》著述地的研究有了新的突破。

8月12日，全国政协副主席叶选平到新郑考察，参观黄帝故里，并题写"华夏源"。

8月20日，陇海兰新地带中部城市发展研讨会暨新郑市城市发展战略规划纲要论证会在新郑宾馆召开，与会代表100余人在黄帝故里举行拜祖活动。

河南省许由与许氏文化研究会在登封市政协会议室召开理事会议，名誉会长、登封市委常委、宣传部长郑友军出席会议，会议一致推选王道生担任会长职务。

8月，世界舜裔联谊会主席陈守仁率常委会成员一行8人就长葛颍川陈氏研究会主办世界华裔联谊会第十三届国际大会有关事宜到长葛进行实地考察。

9月12日，台中县易道学会王工文一行26人到黄帝故里拜祖。

9月20日，河南省许由与许氏文化研究会在登封市嵩山路中段重新挂牌办公。

9月24—25日，河南省社会科学院与沁阳市委、市政府联合举办的沁阳市李商隐墓修复揭碑仪式暨学术研讨会在沁阳市举行，河南省委宣传部秘书长王世屺、河南省社会科学院副院长张锐、焦作、沁阳等有关领导及来自首都师范大学、中央民族大学、河南省社会科学院、河南省旅游局、郑州大学、河南大学等单位的专家学者90余人出席了会议。

9月，陈瑞松撰写的《颍川始祖陈太丘轶事》由黄河水利出版社出版。

10月12日，台湾洗髓经研究会联谊会寻根团70余人来新郑黄帝故里寻根拜祖，捐资留名。

10月15日，河南省许由与许氏文化研究会主办的《许氏源流报》复刊，并更名为《许氏文化》报。

10月19日，晋江比干学术研究会林连碧、林玉坤携带珍藏祖传比干像来卫辉祭祀先祖。

韩国佛心道文林允华大师一行再次来新郑市参观拜祖，并捐资5万美元资助建设始祖山中天轩辕阁。

10月28日，中国古都学会第十五届年会暨古都新郑与中原文明学术讨论会在新郑召开。会议确认新郑黄帝故都为中华第一古都。中国古都学会会长史念海率领来自全国15个省和直辖市及7大古都学会会员150余人在轩辕故里举行祭祖活动。新郑市市长李和平主持拜祖仪式，史念海宣读祭祖文。

10月28—31日，河南省许由与许氏文化研究会在登封箕山隆重举行"九八世界许氏宗亲祭祖寻根大会"（后改为"第一届世界许氏宗亲箕山祭祖暨联谊大会"），新加坡许氏总会许振儒主席一行18人及国内陕西、三门峡等地许氏宗亲百余人参加，研究会名誉会长、登封市委宣传部长郑友军出席了这次会议。

10月31日，郑自修与郑国华参加在广东茂名市召开的中国郑氏宗亲总会第二次筹备大会。

11月8日，荥阳郑源实业公司组织海外郑氏实业家在郑州举行首届国际郑源贸易洽谈会，签约总金额达14.2亿元人民币。

11月12日，马来西亚对外贸易发展局董事张思卿先生率团到濮阳寻根，捐资10万元人民币用于张挥公园建设。

11月，马来西亚著名华人企业家、常青集团主席张晓卿先生率团到濮阳县寻根谒祖，为修建张挥公园捐资并题词"寻根问祖耀中华，慎终追远兴文化"。

河南省中原姓氏历史文化研究会常务理事王大良到上海参加全国谱牒研讨会。

12月8日，河南省社科院考古所主持的许由、许国与许氏文化国际学术研讨会筹备会在郑州举行，河南省社会科学院副院长张锐到会祝贺。

是年，在太康县老冢谢家堂村由谢纯灵主持举行谢太傅殿奠基仪式。周口地区领导谢辛卯、高陵芝、黄伯成及太康县县长杜民庄等光临。

1999年

1月，平顶山市昭平台水库管理局召开党委扩大会议，重点研究旅游开发事宜，确定开发刘氏文化资源。

2月15日，以郑明忆为团长的新加坡、马来西亚等国华人拜祖团30余人到新郑祭祀黄帝。

2月17—23日，河南省许由与许氏文化研究会王道生会长先后到陕西、河南等地调研许氏文化，分别拜会了许子发、许中明、许建国、许永生、许来欣等许氏宗贤。

3月28日，新加坡琼崖林氏公会林鸿图先生率团37人来卫辉寻根祭祖，马来西亚海南林氏公会林逎顺先生率团16人来卫辉寻根。

3月，平顶山市昭平台水库管理局局长辛根义、副局长张小闯及顾问张新河、昭平湖景区管理处主任冯德顶等去郑州同河南省社会科学院考古研究所萧鲁阳所长、张新斌副所长共同商讨研究刘氏资源开发事宜。

4月17日，马来西亚槟城州拿督许岳金教授到箕山寻根祭祖。

4月17—18日，新郑市政府在具茨山举办第六届炎黄文化旅游节。韩国佛心道文林允华大师率韩国拜祖团100余人抵达新郑市祭拜黄帝。拜祖仪式结束后，韩国白氏宗亲拜祖团赴辛店镇白居易祖父白锽墓前祭拜先祖。

4月21—23日，世界舜裔联谊会第十三届国际大会在河南许昌、长葛、郑州隆重举行，这是该组织首次回到祖国故土认祖归宗。来自台湾岛内的80余位舜裔，与来自香港、澳门地区，以及美国、泰国、马来西亚、菲律宾等国的舜裔，共计500余人参加了此次盛会。这是我省举办的世界姓氏综合性会议。

4月24—25日，河南省社会科学院考古研究所副所长张新斌和先秦室主任李立新到登封市箕山进行许祖文化与考古调研活动。

4月29日，荥阳市委书记牛西岭、荥阳郑氏祖茔管理委员会主任郑国华、荥阳郑氏研究会副会长郑自修参加中国郑氏宗亲总会在深圳南山区银都酒店召开的年会。郑自修赴广州、增城、福建南安石井郑成功纪念馆、福建福清郑宅村进行调研考察。

4月，河南杨氏工委接待以杨氏赞为团长的菲律宾访祖旅游团14人来郑州观光旅游。

5月15日，晋江比干学术研究会林金典率团20人携带珍藏祖传比干像来卫辉祭祀先祖。

5月18日，马来西亚马六甲西河堂林氏大宗祠族长林源瑞率团10人，台湾嘉义市文财殿黄忠信先生率团20人，广东厦门、山东陶县林氏代表团到卫辉祭祀先祖。

5月25日，太康县政府决议将谢家堂村谢缵墓附近75亩荒地作为修建谢氏陵用地，并以县长杜民庄名义函告世界谢氏宗亲总会会长谢汉儒先生。

6月29日，河南省社会科学院、安阳市文化局联合在郑州举办河南省纪念甲骨文发现100周年学术座谈会，省内外100余名专家学者共话甲骨百年。

6月，中央电视台《天涯共此时》栏目组到禹州方山拍摄专题片《方姓》，并于7月16—21日在中央电视台四套和一套播出，引起海外方氏人士积极回应。

8月10日，许氏文化网站开通，网址为www.xushi.org。其后河南省许由与许氏文化研究会办公地点迁至登封市中岳大街183号。

8月25日，《黄河文化》"许由与许氏文化研究专辑"正式编辑出版。黄石林、李先登、何光岳、刘式今、谢钧祥、许顺湛、朱绍侯、陈昌远、马世之、单远慕等撰写了研究论文。

8月27日—9月3日，台湾高雄县凤邑赤山文史工作室的清朝凤山县知县曹谨公故乡寻根之旅团在名誉理事长林运臣率领下到沁阳朝拜曹谨公墓、曹谨故居，并出席曹谨学术研究交流座谈会。

8月，河南杨氏工委代表团参加在福建召开的全球董杨童宗亲恳亲大会，在会上交流了经验。

9月9—11日，河南省许由与许氏文化研究会和河南省社会科学院考古研究所联合在登封市少林国际大酒店隆重举行许由、许国与许氏文化国际学术研讨会，国内著名姓氏文化研究及考古、文史专家，马来西亚、泰国及国内许氏宗亲近200人出席了会议。

9月10日，河南省许由与许氏文化研究会和世界许氏联谊中心筹委会联合举行了第二届世界许氏宗亲箕山祭祖暨联谊大会，马来西亚第三、六、七省高阳许氏公会主席许如豪，吉隆坡雪隆许氏公会主席许雄元，泰国许氏宗亲总会理事长许监光和国内云南等省、市许氏代表100余人参加了会议。

9月15—17日，河南省东方文化研究会等主办的"中国·东方文化中原寻根学术研讨会"在淇县举行。

9月26—29日，拿督萧光麟博士率马来西亚新山客家公会的马来西亚客家文化寻根团一行128人再次朝圣中原，在新郑轩辕黄帝故里、新密黄帝宫、山西洪洞大槐树拜谒祖先。

10月15日，河南省中原姓氏历史文化研究会在郑州举行了换届暨全体理事会会议，林雪梅为会长，鲁德政、李振华、张锐、贾英歌、萧鲁阳等7人为副会长，刘翔南为秘书长。

10月17—20日，中华炎黄文化研究会等联合在灵宝举办黄帝铸鼎原与中华文明起源学术研讨会，正式确认了黄帝铸鼎原在文明起源中的地位。

10月23日，泰国中华总商会主席郑明如一行55人再次到黄帝故里拜祖，并题词"华夏同祖，万姓归宗"。

10月，阳夏谢家堂谢氏宗亲会在谢家堂举行谢氏陵碑揭幕式，李新荣镇长主持，周口地区高陵芝主任讲话，周口地区人大常委会副主任谢辛卯和太康县县长杜民庄揭幕。

泰国顺和成集团总裁张锦程先生一行到濮阳寻根问祖。

马来西亚沙劳越刘氏公会寻根团一行30人，在团长刘虔材、秘书长刘世南带领下到河南寻根，对信阳、潢川、固始留下了很深的印象。

11月8—11日，释永信方丈创建的少林文化研究所正式宣告成立，并在郑州举行了成立大会。

11月10日，濮阳县委常委、宣传部长、顾问刘善章参加了由河南省政府组织的河南旅游促销暨姓氏文化旅游推介会，赴马来西亚、泰国、新加坡、菲律宾，访问了当地张姓宗亲组织，向他们介绍了濮阳县姓氏研究和张挥园建设情况并与对方互赠了礼品。

11月，团长陈锦龙率马来西亚青年陈氏寻根团一行40人到长葛市寻根谒祖。

河南省社会科学院考古研究所所长萧鲁阳、副所长张新斌、先秦室主任李立新到鲁山昭平台水库，对邱公城遗址进行考察，拉开了刘氏祖根地开发的序幕。

是年，世界谢氏宗亲总会会长谢汉儒在江西弋阳召开全球谢氏代表会，发表《弋阳宣言》，在谢安故里谢家村共建中华谢氏陵园。

韩国丁氏大宗亲会会长丁炳锡先生率团一行23人回唐河县大河屯镇丁营村寻根祭祖。

谢钧祥等主编的"百家姓书系"由天津新蕾出版社正式出版，任崇岳的《陈》、张新斌的《苏》、程有为的《张》、李乔的《孙》等书包括在其中。

2000年

1月17日，中央电视台国际频道《天涯共此时》栏目组到登封箕山拍摄电视风光片《许由、许国与许氏》。

1月，河南省社会科学院考古研究所萧鲁阳所长、昭平湖景区管理处主任冯德顶前去北京拜访领导、专家、学者。全国政协副主席周铁农及何兹全、孟世凯、郑光、吴荣曾等专家为刘氏文化研究开发工作题词。

2月5日，新郑市旅游局与河南省旅游集团合作举办了"港胞农家过大年"活动。

2月6日，马来西亚65名华侨到黄帝故里寻根拜祖。

2月17日，全国政协委员、香港嘉浩集团董事局主席许智明博士给河南省许由与许氏文化研究会王道生会长来信，赞扬许氏文化研究工作。

3月15日，《许氏名人录》编辑部正式成立，河南省许由与许氏文化研究会王道生会长担任主编，许永汉、郭振峰任执行主编。

3月，刘累祠开工奠基仪式在中华刘姓始祖苑举行，省、市、县专家、学者及各级领导到会。

4月2日，由香港中华民族国际友好协会发起，河南省旅游局主办、新郑市政府承办的中华民族子孙千禧年黄帝故里寻根拜祖大典在新郑市举行，来自美国、俄罗斯、意大利等国家和地区的18个拜祖团和社会各界代表3000余人参加了大典。

4月7日，韩国水原白氏全国宗亲会会长白镇禹率白氏宗亲一行60余人，到始祖山举行朝顶拜祖仪式。世界华人协会秘书长李春燕出席拜祖仪式。拜祖后，白氏宗亲会到辛店镇白居易纪念馆和白氏祠堂参观。

4月12日，泰国首次直航河南包机129人到黄帝故里拜祖。

4月15—19日，河南许由与许氏文化研究会主办、洛阳炭黑厂厂长许长太协办的中国许氏书画名家首届箕山笔会在登封市举行，来自浙江、山东、安徽、广西、河南等7个省市的许氏书画名家14人参加了笔会。

4月18—23日，许昌市文化局在春秋楼景区隆重举行了首届关公文化节暨春秋楼落成庆典活动。

4月，纪念卜子夏逝世2400周年暨卜商故里联谊会议在温县召开。会议期间开展了卜子夏文化学术报告会、公祭卜子夏仪式、参观卜商故里等活动。

5月17日，泰国、马来西亚、印度尼西亚、美国等6个国家和地区的200余人，到新郑市始祖山寻根拜祖，拉开了"相约千年——龙岁故土行"海外客属社团"中原世纪大寻根"活动序幕。

5月25日，《黄河文化》"刘姓始祖刘累暨龙文化专集"正式编辑出版。北京师范大学何兹全，北京大学吴荣曾，中国社会科学院历史研究所孟世凯，中国社会科学院考古研究所郑光，中国科学院遗传所袁义达，山东省社会科学院刘蔚华，复旦大学徐希燕，陕西师范大学马驰，西北大学刘士莪，山西省社会科学院马志超，河南大学朱绍侯，河南博物院张维华，郑州大学王蕴智、安国楼，河南省中原姓氏文化研究所谢钧祥，河南省社会科学院马世之、郑杰祥、单远慕、任崇岳、萧鲁阳、张新斌、李立新等一大批专家学者积极撰文，对刘累为刘姓始祖及刘姓文化、龙文化进行了深入细致的研究，对景区内刘姓起源地刘累圣迹进行考察论证，并给予了充分的肯定。

5月26—28日，河南省宗教文化研究会、光山县人民政府等联合在光山举办光山净居寺与天台宗研讨会，正式确定光山净居寺为天台宗祖庭。

5月，河南省客家联谊会组织"遥远的中原，我们的家"中原世纪大寻根活动，来自6个国家和地区的68名客家代表来到河南。

5月，昭平台水库管理局副局长张小闯、姓氏专家谢钧祥及张新河、冯德顶等有关人员去江苏沛县参加刘邦文化节，赠送组委会"千古龙飞地，根源御龙人"锦旗，向海内外宗亲赠送《黄河文化》（刘氏与龙文化论文集）300本，大量的研究成果引起了海内外刘氏后裔的积极反响。

6月24日，河南省许由与许氏文化研究会组织邀请河南省科学院、河南省社会科学院、河南博物院、河南省文物考古研究所等6位专家到箕山考察，编制箕山许由故里建设规划。

6月25日，台湾省台北市张廖简宗亲会一行22人专程莅濮寻根谒祖。

8月5日，河南省许由与许氏文化研究会邀请河南省旅游局、河南省文物局、河南博物院、河南省社会科学院及郑州市、登封市有关单位的30余人，在登封市召开"许由故里总体规划"评审会，并原则通过了规划。

8月20日，由国家体育总局、国家旅游局等单位组织的"中华炎黄圣火"传递活动交接仪式在黄帝故里举行。中央电视台等17家新闻单位的30名记者参加了仪式。

8月22日，中共荥阳市委书记耿广智在荥阳市委一届五次全会（扩大）上提出举办"纪念郑成功收复台湾340周年"活动的设想。荥阳郑氏研究会帮助拟订了《充分发挥"郑氏祖地"人文优势，举办纪念郑成功收复台湾340周年活动的意见》。

8月29日，河南省许由与许氏文化研究会与世界许氏联谊中心筹委会在登封市隆重举行了世界许氏联谊会第三届大会暨2000年箕山祭祖大典，来自香港、广东、贵州、陕西、黑龙江、山东等省、市许氏宗亲40余人和祖地群众200余人参加了会议。

8月,何光岳主编的"中华姓氏史话丛书"第一批书稿由江西人民出版社出版,李乔的《曾姓史话》位列其中。

9月上旬,河南省侨联、河南省中原姓氏历史文化研究会、叶县人民政府在叶县联合举办了叶公文化研讨会,会后出版了论文集《叶姓溯源》。

9月,台湾新竹县罗姓宗亲会罗美炯、罗美摇一行19人到河南省罗山县罗党镇寻根谒祖。

10月9日,泰国著名华人企业家、顺和成集团总裁张锦程先生一行5人,在河南省侨联名誉主席林雪梅的陪同下,莅临濮阳寻根拜祖。

10月6—8日,世界首届叶氏联谊大会在叶县隆重举行。来自美国、英国、马来西亚、印度尼西亚、新加坡等5个国家,中国香港、台湾、上海、广东、广西、浙江、安徽等19个省、直辖市、自治区的31个代表团500余人聚首叶县祖地,祭拜叶公墓。

11月1—4日,在濮阳市举行帝舜故里学术研讨会,学者经过对舜帝的出生地姚墟、耕作地历山、捕鱼地雷泽、重要活动地瑕邱的实地考察和论证,初步确定帝舜故里在河南濮阳县。

11月14—16日,由中国古都学会、河南省社会科学院、鹤壁市人民政府联合主办,河南省社会科学院考古研究所、黄河文化研究会、鹤壁市文化局、鹤壁市文物局承办的"中国·鹤壁赵都与赵文化学术研讨会"在鹤壁市召开。来自北京、河北、陕西、河南等地的50余位专家学者与会,会议认定战国赵都中牟在鹤壁。

11月,世界谢氏总会为了配合大陆地区逐渐兴起的谢氏联谊活动,决定在香港成立全球谢氏宗亲联谊总会。南阳谢氏宗亲联谊会派谢少先、谢静、谢建华随同南阳市委统战部副部长、市谢氏宗亲联谊会会长谢文普一行参加了盛会。

11月,印度尼西亚宋良浩先生来祖籍商丘寻根谒祖,捐资400万元人民币重建了宋氏始祖微子祠,又先后捐资1600万元人民币为商丘建5所中学、15所小学。

12月2—15日,河南省许由与许氏文化研究会组织的中国许氏代表团一行16人赴泰国参加世界许氏宗亲第十届恳亲大会,会后顺访了新加坡许氏总会、马来西亚槟城许氏高阳堂、吉隆坡雪隆许氏公会、香港许氏宗亲会以及广东揭阳、福建晋江、浙江苍南等地许氏宗亲组织和知名许氏宗贤。

12月，长葛市组团参加在晋江市举行的世界舜裔联谊会第十四届国际大会暨晋江经贸洽谈会正式大会。

2001年

1月25日，来自马来西亚的65名华侨，由新郑市副市长张石磙陪同到黄帝故里拜祖。

1月，谢钧祥编著的《新编百家姓》由中州古籍出版社正式出版。

2月，濮阳市政协副主席、中国濮阳张姓研究会名誉会长张学田率团赴新加坡、泰国、马来西亚等国家和地区访问，进行姓氏文化交流。

3月12日，陈氏文史研究会成立暨河南新郑陈氏三宰相文史研讨会在新郑举行。出席会议的有全国14个省市自治区的陈氏宗亲代表，以及专家、学者、记者共230余人，河南省中原姓氏历史文化研究会会长林雪梅女士到会讲话。

4月4日，在挥公陵园举办中华张姓文化寻根联谊大会。全国政协副主席、最高人民检察院原检察长张思卿先生在挥公陵园瞻仰挥公墓碑、雕像、碑林。

4月12—13日，河南省许由与许氏文化研究会在登封箕山组织举行新世纪箕山诗歌笔会，国内著名诗人王怀让等20位诗词作家参加了笔会。

4月16日，马来西亚国会议员张泰卿先生、拿督张仕国先生，包专机率领120多人的寻根团专程到濮阳寻根。

4月20日，香港国际投资总商会会长许智明博士捐资10万元人民币，支持许氏文化研究事业。

4月25—27日，香港协成行集团主席、爱国慈善家方润华先生应河南省政府和禹州市委、市政府邀请，率领8人访问团莅临禹州，参观视察了方先生捐建的希望小学，听取了禹州市情介绍。

4月，在刘累陵园举行了春季拜祖活动，来自北京等地及河南省内的200余名刘氏后裔参加。

新加坡陈氏寻根团一行15人到长葛市寻根谒祖。

5月，加拿大陈氏宗亲团一行25人到长葛市寻根谒祖。

6月22日，荥阳郑氏研究会举办纪念郑成功收复台湾340周年（筹备）暨郑氏历史文化研讨会，有来自全国23个省市的501名代表参会。《〈郑氏族系大典〉编纂大纲（草案）》出台，郑自修出任《郑氏族系大典》总编纂。郑自修带资4万元开始采风活动。

6月23日，河南省许由与许氏文化研究会会长王道生、副会长许唤召，《许氏名人录》编辑部执行主编郭振峰一行，在郑州裕达国贸饭店拜会了来河南洽谈投资建设无线信息宽带网的美国机构投资者集团总裁许静静博士。

6月28日，河南省侨联名誉主席、河南省中原姓氏历史文化研究会会长林雪梅，副会长李振华，河南省侨联秘书长林坚一行来河南省许由与许氏文化研究会视察指导工作，并到箕山考察。

6月28—30日，全国政协委员、香港国际投资总商会会长许智明博士受河南省政府李成玉省长邀请，率领总商会北京中西部商务考察团一行20余人，来到河南、许昌、郑州、登封观光考察、寻根问祖，并向许昌、登封等5地市捐资100万元兴建学校。

6月，德国上海之友联合会会长陆菁一行到河南考察访问。

泰国罗姓宗亲会罗杰豪派人到河南省罗山寻根。

7月，全球谢氏宗亲联谊总会在山西省大同市举办首届宗亲代表大会，南阳谢氏宗亲联谊会推选秘书长谢朝发、谢庆华应邀参加大会。大会决议，授权南阳市宛城区谢氏宗亲联谊会承办第二届恳亲代表大会。

8月，长葛市组团参加世界舜裔联谊会第十五届国际大会。

濮阳成立濮阳舜裔海外联谊会，应马来西亚陈氏宗亲会的邀请，以濮阳县政府副县长翟伟为团长的濮阳代表团参加了在马来西亚吉隆坡举行的世界舜裔联谊会第十五届国际大会，并赴新加坡、泰国拜访当地宗亲组织。

河南省陈氏文史研究会在郑州成立。

9月16—18日，河南许由与许氏文化研究会主办的2001年登封箕山世界许氏宗亲联谊大会在登封市少林国际大酒店隆重举行，来自泰国、菲律宾、加拿大和中国香港、福建、浙江、广东、江西等地的200余名许氏宗亲参加，《历代名人诵箕山许由诗集》、《许氏名人录》（第一卷）在大会期间举行了首发式。

9月21日，黄河文化研究会、沁阳市文物局在沁阳举行邢国与于姓文化学术座谈会，郝本性、谢钧祥、马世之、张新斌等专家到会发言。

9月，濮阳舜裔海外联谊会应邀赴广东、福建、湖南等地参加当地的帝舜后裔联谊会。

台湾文化大学教授谢仁馨回湖南家乡，经筹备后亲率浏阳市宗亲寻根团一行9人到南阳祖地拜谒始祖、联宗叙谊，并捐助宗祠、学校各1000美元，受到祖地宗亲千余人热烈欢迎。

由杨静琦主编的"中原姓氏寻根"丛书中的《杨》（王大良、杨扬编著）出版发行。

10月21日，濮阳县政协主席、中国濮阳张姓研究会名誉会长张广恩率团参加了福州张姓入闽始祖睦公祭祀大典。

10月30日—11月3日，由平顶山市委统战部副部长吴宝璋、市侨联主席励伟英、平顶山市昭平台水库管理局副局长李高升及刘建兴、冯德顶组成的祖地刘氏文化研究代表团参加了在泰国曼谷举办的第三届世界刘氏宗亲联谊大会。通过积极申办，平顶山以刘姓起源地的优势争得了世界刘氏第四届大会的举办权。

10月，出版了《刘累故邑刘氏祖庭》大型画册及《刘氏集邮册》。平顶山市民政局批准成立了刘姓始祖刘累与刘氏暨龙文化研究会，并于10月11日在昭平湖景区召开了第一届工作会议，聘请国内知名专家、学者担任研究会顾问、名誉会长等职。会议通过了研究会章程，选举产生了辛根义为会长，张新斌、牛建中、刘建兴、张小闯、杨威等为副会长的理事会。

香港中华总商会会长陈有庆率团访问河南，李克强省长、张以祥副省长分别会见了该团。

11月3日，荥阳郑氏研究会举行十五周年年会，进行了研究会的换届工作。郑国华出任荥阳郑氏研究会会长，郑自修出任常务副会长兼秘书长，宋国桢任永远会长。

11月5日，来自韩国的禹氏宗亲到河南省驻马店泌阳县与当地禹氏宗亲联宗。

11月15—17日，河南许由与许氏文化研究会会长王道生与登封市政府常务副市长禹舜一行5人赴香港国际投资总商会访问，受到许智明博士的热情接待。代表团一行还应邀参加了"世界昭伦宗亲第十一届恳亲大会暨香港昭伦公所第二十八周午庆典"活动。

11月16日，郑氏历史文化研讨暨《郑氏族系大典》编纂委员会第一次扩大会在荥阳颐园宾馆召开。参会的有来自韩国的代表4人及国内18省和北京、上海、重庆的代表共218人（不包括未登记的代表和来宾100余人）。郑自修主讲《〈郑氏族系大典〉编纂出版大纲》，并正式颁布发行。

11月24—29日，河南省许由与许氏文化研究会会长王道生到广东、江西等地联络许氏宗亲，先后拜访了许谋池、许晚成、许秀南、许官德等许氏知名宗贤。

11月，杨静琦主编的"中原姓氏寻根"丛书中的《张》（程有为编著）出版发行。

12月，新加坡康福资源私人有限公司董事长陈积谋先生到长葛市与大众食品业有限公司洽谈合作项目并达成合作意向。

英国皇家医学会院士王执礼博士一行到河南访问，受到李成玉常务副省长接见。

马达加斯加华侨总会会长冯保全、马耳他华人华侨工商联合会副会长冯德全先生一行到河南访问。

香港冯秉孝先生一行到河南访问，受到李成玉常务副省长接见。

加纳中华工商总会会长朱亦念先生一行到河南考察访问。

香港嘉丰国际有限公司魏嘉仪总经理一行到河南省考察访问。

是年，香港太平绅士廖正亮先生一行到河南省祖根地参观访问。

香港温惜今先生到河南祖地访问。

第三章 寻根河南的繁荣期（2002—2010）

2002年

1月，中国史学会会长李学勤主编的《中华姓氏谱》由华艺出版社、现代出版社联合出版。这套书包括张新斌《苏姓卷》、任崇岳《谢姓卷》、刘翔南《蔡姓卷》。

王衍村所著《中华姓氏堂号典故》由远方出版社正式出版。

香港妈祖协会会长卫志良先生一行到河南访问并到淇县寻根。

2月26日，2002年春节祭拜始祖刘累公仪式暨河南刘氏联谊会在祖地河南昭平湖风景名胜区举行。来自郑州、平顶山、禹州、宝丰、叶县及祖地鲁山等地的数百名刘氏后裔到累公故邑参加了祭祖仪式。

3月1日，河南省许由与许氏文化研究会在郑州组织有关专家座谈，讨论启动《中华许氏大典》编纂工程和开展许由精神与许氏文化研讨活动。

3月16日，荥阳郑氏研究会副会长郑自修应韩国大宗会副会长郑厚永之邀与宋国桢会长一道，赴浙江浦江郑氏江南第一家为韩国始迁祖归宗对照查考世系代次暨迁徙史料，举行韩国瑞山郑氏大宗会归宗庆典，并签《韩国瑞山郑氏归源金喜书》，拉开了《郑氏族系大典》第一轮万里采风活动的序幕。

3月23日，荥阳郑氏研究会副会长郑自修等在温州召开《郑氏族系大典》第一轮万里采风汇报会，并与郑明楠先生商谈建郑成功纪念馆有关事宜。

3月28日，广东恩平郑氏联谊大楼落成启用庆典举行，荥阳郑氏研究会副会长郑自修到会致贺并召开《郑氏族系大典》采风分片会议。

4月3—13日，河南省许由与许氏文化研究会王道生会长专程赴福建泉州、晋江、石狮、厦门、同安、漳州、诏安等地调研许氏文化，拜会了许书纪、许书藏、许沙洛、许在全、许谋池、许自潭、许谋清、许少冠、许初水、许永忠、许继祯等知名许氏宗贤。

4月5日，中国侨联主席林兆枢参加新郑始祖山"中国侨联爱国主义教育基地"揭牌仪式，并到黄帝故里为黄帝宝鼎揭幕。

4月7日，"杨氏中原寻根暨工商考察之旅"一行65人到新郑轩辕故里拜谒黄帝。

4月9日，欧洲中华总商会主席张曼新及其夫人朱宝莲到新郑黄帝故里、始祖山拜祖。

4月11—14日，河南省中原姓氏文化研究会与陈姓文化研究会在新郑市共同举办了第二届国际陈氏文化及新郑陈氏三宰相研讨会。参加会议的有美国、马来西亚及中国澳门、台湾、四川和广东等地代表、专家、学者共160余人。

4月12日，平顶山刘姓始祖刘累与刘氏暨龙文化研究会会长辛根义、副会长张新斌、副会长杨威等赴北京拜访了前国家主席刘少奇之子刘源将军。刘源将军亲笔题词并对刘累墓题写了碑文，并向研究会发来一封热情洋溢的信。

4月14—19日，"2002海外客属社团中原寻根赏花之旅"活动开启。

4月15日上午，由中华炎黄文化研究会与新郑市人民政府联合主办的2002中国新郑炎黄文化旅游节暨经贸洽谈活动开幕式在新郑体育场举行。中共河南省委原书记刘杰及其夫人、中华炎黄文化研究会副会长李宝光在河南省领导张以祥等陪同下到新郑黄帝故里，与来自美国、法国、泰国等10余个国家和地区的数百名华侨华人共同拜谒黄帝。

4月15日上午，中直机关工委原常务副书记刘正威回故乡新郑祭拜黄帝。

4月15—22日，世界刘氏宗亲联谊大会永远名誉会长、香港大丰企业集团董事长刘孝德先生来祖地祭拜始祖刘累公，并考察了世界刘氏第四届（寻根）联谊大会的筹备情况。

4月16—18日，濮阳张姓研究会在挥公陵园举办首届中华张姓始祖挥公受封得姓纪念大会，马来西亚以及中国台湾和大陆16个省的代表共150余人到会。这次活动在国内外引起巨大反响。

4月，平顶山刘姓始祖刘累与刘氏暨龙文化研究会副会长李高升、刘建兴，常务秘书长冯德顶前往陕西咸阳参加由陕西汉文化研究会筹办的清明祭拜刘邦活动。

《中州学刊》刊发河南省社会科学院考古研究所副所长张新斌的文章《论固始寻根》，首次系统研究固始的根文化，引起固始县相关领导高度重视。

艾叶主编的"百家姓书库"由陕西人民出版社出版，包括李乔编著的《邓》《萧》《叶》《罗》《廖》《曾》《孙》，李立新编著的《徐》，任崇岳编著的《陈》《胡》，程有为编著的《张》《程》等。

5月1日，平顶山刘姓始祖刘累与刘氏暨龙文化研究会出版中华第一份刘姓家报《刘氏文化》试刊，发行海内外。

5月13日—7月6日，荥阳郑氏研究会副会长郑自修举行《郑氏族系大典》第二轮万里采风活动，途经湖北、江西、福建、浙江、江苏、上海五省一市，全程达7000公里，历时55天，采风点36个，举行了22次汇报会，参加汇报会人数达2000余人，收集了大量的人文资料。

5月16日，平顶山刘姓始祖刘累与刘氏暨龙文化研究会副会长张新河及刘志亭组团参加了在江苏沛县举办的汉邦文化节。

5月17—23日，河南杨氏工委与河南省中原姓氏历史文化研究会成功举办杨氏中原寻根之旅——纪念伯桥公封杨受姓2680周年大典。来自台湾、香港、广东、福建等地的宗亲寻根团90余人参加了活动。

5月17—26日，平顶山刘姓始祖刘累与刘氏暨龙文化研究会副会长杨威、副会长刘建兴、常务秘书长冯德顶赴泰国和中国香港、澳门进行宣传联谊。

5月26—28日，荥阳郑氏研究会副会长郑自修参加由福建省人民政府、省政协，泉州市人民政府、市政协，南安市人民政府、市政协联合举办的纪念郑成功收复台湾340周年大会。

5月，台湾钟姓联谊会一行20人到长葛市寻根谒祖。

6月20日，荥阳郑氏研究会副会长郑自修拜会上海图书馆历史文献研究所所长、上海海峡两岸学术交流促进会常务副理事长、上海科学技术情报研究所研究员、《中国家谱总目》主编王鹤鸣先生。王鹤鸣先生受聘任《郑氏族系大典》总顾问，并当场为大典开纂题词。

6月24—27日，河南省社会科学院考古研究所张新斌副所长、李龙、王建华一行3人应邀对固始寻根文化资源首次进行系统考察，并提出了固始寻根资源开发的总体思路，对固始寻根文化资源开发具有里程碑意义。

6月，《黄河文化》第2期刊发河南省社会科学院考古研究所副所长张新斌的《历史文化资源开发就是发展生产力——新世纪河南经济文化发展的战略思考》，首次旗帜鲜明地提出了历史文化资源开发就是发展生产力，河南历史文化的主线是"根文化"的论断，对河南省历史文化资源开发具有重要的指导意义。

7月10日，欧洲中华总商会主席张曼新、法国永嘉工商总会会长叶炳金率法国永嘉工商总会商务考察团一行18人，到新郑市进行考察，先后到郑风苑景区、黄帝故里景区参观。

7月，以濮阳县副县长翟伟为团长的濮阳代表团一行7人，参加了在新加坡举行的世界舜裔联谊会第十六届国际大会，并向大会递交了《濮阳县关于申办2006年世界舜裔宗亲联谊会第20届国际大会的申请》，同时作了题为《帝舜文化与帝舜故里》的学术报告。

长葛组团参加在新加坡举行的第十六届世界舜裔联谊会。

8月8日，由河南省委宣传部举办的"中原文化台湾行"活动中，在台北正式举办河洛文化研讨会，两岸学者共话河洛文化与姓氏文化。

8月15日，欧洲中华总商会主席张曼新、全球华侨华人推动中国和平统一系列活动组委会秘书长罗军、首届中华文化国际论坛倡议人兼总策划刘东华、《工人日报》副总编樊竞、河南省中原姓氏文化研究所所长谢钧祥等一行12人，先后到始祖山、黄帝故里、车马坑和博物馆景区（点）参观祭祖。

8月16日，河南省许由与许氏文化研究会王道生会长代表研究会和编辑部向登封市档案馆赠送了《根在箕山——许由与许氏文化研讨文集》、《许氏名人录》（第一卷）、《历代名人咏箕山许由诗集》、《河南省许由与许氏文化研究会五周年纪念特刊》、《许氏文化》报（第1—43期合订本）、《许氏之源》（电视片）、《2001登封箕山祭祖暨世界许氏联谊大会纪实总录像》等资料。

8月22—24日，由中国苏轼研究会、平顶山市人民政府、河南省旅游局、河南省文物局联合主办的纪念苏轼葬郏九百周年暨中国第十四届苏轼学术研讨会在郏县隆重举行，来自中国社会科学院、北京大学、中华书局、吉林大学、河南省社会科学院、郑州大学等单位的专家学者及来自美国、加拿大和中国台湾等地的代表80余人参加了会议。

8月，刘累墓修葺及墓前广场建设完成。

9月6—8日，河南省许由与许氏文化研究会组织的中国（京、冀、晋、豫、湘、粤）六省烈山宗亲代表团一行15人，在北京当代复合材料有限公司总经理、研究会名誉会长许占奎的率领下，赴海南省参加了世界烈山联宗宗亲第八届暨亚洲烈山五姓宗亲第十五届联合恳亲大会。

9月9日，黄河文化研究会、河南省社会科学院考古研究所、新乡市旅游局、卫辉市太公古文化研究会等在卫辉联合举办了中国卫辉首届太公文化节，召开了姜太公诞辰3166周年大会与首届太公文化研讨会，正式认定姜太公故里在卫辉，姜太公为谋圣。

9月12日，河南省图书馆向荥阳郑氏研究会征集郑氏族谱目录，为《中国家谱总目》采编。

9月13—16日，马来西亚甲必丹邓福恩会长等赴南阳邓州参加邓国侯吾离陵第一期工程竣工典礼活动。

9月18日，河南杨氏工委在开封天波杨府大门前广场上举行弘农杨氏代表团天波杨府谒祖开幕式，开封市常务副市长杨文生在开幕式上发表了欢迎讲话，台湾省屏东县杨氏宗亲会理事长杨清槐代表来宾致答词。

9月22日，纪念伯桥公封杨受姓2680周年大典在灵宝市豫灵镇杨家村东汉杨震公教书授业的三鳝书堂（杨公祠）前隆重举行。

9月22—24日，国家文物局古建专家组组长罗哲文等14位专家，在沁阳参加了"中国·沁阳神农坛学术研讨会"，确认神农祭天坛在今沁阳神农山。

9月24日，河南省委常委、常务副省长李成玉，郑州市市长陈义初带领河南省、郑州市旅游、计委等部门负责人到黄帝故里、郑国车马坑考察旅游开发工作。李成玉要求新郑挖掘文化资源，建设旅游名城。

9月27日—10月17日，荥阳郑氏研究会副会长郑自修举行《郑氏族系大典》第三轮万里采风活动，途经重庆、贵阳、平坝、天台、安顺、镇宁、黄果树、遵义、怀化、耒阳、郴州、宁远、九嶷山、湘潭、韶山冲、长河、武汉等地，历时21天。

9月，河南杨氏工委副会长杨静琦率豫陕弘农杨氏代表团赴印尼，参加全球董杨童第八届恳亲大会。会上，杨静琦力倡全球第十届恳亲大会在河南灵宝和陕西华阴市杨氏发祥地召开，受到高峰会议和与会代表的一致赞同。

10月15—17日，全国台联、河南大学、河南博物院在郑州联合举办了河洛文化与台湾学术研讨会，来自海峡两岸的60余位代表出席了会议。

10月16日，由香港东方海外国际有限公司主席、香港特首董建华胞弟董建成和夫人及两位胞妹与香港政界、商界知名人士20余人组成的文化观光团到新郑市观光祭祖。

10月23日，美国郑氏宗亲会原理事长郑耀荣等第三次回荥阳拜祖，并出任《郑氏族系大典》编纂委员会名誉主任，决定由郑自修任执行主编出版《郑国古城与圹砖收藏》一书。

10月29日—11月1日，"2002牛姓中原寻根暨工商考察之旅"开启。

10月30日—11月1日，在河南省郑州、商丘和荥阳等地隆重举行了牛姓中原寻根暨科技考察之旅和世界著名生物学家、美籍华人牛满江教授90大寿庆典活动。

10月31日，牛氏历史文化研究会成立并举行牛姓历史文化研讨会。

香港何寿南夫妇一行到河南祖地访问，受到李克强省长会见。

河南省客家联谊会代表团在印度尼西亚雅加达参加世界客属第十七届恳亲大会，并提出第十八届大会在郑州举行的申请，获得成功。

杨静琦主编的"中原姓氏寻根"丛书中的《牛》（牛思涌编著）出版发行。

11月5日，在荥阳汜水镇十里堡举行"十八锅牛打锅台遗址纪念碑"揭碑仪式与祭祖活动。

11月10日，中国濮阳代表团团长张焕书在泰国张氏宗亲总会举行成立24周年庆典上致辞。

11月20日，河南许由与许氏文化研究会向马来西亚第三、六、七省高阳许氏公会主席许如豪、美里省高阳许氏公会主席许赞丕发去贺信，祝贺世界许氏宗亲第十一届恳亲大会和美里省高阳许氏公会创会十周年纪念暨会所开幕典礼举办成功。

11月30日，温州郑氏宗亲斥资在郑氏名人苑兴建的郑成功纪念馆正式竣工。

11月，河南省外办主任赵国成主编的《根在河南》由中华书局正式出版。

12月7—9日，在荥阳举行了纪念郑成功收复台湾340周年暨郑成功纪念馆落成暨《郑氏族系大典》采编汇报大会。

12月8—18日，濮阳县政协主席、中国濮阳张姓研究会会长张广恩，濮阳市外事侨务办公室主任张广森，中国濮阳张姓研究会副秘书长张常伟一行3人，应邀参加了马来西亚槟城张氏清河堂成立111周年庆典。该团还应邀参加了新加坡张氏总会成立65周年庆典。

12月18日，中华伏羲文化研究会在北京宣告成立，河南省社会科学院研究员马世之当选为副会长。

12月18—22日，河南省中原姓氏历史文化研究会、荥阳市郑氏联谊中心以及新密郑氏文化研究会共同举办了全球郑氏中原大寻根暨纪念郑成功收复台湾340周年大会，来自马来西亚、韩国和中国香港等地的海内外代表100余人与会。

12月，平顶山刘姓始祖刘累与刘氏暨龙文化研究会印制了精美的刘氏文化宣传有奖明信片。

郑州市委、市政府的机关刊物《中州纵横》出版"郑氏族系大典专辑"对外发行。《〈郑氏族系大典〉大纲》及世界郑氏百代新派诗在本期刊发。

2003年

1月27日，郑自修在洛阳伊川举行《郑氏族系大典》第四轮采风中原汇报会。

2月5日，郑自修在湖北仙桃召开《郑氏族系大典》仙桃采风汇报会。

2月19日，全国人大常委会副委员长李铁映在河南省委副书记王全书、郑州市委书记李克和新郑市委书记张春香、新郑市长赵武安等领导的陪同下，视察黄帝故里、郑国车马坑等历史文化景点（区）。李铁映在黄帝故里焚香拜谒始祖黄帝，并题词"中华根脉"。

2月28日，郑国华、郑自修参加贵州平坝天龙举办的纪念郑成功收复台湾340周年暨《贵州郑氏通志》终审会，并召开《郑氏族系大典》第五轮采风贵州汇报会。

3月17日，新加坡清河张氏公会一行34人，在新加坡优联能源集团总裁张建安的率领下莅濮寻根拜祖。

3月20—21日，"癸未年中国·新郑炎黄文化节"开幕式在新郑举行。本届新郑炎黄文化节由世界华人华侨社团联合总会、中华炎黄文化研究会、河南省旅游局、河南省侨联等单位联合主办。

3月28日，台湾河南同乡会会长张天佑一行12人到濮阳寻根问祖。

4月4日，"2003年中国·新郑炎黄文化旅游节暨经贸洽谈会"开幕式在新郑市体育场隆重举行。

4月11日，香港陈守仁捐资修缮新郑陈氏宰相祠。

4月18日，浙江温州企业家郑为理先生夫妇回荥阳祖茔祭祖。

4月，杨静琦主编"中原姓氏寻根"丛书中的《陈》、《魏》、《林》（杨扬、任崇岳、郭先周、徐玉青、黄国相、张新斌、王建华等编著）出版发行。

艾叶主编的"百家姓书库"第二辑出版，李乔编著的《林》《裴》《顾》《梁》位列其中。

7月10日，全国人大内务司法委员会委员赵地在河南省人大常委会副主任吴全智、内务司法委员会主任林艾英，郑州市人大常委会主任郝建生，新郑市领导赵武安、王贵欣、高林华、陈爱萍陪同下到新郑市参观考察，在黄帝故里拜谒始祖黄帝。

7月11日，濮阳县姓氏历史文化研究会二届一次会议召开，县委副书记高朝亮、县政协主席张广恩、副县长张宏到会讲话。大会选举县政协主席张广恩为第二届姓氏历史文化研究会会长，张焕书、张新芝、王德英、焦进文、化建华为副会长。

7月12日，以欧洲中华总商会主席张曼新先生为名誉团长、法国永嘉工商总会会长叶炳金先生为团长的法国永嘉工商总会商务考察团一行18人抵达新郑市进行为期两天的商务考察，到黄帝故里拜谒始祖黄帝。

7月26日，台湾世界客属总会理事长刘盛良、河南省客属联谊会会长林雪梅一行10余人在新郑市领导郭连召、马国亮、李拴柱的陪同下参观黄帝故里等旅游景点。

8月5日，经河南省民政厅批准，河南省许由与许氏文化研究会更名为"河南许由与许氏文化研究会"，隶属河南省中原姓氏历史文化研究会，王道生先生继续担任会长职务，同时增选河南省社会科学院考古研究所李立新博士为副会长。

8月16日，郑国华、郑自修到深圳参加中国郑氏宗亲总会第二届第一次会员大会暨会董就职典礼。

8月17日—10月5日，深圳会议结束后，郑自修举行《郑氏族系大典》第六轮粤深万里采风汇报活动，途经广东紫金、佛冈、阳江、中山等地采风，历时50余天，行程万余公里。

8月18日，以全球客家崇正会联合总会总执行长、香港（港澳）海峡两岸关系研究中心会长黄石华先生为团长的全球客家崇正会联合总会访问客家祖地中原访问团到新郑市访问考察，在黄帝故里拜谒始祖黄帝。

8月，陈瑞松编纂的《钟姓通谱：世系纪事》由中国文联出版社出版。

9月5日，河南省中原圣贤研究会在郑州成立，吴铁铸为会长，李民、马世之、马小泉等为副会长。

9月16日，全球谢氏宗亲联谊总会会长、香港万利集团总裁谢国华偕总会各部负责人一行7人抵南阳，与地方政府和区联谊会共商第二届大会具体方案。其间，代表团专程回祖地东谢营村拜谒始祖，代表团捐助宗祠、学校1万元人民币。

9月29日，韩国碑林园理事长许由一行5人慕名来到登封箕山寻根祭祖，并向河南许由与许氏文化研究会捐资1000元人民币。

9月中旬，刘姓始祖刘累与刘氏暨龙文化研究会与海内外刘氏社团、组织、企事业单位及广大刘氏后裔联谊，共发函500余封，推介宣传刘姓祖根发源地鲁山昭平湖。

10月10—11日,河南省中原姓氏历史文化研究会、河南省社会科学院考古研究所、固始县政协在固始联合举办了固始与闽台寻根暨固始寻根旅游资源开发研讨会。

10月24日,马来西亚温添贵夫妇到温县寻根祭祖,受到温县干部群众的热烈欢迎。

10月24—25日,2003年许昌国际许氏文化研讨会暨经贸洽谈会在许昌市隆重举行,来自泰国、新加坡和中国台湾、香港、江西、浙江等地的海内外许氏宗亲代表200余人参加了盛会。

10月26日,世界客属第十八届恳亲大会在河南省体育中心隆重开幕,22个国家和地区的140个代表团近3000名客家代表参加了开幕式。这次恳亲大会的宗旨是"联谊、寻根、合作、发展",主题是"中原寻根"。会议期间,在郑州大学举办了客家与中原文化国际学术研讨会。

香港许氏宗亲会会长许嘉鎏、许建成、理事长许嘉猷等一行6人登上箕山,在许由冢前跪拜祭祖。

10月27日,世界客属第十八届恳亲大会"根在中原"拜祖大典在新郑举行。中共中央统战部部长、全国政协副主席刘延东在河南省委常委、郑州市委书记李克的陪同下,到黄帝故里拜谒轩辕黄帝,社会各界人士3000余人和110余个客家社团2500余人一同参拜。

10月29日,马来西亚温氏宗亲会创会会长温添贵第三次来到祖地温县,和先期到达的广东宗亲温伟平、温坤荣、温汝娇及温州宗亲代表温亦英一道,祭拜了温氏始祖,观瞻了温氏祠堂旧址、温氏祖墓区。

10月,刘累陵园复建一期工程开工。工程包括1万平方米花岗岩广场及护砌、牌坊、甬道、道路及始祖大殿基础等。

10月,辽宁省营口市司法局干部宁长占来获嘉寻根问祖,提供了大量的辽南地区宁氏分布情况以及宁氏现代名人(副县级以上)情况和全国各地知名的十几部宁氏家谱目录,并索取祖地宁氏研究材料。

11月2—4日,中国古都学会与河南省文物考古学会在新郑举办了黄帝古都(轩辕丘)研讨会,来自北京、西安、郑州等地的专家30余人与会。

11月2—18日,王道生会长在参加福建诏安许氏理事会举办的"天正公荣袍庆典"活动之后,顺道在广东揭阳、潮阳、普宁、汕头和福建龙海、厦门、晋江2省10余个县市开展许氏文化调研活动,受到了各地宗亲的热情接待。

11月10日，中央军委委员、中国人民解放军空军司令员乔清晨上将回到故乡新郑，到黄帝故里拜谒始祖黄帝，参观郑王陵博物馆。

濮阳县组成代表团，应邀参加了在泰国召开的世界舜裔宗亲联谊会第十七届国际大会。34个国家和地区的1200余人出席了世界舜裔宗亲国际大会。

11月12日，牛氏历史文化研究会顾问程远荃和牛氏历史文化研究会副会长等8人到荥阳汜水镇打锅台祭祖。

11月23—24日，香港溯源堂雷方邝宗亲会恳亲团一行16人在理事长雷为有的率领下来禹州祭祖。访问团在方山方雷公封邑碑前祭拜始祖，在方岗方氏家族纪念馆祭拜列位先祖，参加了雷方邝文化研讨会，参观考察了禹州市钧瓷博物馆。

11月28—30日，世界张氏总会在马来西亚砂捞越诗巫市成立，张姓研究会名誉会长张建国、会长张广恩等一行18人参加了大会，并成功取得第二届世界张氏恳亲大会的举办权。

11月29日—12月1日，在台湾高雄中山大学举办了2003年海峡两岸曹谨学术研讨会，河南省外侨办、焦作市、沁阳市均派代表出席了此次研讨会。

11月30日，孙中山先生的孙女孙穗芳博士在河南省客属联谊会会长林雪梅、郑州市政协副主席李西海和新郑市领导张石磙、孙阔、白新治的陪同下，到黄帝故里寻根拜祖。

11月，河南杨氏工委代表参加福建将乐纪念杨时诞辰950周年大会，在20余省的杨氏宗亲的支持下，决定编撰《世界弘农杨氏源流通谱》，并召开了第一次编撰筹备委员会会议。

长葛市会同中共许昌市委常委、统战部长赵予辉一行应邀赴泰国曼谷参加第十七届舜裔联谊会，并于23日参加在马来西亚举办的第十一届钟姓联谊大会。

应泰国舜裔总会的邀请，以濮阳县政府副县长翟伟为团长的濮阳代表团一行8人，赴泰国参加世界舜裔联谊会第十七届国际大会。在会上经过激烈竞争，濮阳成功获得了2006年世界舜裔宗亲联谊会国际大会的主办权。

12月10日，美国著名企业家、森宝集团董事长郑宝华先生由荥阳市委书记丁福浩陪同，前往郑氏祖茔祭祖。

12月14—17日，郑自修参加在福建福清举行的《福清郑氏族系大谱》颁谱庆典大会，并在大会上讲话；此后还到闽侯、永泰、永修、九江、瑞昌及武汉等地采风。

12月，安徽省阜阳市人事局老龄委办公室主任宁文芝来函咨询宁氏发祥地宁邑、崇宁寺、宁氏受姓始祖季亹等有关情况，并索取宁邑遗址、崇宁寺、季亹墓的照片。

平顶山刘姓始祖刘累与刘氏暨龙文化研究会推出了刘氏文化有奖明信片。

27日，在新郑黄帝故里举行"根在中原"拜祖大典，全国政协副主席罗豪才以及来自30余个国家、地区的2500余名客家代表和社会各界人士共3000余人参加了拜祖活动。

是年，台湾郑福山等6位谢安庙主来谢家堂祭拜谢安公，并在谢安殿址取了圣土，在台湾斥资1000万新台币为谢安建祖庙一座。

河南侨联副主席董锦燕、香港文汇报记者李鸿云考察谢家堂谢安故里，并在香港予以报道。

广东谢德华、谢华荣等4人拜谒谢氏陵园并捐款1万元。

2004年

1月3—5日，王道生会长、许金堂常务理事一行，赴河南叶县考察了解在许国十五世国君许公宁墓中发掘出土的一套37枚大型编钟及312件文物（其中62件为国家一级文物）情况。

1月23日，河南省信息产业厅厅长苏福功一行4人到温县考察苏氏祖根地，参观了苏氏先祖墓苏苑，又在县委会议室听取了温县研究人员关于苏氏诞生在温县的历史叙述。苏福功厅长建议召开"根在古温"论证会，请世界苏氏宗亲会领导参加，把全世界苏氏组织起来，开发建设祖根地温县。

1月28日，郑宝贵、郑喜四、郑自修、郑朝增等参加温州春节茶话会。郑自修赴浙江杭州、江西等地举行第七轮采风汇报活动。

1月初，《中华宁氏》画册出版发行。

春节期间，刘姓始祖刘累与龙文化研究会执行会长何俊童、鲁山县委书记刘全新、鲁山县副县长刘安民等到北京拜访了刘华清上将、刘源中将等刘氏名人以及李学勤、孟世凯、吴荣曾等专家。

是年春，平顶山市委副书记乔新国等组团赴东南亚，展开世界文化第四届（寻根）联谊大会的宣传工作，泰国、马来西亚、新加坡、美国、加拿大、印度尼西亚、菲律宾、越南等国家和地区通过传真表示届时一定参会。

2月14日，河南许由与许氏文化研究会、河南省社会科学院考古研究所、叶县旅游局在郑州邀请省会历史、考古、姓氏研究等方面的专家12人就叶县许公宁墓出土的重大历史文物的价值、意义及古代许国历史演变、发展等内容进行座谈研讨。

2月26日，由会长王道生和副会长李立新博士主编的"许由与许氏文化文集"之三《许氏源流》一书由大众文艺出版社出版。

2月，世界舜裔联谊会常委会秘书长林文培一行4人到长葛市寻根谒祖。

3月20日，焦作市旅游局局长许长仁慕名来箕山参观祭祖，受到了王道生会长及同仁的热情接待。

3月25日，《黄河文化》"河洛文化研究专辑"编辑发行。

4月2日，河南省中原姓氏历史文化研究会举行2003年年会。

4月5日，在挥公陵园举办中华张姓始祖挥公清明公祭大会，中国张姓研究会会长、世界张氏总会副会长、濮阳县政协主席张广恩，张姓研究会名誉会长、副县长张宏和副会长张焕书、张春喜、化建华，部分研究会理事，各乡镇张姓研究会分会代表及海南代表张洪等近300人参加了公祭大会。

4月8日，世界舜裔宗亲联谊会常委会主席陈守仁先生率领来自新加坡、马来西亚、菲律宾等国家及中国港澳台地区的35名世界舜裔宗亲联谊会常委来濮，就濮阳举办世界舜裔宗亲联谊会国际大会的接待能力进行了实地考察，并亲莅帝舜故里负夏，举行了帝舜故里碑揭碑仪式和公祭帝舜大典。

4月8—12日，"2004海外客属中原寻根赏花之旅"举行。

4月13日，全国政协副主席张思卿到黄帝故里、郑王陵、始祖山考察，拜谒人文始祖黄帝。

4月17日，世界20余个国家和地区的华侨社团及大陆的林氏宗亲会代表1000余人聚首卫辉，参加比干诞辰3096周年纪念活动，恳亲祭祖，共谋发展。

4月16日，广西南宁原林业局党委书记、局长覃芝馨一行3人到温县覃怀底绩古邢丘（今平皋）寻根问祖。覃局长等人是受台湾覃氏的委托，前来温县考察寻根，过去一直为找不到覃姓诞生地而苦恼，现在终于找到了覃怀的"底绩"，这里是他们的始祖覃伯益生活的地方，后随大禹治水东去，因思念故地以覃为氏。覃局长等人表示，他们与台湾覃氏计划在祖地修建覃氏纪念园。

4月21日，2004年中国新郑炎黄文化节在黄帝故里开幕。中央、省、市领导刘正威、张世英、陈义初、常俭传等及海内外嘉宾1000余人参加了开幕式和甲申年公拜始祖轩辕黄帝大典。

4月，平顶山刘姓始祖刘累与刘氏暨龙文化研究会出版了《刘氏大家族》画册和《刘氏文化》增刊。

世界舜裔联谊会常委会一行35人在主席陈守仁的带领下到长葛市参加舜裔侨心学校剪彩仪式并寻根谒祖。

杨静琦主编的"中原姓氏寻根"丛书中的《刘》（杨杭军编著）、《崔》（崔善录编著）、《温》（马世之、董安良编著）、《温县著名姓氏》（杨连仲、郑常铭、张继峰等编著）出版发行。

5月1日，应广东省揭阳市谢翱纪念堂邀请，南阳谢氏宗亲联谊会派出谢少先、谢永欣前往参加庆典，其间与全球总会共同讨论决定了第二届恳亲大会的时间、地点、日程、议程等事宜。

5月4日，荥阳市政府举行国防教育园三公像雕塑评审会。

5月5日，郑自修到老家湖北武穴大法寺下郑村举行荥阳堂落成庆典暨《郑氏族系大典》第八轮采风鄂、皖、赣入典编志研讨会，到会有240名宗亲代表。

5月14日，河南许由与许氏文化研究会在郑州邀请全国著名考古、姓氏研究专家许顺湛、谢钧祥、马世之、张新斌，就"许氏得姓之源"这一重大课题再次进行深入研讨座谈，进一步形成共识："许氏是一个出自人名国名的姓氏。"

5月14—15日，第二届世界叶氏联谊大会筹备会在叶县召开。

5月15—17日，河南省社会科学院、商丘市人民政府在商丘举办了中国商丘与商业起源研讨会，来自中国商业史学会、中国人民大学、中国社会科学院考古研究所、中央党校、上海财经大学、河南省社会科学院、河南省考古研究所、郑州大学等单位的专家、学者共80余人就商丘与商业、商文化起源、中国商业起源等方面的问题进行了广泛的讨论，正式确认商丘为中国商业起源地。

5月18—23日，河南杨氏工委在灵宝等地举行了"2004年全球杨氏中原大寻根暨纪念弘农郡杨震公逝世1880周年"活动。

5月20日，荥阳市长刘月楼、副市长路红卫、世界郑氏联谊中心主任郑喜四、副主任郑清礼，《郑氏族系大典》总编纂郑自修等一行前往北京，中国美术家协会雕塑委员会为荥阳国防教育园郑氏三公铜像及浮雕定稿，并送厂方开始制作。

5月21日，由大连铸造的刘姓始祖刘累公铜像运抵鲁山刘累陵园，暂时安放在御龙广场。

5月21—26日，卫辉举行纪念比干公诞辰3096周年活动。

5月26—29日，由河南省平顶山市人民政府主办，鲁山县人民政府承办，平顶山市昭平台水库管理局、平顶山市归国华侨联合会协办的以"联谊、寻根、合作、发展"为主题，以"根在鲁山"为载体，以乡情亲情为纽带的世界刘氏第四届（寻根）联谊大会在祖地隆重召开。来自马来西亚、新加坡、泰国等11个国家和地区及国内23个省、市、自治区的30个代表团共1000余名代表参加此次盛会。全国政协副主席罗豪才和中国侨联向大会发来贺电。中国侨联副主席林其珍，中央文献研究室副主任黄峥，河南省人大常委会副主任李长铎、副省长贾连朝、政协副主席张洪华、侨联主席张亚洲、政协副秘书长胡经文出席联谊大会的开幕仪式。大会期间，河南省社会科学院考古研究所、刘姓始祖刘累与龙文化研究会等举办了首届中华刘氏与龙文化学术论坛，来自中国社会科学院考古研究所、中国社会科学院工业经济所、山西省社科院、河南省社会科学院、河南大学、郑州大学、河南博物院等单位的专家学者50余人参加了学术论坛。

5月，河南杨氏工委与河南省中原姓氏历史文化研究会一起接待马来西亚槟城杨氏工委主席、拿督、太平局绅杨集东一行，其间诚恳邀请杨集东主席任《杨氏通谱》编撰筹委会主任，杨泉博士任学术顾问。他们愉快地接受了这一邀请。

谢钧祥的《台湾百家大姓源流》由台海出版社出版。

刘累陵园复建一期基本工程竣工。

6月2—3日，河南省中原姓氏历史文化研究会、河南省社会科学院考古研究所、周口市社科联联合承办的伏羲与中华姓氏文化学术研讨会在周口举行，来自全国各地的100余名专家到会并宣读论文。会后，由黄河水利出版社公开出版了穆仁先任主编、张新斌等任副主编的《伏羲与中华姓氏文化》。

6月9—11日，中国河南许由与许氏文化研究会王道生会长应焦作市旅游局局长许长仁的邀请，赴许衡故里焦作中站区参观调研。

6月18—23日，"2004年全球李氏中原大寻根暨纪念李氏得姓3101周年"在鹿邑老子故里举行。

6月23日，成立河南省平顶山市昭平湖风景区刘累陵园管理处，其后刘累陵园始祖殿建设工程开工。

6月25日，《黄河文化》"寻根文化与寻根战略专辑"编辑发行。

6月，河南杨氏工委应邀参加闽北"三杨"文化研究会成立大会。

东南亚中文报纸《星暹日报》以《御龙喜泪化作雨》为题连篇累牍地报道了世界刘氏第四届（寻根）联谊大会盛况和拜祖时奇异的天象。

7月6日，马来西亚荥阳联合总会承办的世界荥阳第十八次恳亲大会第九届第一次会员大会在马来西亚隆重举行，郑自修总编纂在泰国、马来西亚、新加坡举办第九轮万里采风活动，并在大会上作《郑氏族系大典》编纂报告。

7月，平顶山刘姓始祖刘累与刘氏暨龙文化研究会推出《世界刘氏第四届（寻根）联谊大会盛况》光盘一套，发行海内外。

陈瑞松撰写的30集电视连续剧本《四令公传奇》由中国戏剧出版社出版发行。

8月8日，由新密、登封等地的郑氏文化研究会联合主办的华夏郑氏历史渊源研讨会在郑州举行。

8月10日，新华社记者桂娟发表《专家摸清河南"根文化"家底》的新闻通稿，对河南省社会科学院考古研究所所长张新斌主持的课题"寻根文化与寻根战略"的成果进行专题报道，在海内外引起强烈反响。

8月16—18日，经过精心筹备，南阳谢氏宗亲联谊会在地方政府的支持下，在南阳市成功地召开了全球谢氏宗亲联谊会第二届恳亲代表大会。来自海外8个国家和地区及国内18个省、市、自治区的700余名各界谢氏精英参加了盛会。

8月，平顶山刘姓始祖刘累与刘氏暨龙文化研究会成立刘累陵园建设资金管理委员会和刘累陵园建设资金管理监事会，建成了以"Shijieliushi"（"世界刘氏"的汉语拼音）为名称的世界刘氏国际网站，点击率一直很高。

9月28日，福建石狮许天文，云南石屏许保法、许定启，广东揭阳许崇鸿一行到登封箕山寻根祭祖。

9月，张天兴编著的《万姓同根》、杨复竣等编著的《中华万姓同根》，分别由中国国际广播出版社、中州古籍出版社出版发行。

10月3日，吉林省安图县许成军宗亲来登封箕山寻根祭祖。

10月3—15日，以王道生会长为团长、许跃森副会长等为副团长的河南许由与许氏文化研究会代表团一行9人，赴台湾台北市参加了世界许氏宗亲总会第十二届恳亲大会和世界烈山五姓（吕、卢、高、许、纪）宗亲第九届、亚洲烈山五姓宗亲第十六届联合恳亲大会。

10月7—8日，韩国温阳方氏中央宗亲会副会长方基奉一行3人来禹州祭祖考察，协商韩国方氏组团来禹祭祖和在方山建立归根纪念碑等事宜。

10月12日，来自美国、英国、马来西亚、印度尼西亚、新加坡等10余个国家以及中国香港、台湾等地的叶氏后裔代表500余人共聚世界叶氏华人的祖地——河南叶县，举行世界叶氏联谊总会第二届代表大会。

10月12—28日，刘姓始祖刘累与龙文化研究会常务秘书长冯德顶，刘累陵园管理处主任刘小飞，平顶山市刘氏宗亲会会长刘建兴、刘长安一行4人，先后对江苏、安徽、上海、浙江、福建、广东、深圳、江西、湖北等国内8个省、市的刘氏宗亲会进行友好回访与联谊。

10月13日，在马来西亚著名企业家、世界温氏文化交流大会主席温添贵先生倡议下，来自中国香港、广州、深圳、韶关、温州、云南、河南等地的温氏宗亲代表聚集温县，在温国故城举行隆重的世界温氏文化博览园奠基仪式，并当场捐资。世界温氏文化博览园在温故城遗址上重建，占地66亩，是世界温氏后裔的寻根圣地，是温县文化的又一精品。

10月16—26日，刘姓始祖刘累与刘氏暨龙文化研究会执行会长、昭平台水库管理局局长何俊章，平顶山市侨联主席励伟英，世界刘氏第四届（寻根）联谊大会主席刘全新等人组成赴泰国、新加坡、马来西亚和中国香港的刘氏宗亲访问团，回访了东南亚各地和中国香港的宗亲组织。

10月17日，北京当代复合材料有限公司总经理许占奎、北京百万家园监理公司董事长许国忠、北京中北律师事务所律师许继昌等一行5人到箕山寻根祭祖。

10月18—19日，首届中华姓氏文化节在周口淮阳举行，共有7000余名来自世界各地的"龙的传人"参加。文化节期间，还举办了华人华侨公祭伏羲大典、中华姓氏文化论坛、中国族谱展等活动。

10月26—28日，由全国政协港澳台侨委员会、政协河南省委员会主办，河南省社会科学院和相关单位承办的第四届河洛文化国际研讨会在郑州和洛阳召开。全国政协副主席罗豪才、港澳台侨委员会主任郭东坡以及中央和国家有关部委的同志出席了会议。来自中国、日本、韩国、比利时、马来西亚、阿根廷等国家的代表150余人出席了会议。

10月27日，中央电视台第十频道专程对荥阳郑成功纪念馆、古京城遗址、广武郑王庄郑氏祖茔、《郑氏族系大典》总编纂工作室、族谱档案资料室进行录制，并对郑自修总编纂与宋国桢永远会长进行采访。

10月29日，香港汝南堂袁氏宗亲会理事长袁雄昆先生率香港、广东两地袁氏代表人士一行68人回到祖居地——驻马店市汝南县，参加汝南县第二届梁祝文化、重阳文化艺术节及袁氏宗亲联谊活动。

10月29—31日，"中国·荥阳首届郑氏文化节"在郑氏祖地河南荥阳拉开了帷幕，全球30余个国家和地区的近2000位郑氏精英聚首此次文化节。文化节期间，举行了荥阳经济发展战略暨郑氏文化研讨会及《郑氏族系大典》第一部首发式等活动。

10月，周口进行了全市范围内的姓氏人口普查工作，基本澄清了全市姓氏人口状况。

平顶山刘姓始祖刘累与刘氏暨龙文化研究会开发刘氏与龙文化系列纪念品（刘累公铜像、刘累公水晶像等）。

马来西亚柔佛颍川陈氏公会一行20人到长葛市寻根谒祖。

河南省社会科学院考古研究所所长张新斌编写的插图本《百家姓》由中州古籍出版社出版发行。

11月4—6日，中国元史研究会、中国实学研究会、河南省社会科学院和焦作市中站区人民政府联合举办，河南省社会科学院考古研究所等承办的中国首届许衡学术研讨会在焦作市隆重举行，来自12个省的学术界代表150余人与会，并有50余人在会上宣读了论文。这是新中国成立以来首次围绕许衡进行的高规格的研讨会。

11月10—13日，由驻马店市政府主办，驻马店市炎黄文化研究会、天中文化研究会等承办的天中文化学术研讨会在驻马店市隆重举行，对天中文化、驻马店市姓氏文化进行了深入研讨。

11月15日，张宝云、宋连会、张天平等在对获嘉宁祖资源调研的基础上，向获嘉县委书记陈长路汇报宁氏研究工作情况，提出了由县里牵头，成立宁氏文化研究组织，开发宁邑文化资源的基本思路。

11月16—17日，平顶山刘累陵园始祖殿落成大典举行，来自马来西亚、泰国和中国河南、陕西、安徽、平顶山等地的海内外宗亲500余人参加。马来西亚丹斯里拿督、世界刘氏联谊会创会会长刘南辉率全家回祖地寻根，并就捐建刘累陵园世界刘氏纪念馆项目达成共识。

11月18日，马来西亚沙捞越34位黄姓客人在潢川黄国故城举行盛大的祭祖大典。

11月28日，获嘉县委副书记孔繁旭牵头，协调民政局、文化局、张巨乡就获嘉宁氏文化资源开发提出具体安排意见。

11月，中州古籍出版社社长王关林，郑州市社科联副主席、秘书长窦志力高度评价《郑氏族系大典》。

长葛市依照豫政外任字〔2004〕0931号批文组团（4人）参加在菲律宾举办的世界舜裔联谊会第十八届国际大会。

12月23日，《河南日报》第9版刊发了张新斌的文章《河南：高擎寻根文化大旗》，对我省寻根文化与寻根发展战略进行全方位盘点。

12月29日，河南省委统战部首批聘请7名特约研究员，河南省社会科学院考古研究所所长张新斌研究员因研究寻根文化工作突出而在获聘之列。

是月，河南省中原姓氏历史文化研究会举行换届会，会长为林雪梅，副会长为刘翔南、林坚、杨海中、张新斌、安国楼，秘书长为王俊山。

是年，中国社会科学院古代文明研究中心专家委员会委员、客座研究员，河南省社会科学院李绍连教授对太康谢氏文物考察后，发表了题为《魏典农中郎将谢缵墓碑为宋碑》《谢斌墓前一通明代石碑是罕见的古代谱系碑》的论文，并建议文物主管部门将其申报列入省、市级文物保护单位名录之中。

2005年

1月7日，马来西亚荥阳联合总会理事长、达加富资源有限公司董事长、拿督郑孝洁来荥阳参观考察。

1月9日，荥阳市人民政府世界郑氏联谊中心福州联络处成立。

1月12日，世界刘氏纪念馆开工典礼举行，同月21日刘南辉主席捐款325万元一次性到账。世界刘氏纪念馆在海内外刘氏宗亲和祖地各界领导的殷切关注下开工。世界刘氏纪念馆是纪念刘氏历代先贤，供奉历代刘氏皇帝、名人的场所，由大殿、中殿、山门、廊房四部分组成，建筑面积1010平方米，仿古结构。

1月16日，郑自修总编纂参加在广东陆丰赤岭举行的郑氏族谱编纂总结大会，而后到温州采风。

2月21日，辽宁宁长占来电向获嘉县提供中华宁氏联谊会于2004年12月在深圳召开的信息，并提供了该联谊会的联系人、联系电话，还索要宁氏始祖墓照片。

2月，陈瑞松主编的会刊《舜裔春秋》正式编辑发行。

3月13日，河南许由与许氏文化研究会王道生会长赴北京组织召开了北京许氏宗亲第四次联谊恳亲会。

3月23日—4月2日，荥阳市党政考察团在荥阳市委副书记张亮、副市长翟巧枝、政协副主席郑宝贵的带领下赴福建、广东、浙江参观考察，并与当地郑氏企业界人士进行交流。

3月26—27日，2005年世界韩氏祭祖（寻根）大会在孟州市隆重举行，来自马来西亚、韩国、新加坡和中国台湾、香港及大陆沿海地区的300余位宗亲参加此次大会。

3月28日，南阳谢氏宗亲联谊会在东谢营村举办俊明广场落成庆典暨2005年度谢氏祖地清明节祭祖大会，南阳市有关领导和谢俊明先生一行与祖地5000余名宗亲参加了盛会。

3月28—29日，由华夏姓氏研究中心、河南省中原姓氏历史文化研究会、温县人民政府联合主办的中国温县姓氏文化研讨会在温县举行，40余位专家学者向大会提交论文，并进行了交流。

3月，李乔编著的《邓国邓州邓姓》由中国文化出版社出版。

马来西亚沙捞越陈氏宗亲联合会在团长陈德楷带领下一行30人到长葛市寻根谒祖。

4月5日，平顶山市委副书记乔新国及励伟英、刘全新、何俊章、杨威、冯德顶等去西安参加海内外刘氏清明祭拜刘邦活动。乔新国宴请了出席此会的泰国刘氏宗亲刘遑有、马来西亚刘南辉、日本高桥通泰等。

4月7—9日，获嘉县郑福浩、宋连会一行2人去山西洪洞县大槐树，联络全国各地宁氏，以便日后来获嘉寻根问祖。此行找到了洪洞县大槐树祭祖园的工作人员宁婷婷了解了宁姓寻根问祖情况。

4月10—11日，由中华炎黄文化研究会、河南省炎黄文化研究会、河南省旅游局、郑州市人民政府联合主办，新郑市人民政府、新郑市历史文化研究会承办的乙酉年公拜黄帝大典在新郑举行，同时召开《黄帝故里历代文献汇典》学术研讨会。李学勤、张文彬、罗哲文、黄景略等众多国家顶级专家参会，与会专家学者再次明确观点，黄帝故都在河南新郑市，而不是在其他地方。

4月14日，荥阳市委书记丁福浩赴深圳会见深圳恒浩房地产有限公司董事长郑世进先生，就香港招商引资推介会等工作进行洽谈。

4月15—17日，由世界邓氏宗亲总会的8名台湾同胞和来自马来西亚邓氏宗亲联谊会的4名华人组成的代表团，到南阳市的邓州和新野寻根祭祖。

4月16日，荥阳市人民政府深港招商联络处在深圳挂牌成立。

4月19日，首届世界刘氏后裔统一祭拜始祖刘累公大典在祖地平顶山市鲁山县昭平湖中华刘姓始祖苑（刘累陵园）隆重举行。来自泰国、马来西亚等国和国内安徽、陕西、河南等省的刘氏宗亲代表以及平顶山市刘氏宗亲共3000余人参加了此次大典活动。全国政协经济委员会副主任刘立清（国家邮政局原局长）到中华刘姓始祖苑虔诚拜祖，并向累公铜像敬献了花篮。

4月27—30日，世界张氏总会第二届恳亲大会暨第二届中华张姓始祖挥公受封得姓纪念大会在濮阳举行。参加大会的海内外嘉宾共有1300余人，全国政协副主席张克辉等领导同志应邀出席了会议。

4月29—30日，河南大学袁俊杰副教授、李玉洁教授，河南省社会科学院张新斌所长、马世之研究员、李立新博士一行5人来获嘉考察宁氏历史文化并召开座谈会，初步讨论了下一步如何研究宁氏文化，如何开发宁氏文化资源，如何对外宣传等方案。

5月5日，著名经济学家厉以宁在新郑黄帝故里拜谒始祖黄帝并题词。

5月20日，河南省旅游局在郑州举办"同根同源"豫台旅游高峰论坛，张新斌在论坛上作了专题演讲。80余位台湾业界人士参加了这次论坛，并对河南山水文化景点进行了考察。

5月25日，获嘉县政协副主席刘兴儒与张宝云、宋连会一行3人专程去河南省社会科学院考古研究所商谈宁氏文化研究的方案。

5月26日，范县人民政府和范氏宗亲联谊会筹委会主办的首届范氏宗亲联谊会暨范姓始祖范武子受姓2600年纪念大会在范县高码头乡老范庄村的范武子陵园内隆重举行。海内外400余位范氏宗亲出席了大会。

5月29日，荥阳市赴港招商引资推介会举行，市委书记丁福浩、市长杨福平参加。

5月30日，河南许由与许氏文化研究会在登封市高天大酒店举行河南许由与许氏文化研究会成立十周年纪念座谈会，河南省政协、河南省社会科学院、河南省外侨办、河南省中原姓氏历史文化研究会、登封市委等单位的领导、专家共30余人应邀到会。

6月11日，郑氏联谊中心引进的郑州华泰特阀有限公司举行奠基仪式。

6月12日，牛氏历史文化研究会安阳分会在汤阴县召开工作碰头会。

6月12—13日，荥阳市政协副主席郑宝贵率祖地代表团赴深圳、广州对郑氏企业家进行访问。

6月15—20日，禹州市召开国际禹州方山溯源恳亲大会，韩国、泰国和中国北京、广东、湖北、台湾等地的60余位方姓、雷姓人士参加恳亲大会，隆重祭拜始祖方雷公。韩国代表团还举行了韩国方氏归根纪念碑揭碑典礼。

6月15日—7月2日，平顶山市委副书记乔新国，刘姓始祖刘累与刘氏暨龙文化研究会执行会长、昭平台水库管理局局长何俊章，市侨联主席励伟英、副主席谢富强，世界刘氏第四届（寻根）联谊大会主席刘全新等一行到泰国、马来西亚、新加坡等国家联谊，拜访了马来西亚刘南辉等东南亚刘姓侨领，并就在祖地建设世界刘氏会馆达成了广泛共识。

6月20日，世界刘氏纪念馆主体工程竣工。

6月，湖南省谢氏宗亲联谊会在长沙召开成立大会，南阳谢氏宗亲联谊会应邀推选谢少先与市联谊会谢文普会长前去祝贺，回程中拜访了江西各地宗亲。

7月14—18日，郑自修总编纂与广东佛山老红军郑保平先生一起被邀请参加中华人民共和国第十届运动会"我们万众一心"中国石化杯火炬传递"华夏文明之火"商丘采集仪式。

7月20日，《牛氏文化》第8期出版。

7月21—22日，广东南粤苏轼后裔寻根访问团一行26人到郏县祭拜苏轼，参观、考察三苏园景区。

7月，濮阳帝舜文化学术研讨会在北京大学召开，来自北京大学考古学研究中心、中国古代史研究中心、中国社会科学院历史研究所、光明日报社等多家单位的40余位专家学者论证了"帝舜故里在濮阳"的史实。

8月10日，荥阳市政协副主席郑宝贵等郑氏联谊中心全体同志举行"纪念抗日战争胜利60周年"活动。

8月25日，新郑市市长办公会议决定，面向海内外开展"黄帝故里新郑百万重金买点子"活动，并于同日举行了"黄帝故里新郑百万重金买点子"新闻发布会。

8月30日—9月2日，由河南省旅游文化产业发展研究会会长戴松成、郑州大学旅游学院规划系主任龚绍方、河南大学历史旅游文化学院规划中心主任刘坤太等组成的专家组，对新郑市黄帝故里、郑韩故城、郑王陵、具茨山等黄帝文化和郑韩文化遗址进行考察。

8月31日—9月12日，荥阳世界郑氏联谊总会秘书长郑元辉、荥阳市人民政府世界郑氏联谊中心宣传联络部主任郑燃等赴广西、广东访问郑氏宗亲。

8月，济南军区空军政委刘亚洲到中华刘姓始祖苑寻根拜祖，向累公铜像敬献了花篮。

9月2—5日，世界许氏宗亲寻根谒祖暨世界许氏文化研究大会在许昌召开，来自菲律宾、泰国、马来西亚等国家和地区的许氏宗亲代表数百人参加了会议。

9月4日，许由诞辰之日，来自浙江、福建、河南等国内20余个市、县（区）的300余位许氏宗亲相聚登封箕山，举行了隆重的许由汉白玉像落成庆典及祭祖联谊活动。

9月8日，河南许由与许氏文化研究会积极协助登封市政府邀请福建等地许氏客商10余位在厦门市参加了郑州经贸合作恳谈会。

9月14日，河南省委书记、河南省人大常委会主任徐光春，河南省政协副主席、省委常委、统战部部长曹维新，郑州市委常务副书记赵建才同相关人员一行10余人到新郑黄帝故里调研黄帝文化，并拜谒始祖黄帝，提出扩建黄帝故里，由省政协主办丙戌年黄帝故里拜祖大典。徐光春题词"人文始祖"。

新郑市人民政府在皇宫大酒店举行"百万重金诚邀策划大家"新闻发布会，中央及省市20余家新闻媒体出席发布会。

9月16日，世界刘氏会馆开工奠基典礼在中华刘姓始祖苑隆重举行。

9月22日，全国著名策划专家陈放到新郑黄帝故里、具茨山考察。

9月22—26日，全球董杨童宗亲第十届恳亲大会在河南召开。23日，代表们在七朝古都开封天波杨府祭拜先祖杨业。24日，在恳亲大会的主会场、弘农故郡治所所在地——灵宝市豫灵镇的杨家村公祭先祖杨震公。

9月23日，国家文物局局长单霁翔到新郑黄帝故里、郑韩故城遗址车马坑考察。

9月24—26日，第十二届世界钟姓联谊大会在许昌长葛市召开，来自马来西亚和中国台湾、广东、江西、四川、贵州、山东等地的近300名钟姓游子齐聚一堂，到位于田庄的钟繇陵园拜谒了祖先。

9月25日—10月25日，"中国周口淮阳2005年姓氏文化寻根游"活动在淮阳举行，主题是"谒人祖皇陵，寻姓氏根源，品龙湖风韵，赏古城新貌"。

9月，濮阳舜裔海外联谊会应邀赴湖南九嶷山参加了舜帝陵公祭，同年还组团赴澳门、印度尼西亚参加了澳门陈族联谊会成立七十六周年庆典及印尼棉兰颍川堂大厦落成庆典。

10月1—13日，荥阳世界郑氏联谊总会秘书长郑元辉、荥阳市人民政府世界郑氏联谊中心宣传联络部主任郑燃等赴广东、福建等地访问郑氏宗亲。

10月4日，河南省委常委、郑州市委书记李克到新郑始祖山考察，指出当前黄帝文化开发要抓好两项工作，一是办好2006年的拜祖大典，二是建设好黄帝文化苑。

10月7日，来自全国各地的宾朋和周口市民1万余人欢聚淮阳太昊陵广场，参加隆重的2005公祭伏羲大典。

10月8—11日，新郑市人民政府在皇宫大酒店举行"黄帝故里百万重金诚邀策划大家"活动第二阶段，即黄帝故里文化考察策划活动。与会的36家策划单位考察了新郑的具茨山、黄帝故里等黄帝文化景观后，其中有23家策划单位和个人又于10月11日参加了"黄帝故里百万重金诚邀策划大家"策划（纲要）评审会。

10月11日，著名生物学家牛满江教授与河南许昌元化生物科技有限公司签订技术合作协议，把他培植的大豆蛋白玉米和人白蛋白玉米两项专利授权给了许昌元化生物科技公司。这两项专利经中国科学院评估，价值达30亿元人民币。

10月15—17日，第二届世界温氏宗亲文化（经济）交流会暨首届温氏祖地温县恳亲大会在温县和焦作市隆重召开。大会由中华姓氏研究中心、河南省中原姓氏历史文化研究会、焦作市人民政府共同主办，温县人民政府承办。来自海内外49个代表团的367名温氏宗亲参加了盛会。

10月18日，1000余名来自海内外的朱熹后裔到洛阳嵩县朱家村朱文公祠举行祭祀活动，纪念朱熹诞辰875周年。

10月20日，《牛氏文化》第9期出版。

新郑市人民政府发布信息，确定了10家策划单位参加"黄帝故里百万重金诚邀策划大家"活动第三阶段的策划工作。

10月21日，韩国KBS电视台一行5人在陕西师范大学教授马弛先生的陪同下到鲁山昭平湖景区中华刘姓始祖苑采访，向韩国推荐鲁山丰富的历史文化。

10月，河南陈氏文化研究会在会长陈文云带领下一行6人到长葛市考察并达成合作协议，将于2006年4月在长葛举办陈寔思想与青少年道德国际研讨会。

平顶山刘氏研究会召开了累公陵园建设座谈会，马来西亚刘南辉、刘一其及省市有关领导、刘氏宗亲80余人参会。

在河南省委宣传部、河南省政协举办的中部崛起高端论坛上，徐光春书记作了重要讲话，对河南文化资源大省如何转变为文化产业大省提出了重要观点，并要求省政协拿出方案，准备在2006年春举办公拜黄帝活动。

11月1日，世界宋氏宗亲第一届恳亲会在宋氏祖地商丘举行，来自印度尼西亚、菲律宾等国以及中国香港、台湾和内地18个省（直辖市、自治区）的约500名宋氏宗亲参加了此次大会。

11月10—11日，由联合国教科文组织、中国社会科学院、北京大学、政协河南省委员会共同主办，周口市人民政府、鹿邑县人民政府承办的"自然·和谐·发展——弘扬老子文化国际研讨会"在老子故里——中国河南鹿邑举行，12个国家和地区及中国22个省、市、自治区的180余位专家学者代表参加了会议。

11月11日，河南省城市科学研究会、河南省炎黄文化研究会、郑州市城市科学研究会、荥阳郑氏研究会联合举办纪念郑和下西洋600周年暨郑成功收复台湾座谈会。

首届许慎文化国际研讨会许氏宗亲座谈会在漯河市召开。

11月13日，广东东莞市郑氏考察团访问荥阳，东莞市正大建筑工程有限公司董事长郑启扬等为参观考察主要成员。

11月14日，牛满江教授赴河南许昌元化生物科技有限公司参观考察，并受到李成玉省长、贾连朝副省长的亲切接见。

河南省政协以党组名义向中共河南省委作出了《关于举办丙戌年公拜黄帝大典活动的建议报告》。

11月16日，河南省委书记徐光春对省政协党组《关于举办2006公拜始祖黄帝大典暨全球华人寻根节（或丙戌年黄帝故里拜祖大典）活动的建议报告》进行了详细的批示，对拜祖大典的名称、时间、邀请人员及协调工作都作出明确而详细的批示。此后，河南省长李成玉、省委副书记王全书也作了批示。

11月18—20日，"黄帝故里百万重金诚邀策划大家"活动策划方案评审会在郑州裕达国贸酒店召开。

11月21—22日，首届许慎文化国际研讨会在许慎的故乡河南漯河召开。来自国内诸多高校的100余名专家学者，以及来自美国、加拿大、乌克兰、利比里亚、马来西亚等国家和中国香港、台湾的许氏宗亲代表等共200余人出席了会议。

11月，长葛组团参加在深圳举办的许昌市海外联谊会聘任仪式。会上加拿大颖川堂陈氏总会、台北德星堂财团法人、台北市陈氏宗亲总会、香港陈氏笃亲公所、澳门陈族联谊会、美国纽约笃亲公所等受聘为顾问。

12月3日上午，郑州市旅游产业发展大会提出，重点打造黄帝文化苑、黄河文化苑、商都文化苑、少林文化苑等四大文化苑区。黄帝文化苑要大力开发黄帝文化旅游，叫响黄帝品牌；黄河文化苑要以华夏文明史为脉络，展示中华民族的光辉历程。

12月3—4日，牛氏历史文化研究会2005年工作会议在河南新乡市牛村举行，经全体代表讨论通过《关于成立牛氏历史文化研究会新乡分会的提案》。会后，牛思涌及牛村牛氏宗亲赴武陟县蒯村访问，参观了该村牛家祠堂并察看了保存完好的牛氏宗谱。

12月10—11日，由黄河文化研究会、河南省中原姓氏历史文化研究会、政协获嘉委员会联合主办，河南省社会科学院考古研究所等承办的"中国·获嘉宁氏文化研讨会"在获嘉隆重召开，河南大学、郑州大学、河南教育学院等单位的50余名专家学者出席研讨会。

12月16日，《寻根》杂志社主办的姓氏文化研究座谈会在郑州举行。

12月25日，郑自修总编纂向来郑州访问的台湾亲民党主席宋楚瑜先生顾问许水树先生赠送《郑氏族系大典》，宋国桢先生向许水树先生赠送《郑成功与祖国统一》。

12月26日，《舜裔春秋》创刊号2005年第1期出版。

12月27日，河南省炎黄姓氏文化基金会在郑州举行开展公益事业资助炎黄姓氏文化活动促进河南文化强省发展研讨会。

12月28日，新郑市委、市政府在炎黄文化中心召开"丙戌年拜祖大典筹备旅游产业发展暨城市建设管理年"动员大会。

12月30日，河南省政协副主席、省委统战部长曹维新亲自带领省政协和郑州市有关部门同志赴京开展人员邀请工作，分别拜会了全国人大常委会副委员长何鲁丽，全国政协副主席张思卿、周铁农、罗豪才等领导，分别向他们汇报了河南省筹备丙戌年黄帝故里拜祖大典工作的基本情况，他们表示将尽最大努力支持和参与丙戌年黄帝故里拜祖大典。

12月，刘氏研究会印制刘氏宣传明信片。

应广东潮汕谢氏大宗祠之邀，南阳谢氏宗亲联谊会派出谢朝发、谢福朝、谢庆华前去参加该宗祠十周年庆典活动，会中拜访了各地宗亲。

2006年

1月2日，河南省委书记徐光春轻车简从亲临鲁山中华刘姓始祖苑视察。

1月16日，张新斌接受《大河报》专访，对中科院新公布的中华100大姓排序研究后指出，在新公布的100大姓中有78个姓氏起源或部分源头在河南，河南是根文化大省。

1月20日，《牛氏文化》第10期出版。

1月22—24日，河南省政协副秘书长贾宏伟、郑州市委统战部长李秀奇、郑州市政协副主席王薇、新郑市委统战部长张石磙等再次赴京，会同全国政协办公厅向拟邀请的工商经济界、文化艺术界、科技教育界、港澳台侨界知名人士寄发邀请函，并向国台办主任陈云林等汇报，争取将邀请台湾知名人士和东森电视台直播工作纳入国台办全年整体工作之中。

1月25日，河南省委书记徐光春对省政协报送的《丙戌年黄帝故里拜祖大典活动筹备工作进展情况汇报》批示："筹备工作很有成效，希望进一步抓紧、抓细，抓出成效，在扩大黄帝文化影响力的同时，大力推动招商引资工作和旅游文化工作。"

1月26日，香港麟德公司完成拜祖大典策划总案。王全书、王文超等领导对策划方案给予充分肯定，要求进一步细化；并明确由郑州市委常委、宣传部长杨丽萍牵头，郑州市文化局局长齐岸青具体负责拜祖大典筹备工作，新郑方面做好各项具体工作的落实。

1月，为使"累公陵园"名字更加贴切、内涵更加丰富，且又符合中国国情，经充分酝酿、论证、研究，并报请主管部门批准，原河南省平顶山市昭平湖风景区刘累陵园管理处更名为"河南省平顶山市昭平湖中华刘姓始祖苑管理处"。

2月7日，郑州市召开公拜黄帝大典动员大会，会上下发了市委、市政府〔2006〕15号文件。文件中确定了总体实施方案，明确了六个工作组的职责；决定成立执委会，执委会主要领导有：总顾问李克，主任王文超，副主任祁金立、贾宏伟、杨丽萍、姚待献、李秀奇、孙新雷、王薇。

2月8日，河南省委常委、统战部长曹维新率邀请小组，赴香港、澳门邀请马万祺、董建华、郭鹤年、李兆基等港澳界全国人大代表、全国政协委员、知名人士届时参加。

2月10日，郑州市委宣传部举行丙戌年拜祖文首次研讨会，郑州市委常委、宣传部长杨丽萍参加会议。

2月11日，广东企业家郑瑞洲先生来荥阳访问。

2月12—13日，由《大河报》主办的"2006新百家姓商都大团圆"活动在郑州举行。这次活动不仅选出了十大家谱收藏者与姓氏文化研究者，也在《大河报》10余个版面刊出了盘点姓氏文化的文章，展示了河南文化资源大省的风采。这次活动顾问为袁义达、张新斌，张新斌、陈建魁为总策划，由张新斌、陈建魁、李立新、李乔撰稿。

2月21日，郑自修在山东枣庄参加由郑显明主持召开的鲁、晋、浙、赣、鄂五省郑氏宗亲代表参加的"共叙振兴郑文化"座谈会，郑显明、郑翔、郑宏瑜当场为《郑氏族系大典》捐款15万元。郑自修开始了第十轮万里采风活动。

2月24日，中国河洛文化研究会成立大会在北京举行，全国政协副主席张思卿、罗豪才、张克辉出席了大会。全国政协港澳台侨委员会主任郭东坡任会长，陈义初、张道诚、李学勤、刘庆柱、汤一介、李伯谦等任副会长，王玉英为秘书长，王彦武为副秘书长。河南省委书记徐光春向大会发电祝贺，河南省政协主席王全书出席大会并讲话。

2月，周口历史文化研究会主编的"周口姓氏文化"丛书（《周口姓氏考》《陈姓》《李姓》《胡姓》《谢姓》《袁姓》）共6册，由中州古籍出版社出版发行。

3月3—6日，应香港侨港岑氏宗亲会有限公司和侨港恩平大江同乡会的邀请，中共新野县委书记方显中带领县外侨办及岑氏祖根地的负责人、族人代表共4人组团，赴香港参加岑氏联谊及经贸考察活动。

3月19—21日，河南陈氏文化研究会组团参加澳门"陈族联谊会成立70周年庆典"活动。

3月25日，平顶山市侨联主席励伟英、副主席谢富强，平顶山市昭平台水库管理局副局长杨威、昭平湖景区主任冯德顶等陪同香港叶氏宗亲访问团叶伯球、叶天才先生等20余位贵宾到中华刘姓始祖苑参观、考察。

3月25—27日，以世界叶氏联谊总会会长叶伯球、世界叶氏联谊总会首席顾问叶明寿为正、副团长的世界叶氏祭祖访问团一行12人到叶县叶公陵园祭拜始祖叶公沈诸梁，并参观了叶县县衙、诸梁寨等地。

3月30日，泰国刘氏宗亲团在泰国刘氏宗亲总会理事长、泰中友好协会副会长、中国侨联顾问刘锦庭先生，泰国刘氏宗亲总会永远名誉理事长、世界刘氏第三届宗亲联谊大会主席刘暹有先生等一行19人回到祖地平顶山中华刘姓始祖苑祭拜始祖刘累公。

3月31日，由河南省政协等主办，郑州市人民政府、新郑市人民政府承办的丙戌年黄帝故里拜祖大典在河南新郑黄帝故里隆重举行，来自世界30余个国家和地区的3000余名贵宾和社会各界人士共1万余人参加拜祖活动。国家领导人何鲁丽、罗豪才、张思卿，河南省、郑州市和新郑市四大班子领导，国家各部委及各省、市、自治区的部分领导应邀参加拜祖活动。新闻媒体称这次拜祖大典是"中华第一典"。

是月，《黄河文化》"中原根文化研究专辑"集中刊发了张新斌、李立新、陈建魁、李乔的文章，其中河南省社会科学院考古研究所张新斌所长的《河南省寻根文化资源开发的战略思考》，回顾了河南省寻根文化开发的过程，点明了河南"根文化"的家底，首次系统提出了打造河南寻根文化品牌的思路和方法。

4月1日，来自泰国、菲律宾、朝鲜等国和地区的邢氏宗亲代表齐聚温县北平皋村，举行隆重的祭祖仪式。

4月1—3日，由河南省社会科学院考古研究所、河南省中原姓氏历史文化研究会及刘氏文化研究会、永城市委统战部等主办的永城与汉文化研讨会在永城市隆重举行。

4月2日，世界刘氏丙戌年祭拜汉高祖刘邦大典在永城市芒砀山举行。来自新加坡、菲律宾、美国、英国、澳大利亚等13个国家和国内17个省、市、自治区的刘氏宗亲代表200余人与会。同时还举办了永城与汉文化研讨会。

马来西亚丹斯里拿督刘南辉等一行6人回祖地累公陵园祭祖。

菲华妈汭五姓联宗总会代表团在团长陈德芳率领下，一行34人前往长葛祭祖。

4月3日，世界李氏宗亲总会与菲律宾和中国台湾等地区的李氏宗亲会代表共160余人来到老子故里、李氏发源地——河南鹿邑县寻根祭祖，拜谒先哲，并与当地李氏宗亲组织举行联谊活动。

4月8—12日，河南陈氏文化研究会、长葛市颍川陈氏研究会、世界文化交流协会（美国）联合主办，长葛市人民政府、辉县市人民政府、原阳县人民政府等协办，河南省中国旅行社承办的陈寔思想与青少年道德教育国际研讨会暨陈氏中原大寻根活动，分别在郑州市、长葛市、辉县市、原阳县四地举行，海内外嘉宾130余人参加会议。

4月8日，济南军区政委刘冬冬上将前来平顶山中华刘姓始祖苑祭拜始祖刘累公。

4月9日，河南许由与许氏文化研究会郭振峰副会长主编的《许氏名人录》（第三卷）出版座谈会在登封市少林国际大酒店召开，来自福建、广东、北京、海南等地的许氏宗亲和登封市委、市政府领导参加了会议。

4月14—15日，由中华炎黄文化研究会、河南省炎黄文化研究会、内黄县人民政府、内黄颛顼帝喾与华夏文明研究会联合主办的首届颛顼帝喾与华夏文明学术研讨会在内黄县隆重举行，40余位专家学者出席了研讨会。

4月15日，安阳市隆重举行丙戌年公祭颛顼帝喾大典，来自全国及世界各地的华人、华侨40余万人云集内黄县颛顼帝喾陵寻根问祖。

4月19日，世界刘氏纪念馆彩绘工程竣工。

来自马来西亚、新加坡和中国香港、澳门、福建、广西、浙江、陕西、湖南、河南及祖地平顶山、鲁山的3000余名刘氏后裔荣归故里，隆重举行世界刘氏后裔丙戌年统一祭拜始祖刘累公大典暨中华刘姓始祖苑、世界刘氏纪念馆开馆剪彩仪式。

4月21—23日，应江西省弋阳县人民政府之邀，南阳谢氏宗亲联谊会派出谢少先、谢建龙前去参加民族英雄谢叠山诞辰780周年纪念活动。

4月22～23日，中国民权第二届国际庄子文化节暨纪念庄子诞辰2375周年中国书画提名展由河南省中国书画协会、世界庄严宗亲总会和民权县人民政府联合举办，1000余名庄子后裔参加了此次盛会。

4月23日，世界庄严宗亲祭祖大典和中华庄氏大宗祠奠基仪式在庄子故里民权县老颜集乡唐庄村举行，来自马来西亚、菲律宾、印度尼西亚、新加坡、美国等国以及国内的庄、严二姓宗亲及嘉宾500余人参加了此次祭祖仪式。

4月26—28日，第五届河洛文化国际研讨会暨2006年汉民族研究国际学术研讨会在河南洛阳举行。全国政协副主席罗豪才、河南省政协主席王全书以及400余位代表出席了会议。

4月28日，由濮阳市委、市政府和市侨联联合举办的2006年中华民族张姓始祖挥公受封得姓公祭大典在濮阳县挥公陵园隆重举行，来自海内外1000余位华侨及张氏后裔在这里焚香跪拜，寻根祭祖。

4月29日—5月2日，比干诞辰3098周年纪念活动暨首届中国卫辉财文化节在卫辉市隆重举行，来自海内外的林姓后裔与来自北京、天津、河南、上海等地的学术界人士1000余人参加了大会。

是月，南阳新野举办首届世界岑氏恳亲会。此次活动由香港太平绅士岑才生先生、香港地区中国和平统一促进会长岑永生等30余位岑氏名人发起，邀请居住在美国、加拿大、意大利、新加坡等地的海外岑氏和国内的岑氏名人参加，主题是"联谊、团结、合作、发展"。

由信阳市委统战部编著的《根在信阳》一书由湖北教育出版社出版发行。

5月4日，马来西亚苏许连颜谭巫宗祠代表团许海山主席一行28人到登封箕山寻根祭祖。

5月20日，郑自修出席在深圳召开的《郑氏族系大典》第二部出版发行颁典座谈会。《郑氏族系大典》第二部的发行，引起全国各地郑氏宗亲的强烈反响。山东企业家、深圳企业家暨其他省市的企业家纷纷表示要为大典排忧解难，使之在2007年底全部顺利完成出版发行。

湖南省长沙市的虢氏寻亲团一行18人专程到三门峡虢国博物馆寻根祭祖。

来自朝鲜和我国台湾地区的60余名林氏后裔，来到淇县仙人梯林坚出生地、摘心台、纣王墓等地进行实地参观考察。

李乔主编的《百姓堂联》由江西人民出版社出版发行。

6月3日，应世界谢氏宗亲总会之邀，南阳谢氏宗亲联谊会派出谢少先、谢文海、谢宗合与宛城区乡领导一行5人组团参加在马来西亚槟城举办的世界谢氏第十二届恳亲大会。大会安排谢少先会长在大会上作"谢氏根祖文化研究成果及修建中华谢源大宗祠目的意义"的专题发言，引起了与会千余名谢氏宗亲强烈反响。

6月8日，来自马来西亚、新加坡、泰国等地的世界舜裔联谊会11名主席、常委齐聚濮阳县，为已建成的中国最大的舜帝宫、石像和舜裔姓氏碑揭幕。

6月10日，太昊陵庙申报世界遗产启动仪式暨中华伏羲文化论坛在北京人民大会堂举行，张新斌在论坛上作重点发言。

6月12—13日，河南省人民政府外事侨务办公室、河南省社科院联合在郑州桃李园大酒店召开河南省寻根文化发展战略研讨会，对河南省寻根文化与发展进行盘点。

6月21日，平顶山市委书记邓永俭，平顶山市委常委、秘书长邢文杰带领市直有关部门及鲁山县委书记贺国营、县长荆建刚等市县领导到昭平湖风景区检查指导工作。

6月22日下午，河南省政协领导马万令到昭平湖风景区调查指导工作。

6月27日—7月初，世界舜裔宗亲联谊会第十九届国际大会筹备委员会的领导和濮阳市政府领导组成濮阳代表团一行8人，对泰国、马来西亚、新加坡、印度尼西亚进行了为期14天的访问，所到之处，受到了舜裔宗亲的热烈欢迎。

6月，世界关氏宗亲总会、叶氏宗亲总会代表团相继到叶县考察投资项目。

洛阳市委常委、统战部长高凌芝在伊龙国际大酒店会见并宴请了台湾范氏宗亲寻根祭祖团一行，并同祭祖团的主要成员就范仲淹思想研讨会的有关事宜交换了意见。

7月6日上午，马来西亚林氏宗亲总会青年团署理团长、永源摩多有限公司董事长林永源，太平霹雳中华总商会顾问、霹雳太平林氏九龙堂主席林志明等太平林氏九龙堂宗亲一行20余人到新乡比干庙进行祭祖观光。

7月10日，《舜裔春秋》2006年1～2期出版。

7月11日，世界林氏宗亲总会世林宗史馆建设考察团以理事长林嘉政为团长一行7人前往卫辉比干庙景区就捐资修建世界林氏宗亲宗史文物纪念馆进行了实地考察。

⊙2006年，太昊陵庙申报世界遗产启动仪式暨中华伏羲文化论坛开幕式在北京召开

8月22日，淮阳县人民政府与海南通澳投资有限公司就合作建设万姓源文化商贸中心项目在淮阳县举行了签约仪式。周口市委常委、统战部长朱家臣会见了海南通澳投资有限公司董事长钟保家一行并出席签约仪式。

8月28日，河南许由与许氏文化研究会王道生会长、许国副会长在郑州黄河饭店拜会了来郑参加首届豫商大会的新疆河南企业联合会会长、新疆汇兴工贸集团有限公司董事长兼总经理许时瑞先生。

8月29日，周口市姓氏历史文化研究工作经验交流会在周口教育宾馆召开，各县市区研究会会长、常务副会长及相关人员参加会议。

8月，炎黄二帝巨型塑像在黄河风景区落成。

周口市委书记董光峰等领导在太康县委书记刘庆森等四大班子领导陪同下，到谢安故里谢家堂视察，听完汇报后指出：太康县委要认真研究，加大力度，拿出加速谢安故里建设的得力措施，一定要打好谢安故里这一文化品牌，这是太康得天独厚的文化资源。

台湾赖氏宗亲一行7人，在台胞赖诚吉先生的带领下，到息县寻根。寻根团先后深入到赖王墓、赖国故城遗址等，追寻先祖的伟业，感受今日的成就。

9月9日，河南许由与许氏文化研究会王道生会长、许国副会长出席北京许氏宗亲第五次联谊恳亲会。

9月11—16日，《大河报》以《陈郡阳夏走出华丽家族》为题对太康县老冢镇谢家堂村进行了一系列报道。

9月12日，第三届国际齐文化旅游节暨姜太公诞辰3145周年祭礼在山东省淄博市临淄区举行，河南许由与许氏文化研究会王道生会长、许国副会长应大会组委会邀请出席了这次活动。

9月25—27日，世界舜裔宗亲联谊会第十九届国际大会在河南濮阳举行。此次大会由世界舜裔宗亲联谊会常委会、濮阳市人民政府主办，濮阳县人民政府、濮阳舜裔海外联谊会承办。

9月下旬以来，短短2个月时间里，潢川县黄姓联谊工作取得了突破性进展，接待了"三省一市"及台湾黄姓宗亲寻根团，参加了邵武大型联谊会，分别走访了成都、重庆、江夏、福州和厦门等在社会上有较强影响力的黄姓文化研究机构。

9月，河南省省长李成玉在周口市委书记董光峰、市长高德领和太康县委书记刘庆森、县长戴春枝等陪同下深入谢安故里——太康县老冢镇谢家堂村，在考察该村的社会主义新农村建设后说："谢家堂可谓豫东第一村。"

国庆前夕，台湾林祖姑世界天上圣母会以林清钦理事长为首的谒祖团一行46人前来卫辉比干庙祭祖观光。

10月3—5日，河南省社会科学院考古研究所所长张新斌应邀到访潢川县，对黄国故城进行了专门系统的调研考察。

10月13—15日，由中华炎黄文化研究会、河南省炎黄文化研究会主办的"中国·西平嫘祖文化研讨会"在西平举行，海内外学术界70余人到会。会后由文物出版社出版论文集《嫘祖文化研究》。

10月14—15日，来自泰国、新加坡、法国、澳大利亚等10余个国家和地区的600余名韩氏宗亲聚集河南安阳，参加第二届世界韩氏恳亲大会。本届世界韩氏恳亲大会由香港韩氏宗亲会和安阳韩氏文化研究会共同承办，主题是"联谊、团结、合作、发展"。

10月17日，丙戌年祭祀韩愈大典在孟州韩园举行，来自香港、广西、东莞、揭西、博罗、安阳、济源、孟州等地的韩氏宗亲200余人参加了祭拜仪式。

10月30日，在黄河风景名胜区中华炎黄坛举行了全球华人纪念炎黄二帝活动。

10月29—31日，第二届中华姓氏文化节在河南淮阳举行，来自美国、加拿大、新加坡、韩国及福建、广东等地的代表团230余人参加了盛会。

10月31日，世界著名生物学家、美籍华人牛满江教授在他90岁华诞之日，偕妻女及牛氏宗亲到荥阳市寻根谒祖，并怀着对祖先的无限深情赴汜水镇十里堡村参加了十八打锅台遗址纪念碑揭碑仪式。

⊙第二节中华姓氏文化节"2006周口与中华姓氏高层论坛"在周口举办

10月底，总政治部享受国务院津贴的艺术家毕启亮教授在周口市、太康县领导陪同下参观考察了太康县老冢镇谢家堂村谢安故里，对谢家堂现存遗迹、遗物给予了很高评价。

11月5日，由河南省社会科学院主办、邓州市承办的河南首届范仲淹文化节在邓州隆重举行。

11月18日，马来西亚林氏宗亲到卫辉比干庙祭祖观光。

11月，南京市建筑总工程师总监谢学亮、全球谢氏总会副会长谢世启等拜谒太康县老冢镇谢家堂村谢安故里及中华谢氏陵园。

12月2日，韩国殷氏宗亲会一行45人在会长殷世坤的带领下到商丘市睢阳区寻根谒祖。

2007年

1月18日，河南省委书记徐光春在"中原文化港澳行"活动中，在香港作《中原文化与中原崛起》的主旨演讲，纵论博大精深的中原文化。其后，在河南掀起了中原文化研究与宣传的热潮。

1月21日，河南省黄氏文化研究会筹委会成立大会在郑州桃李园大酒店隆重举行，河南省社会科学院考古研究所所长张新斌协助筹办并出席了会议。

1月28日，世界谢氏宗亲会副理事长谢坤铨先生及世界谢氏宗亲总会秘书长谢金乾先生回到南阳市宛城区金华乡东谢营村谢氏故里祭拜先祖，表达了对"中华谢源大宗祠"项目的投资愿望。

3月19日，由荥阳市人民政府世界郑氏联谊中心、荥阳市世界郑氏联谊总会发起组建的河南省郑氏工作委员会，经省民政厅批准正式成立。这是我省唯一一家以研究郑氏文化、联系亲情族谊为宗旨的省级民间社团组织，也是河南省中原姓氏历史文化研究会的二级学会。

3月20日，首届世界赵氏恳亲大会在巩义永昭陵南门举行，来自国内以及韩国、日本、马来西亚等地的赵氏宗亲100余人参加了大会。

3月21日，来自全国各地的43名完颜氏代表到汝州纸坊乡完庄村"认亲"。

3月25日，《黄河文化》编辑出版"黄国历史与黄姓文化研究专辑"。

3月28日—4月14日，河南省中原姓氏历史文化研究会理事、河南省温县姓氏历史文化研究会副会长、温县邢氏历史文化研究会会长邢宝全和中国温县邢氏历史文化研究会常务理事刘长征一行赴海南省、福建省考察邢氏历史文化。

3月31日，世界石氏文化研究会在温县成立并召开了万石君文化研讨会。会上，河南省社会科学院考古研究所所长、河南省中原姓氏历史文化研究会副会长张新斌作了专题报告，着重分析了石氏源流及石碏与石奋的裔承关系。

3月，谢钧祥主编的《河南旅游姓氏文化》由中国旅游出版社出版。

4月1日上午，来自湖南、湖北、广东、广西、福建、浙江、贵州等地的数百名方氏宗亲代表回到方氏祖地禹州方山、方岗，举行清明拜祖活动，并在方姓历史文化中心举行了中华方氏全族统谱系统工程告竣揭碑仪式和《中华方氏全族统谱》一书出版迎谱庆典活动。

4月1日，中原崔氏历史文化研究会年会在河南白沙崔氏祠堂召开，会议选举清华大学教授、博士生导师崔保国为中华崔氏历史文化研究会会长。会后举行了隆重的祭祖大典。

4月2日，河南省炎黄文化研究会等主办的葛天文化与吕坤思想学术研讨会在宁陵县举行，与会学者基本形成了宁陵为葛天氏的居住地也是葛氏的祖根地的共识。

4月3日，世界李氏宗亲总会和菲律宾及中国台湾等地的李氏宗亲会代表共160余人在河南鹿邑县寻根祭祖，并与当地李氏宗亲组织举行联谊活动。

4月9—17日，汝南县姓氏文化研究会一行6人赴韩国同韩国宜宁南氏大宗会进行联谊交流，受到韩国宜宁南氏大宗会热情接待。在韩期间，考察团成员分别拜会了宜宁、安东、英阳南氏宗亲会，参观参拜了南氏宗祖真毅公金钟陵墓。

4月11日，国际陈氏宗亲团一行百余人聚集在辉县市百泉大乙风光园齐王建墓前举行祭祖仪式，拜祭陈、田、王三姓分姓始祖齐王建。

4月15日，唐河县湖阳镇蓼山成功举办了丁亥年世界廖氏宗亲祭祖大典及蓼王庙廖氏始祖叔安公纪念馆奠基仪式，活动吸引来自新加坡、马来西亚和中国香港、澳门等地的廖氏宗亲近300人参加。

4月18日，中华炎黄文化研究会、河南省炎黄文化研究会主办的"郑州·中华炎黄二帝巨型塑像落成高层文化论坛"在郑州举行，位于黄河岸边的炎黄二帝巨型塑像正式落成，并在当天上午举行了揭幕仪式。

4月19日，由河南省政协等主办，郑州市与新郑市联合承办的丁亥年黄帝故里拜祖大典在新郑黄帝故里隆重举行，全国政协副主席张思卿、中国国民党荣誉主席连战与港澳台同胞及海外华侨华人2600余人参加了拜祖大典。

由焦作市人民政府主办，沁阳市人民政府承办的第三届神农文化节暨丁亥年神农祭拜大典在焦作市举行，大典以"祭拜神农，共铸和谐"为主题，以宣扬炎帝神农"辨五谷、尝百草，登坛祭天，开辟原始农耕文明"为主要内容。

4月25日，中华民族促进会、河南省中原圣贤研究会在三门峡举办了首届召公文化研讨会，会议对召公的历史地位给予了全面的评议。

4月28—30日，世界张氏总会第三届恳亲大会在新加坡隆重举行。濮阳县张姓研究会组成了以县委书记、本会名誉会长张建国，濮阳县原政协主席、本会会长张广恩为团长的14名理事会成员参加的代表团出席了此届盛会。来自世界各地的约1500名张氏宗亲参加了盛会。

5月1日，中华陈氏宗亲联谊总会、中国周口陈氏文化研究会、周口淮阳陈胡公文化研究会主办的2007年春季寻根谒祖

◎2007年，"郑州·中华炎黄二帝巨型塑像落成高层文化论坛"在郑州召开

暨文化交流大会在周口市隆重召开，海内外宗亲1000余人参加了盛会。

5月10日，来自马来西亚的60余名杨氏宗亲，来到杨氏发祥地、古代弘农郡郡治所在地今灵宝寻根问祖，认亲归宗。

以中华丘（邱）氏宗亲联谊总会会长邱家儒为首的海内外客家人一行60人，来到偃师首阳山镇汉魏洛阳故城，举行了拜祖仪式。

5月11日，应汝南县姓氏文化研究会的邀请，韩国南（金）氏后裔南重庆、南基荣先生一行莅汝考察省亲，受到县委统战部、县侨联和县姓氏文化研究会的热情接待。

5月17日，河南省委书记徐光春在周口市委书记毛超峰、市长徐光，鹿邑县委书记杨廷俊、县长刘政的陪同下考察了老子故里旅游区。

5月18日，卫辉市人民政府和中国卫辉比干纪念会共同举办比干诞辰3099周年纪念活动。来自新加坡、马来西亚、柬埔寨、菲律宾和中国台湾、香港、福建等地的千余名比干后裔近距离地体验了比干祭典的独特魅力和比干文化的博大精深。

台湾龙潭张廖简宗亲会一行40人来濮阳祭拜始祖挥公。

5月18—21日，河南省社科院考古研究所组成课题组，对修武范氏文化园中的墓葬、碑刻等进行详细的调查。其后，《黄河文化》编辑出版"修武范氏文化园研讨专辑"。

5月24日，耿氏宗亲河南联合会第一次筹备会议在郑州举行。

6月5日，由中国书法家协会主办、鹿邑县人民政府承办的纪念老子诞辰2578周年全国书法展开幕。来自全国各地的入展作者、书法爱好者及社会各界人士等3000余人参加了开幕暨颁奖仪式。

6月15日，在唐河县政府副县长张国强等陪同下，来自马来西亚、新加坡、英国和中国香港、澳门、台湾等地的海内外廖氏宗亲团体代表200余人在唐河县湖阳镇寻根谒祖，祭拜廖氏始祖蓼王叔安，为廖氏纪念馆奠基。

7月11日，林森理事长率台湾省彰化县林氏宗亲会一行27人，首次到河南卫辉市比干庙谒祖观光。

7月16日，以韩国丁氏大宗会副会长丁吉泰为团长的丁氏宗亲代表团一行29人回到唐河县大河屯镇丁营村祭祖，并开展经济文化交流活动。

7月22日，华侨大学组织的海外学生2007年"中国文化之旅——寻根中原"暑期社会实践活动拉开序幕。

7月24—29日，由国务院侨办主办，河南省外侨办、濮阳市政府承办的2008年"海外华裔青少年中国寻根之旅"夏令营在濮阳、开封、郑州、登封（少林寺）举行。

8月16日，我国著名的社会学家、中国人民大学社会学和哲学教授郑杭生来祖地荥阳寻根谒祖。

8月18—19日，由华夏文化纽带工程组委会、河南省客家联谊会主办的"客家先民首次南迁出发地"国际学术研讨会在偃师举行，与会专家在研讨后，基本形成了客家先民南迁出发纪念地以偃师根据最为充分的共识。

⊙2007年，"客家先民首次南迁出发地"国际学术研讨会在偃师召开

8月21日，台湾世界邓氏宗亲总会常务监事邓耀华率马来西亚督事邓福恩、马来西亚邓氏宗亲联谊会会长邓国威等邓氏宗亲知名人士组成的台湾、马来西亚世界邓氏宗亲代表团一行12人不远万里前来河南新野寻根谒祖。

9月16日，驻马店市召开了市陈氏文化研究会成立大会，并举行了揭牌仪式。河南省陈氏文化研究会首席会长陈文云、副会长陈瑞松等与会。

9月18日，由南阳市委、市政府主办，淅川县委、县政府承办的"中国南阳（淅川）商圣范蠡经济思想研讨会"在淅川县隆重举行。

9月28日，来自福建沿海一带的800名陈姓裔孙在陈氏始祖圣地——淮阳陈胡公陵墓前，举行了隆重的祭拜大典。

10月3—5日，全国工商联副会长、中国侨联常委、世纪金源集团董事局主席、福建省江夏黄氏源流研究会会长黄如论先生率领全国十六省（市）、港澳台地区及海外黄氏宗亲200余人到中华黄姓发源地潢川寻根参访。

10月4日，河南省潢川县隆重举行千年古城遗址——黄国故城国家重点文物保护单位揭牌仪式及世界黄姓寻根大典活动。来自东南亚、中国港澳台地区及内地16个省市的黄姓代表共同参加了此次揭牌大典活动。

10月10日，由美国旧金山邓氏宗亲会联谊会组织的邓氏宗亲团一行19人，来邓州市邓营村寻根谒祖，在邓侯吾离陵墓前进行了拜祭活动。

10月10—12日，由新野县委统战部牵头，成功举办了"中国·新野岑氏文化与经济合作联谊会"，邀请港澳、两广、江浙、云贵、巴蜀等地及加拿大、巴拿马等地区的岑氏宗亲120余人出席会议。

10月11日，2007"老子与洛阳"国际学术研讨会在洛阳市举行。研讨会由洛阳市社科联与洛阳老子学会联合举办，来自中国、越南、澳大利亚等国的近百名专家学者出席了本次会议。

10月16日，由台湾范氏宗亲联谊会组织，以范德文为领队、范盛扬为团长的台湾同胞范姓寻根谒祖访问团一行57人到范姓始祖地范县寻根谒祖。

10月19日，来自新加坡和中国香港、广东、浙江等地的600多名戴氏宗亲代表，参加了世界戴氏宗亲总会在商丘市梁园区三陵台举行的丁亥年重阳公祭初祖活动。

10月22—23日，世界梅氏宗亲总会一行12人组团到新蔡关津乡梅氏祠堂旧址，举行了祭祖拜祀活动。

10月22—25日，由全国政协港澳台侨委员会、河南省政协、中国河洛文化研究会主办的第六届河洛文化国际研讨会在安阳举行。全国政协副主席罗豪才以及海内外专家学者260余人到会，围绕"河洛文化与殷商文明"进行专题研讨。

10月26日，2007年世界许氏宗亲祭祖仪式在鄢陵县陈化店镇许由寨村举行，来自印度尼西亚、泰国、马来西亚、新加坡等国家和中国香港、台湾等地区的许氏宗亲130余人参加了祭祖仪式。

10月27日，来自印度尼西亚、泰国、马来西亚、菲律宾、新加坡、韩国、加拿大等国家和中国香港及内地的200余名许氏宗亲代表到许慎陵园拜谒先祖。

10月29日上午，浙江天台许重庆一行人和江苏沛县许氏文化研究会会长许怀勤、许锡位宗亲到位于登封市的许由与许氏文化研究会参观交流。

10月30日，中国窦氏历史文化研讨会在沈丘召开。来自全国20余个省市的100余名窦氏宗亲代表与周口市姓氏历史文化研究会会长皇甫有风，中国窦氏历史文化研究会会长、北京公安大学教授窦学田等参加研讨会。

是月，李乔编著的《固姓与闽台》由河南人民出版社出版。

11月10—11日，河南省姚姓暨姚崇文化研究会在郑州成立，同时举行首次会议。省内外10余位专家学者到会并向会议提交了学术论文，江西、安徽、山东等地姚姓研究会都派人到会祝贺。

11月12日，"中国·唐河·湖阳世界廖氏文化研究会"在唐河县湖阳镇宣布成立。

11月19日，韩国千氏后裔在登封市颍阳镇安寨村郑重竖起镌刻着"根在颍阳"四字的千氏始祖纪念碑。颍阳镇安寨村被认为是韩国千氏祖居地，河南与朝鲜半岛间的姓氏渊源又添一脉。

11月21日，马来西亚中华总商会副主席、汉联机构董事局主席、世界刘氏联谊总会会长刘南辉先生率领世界刘氏联谊总会一行十几人，在平顶山市委副书记乔新国等的陪同下，到昭平湖景区中华刘姓始祖苑察看建设情况。

12月1日，河南省郑氏工作委员会伊川联络处正式成立。

12月17日，由商丘市委、市人民政府主办，中国城市竞争力研究会、河南省社会科学院历史与考古研究所等协办的"中国商丘·华商之都"城市品牌定位研讨会在商丘市隆重举行。河南省社会科学院历史与考古研究所所长张新斌研究员主持专家论坛。

12月25日，由河南省社会科学院和邓州市人民政府主办，河南范仲淹文化研究会协办的河南第二届范仲淹文化节在邓州隆重开幕，来自省、市的各级领导和范氏后裔1万余人参加了盛会。

2008年

1月1日，河南省炎黄文化研究会会长王仁民，副会长马世之、张维华、张新斌等应邀到台湾参加中华民族联合祭祖大典。

1月，河南省温县石氏文化研究会在全国一些石姓较集中的市县开展了巡行活动。此次活动由温县人大常委会副主任兼温县姓氏历史文化研究会会长姬长忠、温县文联杨连仲和温县世界石氏文化研究会会长石晶等5人组成巡行团。

2月22—28日，应马来西亚中华百家姓研究协会的邀请，河南省社科院历史与考古研究所所长张新斌研究员在马来西亚吉隆坡与马六甲作了两场中华百家姓的专题报告，并拜访了大马侨届知名人士，对当地华人社区进行了考察。

3月28—30日，中共获嘉县委、获嘉县人民政府、获嘉县政协、中华宁氏宗亲联谊会、河南省社会科学院历史与考古研究所、获嘉县宁邑历史文化研究会共同在获嘉举办中国获嘉第二届宁氏文化研讨会暨首届全球宁氏寻根祭祖庆典。来自马来西亚等国家和中国香港、澳门、台湾、广东、广西、山东、湖南等20余个省（区、市）的194名宁氏宗亲代表参加了此次庆典。

⊙2008年，首届中原吴氏文化节在原阳举行

4月6日，100余名海内外吴氏宗亲祭拜吴姓开氏始祖泰伯仪式暨首届中原吴氏文化节在原阳县城东南30公里处的东圈、西圈两村之间的吴氏宗祠广场举行。马来西亚拿督吴国强等海内外知名人士为宗祠题词。

4月7日，湄洲妈祖祖庙董事会董事长林金榜一行来到卫辉，在卫辉市委统战部领导的陪同下到比干庙寻根祭祖。

4月8日，由中华炎黄文化研究会、河南省政协主办，郑州市政府、新郑市政府承办的戊子年黄帝故里拜祖大典，在新郑黄帝故里景区隆重举行，海内外近2万名嘉宾参加了盛典。本次拜祖大典的主题是"海内外华人、华侨喜迎奥运"。

4月10日，联合国文娱理事会摄影家协会主席江融在省市摄影家协会领导的陪同下，专程到正阳县寻根问祖并采风。

4月11日，来自印度尼西亚、中国香港等地的近30名海外李氏宗亲代表和社会各界人士相聚在老子诞生地鹿邑太清宫恭祭先祖老子。

4月12日，来自世界各地的蔡氏宗亲集聚在蔡氏祖地上蔡，参加蔡侯陵一期竣工典礼暨世界蔡文化研讨会。以"寻根联谊，传承发展"为主题的世界蔡文化研讨会是继该县举办蔡氏宗亲联谊会以来的又一文化盛事。

4月13日，世界苏氏宗亲总会理事长苏清祥先生专程来郑州拜会河南省社科院张新斌所长，就苏氏源流中的有关问题进行专题探讨。

4月19日，来自泰国、马来西亚以及香港、澳门、广东、安徽、陕西及河南省等地的1000余名刘氏后裔代表齐聚鲁山昭平湖畔，举行了世界刘氏后裔戊子年公祭始祖刘累公大典，同时举行了世界刘氏会馆开馆仪式。

4月21—23日，黄河文化研究会与内黄县联合主办的第二届颛顼帝喾与华夏文明研讨会在内黄县举行。来自省内外的专家学者50余人出席了会议，并对颛顼帝喾的历史贡献进行了专题研讨。与会代表还参加了戊子年公祭颛顼帝喾二帝大典，并对相关文化遗存进行了考察。

4月23日，世界赖罗傅宗亲联谊会第十三届代表大会组委会常务副主席、福建省泉州市工商银行原行长赖永森先生率福建省晋江市24名赖氏宗亲到息县包信镇后楼村赖王墓祭拜赖姓始祖叔颖公。

4月24日，西安市社会科学院院长、陕西省政府参事邓庆州，郑州市政协副主席、河南省政府参事邓友民

⊙2008年，安阳市戊子年祭祖节在颛顼帝喾陵举行

一行数人到河南省新野县寻根谒祖，在沙堰镇曹寨村参观了邓氏祠堂，拜祭了邓氏望族始祖邓禹。

4月28日，戊子年挥公故里祭祖大典在濮阳县隆重开幕，来自全国各地的600余名张氏后裔聚首现场，虔诚缅怀先祖挥公。

5月3日，香港麦氏宗亲探访团一行7人，在洛阳市宜阳县政协原副主席麦文子和县发改委有关同志的陪同下，到高村乡麦村寻祖探访。

5月8—9日，全球蒋姓华人代表聚集在河南淮滨寻根访祖，参加恳亲大会的蒋姓华人代表赴期思考察蒋国故城遗址，并到万寿陵举行祭祖活动。

新乡市在林氏祖庭卫辉市比干庙前新落成的比干文化广场举行了比干诞辰3100周年纪念大典。

5月12日下午，即将赴任的韩国驻英国大使、韩国千氏宗亲代表团团长千英宇先生一行来我省访问，并到登封市颍阳镇寻根访祖。

⊙2008年，黄河文化研究会年会暨黄河文化高层论坛在武陟召开

5月16—18日，黄河文化研究会与武陟县人民政府在武陟举行了黄河文化研究会年会暨黄河文化高层论坛，新任会长、河南省政协副主席袁祖亮，省社联主席王耀，省社科院院长张锐、副院长赵保佑，孙广举、张新斌、王星光、牛建强副会长，以及代表80余人到会，会议提交论文60余篇。

5月20—21日，2008中国鹿邑国际老子文化节尽管因震灾未能在老子故里鹿邑举行，但本届老子文化节以"建设民族精神家园——尊道·贵德·和谐·发展"为主题，前期的广泛宣传已深入人心，许多到会嘉宾专程拜访老子圣迹，并表达了对盛典的祝福。

5月27—29日，为期3天的中国作家采风团汤阴行暨第三届岳飞故里文化笔会在汤阴举行，作家们先后深入岳飞庙、岳飞故宅、岳飞先茔等处，探寻深厚的历史文化渊源，感受忠孝两全、"精忠报国"的岳飞精神。

9月22—24日，由全国政协港澳台侨委员会、政协河南省委员会和中国河洛文化研究会主办，政协河南省委员会办公厅、港澳台侨和外事委员会、河南省社会科学院、中共巩义市委、巩义市人民政府、政协巩义市委员会承办的第七届河洛文化国际研讨会在巩义市举行，第十届全国政协副主席罗豪才、海峡两岸关系协会副会长王富卿等领导，来自全国各地及美国、日本、马来西亚、巴西等国家和地区的学者及各界代表近300人出席了研讨会。

9月29日，2008世界郑氏宗亲纪念郑庄公诞辰2765周年祭祖大典在新密市郑庄公陵园隆重举行，来自美国、马来西亚、新加坡等国家和地区及国内郑氏宗亲1000余人参加了祭典。

10月5日，韩国南氏、金氏大宗一行73人到汝南寻根考察。

10月21—22日，河南省社会科学院历史与考古研究所、河南省海外联谊会、河南省人民政府台湾事务办公室、河南省归国华侨联合会和河南省固始县联合召开了光州固始与闽台历史渊源关系研讨会，来自海内外的350多名专家学者参加了会议。研讨会共收到论文70多篇，主要围绕固始与闽台文化、固始与闽台人物、固始与闽台姓氏、固始寻根资源开发与研究等问题展开商讨。

2009年

3月10日，岳氏家族联谊会成立大会在汤阴县汤阴宾馆隆重召开，来自山东、河南、江苏、河北、安徽、湖北、天津、山西等地的岳氏宗亲180多人参加了大会。

3月25日，《黄河文化》编辑出版了"曾国与曾氏文化研究专辑"。

3月，由河南省委统战部、河南省社会科学院牵头组织省内专家编写的《中华姓氏 河南寻根》典藏本，历时5年，由中州古籍出版社出版发行。该书共四册，280万字，囊括了中原地区的80大姓的历史文化脉络，是省内首部巨型的姓氏文化典籍式著作。由张海题写书名，徐光春作序。

4月13日，己丑年祭祖节公祭颛顼帝喾二帝大典在内黄二帝陵景区拜殿院内隆重举行，中共安阳市委副书记、市长张笑东主持公祭大典，河南省政协副主席龚立群恭读祭文。

4月18日，黄国故城一期工程黄国文化陈列馆工程奠基，至9月期间，著名实业家黄如论先后6次来潢川督导黄国文化陈列馆工程施工。

5月，张新斌、张顺朝主编的文集《颛顼帝喾与华夏文明》由河南人民出版社出版。

7月12日，深圳市美佳彩印刷有限公司总经理邓杜贤等一行4人来邓州市祭拜邓国侯吾离陵。

7月15—16日，上海图书馆主办的中国家谱文献价值及开发利用学术研讨会在上海举行，《中国家谱总目》正式出版发行，张新斌研究员在会上作了"闽台家谱资料与中原寻根"的主题报告。

8月21日，来自世界各地的500多名太极拳爱好者齐聚陈家沟，共同参加己丑年中国太极拳发源地拜祖活动。

8月28日，台湾凤邑赤山文史工作负责人郑温乾到河南省社会科学院作《曹谨生平与影响》的学术报告。

9月12日，由河南省社会科学院主办的河南省姓氏祖地与名人里籍研究认定中心成立大会暨《中华姓氏　河南寻根》首发式在郑州桃林园大酒店隆重召开。

9月，张新斌、金平、崔振俭主编的文集《固始与闽台渊源关系研究》由人民出版社出版。

10月18日，为期3天的2009中国鹿邑李姓之根高层论坛暨世界李氏宗亲第十三届恳亲大会在鹿邑开幕。这是世界李氏宗亲总会首次在中国内地召开恳亲会，海内外十多个国家和地区的李氏宗亲代表1000多名参会。论坛由河南省社会科学院历史与考古研究所主办。

10月21—22日，由全国政协港澳台侨委员会、政协河南省委员会、中国河洛文化研究会主办，河南省社会科学院、河南省台湾事务办公室、河南省归国华侨联合会协办，平顶山市政府、政协平顶山市委员会承办的第八届河洛文化国际研讨会在平顶山市隆重开幕。全国政协副主席白立忱，全国政协港澳台侨委员会主任、海峡两岸关系协会会长、中国河洛文化研究会会长陈云林，河南省委书记、省人大常委会主任、中国河洛文化研究会顾问徐光春，河南省政协主席、中国河洛文化研究会顾问王全书等领导出席了会议。

10月25—27日，由中国侨联、河南省政协、中国台联主办，《两岸关系》杂志社、河南省社会科学院历史与考古研究所、信阳师范学院历史学院协办，信阳市人民政府、河南省侨联、河南省台办、固始县人民政府共同承办的首届"唐人故里·闽台祖地——中国固始根亲文化节"在有"中原第一侨乡"之称的固始县举办，固始与闽台渊源关系研讨会同期举行。

10月26日，香港著名侨领、全球客家崇正联合总会执行长黄石华先生来潢寻根谒祖，捐资200万元修建春申君陵园。

10月29日，黄如论先生独资赞助承办的文艺晚会——中央电视台三套栏目组"艺苑风景线走进潢川"大型文艺演出在潢川县一中举行。

10月30日，黄国历史文化陈列馆落成仪式在隆古乡举行，福建省委原书记黄瑞霖，福建省委原常委、秘书长黄文麟，福建省原副省长黄贤模，中国侨商会副会长、世纪金源董事局主席黄如论等宗亲名流参加。

10月30日，中华姓氏博物馆奠基仪式在淮阳县太昊陵隆重举行。

11月5—7日，由河南省侨联支持，中共邓州市委、邓州市人民政府主办，邓州市邓氏宗亲联谊会、邓州市邓姓文化研究会、邓州市文化局承办的河南邓州邓姓文化研究座谈会在邓州市隆重举行。

11月15日，邓州市邓氏宗亲联谊会、邓姓研究会、邓州市文化局等一行10人千里赴粤，参加了南雄市珠玑巷后裔联谊庆典十周年暨珠玑巷邓氏纪念馆八周年庆典活动。

11月15日，由中国元史研究会、中国实学研究会、河南省社会科学院历史与考古研究所、政协焦作市委员会主办，中共中站区委、中站区人民政府承办的纪念许衡诞辰800周年文化论坛在焦作市中站区隆重举行。

11月19日，由河南省社会科学院主办、中共邓州市委和邓州市人民政府承办、河南省范仲淹文化研究会协办的"河南（邓州）第四届范仲淹文化节"在花洲书院隆重召开。

11月20—23日，河南省曾氏文化研究会首届会员代表大会在郑州市金水阳光生态园隆重举行。

12月4日，由河南省社会科学院历史与考古研究所、河南省中原姓氏历史文化研究会和内黄县人民政府联合主办的颛顼帝喾与中华姓氏文化高层论坛在内黄县隆重举行。来自中国科学院、中国青年政治学院、河南省社会科学院、河南省地方志办公室等单位的专家学者40多人参加本次论坛。

2010年

1月16日，由邓姓文化研究会、炎黄邓氏宗亲联谊总会主办，炎黄邓氏宗亲深圳联谊会承办的《邓姓文化》杂志首期发行仪式在深圳市香蜜湖度假村好世界国宴厅隆重举行。邓姓文化研究会会长、邓州市人大常委会主任殷中玲主持了首发仪式。

同日，河南省中原姓氏历史文化研究会2010年年会在郑州举行。林宪斋当选为会长，刘翔南当选为执行会长，张新斌、林坚、安国楼、石小生、郑强胜、于俊山、张瑞、白东升当选为副会长，李立新当选为秘书长。

2月26—27日，由中国先秦史学会、河南省社会科学院、鹤壁市人民政府、政协鹤壁市委员会共同主办，浚县人民政府等承办的全国首届子贡文化高峰论坛在子贡故里、国家历史文化名城浚县举办，来自全国各地的专家学者40余人与会。

3月3日，濮阳市瑕丘大会引来八方宾朋，数万群众会聚舜帝故里寻根祭祖。

3月25日，《黄河文化》编辑出版了"河南方城与曾国历史研究专辑"。

3月30日，纪念老子诞辰2581年公祭大典在老子故里河南鹿邑隆重举行，来自全国各地的李氏宗亲和道教界代表参加了祭拜仪式。以"弘扬老子文化、促进科学发展、构建和谐社会"为主题的2010年老子诞辰庙会拉开序幕。

3月31日，王审知后裔、福建商会副会长、河南中岳秀峰集团董事长王铭仪到固始县寻根祭祖。

4月2日，由河南通海流体有限公司总经理房家平率领的河南房氏宗亲代表团20余人到房姓起源地遂平县寻根问祖。

4月14日，来自澳大利亚、加拿大、毛里求斯、印度尼西亚等10余个国家以及我国台湾、香港、澳门、福建、广东等地的130多位参加"世界客家播迁路——中原寻根之旅"的客家代表到安阳寻根。

4月15日，内黄县颛顼帝喾陵景区隆重举行庚寅年世界客属领袖祭祖大典。安阳市领导张广智、马林青、史东林、李晓煜，内黄县领导王永志和来自澳大利亚、加拿大、毛里求斯、缅甸、泰国等10余个国家以及中国台湾、香港、澳门、福建、广东等地的海内外客属领袖、华商精英、社会各界知名人士及部分专家学者参加祭祖大典。

4月16—17日，河南省姓氏祖地与名人里籍研究认定中心主办，来自全国各地的专家学者通过科学研讨，对"中华曾氏祖根地在方城"进行了认定。其后，中华曾氏祖根地暨古缯国遗址授牌揭碑典礼在郑州、方城两地同时举行。

4月28日，2010年中华张姓始祖受封得姓纪念大会暨濮阳张姓研究会成立15周年庆典在河南濮阳县张挥公墓陵园隆重举行，包括全国政协副主席张梅颖、海外著名侨领马来西亚常青集团董事主席张晓卿在内的海内外1200余名张姓后裔前来参加。

5月5日，洛阳平逢山第六届炎黄母族有蟜氏故里拜祖大典在孟津县衡水镇张庄村平逢山举行。

5月8日，比干诞辰3102周年纪念大典在卫辉市隆重举行，来自印度尼西亚、泰国、菲律宾、美国、日本、加拿大、韩国、越南、马来西亚、新加坡、柬埔寨等国家和中国香港、台湾等地区的林氏宗亲团体和妈祖宫庙，以及来自北京、福建、四川、广西、海南等地的比干后裔等1万余人参加了大典。

5月10日，香港袁氏宗亲会会长袁雄坤先生、副会长袁康九先生、秘书长袁照兴先生一行3人，到平舆县阳城镇寻根问祖。

5月21—23日，河南省姓氏文化研究会会刊工作座谈会在光山县举行。

6月27—28日，来自马来西亚和中国香港、澳门、台湾等地的18个赖氏宗亲团的成员近400人，在息县祖地举行叔颖公受封立国3132周年祭祖大典。

7月11日，河南省南阳市康氏文化研究会一行20人，在会长、南阳市恒康集团董事长康献堂，顾问、西北工业大学教授康沫狂等带领下到淇县寻根问祖。

8月2日，爱尔兰华协会副会长戴国良及其家人一行4人在河南省、商丘市侨办负责同志的陪同下，到梁园区王楼乡三陵台寻根祭祖，缅怀先人。

9月16~19日，国际第四届李氏文化高端论坛峰会暨拜祖联谊大会在郑州隆重举行。河南省社会科学院历史与考古研究所所长张新斌在会上作《中华李姓的文化特征与寻根的历史使命》的报告。

9月25日，《黄河文化》编辑出版了"洛阳平逢山炎黄母族故里研究专辑"。

9月27日，洛阳中华姓氏文化寻源地在洛阳市老城区丽景门正式揭牌。

9月28—30日，由全国政协港澳台侨委员会、政协广东省委员会、政协河南省委员会、中国河洛文化研究会主办的第九届河洛文化国际研讨会在广州隆重举行。全国政协副主席陈振兴、罗豪才，中国河洛文化研究会会长陈云林等领导出席了开幕式，来自美国、日本、韩国、马来西亚等国家和地区，以及河南、广东、福建、广西等十多个省（自治区）的300余位专家学者参加了会议。

10月17—18日，由河南省社会科学院、河南省炎黄文化研究会主办的中华轩辕姓氏文化研讨会在商丘睢县举行。

10月21日，两岸姓氏文化研讨会暨中原文化与闽台寻根研究中心揭牌仪式在信阳师范学院举行。

10月25—27日，由国台办《两岸关系》杂志社、中国社会科学院台湾史研究中心、河南省人民政府台湾事务办公室、河南省社会科学院主办，信阳师范学院历史学院、固始县人民政府承办的2010年固始与闽台渊源关系研讨会在固始县隆重举行。

10月26日，由河南省旅游局、河南省旅游协会、台湾观光协会主办的第三届同根同源豫台旅游高峰论坛在郑州举行。

10月29日—11月5日，河南省社会科学院党委书记林宪斋率河南姓氏文化研究会代表团一行8人赴柬埔寨参加世界林氏宗亲总会第十三届恳亲大会。

是月，张新斌主编的《中华蒋姓淮滨寻根》由中国文化出版社出版发行，此次改版成"信阳根亲文化丛书"的第一本。

尹全海任主编，李乔任副主编的《固始移民与闽台文化研究》由九州出版社

⊙2010年，世界林氏宗亲总会第十三届恳亲大会在柬埔寨举行

出版。

11月13—14日，由焦作市人民政府与河南省社会科学院联合主办，修武县人民政府承办的"中国·云台山第三届竹林七贤文化研讨会"在修武县隆重举行。

11月14日，由邓州市委、市政府主办，炎黄邓氏宗亲联谊总会、邓姓文化研究会、邓州市文化局承办的邓氏先祖——邓姓始祖曼公，邓姓十九世祖吾离，邓姓四十七世祖邓禹塑像揭幕仪式及拜谒邓氏先祖活动在邓州市隆重举行。

11月28日—12月1日，河南省社会科学院党委书记林宪斋率团参加在广东河源举行的第23届世界客属恳亲大会。

12月4—5日，由驻马店市炎黄文化研究会、黄淮学院主办，平舆县人民政府承办的天中姓氏文化研讨会在平舆县隆重举行。

12月18日，信阳市黄氏文化研究会正式成立并召开了隆重的成立大会。

12月25日，河南省华夏文化研究会成立大会暨学术研讨会在河南大学举行，河南省社会科学院历史与考古研究所所长张新斌等当选为副会长。

是月，张新斌、夏学良主编的文集《鹿邑与中华李姓之根》由河南人民出版社出版。

第四章　寻根河南的鼎盛期（2011—2018）

2011年

1月16日，来自全国14个省和东南亚地区的黄姓宗亲代表200余人，会聚在中华民族姓氏主要发源地河南郑州，庆祝河南省黄氏文化研究会的成立。全国政协副主席、全国工商联主席黄孟复题词并发来贺电，济南军区原副政委、中将黄学禄，河南省委原常委、政法委书记、河南省人大常委会副主任张世军，濮阳原市长黄廷远，潢川县委书记焦豫汝等嘉宾亲临现场，河南省文化厅副厅长黄东升主持本次大会。濮阳市原市长黄廷远当选为会长。

1月，由刘少宇任总主编，张新斌任执行总主编的"中原文化记忆丛书"，18本，共465万字，由河南科学技术出版社出版发行。

2月24日，加拿大黄河华裔协会会长黄丽宝及其丈夫到新郑黄帝故里拜谒始祖，郑州市政府外侨办主任李陶然和新郑市领导陪同。

2月26—27日，河南省姓氏文化研究会2011年年会在郑州河南饭店隆重召开，河南省中原姓氏历史文化研究会正式更名为"河南省姓氏文化研究会"，林宪斋会长等组成人员不变。

3月10日，全球徐氏联谊会第四次筹备会在洛阳市召开。来自国内18个省、市、台湾地区以及泰国、印度尼西亚等地的100多位徐氏后裔齐聚洛阳，就组织全球徐氏联谊大会、徐氏文化研究会等议题展开热烈讨论。

3月19日，辛卯年黄帝故里拜祖大典官方网站（www.huangdinet.cn）和手机专题网站（wap.huangdinet.cn）正式开通，广大网友多了一个了解大典、关注大典、支持大典的窗口和平台。郑州市委常委、宣传部长、辛卯年黄帝故里拜祖大典组委会常务副主任兼秘书长丁世显出席网站开通仪式。

3月19—20日，中华房氏宗亲代表团一行53人在中华房氏网站站长房恒贵、首届世界清河房氏宗亲联谊大会主席团主席房成落、河南房氏宗亲会会长房四平的带领下莅临遂平参观考察。考察团成员主要来自广东、深圳、山东、安徽、陕西、黑龙江、上海、青海、河南等地的13个房氏宗亲代表团。考察团一行考察了国家4A级风景区嵖岈山及地质博物馆、房子国遗址、丹朱像，召开了房氏宗亲会遂平房氏文化研究交流座谈会。

3月21日，由范光登为团长的台湾范氏宗亲一行24人，在伊川县范园举行寻根祭祖仪式。这是自1997年台湾桃园县范姓宗亲会会长范成祥等一行24人到范园祭祖后，台湾范氏宗亲第三次组团来该县寻根祭祖。台湾范氏宗亲一行此次为整修范园捐资14000元，并为伊川县彭婆许营小学捐资2000元。

3月22日前后，河南省社会科学院历史与考古研究所所长、河南省姓氏文化研究会副会长、潢川县政府经济文化顾问张新斌，历史与考古研究所张佐良博士，河南省民间艺术学会秘书长郭昕等在信阳市委统战部副部长佘南波的陪同下，到潢川对黄姓文化研究工作进行考察调研。

3月23日，郑州市金水区举办"同根同祖同源"联谊活动，辖区港澳台商、外商和三胞眷属代表40余人参加了活动。此次活动以"同根同祖同源，和平和睦和谐"为主题，通过拜祭中华人文始祖伏羲氏，港澳台商、外商和三胞眷属深切地感受了中华文化的无穷魅力，领略了祖国的悠久历史。

3月25日，《黄河文化》编辑出版了"嵩县历史文化专辑"。

3月31日晚，正在河南省参加活动的中国国民党副主席、台湾蒋氏宗亲联谊会名誉会长蒋孝严先生，应约在下榻宾馆会见了中共河南省淮滨县委常委、淮滨中华蒋氏祖根文化研究会会长林长一行。双方就中华蒋氏淮滨寻根恳亲暨文化交流研讨大会的活动情况交换了意见。

4月2日上午，由河南省社会科学院、河南省姓氏文化研究会和淮阳县伏羲文化发展改革试验区管委会联合在淮阳召开中华万姓同根园建设发展座谈会。河南省社会科学院党委书记、河南省姓氏文化研究会会长林宪斋，周口市政协主席穆仁先，淮阳县委常委、组织部长、淮阳县伏羲文化发展改革试验区管委会主任张建梁，河南省社科院副院长谷健全，河南省社科院历史与考古研究所所长张新斌等专家学者参加了座谈会。

4月2—7日，第一届中华姓氏文化博览会在河南博物院举办。此次博览会由河南省炎黄姓氏历史文化基金会、香港文汇报、世界华商联合会主办，活动宗旨和口号是"万姓同源，爱我中华；民族昌盛，共筑和谐"。郑州是本次博览会的第一站。

4月3日，香港卫氏宗亲会理事长卫锦才、副理事长卫向荣等一行19人，在清明前夕到鹤壁市淇县祭祖寻根，参观了淇县卫国遗址公园、卫国古城墙、古灵山、摘星台公园等，并与当地有关部门召开了卫氏文化研究座谈会，就两地研究成果进行了交流，对有关问题进行了讨论，交换了意见。香港卫氏宗亲会对淇县根文化非常感兴趣，对淇县旅游开发、卫国古城墙保护等提出合作意向。

4月5日上午，辛卯年黄帝故里拜祖大典在新郑市隆重举行，亲民党副主席张昭雄出席了祭祖大典，并在大典上题词"华夏一统河洛拜祖"。

⊙2011年，辛卯年黄帝故里拜祖大典在新郑举行

4月初，卢姓文化研究会第一届年会在卢氏迎宾馆召开，有数十篇有关卢氏和卢姓起源发展的研究成果在会上进行了交流。4月5日清明节，在卢姓的起源地范里镇骷垛村举行了祭典仪式，来自全国各地的数十位卢姓后人、专家学者和卢氏县近千名群众参加了盛大的祭祀典礼。

4月8日上午，中华李氏大宗祠始祖殿落成庆典暨全球李氏宗亲拜祖大典在鹿邑隆重举行。市、县领导和来自8个国家和地区以及国内13个省、市、自治区的海内外1000余名李氏宗亲代表和嘉宾出席了大会开幕式。世界李氏宗亲总会理事长李常盛及市、县领导李绍彬、张文平、朱良才等为仪式剪彩。

4月8日下午，由福建长乐市海内外陈氏宗亲会会长陈依彩率领的陈氏恳亲团一行赴固始寻根问祖，恳亲联谊。固始县委常委、统战部长崔振俭出席欢迎仪式，统战部有关同志陪同参观考察。

4月11日上午，吴愉之后裔、福建省政协常委、厦门荣滨实业公司董事长吴国荣等一行4人，来固始寻根祭祖。

4月14—15日，来自新加坡、泰国、马来西亚和中国台湾、福建、河南等地的世界沈氏宗亲恳亲团一行70多人莅临固始县，开展宗亲联谊、寻根谒祖活动。

4月16—18日，由台湾中华侨联总会和中国河洛文化研究会联合主办的第十届河洛文化学术研讨会在台北隆重举行，全国政协教科文卫体委员会副主任、中国河洛文化研究会顾问王全书，河南省政协副主席、中国河洛文化研究会常务副会长邓永俭，中国河洛文化研究会常务副会长陈义初等率中国河洛文化研究会参访团出席。河洛文化学术研讨会首次在台湾举办，象征着河洛文化的传承与发扬迈出了开创性的一步。

4月15—17日，淮滨县成功举办了第四届中华蒋氏淮滨寻根恳亲暨文化交流研讨大会，来自全国20多个省、市、自治区的蒋氏宗亲代表382人以及省市领导和有关专家学者参加了本次活动。同日第四届中华蒋氏文化交流研讨大会在淮滨县行政新区会议中心举行。

4月20日，第七届中华炎黄母族（有蟜氏）故里拜祖大典在洛阳市孟津县横水镇张庄村隆重举行。

4月28日，来自台湾的世界柯蔡宗亲总会执行副理事长蔡奇兰，世界柯蔡宗亲总会副理事长、嘉义市大仁医院院长蔡尔洽，台湾冠钧营造股份有限公司创办人兼执行长蔡敦仁等一行5人到上蔡寻根祭祖。

4月28日前后，世界沈氏宗亲总会组织新加坡、泰国、马来西亚和中国台湾等地的沈氏宗亲代表人士一行65人到驻马店市平舆县开展寻根之旅活动。他们游览了沈国故址，祭拜了沈子嘉墓，了解了沈氏的历史渊源，加深了对平舆风土人情和人文历史的认识度。

5月4日，横岭刘氏迁居郸城660周年宗亲联谊会暨横岭刘氏族谱发放仪式在郸城汲水乡刘小集举行。郸城县政协副主席张云山，郸城县原副县长、县人大常委会副主任、郸城县姓氏文化协会会长朱俊杰，郸城县宗教局局长徐风，汲水乡党委书记孙广远、乡长罗明党等300余人参加了联谊会。

5月5日上午，由河南省社会科学院、新乡市人民政府、中国贸易报主办，新乡市委统战部和卫辉市人民政府承办，卫辉比干纪念会、世界林氏宗亲总会协办的中华比干姓氏根文化论坛暨《中华林姓文化大典》编纂工作启动仪式在新乡市隆重举行。袁义达、王震中、王大良、林伟功、王泉根等专家作了主题报告，张新斌主持论坛并作学术总结。

5月7日，中华杨姓祖源研讨会在商城县召开。信阳市委常委、统战部部长宋效忠，信阳市政协副主席李正军等出席了研讨会，来自中央机关、国家部委、中科院、社科院、军事科学院的有关领导及20多个省市的杨姓宗亲会会长、知名企业家，以及《杨家将文化》主编、杨家将研究会会长、《中华杨氏家谱》主编、《城市周刊》总编等百余人参加了研讨会。

⊙2011年，《中华林姓文化大典》编纂工作座谈会在新乡召开

5月9日，纪念叔颖公受封立国3133周年暨赖国国君赖氏太始祖叔颖公陵园奠基典礼在息县包信镇隆重举行，标志着总投资5000万元的赖氏文化园项目建设正式启动。来自海内外的100多名赖氏宗亲代表参加了奠基仪式。河南省委宣传部副部长赖谦进，信阳市委常委、统战部长宋效忠，息县县委副书记杨德付等省市县领导出席奠基仪式。

5月16日，中国侨联海外顾问、世界刘氏联谊会总主席、马来西亚汉联总裁刘南辉来宝丰县考察。宝丰县县长刘书锋以及市县有关部门负责同志陪同考察。

5月17日，荥阳市委统战部组织召开姓氏文化座谈会，郑氏、潘氏、冯氏等姓氏文化研究专家、知名人士及统战部、侨联相关负责人参加座谈会。

5月18日，台湾郭氏宗亲祭祖大典在三门峡市虢国博物馆举行。台湾郭氏宗亲寻根谒祖暨文化商贸交流团成员和三门峡市郭氏文化研究会及本地郭氏族人共60多人参加祭祖大典。

5月23日，韩国千姓宗亲会代表团一行来到武陟县，对产业集聚区建设情况进行参观。武陟县委副书记傅秋生，武陟县政协主席宋土生，武陟县委常委、统战部长杨志伟，武陟县委常委、县委办公室主任庞恩庆陪同参观。

5月25日，台湾郭氏宗亲会寻根谒祖暨文化商贸交流团来三门峡寻根祭祖，开展文化交流和商贸活动。

5月27日，世界刘氏企业家联合总会会长工作会议在商城茗阳汤泉会议中心举行。来自马来西亚、新加坡和中国香港、深圳、安徽、湖北、陕西等地颇具实力的刘氏企业的集团董事长和知名人士40余名参加会议。商城县刘氏宗亲代表人士应邀列席会议。

5月30日，世界杨氏宗亲联谊会暨杨氏祖源研讨会在商城县茗阳汤泉会议中心召开。世界杨氏90余名海内外宗亲参加会议。此次会议的议程主要是：研讨世界杨氏祖源、杨氏联谊会换届及筹建世界杨氏总商会。

6月1日，菲律宾菲华工商总会理事长蔡汉业等一行5人，世界柯蔡宗亲总会执行副理事长蔡奇兰，世界柯蔡宗亲总会副理事长、嘉义市大仁医院院长蔡尔洽，台湾冠钧营造股份有限公司创办人兼执行长蔡敦仁等一行5人，到上蔡寻根祭祖。蔡汉业一行分别到蔡叔度陵园和蔡仲陵园祭拜后，又参观了蔡国故城烽火台遗址和秦相李斯墓。

6月10日，第三届袁氏家族联谊会在周口项城市召开。来自加拿大和中国台湾等袁氏宗亲70多人与会。会上，举办了洹上大讲堂，近代史学家、广东社科院研究员骆宝善，安阳师范学院张华腾教授分别就袁世凯与辛亥革命、袁世凯与"二十一条"等研究成果进行讲解。

6月15日，广西海外联谊会常务副会长兼秘书长陈仕金带领其成员来到黄帝故里新郑景区参观。

6月25日，大韩民国牙山蒋氏大宗会会长蒋永台先生一行跨国寻根至淮滨。

7月10日，弘扬芮氏根祖文化暨寻根联谊活动在漯河市郾城区裴城镇西芮村、东芮村以及郾城区龙城镇芮王村同时举行，来自江苏、黑龙江、广东、山东、湖北、安徽、福建、河北、河南和天津等地的近20名芮氏宗亲代表参加了寻根联谊活动。

7月22日上午，2011年海外华裔青少年"中国寻根之旅"夏令营师生一行60余人到新郑黄帝故里景区参观拜祖，领略博大精深的黄帝文化，接受爱国主义教育。

7月26日上午，中日姓氏汉字书法篆刻文化展开幕式在开封博物馆隆重举行。中国人民对外友好协会副会长井顿泉、河南省政协副主席邓永俭、日本北枝篆会会长北室南苑、中国人民对外友好协会文化交流部主任王秀云等出席了开幕式。

8月24—25日，由中国先秦史学会、黄河文化研究会、获嘉县政府主办，河南省社会科学院历史与考古研究所、郑州大学历史学院、获嘉县古宁邑历史文化研究会等单位承办的首届周武王与牧野大战研讨会在获嘉县举行，来自国内的50

⊙2011年，首届周武王与牧野大战研讨会在获嘉召开

余名专家学者与会研讨。

8月25日上午，20名来自马来西亚的苏许连宗祠代表团，来到许氏发源地登封市箕山寻根拜祖，并举行了隆重的祭奠仪式。登封市侨联主席李建东和中国河南许由与许氏文化研究会会长王道生热情接待了他们。

8月28日，中国侨联副主席王成云带领中国侨商会代表团一行20人，到新郑市寻根拜祖。

9月3日，为加强中华蒋氏宗亲联谊会和淮滨中华蒋氏祖根文化研究会之间的交流沟通，共同促进中华蒋氏文化的繁荣和传承，中华蒋氏宗亲联谊会和淮滨中华蒋氏祖根文化研究会在武汉共同签订了《中华蒋氏宗亲联谊会、淮滨中华蒋氏祖根文化研究会季度会商机制框架协议》。

9月3—4日，河南省姓氏祖地与名人里籍研究认定中心邀请国内知名专家在淮阳研讨，一致认定"河南淮阳为中华姓氏起源地"。

9月7日，马来西亚蔡氏济阳堂代表团一行18人回新蔡谒祖，受到新蔡县委书记贾国印，新蔡县委副书记侯蕴，新蔡县委常委、统战部长谢彦涛，新蔡县政府副县长尚国干等领导亲切接见。新蔡县委统战部、新蔡县侨联、新蔡县外侨办、新蔡县蔡氏宗亲会等单位负责同志陪同马来西亚蔡氏济阳堂代表团到关津乡李洼村蔡平侯墓进行谒祖。

9月9日上午，香港特别行政区行政长官曾荫权夫人曾鲍笑薇一行到新郑市参

⊙2011年，河南淮阳为中华姓氏起源地暨中华姓氏博物馆立项研讨会论证会在淮阳召开

观拜祖。河南省、郑州市领导徐济超、张学军及新郑市政协主席陈莉陪同参观。

9月22—24日，由内黄县人民政府主办，安阳市侨联协办的世界骆氏宗亲恳亲联谊活动在内黄县隆重举行，来自海内外的200余名骆氏宗亲齐聚内黄，寻根联谊。安阳市侨联党组书记薛红，安阳市旅游局局长张建国，内黄县委书记郭建华，内黄县政协主席赵宪法，内黄县委常委、常务副县长王忠，内黄县委常委、统战部部长宋民等领导出席了活动启动仪式。

9月25日，《黄河文化》编辑出版了"卢氏历史文化研讨专辑"。

9月28日，国务院公布了《国务院关于支持河南省加快建设中原经济区的指导意见》（国发〔2011〕32号），明确中原经济区五大战略定位之一为"华夏历史文明传承创新区"，提出了全球华人根亲文化圣地建设的目标。

9月29日，孟津县与刘氏宗亲、刘秀后裔刘宏岩就合作经营汉光武帝陵景区签订框架协议。汉光武帝陵景区旅游开发项目于2003年被列入洛阳市18项重点工程之一。根据合作经营协议，双方将在未来10年内投资10亿元对景区进行二期开发。

10月5日，来自美国、东南亚和中国台湾等地的130多名海内外谢氏宗亲齐聚南阳市宛城区金华乡东谢营村，举行盛大的拜谒祭祖仪式，并为中华谢氏宗亲文化苑奠基。

10月5日上午，中华麻氏宗亲联谊会第一届三次会议在登封市召开，来自全国各地的百余位麻氏宗亲齐聚一堂，共叙麻氏大家族亲情，交流麻氏历史文化。

10月9日，河南陈氏文化研究会、驻马店陈氏文化研究会组织全国各地陈氏宗亲200多人到平舆县陈蕃墓拜祭陈氏先祖陈蕃。这是陈氏宗亲在平舆举办拜祭陈氏先祖陈蕃活动规模最大、人员最多的一次。平舆县委常委、统战部长赵向阳，平舆县政协副主席胡炜等县领导应邀出席。

10月11日上午,纪念邵雍诞辰1000周年暨邵雍思想国际学术研讨会在洛阳市洛龙区会议中心举行。国际易学联合会首席顾问、中宣部原副部长龚心瀚,中华全国新闻工作者协会名誉主席、人民日报社原社长邵华泽等出席了研讨会。13日,纪念邵雍诞辰1000周年祭拜仪式在伊川县邵雍墓地邵园举行,来自全国各地的邵氏宗亲代表入园祭拜先祖。

⊙洛阳孟津汉光武帝陵

10月13日,中华崔氏历史文化研讨会2011年会在孝义街道石灰务村宣传文化活动中心举行,河南省姓氏研究会副会长石小生和来自全国十几个省市的崔氏代表参加了此次会议。

10月13日,台湾客商江智超一行5人在驻马店市政府副秘书长谢李利的陪同下考察了正阳县江氏文化遗址,并实地参观了江湾新村建设,正阳县委常委、统战部长牛清泉,统战部副部长、侨联主席杨大森陪同考察。

10月13日,福建上杭陈氏恳亲团到固始县寻根祭祖。

10月21—23日,世界闽商联合会创会会长、中国闽商投资集团董事局主席黄毅龙,带领深圳、香港、澳门黄氏宗亲黄国故里行考察团到潢川县参观考察。信阳市政协党组书记宋效忠及潢川县有关领导陪同考察。中国闽商投资集团(香港)有限公司出资100万元发起的潢川(香港)黄氏宗亲2000万元助学关爱教育基金正式启动,用于资助潢川县所属中小学师生。

⊙2011年,第四届固始与闽台渊源关系研讨会在固始举行

10月26日上午，木华黎（成吉思汗手下大将）后裔在洛阳市西工区红山乡上寨村举行祭祖仪式。

11月8日，由中国河洛文化研究会、国台办《两岸关系》杂志社、河南省台办、河南省社会科学院主办，河南省社会科学院历史与考古研究所、固始县人民政府承办的2011年第四届固始与闽台渊源关系研讨会在固始县隆重举行。

11月9日上午，由政协河南省委员会、中华全国归国华侨联合会、中华全国台湾同胞联谊会主办，信阳市人民政府、河南省归国华侨联合会、河南省台湾事务办公室和固始县人民政府共同承办的第三届中原（固始）根亲文化节，在固始县华夏根亲文化园广场盛大开幕。

11月30日—12月2日，河南省社会科学院党委书记林宪斋等率团出席在广西北海市举行的世界客属第24届恳亲大会。

⊙2011年，世界客家播迁路·北海客家圣土采集仪式在广西北海举行

11月，张新斌主编的《中华赖姓息县寻根》由中国文化出版社出版。

12月7日，由河南省炎黄文化研究会和登封市君召乡人民政府联合主办的许由故里座谈会在登封市禅武大酒店举行。

12月8日上午，固始县朱氏文化研究会成立。固始县委常委、统战部长谷兴亚以及相关部门负责人和部分省内外朱氏宗亲参加成立揭牌仪式。

12月15日，世界华人协会秘书长颜新焕一行专程来到黄帝故里景区拜谒始祖，参观考察。

12月28日，为进一步弘扬根亲文化，应世界黄氏宗亲大会邀请，信阳市黄氏文化研究会会长率领由68人组成的信阳市黄氏宗亲代表团远赴马来西亚参加了世界第十一届黄氏宗亲会并在会上作主题发言。

2012年

2月16日，台湾省新北市淡水镇参访团20余人专程到新郑黄帝故里景区拜谒中华人文始祖轩辕黄帝。

2月16日，壬辰年黄帝故里拜祖大典新闻发布会在国务院新闻办公室新闻发布厅举行。2012年的拜祖大典第一次由党中央、国务院批准举办，第一次由河南省政府和国务院侨务办公室参与主办，第一次整合了经贸、文化等大型活动于大典期间举办，因此规格更高，内容更丰富，更加注重实效。

2月20日，全国台商投资企业联谊会会长张汉文一行4人，在濮阳市委统战部、濮阳市委台办领导的陪同下来濮阳县参观考察、祭祖拜宗。濮阳县委常委、统战部长李志华等领导参加了陪同。张汉文一行在张姓挥公陵园祭祖拜宗，参观了挥公大殿、弓箭展览馆，重温了张氏祖先的辉煌历史。

2月23日，壬辰年公祭太昊伏羲祭祀大典在河南省淮阳县举行。

3月1日，应台湾郭氏宗亲总会的邀请，三门峡郭姓协会会长郭炎堂一行到台湾进行考察交流。三门峡是郭姓的发源地，此前台湾郭氏宗亲总会曾多次到三门峡进行祭祖和开展文化交流活动。郭炎堂一行出席并参加了纪念汾阳王郭子仪诞辰1315周年暨郭子仪纪念堂落成启用典礼，先后拜会了台北、高雄等地的郭氏宗亲组织。

3月3日，由河南省社会科学院、河南省姓氏文化研究会、周口市政府主办的姓氏寻根与中原经济区建设高层论坛在淮阳举行。会上，河南省社会科学院党委书记、河南省姓氏文化

⊙2012年3月，姓氏寻根与中原经济区建设高层论坛在淮阳举行

研究会会长林宪斋，周口市政协副主席杨海震共同为淮阳县被认定为中华姓氏起源地揭牌。来自我省各地的姓氏根亲文化的研究、联谊代表等300余人参加了本次论坛。

3月6日，中华陶氏联谊总会会长陶巨友赴南京开展根亲联谊活动，拜访了著名音乐家陶思耀，古琴大师陶艺和南京艺术学院影视学院院长、著名影视演员陶泽如等文化艺术界名人。

3月24日上午（农历壬辰年三月三），壬辰年黄帝故里拜祖大典在新郑黄帝故里隆重举行，中国国民党荣誉主席吴伯雄偕夫人戴美玉应邀出席大典。

⊙2012年，壬辰年黄帝故里拜祖大典在新郑黄帝故里举行

3月24日下午，在首届全球根亲（客家）文化盛事颁奖大典上，受中国国民党荣誉主席吴伯雄委派，中国国民党中央委员、台湾中华两岸交流协会理事长刘宗明向华夏文化纽带工程组委会及淮阳县赠送"中华亲情林"树种。

3月24日下午，在郑州国际会展中心举行的首届全球根亲（客家）文化盛事颁奖大典上，洛阳市、开封市、新郑市、淮阳县、固始县被评为"全球华人最向往的十大根亲文化圣地"。

3月26日，全球李氏宗亲拜祭大典在鹿邑太清宫景区太极殿前隆重举行。当天，来自海内外的1000余名李氏宗亲代表和嘉宾参加庆典仪式，并举行隆重的祭拜大典，恭祭先祖老子。周口市委常委、鹿邑县委书记陈志伟，周口市副市长李绍彬，周口市政协副主席李海龙及鹿邑县领导和世界李氏宗亲会的代表、杰出人士共同出席拜祭大典。

4月3日，巴西河南同乡会会长董洪宣清明回兰考县三义寨乡河渠村祭祖寻根。

4月9日上午，福建南安苏氏宗亲一行40多人驱车千里，来到祖根地固始县胡族铺镇祭拜先祖，固始县根亲文化研究会会长陈学文出席祭拜活动并致辞。

4月13日，周口窦氏文化研究会在沈丘召开2012年会暨祭祖大典。沈丘县委统战部副部长、姓氏历史文化研究会副会长何航舟等领导与沈丘窦氏宗亲100余人出席了年会。

4月15日，中国濮阳张姓研究会会长张宏江，名誉会长张玉顺，副会长张焕

书、张春喜、张金顺,副秘书长张兆战一行6人应邀赴内黄县参加壬辰年(2012年)公祭颛顼帝喾二帝大典。

4月15日,世界黄氏宗亲理事会副会长、印度尼西亚黄氏宗亲会会长黄印华携夫人一行7人跋山涉水前来祖地潢川寻根拜祖。

4月16日,广东省梅州市副市长陈建青在长葛市侨联负责人的陪同下,到古桥乡陈寔陵园寻根拜祖。

4月21日,以江西省人大办公室主任、黄庭坚文化研究会会长黄金火为团长的江西省黄氏源流文化研究中心、黄庭坚文史研究会一行90余位黄氏企业家和专业研究人士到黄姓发源地河南潢川寻根谒祖。

4月21—22日,墨子与华夏历史文明传承创新区建设——第四届国际墨子学术研讨会在墨子故里河南省鲁山县举行,来自全国各地的专家学者80余人与会。

⊙2012年,墨子与华夏历史文明传承创新区建设——第四届国际墨子学术研讨会在鲁山召开

4月23日,由河南省社会科学院与中国文物保护基金会、河南省文化强省建设协会、新乡市人民政府共同主办,卫辉市人民政府承办,中国卫辉比干纪念会等单位协办的比干财富文化与中原经济区建设高端论坛在新乡举行。葛荣晋、宋豫秦、王衍用、张新斌等国内知名专家作论坛主题演讲,赵保佑主持论坛并作学术总结。

4月24日,比干诞辰3104周年纪念活动在卫辉市隆重举行,来自海内外1000余名林氏后裔参加了祭拜大典。

4月28日,2012年中华张姓始祖挥公受封得姓纪念庆典在濮阳县挥公公园隆重举行。

4月,林宪斋主编,张新斌、陈建魁等副主编的文集《比干文化研究》由河南人民出版社出版。

5月2日,来自香港、台湾、福建、广东等地的430名康氏后裔到康氏发源地淇县寻根问祖，表达对康氏先祖卫康叔的缅怀。

5月3日，世界房氏宗亲联谊会总会会长、国安国际保险经纪有限公司董事长房如义先生，世界房氏宗亲联谊总会执行会长、安徽省裕安集团董事长房运平先生率世界房氏宗亲联谊会总会高级成员和陕西、山东、河南房氏宗亲联谊会会长一行15人，到遂平寻根问祖。

5月3日，电视系列专题片《追寻台湾人的祖源》在濮阳市开拍。

5月5—6日，广东省东莞市凤岗镇雁田村邓氏宗亲代表一行12人，不辞劳苦千里迢迢地回到邓州祭拜先祖，探亲联谊。

5月7日，福建省原副省长、福建省诚信促进会会长、福建潘氏文化研究会永远名誉会长潘心城带领福建潘氏宗亲一行40多人到荥阳市高山镇潘窑村寻根谒祖，荥阳市政协主席付东菊陪同。

5月9日上午，浙江郑氏宗亲企业家寻根考察团一行120余人到荥阳市寻根考察。荥阳市政协副主席、侨联主席刘阳陪同考察。

5月21日上午，来自全国各地的100余名连氏宗亲相聚在黄帝故里景区，祭拜人文始祖轩辕黄帝。新郑市领导苏铁林等陪同参观。

5月24日，闽台陈氏恳亲团一行30多人赴河南固始寻根祭祖。

5月24日下午，澳大利亚中华情联谊总会会长张宪舫宗长、澳大利亚中华情联谊总会名誉会长张世京宗长不远万里莅濮祭祖。濮阳市政协副主席张建国等陪同祭祖。

5月27—28日，许昌海外联谊会名誉会长、香港联邦炉具（集团）有限公司商务总经理、香港许氏宗亲会会长许嘉鎏一行8人到许昌寻根祭祖。许昌市委常委、统战部长王忠梅参加活动。

5月31日，香港许氏宗亲会河南寻根团一行8人在监事长徐瑞良等率领下，到许昌、漯河、登封等地寻根祭祖。

6月16日上午，第四届海峡论坛暨第五届海峡两岸开漳圣王文化节在福建云霄县举行。海内外2000多名来宾参加了论坛和文化节活动，信阳市固始县组团参加此次文化盛会。

6月27日，由首届中国（孟津）壬辰年黄河祈福大典组委会主办，黄河文化研究会、河南省文化产业发展研究院、河南省社会科学院历史与考古研究所承办的"祈福黄河与华夏历史文明传承创新"高峰论坛在黄河小浪底隆重举行，来自全国各地的专家学者20多人与会研讨。

7月4—6日，炎黄邓氏宗亲浙江温州邓氏源流会秘书长邓昭宗及企业家邓昭渺、邓昭平一行回邓州祭祖考察，并进行探亲联谊。

7月11日上午，由河洛文化发展研究会主办，中华崔氏历史文化研究会承办的巩义市首届姓氏文化研讨会在孝义街道办会议室召开。巩义市32个姓氏家族代表参加会议。

⊙2012年，首届中国（孟津）壬辰年黄河祈福大典在孟津召开

7月23日，禹州市第二届颍川陈氏文化研究会代表大会召开，来自省内陈氏文化研究会代表共106人参加了会议。

7月31日，"豫见历史——2012两岸青年中原文化研习营文化寻迹分营"的学员们到固始县参观考察，感受根亲文化。来自台湾大学、台湾师范大学、辅仁大学等20所台湾高校和台湾夏潮联合会的50名台湾学员以及来自大陆的20名学员组成的研习营参加了此次活动。

8月1日，全球谢氏宗亲联谊会永远名誉会长谢大智、执行会长谢超伦一行前来唐河县古谢国遗址苍台谢家庄谒祖省亲，开展文化与项目交流。

8月3日，台湾黄氏恳亲团一行6人在台湾黄氏宗亲联合总会会长黄永雄的带领下到固始县寻根谒祖。河南省、福建省及信阳市黄氏文化研究会相关人员随行。

8月15日，台湾中山大学资讯管理研究所河洛文化工作室郑温乾一行13人到固始县考察了根亲文化建设，固始县根亲文化研究会会长陈学文陪同参观。

8月16日，广西陈寔文化研究会会长陈平率广西北部湾太丘祠的陈氏宗亲代表到长葛市拜祖。

8月19日，台湾中华周易学会一行32人在理事长吴秋文先生带领下到洛阳市孟津龙马负图寺寻根朝圣。

9月4日，"中华丘（邱）氏宗亲联谊总会成立十周年庆典暨海内外企业家联谊大会"在偃师举行。

⊙2012年，姓氏文化与华夏历史文明传承创新区建设研讨会在方城召开

9月18日，世界陈氏宗亲总会会长陈盛根一行到禹州寻根。

9月8—9日，由河南省社会科学院、河南省姓氏文化研究会、中共南阳市委、南阳市政府、方城县委、方城县政府共同主办的姓氏文化与华夏历史文明传承创新区建设研讨会在方城县隆重举行。

8月26日，由中国社会科学院哲学研究所、中国民盟中央委员会、北京大学道学文化研究中心、河南省社会科学院、河南省老子学会等单位联合主办，鹿邑县委、县政府承办的"2012·中国鹿邑国际老子文化论坛"在鹿邑县隆重举行。

9月25日，《黄河文化》编辑出版了"葛天氏与上古文明研讨专辑"。

9月26日，台湾郭氏宗亲团到渑池县仰韶博物馆参观考察、寻根问源。三门峡市委统战部常务副部长李献民，渑池县委常委、统战部长王跃峰等陪同参观。

河南《中华吕姓》（增订本）发行仪式暨中华吕氏文化研究会第二次代表大会在登封举行。

10月9—12日，由全国政协港澳台侨委员会、政协江西省委员会、政协河南省委员会、中国河洛文化研究会主办，中共赣州市委、赣州市政府、赣州市政协承办的第十一届河洛文化研讨会在赣州市隆重举行，来自海内外的专家学者150人与会。河南省社会科学院历史与考古研究所张新斌所长等应邀参加了研讨会。

10月23日，"2012中国·商丘国际华商节"在商丘隆重举行，海内外华商代表1000多人与会。

10月26日下午，河南省社会科学院与台盟中央、中国河洛文化研究会、《两岸关系》杂志社、河南省台办等单位联合主办，信阳市台办、信阳市根亲文化研究会、信阳师范学院历史文化学院协办，河南省社会科学院历史与考古研究所、固始县人民政府承办的第五届中原（固始）与闽台渊源关系研讨会在固始县隆重召开，来自全国的专家学者和宗亲代表等150多人与会。

10月26日，台湾世界谢氏宗亲总会荣誉会长、两岸文化协会台湾总召集人、台湾文笔机构董事长谢顺笔率台湾谢氏宗亲参访团一行10余人应邀到河南省商丘市睢阳区参访交流。

10月，《信阳师范学院学报》（哲学社会科学版）刊发河南省社会科学院历史与考古研究所所长张新斌的《中原寻根中的"信阳现象"——中原寻根三十年的记忆与思考》一文。文章系统回顾了中原寻根三十年的历程，首次提出中原寻根的关节点在信阳，"信阳现象"值得学人关注与研究。

11月14日，灵宝市弘农杨氏宗亲会赴台湾新竹参加全球董杨童第十六届恳亲大会。

11月19—22日，世界客属第25届恳亲大会在福建省三明市隆重举行，共5000余名海内外客属乡亲代表与会，河南省社会科学院历史与考古研究所唐金培副研究员应邀参会。

11月24—25日，"中国·云台山第四届竹林七贤文化国际学术研讨会"在修武县举行。

11月21日上午，20多名来自马来西亚北马许氏高阳堂的许氏宗亲河南寻根代表团成员在主席许为丰夫妇率领下到许氏发源地登封市箕山寻根拜祖。

11月，张新斌、刘兴儒主编的《武王伐纣·宁氏源流》由河南人民出版社出版发行。

12月1—2日，由中国先秦史学会，黄河文化研究会，中共长葛市委、市政府主办，河南省社会科学院历史与考古研究所、中共长葛市委宣传部共同承办的葛天氏与上古文明学术研讨会在郑州和长葛依次举行。来自中国社会科学院、北京大学、中国人民大学、南开大学、天津师范大学、安徽省社会科学院、苏州大学、郑州大学、河南大学、河南省社会科学院、中原工学院、许昌学院等单位的专家学者，新华社、中新社、《光明日报》、《河南日报》、河南电视台、《大河报》及许昌、长葛等地媒体的记者，与地方各界代表共100余人参加了此次会议。

12月1—2日，由河南省姓氏文化研究会、台湾两岸关系促进会联合主办的纪念郑成功收复台湾350周年郑州大会在郑州隆重举行，河南省姓氏文化研究会会长林宪斋等出席会议。

12月6日，周口市太康县姓氏历史文化研究会第二次会员代表大会在宏泰国际酒店召开。

2013年

3月16日，河南省姓氏文化研究会2013年年会在郑州市隆重举行，来自全省20多个二级学会的会员、姓氏文化领域的研究者200余人出席了会议。

3月26日，来自台湾中华无极道派玄门道派朝圣团108位同胞与河南灵宝市各界人士数万人齐聚该市函谷关，隆重纪念我国古代伟大哲学家、思想家、道家学派创始人老子诞辰2584年暨《道德经》问世2504年。

3月30日上午，"2013洛阳周公庙礼乐大典"在洛阳周公庙定鼎堂前广场举行。来自新加坡以及全国各地的周氏后裔和周公信众数千人一同参加了规模盛大的祭拜周公活动。

4月4日，由中华郭氏网组织的全国郭氏宗亲参访团一行50余人莅临三门峡市，在虢国博物馆举行癸巳年郭氏祭祖大典，并开展了郭氏文化研讨活动。三门峡市委常委、统战部长张建峰，三门峡市政协副主席、三门峡市工商联主席孙继伟会见参访团成员并出席研讨会。

4月9—12日，由中华炎黄文化研究会、河南省社会科学院、新郑市人民政府主办，河南省姓氏文化研究会、河南省黄帝故里文化研究会承办的黄帝与中华姓氏学术研讨会在新郑市隆重举行，来自中国科学院、中国社会科学院、北京大学、南开大学、陕西师范大学、河南社科院、郑州大学、河南大学等单位的专家学者60余人与会。

4月16日，由河南省台办组织的"探寻中原文化，传承华夏文明"两岸记者联合采访团一行在周口市鹿邑县开展采访报道活动。鹿邑县委常委、统战部长李国际，鹿邑县人民政府副县长李帮儒，陪同中共河南省委台办宣传处长常岩峰，中共周口市委统战部副部长、台办主任李国章及采访团一行参观了宋河酒业、辅仁药业、宏扬制衣、中华李氏大宗祠、明道宫景区、太清宫景区，并与鹿邑县老子文化研究中心专家座谈。

4月17—18日，由河南省姓氏祖地与名人里籍研究认定中心主办，淮滨县人民政府承办的淮滨为中华蒋姓祖根地研讨认定会暨第二届海峡两岸蒋氏文化论坛在淮滨县举行。来自中国社会科学院、北京师范大学、南开大学、中国青年政治学院、陕西历史博物馆、河南省社会科学院、郑州大学等单位的专家学者参加了会议。同期，第六届中华蒋氏淮滨寻根文化节举行，来自台湾、香港、澳门和内地15个省、市、自治区及韩国的蒋姓宗亲组织代表，淮河文化研究会部分骨干会员，以及各地投资客商，分别参加了相关活动。

7月19—21日，由河南省社会科学院历史与考古研究所、河南省卢氏县卢氏文化研究会共同主办的"2013年中国·卢氏历史文化研讨会"在卢氏县隆重召开，来自中国科学院、中国社会科学院、北京师范大学、北京第二外国语大学、甘肃省社科院、河南省社会科学院、郑州大学、河南大学、河南省史志办等单位的专家学者60余人参加了研讨会。

9月2—10日，全国台联副会长杨毅周，《台声》杂志社副社长、总编辑窦为龙，国台联会史征集办公室主任阎崑，河南省台联会长郭晴，台湾东森电视台制片人、两岸互动文化传媒有限公司总经理林伟中一行，就全国台联与台湾东森电视台合作的项目《台湾姓氏源流》电视片拍摄工作先后到灵宝、濮阳、卫辉、上蔡、淮阳、商丘、鹿邑、周口、鲁山等地进行考察调研。

9月6—8日，世界林氏宗亲总会理事长林忠男、世界林氏宗史文物馆筹建委主任委员林嘉政、马来西亚中华大会堂永久名誉会长林玉唐、泰国林氏宗亲总会永远会长林盛、澳大利亚林氏集团董事长林功佑等林氏后裔110余人到祖地卫辉举办活动，考察世界林氏宗史文物馆建设情况并祭拜林姓始祖比干。新乡市委副书记杨崇林，新乡市委常委、统战部长孙国富会见了参加活动的世界林氏宗亲总会代表。

9月12日，世界应氏宗亲联谊会会长、中国仪邦集团董事局主席应仲树带领文化旅游考察团莅临平顶山考察，平顶山市委常委、统战部长、副市长黄祥利，平顶山市政协副主席潘民中，平顶山市政府党组成员、副市厅级干部严寄音陪同考察。应仲树一行先后到应国墓地遗址、平顶山博物馆参观，并与平顶山市有关方面进行了座谈。

9月17日，由河南大学黄河文明与可持续发展研究中心、世界程氏宗亲会联合主办的二程理学现代价值高端论坛在洛阳市隆重举行。

9月18日，新加坡邓氏总会财政邓承西宗亲同邓州祭拜先祖、联谊宗亲、交流文化。邓姓文化研究会副会长、邓州市文广新局局长闫富传及邓州市人大常委会常委、炎黄邓氏宗亲联谊总会副理事长邓香云等亲切接见邓承西宗亲。

9月26日，"唐人故里·闽台祖地"第五届中原（固始）根亲文化节在河南信阳固始县开幕。全国台联会长汪毅夫，河南省政协副主席邓永俭等出席。各级领导、海内外宗亲代表、专家学者、商界精英、新闻记者共400多人参加了此次盛会。本届固始根亲文化节为期3天，旨在"弘扬根亲文化，持续扬名战略；扩大两岸交流，促进和平发展"。同期，河南省社会科学院历史与考古研究所和固始县人民政府联合举办的第六届固始与闽台渊源关系研讨会暨固始与闽台论坛在固始隆重召开。

9月，张新斌、刘五一主编的《黄帝与中华姓氏》由河南人民出版社出版。

10月12日，马来西亚邓氏宗亲会在拿督邓福恩先生的带领下抵达南阳，开展为期3天的寻根谒祖活动。这次寻根活动是南阳市侨联充分发挥根文化优势，服务招商引资的又一成果。

⊙2013年，第六届固始与闽台渊源关系研讨会在固始召开

10月26日，由国台办《两岸关系》杂志社、河南省台办主办，焦作市台办、沁阳市人民政府承办的"2013海峡两岸曹谨学术研讨会"在沁阳市隆重举行。

10月，张新斌、杨智钦主编的《葛天氏与上古文明》由河南人民出版社出版发行。

11月7日，许衡墓晋升国家级重点文物保护单位揭牌仪式暨第三届许衡思想与文化中站建设论坛在焦作市中站区隆重举行。

11月9日，旅居美国的邓仕雄、旅居加拿大的邓仕荣及广东省江门市邓鹏生等一行14人专程回到邓州祭拜先祖、探亲联谊。邓仕雄一行在邓国侯吾离陵园邓氏先祖塑像前举行了隆重的祭祖仪式。

11月23日，河南省三国文化研究会成立大会在

⊙2013年，中国·邓州习氏文化研讨会在邓州举行

郑州市举行。

12月6—8日，由邓州市习氏文化研究会与南阳师范学院联合主办的"中国·邓州习氏文化研讨会"在邓州市隆重举行。

2014年

1月15日，福建省三明市黄氏宗亲理事会会长黄勤炎率30余位黄氏宗亲代表到潢川寻根。

1月20日，福建省邓百科、刘新福等3位邓氏宗亲到邓州祭祖。

3月1日，世界马氏联谊总会副总会长马谦诚、副总会长兼秘书长马雄光受总会长马汉坤委托，应邀前往河南省巩义市参加世界赵姓文史联研总会第五届高峰论坛暨总会第二届组织机构换届选举代表大会，并出席世界赵姓文史联研总会3月2日举行的第五届祭拜北宋皇陵大会。来自全国各地以及海外的300余位赵姓学者、宗亲及相关人士出席了本次论坛。

3月4日上午，来自全国各地的30多名赵氏子孙相聚牌山下的汝州市陵头镇陵头村魏王赵廷美陵前，祭祖寻根。汝州市副市长杨英武、郭杰陪同。

3月7日，来自全国各地的30多名赵氏宗亲赴河南汝州陵头镇陵头村寻根问祖。

3月3—8日，海内外殷氏宗亲来淇县参加了纪念帝辛殉难3060周年寻根谒祖活动，本次活动共有来自山东、江西、广东、香港、澳门、台湾等地的殷氏宗亲以及来自韩国幸州殷氏大宗会的19名殷氏宗亲，共800余人。鹤壁市委统战部副部长莫红霞，淇县政协主席杨宝良，淇县统战部长郝东法，淇县政协副主席、朝歌殷商文化研究会会长燕昭安等领导参加了本次活动。

3月15日，是老子诞辰纪念日，灵宝市在函谷关历史文化旅游区举行公祭典礼，以纪念中国历史上伟大的哲学家、思想家老子诞辰2585周年暨《道德经》问世2505年。来自海内外的数万名游客和全市各界人士向老子圣像行三鞠躬礼，以示对先哲的感怀和追忆。台湾朝圣团、新加坡道教协会及全市各界多个社会团体的代表还向老子圣像敬献了花篮，在函谷关大道院举行祭拜典礼。

4月4—5日，"探寻中原文化传承华夏文明"两岸记者采访团来到淮阳，亲身感受周口市深厚的文化底蕴。本次由省台办组织的"探寻中原文化 传承华夏文明"两岸记者联合采访中原宗教文化艺术活动，主要对中原宗教文化及我省经济、社会方面进行集中采访，旨在弘扬和宣传中原文化，宣传河南，扩大影响。

采访团由来自《联合报》、中央电视台、《人民日报海外版》、人民网、东森电视台、《中国时报》、《农民时报》、《亚洲新闻报》、《旺报》、《大成报》等20多家媒体的新闻记者组成。

4月8日，马来西亚杨氏联合会、仁嘉隆杨氏公会等多个宗亲社团的60余位杨氏后裔到灵宝祭祀先祖杨震。

4月12日，海内外500多位蒋姓后人相聚在中华蒋姓故里河南省淮滨县，参加了会期一天的第三届海峡两岸蒋氏文化论坛暨第七届中华蒋氏淮滨寻根文化节。本次寻根文化节由中华蒋氏宗亲联谊会和淮滨中华蒋氏祖根文化研究会两个民间社团组织共同主办。文化节期间，主办方分别举办了甲午年中华蒋姓故里拜祖典礼暨蒋氏文化园落成仪式、第三届海峡两岸蒋氏文化论坛、海峡两岸企业家淮滨行和中华蒋氏宗亲联谊会年度工作会议等活动。

4月15日，张新斌的《根亲文化的讨论与思考》在《中原文化研究》第2期发表，该文对寻根文化、根文化、根亲文化的内涵和关系进行了理论研究和探讨。

4月18日，2014年世界刘氏祭拜始祖累公在鲁山昭平台刘累陵园举行。

4月21—24日，由中国史前文化与文明起源研究中心、柘城县炎帝朱襄氏文化研究会、柘城县朱襄氏陵管委会联合主办的第一届炎帝暨朱襄氏文化学术研讨会在北京隆重举行。河南省社会科学院历史与考古研究所所长张新斌及唐金培、李龙应邀与会。

⊙2014年，第一届炎帝暨朱襄氏文化学术研讨会在北京举行

6月10—12日，由全国政协港澳台侨委员会、政协福建省委员会、政协河南省委员会、中国河洛文化研究会共同举办的第十二届河洛文化国际研讨会在厦门市召开。十二届全国政协副主席、全国人大常委会副秘书长林文漪，中国河洛文化研究会会长陈云林，全国政协港澳台侨委员会主任、中国河洛文化研究会副会长杨崇汇等政协同志及

研究者参加了会议。来自中国福建、江西、河南、广东、湖北、广西、贵州、香港、台湾及美国、韩国的100多位研究者就"河洛文化与闽南文化"进行了研讨。

6月17日，辉县市共城文化研究会成立大会在百泉国际大酒店隆重举行。

6月24日，由美国三藩市邓高密总公所邓海波元老、邓文朝主席、邓福盛副主席及邓国南宗亲等组成的拜祖团，回到邓姓故里邓州祭拜先祖、联谊宗亲、交流文化。

6月24日，台湾台北市张廖简宗亲会张金发、张木寿、张地池、张明顺等20位宗亲，莅临中华张姓祖根地濮阳寻根谒祖、参观游览。华夏张姓文化研究会会长、濮阳市政协副主席张建国，中国濮阳张姓研究会会长、濮阳县人大常委会副主任张宏江等陪同祭拜。

7月2—4日，世界张氏总会名誉主席、濮阳华夏张氏文化研究会名誉会长张天任到濮阳挥公公园祭祀先祖。

7月18日，由国务院侨办主办、河南省人民政府外事侨务办公室承办、少林寺武术馆协办的2014年海外华裔青少年"中国寻根之旅"夏令营——河南营在少林寺武术馆举行开营仪式。

7月24日，信阳市举办2014年根亲文化研讨会。

8月10日，经过各领域专家多次论证的大型电视剧《老子传奇》在老子故里鹿邑县隆重举行开机仪式。

⊙2014年，中国炎帝朱襄氏与柘城文化发展研讨会在柘城举行

8月24—26日,由中国屈原学会、黄河文化研究会、河南省社会科学院历史与考古研究所等主办的中国炎帝朱襄氏与柘城文化发展研讨会在河南柘城县举行,河南省社会科学院党委书记魏一明及省内外50余位代表出席会议,大家对上古时期朱襄氏的贡献给予了充分肯定。

8月,美国新泽西州会计事务所高级会计师张纪先生一行2人在确山县侨联、侨办和民政等部门工作人员的陪同下到家乡确山县联谊考察、探亲祭祖,并在确山盘龙公墓区建衣冠冢一处,以表达对祖辈的哀思与纪念。

9月25日,《黄河文化》编辑出版了"炎帝朱襄氏与柘城文化发展研讨专辑"。

9月26日上午,"唐人故里·闽台祖地"第六届中原(固始)根亲文化节在固始县华夏根亲园广场开幕。来自新加坡、马来西亚、缅甸等国家和中国港澳台地区及北京、福建等省市的政要、学者、宗亲代表、商界精英等1100多人参加了开幕式。开幕式由固始县委副书记王振庆主持,固始县委书记曲尚英致欢迎辞。全国台联副会长杨毅周、中国侨联副主席康晓萍、中国国民党荣誉副主席蒋孝严分别致辞,河南省政协副主席邓永俭讲话并宣布根亲文化节开幕。

10月17日晚,世界客属第二十七届恳亲大会在开封清明上河园隆重开幕。来自世界各地的2500多名客属乡亲、各级领导、重要嘉宾、新闻媒体记者和各界朋友欢聚古都开封,寻根谒祖,恳亲联谊。全国政协副主席、民建中央常务副主席马培华,河南省政协副主席、民建省委主委龚立群等各界领导出席开幕式。

⊙2014年,世界客属第二十七届恳亲大会国际客家文化茶叙在开封举办

11月，美国华侨郑廉勤、台胞郑昭明、港胞郑世进等60多位郑氏宗亲来荥阳开展郑文化交流活动。荥阳市市长王新亭，荥阳市人大常委会主任张淑霞，荥阳市政协主席付冬菊，荥阳市副市长王伟，荥阳市政协副主席、侨联主席刘阳热情接待了郑廉勤等一行。双方就姓氏文化、根亲文化的发展进行了座谈交流。

11月30日—12月1日，福建省石狮市黄氏恳亲团到固始县寻根祭祖。恳亲团一行来到县根亲博物馆和根亲文化园，详细了解固始县四次大规模移民南迁历史和源远流长的根亲文化，并到江夏黄氏大宗祠祭拜先祖。

12月4日上午，中华曾氏拜祖大典在南阳方城古缯国博物馆举行，来自全国各地的近千名曾氏族人参加典礼。同期，由河南省社会科学院中原文化研究中心、河南省姓氏文化研究会主办，河南省姓氏文化研究会曾姓委员会、方城古缯国文化旅游开发有限公司承办的首届古缯国文化暨中华曾姓源流研讨会在方城县隆重举行。

○2014年，河洛文化研究高层论坛在郑州召开

12月6日，以"深化河洛文化研究"为主题的河洛文化研究高层论坛（2014）在郑州举行。论坛由中国河洛文化研究会、河南省社会科学院、河南省政协港澳台侨和外事委员会主办。中国河洛文化研究会顾问徐光春、王全书，常务副会长邓永俭、陈义初及来自省内外的专家学者60余人参加了会议。

12月19—20日，由河南省炎黄文化研究会、黄河文化研究会、河南省社会科学院历史与考古研究所、中国大禹文化研究中心联合主办，登封市政协、登封市河南大禹文化产业开发有限公司、登封市大禹文化研究会承办的登封与大禹故里学术座谈会，在登封市天中大酒店隆重召开。来自中国社会科学院、河南省社会科学院、河南博物院、河南省文物考古研究院、河南大学、苏州大学、郑州大学等单位的领导、学者及新闻界代表共40余位嘉宾与会。

12月25日，《黄河文化》编辑出版了"河洛文化研究高层论坛（2014）专辑"。

⊙2014年，河洛文化研究高层论坛在郑州召开

12月，固始县侨联赴泉州参加骆氏沂元公诞辰六百周年暨宗亲联谊会。活动期间，县侨联广泛联系海内外侨胞，积极向外宣传推介固始根亲文化。

2015年

1月，世界舜裔陈氏宗亲联谊会副主席、河南陈氏文化研究会首席会长、驻马店陈氏文化研究会名誉会长陈文云等驻马店陈氏宗亲8人来泌阳与泌阳宗亲联谊并座谈。

1月17—18日，中华阮姓宗亲恳亲联谊活动在尉氏县隆重举行，来自全国各地的阮姓宗亲代表、中华阮姓研究会代表、知名专家学者齐聚尉氏，共同研究阮姓姓氏文化，共商阮姓宗族发展大计。阮姓宗亲代表到小陈乡阮籍墓举行了拜祖仪式，随后到城关镇的阮籍啸台开展拜谒活动。

2月，黄震云任主编，张新斌、林效东任副主编的《中国炎帝朱襄氏与柘城文化发展研讨会论文集》，由中国古文献出版社出版发行。

3月11日，广西梧州江氏宗亲会会长江日阳一行4人到正阳县寻根祭祖，正阳县委常委、统战部长李迎春，正阳县委统战部副部长、侨联主席杨大森，正阳县江氏文化研究会相关人员陪同。江日阳一行实地参观了江国故城遗址，察看了江氏文化产业园土地现状，与正阳方面座谈交流了建设江氏文化产业园的初步规划及设想，并就共同启动江氏文化产业园建设达成合作意向。

3月20日上午，2015年赵姓宗亲祭祖典礼在鲁山县赵村乡宽步口村造父墓前举行，来自国外和全国各地及豫南、豫中、豫北各赵氏宗亲代表团队和平顶山市赵氏宗亲共计千余人齐聚宽步口村后的造父墓前，经过鸣炮、敬献祭牲、上香、宣读祭文等环节，祭祖典礼取得圆满成功。这是赵姓宗亲连续第二年在造父墓前成功举行祭祖典礼。

3月25日，《黄河文化》编辑出版了"登封与大禹故里学术研讨专辑"。

4月1日，在范县高码头镇老范庄村，来自世界各地的300余名范氏宗亲会聚于此，参加中华范源武子大殿奠基仪式。范氏宗亲们面向武子石像行礼，并为中华范源武子大殿开工奠基培土。

4月1日，由河南省侨联组织，河南商报社、河南省姓氏文化研究会主办的"拜谒根脉圣地，溯源中华姓氏"暨《中华百家姓·起源故事》电视剧中原寻根行参访团一行22人，在河南省侨商会副会长、西班牙河南同乡会会长韩启立，河南省侨联对外经济联络部副部长邱建锋的陪同下，到内黄县参观考察、寻根问祖。安阳市侨联党组书记、副主席薛红，安阳市工商联副主席韩贞霞，内黄县委常委、统战部长方海龙，内黄县副县长刘具廷陪同考察、座谈。

4月3日，老子故里周口鹿邑县在太清宫景区太极殿前举行了盛大的公祭大典，纪念我国古代伟大的思想家、哲学家、道家学派创始人老子诞辰2586周年。来自海内外的知名学者、商界人士、李氏后裔、城乡居民等2000余人参加了祭拜仪式。

4月8—9日，"拜谒根脉圣地，溯源中华姓氏"暨《中华百家姓·起源故事》电视剧中原寻根行参访团一行20人，在导演张清、河南省社会科学院中原文化研究所副所长李立新等带领下，到信阳市潢川县考察黄姓根亲文化。参访团一行实地考察了黄国历史文化陈列馆、春申陵园、孝文化园和根亲文化广场等黄姓祖源地的文化遗存，并就如何通过电视剧的形式把百姓的姓氏情感与传统文化有机结合召开了座谈会。

4月11—13日，来自海内外400多位蒋姓宗亲相聚在中华蒋姓故里——河南淮滨，参加第四届海峡两岸蒋氏文化论坛暨第八届中华蒋氏淮滨寻根文化节。本次寻根文化节由淮滨中华蒋氏祖根文化研究会和中华蒋氏宗亲联谊会主办，以根亲文化为纽带，以寻根联谊为平台，不断增强全球蒋氏族人对祖先的崇敬感、家族的认同感和民族的归属感，为实现"中国梦"增添正能量。

4月15日上午，菲律宾苏氏恳亲团来固始县寻根考察，固始县政协副主席杨爱民及固始县侨联、史志办、胡族铺镇主要负责人陪同。菲律宾苏氏恳亲团来到胡族铺镇苏岗村的苏氏蓼祖庙，了解祖庙建设情况，瞻仰祭拜先祖。

4月15日，来自香港、澳门、台湾等地区近百名东汉袁安袁氏后人相约齐聚平舆县，共同拜祭祖先袁安。祭祖仪式在平舆县阳城镇新集袁家冢举行。驻马店市委统战部副部长、驻马店市侨联主席、党组书记蒋毓勤，驻马店县委常委、统战部长赵向阳等出席仪式。

4月25日，社会各界代表、名人贤达、柏氏后裔及柏国故地父老乡亲会聚于驻马店市西平县出山镇焦芝岗村老龙湾柏皇氏墓遗址，参加柏皇氏墓园修复工程竣工和拜祖典礼，共同恭拜功德先祖。河南省委宣传部原常务副部长、河南省炎黄文化研究会会长常有功，河南省炎黄文化研究会常务副会长、河南省社会科学院历史与考古研究所所长张新斌研究员及炎黄文化研究会的有关领导参加了此次典礼。

4月27—28日，台湾张廖简宗亲全国总会理事长张光雄、秘书长廖宜勇率领台湾张廖简宗亲代表团一行4人到濮阳县参加2015濮阳中华张姓始祖挥公受封得姓纪念庆典和"振科杯"世界挥公颂第三届书画摄影颁奖典礼活动。

4月，赵族联谊会一行12人前往巩义市参加了世界赵姓文史联研总会组织的祭拜北宋皇陵活动。当天，在市区永昭陵前举行了祭陵仪式。澳门赵族联谊会代表与来自内地和港台地区及韩国、美国、瑞士、加拿大等34个赵族代表团6000多人全程参加了祭陵活动。

张新斌、彭修身主编的《卢氏历史文化研究》由河南人民出版社出版发行。

5月23日，台胞马爱珍女士回到家乡社旗县探亲祭祖。社旗县委常委、统战部长乔国涛，正县级干部闫玉华陪同。

5月29日，出席"第十届世界华裔杰出青年华夏行——走进河南"活动的74名代表当天在黄帝故里拜谒轩辕黄帝，并在姓氏广场寻找自己的姓氏，了解中原文化的根源脉络。"第十届世界华裔杰出青年华夏行"活动由国务院侨办举办，主题是"中华主根脉、丝路新风采",旨在通过举办活动让全世界的华裔杰出青年们认识中国,了解中国传统文化,进而共谋发展。

6月25日,《黄河文化》编辑出版了"柏皇氏与中华柏姓文化研讨专辑"。

7月2—3日,由中华炎黄文化研究会、河南省炎黄文化研究会、西平县炎黄文化研究会联合主办,河南省社会科学院历史与考古研究所、驻马店尚金房地产营销策划有限公司承办的柏皇氏与中华柏姓文化研讨会在河南省驻马店西平县豪顿大酒店隆重召开。来自中国社会科学院、中国科学院、陕西历史博物馆、苏州大学、浙江工商大学、中国航空救生研究所、河南大学、郑州大学、郑州师范学院、河南省史志办、河南省社会科学院等多家高校和科研机构的专家学者及柏姓后裔、当地学者、新闻媒体记者等近百人参加了此次研讨会。

7月11—12日,由中国先秦史学会、河南省炎黄文化研究会、黄河文化研究会主办,河南省社会科学院历史与考古研究所、中国大禹文化研究中心、河南大禹文化产业开发有限公司承办,郑州市政协文史资料委员会、登封市嵩山文化研究会、登封市大禹故里文化研究会协办的2015中国登封大禹文化研讨会在登封市隆重召开。来自北京、河北、天津、辽宁、陕西、四川、重庆、浙江、江苏、安徽、上海、湖北、河南等地的高等院校、科研机构、文物考古等部门的专家学者共计90余人出席了会议。

8月12日,世界刘氏联谊总会第二届第六次常务理事会议在孟津县平乐镇牡丹文化创意产业园区召开。此次会议由洛阳鼎润实业有限公司承办,东南亚著名侨领、拿督丹斯里刘会干的长子、世界刘氏联谊总会主席刘利民带队,来自新加坡、马来西亚和中国香港、台湾等地以及内地的百余名刘氏宗亲成员、企业家集聚一堂,共叙友情,共谋发展。

9月3日,韩国押海丁氏大宗会总务委员、押海丁氏光州全南宗亲会会长丁东业带领韩国丁氏代表24人来唐河寻根谒祖。唐河县委常委、统战部长杨好宁,唐河县政府副县长陈曦等出席座谈会。

⊙2015年,纪念清儒孙奇逢诞辰430周年暨《中华思想通史·封建编·清代卷》学术研讨会在辉县市召开

9月19—20日，由中国社会科学院、河南省社会科学院、兼山堂文物保护理事会主办，佐今明药业集团协办的纪念清儒孙奇逢诞辰430周年暨《中华思想通史·封建编·清代卷》学术研讨会在河南省辉县市百泉宾馆隆重召开。河南省社会科学院党委书记魏一明、中国社会科学院历史研究所所长卜宪群，以及省内外代表50余人，首次对孙奇逢的贡献进行专题研讨。

9月25日，固始县举行第七届中原（固始）根亲文化节固始与闽台企业家联谊会高峰论坛。固始与闽台企业家联谊会名誉会长、中国台湾致公党主席、中国台企会副会长陈柏光，县长王治学，以及部分县处级领导，台商代表团、闽商代表团，北京、上海、深圳、东莞等20多个商会代表团，固始本地企业及乡镇商会等260多人出席论坛。26日上午，"唐人故里·闽台祖地"第七届中原（固始）根亲文化节在固始县委礼堂开幕。

9月，卫绍生任主编、李立新任副主编的《中华姜姓文化与太公文化研究》由大象出版社出版发行。

10月12日，台湾同胞楚兆庆夫妇到遂平县寻根问祖。楚兆庆一行在陪同人员的带领下，回到老家和兴镇西魏楼村楚庄，与村干部、亲属、村中长辈亲切交流，了解到父辈、祖辈的详细资料，感受到家乡父老的缱绻真情。

10月13—14日，由中国河洛文化研究会与中华侨联总会联合主办的第十三届河洛文化学术研讨会在台湾省新北市隆重举行，全国政协港澳台侨委员会主任、中国河洛文化研究会会长杨崇汇等领导出席了会议，河南省社会科学院党委书记魏一明、历史与考古研究所所长张新斌等6人应邀与会。

⊙2015年，第十三届河洛文化学术研讨会在台湾新北召开

11月1—2日，第三届许慎文化国际研讨会在漯河市隆重举行。

11月8—9日，由中华炎黄文化研究会为指导单位，河南省炎黄文化研究会、河南省黄帝故里文化研究会主办，河南省社会科学院历史与考古研究所协办，河南新郑黄帝故里文化研究会承办的第三届中部六省炎黄文化论坛在黄帝故里新郑

⊙2015年，第三届中部六省炎黄文化论坛在新郑召开

市隆重举行。

11月11日，中国荥阳第二届世界郑氏文化节举行，来自韩国、西班牙等40多个国家和地区的2000多位郑氏宗亲齐聚荥阳，在郑氏祖地盘龙山参加了乙未年世界郑氏拜祖大典，拜谒"郑氏三公"始祖。此次文化节以"寻根、联谊、合作、发展"为宗旨，举行了"宗祠、家风、家训、家规"名家书画展、郑氏宗祠展、郑氏荥阳堂文化苑揭牌仪式及"荣归荥阳、圆梦中华"大型联欢晚会等文化活动。

11月14—15日，由中国先秦史学会、中华炎黄文化研究会姓氏文化工作委员会、河南省炎黄文化研究会、黄河文化研究会联合主办，新乡市中原文化研究院协办，河南省社会科学院历史与考古研究所、中华龚氏文史研究会、辉县市共城文化研究会具体承办的共工氏与中华龚姓文化研讨会在河南省辉县市百泉国际大酒店隆重召开。来自中国社会科学院、中国科学院、南开大学、四川大学、苏州大学、北京师范大学、首都师范大学、中国青年政治学院、华南师范大学、重庆师范大学、青海师范大学、山东烟台大学、陕西历史博物馆、山西省社会科学院、河北省社会科学院、河南省社会科学院、郑州大学、河南大学、河南师范大学、郑州师范学院、许昌学院、新乡学院、河南牧业经济学院、新乡市文物考古研究所等12个省市的20余家高校和科研机构的专家学者以及来自全国各地的龚姓

○2015年，共工氏与中华龚姓文化研讨会在辉县召开

宗亲、新闻媒体记者等百余位嘉宾参加了此次研讨会。

11月，卫绍生主编、李立新副主编的《中华郑姓源流与荥阳堂研究》由大象出版社出版发行。

12月6日，第一届中原家谱展与家谱编修论坛在郑州市举行。

2016年

2月11日，浙江宁波白氏企业家白天龙一行5人千里迢迢不辞辛苦抵达河南洛阳寻根祭祖，拜祭了唐代大诗人白居易墓园。

3月9—10日，张新斌出席在西安举行的丙申年全球华人恭祭华胥氏大典暨（中国·西安）华胥氏文化论坛，并在论坛上对华胥氏文化进行专门解读。

3月19日上午，由上蔡县政府主办的世界蔡氏上蔡经济发展恳谈会，在上蔡宾馆二楼会议中心举行。来自世界各地的1000多名蔡氏宗亲及蔡氏企业家参加了恳谈会。

3月23日，由李氏宗亲会主办的纪念老子诞辰2587周年公祭大典在老子故里河南鹿邑县隆重举行。

3月25日，《黄河文化》编辑出版了"共工氏与中华龚姓文化研讨专辑"。

3月30日，河南省范蠡文化研究院在南阳市宛城区揭牌。

4月4日上午，中

○2016年，河南省范蠡文化研究院成立大会在南阳召开华戚氏宗亲齐聚濮阳市戚城景区举行丙申年清明中华戚氏祭祖大典。来自全国26个省、市、自治区的戚氏宗亲代表450余人，在戚城景区内集体拜谒先祖。

4月9日，由河南省人民政府、政协河南省委员会、国务院

⊙2016（丙申）年华夏母亲嫘祖故里祭祖大典暨盐亭嫘祖文化旅游活动周活动之一嫘祖文化研讨会在四川盐亭召开

台湾事务办公室、中华全国归国华侨联合会、中华全国台湾同胞联谊会、中华炎黄文化研究会等6家单位共同主办的丙申年黄帝故里拜祖大典在新郑市隆重举行，主题延用"同根同祖同源，和平和睦和谐"。

4月7—12日，由河南省委宣传部、河南省文化厅、河南省新闻出版广电局、中原出版传媒集团、河南省文联、郑州市委宣传部主办，河南省直及郑州市有关单位承办的"老家河南"文化活动周正式开始。

4月12日，在河南省炎黄文化研究会指导下，由政协西平县委员会、西平县炎黄文化研究会主办，西平县福建欧文房地产公司承办的丙申年华夏母亲嫘祖故里祭祖大典在西平县举行。

4月19—22日，南阳市宛城区侨胞、加拿大加西周报社长蔡华先生回乡探亲、祭祖、观光，对南阳市改革开放、经济发展、城乡发展进行了考察。

4月27日，由河南省姓氏文化研究会主办，河南省姓氏文化研究会张姓委员会、河南省社会科学院历史与考古研究所、

⊙2016年，世界张氏总会第六届七次理事会暨张良文化国际高峰论坛在郑州举行

《时代报告》杂志社承办的张良文化国际高峰论坛在河南省郑州市隆重召开。袁义达、王子今、张新斌、王大良、龚留柱等专家作主题演讲，张世军、魏一明等领导出席论坛并讲话。

4月29日—5月2日，丙申年（2016）颛顼帝喾陵祭祖节在安阳市内黄县举行，祭祖节以颛顼帝喾祭祀、姓氏寻根文化为依托，充分展示内黄传统文化特色，提升旅游节庆与传统庙会的深度融合，吸引社会各界广泛参与，努力打造"高王庙会"文化品牌。

4月，由张新斌、王保军主编的《炎黄文化与社会主义核心价值观——第三届中部六省炎黄文化论坛文集》由河南人民出版社出版发行。

5月15日，来自香港、澳门、广东、江西、湖南、湖北、江苏、浙江、四川等地区的200多名东汉袁安袁氏后人相约齐聚平舆县，共同拜祭祖先袁安。

5月28日，由中国魏晋南北朝史学会、河南省炎黄文化研究会、黄河文化研究会等主办，河南省社会科学院历史与考古研究所承办的柔然与中华茹姓文化研讨会在郑州举行，华夏茹氏宗亲联谊会同期宣告成立。来自北京、陕西、山西、浙江、安徽、广东等全国20多个省（市、区）的专家学者以及茹氏宗亲140多人齐聚郑州，共同解读华夏历史，研讨茹姓文化。这是国内学术界首次针对柔然及茹姓文化召开的高端研讨会，对研究古代民族、探寻茹姓源流、传承中华民族精神有着重要意义。

⊙2016年，柔然与中华茹姓文化研讨会在郑州召开

6月11日，在"娲皇故都"周口市西华县，中央文史研究馆盘古女娲创世文化课题组正式揭牌成立。这标志着盘古女娲创世文化被纳入国家重大文史研究课题，为更好地研究、弘扬盘古女娲创世文化奠定了基础。

6月25日，《黄河文化》编辑出版了"柔然与中华茹姓文化研讨专辑"。

7月19日，2016年海外华裔青少年"中国寻根之旅"夏令营在新郑黄帝故里开营，来自美国、加拿大、德国等10个国家的370名华裔青少年营员将在夏令营里感受黄帝文化和中原文化的精髓和魅力。

8月2日，由河南省历史学会、河南省社会科学院联合主办，河南省社会科学院历史与考古研究所、中国先秦史学会夏禹文化研究中心、河南大禹文化产业开发有限公司共同承办的河南省历史学会2016年年会暨大禹文化研讨会在登封市禅武大酒店隆重举行。河南省人民政府副省长张广智专程到会看望与会代表，河南省社会科学院党委书记魏一明、院长张占仓等领导出席了会议。会议收到论文106篇。来自河南省社会科学院、郑州大学、河南大学等单位的史学界的专家学者160余人参加了会议。

⊙河南省历史学会2016年年会暨大禹文化研讨会在登封召开

8月16日，受中华蒋氏宗亲联谊会委托，中华蒋氏宗亲联谊常务副会长蒋行德、副会长兼无锡分会会长蒋万彬一行在中华蒋氏祖根地——河南省淮滨县进行有关项目的前期考察。

9月9日，由中共信阳市委统战部主办，信阳市根亲文化研究会、河南省家谱委员会、信阳博物馆、信阳市图书馆承办的"家风的力量"——信阳族谱、家训、堂联展览开展仪式在信阳博物馆举行。

9月10日，第二届全国常氏儒商文化研讨会暨中国常氏企业家联盟成立仪式在河南鄢陵举行。

9月11日，韩国南氏宗亲会一行24人莅临汝南寻根谒祖，前往汝南县金铺镇老金村拜谒金氏先祖，并

⊙2016年首届信阳根亲文化论坛在信阳召开

与当地金氏族裔亲切交流。

9月19日，由信阳市委统战部主办、信阳根亲文化研究会承办的2016年首届信阳根亲文化论坛在信阳市举行。河南省社会科学院院长张占仓，河南省政府发展研究中心主任谷建全，信阳市委常委、统战部长方波，信阳市政协副主席王勇出席开幕式。

9月19—20日，由中共邓州市委宣传部主办、河南省范仲淹文化研究会及邓州市花洲书院管理处承办的范仲淹忧乐思想学术研讨会在邓州市花洲书院隆重召开。来自中国范仲淹研究会、河南省范仲淹研究会、山东省范仲淹研究会、广西范仲淹研究会、河南省社会科学院等单位的专家学者70余人与会。

9月21—22日，由全国政协港澳台侨委员会、河南省政协、中国河洛文化研究会共同主办，河南省政协港澳台侨和外事委员会、洛阳市政协、河南省社会科学院、洛阳师范学院承办的第十四届河洛文化研讨会在洛阳召开。全国政协副主席、中国河洛文化研究会顾问卢展工出席并讲话。河南省社会科学院院长张占仓、历史与考古研究所所长张新斌等参加了研讨会。

9月22日，世界柯蔡宗亲总会考察团在副理事长、福建济阳柯蔡委员会理事长蔡第賥的带领下莅驻马店市上蔡县参观考察。

⊙2016年，中国嵩县三涂山与夏文化学术研讨会在嵩县召开

9月22—24日，由中国先秦史学会、洛阳市社会科学界联合会、中共嵩县县委宣传部、洛阳市文物考古研究院共同主办的中国嵩县三涂山与夏文化学术研讨会在洛阳嵩县举行。中国先秦史学会副会长兼秘书长、中国社会科学院宫长为研究员，中国先秦史学会副会长、天津师范大学杜勇教授，中国先秦史学会副会长、河南省社会科学院张新斌研究员以及来自中国社会科学院、中国军事科学院、河南省社会科学院、清华大学、华南师范大学、重庆师范大学、河南科技大学、中华书局、《文史知识》杂志社等多家科研机构和高校的近50余名专家学者参加了会议。

9月25—26日，由中国先秦史学会、洛阳市文物局、洛阳市文物考古研究院、洛阳市社科联共同主办的全国苏秦与战国纵横家学术研讨会在洛阳市召开。中国先秦史学会副会长兼秘书长、中国社会科学

⊙2016年，全国苏秦与战国纵横家学术研讨会在洛阳召开

院宫长为研究员，中国先秦史学会副会长、天津师范大学杜勇教授，中国先秦史学会副会长、河南省社会科学院张新斌研究员以及来自中国社会科学院、中国军事科学院、河南省社会科学院、清华大学、河南科技大学、中华书局、《文史知识》杂志社等多家科研机构和高校的近40余名专家学者参加了会议。

9月26—27日，第八届中原（固始）根亲文化节开幕式暨开闽三王纪念馆开馆仪式在固始县举行。第七、八届全国人大常委会副委员长王汉斌，第九届全国人大常委会副委员长彭佩云，河南省政协副主席史济春，河南省第十一届人大常委会党组书记、常务副主任李柏拴出席会议。河南省社会科学院历史与考古研究所副所长陈建魁、唐金培，以及张佐良、师永伟等4人应邀出席。

9月，由张新斌、龚家亮、张建军主编的《共工氏与中华龚姓》由大象出版社出版发行。

10月6—9日，由中国武则天研究会、洛阳市社科联等主办的国际武则天学术研讨会暨中国武则天研究会第十二届年会先后在洛阳、登封举行。来自陕西师范大学、中国人民大学、厦门大学、河南省社会科学院等单位的100多位专家学者、嘉宾代表与会。

10月21—27日，应印度尼西亚印华百家姓协会、马来西亚华人姓氏总会联合会和新加坡林氏总商会的邀请，河南省姓氏文化研究会组成15人代表团，赴印度尼西亚巴淡岛、新加坡和马来西亚，参加第八届东南亚华人＋中国各姓氏宗亲联谊大会，并深入考察海外华人姓氏现状及姓氏宗亲组织。

10月29—30日，第二届中原家谱展评暨姓氏文化产品交流大会在郑州举行，吸引了来自全国21个省市区的家谱主编、家谱研究专家、姓氏文化研究专家及家

谱爱好者等300多人参加。

11月12—13日，由中国先秦史学会主办，河南省社会科学院历史与考古研究所、辉县市共城文化研究会承办的中国先秦史学会辉县工作会议在百泉国际大酒店隆重召开。中国先秦史学会会长宋镇豪，河南省社会科学院党委书记魏一明、院长张占仓等领导出席会议，来自北京、河南、河北、山西、陕西、四川、湖北、重庆、上海、山东等10省（市）的21个中国先秦史学会分支机构的专家学者共80余人参加会议。

11月，由张新斌、王青山主编的《登封与大禹文化》由大象出版社出版发行。

2017年

2月27日，第八届祭拜北宋皇陵大会在巩义西村镇滹沱村的宋太祖赵匡胤皇陵前举行。来自中国广东、福建、安徽、江苏、台湾和韩国、美国及加拿大等地的50多个代表团队齐聚宋朝开国皇帝宋太祖永昌陵前寻根祭祖、联谊宗亲、交流文化。巩义市委常委、统战部长贺传伟出席活动。

3月5日，河南省姓氏文化研究会2017年年会在郑州召开，河南省姓氏文化研究会会长林宪斋，执行会长刘翔南，副会长谷建全、张新斌、林坚、石小生、卫绍生、郑强胜、张瑞、白东升、曾德魁，秘书长李立新等领导出席会议。河南省姓氏文化研究会61个二级学会、5个团体会员单位代表，资深专家代表、姓氏文化研究者和爱好者代表等600余人参加会议。会议总结了2016年研究会工作，表彰了一批研究会涌现出的先进集体和先进个人，全面安排部署了2017年的工作任务。

3月15—16日，世界应氏宗亲总会秘书长应振泉陪同台北市应氏宗亲会常务理事应君国、格兰国际旅行社董事长应福民等一行4人到平顶山寻根祭祖。平顶山市台办主任李福林对应氏宗亲的到来表示欢迎，平顶山市文物局、文联、博物馆相关同志向应氏宗亲详细介绍了平顶山市的基本情况及应氏姓氏文化发源地的历史渊源等。

3月24日，台湾省新竹市民间参访团同胞一行30余人到西峡县哪吒故里丁河镇寻根问祖，祭拜哪吒，并举行了哪吒文化交流座谈会。南阳市台办主任徐朝炎，西峡县委常委、统战部长袁璋，县委统战部、县民宗局、丁河镇政府等部门负责同志参加了研讨会。参访团代表表示要进一步增进相互之间的了解和沟通，共同促进两岸文化的交流和进步。

3月30日，丁酉年黄帝故里拜祖大典在新郑市举行。全国政协副主席、民建中央副主席马培华，十届全国人大常委会副委员长、中华炎黄文化研究会会长许嘉璐出席大典。来自40多个国家和地区的华人华侨以及国内社会各界人士8000余人参加了拜祖大典。

4月2日，丁酉年嫘祖故里拜祖大典在驻马店市西平县举行。来自全国各地的近万名炎黄子孙集聚在母祖圣地，共拜人文女祖，敬仰母仪大爱，同祈苍生万福。

4月9日上午，河南省姓氏文化研究会石姓委员会第一次代表大会在淇县召开。来自省内外的石姓文化研究的专家学者、部分省市石姓代表和鹤壁市各县区的200多名石姓宗亲代表欢聚一堂，共叙亲情。淇县政协主席秦滨清，县委统战部、县侨联负责同志出席会议。参加会议的200余名石氏宗亲代表还到淇县朝歌文化广场纯臣文化园举行了祭拜仪式。

4月14—16日，来自印度尼西亚和中国北京、广西、湖北、四川、台湾等地的1000多名蒋氏宗亲相聚在中华蒋氏故里——河南省淮滨县，参加第十届中华蒋氏淮滨寻根文化节。

4月17—18日，世界王氏恳亲联谊大会暨第二届王氏文化经济高峰论坛情况说明会在开封举行。开封市政协副主席王树强、世界王氏会长联席会议秘书长兼世界王氏网总编王亦鸣、第十三届世界王氏大会轮值主席王明佩、河南省姓氏文化研究会王姓委员会常务副会长王宗哲等出席会议。会上，王亦鸣通报了山东省莘县举办第十三届世界王氏恳亲联谊大会暨第二届王氏文化经济高峰论坛的筹备情况。

4月25日，中华戴氏总商会丁酉年公祭戴氏始祖典礼在商丘市梁园区工楼乡三陵台举行，来自海内外的1000多名戴氏宗亲会聚在这里轩谒先祖，恳亲联谊。祭祖仪式后，举行了清凉寺文化产业园旅游综合项目签约仪式，副市长张弛，梁园区领导陶青松、薛凤林，龙之旅控股集团董事局主席代雨东等出席。

4月26日，由河南省姓氏祖地与名人里籍研究认定中心主办、河南省濮阳县人民政府承办的濮阳县为中华张姓祖根地研究认定会在华夏龙都濮阳举行。来自中国社会科学院、北京大学、中国青年政治学院、天津师范大学、郑州大学、河南省社会科学院、河南省文物局等单位的专家及濮阳县相关人员共20余人与会。与会专家一致认为，黄帝之孙、颛顼弓正挥是中华张姓得姓始祖，河南省濮阳县为中华张姓祖根地。

4月27—28日，台湾张廖简宗亲总会、台湾省桃园市张廖简宗亲会代表团一行31人到濮阳寻根祭祖，参加张氏拜祖大典、百忍文化论坛、海峡两岸张氏宗亲（濮阳）联谊等活动。市政协副主席张怀玺、市委统战部常务副部长崔冠军、濮阳张姓研究会终身名誉会长张宏江等市县有关领导出席活动。代表团还参观了濮阳金堤河国家湿地公园、中华第一龙、濮阳市城乡规划馆、乌木博物馆、濮上园等历史文化景点。

5月20—21日，来自日本、新加坡、西班牙等国家和全国各地的阮姓宗亲800多名代表齐聚阮姓祖源地尉氏县，共叙亲情，共商阮姓宗族发展大计，畅谈阮姓发展未来。其间举行了祭祖仪式、阮氏企业座谈会、阮氏产品展览交流会、中华阮姓文化研究会代表大会、阮姓文化论坛等活动。

5月，张新斌等主编的《柏皇氏与中华柏姓》由大象出版社出版。该书为柏皇氏与中华柏姓文化研讨会论文集，收录有王震中、曹定云、袁义达、马世之、杨东晨、任崇岳、张新斌、李玉洁、徐日辉、周书灿、李乔、袁延胜等论文四十余篇，对柏皇氏与柏国、柏姓、西平的关系进行了研究。

6月27日，丁酉年姬烈墓冢祭祖大典在平舆县举行。来自新加坡及国内20多个省、直辖市、自治区的200余位周氏宗亲代表共同祭拜周姓始祖姬烈。

6月28日，中华周氏联谊总会第二届第五次会员代表大会在平舆县招待所三楼会议室召开。

6月29日，新郑市在具茨山顶嫘祖宫前举行丁酉年恭拜嫘祖仪式。新郑市领导乔琳、王艳红、陈春环及河南省黄帝故里文化研究会会长高林华等参加恭拜仪式，并分别向嫘祖敬献花篮，净手上香，恭读拜文，吟唱颂歌，虔诚缅怀中华民族之母嫘祖的洪恩浩德。

6月，李乔编著的《台北知府陈星聚资料汇编》由河南人民出版社出版。该书分上、下两编，共116万字。上编是从近2万件《淡新档案》中认真钩沉索隐辑录出来的与陈星聚有关的档案资料，依据资料主题，分别归入财税、商业、钱财、行政、外交、家族、救济、乡治、司法、刑事、军事、教育、番政、交通、建设等相关类目。下编为《淡新档案》以外陈星聚资料，包括地方志、奏议、公牍、实录、文集、档案等方面资料。

7月16日，由河南省社会科学院、漯河市人民政府台湾事务办公室主办，临颍县政协承办的海峡两岸纪念陈星聚诞辰200周年研讨会在河南省临颍县举行。

河南省政协副主席史济春、河南省政协原副主席陈义初、河南省社会科学院党委书记魏一明、河南省人民政府台湾事务办公室主任薛云伟、河南省政协港澳台侨委员会副主任赵国新、漯河市政协主席吕岩、国务院台湾事务办公室海峡两岸关系研究中心综合室主任赵奕山等领导，与来自台湾中华河洛暨开漳圣王文化研究会、台湾中华海峡两岸文化资产交流促进会、河南省社会科学院、郑州大学、河南大学、龙岩学院等单位的学者，以及陈星聚的后人等100余人参加了会议。大家认为，陈星聚是名副其实的台湾建设的先驱者，历史功绩厥功至伟，其不畏强敌、誓死保卫国家、维护祖国统一的高尚民族气节和爱国主义精神尤其令人钦佩。

7月17—19日，海峡两岸陈元光文化交流活动在潢川县举行。海内外陈姓、陈元光后人、陈元光文化研究专家先后参观了弋阳古城、龙湖、黄国故城，交流展示了陈元光文化研究成果。河南省政协原副主席陈义初，河南省政协港澳台侨委员会、河南省台办、河南省社科院、中国河洛文化研究会、信阳市政协等有关领导和陈元光研究专家出席了"台湾——光州海峡两岸陈元光文化交流考察座谈会"。

7月20—29日，"2017海外华裔青少年'中国寻根之旅'夏令营——汉字之都安阳营"活动在安阳市举行。来自意大利都灵中文学校和美国新泽西州李文斯顿华夏中文学校的30名海外华裔青少年参加了此次活动。营员们实地参观了安阳博物馆、中国文字博物馆、殷墟博物院、颛顼帝喾陵、三杨庄汉代遗址等10多处历史景点，参加了古诗词赏析、书法、航模制作课程等。

7月23日下午，世界应氏宗亲会台湾分会一行16人抵达平顶山进行寻根谒祖参访活动。平顶山市文物局、平顶山市博物馆的历史专家为前来寻根的应氏宗亲讲解应国的历史以及应姓的起源，应氏宗亲到博物馆参观了古应国文物。

9月16日，由河南省客家文化促进会主办、新乡市政府承办的第五届世界嘉应同乡联谊大会开幕式在嘉应观景区举行。河南省政协副主席、河南省工商联主席梁静，河南省工商联副主席刘国勤，新乡市人民政府王登喜市长，新乡市人民政府周世杰副市长，新乡市政协副主席朱云卿，河南省政府原省长助理卢大伟等省市领导，以及来自马来西亚、泰国、新加坡、印度尼西亚、美国和中国香港、台湾等地的200多位客家亲人参加了开幕式。嘉应大会期间的主要活动包括主席团会议、财富论坛、"世界客商中原行"启动仪式及项目签约仪式、客家文艺晚会、豫砚论坛、世界客家书画暨"太行石语"艺术展，并前往卫辉比干庙和武陟嘉应观寻根祭祖等活动。

9月18—19日，古江国遗址文化广场奠基仪式在正阳举行。正阳县委常委、统战部部长朱东升，以及由广西江氏宗亲会会长江宏金带领的来自全国各地的近200位江氏宗亲组成的寻根考察团成员参加了奠基仪式。考察团在正阳期间，先后参观了花生食品城、正阳公园、正阳广场、江国公园、君乐宝乳业公司等市政建设项目和企业项目，观看了《正阳欢迎您》专题片。

9月25—27日，由河南省社会科学院、洛阳市社会科学界联合会、河南科技大学、洛阳师范学院、洛阳理工学院、河南省华夏历史文明传承创新基金会共同主办，河南省社会科学院历史与考古研究所、洛阳市社会科学院、河南省社会科学院洛阳分院、洛阳师范学院河洛文化研究中心、河南科技大学人文学院共同承办的洛阳学国际学术研讨会在洛阳召开。来自日本、韩国、英国等国家的专家学者以及来自北京、陕西、湖北、江苏、辽宁、山东、内蒙古等省、直辖市、自治区的数十家高校、科研机构、文博单位和新闻媒体的180余人相聚一堂，就共同关注的洛阳学相关议题，如洛阳历史文化、洛阳学建立的可能性与必要性、洛阳学研究现状、洛阳学的内涵与外延、洛阳学建立的基本根据与基本原则、洛阳学的研究对象、洛阳学的学科属性、洛阳学的基本内容、洛阳学的发展思路与方法、洛阳学的特征、洛阳学的应用等方面进行了深入探讨，对构筑全国重要的文化高地建设，对推动深化洛阳学研究以及洛阳国际文化旅游名城建设，具有重要的理论和现实意义。

10月6—7日，2017年世界潘氏祭祖大典在荥阳高山镇潘窑村举行，来自海内外的100多名潘氏后裔相聚荥阳，寻根拜祖，观光考察，投资兴业。

10月14日，江氏宗亲联谊会在正阳举办成立大会。来自北京、上海、广东、福建、湖北、四川、山东、贵州等地的江氏宗亲代表60多人参加大会。正阳县委常委、统战部部长朱东升到会祝贺。会议介绍了古江国遗址广场的规划，听取了关于古江国遗址广场规划情况的汇报。通过了江氏宗亲会章程，选举产生了宗亲会领导机构，湖北省李时珍酒业有限公司董事长江友良被选为会长。会议还通过了联谊会机构设置，确定了公祭日期。

10月14日，世界陈氏宗亲淮阳寻根行欢迎仪式暨招商推介会在淮阳县羲皇宾馆北京厅召开，淮阳县县长王毅等与来自世界各地的近300名陈氏宗亲出席。淮阳县委常委、副县长陈高峰代表淮阳与太极书院项目方代表北京郑雷文化传播有限公司董事长、太极书院创办人张兴良签订投资协议书。淮阳县文化发展改革委员会主任李俊志代表淮阳与陈胡公文化旅游项目方代表河南省姓氏文化研究会陈姓委员会会长陈兴波签订投资协议书。

10月25日上午，第四届宋魏王赵廷美公祭大典在汝州市陵头镇陵头村举行。来自海内外的赵氏宗亲代表团和关注宋魏王文化研究的各界人士200余人齐集魏王陵前行礼拜谒。

10月28日，全台叶姓祖庙董事长叶日统一行35人到叶县寻根祭祖，开展宗亲文化交流。全台叶姓后裔在叶公陵园内的陵恩殿前举行庄严的祭祀典礼，叶县县委常委、统战部长牛涛出席仪式并宣读祭词。

11月1日，由沁阳市台办、沁阳市文化局、怀朴园等单位举办的纪念曹谨230周年诞辰海峡两岸书画展在沁阳市文化艺术中心开幕。参展作品包括沁阳画家的50幅书画作品和台湾亲民党主席宋楚瑜等台湾各界的52幅作品。

11月8日，中华丘（邱）氏总祠河南堂文化园根亲文化交流大会在偃师市举行。洛阳市委统战部常务副部长张丽君，偃师市委常委、统战部长张晓莉及来自海内外的中华丘（邱）氏宗亲代表4000余人参加。张丽君代表洛阳市委统战部，向各位邱氏宗亲代表表示热烈欢迎。

11月18日，来自全国各地的300余名聂族后裔代表，在河南聂氏宗亲联谊会和聂政文化研究会的精心组织安排下，齐聚聂政故里河南省济源市政公庙前，纪念聂政诞辰2444周年，追忆政公的丰功伟绩。

12月4日，2017年第三届中国殷商文化高峰论坛开幕式在中国文字博物馆举行，中宣部新闻宣传局原副局长武家奉，安阳市副市长袁勇，安阳市政协副主席、民进党安阳市委会主委郭旭东以及来自全国各地的甲骨文、殷商文化专家学者等300余人出席开幕式。论坛为期2天，其间举行了甲骨文交流、人文规划科学论坛以及书画展等活动。

12月9日，由信阳市委统战部、河南省台湾研究会、信阳师范学院共同主办的根亲文化与两岸交流学术研讨会在信阳师范学院举行。来自省内高校的六位专家分别就根亲文化与21世纪海上丝绸之路建设、信阳历史上的族群流动对一带一路沿线国的影响与文化融合、台湾同胞中原寻根的特点与趋势、根亲文化在区域经济发展中的地位与作用、根亲文化视域下的光州固始、闽台洪姓源流等发表主题演讲。与会专家还围绕两岸大学生双向交流机制建设、地方高校区域性学术资源的发现与培育取向、信阳师范学院根亲文化研究与两岸交流成果三个议题展开热烈讨论。

12月24日，浙江省慈溪市政协副主席岑剑国带领岑氏宗亲团一行到新野县寻根考察。新野县政协副主席丁文豪、县政府党组成员齐长松以及县委统战部、县旅游局（外侨办）、前高庙乡党政负责同志陪同考察。岑氏宗亲团考察了岑公祠、岑彭故里，受到故乡村民的热烈欢迎。

12月27日，由郑州市电影电视家协会拍摄的微电影《轩辕谣》，在由中宣部、中央网信办等部门共同举办的社会主义核心价值观主题微电影征集展示活动优秀作品发布仪式上荣获微电影一等奖。

2018年

1月16日，古卫国康氏文化苑奠基仪式在淇县举行。鹤壁市原政协主席张俊成，鹤壁市文广新局局长刘炳强，淇县县委书记王永青，淇县县长王海涛等领导，与来自海内外的数百名康氏后裔出席奠基仪式。

3月17日，河南省姓氏文化研究会2018年年会在郑州举行，河南省姓氏文化研究会82个二级学会、5个团体会员单位代表，资深专家代表、姓氏文化研究者和爱好者代表等400余人出席会议。河南省姓氏文化研究会副会长张新斌所作的2018年年度工作报告，回顾了2017年河南省姓氏文化研究会取得的成绩，并对2018年研究会的工作做出了具体安排。分支机构交流了各自开展姓氏文化研究、宗亲联谊等方面的经验。

3月31日，由李氏文化研究总会主办的纪念老子诞辰2589周年拜典在鹿邑县太清宫太极殿前举行。来自海内外的香客、李氏宗亲及社会各界人士2000多人参加了祭拜仪式。

4月8日上午，2018年石氏宗亲拜祖大典在淇县朝歌文化广场纯臣文化园举行，来自广东、浙江、贵州、四川、山东、湖南、河南等30多个省市的500余名石氏族裔代表怀着追思先祖之情和共图发展的愿望齐聚淇县，参加拜祖大典。

4月14日上午，"戊戌年中国·汝州周氏汝南堂拜祖大典"在汝州市蟒川镇寺上村周赧王陵前举行，汝州市委常委、宣传部部长郭杰，汝州市人大常委会副主任杨辉星，汝州市政协副主席张耀峰，蟒川镇镇长王俊岩等领导，与来自国内26个省、直辖市、自治区和港澳台地区，以及其他11个国家的周氏宗亲代表600余人参加了大典。

4月13—15日，主题为"韩愈文化与孟州发展"的"2018中国·孟州海峡两岸韩愈文化研讨会"在韩愈故里孟州市举行。中央党校原副教育长兼哲学教研部主任韩庆祥，河南省委宣传部副部长尹书博，河南省委宣传部原常务副部长常有功，焦作市委常委、宣传部长宫松奇，孟州市委书记卢和平等领导出席开幕式。来自北京大学、清华大学、河南大学、台湾大学、台湾师范大学等海峡两岸研究韩愈文化的专家教授，以及北京市、安徽宣城、广东潮州和阳山县等全国各地的专家学者及韩氏后裔等100多人参加了研讨会。

4月17—19日，全球林氏宗亲联谊会会长林大洲到淇县寻根，淇县县委统战部副部长、工商联党组书记张林，黄洞乡党委书记张智民等陪同考察。林大洲先后对黄洞乡林泉沟、长林石室、林家谷堆、摘星台公园等地进行了考察。

4月18日上午，戊戌年黄帝故里拜祖大典在河南省新郑市黄帝故里景区举行。全国政协副主席王正伟，十届全国人大常委会副委员长、中华炎黄文化研究会会长许嘉璐，十一届全国人大常委会副委员长桑国卫，中国国民党前副主席蒋孝严，各民主党派中央和全国工商联领导及河南省、郑州市领导，与来自30多个国家和地区的8000多名华人联合会、宗亲会、同乡会代表参加拜祖大典仪式。

4月19日，世界刘姓文化交流暨经贸论坛在鲁山县昭平湖畔举行，来自世界各地的刘姓企业代表、汉字文化研究者、刘氏文化研究者参加了此项活动。

4月27日，"两岸一家亲 欢聚在祖根"——海峡两岸张氏宗亲联谊活动在濮阳举行。全国政协常委、台盟中央副主席、全国台联副会长张泽熙，国台办交流局副局长董碧幽，全国台企联首任会长、现任荣誉会长张汉文，河南省商务厅厅长张延明，河南省政协港澳台侨和外事委员会主任杨京伟，河南省台办副主任杜春景，濮阳市委副书记、市长宋殿宇，以及台湾、福建等地的张氏宗亲出席活动。

4月27—28日，以旅菲浔江公会理事长施良帛为团长的菲律宾、新加坡和港澳施氏宗亲恳亲团一行29人到固始寻根谒祖，固始县委常委、统战部长苏锦峰，固始县根亲办、侨联、台办、根亲文化研究会相关负责人陪同。

5月1日，戊戌年恭祭颛顼帝喾二帝大典在颛顼帝喾陵景区举行。来自内黄县总商会和郑州内黄商会、濮阳内黄商会、鹤壁内黄商会的负责人，以及各企业代表近180余人参加典礼。

5月3日，古赖国文化园开园暨社会扶贫捐赠仪式在息县包信镇隆重举行。信阳市委常委、统战部长方波，息县县委书记金平，与罗氏、傅氏、白氏、息氏代表共计400人参加开园仪式。仪式上，赖氏宗亲联谊总会现场捐款100万元。

5月17—19日，淇县举行2018年比干诞辰纪念活动，300多名来自全国各地及新加坡、马来西亚的林氏宗亲参加。活动期间，淇县县委、县政府举行了盛大的祖地朝歌县情说明会，县四大班子主要领导出席会议，与会人员集中收看了祖地朝歌比干故事片和淇县县情推介片，林氏宗亲在摘星台公园比干塑像前举行了拜祖仪式，到林氏始祖林坚故事发生地黄洞乡林泉沟、长林石室、林家堌堆进行了参观考察，还就如何弘扬比干精神、加快祖地建设进行了深入座谈。

6月8日下午，潢川县根亲文化座谈会在潢川（光州）王氏文化研究会会议室召开。潢川县委常委、统战部长郭振萍，潢川县委统战部副部长、县侨联主席余保洲，潢川县对台办主任黄俊洁出席会议。座谈会上，潢川县黄氏文化研究会、杨氏文化研究会、刘氏文化研究会、王氏文化研究会会长围绕各姓氏文化研究、扶危济困、助力脱贫攻坚等工作进行了座谈，并就下一步开展姓氏文化研究工作进行了汇报交流。

7月10日上午，由国务院侨办主办、河南省政府外侨办承办的2018年海外华裔青少年"中国寻根之旅"夏令营——河南营开营仪式在郑州轩辕黄帝故里隆重举行，来自美国、加拿大、阿联酋、匈牙利、德国、法国、意大利、捷克、西班牙9个国家的14所中文学校和协会近240名营员和领队参加了开营式。河南营为营员们安排了研修少林拳、练习书法艺术、学习剪纸技艺、欣赏河南豫剧等丰富多彩的活动。

7月31日，2018海峡两岸鬼谷子文化交流大会在云梦山举行。河南省台办副主任崔兴莉、农工党河南省委副主委花亚伟、鹤壁市副市长高雅玲、中国先秦史学会鬼谷子研究分会名誉会长房立中、台湾鬼谷文化学会创会会长张益瑞等参加会议。中国先秦史学会鬼谷子研究分会会长宫长为、军事科学院研究员刘庆、台湾辅仁大学教授方鹏程、台湾大叶大学通识教育中心教授林宸谅等学者就鬼谷子文化的最新研究成果进行深入交流研讨。

8月11—13日，纪念韩琦诞辰1010周年暨弘扬中华传统文化活动在韩琦故里安阳举办，来自新加坡、马来西亚等国和全国20多个省、直辖市、自治区的300余名韩氏后裔参加了纪念活动。安阳市政协副主席郭旭东出席欢迎晚宴，并致欢迎辞。除欢迎晚宴上的纪念韩琦诞辰1010周年专场演出外，还有祭祖大典、学术研讨、参观考察等系列活动。

9月8—9日，易经与龙文化2018年国际高峰论坛暨龙乡书院成立十周年庆典在濮阳举行。来自海峡两岸及国外40余名知名易学专家学者携研究成果应邀参加论坛，300余名易经与龙文化研究爱好者现场聆听了专家报告。濮阳市人民政府副市长孙永振出席开幕式并致辞，濮阳市政协副主席张怀玺、杜跃武，濮阳市台办主任王方元参加论坛。台湾中华海峡两岸周易科学交流协会理事长黄来镒、台湾著名易经学者、康德哲学博士朱高正等12位台湾知名学者应邀参加。

9月13日上午，泰国林氏宗亲总会会长林焕坤、理事长林汉光一行87人在卫辉比干庙举行2018河南寻根拜祖暨文化交流活动。河南省归国华侨联合会副巡视员刘合生，新乡市侨联主席李艳、副主席张兰冰，卫辉市人大常委会副主任毛鹏，卫辉市委统战部常务副部长魏红清等出席活动。

9月15—16日，"根在河洛——客家文化学术交流会"在洛阳举办，来自海内外20多个国家和地区的近百名客家社团领袖、侨领、企业家及成功人士欢聚洛阳城，共襄家国事。与会人员重走客家路——拜谒偃师虎头山中原客家先民南迁圣地纪念碑，凭吊汉魏故城客家先民出发地遗迹等，并举办学术文化交流活动，并发布全球客家人助力"一带一路"倡议《洛阳宣言》。

9月21日上午，福建泉州江夏黄氏宗亲会的138位宗亲代表在会长黄美玉的带领下赴潢川黄国故城祭拜祖先，同时参观了陆终雕像、黄国故城博物馆、黄国纪念堂和春申陵园。

10月9日，台北市中山黄埔文经交流协会访问团到新郑市黄帝故里景区参访。

10月14日，戊戌年第五届赵宋魏王公祭大典在汝州市陵头镇陵头村举行。来自海内外的赵氏宗亲400余人及汝州赵氏宗亲、杨氏后人1300多人齐集魏王陵前行礼拜谒。

10月14—16日，世界周氏商会会长、广东省中山市周氏宗亲周添成一行3人到固始县寻根问祖，参访考察。

10月17日，由中国侨联、政协河南委员会主办的"中国·商丘国际华商节"在河南商丘举行。本届华商节以"齐聚华商源，共筑中国梦，争做出彩人"为主题。

10月25日，印度尼西亚叶氏宗亲会回乡寻根团一行28人到叶县寻根祭祖。

10月，由河南省客家联合会、洛阳市归国华侨联合会主办的"根在河洛——客家文化学术交流会"在洛阳举办，来自海内外21个国家和地区的近百名客家社团领袖、侨领、企业家及成功人士欢聚洛阳城。

11月10—11日，由郑州大学主办、郑州大学历史学院承办的中原与中华文明学术研讨会在郑州举行，来自全国各高校、科研机构的代表80余人参加了研讨会。

11月25日，颛顼帝喾陵古庙会在内黄县举行，来自全国各地的骆氏宗亲代表近200人齐聚帝陵，寻根祭祖。

12月1—2日，由中国先秦史学会、黄河文化研究会、中共长垣县委、长垣县人民政府主办，河南省社会科学院历史与考古研究所、长垣县政协承办的"中国·长垣君子文化高层论坛"在长垣县举行。来自中国社会科学院、清华大学、中国人民大学、中国孔子基金会等省内外30余家高校及科研机构的60余位专家学者参与了此次论坛。

12月8—9日，由中华炎黄文化研究会、中华文化发展促进会、郑州大学、加拿大温哥华中国文化中心联合举办，北京外国语大学、河南省炎黄文化研究会协办的"21世纪中华文化世界论坛第十届国际学术研讨会"在郑州举行，来自日本、美国、土耳其、加拿大等国的专家学者与会。

12月22日上午，为庆祝河南省社会科学院历史与考古研究所成立60周年，由河南省社会科学院主办、河南省社会科学院历史与考古研究所承办的河南历史考古研究回顾与展望研讨会在郑州召开。河南省政协副主席张震宇、河南省委宣传部副部长尹书博、中国社会科学院学部委员宋镇豪与来自北京大学、首都师范大学、中央团校、河南博物院、河南省文物考古研究院、郑州大学、河南大学等单位的专家学者90余人欢聚一堂，共同回顾河南历史与考古研究60年的辉煌历程。

12月22日下午，黄河文化研究会2018年换届大会在郑州隆重举行，来自省内外的代表100余人参加了会议。会议选举华北水利水电大学原党委书记朱海风教授为第四届理事会会长，张新斌、王星光、宋豫秦、牛建强等10人为副会长。

12月，河南省姓氏文化研究会董姓文化研究会名誉会长董豪、会长董文建等一行4人到董姓始祖地唐河县进行实地考察，为建设中华董姓祠堂和全球董姓文化产业公园进行选址。

后 记

本书最早的研究源自1998年立项的河南省社会科学"九五"规划项目"寻根文物旅游资源的开发与可持续发展"。该课题属自筹资金项目，在研究中遇到了较多困难，而且在进行对策研究的时候，深感河南姓氏根文化的家底内容庞杂，于是研究从最基础的资料收集与学术界定姓氏源头开始。经过5年时间的梳理，基本摸清了河南省"根文化"家底，在此基础上提出了有针对性的寻根资源开发与可持续发展的策略。本书是以该课题的研究成果为基础扩展而成。又经过2014年河南省社科院重大项目"河南寻根"，2014年河南省宣传文化系统"四个一批"人才项目"寻根河南"资助而最终完成。

本书上编为"寻根大资源"，以姓氏人口多少为序，全面梳理河南姓氏名人资源。张新斌作为主持人，负责姓氏起源以及人物名录的撰写，李乔也参与姓氏起源的文字规范工作；李乔、李龙、王建华分别承担除前述工作以外的大部分文字的撰写；李乔、李龙还承担了一部分的编务工作，附录由李乔整理。

本书下编为"寻根大战略"，主要在于对寻根发展提供战略思路，对区域寻根资源寻找亮点，对寻根开发提供样板，对寻根历史记录大事编年。其中，战略思路篇，由张新斌执笔完成；区域盘点篇，由张新斌、陈建魁、李立新、李乔完成；经验范例篇中的"寻根文化开发亲历者感言"由每一个当事者提供文稿，文中已标出名字，"寻根文化开发的经验与范例"由相关机构与相关组织提供稿件，李玲玲负责统稿，这些亲历者大多年事已高，有的已经去世，他们都是第一批河南寻根的参与者，始终不渝地参与姓氏文化的研究与开发；大事编年篇，2008年及以前的材料由李晓燕整理完成，李龙进行了补充完善，2009年至2018年，分别由李龙、李玲玲、王建华整理完成。李龙、李玲玲、李晓燕负责稿件的审读、修改完善，张新斌负责全书的章节设计。

李乔通读了全书，补充了部分资料，修正了其中的错误。张新斌撰写了前言、后记，并负责全书的统稿与定稿。

大象出版社的管昕、李建平编辑逐字逐句审读了全部稿件，修正了其中不少错误，展现出优秀编辑的良好素质，在此对他们的辛勤付出致以最诚挚的感谢。

由于稿件跨越时间较长，又是集体完成，文中有不少错误之处，敬请原谅。

张新斌

2018年12月